PC-Wissen

**Unser Online-Tipp
für noch mehr Wissen ...**

... aktuelles Fachwissen rund
um die Uhr – zum Probelesen,
Downloaden oder auch auf Papier.

www.InformIT.de

Malte Borges, Jörg Schumacher,
Torsten Redeker

PC-Wissen

Die Welt der Hardware und Software

Markt+Technik Verlag

Bilbliografische Information Der Deutschen Bibliothek
Die Deutsche Bibliothek verzeichnet diese Publikation in der Deutschen
Nationalbibliografie; detaillierte bibliografische Daten sind im Internet
über <http://dnb.ddb.de> abrufbar.

Die Informationen in diesem Buch werden ohne Rücksicht
auf einen eventuellen Patentschutz veröffentlicht.
Warennamen werden ohne Gewährleistung der freien Verwendbarkeit benutzt.
Bei der Zusammenstellung von Texten und Abbildungen wurde mit größter
Sorgfalt vorgegangen.
Trotzdem können Fehler nicht vollständig ausgeschlossen werden.
Verlag, Herausgeber und Autoren können für fehlerhafte Angaben
und deren Folgen weder eine juristische Verantwortung noch
irgendeine Haftung übernehmen.
Für Verbesserungsvorschläge und Hinweise auf Fehler sind Verlag
und Herausgeber dankbar.

Alle Rechte vorbehalten, auch die der fotomechanischen Wiedergabe
und der Speicherung in elektronischen Medien.
Die gewerbliche Nutzung der in diesem Produkt gezeigten Modelle
und Arbeiten ist nicht zulässig.

Fast alle Hardware- und Softwarebezeichnungen, die in diesem
Buch erwähnt werden, sind gleichzeitig auch eingetragene Produktbezeichnungen
oder sollten als solche betrachtet werden.

Umwelthinweis:
Dieses Buch wurde auf chlorfrei gebleichtem Papier gedruckt.

10 9 8 7 6 5 4 3 2 1

04   03   02

ISBN 3-8272-6390-5

© 2002 by Markt+Technik Verlag,
ein Imprint der Pearson Education Deutschland GmbH,
Martin-Kollar-Straße 10–12, D-81829 München/Germany
Alle Rechte vorbehalten
Einbandgestaltung: Grafikdesign Heinz H. Rauner, Gmund
Lektorat: Rainer Fuchs, rfuchs@pearson.de
Herstellung: Monika Weiher, mweiher@pearson.de
Satz: reemers publishing services gmbh, Krefeld, www.reemers.de
Druck und Verarbeitung: fgb, freiburger graphische betriebe, www.fgb.de
Printed in Germany

Inhaltsverzeichnis

	Vorwort	**9**
1	**Was ist ein Computer?**	**11**
	Vom Siegeszug der Rechenknechte	11
	So funktionieren Computer	12
	Computereinsatz in der Praxis	27
	Unsere Enkel werden schmunzeln ...	31
2	**Hardware**	**33**
	Das EVA-Prinzip	33
	Eingabegeräte	34
	Den Computer aufgeschraubt	56
	Marktübersicht: Moderne Prozessoren	66
	Marktübersicht: Speicherbausteine	68
	Optische Ausgabesysteme	84
	Drucker	95
	Marktübersicht: Drucker	103
	Lautsprecher	106
	Platz für Ihre Daten	108
	Tabellen: PC-Peripherie	118
	Massenspeicher	120
	Der leise Computer	122
	Vernetzung	124
	Schnittstellen und Kabelsysteme	129
	Mobile Computer	134
	Die Computereinrichtung	137
	Standardkonfigurationen für unterschiedliche Anwender	138
	Hardware gemeinsam nutzen	141
	Intelligente Minihelfer	149

3 Betriebssysteme — 153

Was leistet ein Betriebssystem?	153
Betriebssysteme in der Entwicklung	155
Die Windows-Familie	160
Windows für den Heimanwender	177
Windows für den Profi	191
Win CE	198
Weitere Betriebssysteme	198
Windows XP – der Renner von Microsoft	204
Neue Versionen in den Programmierschmieden	209

4 Software allgemein — 215

Was ist Software?	215
Der Erwerb von Software	222
Programmierung	230
Die Installation	244
Software aus dem Internet	252

5 Office-Programme — 253

Textverarbeitungsprogramme	253
Tabellenkalkulationsprogramme	273
Präsentationsprogramme	284
Datenbankanwendungen	288
Persönliche Informationsmanager (PIM)	294
Weitere Office-Anwendungen	305
Der Markt der Office-Programme	308
Office 2010?	346

6 Tools — 349

Datenkompression	349
Sicher ist sicher	356
Bildbetrachter	367
Systemanalyse	369

7 Spiele und Lernsoftware — 373

Das richtige Programm fürs Kind — 373
Lernen im Multimedia-Zeitalter — 381
Zur Entspannung — 391
Der Computer im Kinderzimmer — 396
Spielkonsolen — 408
Lebenslanges Lernen — 420

8 Bunte Bilder im PC — 423

Grundlagen der Computergrafik — 423
Grafiken im Praxiseinsatz — 439
So kommt das Bild in den Computer — 446
Vom Monitor zum Drucker — 452
Digitale Fotos professionell drucken — 456
Fotos vervielfältigen — 458
Die Auswahl der richtigen Digitalkamera — 477
Kontinuierliche Entwicklung — 491

9 Internet und Kommunikation — 493

Was ist das Internet, was bringt es dem Nutzer? — 493
Der passende Zugang zum Internet — 516
Browser — 529
Elektronische Kommunikation — 535
Sicherheit im Internet — 550
Mobile Kommunikation — 556
Das Everynet — 574

10 Bilder und Töne — 577

Audioformate — 577
MP3 und Co — 581
Kopieren von Mediafiles — 588
Die Haltbarkeit von CDs — 594

	Der richtige Umgang mit CDs	595
	Radio und Fernsehen aus dem Internet	597
	Multimedia im Informationszeitalter	601
A	**Entscheidungshilfe für den PC-Kauf**	**603**
	Tabellenverzeichnis	**607**
	Stichwortverzeichnis	**609**

Vorwort

Die Welt der Hard- und Software ... geht das überhaupt? Diese Frage haben wir uns bei der Konzeption der Inhalte im Buch gestellt und mit einem klaren »Jein« beantwortet. Deutlich sei's gesagt: Der EDV-Profi wird vermutlich mehr an Tiefe erwarten, der absolute Laie braucht klarere Handlungsanleitungen, die ihn Schritt für Schritt in diese Materie einführen. Allein die einzelnen Programme von Microsoft Office werden in Büchern mit mehr als tausend Seiten abgehandelt. Warum also dieses Buch?

Das Schwierigste beim Erarbeiten einer neuen Materie ist es, einen Wissensstand zu erhalten, der zielführende Fragen erlaubt. Genau diesen Wissensstand sollte dieses Buch umfassen – in jedem der dargestellten Themenblöcke. Wenn Sie in der Lage sind, einen Überblick zu gewinnen, die für Sie interessanten Aspekte zu erkennen und dadurch gezielt weitere Informationen einzuholen, hat »PC-Wissen« sein Ziel erreicht. Eine feine Unterteilung der aufgegriffenen Bereiche stellt sicher, dass alle relevanten Aspekte berücksichtigt werden. Deshalb haben sich Spezialisten an der Zusammenstellung beteiligt. Mein besonderer Dank gilt Arkadius Rusin, Michael Koch und Miriam Nanzka, die jeweils einen Bereich für Sie erarbeitet haben.

»PC-Wissen« verzichtet weitgehend auf EDV-Slang und erläutert Fachbegriffe und Abkürzungen immer im passenden Kontext. Die Themen sind gezielt an den wichtigsten Anwendungsbereichen orientiert. Sie beginnen bei den EDV-Grundlagen und werden immer spezifischer – sie gliedern sich auf. Deshalb werden in späteren Kapiteln Informationen vorausgesetzt, die im vorderen Teil erläutert wurden. Nutzen Sie den umfangreichen Index, wenn Ihnen die Bedeutung eines Begriffs nicht geläufig ist.

Wenn Sie Interesse an einem umfassenden, leicht zu erarbeitenden Überblick über die auf dem PC basierende Computertechnik haben, sind Sie der Leser oder die Leserin, für die »PC-Wissen« geschrieben wurde. Und dann wünsche ich Ihnen, auch im Namen unseres Teams, viel Spaß und Erfolg mit diesem Buch!

Die sechste Auflage dieses »PC-Wissen« trägt der allgemeinen Entwicklung Rechnung: Neue Trends und Neuheiten der Hersteller von Informationstechnologie haben ihren Niederschlag in den Ergänzungen gefunden. Nicht nur Innovationen bei Handys, sondern auch bei Zubehör und Software

Vorwort

erweitern die bisherigen Inhalte. Wo Preise genannt sind, müssen wir unverbindlich bleiben; es geht nur um Größenordnungen, die sich auch noch rasch ändern können.

Ein weiterer Schwerpunkt liegt in der Darstellung von Anwendungsgebieten. Kinder- und Lernsoftware, Officeprogramme und das weite Feld der Bildbearbeitung zeigen die Bandbreite der Themengebiete, in denen der Computer ein nützlicher Begleiter sein kann.

Wir wünschen Ihnen viel Spaß und Erfolg mit diesem »PC-Wissen«.

Types & Bytes Autorenteam
Malte Borges

Kapitel 1
Was ist ein Computer?

Die Frage nach einem Computer beantwortet der Duden mit dem Begriff »eine programmgesteuerte Rechenanlage«. Das klingt nach einem besseren Taschenrechner, trifft den Kern aber haargenau: Der Computer zaubert nicht von sich aus bunte Bilder an den Monitor, sondern visualisiert damit eine Unzahl von Berechnungen und Daten. Wichtig ist dabei das Wörtchen »programmgesteuert«. Geeignete Programme machen den Computer erst zu dem, was er heute ist: ein unverzichtbarer Helfer im Beruf und ein interessanter Weggefährte in der Freizeit.

Vom Siegeszug der Rechenknechte

Das Jahr 1679 könnte man als bedeutend für die Entstehung dieses Buches betrachten: Gottfried Leibniz führte die binäre Mathematik ein, nachdem er bereits 1674 eine Rechenmaschine konstruiert hatte, die sowohl addieren als auch kalkulieren konnte.

Bis zum ersten Personal Computer – die namensgebende Bezeichnung für das Akronym »PC« – vergingen noch einige Jahre. Dazwischen lagen z.B. die erste Programmierung einer Rechenmaschine durch Ada Lovelace (1840), die erste elektromechanische Lochkartenmaschine von Dr. Hermann Hollerith (1890), über Konrad Zuses Z1 (1938, die erste programmierbare Rechenmaschine auf Basis des Binärsystems), die Einführung des Transistors (1947) durch die Bell Laboratorys oder auch die Entwicklung der Intel-Prozessoren, die 1971 mit dem Intel 4004 ihren Anfang nahm – einige wenige Stationen auf dem Weg, auf dem der Mensch intellektuelle Fähigkeiten mit Hilfe einer Maschine verstärken und sich stereotypische Arbeit mit Massen von Daten leichter machen möchte. Holleriths Arbeiten kann man noch heute in Aktion sehen: Sein Unternehmen bildete mit zwei anderen die Firma CTR, die sich 1924 in IBM umbenannte.

Die Geschichte des PC ist kürzer, aber nicht weniger turbulent. Nachdem schon eine ganze Reihe persönlicher Computer – d.h. Geräte, die für einen einzelnen Anwender gedacht waren, über eigene Rechen- und Speicherkapazitäten verfügten und nicht primär als Eingabestation für einen Großrechner dienten – am Markt erhältlich waren, stellte IBM im Jahr 1981 den IBM PC vor. Dieser Computer war mit einer 8088 CPU bestückt, lief mit einer Taktfrequenz von 4,77 MHz, verfügte über einen Hauptspeicher von 64 Kbyte und hatte immerhin schon ein 5,25" Diskettenlaufwerk an Bord. Das Revolutionäre: Der Computer konnte erweitert werden. Austauschbare Grafikkarten, ein erweiterbarer Hauptspeicher oder eine zusätzliche Festplatte waren nur eine Frage des Geldbeutels. Und der musste aus heutiger Sicht gigantische Dimensionen annehmen: Die angebotene 5 Mbyte-Festplatte belastete die Portokasse mit 3 000 Dollar, 128 Kbyte RAM waren für 1 100 Dollar zu haben.

Die Geschichte des PC ist bekannt: Andere Hersteller übernahmen das offene Konzept, die Architektur und das Betriebssystem des IBM-PC. Der erste »PC-kompatible« Computer erschien bereits 1982, seit damals ein unverzichtbares Attribut für jeden Computerhersteller, der am rasant wachsenden Markt teilhaben wollte. Von allen Mitbewerbern mit anderer Architektur hat sich lediglich Apple mit seinen Macintosh-Rechnern in die Gegenwart retten können.

Ein Riesenschritt von zehn Jahren bringt uns ins Jahr 1991. In der Zwischenzeit waren die Seitenbeschreibungssprachen PostScript und HTML, das Internet und auch der Intel-80486-Prozessor geboren. 1991 erschien ein weiteres Produkt der amerikanischen Softwareschmiede Microsoft: Windows 3.0 löste die glücklosen Vorversionen ab und konnte erstmals in nennenswerten Stückzahlen verkauft werden. Diese Version wirkt bis heute fort – eine Reihe der damaligen Bedienelemente und Strukturen ist noch in den aktuellen Windows-Versionen zu finden.

Fachwort ➚ Eine *Seitenbeschreibungssprache* weist ein Programm oder Gerät an, wie die darin eingebetteten oder hinzugeladenen Daten auf einer Fläche (Monitor oder Drucker) wiederzugeben sind.

So funktionieren Computer

Alle Computer folgen einem bestimmten Schema – dem EVA-Prinzip. Eingabe, Verarbeitung und Ausgabe beschreiben die Funktionen, in die jede Computertätigkeit zerlegt werden kann. Grundsätzlich ist das verständlich:

Nach einer Eingabe mit einem Eingabegerät beginnt die Verarbeitung im Computer. Schließlich wird das Resultat auf dem Monitor oder einem anderen Ausgabegerät dargestellt. Bei dieser Betrachtung ist der Computer eine Black Box.

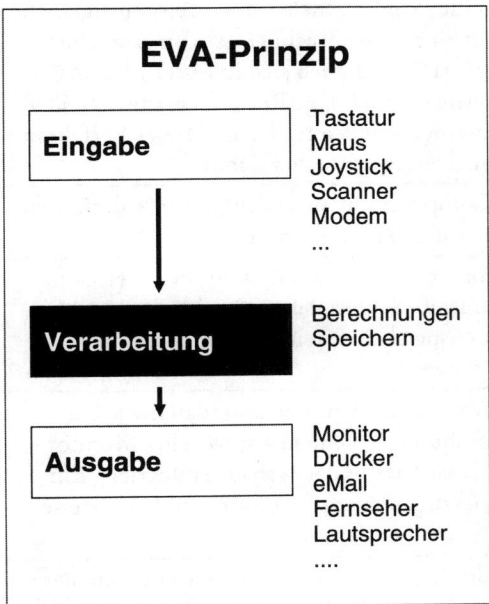

Bild 1.1: DAS EVA-Prinzip eignet sich als Grundlage für die Darstellung der EDV-Grundlagen.

Computer-bezeichnung	Einsatzgebiet
Großrechner	Bezeichnung für eine Recheneinheit, die große Datenmengen (z.B. in Unternehmen) bearbeitet oder komplexe Berechnungen (z.B. im wissenschaftlichen Bereich) durchführt. Großrechner bestehen aus mehreren, auch räumlich getrennten Komponenten und setzen eine Wartung durch einen Administrator oder ein Administratorenteam zwingend voraus.

Tabelle 1.1: Computerarten und ihr Einsatzgebiet

So funktionieren Computer

Computer-bezeichnung	Einsatzgebiet
Rechnercluster	Manche komplexe Berechnungen lassen sich mit einer Vielzahl handelsüblicher PCs, die durch ein spezielles Netzwerk miteinander verbunden sind, schneller und preisgünstiger durchführen als mit einem Großrechner. Als Einsatzgebiet für solche Rechnerverbünde eignen sich in erster Linie Aufgaben, die sich in viele unabhängige Rechenschritte aufteilen lassen (z. B. Berechnungen zu Wetterdaten). Dieses Verfahren wird auch als Parallelverarbeitung bezeichnet.
Workstation	Leistungsfähiger Computer mit Spezialaufgaben, z. B. für den Videoschnitt oder komplexe Berechnungen.
Bürocomputer	Universell einsetzbarer Computer, meist ein PC. Der Computer ist durch genormte Schnittstellen, Steckkarten und Einbauplätze für Massenspeicher erweiterbar und damit für viele Einsatzgebiete zu nutzen.
Laptop/Notebook	Mobiler Computer mit ähnlichen Leistungsdaten wie ein klassischer Bürocomputer. Bei einem Laptop sind Monitor, Tastatur und ein Mausersatz in das Gehäuse integriert. Ein Akku erlaubt das netzunabhängige Arbeiten (üblicherweise zwischen zwei und vier Stunden).
Subnotebook	Kleinerer Bruder des Laptop. Subnotebooks weisen kleinere Tastaturen und Monitore als herkömmliche Computer auf. Sie eignen sich durch ihr geringes Gewicht besonders zum Arbeiten fern vom stationären Arbeitsplatz.
PDA	»Personal Digital Assistent« – ein kleines Gerät, das unterwegs die wichtigsten Daten (Telefonnummern, Termine, aber auch Textdateien oder Kalkulationstabellen) bereitstellt. Die Eingabe erfolgt durch einen Stift auf dem Display. PDAs lassen sich einfach mit stationären Computern oder Laptops abgleichen.

Tabelle 1.1: Computerarten und ihr Einsatzgebiet (Forts.)

Kapitel 1: Was ist ein Computer?

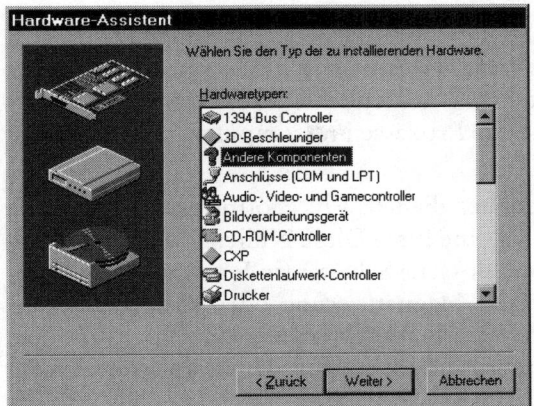

Bild 1.2: Der Hardware-Assistent erkennt die meisten Komponenten automatisch, erlaubt aber auch die Wahl spezieller Geräte.

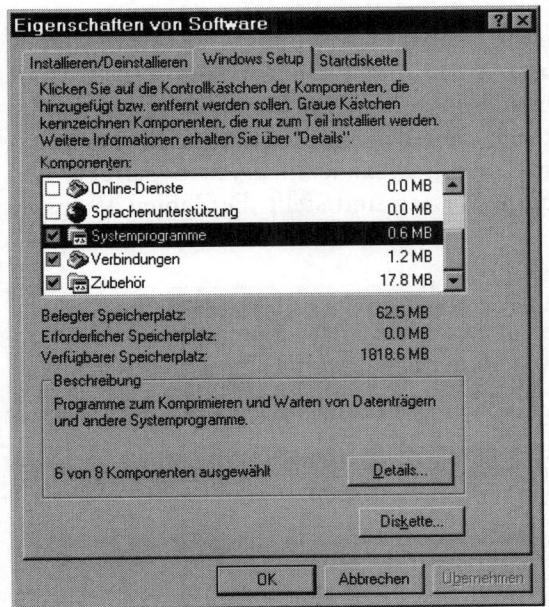

Bild 1.3: Das Nachinstallieren von Komponenten ist durch die Gliederung der Funktionsbereiche einfach.

Bits & Bytes

Eine weitere Grundlage für das Verständnis ist das Dual- oder Binärsystem. Dies ist zunächst ein Zahlensystem, das ausschließlich aus Null und Eins besteht. Es stellt die Grundlage für alle Prozesse im Computer dar, denn es ist technisch einfach umzusetzen.

Als Bild können viele kleine Schalter dienen: Ein geöffneter Schalter steht für eine Null, ein geschlossener für eine Eins. Diese Nullen und Einsen können tatsächlich geöffnete oder geschlossene Schalter (in Form von Transistoren) sein, aber auch Ladungsträger, Magnetisierung oder Reflexionswerte. Das bedeutet: Die elektronischen Verarbeitungsvorgänge im Prozessor, dem Herz des Computers, das magnetische Beschreiben der Festplatte oder der optische Lesevorgang von der CD-ROM sind nichts anderes als endlose Folgen von Nullen und Einsen. Der Prozessor legt also Schalter nach einem bestimmten Muster um, kombiniert Zellen mit solchen Folgen und ermittelt die daraus resultierenden Konstellationen – in einer irrwitzigen Geschwindigkeit.

Da solche langen Zahlenfolgen für den Menschen unhandlich sind, werden sie in Gruppen zusammen gefasst. Eine Einheit nennt sich ein Bit, acht Bits ergeben ein Byte. Damit lassen sich insgesamt 256 Zustände darstellen im Wertebereich zwischen 0 und 255. Daneben sind besonders bei Programmierern, aber auch im Internetbereich Hexadezimalzahlen gefragt. Das Hexadezimalsystem basiert auf 16 Werten und stellt die Zahlen 10 bis 16 als Buchstaben A bis F dar.

> **Hinweis**
>
> Mit einem Hexadezimalwert lässt sich gerade ein halbes Byte repräsentieren. In der Frühzeit der Programmierung ließen sich auf diese Weise in einem Byte zwei Werte zwischen 0 und 15 ablegen und für den Programmierer auch einfach erfassen. Das Hexadezimalsystem findet sich z.B. bei den Farbdefinitionen im Rahmen der Programmierung von Internetseiten.

Diese Systematik setzt sich in vielen Aspekten der Computertechnik fort, z.B. bei den Schriften. Da sich mit einem Byte 256 Zustände beschreiben lassen, benötigt der Computer nur eine Tabelle, welches Schriftzeichen welchem Wert entspricht. In den Schrifttabellen verbergen sich weitaus mehr Zeichen, als auf den Tastenkappen der Tastatur zu sehen sind.

Bits & Bytes

Binär	Dezimal	Hex.
0 0 0 0 0 0 0 0	0	0
0 0 0 0 0 0 0 1	1	1
0 0 0 0 0 1 0 0	4	4
0 1 0 1 1 1 0 1	93	5D
1 1 1 1 1 1 1 1	255	FF

Bild 1.4: Gleiche Werte, aber unterschiedliche Darstellungen im Binär-, Dezimal- und Hexadezimalsystem

> **Hinweis:** Probieren Sie es aus: Halten Sie die [Alt]-Taste der Tastatur gedrückt und drücken Sie nacheinander [0] [1] [6] [3] auf dem Ziffernblock. Das Ergebnis ist das Zeichen für das englische Pfund »£«, das Sie auf einer deutschen Tastatur vergeblich suchen werden.

Aus diesen Berechnungen ergeben sich auch die Kapazitätsangaben für Hauptspeicher oder Festplatte. Dabei sind folgende Werte üblich:

1 Kbyte = 1 024 Byte
1 Mbyte = 1 024 Kbyte = 1 048 576 Byte
1 Gbyte = 1024 Mbyte = 1 073 741 824 Byte

Den Computer starten

Wenn Sie den Netzschalter beim Einschalten Ihres PC betätigen, vergehen einige Sekunden bis der Monitor eine Reaktion zeigt. Ihr Rechner ist bereits erwacht und hat Schwerarbeit zu leisten, denn er prüft automatisch, ob alle Komponenten richtig funktionieren – der POST (Power On Self Test,

So funktionieren Computer

Selbsttest beim Einschalten) leitet das Hochfahren (engl. Booten) des Computers ein. Beim Selbsttest werden die Ausgabe auf dem Monitor, der Hauptspeicher, die Tastatur und die angeschlossenen Massespeicher überprüft, schließlich interne Parameter ermittelt und eingestellt.

Diese Überprüfung wird vom BIOS initiiert. Es steuert auch den weiteren Startvorgang: Steckt eine Diskette im Laufwerk, versucht der Computer, von dieser ein Betriebssystem zu starten. Ohne Diskette erfolgt der Zugriff auf eine Festplatte oder ein CD-ROM-Laufwerk, die Reihenfolge der Startlaufwerke lässt sich verändern.

> **Fachwort**
>
> ↗ Das BIOS ist das Basic Input/Output-System. Es ist für den Selbsttest beim Start verantwortlich, erkennt die Festplatten und startet sie, initialisiert weitere Karten mit eigenem BIOS und leitet den Start des Betriebssystems ein. Das BIOS lässt sich konfigurieren und für die jeweilige Rechnerkonfiguration optimieren. Die eingestellten Parameter des BIOS werden in einem speziellen Speicher abgelegt, der auch bei ausgeschaltetem Computer durch eine Batterie oder einen Akku versorgt wird.

Erst das Betriebssystem macht den Computer arbeitsfähig. Es bildet die Basis für die Ausführung von Programmen, integriert die eingebauten Komponenten und regelt die Kommunikation mit dem Anwender. Das BIOS bietet tatsächlich nur Basisfunktionen an. Das Betriebssystem ergänzt und steuert diese Grundfunktionen. Anders als das BIOS ist es nicht fest im Computer gespeichert und kann relativ einfach an Veränderungen an der Computerausstattung oder an neue Programmanforderungen angepasst werden.

Computertypen

Auch wenn die Computerentwicklung rasant voranschreitet und moderne Personal Computer die Rechenkapazitäten früherer Großrechneranlagen in den Schatten stellen: Für unterschiedliche Anwendungsgebiete stehen passende Computertypen zur Verfügung. Die nachfolgende Tabelle gibt einen Überblick über die Gerätearten und deren typisches Einsatzgebiet.

Das Booten von der Festplatte

Was passiert eigentlich noch beim Booten? Der erste Schritt nach der Prüfung: Das BIOS untersucht spezielle Bereiche der Festplatte und lädt das ausführbare Programm, das dort abgelegt ist. Dieses Programm übernimmt den weiteren Startvorgang. Es lädt Konfigurationsdateien, startet Systemprogramme und dient auch der Absicherung, z.B. bei Computern im Netzwerk. Wenn vorgesehen, fragt ein Sicherungsprogramm nach einem Benutzernamen und einem Passwort und verhindert bei fehlerhaften Eingaben den Zugriff auf den Computer.

Bei einem Netzwerk werden mehrere Computer miteinander verbunden. Diese Verbindung dient nicht nur dem Austausch von Daten. Ein Netzwerk kann auch zusätzliche Sicherheitsfunktionen bieten, stellt angeschlossene Geräte – z.B. Drucker – mehreren Anwendern zur Verfügung oder erlaubt allen Netzwerkteilnehmern den Internetzugang.

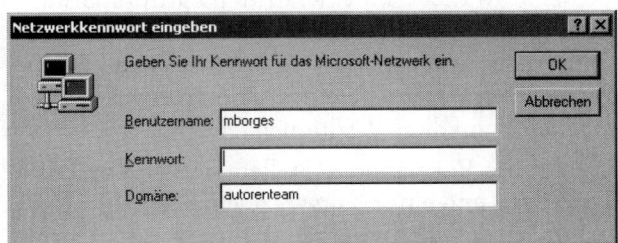

Bild 1.5: Erst »einloggen«, dann arbeiten. Ohne Kennwort funktioniert in diesem Fall der Zugriff auf das Netzwerk nicht.

Da der PC kein bestimmtes Betriebssystem favorisiert, lassen sich dort auch Bootmanager platzieren – dann haben Sie die Wahl zwischen mehreren installierten Betriebssystemen. Statt dem Startfenster des Betriebssystems erscheint eine Auswahlliste. Sie können dann z.B. MS-DOS, Windows oder Linux starten, allerdings muss jedes dieser Betriebssysteme korrekt eingerichtet sein.

Bereits beim Starten stellen sich die modernen Betriebssysteme auf die Wünsche und Vorlieben der Anwender ein. So lassen sich z.B. oft benötigte Programme automatisch beim Hochfahren ausführen oder die Bildschirmeinstellungen des Anwenders rekonstruieren.

All diese Einstellungen werden durch Konfigurationsdateien gesteuert. Diese sind zum Teil direkt mit einem einfachen Textprogramm darstell- und änderbar, liegen aber zum anderen Teil als kodierte Datenbanken vor, die ein separates Programm zur Überprüfung und Bearbeitung erfordern.

Das Betriebssystem installieren

Falls Sie keine Kenntnisse im EDV-Bereich haben, wird Ihnen die komplette Installation eines Betriebssystems schwer fallen. Aber so häufig ist das auch nicht nötig.

Bei der Ersteinrichtung des PC fallen einige außergewöhnliche Arbeiten an. Der erste Schritt besteht in der Einteilung und Einrichtung der Festplatte. Die Platte kommt »jungfräulich« und muss erst auf ihre Aufgabe vorbereitet werden. Zunächst partitionieren Sie die Festplatte. Große Platten lassen sich in mehrere Teile – die Partitionen – zerlegen. Jede Partition wird als eigenständiges Laufwerk angesehen. Sie können also Windows 98 auf der ersten, Linux auf der zweiten und Windows 2000 auf einer dritten Partition installieren und mit einem Boot-Manager beim Start aktivieren. Dann wird das Thema »Dateisystem« – die Art der Datenablage – für Sie interessant. Nicht jedes Betriebssystem kann mit dem Dateisystem des anderen etwas anfangen. Dann schlägt auch der Zugriff auf diese Partitionen fehl.

Nach dem Partitionieren folgt das Formatieren. Stellen Sie sich vor, dass ein Buch Seitenzahlen, Textseiten und ein Inhaltsverzeichnis enthält. Erst die Seitenzahlen und das Inhaltsverzeichnis sorgen dafür, dass der Computer später Dateien finden kann.

Bei allen weiteren Sequenzen begleiten Sie »Assistenten« oder andere grafische Interaktionsmodule. Die modernen Betriebssysteme verfügen über eine Reihe von Mechanismen, die den Computer analysieren und die benötigten Einstellungen automatisch vornehmen – bei Windows werden Sie den HARDWARE-ASSISTENT zu Gesicht bekommen. Einige Einstellungen – z.B. Internet- und Netzwerkzugänge – nimmt Ihnen die Installationsroutine nicht ab. In diesen Bereichen müssen Sie noch selbst tätig werden. Da Passwörter oder Verbindungsdaten zu externen Computern dem Betriebssystem nicht bekannt sein können, ist eine Automatik auch gar nicht realisierbar.

Die wichtigsten Komponenten

Ohne dem folgenden Kapitel vorgreifen zu wollen, sind an dieser Stelle einige Ausführungen nötig. Es geht um die Zusammenarbeit der einzelnen PC-Komponenten. Motherboard und CPU bilden das Herz des Computers.

Das Motherboard – die Hauptplatine – enthält alle wesentlichen Bauteile für den Grundaufbau. Es ist die Basis für alle anderen Komponenten. Ein fabrikneues Motherboard fällt zunächst durch die Vielzahl der winzigen Bausteine, einem Labyrinth aus Leiterbahnen und einer ganzen Reihe von Steckplätzen auf.

> **Hinweis:** Der Hersteller und die genaue Boardbezeichnung ist bei nahezu jedem Produkt auf dem Board direkt aufgedruckt.

Die Steckplätze sind ein Kernkonzept heutiger PC. Sie bieten Platz für Systemerweiterungen und eine Möglichkeit zum Austausch bestehender Komponenten. Aber zunächst einmal übernimmt das Board selbst eine Reihe von Funktionen. Die Kommunikationsaufgaben fallen sofort ins Auge. Irgendwie müssen die Einzelteile miteinander verbunden werden, damit überhaupt ein Datenaustausch stattfinden kann. Dies ist die Aufgabe einiger Leiterbahnen – allerdings nicht ohne Steuerung. Auf der Hauptplatine überwachen so genannte »Controller« die Aktivitäten am Bussystem.

Die langen Steckplätze nehmen Erweiterungskarten auf. Eine Grafikkarte steckt in den meisten Computern in einem dieser Steckplätze. Aber sogar die Grafikfunktionen sind bei einigen Geräten mittlerweile auf die Hauptplatine gewandert. In den Steckplätzen finden sich häufig auch noch Netzwerkkarten, spezielle Festplattencontroller, TV-Karten, Modem- oder ISDN-Karten.

Eine andere Form der Steckplätze nimmt Speicherbausteine auf. Speicherbausteine sind kleine Riegel, die mit Speicherchips bestückt sind. Sie werden in die Slots gesteckt. Speicherbausteine und Boardtechnik müssen zueinander passen. Informationen zu den möglichen Speichererweiterungen erhält man in der technischen Referenz, auf der Homepage des Herstellers oder beim Fachhändler. Der Speicher (RAM) ist das Kurzzeitgedächtnis des PC. Er ist z.B. im Vergleich zu einer Festplatte sehr schnell, hat aber einen gravierenden Nachteil: Er verliert sofort seinen Inhalt, wenn der Computer ausgeschaltet wird.

Fachwort

↗ Die *Controller* sind hochspezialisierte Chips. Sie sind anders als der Prozessor für eine klar umgrenzte Aufgabe zuständig und daher in ihrem Aufgabengebiet deutlich schneller als der Rechenknecht. Controller regeln z.B. den Datenaustausch auf dem Motherboard, den Zugriff auf die Festplatten und sonstige Laufwerke und – in Form eines Grafikcontrollers auf einer Steckkarte – auch die Monitorwiedergabe.

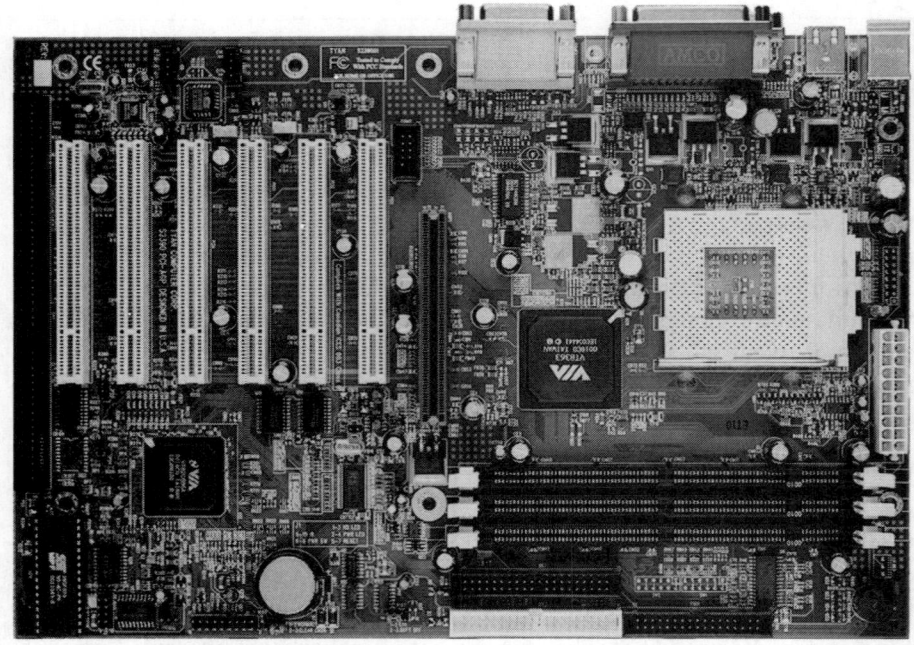

Bild 1.6: Ein Motherboard direkt aus der Verpackung. Ohne Steckkarten, Prozessor, Speicher und Kabel wird die Struktur deutlich (Foto: Tyan).

Kapitel 1: Was ist ein Computer?

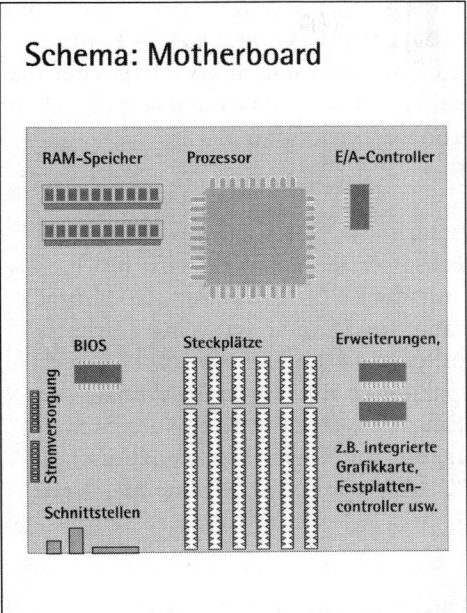

Bild 1.7: *Komponenten des Motherboards*

> **Hinweis**
>
> Der RAM-Speicher (Random Access Memory) übernimmt eine ganze Reihe von Aufgaben. Das Betriebssystem fordert mitunter mehr als das Tausendfache des Speichers eines Commodore C 64, um die Minimalausstattung auch tatsächlich lauffähig zu halten. Mittlerweile existieren jedoch einige unterschiedliche Typen. Informieren Sie sich auf jeden Fall, damit aus Ihrer Speichererweiterung kein teurer Reinfall wird.

Am unteren Rand des Bildes 1.6 ist ein dritter Steckkontakttyp mit drei Steckerleisten zu erkennen, Dabei handelt es sich um die Verbindungen zu Laufwerken wie Festplatte, Disketten-, CD-ROM- oder DVD-Laufwerk. Diese Laufwerke lassen sich nach Fähigkeiten unterscheiden. Magnetische Medien wie Festplatten, Disketten und andere Wechseldatenträger können Daten von einem Medium lesen und wieder darauf schreiben, während optische

CD-ROM- und DVD-Laufwerke für den Leseeinsatz vorgesehen sind. Schreiblösungen für spezielle CD-ROM-Laufwerke und DVD-Laufwerke unterscheiden sich in Handhabung und Geschwindigkeit von denen der magnetischen Medien. Interne Laufwerke werden in das Gehäuse eingebaut und mit einem Kabel mit dem Motherboard verbunden.

> **Fachwort** ↗ *Wechseldatenträger* erweitern die Speicherkapazitäten des Computers bei Bedarf. Ein Wechselplattenlaufwerk wird fest eingebaut oder extern per Kabel mit dem PC verbunden. Es nimmt die Wechseldatenträger auf, kann sie ähnlich wie eine Diskette oder Festplatte beschreiben und gibt sie auf Knopfdruck wieder aus. Die verfügbare Speicherkapazität ist nur durch die Anzahl der Wechseldatenträger begrenzt. Eine weit verbreitete Lösung stellen so genannte ZIP-Laufwerke dar, die auf einem diskettenähnlichen Datenträger je nach Bauart 100 Mbyte bis 250 Mbyte speichern können.

Am oberen Rand des Bildes gibt sich das Motherboard kommunikationsfreudig. Dort führt es Schnittstellen nach außen, die als Andockstation für zusätzliche Geräte dient. Die Tastatur und die Computermaus sind die bekanntesten dieser Geräte, aber auch Drucker- und USB-Anschlüsse sind dort zu finden.

Auf dem Motherboard tun verschiedene Bussysteme ihren Dienst. Ein Bussystem dient der Steuerung der Komponenten und dem Austausch von Daten untereinander. Diese Bussysteme laufen in Controllern zusammen, die wiederum die Aktivitäten auf den feinen Verbindungsleitungen koordinieren.

Unter Windows (mit Ausnahme von Windows NT) bietet der Geräte-Manager einen Überblick über die installierten Komponenten. Dort versammeln sich – gegliedert nach Aufgabengebiet – alle Systemkomponenten, die dem Betriebssystem bekannt sind. Interessant ist die Schaltfläche DRUCKEN. Ein Mausklick darauf hilft bei der Dokumentation der Systemkonfiguration.

Das wichtigste Bauteil ist bislang nur am Rande erwähnt worden: der Prozessor. Der Prozessor übernimmt die eigentliche Rechenarbeit. Er ist so konstruiert, dass er sich für ein möglichst breites Einsatzspektrum eignet.

Kapitel 1: Was ist ein Computer?

Prozessoren sind Siliziumchips von Daumennagelgröße. Auf dieser Fläche fanden beim 80386 etwa 250 000 Transistoren und das begleitende Beiwerk Platz, aktuell ist die 10-Millionen Grenze gefallen.

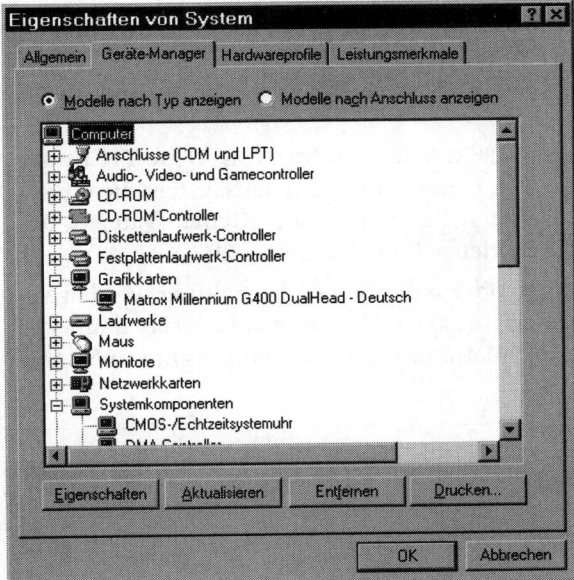

Bild 1.8: Aufschrauben nicht nötig: Der Geräte-Manager informiert über die installierten Komponenten und stellt sie nach Aufgabengebiet geordnet dar.

Prozessoren existieren in unterschiedlichen Bauformen und Leistungsklassen von unterschiedlichen Herstellern. Derzeit liefern sich AMD und Intel einen heißen Werbekampf um die Vorherrschaft. Der Kampf um die höchste Taktfrequenz ist dabei nur ein Scheingefecht: Wichtiger als die eigentliche Rechengeschwindigkeit ist eine intelligente Gesamtarchitektur, die das System »Prozessor« optimiert.

Computer aus?

Wenn Sie einen Computer, der mit einem grafischen Betriebssystem ausgestattet ist, einfach mit dem Netzschalter ausschalten, könnte dieses den Verlust der letzten bearbeiteten Dokumente zur Folge haben. Windows hat im Hintergrund ständig etwas zu tun – und speichert vielleicht die zuletzt bearbeitete Datei. Der abrupte Stromausfall bereitet Ihrem Dokument ein jähes Ende.

Wählen Sie die Punkte HERUNTERFAHREN oder NEU STARTEN in der Dialogbox WINDOWS BEENDEN. Dann hat das Betriebssystem die Chance auf einen gesicherten Abschluss. Es schließt alle offenen Dateien, beendet Speichervorgänge und meldet sich im Netzwerk ab.

Nach einem Programmabsturz oder einer Stromabschaltung werden Sie mit einer zusätzlichen Wartezeit bestraft. Windows überprüft dann vor dem eigentlichen Start die Festplatte mit dem Systemprogramm SCANDISK auf eventuelle Fehler.

Bild 1.9: Das Herz des Ganzen: der Prozessor, hier in einer speziellen Form für den mobilen Betrieb (Foto: AMD)

Leider unterscheiden sich die Prozessoren in der Art der Anschlussbelegung, der Anschlussparameter und der Stecksysteme. Das bedeutet, dass die Wahl eines Prozessors auch ein bestimmtes Motherboard erfordert. Sockel oder Slot (die Bauformen), AMD oder Intel – die Leistungsunterschiede in den jeweiligen Preis- und Anwendungskategorien wechseln so häufig, dass Sie vor dem Kauf eines neuen Systems eine aktuelle Fachzeitschrift mit Vergleichstests oder die Informationsangebote im Internet zu Rate ziehen sollten.

Computereinsatz in der Praxis

Der Computer ist ein Werkzeug, das bei dem Erreichen bestimmter Ziele helfen soll. Er hat gemeinsam mit dem Anwender eine Aufgabe zu erfüllen. Wie zuvor geschildert, ist der Computer ein modulares System, das sich an die Wünsche des Benutzers anpassen lässt – in bestimmten Grenzen. Das Grundsystem aus Motherboard und Prozessor lässt sich nur mit unverhältnismäßig hohem Aufwand austauschen, manchmal ist ein Neukauf wirtschaftlicher als eine Aufrüstung.

Der Einsatz eines Computers setzt aber nicht nur den Computer selbst voraus, sondern auch Programme, die darauf ablaufen. Man unterscheidet zwischen Hardware und Software: Die Software sind alle Programme, die auf dem Computer ausgeführt werden. Auch bei der Auswahl der Software sollten die Anwendungswünsche berücksichtigt werden.

Der private PC

Vor einigen Jahren war der heimische PC eher die Ausnahme. Mittlerweile hat er sich zu einem festen Bestandteil in vielen Haushalten entwickelt. Dabei hat er nicht nur die Funktion, die im Arbeitsalltag unerledigten Aufgaben nach Dienstschluss in die Freizeit zu transferieren, sondern entwickelt eine eigene Berechtigung.

Eltern mit Kindern im tippfähigen Alter können ein Lied davon singen: Die vielbeschworene »Medienkompetenz« bricht sich mit den tollsten Spielen am PC die Bahn, Internetchats der Söhne und Töchter lassen Vater und Mutter die Haare zu Berge stehen und plötzlich werden die Hausaufgaben mit Bildern und Zeichnungen aus dem Drucker verziert. Kinder und Jugendliche, so eine allgemeine Beobachtung, bringen dem Computer nur wenig Ehrfurcht entgegen und nutzen ihn als Werkzeug für eigene Interessen. Schade, dass das Lernen mit dem Computer nur in Ausnahmefällen dazu gehört.

Internet und elektronische Post sind bei Privatanwendern die Regel. Die Kosten gestalten sich moderat, ab 1,20 Mark pro Stunde schlägt das Internet preislich jedes Kinoprogramm. Eigene Homepages und E-Mail-Adressen gehören fast zum Alltag, und der heimische Drucker spuckt die Visitenkarten aus, die benötigt werden, um jedem der es wissen will (oder auch nicht) die Kontaktdaten im weltweiten Netz mitzuteilen.

Digitale Fotografien sollen auf den PC übertragen und dort nachbearbeitet werden, ein Videoschnittplatz im PC wäre auch nicht schlecht und Musik kommt aus dem MP3-Player, der seine Musikstücke aus dem PC bezieht. Damit steigen die Anforderungen an die Grafikkarte. Leistungsfähige Grafikkarten – die im Vergleich zu klassischen Grafikadaptern relativ teuer sind – und Videoergänzungen lassen sich vorzugsweise bei Privatkunden absetzen, wie die Hersteller wissen.

Die Software darf hingegen etwas günstiger sein. In den letzten Jahren ergab sich ein Trend zu preisgünstigen, einfach zu bedienenden Programmen. Auch im Rahmen einer Zweitvermarktung – mehrere ältere Programme zusammen in einer CD-ROM-Sammlung – wird der Hunger nach Software dieser Clientel gestillt. Die klassischen Büroapplikationen gibt es zum Teil sogar kostenlos: sun bietet mit StarOffice und Textmaker HomeEdition umfangreiche Pakete mit allen Elementen von Office-Software zum Nulltarif im Internet. Weiterhin beliebt bei kleinem Geldbeutel: Shareware und Freeware, Programme, deren Benutzung zunächst nichts kostet, deckt weite Felder im privaten, aber auch im beruflichen Einsatz.

Viele Computer von Massenanbietern bringen bereits ein dickes Softwarepaket mit, so dass mit dem Kaufpreis nicht nur die Geräte, sondern auch Programme erworben werden. Diese Pakete stellen in der Regel eine solide Ausgangsbasis dar und sind von billigen Werbegeschenken weit entfernt.

Der PC als Profi-Werkzeug

Der bunte Reigen der Anwendungen ist im beruflichen Alltag so nicht zu finden. Umgeben von einem Netzwerk und einer von der IT-Abteilung vorgegebenen Rechnerkonfiguration wird der PC zur Strukturierung, Verteilung und Darstellung von Informationen eingesetzt. Im Büro herrschen Officeprogramme wie Textverarbeitung, Tabellenkalkulation, Datenbank- und Präsentationssoftware vor. Diese Software ist oft in spezifischeres Umfeld eingebettet. Die Buchhaltung setzt ein spezielles Programm zur Erfassung und Steuerung der Geldströme ein, die Lagerhaltung archiviert

Zu- und Abgänge und in der Chefetage laufen alle Prozesse in Form von Diagrammen und Tabellen zusammen.

Die Anforderungen für den gewerblichen Einsatz unterscheiden sich deutlich von denen des Heimanwenders. Stellen Sie sich einfach vor, dass in einem Großraumbüro an jedem Arbeitsplatz dicke Lautsprecher wummern, weil jeder seine Lieblingsmusiker hört. Wenn Computerviren auf einem einzelnen PC die Arbeit mehrere Tage zerstören können, steht bei Unternehmen die Existenz auf dem Spiel. Rechnerausfälle, die den Privatanwender ärgern, kosten im Unternehmen richtiges Geld. Die Anforderungen an das Betriebssystem und die Integration des Arbeitsplatzes in die Arbeitsprozesse des Unternehmens machen Restriktionen und Sicherungssysteme unumgänglich. Geräuscharmut, Energieeffizienz und das Kunstwort TOC (Total Cost of Ownership) sind Kriterien, an denen ein Bürocomputer gemessen wird.

Die Ausstattung mit dem neuesten Design-Computer und einem superflachen TFT-Display am Arbeitsplatz ist ein Statussymbol für den Arbeitsplatzbesitzer. Es weist den Besucher oder Kollegen unmissverständlich auf die Position des Besitzers hin.

Anders als beim Büro-PC nimmt der Computer in einer Reihe von Anwendungsfällen nicht nur eine unterstützende, sondern eine beherrschende Funktion ein. Eine solche Rolle lässt sich beim Einsatz »ungewöhnlicher« Software, spezieller Hardware oder auch durch eine besondere Zusammenstellung herkömmlicher Komponenten feststellen.

Die Sicherheitsfunktionen, die für den gewerblichen Einsatz erforderlich sind, lassen sich auf einem PC ausführen. Dann muss jedoch dieser Computer gegen unberechtigten Zugriff geschützt werden. Zumindest größere Netzwerke setzen mehrere Computer unterschiedlicher Bauformen für die Versorgung der angeschlossenen Geräte mit Serverdienstleistungen ein.

Ein anderes Gebiet ist der Grafik-, Musik- und Layoutbereich. Hier befinden sich die IBM-kompatiblen Personal-Computer in der Minderheit. Diese Domäne hat sich Apple mit guten Ideen und einem ungewöhnlichen Design immer wieder erkämpft und verteidigt sie mit aller Macht.

Das Einsatzgebiet im beruflichen Alltag ist breit gefächert, auch wenn die Büronutzung vorherrschen dürfte. Daran orientiert sich auf eine allgemeine Empfehlung: Der Einsatz des Computers verursacht nicht nur Kosten bei der Anschaffung, sondern auch danach. Ein stabiles Betriebssystem oder eine gekaufte Software mit Support können mehr Geld einsparen, als sie kosten.

Mit Computern unterwegs

Notebook, Laptop, Handheld, Palmtop – Synonyme für die Freiheit, das Computern nicht nur am Arbeitsplatz ausüben zu dürfen. Moderne Mobiltelefone reihen sich immer mehr in diese Kette ein, denn auch sie integrieren Funktionen, die über das Telefonieren hinaus gehen. Allen Mobilgeräten sind die im Vergleich zum Desktop-PC kompakten Ausmaße gemeinsam.

Laptops und Notebook-Computer sind geschrumpfte PC, die technisch ihren großen Brüdern gleichen. Sie lassen sich mit dem eingebauten Akku zwei bis drei Stunden netzunabhängig betreiben und stellen die Informationen auf einem im Deckel integrierten Flachdisplay dar. Mit einem Gewicht zwischen einem und fünf Kilogramm sind sie transportabel, durch die üblichen Schnittstellen und Erweiterungen um kabellose Komponenten – Infrarotschnittstellen für den Datenaustausch, Funkverbindungen im Bluetooth-Verfahren, integrierte Netzwerkanschlüsse und sogar TV-Ein- und Ausgänge – geben sie sich ausgesprochen kommunikativ.

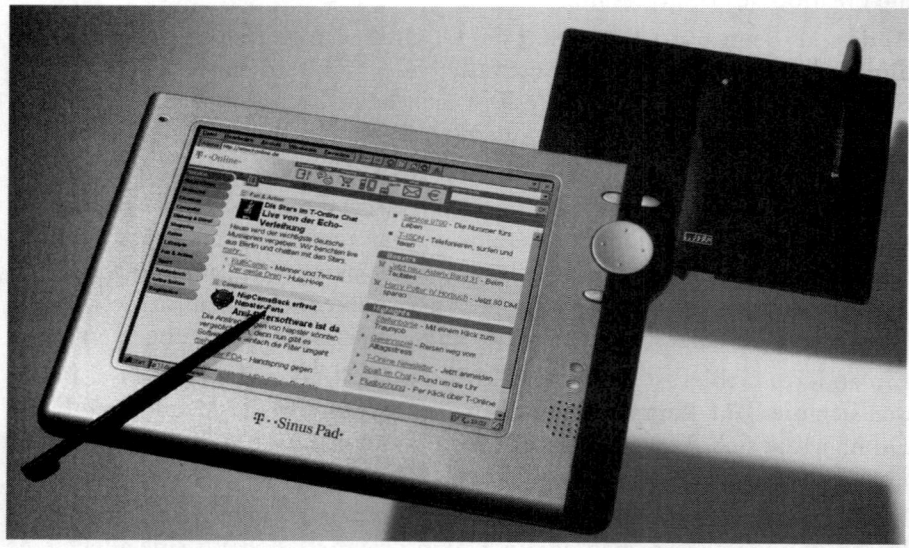

Bild 1.10: Eine Mischung aus PC und PDA: Die Deutsche Telekom präsentierte dieses Web-Pad, das über Funk und Empfangsmodul einen Internetzugang herstellt.

Die einzelnen Komponenten in Laptops sind kompakt und auf Energiesparen getrimmt. Das hat seinen Preis: Ein Laptop ist um einiges teurer als ein vergleichbar leistungsfähiger Desktop-PC.
Es geht jedoch noch kleiner. Keine Tastatur, dafür ein berührungsempfindlicher flacher Bildschirm, handschriftliche Eingabe oder Symbolbedienung mit einem kleinen Stift: die Klasse der Handheld- oder Pocket-Computer. Die übliche Bezeichnung »PDA« für Personal Digital Assistant trifft das Einsatzgebiet genau. Die geringen Abmessungen und das niedrige Gewicht machen diesen Computertyp zu einem Ersatz für den klassischen Terminplaner, Notizblock, Adressbuch und Aufgabenliste. Mehrere Stunden netzunabhängig arbeiten alle Vertreter dieser Klasse, auch die Verbindung und der Datenaustausch mit dem stationären PC ist Standard. In diesem Bereich haben sich z.B. die Betriebssysteme Palm OS und Windows CE etabliert.

Unsere Enkel werden schmunzeln ...

... falls sie diese Seiten jemals zu Gesicht bekommen! Wenn die Technik in solch rasanten Schritten weiter voranschreitet wie in den letzten Jahren – eine Verschnaufpause ist nicht auszumachen –, geht es ihnen wie den Autoren, die an die ersten Computerversuche mit dem C64 zurückblicken: geradezu drollige Zahlen, was Leistung, Speicher und Größe angeht. Die Prognose: Computer werden in anderer Form und mit anderer Funktionalität immer stärker in das tägliche Leben integriert. Viele Effekte sind jetzt schon sichtbar: die PDAs, die auf einer Handfläche die Leistung von Großrechnern von vor 15 Jahren bieten, Videorecorder, die 20 und mehr Stunden Film auf eine Festplatte speichern, und das häufig beschworene Beispiel des Kühlschranks, der selbstständig Bestellungen im Internet aufgibt, wenn die Milch zur Neige geht.
Interessante Entwicklungen deuten an, dass die nächste Generation von Computern den Besitzer nicht mehr verlassen wird. »Wearable Computing«, Computer zum Anziehen, bieten jederzeit und an jedem Ort Zugriff auf beliebige Informationen und Kommunikationskanäle. Neue Eingabesysteme werden benötigt: Die Spracheingabe wird mit zunehmender Rechenpower immer zuverlässiger und wird in der Lage sein, den Sinn natürlicher Sätze zu analysieren und in entsprechende Aktionen umzusetzen, große und schwere Monitore verschwinden zugunsten winziger Projektoren, die Bilder unmittelbar in das Blickfeld des Anwenders stellen. Das alles ist keine Zukunftsvision, sondern in konkreten Prototypen zu bewundern.

Gleichzeitig nimmt auch die Intelligenz der Software zu: »Schreib einen Brief an ...« bewirkt, dass ein Textprogramm mit einer Briefvorlage gestartet und dort schon die Adresse des Empfängers eingetragen wird. Solch ein System kennt natürlich die persönlichen Vorlieben und sorgt nach dem Abschluss des Briefs für den Versand – auf elektronischem Weg, mit digitaler Signatur und natürlich so verschlüsselt, dass nur der Empfänger an den Inhalt heran kommt.

Kapitel 2
Hardware

»Hardware ist das, was brummt und piept«, sagte einmal ein Trainer im EDV-Unterricht, und de facto hatte er Recht. Alles, was zum Computer gehört bzw. in den Computer eingebaut wurde, gehört dazu. In diesem Kapitel lernen Sie alle wichtigen Komponenten eines Computers kennen. Daneben erhalten Sie wertvolle Tipps, die Sie vor Fehlkäufen bewahren sollen, Ihnen Entscheidungshilfen geben und auf wichtige Zusammenhänge hinweisen. Falls Sie in nächster Zeit die Neuanschaffung eines PC planen, werden Sie in die Lage versetzt, gezielte Fragen im Fachgeschäft zu stellen und die erhaltenen Antworten zu bewerten.

Das EVA-Prinzip

Die Funktionsweise eines jeden Computers basiert auf dem EVA-Prinzip: Eingabe, Verarbeitung und Ausgabe.

- Mit einer *Eingabe*, z.B. einem Mausklick oder durch drücken einer Taste, schicken Sie ein Signal an den Computer.
- Der Computer empfängt das Signal und beginnt mit der *Verarbeitung*. Am Signal erkennt er, welchen Befehl er empfangen hat, und arbeitet ihn ab.
- Das Ergebnis der Verarbeitung ist die *Ausgabe*. Nach dem Drücken einer Buchstabentaste erscheint der gedrückte Buchstabe auf dem Bildschirm.

Das ist natürlich ein sehr einfaches Beispiel. Tatsächlich basiert aber jeder EDV-gesteuerte Ablauf auf diesem Prinzip, durch Verschachtelungen und Aneinanderreihung von Befehlen lassen sich damit komplexeste Abläufe realisieren, die auch der Rechner selbstständig initiieren kann.

Im Zeitalter des Internet können auch von außen Eingaben erfolgen, die im Hintergrund verarbeitet werden und anschließend eine Antwort ausgegeben wird. Von allem bekommen Sie im Normalfall nichts mit.

So ist es heute kein Problem mehr, Daten in Sekunden vom tragbaren Rechner, der im Hotelzimmer in Oslo steht, an den PC zu Hause zu schicken.

Eingabegeräte

Der leitet die Daten weiter an einen Rechner in Honolulu, von dem ein Kollege in Brasilien die Neuigkeiten erhält – der komplette Vorgang basiert auf dem EVA-Prinzip.

Weitere Verbreitung findet das EVA-Prinzip bei der zentralen Datenverwaltung. Aufgrund der weltweiten Verfügbarkeit der Rechner ist es sinnvoll, Daten an einer Stelle zu sammeln statt sie jedem, der sie benötigt, auf seinem PC zur Verfügung zu stellen. Bei großen Unternehmen sorgen mehrere hundert Rechner, die miteinander verbunden sind und riesige Datenmengen verwalten, für aktuelle, umfangreiche und für jeden Berechtigten verfügbare Daten. Um eine Information abzufragen, ist ein passendes Suchwort nötig, der Rechnerverbund verarbeitet die Anfrage und gibt das passende Ergebnis zurück.

Mit den heutigen Strukturen und Möglichkeiten sind Abläufe darstellbar, die automatisch, d. h. ohne das Zutun des Benutzers, oder benutzergesteuert ablaufen.

Eingabegeräte

Als Eingabegeräte werden alle Komponenten bezeichnet, mit denen Sie einen Befehl an den Computer senden. Vor dem Kauf sollten Sie abschätzen, für welches Aufgabengebiet Sie das Gerät benötigen.

- Als Vielschreiber werden Sie sicher nicht die billigste Tastatur nehmen. Weiterhin ist wichtig, welche Funktionalität und wie viel Komfort die Komponente mitbringen soll.

- Computermäuse gibt es zum Beispiel mit zwei bis fünf oder mehr Tasten, kabellos und optisch gesteuert.

- Auch die Zuverlässigkeit und Qualität ist nicht zu vernachlässigen, als Beispiel sei hier der Scanner genannt.

- Falls Sie z.B. planen, Linux als Betriebssystem einzusetzen, lassen Sie sich beim Kauf unbedingt versichern, dass das Gerät unter Linux verwendbar ist. Im Zweifel ist so ein problemloser Umtausch möglich. Sollten Sie keine ausreichende Bestätigung erhalten, kaufen Sie woanders.

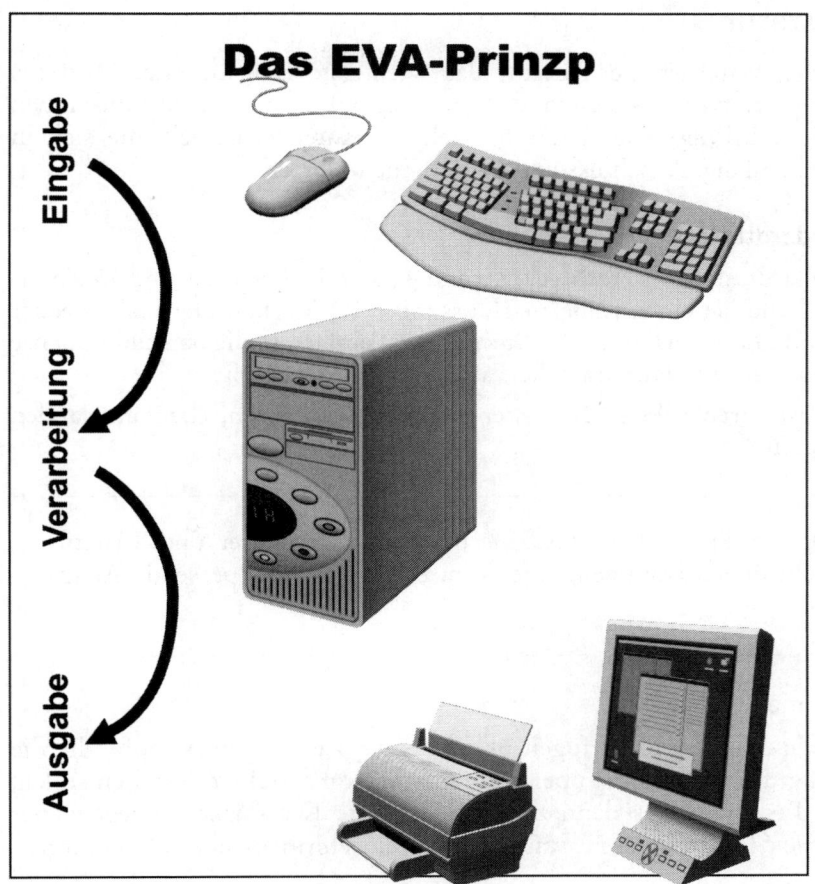

Bild 2.1: Jedes Computersystem arbeitet nach dem EVA-Prinzip.

> **Fachwort** ↗ *Linux* ist eine stabile und kostengünstige Betriebssystem-Alternative zu Microsoft Windows.

Das ist zunächst nur eine kleine Auswahl möglicher Überlegungen, die ein Exkurs durch die Welt der Hardware im Folgenden vertieft.

Die Tastatur

Neben der Maus ist die Tastatur das wichtigste Eingabegerät. Moderne Tastaturen besitzen 104 Tasten, die überwiegend mit mehreren Funktionen belegt sind. Mittlerweile sind sehr viele Varianten erhältlich, die sich in Funktionsumfang, Anschluss und Ergonomie unterscheiden.

Die Standardtastatur

Die Standardtastatur ist rechteckig, rund 45 Zentimeter breit und 15 Zentimeter tief und hat einen Kabelanschluss mit PS/2-Stecker. Der PS/2-Stecker ist rund und hat sechs Pole. Der Stecker wird einfach in die passende Buchse am PC eingesteckt, danach ist die Tastatur funktionsbereit.

Ältere Tastaturen haben 102 Tasten und einen größeren, ebenfalls runden PC-Anschluss.

> **Hinweis** Sollten die Tastaturanschlüsse an Computer und Tastatur nicht übereinstimmen, gibt es im Zubehörhandel passende Adapter.

Die Multimedia-Tastatur

Multimedia-Tastaturen verfügen über weitere Tasten und Knöpfe, die die Bedienung des Computers über die Tastatur komfortabler gestalten sollen. Mit der Tastatur ist es dann z.B. möglich, die Lautstärke zu regeln, per Knopfdruck Programme zu starten oder Bildschirmausschnitte zu vergrößern.

Mehrere Tasten sind meist frei programmierbar, so kann den Tasten ihre Funktion zugeordnet werden. Multimedia-Tastaturen kosten etwa das Dreifache einer Standardtastatur, dafür gibt es aber je Produkt über 20 Zusatztasten und ein farbiges oder transparentes Gehäuse.

> **Hinweis** Falls Sie Ihren PC dazu nutzen wollen, Musikstücke oder Videos zu bearbeiten, ist eine Multimedia-Tastatur die richtige Wahl. Falls Sie im Wesentlichen Büroarbeiten erledigen, benötigen Sie die Tastatur nicht.

Die ergonomische Tastatur

Eine ergonomische Tastatur ist durch ihre Form und Aufstellung nach ergonomischen Gesichtspunkten gestaltet. Die ergonomische Tastatur ist für Personen geeignet, die oft und lange am PC sitzen. Im Gegensatz zu den üblichen Tastaturen haben diese Geräte eine geschwungene Form, eine Handauflage. Einige Exemplare sind in verschiedene Tastenbereiche zerlegbar oder lassen sich der Handhaltung anpassen.

> **Hinweis** Die Meinungen über diese Tastaturen gehen weit auseinander. Probieren Sie die Tastatur im Fachgeschäft ausgiebig aus und entscheiden Sie selbst, ob sie Ihnen Vorteile bringt.

Bild 2.2: Ergonomische Tastaturen bieten Komfort für Vielschreiber (Foto: Microsoft)

Tastaturen, die das Auflegen des Handballens beim Schreiben gestatten, sind wesentlich größer als die Standardtastatur. Die Auflagefläche sollte mindestens acht bis zehn Zentimeter tief sein, ansonsten ist der Effekt gering, lediglich die Stellfläche wird größer.

Tastaturanschlüsse

Neben der Anschlussmöglichkeit über ein Kabel finden zwei weitere Varianten verstärkt Verbreitung:

Eingabegeräte

▶ Kabellose Tastaturen stellen über eine Funkverbindung den Kontakt zum PC her. An den Computer wird ein Empfänger angeschlossen, der Sender befindet sich in der Tastatur. Das spart ein Kabel, der Komfort ist allerdings sehr teuer. Infrarot-Tastaturen kosten je nach Ausstattung ein Vielfaches einer Standardtastatur. Sender und Empfänger benötigen Strom, so dass laufende Kosten für Ersatzbatterien anfallen.

▶ USB-Tastaturen werden an den USB-Port des PC angeschlossen. Interessant sind USB-Tastaturen für Besitzer tragbarer Computer, Notebooks oder Laptops, da sie den PS/2-Anschluss freihalten, der dann für eine externe Maus zur Verfügung steht.

Fachwort ↗ Der *USB-Port* (Universal Serial Bus) bietet den Vorteil, dass angeschlossene Geräte über den PC mit Strom versorgt werden. Außerdem können an diese Buchsen weitere Geräte angeschlossen werden.

Andere Tastaturen

Für Feuchträume, Werkstätten oder andere Räumlichkeiten, die mit Staub und Feuchtigkeit kämpfen, sind wasserdichte Tastaturen erhältlich. Erwähnenswert sind auch flexible Tastaturen, deren Aussehen an ein Heizkissen erinnert und die zusammengerollt werden können: Sie sind die ideale Lösung für den mobilen Einsatz.

Eine gute Ergänzung zu Notebooks ist ein separater Nummernblock. Zur Verfügung stehen USB-Blocks und PS/2-Blocks, an die wiederum die externe Maus angeschlossen werden kann.

Kauftipp: Tastatur

Die Tastaturen sind in jeder denkbaren Kombination verfügbar, die Qualität preiswerter Tastaturen ist recht gut. Vor dem Kauf legen Sie sich auf einen bestimmten Typ fest, um anschließend im Fachhandel gezielt zu testen. Da jede Tastatur ihren eigenen Charakter mitbringt, sollten Sie mit verschiedenen Modellen einigen Text schreiben, Sie erkennen dabei sehr schnell, welches Gerät Sie letztendlich erwerben wollen.

Die richtige Aufstellung der Tastatur

Um ermüdungsfrei zu arbeiten und Verspannungen zu vermeiden, ist es ausgesprochen wichtig, neben einer geraden Sitzposition Folgendes zu beachten:

- Stellen Sie die Tastatur direkt vor sich auf, nicht seitlich versetzt.
- Beim Schreiben sollte der Unterarm parallel zur Tastatur gehalten werden, wie z.B. beim Klavierspielen. Einige Computertische beinhalten einen Tastatureinschub in einer Höhe von 60 bis 65 Zentimetern. Passen Sie Ihre Sitzhöhe so an, dass Sie den Unterarm parallel zum Einschubfach halten.
- Stellen Sie die Tastatur in ausreichender Entfernung zum Monitor auf. Sie vermeiden damit unnötige Strahlenbelastung und schonen die Augen.

Die Maus

Ohne Maus lässt sich heute kein Computer mehr bedienen. Den auf dem Bildschirm sichtbaren Pfeil, den Mauszeiger, setzt die verschobene Maus in Bewegung und Tasten rufen Funktionen auf. Andere Elemente – Räder, seitliche Knöpfe und Schiebeschalter sind weitere mögliche Steuerelemente für Bildschirmaktionen. Mäuse gibt es in den verschiedensten Varianten und Preislagen.

> **Hinweis**
> Wie bei den Tastaturen sind viele Kombinationen aus den einzelnen Typen erhältlich; verschaffen Sie sich einen Überblick. Probieren Sie mehrere Mäuse vor dem Kauf aus. Prüfen Sie, wie die Maus in der Hand liegt, wie sich der Tastenklick unterscheidet und wie sich die Maus führen lässt.

Die Standardmaus

Die Standardmaus hat zwei oder drei Tasten, wie die Tastatur eine PS/2- oder serielle Steckverbindung zum Anschluss an den Computer und unten eine Gummikugel, die für die Bewegungen des Mauszeigers auf dem Bildschirm sorgt. Diese Mausart ist in den meisten Fällen für die Arbeit am PC ausreichend. Für die effektive Arbeit unter modernen Windows-Betriebssystemen ist eine Standard-Radmaus zu empfehlen.

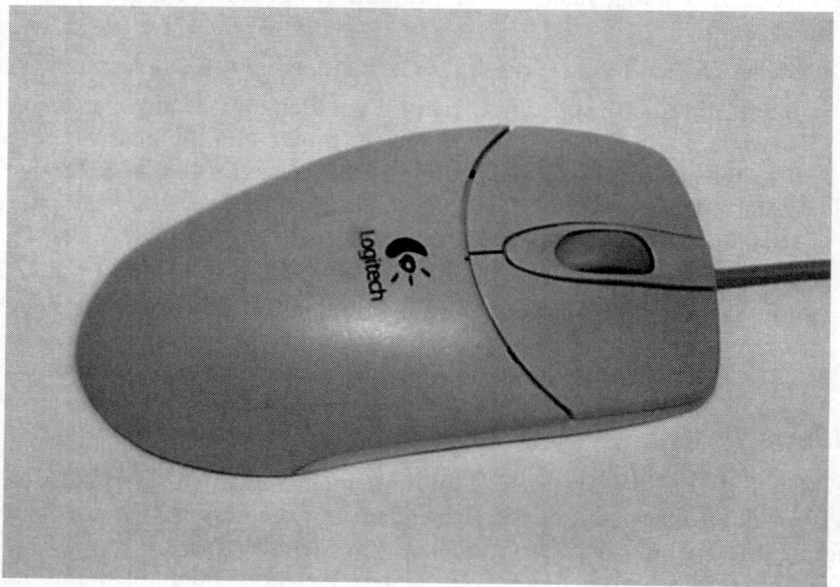

Bild 2.3: Die Radmaus reduziert den Positionieraufwand und beschleunigt das Arbeiten mit dem Computer.

Mäuse reinigen

Regelmäßige Reinigung der Maus ist unumgänglich, da je nach Untergrund starke Verschmutzungen auftreten. Zum Reinigen öffnen Sie durch Drehen das Gehäuse, in dem sich die Gummikugel befindet. Reinigen Sie die Kugel mit normalem Geschirrspülmittel. Im Mausgehäuse befinden sich drei Rollen, auf denen sich der Schmutz sammelt. Bei leichter Verschmutzung reicht ein in Isopropyl-Alkohol getränktes Wattestäbchen. 99-prozentiges Isopropanol erhalten Sie in jeder Apotheke. Bei starker Verschmutzung ist eine vorsichtige mechanische Reinigung erforderlich, hier reicht ein Taschenmesser.

Kapitel 2: Hardware

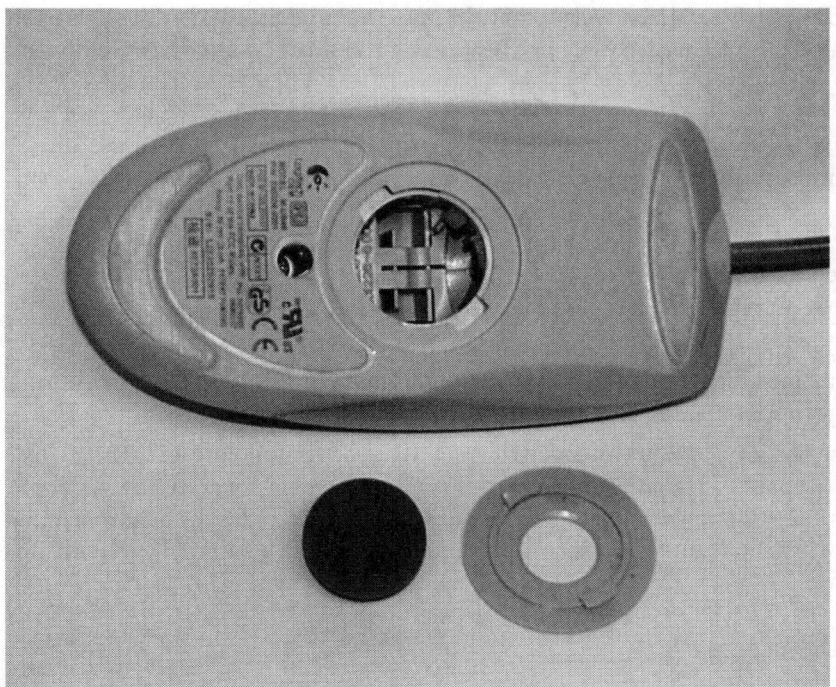

Bild 2.4: Wenn die Maus nicht mehr läuft, lässt sie sich mit geringen Mitteln reinigen.

Die optische Maus

Optische Mäuse ertasten die Bewegung über einen Lichtstrahl, einen optischen Sensor. Mechanische Teile können nicht verschleißen und verschmutzen. Bei direkter Sonneneinstrahlung oder Verschmutzung der Linse können jedoch Fehlfunktionen auftreten, was allerdings selten der Fall ist. Optische Mäuse sind wesentlich teurer als eine Standardmaus.

Die Scroll-Maus

Die Scroll-Maus oder Radmaus verfügt über zusätzlich zu den Maustasten angeordnete Mausräder, die meist zwischen den Maustasten angeordnet sind. Ist z.B. im Microsoft Internet Explorer ein Bild geladen, das nicht voll auf den Bildschirm passt, wird das Drehen am Rad den Bildausschnitt verän-

Eingabegeräte

dern. Dieses Verfahren vermeidet Mausbewegungen. Rad-Mäuse kosten mehr als eine Standardmaus, der zusätzliche Komfort ist aber das Geld wert.

> **Achtung** ➜ Bei einigen Scroll-Mäusen ist die mittlere Maustaste auf die linke Seite der Maus verlagert.

Die Trackball-Maus

Eine Trackball-Maus ist eine Standardmaus, die auf dem Rücken liegt. Es wird also nicht die Maus über den Tisch bewegt, sondern direkt die Kugel mit der Handfläche oder den Fingern. Trackball-Mäuse zeichnen sich durch einen geringen Platzbedarf aus.

Wichtig ist eine qualitativ hochwertige Kugellagerung, die die Kugel fest fixiert, sobald sie freigegeben wird. Trackball-Mäuse waren in tragbaren Computern weit verbreitet, verlieren aber aufgrund des hohen mechanischen Anspruchs und daraus resultierendem hohen Preis immer mehr an Bedeutung.

Die Stift-Maus

Die Stift-Maus ist ein kleiner Gummistick, der in die Tastatur integriert ist. Die Maustasten sind an separater Stelle auf der Tastatur angebracht, meist vor der Leertaste.

Da Stift-Mäuse quasi keine Stellfläche benötigen, sind sie ideal für tragbare Computer. Auch bei Multimedia-Tastaturen stehen sie immer öfter zur Verfügung. Als einfaches separates Gerät sind Stift-Mäuse nicht erhältlich.

Das Touchpad

Touchpads (Berührungsmäuse) sind mittlerweile Standard bei tragbaren Computern, Laptops und Notebooks. Sie bestehen aus einer ca. 6 x 4,5 Zentimeter großen Fläche und zwei separierten Maustasten. Sie steuern die Mausbewegung mit dem Finger, den Sie auf die Mausfläche auflegen und dann bewegen.

Touchpads sind verschmutzungsanfällig und gewöhnungsbedürftig. Einige Notebookbesitzer schließen deshalb gern eine externe Maus an, die problemlos mit dem Touchpad harmonisiert.

Kapitel 2: Hardware

> **Hinweis**
>
> ◆ Moderne Touchpads bieten empfindliche Steuerprogramme, die bei effektiver Einstellung und nach etwas Übung eine effektive Computersteuerung zulassen. Neueste Geräte sind so empfindlich, dass ein gut eingespieltes Pad beide Maustasten und das Rad einer Standardmaus ersetzt.

Designmäuse

Besonders gestaltete Mäuse gibt es in den unterschiedlichsten Ausführungen. Wenn Sie z.B. Anhänger von Fastfood sind, besorgen Sie sich eine Maus, die wie ein Hamburger aussieht. Andere Spaßmäuse kommen als Schildkröte, Robbe oder »echte« Maus daher. Als Blickfang sind diese Exemplare allemal geeignet. Ansonsten sind diese Mäuse ausgesprochen unpraktisch, da sie auf Ergonomie keine Rücksicht nehmen.

Hübsch anzusehen und praktisch sind dagegen die iMaus und deren Abkömmlinge. Abgeleitet von Apple Macintosh's iMac-Computer ist die iMaus in vielen grellen Farben erhältlich und nennt ein transparentes Gehäuse ihr eigen. Ansonsten entspricht sie den oben vorgestellten Mäusen und ist in jeder Ausstattungsvariante erhältlich.

Mausanschlüsse

Wie die Tastaturen lassen sich Mäuse an verschiedenen Schnittstellen am PC anschließen. Bereits vor einem Kauf sollte feststehen, welche Anschlussmöglichkeit gewünscht wird.

▶ Kabellose Mäuse stellen über eine Funkverbindung den Kontakt zum PC her. An den Computer wird ein Empfänger angeschlossen, der Sender befindet sich in der Maus. Das spart ein Kabel, der Komfort ist allerdings teuer: Infrarot-Mäuse kosten je nach Ausstattung ein Vielfaches einer Standardmaus. Hinzu kommen Kosten für Batterien, da Sender und Empfänger Strom benötigen. Außerdem führt diese Mausart ein echtes Eigenleben: Wie Fernbedienungen und schnurlose Telefone versteckt sie sich gern an Stellen, an denen sie nichts zu suchen hat.

Eingabegeräte

▶ USB-Mäuse werden an den USB-Port des PC angeschlossen. Interessant sind USB-Mäuse für Besitzer tragbarer Computer, Notebooks oder Laptops, da sie den PS/2-Anschluss freilassen. USB-Mäuse gibt es auch kabellos.

Mauspads

Ein Mauspad ist eine Unterlage zur Maus und gehört zu jeder externen Maus wie das Tischtuch auf den Tisch. Eine separate Ablage- und Arbeitsfläche für die Maus verhindert übermäßige Verschmutzung und angenehme Handauflage.

Pads gibt es in jeder Form und Größe, zum vernünftigen Arbeiten ist eine Mindestgrundfläche von 20x20 Zentimetern empfehlenswert. Viele erhältliche Motive machen das Pad zum Blickfang, die Oberfläche sollte nach persönlichem Geschmack und Funktionalität gewählt werden.

In einer Schreinerei ist eine glatte Oberfläche zu empfehlen, die leicht zu reinigen ist und wenig Staub aufnimmt. Zu Hause bietet sich ein Pad mit Stoffoberfläche an. Stoff bietet der Maus einen geringen Widerstand, der die Maus präziser führbar macht und das Schwitzen der Hand verhindert, da die Kontaktfläche Platz für Luftpolster lässt. Stoffpads sind allerdings wie Wäsche staub- und schmutzanfällig und sollten öfter gereinigt werden, ansonsten überträgt sich der Schmutz auf die Maus – doppelte Arbeit.

Kauftipp: Maus

An der Breite des Angebots erkennen Sie die Bedeutung der Maus. Suchen Sie sich nach Portemonnaie und Ausstattung ein Modell aus, das Ihren Wünschen entspricht. Die Erfahrung zeigt, dass selbst billige Mäuse eine hohe Lebenserwartung haben und teure Markenprodukte nach einmaliger Bauchlandung unbrauchbar waren. In Fachzeitschriften finden Sie selten Tests, da die Qualität der Mäuse einen gewissen Standard erreicht hat. Entscheidend beim Kauf ist Ihr persönlicher Eindruck und Maßstab der Anspruch, den Sie an die Handhabung stellen.

Andere Eingabegeräte

Weitere Eingabegeräte sind Joystick, Lenkrad, GamePad, Gamestation und 3D-Helm, Golfschlägerattrappe – das Metier der Spiele wird betreten. Heimcomputer werden gern und viel zum Spielen benutzt. Spiel ist nicht gleich Spiel, zum Spaßfaktor gehört auch die passende Hardware. Eine Formel-1-Strecke im tastaturgesteuerten Ferrari zu bewältigen, macht ebenso wenig Spaß wie Golfen mit der Tastatur.

Da Spiele in viele Kategorien eingeteilt werden, gibt es für jede Kategorie passendes Zubehör. Einige typische Vertreter werden nachfolgend beschrieben, etliche Spiele sind für bestimmtes Zubehör optimiert. Dazu gibt die Verpackung meist konkrete Hinweise.

> **Hinweis** Falls Sie eine ganz bestimmte Komponente benötigen, schauen Sie sich im Internet und im Versandhandel um; gerade beim Spielezubehör gibt es gravierende Preisunterschiede.

▶ Der Joystick ist der älteste Vertreter der Spielesteuerungen. Vom Aussehen erinnert er an den Steuerknüppel eines Flugzeuges, hier liegt auch sein Einsatzgebiet. Für Flugsimulationen ist er bestens geeignet, auch für Weltraumspiele. Ergänzt durch Schalter und Knöpfe ermöglicht er unterschiedlichste Spielfunktionen, unterschiedlichste Ausführungen bieten optische Anreize.

▶ Gamepads werden mit beiden Händen gehalten und bieten wie eine Funkfernsteuerung viele Funktionen, die über Tasten und kleine Steuerknüppel ausgeführt werden. Schwerpunkt dieser Geräte sind Jump'n'Run-Spiele, also Spiele, bei denen die Figuren hüpfen und laufen. Auch für Weltraumkämpfe sind Gamepads geeignet, hier bieten die Joysticks in speziellen Ausformungen aber mehr Spielspaß.

▶ Lenkräder sind in jeder Variante erhältlich, ihr Einsatzgebiet sind natürlich alle Spiele, die irgend etwas mit Autos zu tun haben. Auch für Bootsrennen und Weltraumabenteuer sind Lenkräder geeignet. Die Ausstattung beginnt mit dem einfachen Lenkrad. Komplettpakete beinhalten etliche Anzeigeinstrumente, Fußpedale, Fliehkraftsimulatoren, Rüttelfunktionen, integrierten Joystick oder 3D-Visiere, alles ist denkbar.

▶ 3D-Helme gehören wie ein Sturzhelm auf den Kopf, um dreidimensional, räumlich, zu spielen. Bei Drehung des Kopfes nach links oder rechts, ändert sich der gezeigte Bildausschnitt, über integrierte Visiereinrichtungen werden Ziele erfasst.

Eingabegeräte

> **Hinweis:** Mit einem 3D-Helm lösen Sie sich vom üblichen Computerbild, Sie benötigen aber einen sehr schnellen Rechner, eine sehr gute und schnelle Grafikkarte und eine gute Kühlung des PC, also eine anspruchsvolle Grundausstattung, die sehr teuer wird.

Kauftipp: Spielsteuerungen

Eine Spielsteuerung benötigen Sie nur, wenn Sie ausgiebig und dauerhaft am PC spielen wollen. Welche Art der Steuerung den Spielspaß unterstützt, hängt von der Art des Spiels ab. Achten Sie in jedem Fall auf eine solide Ausführung, die unempfindlich und leicht zu reinigen ist. Besonders bei Lenkrädern und ähnlichen Geräten sollten Sie auf sicheren Stand achten.

Fast alle Geräte werden am Gameport des Computers angeschlossen, der bei Heimcomputern mit Soundkarte immer vorhanden ist. Eine Verwechselung der Buchsen ist nicht möglich.

Bild 2.5: Erst mit einem professionellen Joystick oder Gamepad kommt richtig Spaß ins Spiel (Foto: Anubis).

Auch bei den Spielsteuerungen setzt sich der Anschluss an den USB-Port weiter durch, so dass kein separates Netzteil erforderlich ist. Beachten Sie hierbei, dass der Stromverbrauch nicht unerheblich ist; speziell bei Lenkrädern und Gamestations besteht die Gefahr, dass Ihr Netzteil überfordert wird.

> **Hinweis** Fragen Sie im Zweifelsfall beim Computerhersteller nach, ob ein risikoloser Betrieb der USB-Komponente möglich ist.

Scanner

Scanner sind mit einem Fotokopierer oder Faxgerät vergleichbar. Beliebige Vorlagen wie Fotos, Grafiken oder Texte tastet der Scanner ab und wandelt sie in ein computerlesbares, also digitales, Format um. Am Computer können Sie das Ergebnis in verschiedenen Dateiformaten ablegen, weiterbearbeiten und ausdrucken.

Die Qualität der Scanner wird durch die Auflösung und die Farbtiefe bestimmt. Die Farbtiefe spielt nur noch eine untergeordnete Rolle, da das menschliche Auge lediglich eine Farbtiefe von 24 Bit erkennen kann, alle gängigen Scanner aber 36 Bit oder mehr beherrschen.

Interessanter ist die Auflösung, die in *dpi* angegeben wird, was *Dots per Inch*, Bildpunkte pro Inch, bedeutet. *Inch* ist eine englische Maßeinheit, ein Inch entspricht 2,54 Zentimetern. Je höher die Auflösung, um so besser ist die Optik und Mechanik eines Scanners.

In der allgemeinen Praxis werden keine sehr hohen Auflösungen benötigt, da die eingelesenen Daten schnell Größenordnungen annehmen, die Höchstleistungsrechner erfordern. Die Auflösung von 100 dpi erzeugt bei einem 9 x 13 Zentimeter Original ein Bild in Originalgröße, die Auflösung 200 dpi erzeugt eine Bildgröße von 18 x 26 Zentimetern im Computer, also das Vierfache des Ausgangsbildes. Die Auflösung von 400 dpi erstellt bereits ein kleines Plakat.

Auflösungen von mehr als 400 dpi sind nur bei der Grafikbearbeitung und zur Erstellung von Bildausschnitten nötig. Gängige Scanner besitzen mindestens eine Auflösung von 600 dpi, wobei nach oben die Grenze offen ist, natürlich auch preislich.

Scannertuning

Quasi alle Scanner scannen wahlweise in Graustufen und in reinem Schwarzweiß, was für die Texterkennung wichtig ist. Grauvorlagen sind ein idealer Ausgangspunkt zur Systemkalibrierung.

Der Scanner liest zwar sämtliche Farben ein, allerdings weichen die erkannten Farbtöne immer um Nuancen vom Original ab. Für Monitore gilt das Gleiche, die Scans werden minimal farbverfälscht dargestellt, und spätestens beim Ausdruck kommt der große Frust: Original und Ausdruck weichen farblich stark voneinander ab, da auch der Drucker noch seinen Fehleranteil addiert.

Hier hilft nur Handarbeit, und da ist grau – Fotofans wissen das – *die* Farbe schlechthin, da sich die einzelnen Farbanteile im Gleichgewicht befinden müssen, um ein reines Grau darzustellen.

Scannen Sie zunächst ein Farbfoto als Schwarzweißfoto ein und drucken Sie es aus. Am Druckergebnis können Sie erkennen, wo der Ansatz liegt.

Oftmals werden Sie einen Rotstich feststellen. Ist das der Fall, scannen Sie das Bild erneut ein, diesmal farbig. Lesen Sie in Ihrem Scannerhandbuch nach, wie Sie den Rotanteil beim Scannen verringern können und reduzieren Sie den Rotanteil.

Anschließend drucken Sie das eingescannte Bild neu aus, prüfen Sie die Farben und wiederholen Sie den Vorgang, bis die Farben stimmen. Die abschließende Kontrolle erfolgt wieder mit einem Schwarzweißscan und abschließender Graukontrolle. Speichern Sie nun die Scannereinstellungen auf Ihrer Festplatte ab und verwenden Sie sie für spätere Scans als Grundeinstellung.

Bedenken Sie, dass ein Druckerwechsel wieder Farbverfälschungen hervorruft, auch Grafikprogramme interpretieren nicht identisch. Auch wechselnde Temperatur oder Luftfeuchtigkeit können den Scanner beeinflussen. Wenn Sie diese Punkte beachten, wird Ihnen Ihr Scanner aber viel Freude bereiten.

> **Hinweis:** Bei Verwendung von Linux als Betriebssystem sollten Sie vor dem Kauf unbedingt bei *http://www.sane.org* vorbei schauen; dort finden Sie eine Liste, auf der alle unterstützten Scanner verzeichnet sind.

Im Folgenden finden Sie einen Überblick über die auf dem Markt angebotenen Scanner-Typen.

Handscanner

Handscanner waren vor einigen Jahren recht beliebt, da sie bezahlbar waren. Wie der Name sagt, gehört der Scanner, ähnlich einem Rasierapparat, in die Hand und wird über die Vorlage gezogen. Die Scanbreite ist meist auf Werte um die zwölf Zentimeter begrenzt, der Scan eines DIN A4-Blattes muss also in mehreren Arbeitsschritten erfolgen.

Durch die Handführung ist das Scanergebnis meist ungenau, außerdem können Handscanner meistens nicht in Farbe scannen. Heute sind sie nur noch interessant beim mobilen Einsatz oder bei wirklich akutem Platzmangel. Für Heimanwender sind Handscanner nicht mehr zu empfehlen.

Einzugscanner

Einzugscanner erinnern am stärksten an Fotokopierer. Das Blatt wird eingezogen, über die Optik geführt und nach dem Scan wieder ausgegeben. Einzugscanner sind also interessant, falls mehrere Scans hintereinander in möglichst kurzer Zeit nötig sind. Die Einzugscanner gehören eher in das professionelle Umfeld, für die Heimanwendung sind sie zu teuer und bieten auch nur eingeschränkte Funktionalität, da die Bestimmung von Bildausschnitten kaum oder gar nicht möglich ist.

> **Hinweis:** Ideal dagegen sind Einzugscanner, wenn Sie öfter größere Textmengen einlesen und mit einer Texterkennungssoftware bearbeiten möchten, z.B. beim Studium.

Eingabegeräte

Flachbettscanner

Flachbettscanner sind die am weitesten verbreiteten Scanner. Die Scanner sind relativ flach und bieten ein »Bett«, in das Sie die Vorlage einlegen. Die gängigen Scanner verarbeiten das DIN A4-Format, sind aber auch für A3-Größen erhältlich. Hieraus ergibt sich ein relativ hoher Stellflächenbedarf. Die Erfahrung zeigt, dass die Scanner die meiste Zeit unnütz herumstehen, viel Platz wegnehmen und Staub anzuziehen scheinen.

Wie beim Fotokopiergerät besteht das »Bett«, die Auflage, die die Vorlage aufnimmt aus (Plexi-)Glas, das schmutz-, staub- und kratzempfindlich ist. Sauberkeit und sehr vorsichtige Reinigung nurs mit geeigneten Materialien sind die Grundvoraussetzung für perfekte Scans.

Bild 2.6: So kommen Bildvorlagen in den PC: Ein Flachbettscanner liest die Bilddaten, fast wie ein Fotokopierer (Foto: Umax).

> **Hinweis** Da die Scanner nicht luftdicht sind, empfiehlt es sich auch, in Abständen die Unterseite der Auflage zu reinigen. Das erzwingt jedoch das Öffnen des Gerätes, was einen Garantieverlust nach sich ziehen kann. Sollte die Glasplatte schon beim Kauf verschmutzt sein, bestehen Sie auf sofortigen Umtausch.

Flachbettscanner stehen für den Anschluss am Parallelport und am USB-Port zur Verfügung. Preiswerte Parallelportgeräte besitzen oftmals keinen eigenen Netzschalter, hier helfen schaltbare Steckdosenleisten am bequemsten weiter.

Oft besitzen die Scanner einen Druckerport. In diesem Fall können Parallelportscanner und Drucker also gleichzeitig am PC angeschlossen werden: Der Scanner am PC und der Drucker am Scanner.

Scanfähige Drucker

Relativ neu auf dem Markt sind Drucker, deren Druckpatronen durch einen Scannereinsatz ausgewechselt werden können.

Der Vorteil liegt auf der Hand: Nur ein Gerät erledigt zwei Aufgaben. Der Nachteil ist aber auch klar zu erkennen: Vor dem Ausdruck müssen die Druckpatronen wieder eingesetzt werden. Außerdem sind Bildausschnitte nur bedingt oder gar nicht möglich.

Bei längerem und häufigem Betrieb verklebt nach wie vor jeder Tintenstrahldrucker, die Farbablagerungen verbreiten sich in weitem Umkreis der Druckdüsen. Mit dieser Umgebung muss dann auch der Scankopf leben.

> **Hinweis** Drucker, die scanfähig sind, sind nicht ganz billig. Ideal ist das Gerät bei Platzmangel und wenn Sie nur sehr selten scannen. Wie beim Einzugscanner bietet sich das Kombigerät auch an, wenn Sie oft Texte scannen möchten.

Durchsichtscanner

Durchsichtscanner sind ideal für Diafreunde. Im allgemeinen wird auf den Scanner ein Aufsatz angebracht, in den die Dias eingelegt werden. Der Scanner ist in der Lage, die Dias einzuscannen.

Durchsichtscanner sind nur als Flachbettscanner verfügbar. Falls Sie vorhaben, Dias oder andere Durchsichtmedien im PC zu verarbeiten, kaufen Sie einen Scanner, der diese Option bietet. Ansonsten lohnt der Aufsatz nicht, er kostet nur unnötig Geld und braucht Platz.

Eingabegeräte

Texterkennung

Viele Scanner taugen dazu, Texte nicht als Bild oder Grafik einzuscannen, sondern als bearbeitbaren Text. Es entsteht kein Bild, sondern eine Zeichenfolge, die in einem üblichen Textverarbeitungsprogramm korrigiert und verändert werden kann.

Ganz so einfach ist der Textscan allerdings nicht: Das Scannerhandbuch gibt Hilfe zur richtigen Einstellung. Im Allgemeinen ist der Scanmodus auf schwarzweiß (nicht Graustufen) und eine hohe Auflösung ab 300 dpi einzustellen.

Um die Scans weiter zu bearbeiten, benötigen Sie ein Texterkennungsprogramm. Auch preiswerten Scannern liegen entsprechende Programme bei. Für beste Qualität, sprich hohe Texterkennungsraten, fallen jedoch erhebliche Zusatzkosten an.

Selbst bei guter Texterkennungssoftware und optimal abgestimmtem Scanner kann das Ergebnis ungenügend sein, wenn die Vorlage Grenzen setzt. Gelblicher Hintergrund mit blauer Schrift, kleine Schriften oder weiße Schrift auf rotem Hintergrund kann kaum eine Software vernünftig auslesen. Sollte das Ergebnis auch nach mehreren Scanversuchen unbrauchbar sein, ist Abschreiben des Originals angesagt.

Kauftipp: Scanner und Texterkennung

Jeder Scannertyp bietet Vorteile und Nachteile, die allgemeingültige Ideallösung gibt es nicht. Suchen Sie zunächst einen Scannertyp aus, der Ihre Ansprüche an beschriebene Qualität und Preis erfüllt. Lassen Sie sich im Fachhandel mehrere Modelle vorführen und fragen Sie nach Umfang und Aktualität der beiliegenden Software. Nehmen Sie eine eigene Vorlage zum Test der Texterkennungssoftware mit, ein durchschnittliches Programm sollte eine Seite aus diesem Buch einwandfrei erkennen.

Digitalkamera und Webcams

Immer interessanter wird das Angebot an digitalen Bildaufzeichnungsgeräten, den digitalen Kameras und Internet-Kameras. Erstere gestatten das Aufnehmen von Bildern nicht auf einen Film, sondern auf ein Speichermedium im digitalen Format, das den Umweg über das Fotofachgeschäft und den Scanner vermeidet. Dazu gesellt sich die Webkamera als Alternative zur Videokamera, sie erlaubt die direkte Verwendung von Bildfrequenzen im PC.

Kapitel 2: Hardware

Mit der Webkamera ist es möglich, alle paar Minuten ein aktuelles Wetterbild aus dem südlichen Kärnten im Internet zu veröffentlichen oder das Büro zu überwachen.

Maßgebend für die Bildqualität ist wie bei den Scannern die Auflösung. Je höher die Auflösung, umso höher die Bildqualität und umso höher der Preis. An einen Kleinbildfilm oder gar Mittelformatqualität kommen die Kameras noch lange nicht heran. Ein Kleinbilddia niedriger Filmempfindlichkeit bietet rund 15 Millionen Bildpunkte, eine digitale Mittelklasse-Kamera kommt auf 1.280x1.024 Bildpunkte, das entspricht rund 1,3 Millionen Bildpunkten, also rund einem Zehntel der Kleinbildqualität.

Hinzu kommt, dass hohe Auflösungen auch viel Speicher erfordern. Je nach Kamera stehen unterschiedliche Speichermedien zu unterschiedlichen Preisen zur Verfügung. Detaillierte Angaben bieten die Hersteller von Kleinbildkameras, die allesamt auch interessante Digitalkameras anbieten.

Webcams bieten noch geringere Auflösungen, da viele Bilder in kurzer Zeit übertragen werden müssen. Deshalb ist das Einzelbild oft schlechter oder kleiner, damit die Information möglichst klein in möglichst kurzer Zeit übertragen wird. Aufgrund der rasanten Entwicklung speziell im Hardware-Bereich wird sich in den nächsten Jahren aber noch viel verändern und verbessern.

Bild 2.7: Digitaler Fotoapparat und Webcam in Einem: Moderne Geräte vereinen mehrere Funktionen (Foto: Umax).

Eingabegeräte

> **Hinweis:** Heutige Produkte sind interessant, wenn es vorrangig um Aktualität geht. Für die Abbildungen in Tageszeitungen oder für das Internet reichen die gebotenen Qualitäten schon allemal aus, Hobbyfotografen müssen sich noch gedulden.

Weitere Eingabegeräte

Neben den bereits vorgestellten Eingabegeräten sind weitere im Handel erhältlich, die Ihnen erweiterten Komfort bieten, aber nicht unbedingt als gängig anzusehen sind. Das kann sich aber in Teilbereichen schnell ändern, da in Zukunft ein Entwicklungsziel sein wird, direkte Kommunikation mit dem PC zu ermöglichen. Das soll aber hier kein Thema sein, vielmehr geht es darum, Komponenten vorzustellen, die für spezielle Aufgabenbereiche konzipiert sind.

▶ Ein Grafiktablett vereinfacht Ihnen den Umgang mit dem Computer wesentlich, wenn mit der Mausbedienung Probleme auftauchen. Ein mit der Hand über die nötige Unterlage geführter Stift ersetzt die Maus. Die Tastenfunktionen der Maus werden durch Tippen auf die Unterlage simuliert. Grafiktabletts sind für PS/2- und USB-Ports erhältlich, lassen sich aber auch über den seriellen Anschluss betreiben.

▶ Professionelle Grafiktabletts unterstützen Nutzer von professionellen Grafikprogrammen, sie ersetzen ein Zeichenbrett, sind also für Techniker, Ingenieure und Architekten bestens geeignet.

▶ Penreader ermöglichen die Texteingabe ohne Tastatur. Wie beim Grafiktablett wird Text auf die Unterlage geschrieben: Das Ergebnis erscheint auf dem Bildschirm. Der derzeitige Entwicklungsstand setzt allerdings eine gute Handschrift voraus.

▶ Mit einem Mikrofon und der zugehörigen Software diktieren Sie Text in den Computer. Bekannt ist ViaVoice von IBM, Naturally Speaking von Dragon und FreeSpeech von Phillips. Diese Programme werden inclusive Headset, einem Kopfhörer mit eingebautem Mikrofon ausgeliefert. Mit dem Headset bleiben beide Hände frei.

Kapitel 2: Hardware

Bild 2.8: Moderne Headsets sind angenehm zu tragen und haben mit »grauen Mäusen« der Anfangszeit nicht mehr viel gemein (Foto: IBM).

▶ Barcode-Leser dienen speziellen Zwecken, wie z.B. im Supermarkt. Ältere Modelle gehören wie ein Handscanner in die Hand, um z.B. die Striche auf der Apfelsaftflasche in einen Text umzusetzen. Moderne Geräte arbeiten wie Flachbettscanner. Der Code wird über eine Glasscheibe geführt, die darunter liegende Optik liest den Barcode aus und piept kurz, wenn sie den Code entschlüsselt hat.

▶ Sicherheitssysteme sind sehr individuell entwickelt. Hier sollen Kartenleser und Fingerabdruckerkenner erwähnt sein. Kartenleser legen Karten mit Magnetstreifen ein, der Aufbau der Karten ist dabei ähnlich den EC-Karten. Daneben gibt es Geräte, die Fingerabdrücke erkennen können, die Erkennung erfolgt dabei nicht optisch, sondern über die Körpertemperatur. Da die Fingerkuppe Berge und Täler aufweist, bestehen Temperaturunterschiede, die ausgelesen werden, um einen Fingerabdruck zu erzeugen.

▶ Ebenso individuell wie ein Fingerabdruck ist die Augenanalyse. Auch hier schreitet die Entwicklung schnell fort, bald stehen auch Komponenten zur Verfügung, die die Augen analysieren. Die Sicherheitssysteme finden weite Verbreitung, speziell im gewerblichen Umfeld. Aber auch für den Heimanwender, der sensible Daten auf seinem PC verwaltet, sind sie ein Muss. Sämtliche Geräte können problemlos am PC angeschlossen werden, die mitgelieferte Software sorgt dafür, dass die Mehrzahl aller Übeltäter den Daten fernbleibt – absolute Sicherheit gibt es nicht.

> **Hinweis** Falls Sie ein Gerät suchen, das hier nicht erwähnt wurde, greifen Sie zu den »Gelben Seiten« oder zum Internet. Wahrscheinlich gibt es auch für Ihre Aufgabenstellung bereits eine akzeptable Lösung. In jedem Bereich schreitet die Entwicklung sehr schnell fort, ein Ende ist nich absehbar. Beachten Sie aber im Zweifelsfall die Kosten-Nutzen-Relation, geringe Stückzahlen bedeuten immer hohe Preise.

Den Computer aufgeschraubt

Die Datenverarbeitung findet meist ausschließlich im Inneren eines Computers statt. Für einen Blick in den PC sind Kreuzschlitzschraubendreher und Baumwollhandschuhe nötig – vielleicht ersetzt durch den folgenden Abschnitt. Im Vordergrund stehen aktuelle PC-Systeme, alte oder veraltete Komponenten werden nur am Rand erwähnt. Dies ist notwendig, da sich permanent Standards verändern; genannt sei hier nur der Bereich »Prozessor und Steckplatz«.

Das Computergehäuse

Das Gehäuse eines Computers muss viele Aufgaben erfüllen, es ist weit mehr als eine viereckige Kiste, in die alle möglichen Teile eingebaut werden:

- Es soll schick aussehen, leicht zu reinigen sein und darf keine scharfen Kanten haben.
- Es soll raumsparend aufzustellen sein, aber im Inneren viel Platz zur Erweiterung des Computers bieten.
- Alle Anschlüsse sollen gut zugänglich sein.
- Eingebaute Geräte, auf die von außen zugegriffen wird, müssen gut erreichbar sein.
- Das Gehäuse muss Schutz vor äußeren Einflüssen bieten, besonders vor Schmutz, Feuchtigkeit, Stößen und magnetischen Einflüssen.

▶ Es muss einen guten Wärmeaustausch gewährleisten, ohne selbst zu erhitzen.

▶ Es muss ein leistungsfähiges Netzteil, möglichst mit temperaturabhängig geregelter Drehzahl, beinhalten.

▶ Ein gutes Gehäuse hat eine saubere Verarbeitung, Schweißpunkte sollten kaum sichtbar sein, die Kunststoffteile sauber eingepasst sein und der Gehäusedeckel und die Verschraubung gut harmonieren. Weiterhin sind Kontrollleuchten für Strom und Festplattenzugriff vorhanden sowie ein Einschalter, die Power ON-Taste.

▶ Spitzengehäuse verfügen über einen Schalter, der den PC in den Green Mode schaltet, einen speziellen Stromsparmodus, der den Stromverbrauch bei laufendem Betrieb auf ein Minimum reduziert.

> **Hinweis** Das Computergehäuse sollten Sie in der Nähe der Eingabegeräte aufstellen; zum einen ist das bequem und zum zweiten haben Sie leichten Zugriff auf das CD-ROM- und Diskettenlaufwerk. Bedenken Sie auch, dass Sie die anzuschließenden Kabel zwar verlängern können, aber damit die Störanfälligkeit des Systems vergrößern.

Desktop- und Slimline-Gehäuse

Desktop- und Slimline-Gehäuse werden unter dem Monitor aufgestellt. Sie sind bei akutem Platzmangel die richtige Wahl. Beide Arten sind 42 Zentimeter breit und 42 Zentimeter tief, das Desktop-Gehäuse 17 Zentimeter hoch, das Slimline-Gehäuse lediglich 10 Zentimeter. Noch deutlichere Platzeinsparungen bringen Designermodelle.

Der geringe Platzbedarf erfordert mitunter Einschränkungen. In ein Slimline-Gehäuse passt kein CD-ROM-Laufwerk, so dass es für den Bau eines Heimrechners nicht verwendbar ist. Im Firmenbereich stellt es jedoch eine preisgünstige und sinnvolle Lösung dar.

In einem Desktop-Gehäuse finden drei Geräte in der Größe eines CD-ROM-Laufwerkes Platz, und zusätzlich zwei kleinere Geräte, die so groß wie ein Diskettenlaufwerk sind. Für den normalen Bedarf reicht das allemal aus, allerdings lassen sich die Kabel im Inneren nur sehr schwer verlegen.

Den Computer aufgeschraubt

Bild 2.9: Platzsparende Desktop-Gehäuse sind bei Enge die ideale Lösung (Foto: IBM).

> **Hinweis** Bei voller Ausstattung eines Desktop-Gehäuses müssen Sie mit Wärmestaus rechnen, die im schlimmsten Fall zu Geräteschäden führen können. Achten Sie beim Kauf unbedingt auf eine gute Kühlung durch den im Netzteil eingebauten Lüfter.

Tower-Gehäuse

Bei ausreichendem Platz oder als Ausgangspunkt für spätere Erweiterungen ist ein Turm, englisch »Tower«, angebracht. Tower gibt es in verschiedenen Größen, wobei die Stellfläche bei allen Modellen in etwa 20 Zentimeter Breite und 42 Zentimeter Tiefe beträgt:

▶ Der Mini-Tower ist 34 Zentimeter hoch und bietet Platz für zwei kleine und zwei große Einbaugeräte. Da der Innenraum noch kleiner als beim Desktop-Gehäuse ist, gelten die dort getroffenen Feststellungen.

Kapitel 2: Hardware

- Mit 37 Zentimeter Bauhöhe bietet der Midi-Tower einen Einbauplatz mehr für ein großes Gerät. Der Midi-Tower ist die am weitesten verbreitete Tower-Variante, sein Nachteil ist das geringe Gehäusevolumen.
- Big-Tower sind die komfortabelste und sicherste Lösung, sie sind jedoch 65 Zentimeter hoch.

> **Hinweis:** Einen Big-Tower müssen Sie auf den Fußboden stellen, während Sie Mini- und Midi-Tower noch auf dem Arbeitsplatz aufstellen können.

Bild 2.10: Ein Tower-Gehäuse hat Platz für jede Menge Erweiterungskarten und zusätzliche Laufwerke (Foto: Compaq).

AT und ATX

ATX-Gehäuse sind heutiger Standard, sie haben die älteren AT-Gehäuse abgelöst. Unbedingt zu beachten ist, dass Mainboards für AT-Gehäuse nicht in ATX-Gehäuse passen und umgekehrt.

Erstes äußerliches Unterscheidungsmerkmal ist der Netzschalter. Beim ATX-Gehäuse finden Sie den Ein-/Ausschalter auf der Rückseite des Gerätes. Der Schalter auf der Vorderseite versetzt den PC ähnlich einem Fernseher lediglich in einen Standby-Modus, der einen schnellen Start und automatisches Ausschalten nach Beendigung der Arbeit ermöglicht. In dieser Warteschleife verbraucht der Computer weiterhin unnötig Strom.

> **Fachwort** ↗ Das *Mainboard* oder die *Hauptplatine* ist das Herz des Computers, an das alle Geräte angeschlossen werden.

> **Hinweis** ↘ Schonen Sie Ihren Geldbeutel, indem Sie alle PC-Komponenten an einer Steckdosenleiste anschließen, die einen Ausschalter besitzt.

Das Motherboard

Das Motherboard oder die Hauptplatine ist das Kernstück eines jeden Computers. An das Motherboard werden alle Komponenten des PC angeschlossen.

Wie bei den Gehäusetypen beschrieben, sind zwei Varianten erhältlich. Die veraltete AT-Bauart überließ den Herstellern den Aufbau der Karten, so dass es bei der Erweiterung des Rechners häufig zu Platzproblemen kam. Daneben fehlen der AT-Platinen direkte Anschlussmöglichkeiten für viele Geräte, die Verbindungen wurden durch zusätzlichen Kabelsalat ermöglicht.

ATX-Mainboards sind aufgeräumter und besser ausgestattet als die alten AT-Boards. Der Netzschalter ist auf das Netzteil ausgelagert, direkte Verbindungen für Tastatur, Drucker und mehr befinden sich auf dem Motherboard, was zusätzliche Kabel vermeidet.

Kapitel 2: Hardware

Bild 2.11: ATX-Motherboard mit Prozessor, Arbeitsspeicher-erweiterung und CMOS-Batterie

> **Hinweis** De facto passt auf ATX-Mainboards jede Karte, die Sie erwerben, Platzprobleme gibt es nicht mehr. Falls Sie die Erweiterung Ihres Rechners planen, sollten Sie dennoch die genaue Bezeichnung des Motherboards bereit haben, um beim Kauf die Kompatibilität zwischen Erweiterung und Motherboard überprüfen zu können.

Leider werden die geschaffenen Standards von den Prozessorherstellern unterminiert. Mit quasi jeder neuen Prozessorgeneration wird ein neuer Steckplatz generiert. Der Herstellerwechsel ist faktisch unmöglich.

Moderne Motherboards werden in verschiedenen Taktfrequenzen betrieben. Die Taktfrequenz ist hier nicht der Wert des verwendeten Prozessors, sondern die Geschwindigkeit, mit der Daten zum Arbeitsspeicher übertragen werden. Ältere Rechner wurden mit 66 MHz getaktet, heute sind 100 oder 133 MHz üblich. Die Frequenz muss mit dem Tempo des Arbeitsspeichers übereinstimmen und vom Prozessor unterstützt werden. In der dem Motherboard beiliegenden Beschreibung ist genau angegeben, welche Frequenzen unterstützt werden und welche Prozessoren zum Einbau geeignet sind.

Pufferbatterie

Wie ein Fernseher benötigt auch der Computer ein wenig Strom, den eine Flachbatterie zur Verfügung stellt. Zwar muss er sich keine Sendereinstellungen merken, dafür aber sich selbst wieder finden und wissen, welche Bestandteile zu ihm gehören und welche Grundfunktionen er bereit stellen soll, z.B. Uhrzeit und Datum.

Versagt die Batterie, verliert der PC sein Gedächtnis – nichts geht mehr. Die Haltbarkeit der Batterien liegt bei einem bis fünf Jahren, das erinnert an die »durchschnittliche Brenndauer« einer Glühbirne.

Meist handelt es sich um Knopfzellen, die Sie in jedem Supermarkt günstig kaufen können.

Hinweis ◄ Machen Sie sich die Mühe, die Batterie jährlich zu wechseln. Im Handbuch zur Hauptplatine finden Sie Angaben zum passenden Modell, auch ein Blick auf das Mainboard gibt die notwendige Information.

Kurzzeitigen Stromverlust verdaut das System ohne Probleme, die Konfiguration verliert sich auch nicht, wenn die Batterie innerhalb von drei Minuten gewechselt wird. Falls ein PC bereits sein Gedächtnis verloren hatte oder beim Wechsel verloren hat, gibt es trotzdem Rettung, der nächste Abschnitt zeigt die Lösung.

Hinweis ◄ Ältere PC beziehen den Strom über eine Blockbatterie, die über ein Kabel mit dreipoligem Stecker an das Motherboard angeschlossen ist. Über ein Klettband ist die Batterie meist an einem Kabelbaum befestigt.

BIOS

Der Start eines Rechners erfolgt in verschiedenen aufeinander folgenden Abschnitten. Dabei baut ein Abschnitt auf den anderen auf. Tritt ein Fehler auf, erfolgt eine Fehlermeldung.

Nach dem Einschalten führt der Rechner einen POST (Power On SelfTest), einen Selbsttest, durch. Hierbei liest das BIOS den CMOS aus. Das BIOS ist bereits ein Programm, das lediglich die im CMOS gespeicherten Daten, die wie zuvor beschrieben über eine Batterie abrufbereit gehalten werden, ausliest. Der CMOS ist ein elektronischer Speicherbaustein.

> **Fachwort** ↗ Eine *Festplatte* ist heute in jedem Computer eingebaut. Auf ihr speichern Sie Daten und Programme. Festplatten sind nach dem Arbeitsspeicher das schnellste Speichermedium.

Ist der Selbsttest in Ordnung, wird der MBR (Master Boot Record) abgearbeitet. Das wiederum ist ein ganz kleiner reservierter Bereich auf der Festplatte, in dem festgelegt wird, wie es weiter geht. Erst danach übernehmen Betriebssysteme wie Microsoft Windows, Linux oder OS/2 ihre Arbeit. Bis auf Windows bauen die Betriebssysteme auf die im BIOS ausgelesenen Daten auf, alles andere ist doppelte Arbeit und verlängert unnötig den Rechnerstart.

Aber zurück zum BIOS. Im BIOS wird der Rechner initialisiert, z.B. wird erkannt, welche und wie viele Festplatten in Ihr System eingebaut sind, ob ein Diskettenlaufwerk und andere Geräte integriert sind. Weiterhin werden Datum und Uhrzeit bereit gehalten, das zu startende Gerät, meist die Festplatte und eingetragene Passwörter, ohne deren Eingabe sich der Rechner nicht starten lässt.

BIOS-Programme »sprechen« grundsätzlich Englisch. Auch die Tastatur ist auf den englischen Sprachgebrauch ausgelegt, »Y« und »Z« sind vertauscht.

Bei den modernen Systemen ist es möglich, das BIOS durch neuere Versionen zu ersetzen. Manchmal ist das erforderlich, z.B. weil die alte Version einen Fehler enthielt oder eine Funktion nicht zur Verfügung stellt. In diesen Fällen ist es unumgänglich, die vom Hersteller mitgelieferte Anleitung genau zu beachten.

> **Hinweis** ◀ Natürlich können Sie die Einstellungen im BIOS verändern. Nach dem Einschalten des Rechners erscheint ein Hinweis auf dem Bildschirm, der meist »Hit Delete to run Setup« oder »Press ENTF to enter Setup« lautet, abhängig vom BIOS-Programm, das von unterschiedlichen Herstellern stammen kann. Einstellungen sollten Sie im BIOS nur verändern, wenn Sie genau wissen, welche Auswirkung die Änderung hat. Allerdings sind Änderungen mitunter sinnvoll, da aufgrund der kurzen Produktionszyklen quasi kein BIOS mehr optimal auf die eingebaute Hardware abgestimmt ist – der Zeitaufwand ist für die Hersteller zu hoch.

Viele BIOS-Funktionen stellen eine automatische Hardwareerkennung zur Verfügung. Meist funktioniert das auch zufriedenstellend, aber wenn Sie die Daten einer Festplatte selbst einstellen, wird der Rechnerstart beschleunigt und Betriebssysteme laufen stabiler. Die Auto-Funktion kommt nur zum Einsatz, um beim Ausfall der Pufferbatterie den Rechner wieder starten zu können.

Datum und Uhrzeit steht ebenfalls im BIOS.

Interessant ist die Bootsequenz, in der festgelegt wird, von welchem Medium der Rechner gestartet werden soll. Gängige Möglichkeiten sind Diskette, CD-ROM und Festplatte. Nach dem Rechnerstart versucht das System, vom Medium mit der höchsten Priorität das Betriebssystem zu starten. Im Normalfall ist dies die Festplatte. Um Linux oder ein anderes neues Betriebssystem zu installieren, kann aber der Rechner direkt von CD booten, wenn das CD-ROM-Laufwerk im BIOS an der ersten Stelle steht.

> **Hinweis** ◀ Der in vielen Rechnern eingestellte Start von Diskette ist nur noch eine Notlösung, um z.B. ein auf der Festplatte installiertes und fehlerhaftes Betriebssystem zu reparieren. Optimieren Sie den Rechnerstart, indem Sie die Reihenfolge anpassen und das Diskettenlaufwerk an die letzte Stelle setzen.

Prozessor und Steckplatz

Der Prozessor des Rechners gibt den Takt vor. Eine hohe Taktfrequenz bedeutet aber nicht automatisch einen schnellen Rechner, da etliche Faktoren eine Rolle spielen. Neben den Eigenschaften des Mainboards und des Arbeitsspeichers, der Prozessortemperatur und dem verwendeten Steckplatz der Ausstattung spielen insbesondere die in den Prozessor integrierten Bestandteile eine wesentliche Rolle.

▶ Für komplexe Berechnungen mit Fließkommazahlen ist ein mathematischer Coprozessor – ein Helfer – integriert. Je nach Chipsatz kann dieser langsam oder schnell, ungenau oder sogar fehlerhaft sein. Die Arbeit dieses Hilfsprozessors wirkt sich aber nur bei extremen Berechungen aus.

▶ Den Spielbereich deckt Intel's MMX-Verfahren ab, das in Variationen in jedem Prozessor jedes Anbieters integriert ist. Die MMX-Fähigkeiten werden von der Software angesprochen.

> **Achtung** ⬇ Manche Programmierer optimieren ihre (Spiele-)Software für bestimmte Prozessoren, so dass bei abweichender Hardware das Programm eventuell gar nicht oder nur eingeschränkt läuft. Beachten Sie beim Kauf unbedingt die angegebenen Systemanforderungen.

▶ Wichtiges Merkmal ist der Cache-Speicher. Mainboards und Arbeitsspeicher sind mit 100 MHz oder 133 MHz getaktet, während der Prozessor mit einer zehn- bis fünfzehnfachen Geschwindigkeit arbeiten kann. Um Wartezeiten zu vermeiden, wird der Cache verwendet, um Daten zwischenzulagern. Als Faustregel gilt: Pro 32 Mbyte Arbeitsspeicher sind 256 Kbyte Cache sinnvoll. Aus Preisgründen wird der Cache nochmals zweigeteilt: in den First-Level-Cache direkt am Prozessor und den Second-Level-Cache in einem Extra-Chip. Letzterer ist etwas langsamer als der First-Level-Cache, aber immer noch wesentlich schneller als der Arbeitsspeicher.

Marktübersicht: Moderne Prozessoren

Bild 2.12: Das Herz des Prozessors im Vordergrund ist eines der winzigen Quadrate auf dem kreisrunden Wafer dahinter (Foto: AMD).

Neben den integrierten Eigenschaften spielt die Verbindung des Prozessors mit der Hauptplatine eine wesentliche Rolle. Je nach Hersteller und Prozessor stehen unterschiedliche Steckplätze zur Verfügung, über die die Verbindung zur Hauptplatine hergestellt wird.

Nach der Auswahl eines Prozessors steht die Wahl des Mainboards an, das neben der passenden Betriebsspannung den passenden Anschluss zur Verfügung stellt. Aber auch, wenn der Prozessor passt, heißt das noch nichts, da Mainboards für bestimmte Prozessortypen optimiert sind. Der Wechsel auf einen schnelleren Chipsatz bedeutet also nicht automatisch einen Geschwindigkeitsgewinn. Stimmen die Daten des Prozessors und des Mainboards nicht genau überein: Abweichungen bedeuten automatisch einen Geschwindigkeitsverlust. Die Hersteller sowohl der Prozessoren als auch der Hauptplatinen geben in ihren Beschreibungen genau vor, welche Komponenten zusammen passen.

Marktübersicht: Moderne Prozessoren

Der Prozessor – auch als CPU bezeichnet – ist die zentrale Recheneinheit des Computers. Im PC-Bereich dominiert die so genannte X86-Familie. Ein Prozessor wird dann in diese Familie eingeordnet, wenn er zum Urvater Intel 8086 kompatibel ist.

Die Taktrate beschreibt die Geschwindigkeit, mit der ein Prozessor Programmbefehle abarbeitet. Hier gilt: Je höher die Taktrate, desto schneller ist der Prozessor mit seinen Berechnungen fertig. Nicht jeder Prozessor passt in jedes Motherboard.

Neben der reinen Taktrate sind weitere Aspekte entscheidend:

▶ L1-Cache: Schneller Zwischenspeicher, um den Zugriff auf häufig benutzte Daten zu beschleunigen. Der L1-Cache ist auf dem Prozessor integriert.

▶ L2-Cache: ein weiterer schneller Zwischenspeicher, der dem L1-Cache Daten liefert. Auch der L2-Cache wandert bei immer mehr Prozessortypen auf den Prozessorchip.

▶ Speichertakt: Taktfrequenz, mit der der Prozessor den Hauptspeicher anspricht. Je höher der Speichertakt, desto schneller erhält der Prozessor neue Daten und Instruktionen.

▶ Bauform: Moderne Prozessoren werden nicht mehr in einen Steckplatz auf dem Motherboard gesteckt (Sockel), sondern auf einer Platine mit aufgesetztem Lüfter und Zusatzelektronik montiert. Diese Platinen werden in Slots auf dem Motherboard gesteckt.

▶ Erweiterungen: Gegenüber den ersten Prozessoren verfügen moderne Chips z.B. über integrierte Schaltkreise, die spezielle Funktionen übernehmen. Bekannt sind z.B. MMX- und 3D-Now-Routinen, die die Grafikleistung entsprechend programmierter Software verbessern.

▶ Elektrische Daten: Je höher die Versorgungsspannung, desto höher fallen auch die Verbrauchswerte aus. Diese Werte sind nicht nur für Mobilprozessoren entscheidend, sondern machen sich auf Dauer auch bei den Betriebskosten des Computers bemerkbar. Übliche Versorgungsspannungen liegen zwischen 2,8 V (z.B. Intel Pentium II Klamath) und 1,4 V. Daraus resultiert ein Verbrauch von immerhin bis zu 72 Watt.

▶ Adressraum: Je nach Anzahl der Datenleitungen fällt der adressierbare Speicherraum unterschiedlich aus. Nach den Beschränkungen des Pentium II auf 512 Mbyte Hauptspeicher gelten Werte von 4 Gbyte über 64 Gbyte bis hin zu 16 Tbyte (Terabyte).

Übersicht gängiger Prozessoren

Prozessor	Takt [MHz]	Speichertakt	Hersteller
Athlon XP	1800+, 1900+, 2000+, 2100+, 2200+	266 MHz	AMD
Duron	1200, 1300 MHz	133 MHz	AMD
Pentium 4	2533, 2400/533, 2400, 2200, 2000, 2000A MHz	400 MHz/ 133 MHz	Intel
Celeron	1700	400 MHz	Intel

Tabelle 2.1: Die gängigen Prozessoren nach Taktfrequenz

Die Taktangaben der AMD-XP-Prozessoren geben nicht den tatsächlichen Takt an, sondern beziehen sich laut AMD auf Rechenleistungen eines entsprechend getakteten Intel-Prozessors.

Bild 2.13: Moderne Prozessoren werden nicht mehr direkt in einen Sockel auf das Motherboard gesteckt. Sie sitzen in einem speziellen Gehäuse und werden über einen speziellen Slot mit der Hauptplatine verbunden.

Marktübersicht: Speicherbausteine

Die Zeit der einzelnen RAM-Bausteine – käferähnliche Chips, die einzeln in Steckplätze gedrückt wurden – ist vorbei. Mittlerweile werden fast alle Speicherbausteine in Form von Modulen ausgeliefert, und diese bilden den Arbeitsspeicher des Computers. Auf diesen Modulen sind die einzelnen Bausteine fest verlötet, das Modul selbst wird in einen Steckplatz auf dem Motherboard gedrückt. Jedes Motherboard verfügt über einen, zwei, drei oder vier dieser Steckplätze, die zum Teil in »Bänken« organisiert sind und dann nur sicher funktionieren, wenn beide beteiligten Steckplätze belegt sind. Welche Belegung Ihr Motherboard erlaubt, entnehmen Sie der Boardbeschreibung.

Folgende Parameter sind für den Einsatz von Speichermodulen entscheidend:

- Bauform: Die Größe der Module und die Art und Anordnung der Steckkontakte müssen passen. Wichtig sind derzeit zwei Bauformen: SIMM (Single Inline Memory Module, auch »PS/2-Modul«) und DIMM (Dual Inline Memory Module) unterscheiden sich nicht nur in der Zahl der Kontakte, sondern auch in der Zugriffsgeschwindigkeit auf einzelne Speicherzellen. Moderne Mainboards unterstützen nur noch DIMM-Module.

- Refresh-Zyklen: RAMs sind (meist) flüchtige Speicher, sie verlieren ihre Inhalte, wenn kein Strom mehr fließt. Also müssen deren Inhalte in bestimmten Abständen aufgefrischt werden.

- Zugriffszeiten: Die Zeit, die ein Speicherbaustein benötigt um die angeforderten Daten zu liefern. Achtung: Der langsamste Speicherbaustein im System gibt das Zugriffstempo vor!

- Fehlerkorrektur: Ein zusätzlicher Speicherbaustein bietet Platz für Fehlerinformationen und ist in der Lage, bestimmte Fehler zu korrigieren. Das derzeit übliche Verfahren wird als »ECC« (Error Correction Code) bezeichnet. ECC-fähige Module sind etwas teurer als die ohne Fehlerkorrektur, sorgen aber für einen stabileren Systemlauf.

- Kapazität: Derzeit erhältliche Speichermodule umfassen von 64 Mbyte bis 1 Gbyte. Durch Bestücken mehrerer Steckplätze lassen sich darüber hinausgehende Kapazitäten erzielen.

- Zulässiger Speichertakt: Derzeit sind PC100- und PC133-Module im Handel. Die Zahl gibt die zulässige Taktfrequenz in MHz an.

- SPD-EEPROM: Moderne Speichermodule sind mit einem solchen EEPROM ausgestattet. Der SPD-Chip übergibt dem BIOS die Spezifikationen bezüglich des Hauptspeichermoduls, damit der Speicherbereich korrekt initialisiert werden kann.

Marktübersicht: Speicherbausteine

Weitere Informationen finden Sie z.B. im Internet unter der Adresse *http://www.heise.de/ct/Redaktion/ciw/speicher.htm*.

DRAM-Typ	Name	RAM-Speed [MHz]	DDR/QDR	Bus-Breite [Bit]	1 Kanal Bandbreite [Mbyte/s]	2 Kanal Bandbreite [Mbyte/s]
SDRAM	PC 66	66	-	64	533	1066
	PC 100	100	-	64	800	1600
	PC 133	133	-	64	1066	2133
	PC 150(1)	150	-	64	1200	2400
DDR-SDRAM	PC 1600 DDR 200	100	DDR	64	1600	3200
	PC 2100 DDR 266	133	DDR	64	2133	4266
	PC 2400(1)	150	DDR	64	2400	4800
	PC 2700 DDR 333	166	DDR	64	2666	5333
	PC 3200 DDR 400	200	DDR	64	3200	6400
QDR-SDRAM	PC 1600 QDR 400	100	QDR	64	3200	6400
	PC 2100 QDR 533	133	QDR	64	4266	8533
	PC 2700 QDR 666	166	QDR	64	5333	10666
DDR-II SDRAM	PC 3200	200	DDR	64	3200	6400
	PC 4300	266	DDR	64	4266	8533
	PC 5400	333	DDR	64	5333	10666

Tabelle 2.2: Die wichtigsten Parameter der RAM-Speicher

DRAM-Typ	Name	RAM-Speed [MHz]	DDR/QDR	Bus-Breite [Bit]	1 Kanal Bandbreite [Mbyte/s]	2 Kanal Bandbreite [Mbyte/s]
Rambus	PC 600(2)	266	DDR	16	1066	2133
	PC 600	300	DDR	16	1200	2400
	PC 700(3)	300	DDR	16	1200	2400
	PC 700(4)	354	DDR	16	1424	2848
	PC 800(5)	400	DDR	16	1600	3200
Rambus Hastings	PC 1066	533	DDR	16	2133	4266
	PC 1200	600	DDR	16	2400	4800
Rambus 32 Bit Module	PC 1066	533	DDR	32	4266	8533
	PC 1200	600	DDR	32	4800	9600
Rambus 64 Bit Module	PC 1066	533	DDR	64	8533	17066
	PC 1200	600	DDR	64	9600	19200
	PC 1200	600	QDR	64	19200	38400

Tabelle 2.2: Die wichtigsten Parameter der RAM-Speicher (Forts.)

Arbeitsspeicher

Computer verwenden den Arbeitsspeicher zur latenten Speicherung von Daten. Dort gespeicherte Daten gehen verloren, wenn die Stromzufuhr unterbrochen oder der PC einfach ausgeschaltet wird. Diese Gefahr wird durch den erzielten Geschwindigkeitsgewinn jedoch mehr als aufgehoben.

Der Bedarf an Arbeitsspeicher ist in den letzten Jahren enorm gewachsen, aktuelle Betriebssysteme fordern mindestens 128 Mbyte, besser mehr. Anwendungen wie Bildbearbeitungsprogramme stellen noch höhere Anforderungen, um vernünftiges Arbeiten zu ermöglichen.

Marktübersicht: Speicherbausteine

Bild 2.14: Der abgebildete SDRAM ist gängiger Standard.

Der innere Aufbau der Arbeitsspeicher-Module hat sich kaum verändert. Ähnlich einem Arbeitsblatt einer Tabellenkalkulation wird jede Speicherzelle über einen bestimmten Namen definiert.

Zugriffszeit

Daten werden über den Zellennamen in den Speicher geschrieben oder ausgelesen, was Zeit kostet. Dies wird als Zugriffszeit bezeichnet. Die Zugriffszeit wurde im Laufe der Zeit optimiert und wird in Nanosekunden angegeben. Erreicht wurden die Verbesserungen, indem die Zelladressierung zeilenweise erfolgt und beim Auslesen gleich mehrere Zellen erfasst werden.

Einen weiteren Geschwindigkeitsgewinn erzielt der Baustein, wenn er gleichzeitig Daten lesen und Daten schreiben kann.

Auch die Taktfrequenz spielt eine wesentliche Rolle. Da der gesamte Inhalt des Arbeitsspeichers mindestens 50 bis 60 mal pro Sekunde erneuert wird und während dieser Zeit der Prozessor keinen Zugriff auf den Speicher hat, haben selbst kleine Verbesserungen der Taktfrequenz große Wirkung.

Bauarten

RAM-Bausteine, wie die Arbeitsspeicher-Module auch genannt werden, werden direkt auf die Hauptplatine in vorbereitete Schächte (englisch Slots) gesteckt. Das Mainboard gibt also vor, welche Bausteine Sie verwenden können.

Speicherbausteine werden zunächst nach der Bauform unterteilt. Die vor wenigen Jahren noch üblichen 72-poligen PS/2-Module sind mittlerweile vom Markt verschwunden, da ihre Taktfrequenz nur für Mainboards mit maximal 66 MHz ausreicht.

Bei 66 MHz liegt die Zugriffszeit bei 60 Nanosekunden, die jetzt üblichen Mainboards mit mindestens 100 MHz Taktfrequenz verlangen jedoch Zugriffszeiten von höchstens 10 Nanosekunden. Hier hat sich der DIMM-Speicher etabliert. Mit über 168 Polen und 64 Datenleitungen bietet er die Voraussetzung für schnellen Datenaustausch.

Datenaustausch

DIMM-Module bieten verschiedene Arbeitsweisen, über die der Datenaustausch weiter beschleunigt werden kann. Alte Module wie der EDO-RAM ließen es zu, während des Auslesens von Daten bereits die nächsten Daten anzufordern. Der im Moment übliche und kostengünstige SD-RAM geht einen ergänzten Weg, hier wird nicht nur der angeforderte Zellinhalt übertragen, sondern automatisch auch der Inhalt der nachfolgenden vier Zellen. Kompatibel zum SD-RAM ist der VCM- oder VC-SDRAM. Bei diesem Modul ist ein zusätzlicher Datenpuffer installiert, der ähnlich dem Cache-Speicher die Zugriffsgeschwindigkeit erhöht. Aufgrund der komplexeren Bauweise ist der Baustein teurer als der SD-RAM-Baustein.

Speicheranalyse

Die unübersichtliche Vielfalt der angebotenen Speicherbausteine fordert zur Eigeninitiative auf. Qualitativ hochwertige Bausteine sind nach einem Standard von Intel beschriftet. Dort finden Sie z.B. den Eintrag *PC100-333-520*. Die Aufschrift *PC100* besagt, dass der Speicherchip mit maximal 100 MHz Taktfrequenz läuft, der Wert sollte mit Ihrem System übereinstimmen. Der Ziffernblock *333* macht Angaben zu verschiedenen Taktzyklen, je kleiner die einzelnen Zahlen, umso besser.

Die erste Ziffer des letzten Zahlenblocks *520* ist sehr aussagekräftig. Sie gibt die Zeit in Nanosekunden an, die der Baustein benötigt, um Daten zu liefern.

Falls Sie den Hauptspeicher Ihres Systems ergänzen wollen, öffnen Sie das Gehäuse und notieren Sie die genannte Ziffernfolge. Im Fachhandel erwerben Sie dann ein Modul, das dem bereits vorhandenen entspricht.

Der Nachfolger des SD-RAM steht bereits zur Verfügung, allerdings ist der Preis für den Geschwindigkeitsgewinn noch zu hoch. Der DDR-RAM benötigt einen Slot mit 184 Polen und die Unterstützung durch den Chipsatz, vorhandene Mainboards können Sie nicht mehr verwenden. Gleiches gilt für den von Intel favorisierten Rambus, der sich aber nicht durchsetzen kann.

Bus-Systeme

Das Schöne am modernen PC ist die Flexibilität und die Erweiterbarkeit der Systeme. Neue Geräte können Sie von außen an den PC anschließen oder in das Computergehäuse einbauen. Die hierfür vorgesehenen Schnittstellen, die teilweise schon den Grundaufbau des PC stark beeinflussen, können Sie mit etwas Hintergrundwissen optimal nutzen und ausbauen.

EIDE

Die gängigste Schnittstelle, die das Anschließen von CD-Laufwerken oder Festplatten ermöglicht, ist der 1995 eingeführte EIDE-Standard (Enhanced-Integrated Device Electronics). Alle aktuellen Mainboards stellen hierzu zwei Ports zur Verfügung, an der maximal vier Geräte angeschlossen werden können.

Im Allgemeinen reichen die vier Anschlussmöglichkeiten für zwei Festplatten, ein CD-ROM-Laufwerk und einen CD-Brenner dem normalen Anwender für alle zu erledigenden Arbeiten aus.

Je nach anzuschließendem Gerät ist der Anschlussort genau vorgeschrieben, Auskunft gibt die Betriebsanleitung. Grundsätzlich gehört die erste Festplatte, die das Betriebssystem enthält, an den ersten Anschluss der ersten Ports, der als Primary Master (Erster Herr) bezeichnet wird. Die zweite Festplatte sollte am Primary Slave (Erster Sklave) angeschlossen sein, um auch von dieser Platte booten zu können.

Die Reihenfolge am Secondary Master (Zweiter Herr) und Secondary Slave (Zweiter Sklave) spielt keine Rolle. Jedes anzuschließende Gerät verfügt über einen Schalter (Jumper), an dem eingestellt wird, an welchem Port, Master oder Slave das Gerät platziert wird.

Die Begriffe »Master« und »Slave« legen nahe, dass der Master den Slave kontrolliert. Allerdings kann der Slave den Master gehörig ausbremsen; wichtig ist der »PIO-Modus« (Programmed In/Out Modus). Dieser Modus bezeichnet die Geschwindigkeit, mit der Daten übertragen werden: Der langsamste PIO-Modus ist maßgebend. Ein Beispiel: Eine neue Festplatte am Primary Master im Ultra-DMA-Modus 2 (Datenübertragungsrate 33 Mbyte/s) und eine alte Festplatte im PIO-Modus 4 (Datenübertragungsrate 17 Mbyte/s) am Primary Slave bremsen die neuere Festplatte auf die halbe Übertragungsrate aus. Der PIO-Modus 4 wirkt als kleinster gemeinsamer Nenner für beide Platten.

Der Ultra-DMA-Modus hat mit seiner Einführung eine weitere Grenze aufgelöst; Festplatten können seitdem größer als acht Gbyte sein. An der Größe der eingebauten Festplatte ist unter Umständen also schon zu sehen, mit welcher Geschwindigkeit Daten übertragen werden. Im Moment ist der Ultra-DMA-Modus als Standard anzusehen, der Daten mit 100 Mbyte pro Sekunde überträgt.

Ein wesentlicher Nachteil der EIDE-Systeme ist neben den eingeschränkten Anschlussmöglichkeiten die maximal mögliche Kabellänge. Die zum Anschluss verwendeten 80-poligen Kabel dürfen nicht länger als einen halben Meter sein, um eine sichere Datenübertragung zu gewährleisten. In einem Big-Tower stoßen Sie schnell an die Grenze. Die Geräte werden deshalb von unten nach oben eingebaut, der oberste Schacht bleibt meist leer.

SCSI

Kommt es auf sehr umfangreiche Ausstattung und hohe Geschwindigkeit an, ist ein SCSI-System allererste Wahl. SCSI (Small Computer System Interface) ist keine Schnittstelle, sondern stellt ein eigenes System für den Anschluss von Festplatten und CD-ROM-Laufwerken zur Verfügung. Neben den internen Anschlussmöglichkeiten bietet SCSI auch einen externen Anschluss z.B. für Scanner und Drucker.

Der Anschluss des SCSI-Systems am PC wird über eine Steckverbindung hergestellt, den Hostadapter. Der Hostadapter und jede angeschlossene Komponente wird über einen SCSI-Controller gesteuert, der Befehle abarbeitet und die gewünschten Aktionen ausführt. Durch diesen modularen Aufbau ist ein SCSI-System wesentlich flexibler als ein EIDE-System.

Einen weiteren Vorteil bietet der modulare Aufbau beim Datentransfer. SCSI kann den Prozessor erheblich entlasten, Daten z.B. direkt von der Festplatte auf einem angeschlossenen Bandlaufwerk sichern, der Umweg über den Prozessor ist nicht nötig.

Der frühere Vorteil der schnellen Datenübertragung dagegen hat sich durch den Ultra-DMA-Modus der neuen EIDE-Generation erledigt. Nachteile hat SCSI nach wie vor auch beim Preis, die einzelnen Komponenten sind teurer als die EIDE-Pendants, und auch der Hostadapter muss extra bezahlt werden.

Insgesamt ist festzustellen, dass die SCSI-Systeme durch schnelle Prozessoren, günstige Preise für Arbeitsspeicher und den Verlust des Geschwindigkeitsvorteils einiges an Attraktivität verloren haben. Um aber mehr als vier Komponenten anzuschließen oder den Prozessor von Arbeiten zu befreien, bleibt SCSI die erste Wahl.

USB

Der Universal Serial Bus, kurz USB, ist seit 1995 auf dem Markt und erfreut sich immer größerer Beliebtheit. Quasi alle neuen Motherboards sind mit Anschlüssen für USB ausgestattet. Das sind die Vorteile:

▶ Weniger Kabelsalat: USB-Komponenten benötigen kein Stromkabel und Netzteil mehr, die Stromversorgung erfolgt über den USB-Anschluss.

▶ Bis zu 127 Komponenten anschließbar: Vorbei ist der Kampf mit Handbüchern und Kabeln. Drucker, Scanner, Maus, Tastatur, Web-Cam und andere Geräte werden einfach an einem USB-Port angeschlossen.

▶ Hot Plug&Play: Übersetzen könnte man den Begriff mit »Heiß reingestöpselt und losgespielt«. Gemeint ist, dass ein benötigtes Gerät im laufenden Rechnerbetrieb angeschlossen werden kann. Das Betriebssystem lädt die benötigten Treiber und informiert die betreffende Software, alles automatisch.

▶ Flexible Verkabelung: Die Komponenten können nacheinander an den Rechner angeschlossen werden. Zuerst die Tastatur an den PC, dann die Maus an die Tastatur usw. Beachtenswert ist hierbei, dass die Maus einen aktiven Hub – einen Anschluss, der eine Stromspeisfunktion zur Verfügung stellt – von der Tastatur erwartet.

Fachwort ↗ Ein *Hub* ist ein Zwischenverteiler, der den Anschluss weiterer Geräte ermöglicht, ähnlich einer Steckdosenleiste, die aus einer Steckdose fünf macht. Wenn Sie einen oder mehrere Hubs verwenden, an die Sie verschiedene Komponenten anschließen, entsteht eine Baumstruktur. An der Wurzel steht als oberste Instanz der PC, über die Hubs, an die Sie weitere Hubs anschließen können, entwickelt sich ein Baum mit vielen Ästen. Die Verbindungskabel dürfen maximal fünf Meter lang sein und mehr als sechs Hubs dürfen Sie nicht hintereinanderschalten. Für den Privatanwender spielen diese Grenzen sicherlich keine Rolle.

USB hat sich am Markt etabliert, kann aber die konventionellen Schnittstellen nicht verdrängen. USB-Komponenten sind meist etwas teurer als die konventionellen Geräte und nicht jeder PC verfügt über einen USB-Anschluss, so dass unnötige Einschränkungen in Kauf genommen werden müssen.

Firewire

Firewire-Karten nach dem IEEE 1394-Standard, nach dem sie oftmals benannt sind, zielen wie USB auf Plug&Play, bieten die Stromversorgung der angeschlossenen Geräte und den Anschluss von bis zu sechzehn Geräten.

Der Hauptvorteil liegt im Datentransfer und damit in der Bild-, Grafik- und Videobearbeitung. Mit bis zu 400 Mbit Datentransfer pro Sekunde sind sie USB, das lediglich 12 Mbit bietet, weit überlegen.

Daneben bietet die Firewire-Technologie die Möglichkeit, einem angeschlossenen Gerät genügend Ressourcen zur Verfügung zu stellen, z.B. um ruckelfrei Videosequenzen direkt von einer Videokamera auf den PC zu übertragen.

Die Nachteile des Bussystems liegen in der geringen Verbreitung und den hohen Kosten. Auf Mainboards ist kein Firewire-Anschluss vorgesehen, der Anschluss selbst kostet das Vierfache eines USB-Ports und auf dem Markt finden sich nur wenige kompatible Geräte.

Erweiterungssteckplätze

Hauptplatinen stellen neben den bereits beschriebenen Anschlüssen weitere Steckplätze zur Verfügung, an denen verschiedene Erweiterungskarten Platz finden. Die Mainboards sind so aufgebaut, dass nach dem Einsetzen einer Erweiterungskarte deren Schnittstelle auf der Rückseite des Computers zur Verfügung steht.

In den letzten Jahren haben sich einige Standards entwickelt, die die verschiedenen Anforderungen der Einsteckkarten berücksichtigen.

> **Achtung** ⬇ Da die Anzahl der Steckplätze von Hauptplatine zu Hauptplatine unterschiedlich ist, sollten Sie bereits vor einem Rechnerkauf überlegen, welche Steckplätze Sie benötigen.

Marktübersicht: Speicherbausteine

ISA

Die älteste Einsteckmöglichkeit ist der ISA-Slot (Industry Standard Architecture). Vor zwei Jahren waren vier ISA-Steckplätze noch sinnvoll, aktuelle Hauptplatinen bieten nur noch einen ISA-Schacht, der von der parallelen Schnittstelle belegt wird, die zum Anschluss eines Druckers nötig ist.

An die parallele Schnittstelle werden aber auch Scanner oder externe Laufwerke angeschlossen. Auch die Verbindung mit einem zweiten Computer können Sie über die parallele Schnittstelle herstellen, so dass der Anschluss schnell ausgelastet ist. Im Zweifelsfall greifen Sie besser auf eine Platine zurück, die zwei ISA-Steckplätze zur Verfügung stellt, um eine weitere Parallelschnittstelle betreiben zu können.

Zwar gibt es noch die eine oder andere Netzwerkkarte für ISA-Steckplätze, insgesamt hat der Steckplatz erheblich an Bedeutung verloren, ist aber lange noch nicht überflüssig.

PCI

PCI-Karten (Peripheral Component Interconnect) sind weit verbreitet, die Zahl an Steckplätzen kann deshalb nicht groß genug sein. Egal, ob USB, SCSI oder Firewire, alle Karten erwarten einen PCI-Steckplatz.

Bei der Verwendung älterer Karten sollten Sie aufpassen, hier kann Ärger vorprogrammiert sein. Analog zu den EIDE-Ports bremsen ältere, langsame Karten das komplette System aus, da immer das langsamste Gerät voreingestellt wird. Ältere Karten unterstützen unter Umständen nur eine Taktfrequenz von 33 MHz – viel zu langsam für heutige Systeme.

AGP

AGP-Steckplätze (Accelerated Graphics Port) sind speziell für Grafikkarten entwickelt worden, von der Technik her sind sie spezielle Weiterentwicklungen der PCI-Steckplätze. Über den AGP-Port ist es Grafikkarten möglich, direkt und ohne Umweg über den Prozessor, den Arbeitsspeicher anzusprechen und somit den Prozessor zu entlasten.

Außerdem weist der AGP-Port wesentlich höhere Datenübertragungsraten auf, was Spielen und anderen anspruchsvollen Grafikanwendungen sehr entgegen kommt.

Kapitel 2: Hardware

Da sich die AGP-Schnittstelle als Standard für Grafikkarten entwickelt hat, sollten Sie von PCI-Grafikkarten Abstand nehmen. Erstens passen diese nicht in den AGP-Port, zweitens sind sie lange nicht so leistungsfähig wie ihr AGP-Pendant.

Schnittstellen

Wie bereits erwähnt, stellen Schnittstellen Anschlüsse zur Verfügung, die von außen zugänglich sind und an denen externe Komponenten am PC eingestöpselt werden: Beim Einbau werden die Karten auf der Hauptplatine in die passenden Steckplätze geschoben und an der Geräterückseite befestigt.

Bild 2.15: Auf der Rückseite eines PC sind die eingebauten Karten ersichtlich.

79

Marktübersicht: Speicherbausteine

Die serielle Schnittstelle

Bei älteren Systemen wurde die serielle Schnittstelle zum Anschließen der Maus verwendet. Heute ist sie dem externen Modem vorbehalten, über das eine Verbindung in das Internet hergestellt werden kann.

Wie der Name schon sagt, werden übertragene Daten in Serie, nacheinander, übertragen. Obwohl die serielle Schnittstelle eine uralte Einrichtung ist, erfüllt sie noch heute ihre Funktion und ist auch aus modernen PC nicht wegzudenken. Sie nimmt z.B. einige Mausarten oder das externe Modem auf.

Die parallele Schnittstelle

Viele Geräte können Sie an der parallelen Schnittstelle anschließen: Drucker, ein externes ZIP-Drive zur Datensicherung und Scanner. Da jeder PC mit mindestens einer parallelen Schnittstelle ausgestattet ist, können die genannten Geräte auch an jedem PC betrieben werden.

Die Schnittstelle lässt die parallele Übertragung von Daten zu, so dass sie einen höheren Datentransfer als die serielle Schnittstelle ermöglicht. Der eigentliche Vorteil liegt aber woanders: Es ist einstellbar, ob Daten nur aus dem PC versandt werden sollen oder ob ein Datenfluss in beide Richtungen, also auch der Datenempfang, möglich sein soll.

Die Einstellungen finden sich im BIOS. Ältere Schnittstellen lassen nur den SPP-Modus, den Versand vom PC an das angeschlossene Gerät zu. Neuere Systeme sind bereits auf den bidirektionalen Betrieb, den Empfang und das Absenden von Daten voreingestellt.

Da viele Drucker die erweiterte Funktionalität des ECP-Modus nicht unterstützen, ist meist jedoch der EPP-Modus voreingestellt.

 Hinweis Stellen Sie das BIOS gegebenenfalls um und testen Sie Ihren Drucker. Funktioniert er einwandfrei, ist der *ECP*-Modus die beste Wahl, da der Datentransfer weiter beschleunigt wird, Ausdrucke beispielsweise schneller erfolgen.

Grundvoraussetzung für das bidirektionale Verarbeiten von Daten ist ein entsprechend ausgestattetes Parallelkabel. Sollte ein Datenempfang über die parallele Schnittstelle trotz richtiger BIOS-Einstellungen nicht möglich sein, ist meist ein falsches Kabel angeschlossen. Achten Sie beim Kauf darauf, dass das Kabel bidirektional ausgelegt ist, äußerlich können Sie das nicht erkennen.

Netzwerkkarten

Bei sinkenden Computerpreisen werden private Netzwerke immer interessanter, zumal Sie Ihren alten PC nach einem Neukauf wahrscheinlich nicht entsorgen wollen. Nutzen Sie ihn weiterhin, indem Sie sich ein kleines Netzwerk einrichten.

Netzwerkkarten stellen den Ausgangspunkt dar. Für ältere Systeme sind die Karten noch für den ISA-Steckplatz erhältlich, bei modernen PC werden die Karten an einen PCI-Slot angeschlossen. ISA- und PCI-Karten sind gleichwertig.

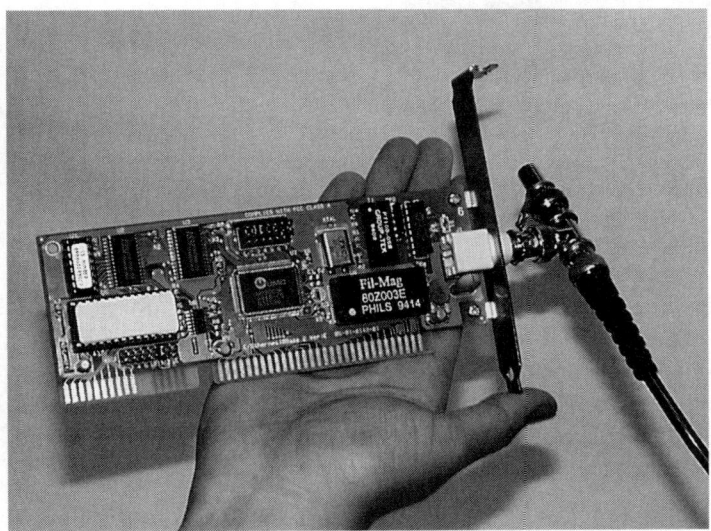

Bild 2.16: Die einfachste Lösung ist eine Netzwerkkarte, die über ein Koaxialkabel zwei Computer verbindet.

Netzwerkkarten werden nach der Datenübertragungsrate gekennzeichnet, gängig sind 10 Mbit- und 100 Mbit-Karten. Letztere sind nur als PCI-Variante erhältlich.

Marktübersicht: Speicherbausteine

Zur Verbindung zweier Rechner benötigen Sie lediglich zwei Netzwerkkarten, ein passendes Koaxialkabel und zwei Abschlusswiderstände. Im Zubehörhandel sind komplette Sets für wenig Geld erhältlich.

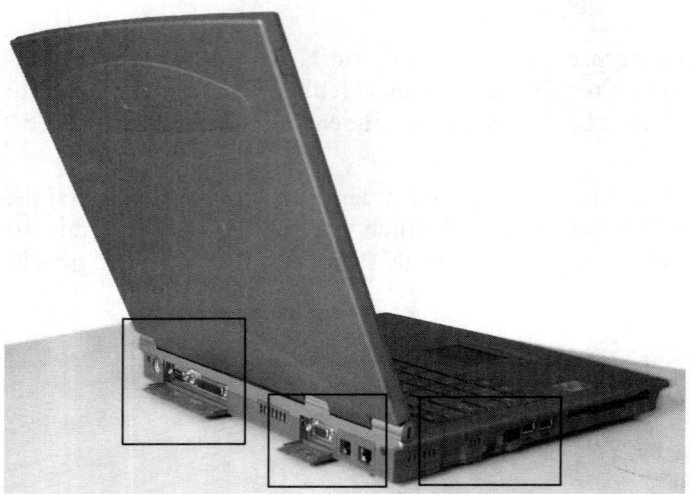

Bild 2.17: Alle Schnittstellen auf der Rückseite des Laptop versammelt

Blue Tooth

Blue Tooth geistert überall durch die Medien: De facto geht es um die drahtlose Datenübertragung. Neben dem Ziel, Computersysteme zu entkabeln und den drahtlosen Datenaustausch zwischen Computern zu ermöglichen, ist das Komponentensharing ein Schwerpunktthema. So soll es zukünftig möglich sein, in einer Firma pro Etage nur noch einen Drucker einzusetzen, statt in jedem Büro einen zur Verfügung zu stellen.

Interessanter sind die geplanten Möglichkeiten, über einen Rechner mit allen denkbaren Peripheriegeräten zu kommunizieren. Von der Heizungssteuerung bis zum mobilen Telefon ist hier alles vorstellbar.

In naher Zukunft wird Blue Tooth sicherlich Möglichkeiten bieten, die die Lebensqualität wesentlich erhöhen können. Solange aber noch über Elektrosmog diskutiert wird und kein vernünftiges Betriebssystem zur Verfügung steht, ist Blue Tooth Zukunftsmusik, die mit hohen Risiken und Störanfälligkeit erkauft werden muss.

Green Function

Die »grüne Funktion«, so die Übersetzung, ist bei mobilen Computern und Mobiltelefonen schon lange ein Thema. Je weniger Strom diese Geräte verbrauchen, umso länger sind die Ladezyklen der Akkus und somit der Komfort.

Beim Rechner zu Hause spielte dagegen eine Stromsparfunktion überhaupt keine Rolle, der Strom kam aus der Steckdose und war permanent verfügbar. Mittlerweile schlucken die heutigen Hochleistungscomputer aber etliches an Energie.

300 Watt Netzteile sind schnell ausgelastet, der Monitor benötigt nochmals 70 Watt, und Peripheriegeräte wie Scanner oder Drucker sind keine Stromsparer.

Dabei ist es völlig egal, ob der PC nun benutzt wird oder nicht. In einer Großbank, die 30.000 Mitarbeiter beschäftigt, stehen mindestens 20.000 Rechner, die pro Tag runde neun Stunden laufen, aber lediglich zwei Stunden lang benutzt werden. Leicht einzusehen, dass die Industrie ein großes Interesse daran hat, den Stromverbrauch während der Leerzeiten möglichst zu reduzieren.

Mittlerweile haben sich die Anstrengungen der Industrie auch für den Privatanwender gelohnt. Moderne Gehäuse bieten die Green Function, die den Stromverbrauch des Computers drastisch reduziert, wenn der PC wenig oder kaum benutzt wird.

Die Ansätze sind vielfältig. Unausgelastete Prozessoren benötigen nicht viel Strom, werden nicht heiß und benötigen daher wenig Kühlung. Netzteile, die nicht oder kaum beansprucht werden, sind mit einer temperaturabhängigen Kühlung ebenfalls gut bedient.

Gleiches gilt für die Festplatten oder die CD-Laufwerke; schließlich würde niemand sein Auto mit maximaler Drehzahl am Straßenrand stehen lassen, nur um einen Brief einzuwerfen.

Die Green Function des PC arbeitet entweder dynamisch oder aktiv. Die Dynamik bewirkt eine Eigenüberwachung, auch als APM (Advanced Power Management) bekannt. Das BIOS und das Betriebssystem nehmen die Werte auf, nach denen das System reagieren soll. So geht z. B. die Festplatte nach fünf Minuten ohne Zugriff in den Ruhestand, aus dem sie erst erwacht, wenn Daten angefordert werden.

> **Hinweis:** In aktuellen Systemen sind bereits viele Stromsparfunktionen vorkonfiguriert; über das BIOS werden sie lediglich aktiviert.

Der aktive Zugriff ist über neue ATX-Gehäuse möglich. Diese Gehäuse haben eine Stromspartaste, ein Druck darauf genügt, um den Rechner in Trance zu versetzen, z.B. wenn das Telefon läutet oder unerwartet Besuch kommt.

Da quasi jede der eingebauten Komponenten seinen eigenen Cache-Speicher mitbringt, geht die Reaktivierung des Systems sehr schnell vonstatten. Zwei oder drei Sekunden Wartezeit sind daneben unerheblich, wenn Sie an die Kostenersparnis denken.

Unterminiert wird die Green Function durch die Hersteller selbst. Einerseits sollen Kosten gespart werden, andererseits ist manches unverständlich. Warum z.B. verbraucht auch ein ausgeschalteter Drucker noch fünf Watt? Warum hat der PC den Netzschalter auf der Rückseite? Die normale Ausschalttaste ist nur noch Makulatur, zumal der Standby-Modus nicht angezeigt wird, wie beim Fernseher und Videorecorder üblich.

> **Hinweis:** Die bessere Lösung: Alle Komponenten werden an einer ausschaltbaren Steckdosenleiste angeschlossen. Und wenn Sie sich eine Leiste mit Spannungsgleichrichter und Überspannschutz zulegen, beugen Sie damit gleichzeitig Datenverlusten und Schäden vor.

Optische Ausgabesysteme

Alle Geräte, die der Ausgabe von Daten dienen, stehen normalerweise außerhalb der Zentraleinheit. Sie werden über Steckverbindungen an den PC angeschlossen. Für jeden Typ gibt es ein breites Angebot. Die Kaufentscheidung hängt letztendlich von der vorgesehenen Verwendung ab. Hierüber müssen Sie sich im Klaren sein, um sich vor Fehlinvestitionen zu schützen. Verschaffen Sie sich im Folgenden einen Überblick über die Angebotspalette und erkennen Sie, welches Gerät für welchen Einsatzbereich sinnvoll ist.

Die Grafikkarte

Die Grafikkarte nimmt eine Zwitterstellung ein. Einerseits ist sie ein Ausgabegerät, da sie für die grafische Darstellung auf dem Monitor zuständig ist. Andererseits kommunizieren moderne Grafikkarten direkt mit dem System, sprechen z.B. den Arbeitsspeicher an, dienen also der Bearbeitung der empfangenen Daten.

Leistungsmerkmale

Leistung und Qualität haben ihren Preis. Insbesondere für Grafikkarten ist diese Aussage zutreffend. Die Leistungsfähigkeit kann variieren, an der Qualität sollte keinesfalls gespart werden. Grundsätzlich gilt auch hier, je mehr, je besser:

▶ Zu empfehlen sind Grafikkarten, die an den AGP-Port des Rechners angeschlossen werden. Neben der höheren Taktfrequenz bieten die Karten direkten Zugriff auf den Arbeitsspeicher des Rechners, ohne den Prozessor zu belasten.

▶ Die Bildwiederholfrequenz wird über die Grafikkarte gesteuert. Die Karte muss bei 16,7 Millionen Farben den Bildschirm in der eingestellten Auflösung mindestens 70 mal in der Sekunde neu aufbauen, um ermüdungsfreies Arbeiten zu ermöglichen, besser sind Bildwiederholfrequenzen jenseits der 85 Hertz.

▶ Die Größe des Videospeichers entscheidet über die mögliche Auflösung und Anzahl der Farben, die dargestellt werden können. Selbst preiswerte Karten verfügen mittlerweile schon über 32 Mbyte SDRAM, weniger sollten nicht mehr akzeptiert werden.

▶ Zur Darstellung auf dem Monitor werden die digitalen Daten in analoge Daten für den Monitor umgewandelt. Das erledigt der DAC, der Digital-Analog-Konverter. Normalerweise als RAMDAC bezeichnet, sollte er über eine möglichst schnelle Taktfrequenz verfügen. 250 MHz bis 350 MHz stellen die Mindestanforderung dar.

Die Preise der Grafikkarten werden zu rund 50 Prozent durch die Kosten für den Grafikspeicher bestimmt. Wie bekannt, kann mit dem eben genannten SDRAM nicht gleichzeitig gelesen und geschrieben werden. Hierfür wurde der Video- oder Windows-RAM, kurz VRAM oder WRAM, entwickelt.

Optische Ausgabesysteme

Bild 2.18: Damit Hochleistungsgrafikkarten die geforderte Leistung bringen können, müssen sie mit einem eigenen Kühler ausgestattet werden (Foto: Elsa AG).

> **Hinweis** Mit dieser Grundausstattung können Sie komfortabel alle Büroarbeiten erledigen und nicht allzu anspruchsvolle Spiele bewältigen.

Auch eine Kombination von SDRAM und VRAM ist darstellbar. SGRAM nutzt die günstigen Kosten des SDRAM in Verbindung mit dem Lese- und Schreibzugriff des VRAM. Getoppt wird der SGRAM noch vom MDRAM, der noch schnelleren Speicherzugriff ermöglicht.

Mit diesen superschnellen Speichern, die natürlich mehr Geld kosten, ist das Nonplusultra aber noch nicht erreicht. Spielefreaks werden mit Sicherheit mehr Leistung benötigen.

Die bisher beschriebenen Kartentypen sind zweidimensionale Karten, die riesige Datenmengen verarbeiten müssen. Einen anderen Weg gehen dreidimensionale Karten. Hier liefert der Rechner nur noch den Rahmen, ein

Kapitel 2: Hardware

Objektgerüst. Der Chipsatz der Grafikkarte berechnet dann die Inhalte. 3D-Karten sind optimal für Spielekonsolen, haben aber Darstellungsprobleme bei zweidimensionalen Darstellungen.

> **Hinweis** Logisch, dass auch hier eine Lösung angeboten wird. Wenn Sie nicht nur spielen, sondern auch arbeiten möchten, ist die Kombination aus 2D und 3D die richtige Lösung.

Falls das neu gekaufte Spiel die brandaktuelle Grafikkarte schon wieder alt aussehen lässt, hilft eine Add-On-Karte weiter. Add-On-Karten sind kein Ersatz, sondern eine Ergänzung für die Grafikkarte mit eigenem Grafikspeicher und eigenem Chipsatz. Die Anschaffungskosten übersteigen aber schnell den Spielepreis.

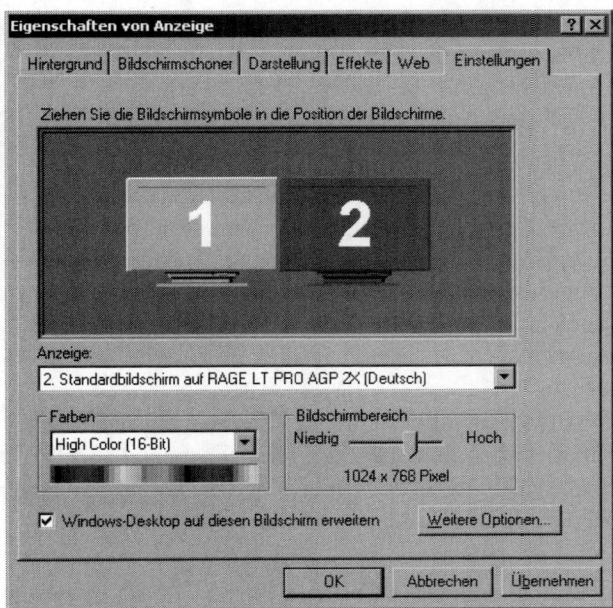

Bild 2.19: Monitoreinstellungen für ein Doppelmonitorsystem

Der Röhrenmonitor

Der Monitor ist die Kommunikationsschnittstelle zwischen dem Anwender und dem Computer schlechthin. Er macht die eingegebenen Befehle oder internen Abläufe sichtbar. Für den Menschen als »Augentier« ist er unabdingbar. Gerade diese Bezeichnung stellt aber die Bedeutung klar, die der Bildschirm hat – er kann Augenschäden verursachen. Röhrenmonitore funktionieren wie ein Fernsehgerät, durch die höhere Auflösung und Bildwiederholfrequenz ist der Herstellungsaufwand erheblich größer.

Ergonomie-Richtlinien für Monitore

Wegen der zentralen Funktion des Monitors wird schon lange an Standards gearbeitet, die die Augen schonen. Genannt seien Bildwiederholfrequenz und Lochmaske bei Röhrenmonitoren oder Strahlungsschutzrichtlinien wie TCO 95 und TCO 99, die jedoch keinerlei Aussage über die Qualität eines Röhrenmonitors machen. Auch die schwedische Empfehlung MPR II oder das CE- und GS-Zeichen gehen mehr auf die Umweltverträglichkeit denn auf die Augenverträglichkeit ein.

Wichtigstes Kriterium neben technischen Daten für ermüdungsfreies Arbeiten ist der Platz des Monitors. So soll sich weder ein Fenster darin spiegeln noch der Umgebungsraum zu dunkel sein. Für die Arbeitsplatzausstattung im gewerblichen Bereich gibt es genaue Vorschriften, die allerdings keinen gesetzlichen Status haben, sondern auf Betriebsvereinbarungen oder Empfehlungen beruhen.

Technik

Als Grundfarben werden Rot, Grün und Blau zur Darstellung verwendet. Durch Mischen der Farben sind bis zu 16,7 Millionen Farben darstellbar, alle Farben zusammen ergeben Weiß. Da das menschliche Auge nur rund acht Millionen Farben unterscheiden kann, sind noch größere Umfänge unsinnig.

Zur Darstellung auf dem Bildschirm wird für jede Farbe ein Elektronenstrahl durch eine Maske auf die phosphorbeschichtete Bildröhre »geschossen«, wobei die Maske zur Fokussierung des Elektronenstrahls benötigt wird.

Hier wird die Qualität eines Monitors begründet. Nicht die minimale Lochgröße ist das Maß der Dinge, sondern die perfekte Montage der Lochmaske und der Elektronenstrahlen.

Da die drei Farben auf einem Punkt landen müssen, um reines Weiß darzustellen, ist höchste Präzision gefordert. Überlappen die drei farbigen Strahlen, so hat der weiße Punkt farbige Ränder.

Durch diese Ungenauigkeiten wird längeres Arbeiten an einem minderwertigen Monitor zur Qual, insbesondere die Bildschirmecken sind problematisch, die Darstellung wirkt unscharf, die Farben verwaschen, Schriften verwischen.

Weiteres Qualitätsmerkmal ist der Kontrast, den ein Monitor bietet. Weiß muss weiß und nicht grau sein, genau wie schwarz nicht grau werden darf.

Ausstattung

Röhrenmonitore werden mit Bildschirmdiagonalen von 15, 17, 19 und 21 Zoll angeboten. Die 15-Zöller sind mittlerweile Auslaufmodelle, als derzeitiger Standard ist der 17-Zöller anzusehen, der im Allgemeinen ein gutes Preis-Leistungs-Verhältnis bietet. Größere Monitore kämpfen verstärkt mit der Bildschärfe, selbst die teuersten Geräte kommen selten an die Qualität eines guten 17-Zöllers heran.

Die Einstellung des Bildschirms wird im Allgemeinen über ein On-Screen-Menü vorgenommen. Nach dem Drücken einer Taste am Bildschirm erscheinen die Funktionen auf dem Bildschirm und können ausgewählt bzw. eingestellt werden. Helligkeit und Kontrast sind ebenso veränderbar wie die dargestellte Bildschirmfläche und deren Eigenschaften.

Gut ausgestattete Monitore verfügen neben dem gängigen 15-poligen Signal-A-Anschluss über einen BNC-Anschluss. Für diesen Anschluss wird am PC ebenfalls ein Signal-A-Stecker verwendet, der sich am Monitoranschluss in fünf einzelne Stecker mit dem BNC-Anschluss aufteilt.

LCD und DSTN

Die Liquid Cristal Displays, kurz LCDs, spielen heute nur noch eine untergeordnete Rolle. Sie finden noch Verwendung in kleinen Rechnern oder Taschenrechnern. DSTN-Flachbildschirme werden in preiswerten Mobilrechnern verwendet, die Bildqualität lässt etliche Wünsche offen.

Optische Ausgabesysteme

> Die Funktionsweise ist recht einfach. Unter einer Schicht, auf der sich senkrecht stehende Kristalle in einer trägen Flüssigkeit befinden, wird ein Geflecht aus horizontalen und vertikalen Elektrodenstreifen platziert. Jeder Schnittpunkt der Streifen bildet einen Bildpunkt.
>
> Wird nun eine Spannung an einen Bildpunkt angelegt, legt sich der sich darüber befindliche Kristall flach und wird auf dem Bildschirm sichtbar.
>
> DSTN-Bildschirme verbrauchen sehr wenig Strom, die Reaktionszeit ist allerdings sehr lang, zum Spielen sind DSTN-Bildschirme absolut ungeeignet. Hinzu kommt der mangelhafte Kontrast bei Farbbildschirmen und senkrechte und waagerechte Streifen, die durch die ungenaue Steuerung der Elektrodenstreifen erzeugt werden.

Insbesondere bei großen Monitoren mit hoher Bildwiederholfrequenz finden BNC-Anschlüsse Verwendung. Sie teilen die Farbkanäle auf und bieten dadurch eine bessere Bildqualität. Außerdem sind BNC-Kabel störunanfälliger als die normalen Kabel. BNC-Kabel sind entsprechend teurer, die Verwendung nach Möglichkeit aber zu empfehlen: Die Augen des Nutzers werden geschont.

Kauftipp: Monitor

Vor dem Kauf eines Röhrenmonitors sollten Sie einige Zeit investieren. Aufgrund der hohen Anforderungen können die Hersteller nur kostengünstig anbieten, wenn die Produktionstoleranzen entsprechend groß sind. Selbst der Testsieger der letzten Fachzeitschrift muss nicht die erste Wahl sein. Empfehlenswert ist, im Fachgeschäft mit mehreren Monitoren nacheinander eine Zeit lang zu arbeiten. Wenn Sie dabei auf Ihre Augen achten, können Sie Geräte, die Ihnen nicht zusagen, schnell aussortieren und Ihren Liebling herausfinden.

Sollte ein Arbeiten am oder mit dem Monitor nicht möglich sein, z.B. in einem Kaufhaus, bitten Sie einen Mitarbeiter, mehrere Monitore mit dem gleichen Bild zu bestücken; auch die statische Beobachtung lässt gute Rückschlüsse zu.

Kaufen Sie anschließend das Ausstellungsgerät – die originalverpackte Alternative kann unerwartete Toleranzen aufweisen.

Das TFT-Display

TFT-Displays sind auf dem Vormarsch. In mobilen Computern wie Laptops oder Notebooks sind sie seit Jahren Standard, mittlerweile halten sie auch auf dem Schreibtisch Einzug. Die Preise sind bereits gehörig gefallen, vom ehemals Zehnfachen eines Röhrenmonitors auf das Vier- bis Fünffache.

Bild 2.20: TFT-Displays sind platzsparend und bieten viel Komfort (Foto: Panasonic).

Technik

Beim TFT-Flachbildschirm wird jeder Bildpunkt durch einen eigenen Transistor angesteuert. Hieraus resultieren eine schnelle Reaktionszeit, ausgesprochen gute Schärfe und hoher Kontrast.

Die Herstellung ist sehr aufwändig. Ein normaler Laptop-TFT-Bildschirm mit 800x600 Bildpunkten Auflösung benötigt schon über vier Millionen Transistoren, größere Monitore mit höherer Auflösung entsprechend mehr.

Um die damit verbundenen Produktionskosten zumindest einigermaßen erträglich zu halten, nehmen die Hersteller Fehler in Kauf – ein Monitor, bei dem alle Transistoren funktionieren, wäre nicht bezahlbar.

Optische Ausgabesysteme

Anders als beim Röhrenmonitor spielt die Bildwiederholfrequenz keine überragende Rolle. Zwar bieten aktuelle 15-Zöller adäquate Frequenzen an, aber auch bei der Unterschreitung der Rate bleibt die Darstellung auf dem Bildschirm absolut ruhig.

Eine weitere Eigenheit der TFT-Bildschirme ist die optimale Auflösung. 15-Zoll-Bildschirme verkraften locker praxisgerechte 1.024x768 Bildpunkte, 17-Zöller sogar 1.280x1.024 Bildpunkte. Die Transistortechnik bringt es mit sich, dass nur *eine* Auflösung optimal dargestellt werden kann. Abweichende Auflösungen verursachen eine verzerrte Darstellung. Einige Hersteller umgehen die Thematik, indem sie kleinere Auflösungen nur als Bildschirmausschnitt anzeigen.

Ausstattung

TFT-Bildschirme sind leicht und benötigen wenig Stellfläche. Durch die Transistortechnik bedingt, strahlen sie keine Röntgenstrahlen aus.

Neben den technischen Vorteilen bieten viele Bildschirme zusätzlichen Komfort. Je nach Modell ist es möglich, neben einem VHS- auch einen SVHS-Recorder anzuschließen, mehrere USB-Ports werden angeboten, Mikrofon und/oder Lautsprecher sind eingebaut.

Etliche Modelle bieten die Möglichkeit, den Bildschirm um 90 Grad zu drehen, um eine komplette DIN A4-Seite anzuzeigen. Einige Modelle sind höhenverstellbar und das Netzteil ist integriert.

Die Varianten sind sehr vielfältig. Da die bei den Röhrenmonitoren anfallenden Probleme mit dem TFT-Bildschirm verschwunden sind, wird auf eher multimediale Fähigkeiten seitens der Hersteller Wert gelegt, die Sie jedoch nicht überbewerten sollten – viele der angebotenen Lautsprechersysteme können lediglich den PC-Piepser ersetzen, selbst die billigsten externen Lautsprecher bieten oft mehr.

Kauftipp: TFT-Bildschirme

Für einen 15-Zoll-TFT müssen Sie zwischen 600 Euro bis 1.500 Euro ausgeben. Aktuelle Testberichte geben den teuersten Geräten nicht unbedingt die besten Noten, umgekehrt gilt die Aussage auch. Die hohe Preisdifferenz begründet sich wahrscheinlich in den unterschiedlichen Fertigungstoleranzen der Hersteller, vermutlich weisen die teuren Monitore die geringsten Fehler auf.

Mehr als eine Vermutung zu äußern, ist leider nicht möglich. Aufgrund dieser Problematik ist aber wegen des hohen Kostenfaktors vom Kauf so genannter NoName-Produkte unbekannter Hersteller abzuraten.

Fakt ist, dass selbst renommierte Hersteller noch mit der Technik kämpfen. Über Testprogramme können Sie feststellen, ob der Monitor die Grundvoraussetzungen erfüllt. Bei mittlerer Helligkeit muss die Graustufung einwandfrei sein, Weiß darf keinen Farbstich ausweisen. Auch Schwarz bereitet manchen Monitoren Probleme, da die Transistoren nie ganz abgeschaltet werden können.

Bei gängigen Anwendungen darf die Darstellung nicht ruckeln oder verwischen, zum Test eignet sich jeder animierte Bildschirmschoner, der bewegliche Grafiken über den Bildschirm wandern lässt.

Projektoren

Projektoren für PC-Systeme sind auch als Beamer bekannt. Sie bieten die Möglichkeit, das Monitorbild wie einen Diaprojektor auf eine Leinwand oder andere reflektierende Fläche im Großformat zu projizieren.

In EDV-Schulungen werden die Beamer schon seit Jahren eingesetzt, da sie dem Trainer die Möglichkeit bieten, allen Kursteilnehmern bestimmte Arbeitsabläufe live zu präsentieren. Auch auf Messen und anderen Großveranstaltungen werden sie zu Präsentationszwecken verwendet.

Der Maßstab für einen Beamer und seinen Anwendungsbereich ist seine Leuchtkraft oder Lichtstärke. Wie der Diaprojektor ist er vom Umgebungslicht abhängig, je heller die Umgebung, desto höher muss die Leuchtkraft des Beamers sein, und desto höher ist sein Preis.

Die Lichtstärke wird beim Beamer in Lumen angegeben. 1.000 Lumen reichen für einen mit Rollos abgedunkelten Raum und kosten um die 3.500 Euro. Für 1.500 Lumen müssen Sie schon das Doppelte veranschlagen.

> **Hinweis** Im Zeitalter von DVD, Video, TV-Karte und Dolby Surround kann die Anschaffung eines Beamers auch für den Privatanwender sinnvoll sein. Schaffen Sie sich Ihr eigenes Kino, die Investition erspart den Kinogang und damit die anfallenden Kosten.

Optische Ausgabesysteme

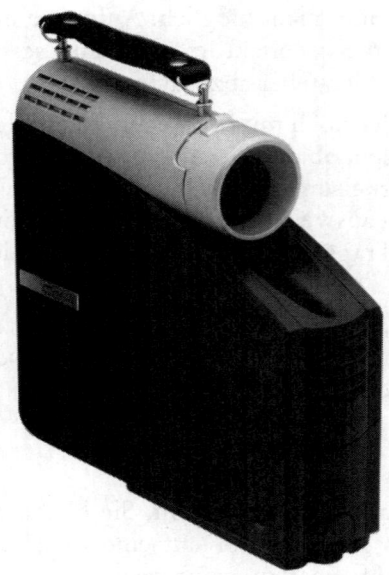

Bild 2.21: Klein und leicht: ein Beamer der neuesten Generation (Foto: Compaq)

TV-Ausgang

Ein TV-Ausgang am PC bietet die Möglichkeit, ein Signal an den Fernseher zu senden. Diese Variante beinhaltet einen umfangreichen Anwendungsbereich.

Zum einen können PC-Spiele mit einem TV-Ausgang auf dem wesentlich größeren Fernseh-Monitor eine Menge mehr Spaß bringen. Zum anderen ist der Anschaffungspreis für ein DVD-Gerät recht hoch, der Einbau eines solchen Gerätes in den PC wesentlich preisgünstiger. Viele Grafikkarten bieten einen eingebauten TV-Ausgang, so dass keine weiteren Kosten anfallen. Die DVDs laufen im PC ab und das Ergebnis auf dem Fernseher.

Ein weiteres Einsatzgebiet ist die Videobearbeitung. Ein Video-Grabber liest die Daten eines Videos oder einer Fernsehsendung in den PC ein und legt sie digital auf der Festplatte ab. Die Bearbeitung der Aufnahme erfolgt am PC. Abschließend geht das fertige Ergebnis über den TV-Ausgang wieder an den Video-Recorder.

> **Fachwort** ↗ *Video-Grabber* sind in Grafikkarten integriert oder als separate Karte (AGP oder PCI) erhältlich.

Drucker

Vor langer, langer Zeit herrschte die Meinung vor, der Rechner könne das Papier ersetzen. Dass dem nicht so ist, zeigt der permanent steigende Papierverbrauch. Das Druckerangebot macht die Unmöglichkeit der Idee nochmals deutlich – für jedes Einsatzgebiet sind optimierte Systeme erhältlich.

Schwarzweiß- oder Farbdrucker

Wie in der Fotografie gibt es auch bei den Druckertypen eine grundsätzliche Unterscheidung: Farbe und Schwarzweiß. Und wie in der Fotografie sind die Unterschiede erheblich. Schwarzweiß-Ausdrucke lassen mehr Nuancen zu, die Bilder und Abbildungen sind kontrastreicher und heben sich vom bunten Einerlei charismatisch ab.

Farbige Ausdrucke sind wesentlich aufwändiger und empfindlicher. Farben werden verfälscht dargestellt, Konturen wirken verwaschen, die Anforderungen sind wesentlich höher. Aber die Welt ist farbig: eine Sonnenblume im Sonnenschein weckt Gefühle, die Schwarzweiß nicht bieten kann.

Beide Druckertypen haben ihre Vorteile und Nachteile. In der EDV sind Schwarzweiß-Ausdrucke wesentlich kostengünstiger, Farbausdrucke stellen hohe Anforderungen, sind aber als Ergebnis nachbearbeiteter Grafiken, Fotos und Bilder aus dem täglichen Leben nicht wegzudenken.

Tintenstrahl-Drucker

(Farb)Tintenstrahl-Drucker sind die am weitesten verbreiteten Druckertypen. Sie sind preiswert, leise und langsam. Die Druckkosten sind hoch, etliche Papiere sind für verschiedene Aufgaben im Angebot. So verschaffen Sie sich einen Überblick:

Patronen

Tintenstrahler werden in mittlerweile drei Varianten angeboten:

▶ Bei Druckern, in die nur eine Patrone eingesetzt werden kann, ist der Anschaffungspreis ausgesprochen günstig. Schwarzweiß-Ausdrucke erledigen Sie mit der schwarzen Tintenpatrone, für Farbausdrucke wechseln Sie die Patrone gegen eine aus, die die Grundfarben enthält. Mit der Farbpatrone erzeugen Sie schwarze Farbe durch Mischung der Einzelfarben. Allerdings kann durch die Farbmischung nur ein dunkles Grau erzeugt werden, dem die Brillanz fehlt. Im Zweifelsfall benötigen Sie zwei Dokumente, eins für Schwarzweiß, eins für den Farbdruck, um gute Ergebnisse zu erzielen. Diese Einstiegsmodelle bieten sich an, wenn Sie überwiegend Text ausdrucken und nur gelegentlich Farbiges zu Papier bringen wollen.

▶ Gut das Doppelte der Einstiegsmodelle kosten Tintenstrahler, die sowohl eine schwarze als auch eine farbige Patrone aufnehmen. Bei den meisten Modellen ist die Farbpatrone wesentlich größer als die Schwarz-Patrone, so dass die Kapazität wesentlich größer ist. Drucker dieser Bauart sind echte Allrounder und deshalb weit verbreitet.

▶ Relativ neu am Markt sind Tintenstrahl-Drucker, die vier getrennte Patronen aufnehmen: eine für Schwarz und drei für die Grundfarben. Die Überlegung, die hinter dem Angebot steht, ist einfach: Bei den meisten Nutzern ist nur eine Farbe aufgebraucht, die restlichen Tintentanks sind noch ziemlich voll. Ergo: Warum zwei Drittel entsorgen, wenn nur ein Drittel aufgebraucht ist? Die Überlegung hat jedoch einen Haken: Die Druckersteuerung wird wesentlich komplexer, die Mechanik wird mehr beansprucht. Aus diesem Grund ist die Frage nach der besseren Lösung zurzeit noch offen: Kombipatrone oder getrennte Tanks.

Druckgeschwindigkeit und Auflösung

Die Druckgeschwindigkeit der Tintenstrahler ist mäßig, bei den meisten Einstiegsmodellen sogar sehr mäßig. Lassen sich im Schwarzweiß-Druck noch knapp zweistellige Seitenzahlen pro Minute erzielen, geht die Frequenz beim Farbdruck weiter und erheblich zurück.

Auch bei der Auflösung sind dem Tintenstrahler Grenzen gesetzt. Hohe Qualität erfordert eine hohe Zahl von Druckdüsen, die die Farbe auf das Papier spritzen. Je mehr Düsen, umso höher der Steuerungsaufwand des Druckers, umso langsamer der Ausdruck.

Wie vom Füller her bekannt, hat Tinte daneben die unangenehme Eigenschaft, im Laufe der Zeit zu verkleben, was der Auflösung enge Grenzen setzt. Der Tintenstrahler muss verstopfte Düsen automatisch reinigen, die Überwachung der Funktionalität kostet weitere Geschwindigkeit. Hinzu kommt, dass die Tinte trocknen muss, auch darauf muss der Tintenstrahler Rücksicht nehmen, zu schnelle Ausdrucke, die übereinander liegen, verschmieren.

Druckqualität

Da den Druckerherstellern die Probleme durchaus bekannt sind, bieten sie für jeden Drucker passende Einstellungen an. Der Prospektdruck optimiert die Geschwindigkeit zu Lasten der Qualität, der Standardausdruck stellt einen Kompromiss zwischen Qualität und Geschwindigkeit dar. Der Fotodruck letztendlich optimiert das Ergebnis zu Lasten der Geschwindigkeit. Natürlich benennt jeder Hersteller jeden Modus nach Gutdünken – die Problemstellung lässt aber keine andere Interpretation zu.

Papiere

Für jede Aufgabe stehen optimierte Papiertypen zur Verfügung. Unterschieden wird dabei nach Papiergewicht und Papieroberfläche.

Das Papiergewicht wird in Gramm pro Quadratmeter angegeben. Standardpapiere wiegen 80 g/m^2. Für Bewerbungen sollten Sie mindestens 90 g/m^2 verwenden, hier tunkt die Tinte nicht mehr durch und die Oberfläche ist griffiger.

Für Urkunden ist ein Papiergewicht von 120-150 g/m^2 angeraten, Visitenkarten wiegen ab 180 g/m^2 aufwärts. Schauen Sie in Ihr Druckerhandbuch, welche Papiergewichte Ihr Drucker verarbeiten kann. In den meisten Fällen muss der Abstand des Druckkopfes bei schwergewichtigen Papieren erhöht werden, meist über einen Schalter direkt im Drucker.

Die Papieroberfläche spielt eine herausragende Rolle bei der Druckqualität. Glänzende Papieroberflächen saugen die Tinte kaum auf, die Trocknungszeit ist sehr hoch, der Druck ausgesprochen brillant. Folien sind noch anspruchsvoller. Glänzende Oberflächen sind nicht wischfest, ein Tropfen Wasser oder eine verschwitzte Hand genügen, um die Farben zu verwischen.

Drucker

Fotodrucker sollen mit Fotopapieren herausragende Ergebnisse erzielen – vergessen Sie das. Zum einen sind die Papierkosten ausgesprochen hoch, zum anderen der Tintenverbrauch immens. Jedes Fotolabor arbeitet preisgünstiger und besser, auch wenn die Bilder per Diskette, ZIP oder CD eingereicht werden.

> **Hinweis** ◆ 80-g-Papiere saugen die Tinte auf wie ein Schwamm, sie werden vollständig durchtränkt und sind nicht beidseitig bedruckbar. Einen guten Farbverlauf mit Standardpapier erreichen Sie mit ausgeglichener Papierqualität. Halten Sie einfach ein leeres Blatt gegen eine Lampe oder die Sonne, um die Qualität zu beurteilen. Gute Papiere sind gleichmäßig grau, schlechte Papiere weisen sehr helle (Täler) und sehr dunkle Stellen (Berge) auf. Die Berge saugen die Tinte auf, während sie auf den Tälern steht und langsam abtrocknen muss.

Folgekosten

Abhängig vom verwendeten Papier und der gewählten Druckerauflösung variieren die Druckkosten erheblich. Für die Berechnung der Druckkosten verwenden die Hersteller oft verwirrende Ausgangswerte.

Im Allgemeinen wird bei Schwarzpatronen eine Schwärzung von fünf bis zehn Prozent angegeben, was lediglich reinem Text entspricht. Eine Abbildung in grauer Farbe im DIN A5-Format schwärzt ein Papier bereits mit rund dreißig Prozent.

Ähnliches gilt für Farbausdrucke. Eine voll bedruckte DIN A4-Seite glänzt nicht mit den angegebenen dreißig Prozent, sondern bewegt sich jenseits der Neunzig-Prozent-Marke im Normaldruck.

Fazit: Die Herstellerangaben stellen Idealbedingungen dar, in der Praxis sind die realen Kosten etwa dreimal höher, beim Fotodruck verdoppelt sich dieser Wert noch einmal.

Ist die Patrone leer, muss Ersatz her. Auch hier sind wieder etliche Angebote erhältlich:

▶ Original-Patronen des Druckerherstellers sind die teuerste und sicherste Lösung. Die Tinte ist in Farbstärke und -flüssigkeit auf Ihren Drucker optimiert.

Kapitel 2: Hardware

▶ Patronen von namhaften Fremdherstellern sind etwas preisgünstiger und meist genauso gut. Dem Hersteller sind die Anforderungen für den Drucker bekannt – oftmals produziert er die Originalprodukte.

▶ NoName-Anbieter bieten passende Patronen an. Meist werden Original-Patronen recycled, auch die Tintenqualität kann in Ordnung sein. Hier hilft nur Ausprobieren, der günstige Preis macht es möglich.

> **Hinweis** In viele Druckpatronen ist der Druckkopf integriert, der letztendlich für die Qualität des Ausdruckes verantwortlich ist. Bei mehrfacher Verwendung können Verstopfungen auftreten, die der Drucker nicht mehr automatisch korrigieren kann. Reinigen Sie den Druckkopf deshalb mit einem in Isopropanol getränkten Wattestäbchen.

▶ Noch günstiger sind Nachfüllsets. Die einzelnen Farben werden zum Nachfüllen via Spritze offeriert. Die Tintenqualität ist Glückssache, auch die Funktionalität wird selten garantiert. Handwerklich begabte Anwender sollten die Angebote auf jeden Fall austesten.

> **Achtung** Achten Sie darauf, ob die Patronen zum Zubehör des neuen Druckers gehören: Sie kaufen einen neuen Drucker, dem die Druckpatrone(n) natürlich beiliegen. Nach ein paar ausgedruckten Seiten ist die Patrone schon leer. Eine Nachfrage beim Hersteller ergibt, dass die Patrone »lediglich zu Demonstrationszwecken« beigefügt wurde. Eine Unart, da Ersatzpatronen nicht selten die Hälfte eines neuen Druckers kosten!

Laserdrucker

Laserdrucker sind schnell und immer noch teuer, Farblaserdrucker so gut wie unerschwinglich. Dafür sind die Druckkosten außerordentlich gering, die Druckqualität sehr hoch und die Geschwindigkeit optimal. Mit zusätzlichem RAM versehen, steigern die Geräte die Druckgeschwindigkeit nochmals und Sie lehnen sich entspannt zurück.

Drucker

Bild 2.22: Laserdrucker benötigen kaum Stellfläche, wachsen aber durch Zusatzmodule manchmal in die Höhe (Foto: Panasonic).

Im Einzelnen:

▶ Laserdrucker arbeiten wie ein Fotokopiergerät. Eine Seite wird komplett eingelesen, danach umgesetzt und ausgedruckt. Zur Umsetzung wird ein Postscript-Interpreter eingesetzt. Hierbei werden die Daten in eine reine Textdatei umgesetzt, die dann vom Drucker abgearbeitet wird. Zum Ausdruck wird ein Toner bemüht, quasi ein Pulver auf das Papier gestreut.

▶ Die Ausdrucke sind farbecht und lichtbeständig, außerdem wisch- und wasserfest, wie Fotokopien.

▶ Die Druckqualität ist sehr hoch. Selbst kleinste Schriften werden einwandfrei abgebildet. Durch die Verwendung eines Pulvers ist kein Verlauf selbst bei billigsten Papieren zu befürchten.

▶ Die Druckgeschwindigkeit ist herausragend. Selbst preisgünstige Laserdrucker drucken Dokumente mit mehr als zehn Seiten pro Minute aus, der Drucker ist also ideal für Massenarbeiten.

▶ Die Druckkosten sind ausgesprochen gering. Zwar kostet eine neue Toner-Kartusche im Allgemeinen im Austausch um die 50 Euro, dafür können Sie auch drei- bis fünftausend Seiten bedrucken.

Neben den offensichtlichen Vorteilen hat der Laserdrucker auch einige Nachteile:

▶ Gute Schwarzweiß-Drucker sind kaum unter 500 Euro erhältlich, Farbdrucker sind wesentlich teurer.

▶ Durch die Umwandlung des Druckauftrages in das Postscript-Format fällt erheblicher Speicherbedarf an. Als Lösung wird entweder der Arbeitsspeicher bis zum Anschlag ausgelastet, was ein Weiterarbeiten mit dem Rechner während des Drucks fast unmöglich macht und den Ausdruck stark ausbremst, oder es fallen Zusatzkosten für im Drucker zu installierenden RAM an, die nicht unerheblich sind.

▶ Hohe Papiergewichte kann nicht jeder Laserdrucker abarbeiten, die Grenzen sind wesentlich enger als beim konventionellen Tintenstrahler. Das hängt im Wesentlichen mit der hohen Druckgeschwindigkeit zusammen.

Nadeldrucker

Nadeldrucker sind zwar nur noch eine Randerscheinung, aber nicht wegzudenken. Nadeldrucker sind laut, langsam, grob und billig. In vielen Arztpraxen arbeiten Nadeldrucker: Er ist als einziger Druckertyp in der Lage, Durchschläge zu erstellen.

Wie der Name sagt, arbeitet der Nadeldrucker mit Nadeln. Wie bei einer Schreibmaschine wird eine Nadel über ein Farbband mit Tinte überstrichen, anschließend auf das Papier gedrückt und dabei die Tinte wieder abgestreift. Moderne Nadeldrucker verfügen dabei über neun bis 24 Nadeln.

Da der Nadeldrucker ausschließlich mechanisch arbeitet, ist er langsam und laut. Ähnlich grob ist die Auflösung: Maximal 24 Nadeln stellen wenig Komfort zur Verfügung, die Auflösung begrenzt. Die erhältlichen Modelle bieten nur wenig Komfort durch mehrfarbige Farbbänder.

Seine Vorteile spielt der Drucker auf anderen Gebieten aus. Mit den vorinstallierten Schriften wird er richtig schnell, und er kann Endlos-Formulare in den verschiedensten Formaten verarbeiten, Laser- und Tintenstrahldrucker sind hier überfordert. Neben der Arztpraxis findet sich der Nadeldrucker in Bereichen, in denen er nebenbei arbeitet, unbeaufsichtigt und lärmgedämmt im Hintergrund – ideal zum Ausdruck von Massendaten.

Sublimationsdrucker

Dieser Druckertyp ist ausschließlich im Profi-Bereich angesiedelt. Neben dem Laserdrucker bietet er die Möglichkeit, ohne ein Raster Daten zu Papier zu bringen, die Auflösung und Druckqualität ist herausragend. (Thermo-) Sublimationsdrucker werden beim Druck von hochwertigen Grafiken, z.B. Abbildungen klassischer Gemälde auf Hochglanzpapier, eingesetzt.

Die Farben werden dabei vorab gemischt und abschließend im erwärmten Zustand auf das Papier aufgedampft. Natürlich sind die Ausdrucke wisch- und wasserfest.

Fotobelichter

Fotobelichter stehen heute in jedem Fotolabor, das Fotos nach einer halben Stunde bietet. Im eigentlichen Sinn sind sie keine Drucker, sondern Projektoren.

In der praktischen Anwendung werden die Fotobelichter mit der Abbildung eines Negatives gespeist, das auf ein lichtempfindliches Papier übertragen wird. Nach der Belichtung landet das Fotopapier in einer Entwicklerlösung, die die übertragenen Daten sichtbar macht. Die Kosten für einen Fotobelichter liegen im fünfstelligen Bereich. Deshalb lohnt eine Anschaffung nur, wenn Schnelligkeit, Aktualität und bestimmbare Qualität exquisiter Fotos im Vordergrund stehen. Ansonsten sind ein Farbtintenstrahler oder das auswärtige Fotolabor die wesentlich bessere Wahl.

Print on the Web

Das Internet bietet neue Varianten, die die Anschaffung des passenden Druckers in Wohlgefallen und Überflüssigkeit auflösen. Das Stichwort heißt »Print on the Web«, auf gut Deutsch: Druck doch über das Internet. Hierbei suchen Sie einen Drucker-Anbieter auf, der die verschiedensten Druckertypen sein Eigen nennt, wie in einem Copy-Shop. Sie erteilen, natürlich gegen Zahlung, einen Druckauftrag und senden das auszudruckende Dokument an den Anbieter, der Ihnen den Ausdruck anschließend zusendet.

Der Vorteil liegt auf der Hand: Sie benötigen keinen Drucker und können zudem auf alle Druckertypen zurückgreifen. Sie zahlen nur für den fertigen Ausdruck.

Die Nachteile liegen ebenfalls auf der Hand: Der Versand des Ausdrucks kostet Zeit, der Datentransfer kann abweichende Druckaufträge bewirken, Seitenzahlen, Grafiken und Fußnoten verrutschen leicht.

Grafiken und Fotos können universell abgearbeitet werden, unabhängig vom Betriebssystem. Fotos sind nach wie vor im Fotolabor besser aufgehoben, weil kostengünstiger.

Marktübersicht: Drucker

Das papierlose Büro ist immer noch Utopie. Um ein Arbeitsergebnis auf Papier zu bringen, bleibt der gute alte Drucker die erste Wahl. Diese Tabelle stellt die Druckertypen kurz dar und schildert deren Einsatzgebiete.

Nadeldrucker	Bei einem Nadeldrucker wird jedes Zeichen durch ein Raster aus einzelnen Punkten (Pixeln) erzeugt. Sie gehören damit in die Gruppe der Matrixdrucker. Die Nadeln hämmern auf ein Farbband, das wiederum einen farbigen Punkt auf dem Druckmedium hinterlässt. Ihr Vorteil liegt in den niedrigen Betriebskosten und darin, dass man mit ihnen auch Durchschläge drucken kann. Eine weitere Besonderheit ist die Fähigkeit, Endlospapier zu verarbeiten – fast alle derzeit noch angebotenen Nadeldrucker verfügen über diese Fähigkeit. Ein wesentlicher Nachteil: Durch den mechanischen Kontakt zwischen Nadel und Papier sind diese Drucker sehr laut. Im privaten Umfeld sind solche Drucker kaum noch zu finden. Ihre Domäne sind Anwendungsbereiche, bei denen Durchschläge erzeugt oder mit Endlospapier gearbeitet werden muss.

Tabelle 2.3: Druckertypen und ihr Einsatzgebiet

Laserdrucker	Laserdrucker folgen dem bekannten Prinzip eines Kopierers. Sie übertragen schwarzen oder farbigen Toner mit Hilfe einer lichtempfindlichen Trommel auf Papier und fixieren die Tonerpartikel durch Druck und Hitze. Sie erreichen Druckauflösungen von 300 bis 1200 dpi und mehr bei homogenem Druckbild. Sie weisen Druckleistungen von vier bis zwölf (und mehr) Seiten pro Minute auf. Dabei haben sie in der Regel einen zuverlässigen Einzelblatteinzug und eine manuelle Papieranlage. Die Kosten liegen bei fünf bis zehn Cent pro Seite, bei Farblasern sind deutlich höhere Druckkosten zu veranschlagen. Manche Laserdrucker lassen sich durch zusätzliche Optionen ergänzen, z.B. ein zweites Papierfach, einen direkten Netzwerkanschluss oder eine Duplexeinheit, mit der die Seiten doppelseitig bedruckt werden. Das Einsatzgebiet von Laserdruckern ist breit gefächert: Sie finden ihn als Arbeitsplatzdrucker für den täglichen Schriftverkehr, als Universaldrucker zu Hause, als Abteilungsdrucker, mit Erweiterungen als »Hausdruckerei« oder – als Vierfarbgerät – auch im grafischen Gewerbe.
Tintenstrahldrucker	Tintenstrahldrucker bringen jedes Pixel zu Papier, indem sie kleine Tintentröpfchen aus einer Düse schießen. Dazu verwendet man entweder Piezoelemente, die sich bei Anlegen einer geringen Spannung verformen, oder das so genannte Bubble-Jet-Verfahren, das die in einem Röhrchen fließende Tinte kurzzeitig so erhitzt, dass eine Dampfblase explosionsartig einen kleinen Tintentropfen aus dem Röhrchen katapultiert. Tintenstrahldrucker sind relativ preisgünstig in der Anschaffung, aber oft teuer im Verbrauch. Durch unterschiedliche Bedruckstoffe – vom einfachen Papier bis hin zu Transferfolien für den Textildruck – bietet sich diese Drucktechnik an, wenn Flexibilität gefragt ist.

Tabelle 2.3: Druckertypen und ihr Einsatzgebiet (Forts.)

Phase-Change-Drucker	Eine Abwandlung des Tintenstrahldruckers ist der Phase-Change-Drucker. Er funktioniert im Prinzip wie der Tintenstrahldrucker, verwendet aber statt flüssiger Tinte Wachs. Das Wachs wird beim Drucken geschmolzen und dann wie flüssige Tinte auf das Papier gespritzt. Das Wachs härtet auf dem Papier sofort durch – daher reicht Normalpapier für hochwertige, glänzende Drucke aus. Das Verfahren besticht durch die Qualität des Ausdrucks bei günstigen Kostenverhältnissen, zumindest im Farbbereich.
Thermotransferdrucker	Thermotransferdrucker können Punkte einer Matrix durch das Aufschmelzen einer wachsartigen Tinte auf Spezialpapier drucken. Es handelt sich ausschließlich um Farbdrucker. Zum Drucken einer Seite wird ein Wachstuch mit den Farben Cyan, Magenta, Gelb und Schwarz benötigt (Thermotransferrolle). Der Druckkopf besteht aus einer Reihe von Heizelementen, die individuell auf eine Temperatur von 70 bis 80 Grad erhitzt werden, wenn ein Bildpunkt zu Papier gebracht werden soll. Bei dieser Temperatur schmilzt das Wachs und haftet auf dem Papier. Diese Drucker können durch Mischen der Grundfarben eine große Palette von brillanten Farben zu Papier oder auch auf Folie bringen. Dabei arbeiten sie sehr zuverlässig und leise, aber auch recht langsam. Ihr Haupteinsatzgebiet ist das grafische Gewerbe.
Sublimationsdrucker	Das Druckverfahren des Sublimationsdruckers ähnelt dem des Thermotransferdruckers. Der Begriff »Sublimation« bezeichnet den Wechsel des Aggregatzustands von der festen zur gasförmigen Form. Er verdampft eine genau dosierte Menge Wachs und bringt es auf ein Spezialpapier auf, wo es eine chemische Reaktion auslöst. Die zu übertragende Farbmenge kann durch die Temperatur genau gesteuert werden. Dieses Verfahren, das ausschließlich für Farbdrucke verwendet wird, erreicht die höchste Qualität mit brillanten Farben und fließenden Farbabstufungen. Sublimationsdrucker sind langsamer und teurer als Thermotransferdrucker und eignen sich vor allem für Anwender, die wenige Ausdrucke in höchster Qualität benötigen.

Tabelle 2.3:   Druckertypen und ihr Einsatzgebiet (Forts.)

Plotter

Plotter sind spezielle Ausgabegeräte für Vektorgrafiken aus CAD- oder Grafiksoftware, ergo besonders geeignet für technische Zeichnungen. Aber auch für verschiedene Hobbies sind Plotter bestens geeignet, z.B. zum Vorzeichnen für Seidenmalerei. Ungeeignet sind Plotter für lange Texte oder vollflächige Farbfüllungen.

Analog zum Scanner haben sich verschiedene Aufbauten durchgesetzt. Bis zum Format DIN A3 sind Flachbettplotter erhältlich, die sogar an einer Wand platzsparend aufgehängt werden können.

Größere Formate lassen sich über ein Rollensystem darstellen. Hierbei wird eine Papierrolle beliebiger Länge, allerdings vorgegebener Breite, bedruckt, somit ist die Ausgabe beliebig »langer« Zeichnungen auf einfache Weise möglich.

> **Hinweis** ♦ Die vorgestellten Druckertypen werden allesamt am USB- oder Parallelport am PC angeschlossen.

Lautsprecher

Jeder moderne PC ist mit einer Soundkarte ausgestattet und ermöglicht somit das Abspielen von Klängen, Sounds oder Musik. Wie beim Radio oder der Stereoanlage erfolgt die Wiedergabe über Lautsprecher. Verschiedene Systeme stehen zur Verfügung.

Aktivlautsprecher

Aktive Systeme besitzen einen eigenen Verstärker, der zur Verstärkung des Eingangssignals dient. Das Eingangssignal erhält der Verstärker von der Soundkarte des PC, an die er über eine Steckverbindung angeschlossen wird.

Bei gängigen Systemen ist der Verstärker in eine der beiden Lautsprecherboxen eingebaut, die zweite Box wird hier angeschlossen.

Aktive Systeme benötigen eine eigene Steckdose, denn ohne Strom kann der Verstärker nicht arbeiten. Die Vorteile akiver Lautsprecher liegen auf der Hand, zum einen belasten sie nicht das Netzteil des PC, zum anderen zwingen sie nicht zur Aufstellung in unmittelbarer Nähe des Computers.

Spitzenlautsprecher in der Stereofonie werden oftmals als aktives System angeboten, da der Verstärker perfekt auf die einzelnen Lautsprecher abgestimmt werden kann.

Aktive Lautsprecher sind die am weitesten verbreitete Variante und schon sehr günstig erhältlich. Qualität hat natürlich ihren Preis, gut klingende Lautsprecher kosten mehr Geld als einfache Ausführungen.

Bild 2.23: Ob Billig-Lautsprecher oder Power-Paket: Ohne Lautsprecher kommt kein moderner PC mehr aus (Foto: Creative Labs).

Passivlautsprecher

Passive Systeme haben keinen eingebauten Verstärker, sie sind auf ein externes Gerät angewiesen. Voraussetzung ist, dass der Lautsprecher einen hohen Wirkungsgrad hat, also auch aus schwachen Signalen Hörbares machen kann.

Zwar bietet jede Soundkarte die Möglichkeit, einen Kopfhörer anzuschließen, der auch ein passives System darstellt, sein Leistungsbedarf ist aber gering und nicht mit dem Leistungsbedarf einer Lautsprecherbox zu vergleichen.

Deshalb kommt dieses System dort zu Einsatz, wo die Qualität der Töne im Hintergrund steht. Alarmsignale des Rechners, eingehende Faxe und Erinnerungen sind mit diesen einfachen Systemen gut bedient, für CD-Qualität reicht die Wiedergabe jedoch nicht.

> ## Direktverbindung mit der Stereoanlage
>
> Die direkte Verbindung mit der Stereoanlage ist die einfachste und kostengünstigste Möglichkeit, den PC als Soundmaschine einzusetzen. Einziger Nachteil: Der Computer muss in unmittelbarer Nähe der Stereoanlage aufgestellt sein.
>
> Sie benötigen lediglich ein passendes Kabel, das die Soundkarte des PC mit dem Verstärker der Stereoanlage verbindet.
>
> Soundkarten bieten die Möglichkeit, 3,5-mm-Klinkenstecker anzuschließen, die Stereoanlage fordert meist zwei Cinch-Anschlüsse für den linken und rechten Kanal. Passende Kabel gibt es für ein paar Mark im Zubehörhandel, notfalls können Sie sich mit Adaptern behelfen, die die Steckverbindungen anpassen.
>
> Sollte Ihr PC lediglich über eine On-Board-Soundkarte verfügen, die auf der Hauptplatine fest eingebaut ist, wundern Sie sich nicht, wenn die Stereoanlage plötzlich wie ein Kofferradio klingt – On-Board-Karten sind qualitativ oft nicht in der Lage, HiFi-Sound zu liefern.

Platz für Ihre Daten

Bücher stellen Sie in den Bücherschrank, das Auto in die Garage. Wo aber legen Sie Ihre Daten ab? Die Antwort auf die Frage kann sehr vielfältig sein und abhängig davon, um welche Art von Daten es sich handelt.

Dateien, ein Kunstwort aus »Daten« und »Karteien«, können Sie grundsätzlich in vier Kategorien unterteilen:

- ▶ Betriebssystemdateien sind Daten, die das Betriebssystem zum einwandfreien Funktionieren unbedingt benötigt. Es ist dringend anzuraten, regelmäßig die Daten zu sichern, um das System im Ernstfall reparieren zu können.
- ▶ Programmdateien sind Daten, die ein bestimmtes Programm auf der Festplatte des PC ablegt. Sie sichern die korrekte Funktion des Programms.
- ▶ Persönliche Dateien enthalten z.B. vom Anwender erstellte Dokumente. Dabei kann es sich um Textdokumente, Grafiken, Tabellen oder auch E-Mails handeln.

▶ Sonstige Dateien beinhalten alle Daten, die nicht in die genannten Kategorien passen, z. B. einen Videofilm.

Der Charakter der Daten ist sehr unterschiedlich. Das ist ein Grund dafür, dass auf dem Markt vielfältige Möglichkeiten angeboten werden, um Daten zu verwalten. Grundsätzlich werden die Datenspeicher in die Typen Magnetspeicher und optische Datenträger unterteilt.

Alle Datenträger sind nach dem gleichen Prinzip aufgebaut, vergleichbar mit dem Aufbau der Jahresringe eines Baumes. Jeder Ring entspricht einer Spur auf dem Datenträger. Teilen Sie den Baumring wie eine Torte auf, erhalten Sie weitere kleinere Einheiten, Sektoren genannt. Datenträger unterteilen den Baumring noch weiter, die kleinste Einheit ist der Cluster.

In die Cluster werden die Daten geschrieben. Dabei erhält jeder Cluster eine genaue Bezeichnung, die in einem Inhaltsverzeichnis eingetragen wird. Schreibt der Datenträger nun Daten in einen Cluster, wird das im Inhaltsverzeichnis registriert, um den Inhalt später wieder zu finden.

Magnetspeicher

Magnetspeicher nutzen zum Schreiben von Daten den Magnetismus. Hierzu wird ein magnetischer Arm zu freien Stellen auf dem Datenträger geführt, der eine Oberfläche hat, die ähnlich einer Videocassette aufgebaut ist und magnetisiert werden kann. Dort werden die Daten in einer Form geschrieben, die später für den Computer wieder lesbar ist.

Die Vorteile der Magnetspeicher liegen auf der Hand: Sie sind kostengünstig und die Technik ist ausgereift. Doch auch die Nachteile sind nicht zu übersehen, äußere Einflüsse können die Daten zerstören, Magnetspeicher sind nicht lange haltbar und Fehler auf der Oberfläche können zu Datenverlusten führen.

Diskette

Die Diskette ist das älteste Speichermedium. Eigentlich gehört sie zu den Wechseldatenträgern, die Historie zwingt aber zu einem separaten Abschnitt.

Bis vor ein paar Jahren waren 5,25-Zoll-Disketten weit verbreitet. Heute finden nur noch 3,5-Zoll-Disketten Verwendung, über kurz oder lang werden aber auch sie vom Markt verschwinden.

Platz für Ihre Daten

3,5-Zoll-Disketten haben eine Speicherkapazität von 1,44 Mbyte, für heutige Verhältnisse ist das nicht viel. Diskettenlaufwerke sind laut und langsam, was die Attraktivität des Mediums auch nicht erhöht. Disketten werden heute nur noch verwendet, um Systemdateien zu sichern, Notfalldisketten für den Rechnerneustart zu erzeugen oder um kompakte Daten zu transportieren, z. B. Textdokumente.

Festplatten

Die Entwicklung der Festplatten ist in den letzten Jahren rasant fortgeschritten. Waren 1995 noch Kapazitäten von 800 Mbyte Standard, bieten heutige Festplatten fast das zehnfache. In aktuellen PC werden Festplatten von mindestens 30 Gbyte eingebaut, der Preis ist dabei drastisch gefallen.

Aktuelle Festplatten sind wie ein Sandwich aufgebaut, de facto besteht eine Festplatte aus mehreren übereinander liegenden Platten, jede Platte wird oben und unten von einem eigenen Schreib-/Lesearm beschrieben oder ausgelesen.

Qualitativ hochwertige Festplatten müssen eine Reihe von Anforderungen erfüllen:

▶ Die Haltbarkeit wird durch die Festplattenoberfläche bestimmt, die keine fehlerhaften Stellen haben darf, ansonsten droht Datenverlust.

▶ Die Mechanik muss sehr hohen Anforderungen genügen. Selbst die kleinste Dejustierung der Lese-/Schreibarme führt unweigerlich zu Fehlern.

▶ Die Zugriffszeit muss gering sein. Schnelle Festplatten haben mittlere Zugriffszeiten von rund 12 Millisekunden und können um die 30.000 Kbyte in der Sekunde übertragen. Ein integrierter Cache-Speicher von zurzeit üblichen zwei Mbyte erhöhen den Komfort weiter.

▶ Der Lärmpegel muss gering sein, speziell schnelle Platten, die mit 7.200 oder 10.000 Umdrehungen pro Minute laufen, geben mitunter ein hochfrequentes Pfeifen von sich.

▶ Die Temperatur muss niedrig sein. Gibt die Platte zu viel Hitze ab, kann es im Gehäuse zu einem Hitzestau kommen, was zu Schäden führen kann. Spitzenplatten haben auf der Gehäuseoberseite Temperaturen unter 40° Celsius.

▶ Festplatten müssen viel Kapazität haben. Grundsätzlich gilt, dass selbst die größte Platte immer zu klein ist. Insbesondere Videos und

Sounddateien sind wahre Speicherfresser. Bei Kosten von etwa fünf Euro für ein Mbyte ist der Preisfaktor gering, eine 45 Gbyte-Platte kostet unter 200 Euro.

Der Einbau einer Festplatte ist einfach. Festplatten gibt es für EIDE- und SCSI-Systeme, auch Firewire wird unterstützt. Platten mit 10.000 Umdrehungen pro Minute gibt es zurzeit nur für SCSI-Systeme. Festzuhalten bleibt, dass die EIDE-Variante die kostengünstigste Lösung ist.

Aktuelle Festplatten unterstützen UltraDMA 4 (66 MHz-Taktfrequenz) oder UltraDMA 5 (100 MHz-Taktung) und sind in den Baugrößen 3,5 Zoll und 5,25 Zoll erhältlich. Im heimischen PC tummelt sich meist eine 3,5-Zoll-Platte, die in einem Rahmen für einen 5,25-Zoll-Schacht Platz findet.

Bild 2.24: Die Speicherkapazitäten moderner Festplatten lassen sich nur durch Hightech-Verfahren erzielen (Foto: Seagate).

Wechseldatenträger

Datenträger, die nicht fest in den Computer eingebaut sind, werden als Wechseldatenträger bezeichnet. Streng genommen gehören auch die optischen Datenträger zu den Wechseldatenträgern. Normalerweise ist im PC lediglich die Festplatte fest eingebaut, aber auch die findet mitunter Verwendung als Wechseldatenträger.

Harddisks im Wechselrahmen

Festplatten werden zur Datensicherung und -verwahrung immer interessanter. Sie sind schnell, preiswert und komfortabel. Um eine Festplatte als Wechseldatenträger zu verwenden, ist lediglich ein Wechselrahmen erforderlich, der extern z.B. über Firewire angeschlossen wird, oder fest in das Computergehäuse eingebaut wird. In den Wechselrahmen wird die Festplatte eingeschoben und steht somit zur Verfügung.

Wechselplatten sind ideal zum Betrieb verschiedener Betriebssysteme, zur kompletten Sicherung der eingebauten Festplatte, zum Datentransport und zur preiswerten Verwahrung von Massendaten.

Banken haben schon vor Jahren ihre Zentralrechner mit einer zusätzlichen Wechselplatte bestückt, um Datenverlusten vorzubeugen. War eine Wechselplatte voll, wurde sie ersetzt und die volle Platte wanderte ins Archiv. Dabei handelte es sich aber tatsächlich nur um die Platten – Motor und Schreib-/Leseköpfe verblieben am Platz.

Ähnliche Verwendungen sind auch für den Heimanwender interessant. Bei Plattenpreisen von unter fünf Euro pro Gbyte kommt lediglich die CD als Alternative in Frage, deren Kapazität und Geschwindigkeit aber weit unter der Festplattenleistung liegt.

ZIP-Drive

Die ZIP-Drives von Iomega sind seit Jahren erhältlich. Sie stammen aus der Zeit, in der Festplattengrößen noch in Mbyte angegeben wurden. Als Medium dient die ZIP-Disk, die kaum größer als eine Diskette ist, aber Kapazitäten von 100 Mbyte oder 250 Mbyte bietet.

ZIP-Drives sind als internes oder externes Gerät erhältlich, als SCSI-, EIDE-, USB- oder Parallelgerät. Die Einbaugeräte sind wesentlich preiswerter als die externen Geräte.

In heutigen Zeiten lohnt die Anschaffung eines ZIP-Laufwerkes kaum noch. Zum einen sind die Speicherkapazitäten sehr gering, zum zweiten sind die Datenträger viel zu teuer. 100 Mbyte-Disketten kosten im Schnäppchenmarkt um die neun Euro, ansonsten um die dreizehn Euro. Das entspricht einem Preis von mindestens 90 Euro pro Gbyte, also rund dem Zehnfachen einer Festplatte.

Auch die Geschwindigkeit lässt zu wünschen übrig. Das Schreiben von 100 Mbyte dauert mehrere Minuten.

Kapitel 2: Hardware

Bild 2.25: Externe ZIP-Laufwerke können an den Parallel- oder den USB-Port angeschlossen werden (Foto: Iomega).

Als Alternative ist noch das LS-120 von O.R. Technology erhältlich, das Disketten von 120 Mbyte Speicherkapazität aufnimmt. Daneben kann es auch herkömmliche Disketten lesen und somit das Diskettenlaufwerk ersetzen. Allerdings ist der Datentransfer noch langsamer als beim ZIP-Drive. Da die Kosten pro Gbyte ähnlich hoch wie beim ZIP sind, lohnt eine Neuanschaffung ebenfalls nur für besondere Zwecke, z.B. für die regelmäßige Datensicherung oder für den Datenaustausch zwischen nicht elektronisch verbundenen Computern. Allerdings muss für diesen Fall in beiden Computern das gleiche Laufwerk eingebaut sein.

Bandlaufwerke

Bandlaufwerke gibt es schon sehr lange. Sie werden zur reinen Datensicherung verwendet. Wie Videobänder werden die eingelegten Kassetten von vorn nach hinten beschrieben, der Zugriff dauert je nach Bandposition ewig.

Zwei Geräte sind noch im Handel erhältlich. Streamer sind die preiswerteste Lösung. Der Streamer kostet ungefähr soviel wie ein ZIP-Drive und ist als internes oder externes Gerät erhältlich. 800-Mbyte-Kassetten sind für rund 30 Euro erhältlich.

DAT- oder DDS-Bandlaufwerke sind wesentlich teurer als Streamer, dafür sind die Gbyte-Preise vergleichbar mit den Festplattenpreisen. Die Laufwerke sind rund dreißigmal schneller als Streamer, und werden ebenfalls als interne und externe Version angeboten.

Platz für Ihre Daten

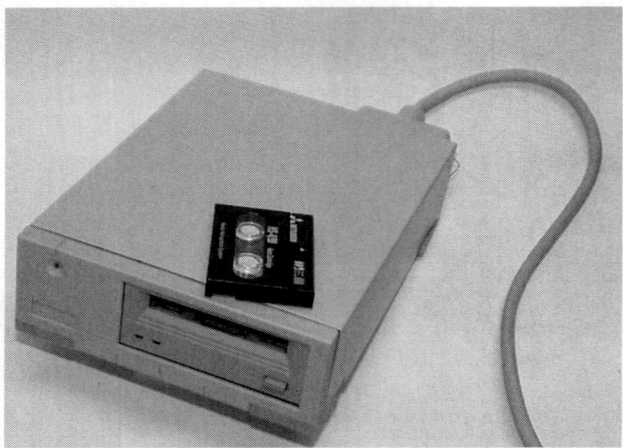

Bild 2.26: Externe Bandlaufwerke ermöglichen komplette Datensicherungen.

Optische Datenträger

Optische Datenträger haben gegenüber den magnetischen Speichermedien einen nicht zu unterschätzenden Vorteil – bei pfleglichem Umgang und vernünftiger Verwahrung sind sie unbegrenzt haltbar. Das wird zwar immer wieder bestritten, aber selbst fünfzehn Jahre alte Audio-CDs zeigen keinerlei Verfallserscheinungen.

Optische Datenträger werden von einem Laser abgetastet oder mit einem Laser beschrieben. Im Gegensatz zu magnetischen Speichermedien findet kein mechanischer Oberflächenkontakt statt. Reibungsverluste und Abrieb der Oberfläche sind bei optischen Datenträgern kein Thema.

CD-ROM

Ohne CD-ROM-Laufwerk wird heute kein PC mehr ausgeliefert. CD-ROM-Laufwerke können Daten der verschiedensten Form auslesen, ihre Möglichkeiten sind somit größer als die des CD-Players der Stereoanlage, der nur Audio-CDs erkennen kann.

Daten-CDs sind seit Jahren Massenware, die Produktionskosten liegen unter 50 Cent pro CD. Erkauft wird die Massenproduktion allerdings durch billige Rohlinge, die nicht sauber ausgewuchtet sind und oftmals fehlerhafte Oberflächen aufweisen.

Das CD-ROM-Laufwerk muss also wie der CD-Spieler mit einigen daraus resultierenden Problemen fertig werden. Zum einen muss sein Aufbau stabil sein, damit er unausgewuchtete CDs ertragen kann, die Unwucht kann das ganze Computergehäuse zum Zittern bringen. Teure Laufwerke haben oftmals eine Auswuchtmechanik integriert.

Zum zweiten ist eine gute Fehlerkorrektur gefordert, um die Datenfehler zu kompensieren. Unwucht und Datenfehler veranlassen das Laufwerk, die Drehzahl zu verringern, im Extremfall ist nur noch die vierfache Drehzahl möglich. Und zum dritten sollte das Laufwerk einen eigenen Cache mitbringen, um flüssiges Arbeiten zu gewährleisten.

Eine CD fasst bis zu 650 Mbyte an Daten, das entspricht einer Audio-Laufzeit von 74 Minuten. Seit einiger Zeit finden auch CDs mit längerer Spieldauer Verwendung, von älteren CD-ROM-Laufwerken können diese Scheiben jedoch meist nicht gelesen werden.

Aktuelle CD-ROM-Laufwerke laufen mit dem 60-fachen Tempo des ersten Laufwerkes, das mit 530 Umdrehungen pro Minute die Scheibe drehte. Das sind mehr als 30.000 Umdrehungen, knapp das Doppelte eines Formel-1-Triebwerks. Hierbei entstehen mitunter Hitze und Krach. Ein heißgelaufenes CD-ROM-Laufwerk kann durch den daraus folgenden Hitzestau Schäden im Computer verursachen. Wesentlich unangenehmer ist aber die Geräuschentwicklung billiger Laufwerke, deren Pfeifen und Rauschen das Nervenkostüm stark belasten können.

CD-ROM-Laufwerke gibt es als EIDE-, SCSI- und externes Gerät. Ultrakompakte Notebooks benutzen ein externes Laufwerk, das an die PCMCIA-Schnittstelle angeschlossen wird. Im Notebook eingebaute Laufwerke drehen maximal mit 24-facher Geschwindigkeit.

DVD

Die DVD ist der Nachfolger der CD. Der komplette Name, Digital Video Disk, verweist darauf, dass sie zum Speichern von Videos oder Filmen entwickelt wurde. Obwohl die DVD nicht größer als eine herkömmliche CD ist, kann sie bis zu 5,2 Gbyte an Daten aufnehmen, das reicht für knapp zwei Stunden Videofilm in Studioqualität mit Dolby-Surround-Sound. Erreicht wird die hohe Kapazität durch ein Sandwichverfahren: Auf der DVD sind mehrere beschreibbare Schichten übereinander gestapelt.

Damit wird klar, dass ein herkömmliches CD-ROM-Laufwerk DVDs nicht auslesen kann, ein DVD-Player ist erforderlich. DVD-Spieler gibt es in zwei Varianten:

▶ Variante 1 ersetzt den Videorecorder, die Wiedergabe der DVD erfolgt über das Fernsehgerät.

▶ Variante 2 wird in den Computer eingebaut, die Wiedergabe kann über den Monitor oder mit einem TV-Ausgang über den Fernseher erfolgen. Da die PC-Einbau-Geräte weder eigenes Netzteil, Fernsteuerung noch ein eigenes Gehäuse benötigen, sind sie wesentlich preiswerter als die Stand-Alone-Variante neben dem Fernseher.

DVD-Laufwerke können das CD-ROM-Laufwerk ersetzen, da sie normale CDs lesen können. Mittlerweile werden viele neue PC und Notebooks mit DVD-Laufwerk angeboten, über kurz oder lang kann die DVD die CD ablösen. Aufgrund des komplexeren technischen Aufbaus sind DVD-Laufwerke wesentlich teurer als ein CD-ROM-Laufwerk und werden wohl auch zukünftig über deren Preisniveau bleiben.

Natürlich kann eine DVD auch Daten enthalten, nicht nur Filme. Deshalb wird es wohl bald die beschreibbare DVD für den Heimcomputer geben, die ersten Geräte sind bereits auf dem Markt. In absehbarer Zeit werden die heute noch hohen Preise dafür fallen und das Angebot größer werden.

Wiederbeschreibbare optische Medien

Was bei den DVD-Laufwerken fast noch Zukunft ist, ist bei der CD schon lange Standard:

▶ Die CD-R (Recordable) ist seit Jahren am Markt. Die CD-R kann einmal beschrieben werden, es gibt sie mit 74 Minuten und 80 Minuten Spieldauer.

▶ Die CD-RW (Read/Write) ist zwei- bis dreimal teurer als eine CD-R, dafür kann sie aber beliebig oft wieder beschrieben werden. Auch die CD-RW ist mit 74 und 80 Minuten Spieldauer erhältlich.

Daneben sind die CD-Rohlinge mit verschiedenen Farboberflächen erhältlich. Am weitesten verbreitet sind silber-blaue und goldene Rohlinge, die ursprünglichen grünen Scheiben sind kaum noch zu bekommen. Die Diskussion über die richtige Farbe ist seit Jahren im Gang. Fakt ist, dass silber-

Kapitel 2: Hardware

blaue Rohlinge etwas preisgünstiger als die Goldscheiben sind. Die Erfahrung zeigt, dass auch ältere Brenner mit allen Farben umgehen können, sowohl beim Lesen als auch beim Schreiben.

Zum Brennen einer CD ist ein CD-Brenner erforderlich. Die erforderliche Mechanik ist aufwändiger als beim konventionellen CD-ROM-Laufwerk, auch ist ein starker Laser zum Brennen nötig, weshalb die Brenner mindestens das Dreifache eines CD-ROM-Laufwerkes kosten.

CD-RW-Geräte sind mittlerweile Standard, hohe Brenn- und Lesegeschwindigkeiten ebenso. Schnelle Brenner erfordern passende CD-Rohlinge und einen schnellen Rechner. Ein mit 300 MHz getakteter Oldie verkraftet maximal zweifache Brenngeschwindigkeit; mit 800 MHz ist ziemlich sicheres Brennen mit hoher Geschwindigkeit möglich, allerdings steigt mit der Brenngeschwindigkeit auch die Fehlerquote, und schnell gebrannte CDs können nicht von jedem CD-Laufwerk gelesen werden. Hier ist also eher Vorsicht und Geduld angebracht.

> **Achtung** ⬇ Die Brennvorgänge sind nicht ohne Risiko, Datenschrott und kaputte CD-Rohlinge fast normal. Sie sollten jede gebrannte CD in verschiedenen CD-ROM-Laufwerken testen, bevor Sie z.B. Originaldateien löschen.

Wie bereits angedeutet, müssen Brenngeschwindigkeit und Leistung des Rechners passen. Weitere Sicherheit bringt der Weg über ein Image. Ein Image ist eine bis zu 700 Mbyte große Datei, die auf der Festplatte abgelegt wird und ein genaues Abbild der späteren CD darstellt. Mit einem Image ist kontinuierlicher Datentransfer zum Brennen wahrscheinlich, sofern der PC nicht mit anderen Aufgaben beschäftigt wird.

Grundsätzlich gilt: Während des Brennens hat der Anwender Pause. Das leidige Thema ist als Buffer-Underrun bekannt. Das heißt nichts anderes, als dass der Brenner keine Daten mehr zum Brennen erhält. Besonders häufig tritt das Phänomen beim Brennen »On The Fly« auf, beim direkten Kopieren von einer CD ohne ein zwischengeschaltetes Image. Ist die Quell-CD fehlerhaft, fährt das CD-ROM-Laufwerk das Tempo herunter, was den Brenner nicht interessiert, er will schließlich in ein paar Minuten bis zu 700 Mbyte auf den Rohling schaufeln.

Die Hochgeschwindigkeitsbrenner der neuen Generation haben zumindest in der oberen Preisklasse endlich Vorrichtungen integriert, die eine Brennpause gestatten.

Tabellen: PC-Peripherie

Eine ganze Palette von Schnittstellen öffnet den Computer für Hardwareerweiterungen, ohne dass der Schraubenzieher angesetzt werden müsste. Diese Tabellen stellen die wichtigsten externen Peripheriegeräte im Überblick dar:

Eingabegeräte

Gerät	Einsatzgebiet/Aufgabe
Maus	klassische Kugelmäuse, optische Mäuse, Trackballs, Mousepads mit zwei oder mehr Tasten, z.T. mit Scrollrad für die Bedienung grafischer Benutzeroberflächen
Grafiktablett	sensitive Fläche, auf der mit einem Stift oder einer Mauslupe gezeichnet werden kann für die Bedienung grafischer Benutzeroberflächen und zum Zeichnen
Scanner	Aufsichtscanner, Durchsichtscanner (Dia- oder Negativscanner) Einlesen von Bildmaterial zur Weiterverarbeitung oder Archivierung im PC
Digitalkameras/ Videokameras	unterschiedliche Geräte mit z.T. Verwischung der Grenzen Übertragen von Standbildern oder Videos in den Computer
Mikrofon	Standgeräte oder Head-Sets Aufzeichnung von Sprachinformationen, Steuerung des Computers, Telefonie

Tabelle 2.4: Eingabegeräte und ihr Einsatzgebiet

Kommunikation

Gerät	Einsatzgebiet/Aufgabe
Modem	analog, ISDN oder DSL, unterschiedliche Transferstandards zur Verbindung des PCs mit einer Gegenstelle über eine externe Kommunikationsleitung weitere Lösungen: Faxen aus dem PC, Anrufbeantworter, direkter Datentransfer, RAS-Zugriffe
Netzwerkanschluss	gemeinsame Nutzung von Dateien oder Geräten in einem Netzwerk

Tabelle 2.5: Modem/Netzwerkanschluss und ihr Einsatzgebiet

Ausgabe

Gerät	Einsatzgebiet/Aufgabe
Monitor	Einzelmonitore oder Doppelmonitorsysteme, als Röhrengeräte oder als TFT-Display, z.T. mit integrierten Lautsprechern
Videobrillen	Brillen stellen den Monitorinhalt getrennt für das linke und das rechte Auge dar. Spiele, Darstellungssystem für mobile Aufgaben
Projektoren	tragbare oder stationäre Geräte, Spiegel- oder TFT-Technologie Präsentation von Computerdaten vor einer größeren Zuschauerzahl
Lautsprecher	zwei Lautsprecher unterschiedlichster Bauart bis hin zu Digital-Surround-Systemen (5.1-System) Ausgabe von Musik- oder Sprachdateien

Tabelle 2.6: Ausgabegeräte und ihr Einsatzgebiet

Diverse

Gerät	Einsatzgebiet/Aufgabe
Externe Laufwerke	Festplatte, CD-ROM, DVD, CD-RW, DVD-RW, weitere Massenspeicher Erhöhung der Speicherkapazität, Datensicherung, Datenaustausch mit Dritten
Kartenlesegeräte	Compact-Flash, Kreditkarte, Smart-Media Datenaustausch, Identifikation und Autorisierung des Anwenders, Speichererweiterung

Tabelle 2.7: Diverse Geräte mit ihren Einsatzgebieten

Massenspeicher

Festplatten, CD-Laufwerke, CD-Brenner, DVD-Laufwerke, DVD-Brenner werden immer umfangreicher und bieten neuere größere und bessere Leistungsmerkmale.

Massenspeicher	Spezifikation
IDE-Festplatten	IDE-Festplatten werden mittlerweile mit Datengrößen von über 130 Gbyte hergestellt. Entscheidend für den Datenzugriff sind sowohl der ATA-BUS Takt von 66 Mbyte/s, 100 Mbyte/s oder 133 Mbyte/s und die Umdrehungsgeschwindigkeit von 5600 rpm (Rounds per minute), 7200 rpm oder 10000 rpm.
SCSI-Festplatten	SCSI-Festplatten werden hauptsächlich in Serverumgebungen angewendet. Durch entsprechende Vernetzungen mehrerer Festplatten untereinander sind absturzsichere Systeme möglich, die bei Ausfall einer Festplatte auf eine andere zugreifen, auf der die Daten der ersten Festplatte während des laufenden Betriebes kontinuierlich gespeichert werden.

Tabelle 2.8: Massenspeicher und ihre Spezifikation

Massenspeicher	Spezifikation
CD-ROM-Laufwerke	CD-ROM-Laufwerke sind heutzutage nicht mehr aus einem Computer wegzudenken. Spezifikationen von CD-ROM-Laufwerken hängen von der Lesegeschwindigkeit, der Fehlerkorrektur und der Zugriffszeit ab. Bei der Lesegeschwindigkeit des CD-ROM-Laufwerks kommt es vorrangig auf die durchschnittliche Lesegeschwindigkeit an. Diese wird aus der äußeren und der inneren Umdrehungsgeschwindigkeit ermittelt. Die Fehlerkorrektur ist notwendig, da CD-ROM-Medien im Laufe der Zeit abnutzen und durch Risse und Kratzer Fehler verursachen können. Dadurch kommt es zu Wiederholungen des Lesevorgangs. CD-ROM-Laufwerke mit einer guten Fehlerkorrektur wiederholen diese Lesevorgänge seltener. Eine hohe Drehgeschwindigkeit bedeutet, dass der Datenträger erst die Geschwindigkeit erreicht haben muss, bevor die Daten gelesen werden können. Das bedeutet auch eine hohe Zugriffszeit.
CD-R-Laufwerke	CD-R-Laufwerke, so genannte CD-Brenner, können nicht nur CDs lesen, sondern auch CDs beschreiben. Die Schreibgeschwindigkeit hängt von der Umdrehungsgeschwindigkeit ab. Bei einer Umdrehungsgeschwindigkeit von 32x (4800 Kbyte/s) benötigt das CD-R-Laufwerk ca. 4 Minuten, um einen 700 Mbyte CD-Rohling zu beschreiben. Je niedriger die Umdrehungsgeschwindigkeit ist, desto länger dauert das Beschreiben.
CD-RW-Laufwerke	Ein CD-RW-Laufwerk kann zusätzlich spezielle CD-Medien, so genannte CD-RW (wiederbeschreibbare CDs) beschreiben und wieder löschen. Auch hierbei hängen die Schreib- und Löschgeschwindigkeit von der Umdrehung ab.
DVD-Laufwerke	Da auch CD-Medien nur einen begrenzten Speicherplatz besitzen, werden immer stärker DVDs eingesetzt, da diese bis zu 17 Gbyte Speicherplatz bieten. Um eine DVD lesen zu können, wird ein anderer Laserkopf benötigt, als bei einer CD. Dennoch können DVD-Laufwerke auch CDs lesen.

Tabelle 2.8: Massenspeicher und ihre Spezifikation (Forts.)

Massenspeicher	Spezifikation
DVD-R-Laufwerke	Ähnlich wie ein CD-R-Laufwerk kann ein DVD-R-Laufwerk CDs und DVDs beschreiben. Die Schreibgeschwindigkeit bei einer Umdrehungsgeschwindigkeit von 1x (1330Kbyte/s) entspricht etwa 9x der eines CD-R-Laufwerks.
DVD-RW-Laufwerke	Ein DVD-RW-Laufwerk kann sowohl CD-R-, CD-RW-, DVD-R- als auch DVD-RW-Medien beschreiben. Dabei arbeitet es genau wie ein DVD-R-Laufwerk.
DAT-Stream-Laufwerke	Ein DAT-Stream-Laufwerk wird zur Sicherung großer Datenmengen eingesetzt. Diese Magnetbänder besitzen eine Speicherkapazität von bis zu 240 Gbyte.
ZIP-Laufwerke	Vor der Einführung von CD-RW-Medien waren die ZIP-Medien die beliebtesten Massenspeicher, um schnell kleine bis mittlere Datenmengen zu transportieren. ZIP-Medien besitzen eine Kapazität von 100 Mbyte, bzw. 250 Mbyte.
USB-EasyDisk	Einer der neuesten Massenspeicher ist der USB-Stick. Der Speicherstick stellt über den USB-Anschluss ein Laufwerk zur Verfügung, das einen Speicherplatz von 32, 64, 128 oder 256 Mbyte bietet.

Tabelle 2.8: Massenspeicher und ihre Spezifikation (Forts.)

Der leise Computer

Der Preis für einen aktuellen Rechenknecht ist so niedrig wie selten zuvor, das Preis-Leistungsverhältnis bessert sich ständig. Diese Preisspirale können auch größere Anbieter nur dann durchhalten, wenn sie auch bei den verbauten Komponenten die Kosten im Blick behalten. Einige Faktoren lassen sich jedoch kaum beeinflussen: Die Taktfrequenz und die Hauptspeichergröße des Computers sind vorgegeben, auch die Geschwindigkeit des eingebauten CD-ROM-Laufwerks muss zumindest nach Herstellerangaben der Werbeaussage entsprechen. Auf der Strecke bleiben »weiche« Faktoren, und dazu gehört die Geräuschkulisse.

In einem modernen PC sind mehrere Lüfter verbaut, um Netzteil, Prozessor und Grafikkarte vor dem frühzeitigen Hitzetod zu bewahren. Billige Lüfter erzeugen schon durch eine einfache Lagerung eine relativ hohe Geräuschkulisse. Besser sind Lüfter mit Nadel- oder Flüssigkeitslagern. Die Bezeichnung »Low Noise« ist ein Indiz für einen leisen Lüfter, bei einer Entscheidung sollten jedoch Testberichte aus Fachzeitschriften oder im Internet berücksichtigt werden. Lüfter finden sich im Netzteil, auf dem Prozessor und – meist, aber nicht immer – auf der Grafikkarte. Weitere Lüfter verbergen sich manchmal an der Gehäuse-Frontseite oder bei den Festplatten. Ermitteln Sie die Werte der Lüfter und besorgen Sie sich nach und nach Ersatz.

> **Hinweis** Falls Sie Wert auf eine geringe Geräuschkulisse legen, sollten Sie dies beim Rechnerkauf berücksichtigen. Durch geeignete Komponenten – temperaturgeregelte, leise Netzteile, leise Prozessorlüfter und leise Festplatten – können Sie sich den Nachrüstungsaufwand sparen. Solche Komponenten finden Sie in den Kaufhausangeboten nicht, wohl aber im Fachhandel.

Die ersten Kandidaten für den Austausch sind die Gehäuselüfter. Finger weg vom Netzteil: Arbeiten daran sollten Sie Fachleuten überlassen! Der zweite Kandidat ist der Prozessorlüfter. Er ist teurer, weil die Lieferung in der Regel auch einen Kühlkörper und Montagematerial umfasst. Die Montage des Prozessorlüfters muss besonders sorgfältig erfolgen – andernfalls droht der teuersten Komponente des Computers der Hitzetod.

Auch im Bereich der Massenspeicher – z.B. Festplatten – lässt sich die Lärmkulisse reduzieren. Spezielle Einbaurahmen entkoppeln diese Geräte durch Gummihalterungen vom Gehäuse, sodass kein Körperschall mehr auftritt. Lauten CD-ROM- oder DVD-Laufwerken rücken Sie auf diese Weise nicht zu Leibe. Sie melden sich beim Anlaufen und Lesen mit deutlichen Tönen – eine Herabsetzung der Rotationsgeschwindigkeit durch kleine Programme beruhigt auch diese Geräte.

Letztlich bleibt noch das Gehäuse selbst, das mit einem nennenswerten Volumen einen hervorragenden Resonanzkörper abgibt. Diese Resonanzen lassen sich z.B. durch Korkplatten mindern, die in die Gehäuseseiten geklebt werden. Achten Sie darauf, dass beim Bestücken keine Lüftungsschlitze des PCs geschlossen werden.

> **Hinweis:** Für Geräte aus der auflagenstarken Medion/Aldi-Serie werden vereinzelt komplette Umrüstkits mit Anleitung angeboten.

Vernetzung

Netzwerke sind aus der EDV nicht mehr wegzudenken. Spätestens, wenn der zweite Computer zu Hause steht, wird auch die Frage nach dem eigenen Netzwerk aktuell.

Mit dem Internet ist mittlerweile jeder PC-Anwender und Fernsehzuschauer konfrontiert worden. Allerdings finden sich selten Antworten auf offene Fragen, alles, was mit Netzwerk zu tun hat, klingt kompliziert. Dabei muss es das gar nicht sein – der folgende Abschnitt beschäftigt sich mit dem Thema.

Wie funktioniert ein Netzwerk?

Zunächst ist ein Netzwerk nichts anderes als mindestens zwei Computer, die miteinander verbunden sind. Ein solches Mini-Netzwerk wird als Peer-to-Peer-Netzwerk bezeichnet.

Bei der PC-Direktverbindung unter Windows sind die PC z.B. über ein Parallel- oder ein Null-Modem-Kabel verbunden, ein Rechner fungiert als Host (Gastgeber), der andere als Guest (Gast). Der Gast kann auf alle freigegebenen Daten des Hostrechners zugreifen. Soll die umgekehrte Richtung eingeschlagen werden, ist die Gastgeber- und Gast-Rolle einfach auszutauschen.

In einem richtigen Netzwerk dagegen kann der Datenaustausch in beide Richtungen erfolgen.

> **Hinweis:** Unter Linux ist die Verbindung über ein Null-Modem-Kabel möglich, anschließend ist allerdings eine komplette Netzwerkkonfiguration nötig. Alle gängigen Distributionen bieten gute Hilfsmittel und viel Hilfestellung, so dass die Einrichtung nur wenige Minuten in Anspruch nimmt.

Kommt ein dritter Rechner hinzu, bieten sich zwei Möglichkeiten an:

▶ In einem Ringnetzwerk wird der erste mit dem zweiten, der zweite mit dem dritten und der dritte mit dem ersten Rechner verbunden. So kann jeder Rechner auf die Daten der anderen Rechner zugreifen. Das setzt allerdings voraus, dass alle Rechner betriebsbereit sind. Eine andere Variante verwendet eine Baumstruktur, bei der die Rechner an einer beiderseits geschlossenen Leitung abzweigen. Dieser Typ funktioniert auch, wenn einzelne Rechner nicht angeschaltet sind. Alle Rechner sind gleichberechtigt.

▶ Der am weitesten verbreitete Netzwerktyp ist das Stern-Netzwerk. In der Mitte des Sterns steht der Server, der Anbieter. Der Server sammelt zentral alle möglichen Daten und Programme. Alle anderen PC werden an den Server angeschlossen, sie werden als Clients bezeichnet, sie sind die Kunden. Bei diesem Netzwerktyp müssen lediglich zwei Rechner betriebsbereit sein, der Server und ein Client. Ein Client kann nicht auf die Daten eines anderen Clients zugreifen, das erhöht die Datensicherheit erheblich.

Netzwerke, die lokal begrenzt sind, werden als LAN bezeichnet, Local Area Network. In jedem Netzwerk bekommt jeder Rechner einen Namen, der ihn eindeutig identifiziert. Bei Nutzung der internetüblichen Protokolle ist der Name eine Zahlenfolge aus vier Kolonnen von 0 bis 255. Mögliche Namen sind also im Bereich 0.0.0.0 bis 255.255.255.255 angesiedelt, wobei davon nur ein kleiner Bereich für lokale Netze freigegeben ist.

Um das LAN zur Zusammenarbeit mit anderen LANs zu bewegen, müssen lediglich die beiden Server miteinander verbunden werden, ein drittes LAN nur mit dem zweiten. Auf diese Weise entstehen weltweite Netze, über das Internet wird auf dieses Riesennetz zugegriffen, indem eine Verbindung zu dem Server eines Internet-Anbieters hergestellt wird, der dem Netzwerk angeschlossen ist.

Grundlegende Technik

Zum Aufbau eines eigenen Netzwerkes ist zusätzliche Hardware erforderlich. In jeden anzuschließenden PC ist eine Netzwerkkarte einzubauen. Über ein Kabel werden die Rechner an einen Hub angeschlossen, der im Zentrum des Netzwerkes steht.

Vernetzung

> **Hinweis:** Hub, Netzwerkkarten und passende Kabel sind im Zubehörhandel oftmals als Komplettpaket für wenig Geld erhältlich.

Bild 2.27: Mit einem einfachen Hub lassen sich kleine Netzwerke preisgünstig aufbauen.

Als Schnittstelle vom LAN zum Internet fungiert ein Router. Der Router beherrscht die erforderlichen Protokolle, die die Kommunikation zwischen LAN und Internet ermöglichen. Router der neuen Generation bieten daneben Firewall-Funktionen, die das LAN vor Angriffen aus dem Internet schützen, z.B. Virenbefall. Router beinhalten ein komplettes Betriebssystem, immer öfter kommt ein Embedded Linux zum Einsatz.

Sind der Server und alle Clients über den Hub miteinander verbunden, wird das Netzwerk über die jeweilige Software eingerichtet. Der Server benötigt hierzu eine Spezialsoftware wie Windows 2000, Linux oder Novell Netware. Linux bietet den Vorteil, dass es kostenlos ist und auch auf den Clients verwendet werden kann. Auf dem Server wird alle Software installiert, die Clients benötigen die Software nicht noch einmal.

> **Hinweis** 🕮 Für ein kleines Heimnetzwerk muss der Aufwand nicht hoch sein: je eine Netzwerkkarte für jeden Rechner und das Verbindungskabel. Moderne Windows-Versionen bieten einen Verbindungsassistenten, der die Einstellungen am Rechner vornimmt. Als (heimlicher) Server fungiert in diesem Fall der Rechner, der den Internetzugang verwaltet. Alle anderen Rechner stehen gleichberechtigt im Netz nebeneinander.

Datensharing

Das Datensharing beschreibt die Möglichkeit, Daten nur auf dem Server abzulegen und damit jedem Client zur Verfügung zu stellen. Ein gutes Beispiel sind Terminplaner, in dem verschiedene Mitarbeiter eines Unternehmens ihre Termine und Urlaubszeiten eintragen. So weiß jeder Client, wer wann abwesend ist. Datensharing spielt auch eine Rolle, wenn größere Projekte von mehreren Personen bearbeitet werden. Die Daten auf dem Server sind immer aktuell, der Zugriff ist jederzeit gewährleistet, so dass jeder Mitarbeiter immer am aktuellen Status teil hat.

Die Möglichkeit, Software auf dem Server zu installieren, spart Platz auf den Client-Rechnern. Moderne Office-Pakete wie StarOffice sind von Haus aus für den Server-Einsatz konzipiert und arbeiten unter verschiedenen Betriebssystemen. Die Textverarbeitung wird nur noch auf dem Server gestartet, jeder Client kann aber seine eigenen Texte verfassen. Ist eine neue Version erhältlich, muss die neue Software lediglich auf dem Server ersetzt werden, die Einzelplatzinstallation entfällt.

Gerätesharing

Ein weiterer Vorteil eines Netzwerkes ist das Gerätesharing. Ein gutes Beispiel ist der Drucker, der an den Server angeschlossen wird. Die Clients schicken ihre Druckaufträge an den Server, der die Aufträge sammelt und koordiniert und der Reihe nach abarbeitet. Auf diese Weise kann der Drucker komfortabel von mehreren Personen benutzt werden.

Kommunikation

Der Datenaustausch zwischen mehreren Mitarbeitern eines Unternehmens oder auch völlig fremden Personen spielt eine immer größere Rolle und ist

Vernetzung

über jedes Netzwerk möglich. Der Absender schickt eine Nachricht an den Empfänger. Der Server empfängt die Nachricht und leitet sie weiter, das funktioniert über mehrere Netzwerke und weltweit. Elektronisch versendete Nachrichten sind schneller als jede Briefpost.

Natürlich lassen sich auf diese Weise auch Konferenzen einberufen, Termine abstimmen oder Mahnschreiben verschicken.

Netzwerkbetriebssysteme

Netzwerkbetriebssysteme werden auf dem Server installiert. Die Anforderungen an ein solches System sind wesentlich höher als an ein Einzelplatzsystem. Unter anderem muss das System Arbeitsabläufe koordinieren, Zugangsberechtigungen verwalten, Datenanfragen beantworten und drucken, am besten alles gleichzeitig.

Die zu erledigenden Aufgaben werden in zwei Bereiche unterteilt. Als Multi-User-System lässt das System die Anmeldung am System und das Arbeiten mit dem System zu. Sind mehrere Benutzer angemeldet, wird jedem Nutzer eine Zeit zugewiesen, die ihm zur Erledigung seiner Aufgaben zur Verfügung steht. Ein schneller Rechner kann einem Benutzer mehr Rechnerzeit zur Verfügung stellen als eine langsame Maschine.

Der zweite Bereich wird als Multi-Tasking-Fähigkeit bezeichnet, die Fähigkeit, mehrere Aufgaben gleichzeitig zu erledigen. Auch hier wird der einzelnen Aufgabe eine bestimmte Rechnerzeit zugewiesen, während der die Aufgabe vom Server erledigt wird.

Die Netzwerkbetriebssysteme gehen zur Erledigung der anstehenden Aufgaben unterschiedliche Wege. Ein typisches Beispiel sind Server, in die mehrere Prozessoren eingebaut sind. Während Windows NT den zweiten Prozessor erst anspricht, wenn der erste ausgelastet ist, verteilt z.B. Linux die Aufgaben gleichmäßig auf alle eingebauten Prozessoren. Das erfordert zwar mehr Zeit, da sich ausgelastete Prozessoren jedoch stark erhitzen und dadurch an Geschwindigkeit verlieren, wird der zusätzliche Zeitaufwand ausgeglichen.

Daneben müssen Netzwerkbetriebssysteme resistent gegen äußere Einflüsse sein, müssen also Daten und Befehle filtern können, um die Sicherheit des Systems zu gewährleisten. Stabilität, auch über längere Zeiträume, ist ebenso unabdingbar wie die Zusammenarbeit mit verschiedenen Betriebssystemen.

Um dies zu gewährleisten, wurden Protokolle eingeführt.

> **Fachwort** ↗ Protokolle sind eindeutig definierte Arbeitsabläufe, deren Formulierung vereinbarten Standards folgt. So wird es möglich, dass verschiedene Plattformen untereinander kommunizieren können.

Microsoft Server

Windows NT und sein Nachfolger, Windows 2000, sind Marktführer im Bereich der Netzwerksysteme. Da viele Einzelplatzrechner ebenfalls mit Windows arbeiten, ist das Zusammenspiel hervorragend. Auch die Verwaltung der Programme ist mit den Serverleistungen abgestimmt.

Linux

Linux ist ein Unix-Klon, der kostenfrei erhältlich ist. Als geborenes Netzwerksystem bietet es Unix-Stabilität und Sicherheit und ist individuell an fast jede Hardware anpassbar. Im Serverbereich hat Linux einen exzellenten Ruf und ist dem Windows-Betriebssystem ebenbürtig.

Linux wird von einer weltweiten Entwicklergemeinde vorangetrieben, die meisten Programme sind im Quellcode verfügbar und können von jedermann lizenzfrei benutzt und weiterentwickelt werden. Der »Open-Source«-Gedanke findet immer mehr Freunde und Anhänger.

Novell Netware

Novell Netware ist anders als Linux oder Windows ein reines Netzwerkbetriebssystem und kann nicht auf einem Einzelplatzrechner betrieben werden, da keine Anwendersoftware zur Verfügung steht. Novell Netware ist sehr ausgereift, stabil und kommt auch mit älterer Hardware bestens zurecht. Leider verliert das System ständig an Marktanteilen.

Schnittstellen und Kabelsysteme

Anschlusskabel, Netzwerkkabel und Verbindungskabel von PC-Systemen entwickeln sich genauso rasant wie die Computer selbst. Immer schnellere Verbindungen zwischen den einzelnen Komponenten und Geräten fordern immer bessere Kabelperformance.

Schnittstellen und Kabelsysteme

Kabelart	Spezifikation
IDE-Schnittstellenkabel	Das IDE-Schnittstellenkabel verbindet Massenspeicher wie Festplatten, CD-Rom, CD-RW und DVD-Laufwerke mit der Hauptplatine (Motherboard). Diese Schnittstelle regelt den BUS-Takt mit dem diese Geräte angesteuert werden. Derzeit gängige BUS-Takt-Raten sind ATA-66, ATA-100 und ATA-133. Diese Abkürzungen bedeuten, dass die Daten vom Motherboard mit einer Übertragungsrate von 66 Mbyte/s, 100 Mbyte/s, bzw. 133 Mbyte/s an den Massenspeicher übertragen werden. Abhängig ist die Übertragungsgeschwindigkeit des angeschlossenen Massenspeichers, die Art des IDE-Schnittstellenkabels und der BUS-Takt des Motherboards. Die verschiedenen Übertragungsraten können auch kombiniert werden, wobei der niedrigste vorhandene BUS-Takt gewählt wird.
PCI-BUS	Der PCI-BUS erkennt und verwaltet alle zusätzlichen Systemkomponenten, wie Soundkarten, TV-Karten, Netzwerkkarten usw. Dabei werden die neu installierten Karten automatisch vom PCI-BIOS erkannt und der Anwender darauf hingewiesen, dass ein neues Gerät gefunden wurde und installiert werden muss. Diese Selbsterkennung und Installation wird als Plug&Play bezeichnet.
AGP-Port	Der AGP-Port auf dem Motherboard wurde speziell für den Anschluss einer Grafikkarte entwickelt. Durch die höheren Ansprüche auf dem Grafiksektor wurden auch leistungsstärkere Grafikkarten notwendig, die höhere Stromaufnahmen haben, als über den PCI-Bus geliefert werden können.
PCMCIA	Speziell für den Einsatz in Notebooks wurde die PCMCIA-Schnittstelle entwickelt. Die durch ihr Scheckkartenformat sehr kleine Steckkarte bietet Notebooknutzern den Anschluss externer Geräte wie Massenspeichern, ISDN-Karten, Netzwerkkarten, Modem-Fax, usw.

Tabelle 2.9: Kabelarten und ihre Spezifikation

Kapitel 2: Hardware

Kabelart	Spezifikation
USB 1.1	Mittlerweile hat sich USB (Universeller Serieller Bus) als Standard in (fast) jedem Computer durchgesetzt. Bei USB handelt es sich um einen seriellen Anschluss, der eine Übertragungsrate von 1,5 Mbyte/s zulässt. Mit dieser Datendurchsatzrate bietet der USB-Anschluss gerade für Peripheriegeräte mit kleinem, bis mittlerem Datenaufkommen, wie Scanner, Drucker, Maus, Joystick, Tastatur, eine günstige Lösung. Darüber hinaus ist der USB-Anschluss Hot-Plugable, das bedeutet, dass USB-Peripheriegeräte während des laufenden Computerbetriebes angeschlossen, bzw. entfernt werden können. Die maximale Kabellänge für USB 1.1 Kabel beträgt fünf Meter.
USB 2.0	Als neues leistungsfähigeres USB-System wurde das USB 2.0-System entwickelt. Im Gegensatz zum USB 1.1-Anschluss unterstützt der USB 2.0-Anschluss eine Übertragungsrate von 66 Mbyte/s. Dadurch ist die Übertragung 40-mal schneller als bei USB 1.1-Anschlüssen. Durch diese Spezifikationen bietet sich der USB 2.0-Anschluss für externe Festplatten, CD-, CD-RW- und DVD-Laufwerke, sowie Videoübertragungen.
Firewire IEEE 1394	Als schnellste serielle Schnittstelle soll sich die Firewire-Verbindung durchsetzen. Der mittlerweile standardisierte IEEE 1394a-Anschluss bietet eine Übertragungsrate von 50 Mbyte/s. Der neue, zurzeit noch im Teststadium befindliche IEEE 1394b-Standard soll eine Übertragungsrate von 400 Mbyte/s ermöglichen. Die maximale Kabellänge bei einem IEEE 1394a-Anschluss beträgt zehn Meter, bei einem IEEE 1394b Anschluss 100 Meter.
PS/2-Anschluss	Über den PS/2-Anschluss werden Maus und Tastatur an den Computer angeschlossen. Außerdem dient dieser Anschluss auch für den Sender/Empfänger einer Funktastatur oder Funkmaus.

Tabelle 2.9: Kabelarten und ihre Spezifikation (Forts.)

Schnittstellen und Kabelsysteme

Kabelart	Spezifikation
Parallelanschluss	Der bekannteste Parallelanschluss ist der Druckeranschluss. Dieser 36-polige Centronics-Anschluss verbindet einen Drucker oder Scanner mit dem Computer. Der Parallelanschluss überträgt sieben oder acht Datenbits gleichzeitig, also über acht Leitungen parallel.
Seriellanschluss	Die serielle Schnittstelle des Computers steuert Peripheriegeräte wie Modems, Telefonanlagen oder auch Mäuse. Mittlerweile wird der serielle Standardanschluss von komfortableren seriellen Anschlüssen wie USB und Firewire verdrängt. Die Übertragungsraten des Standard-Anschlusses betragen nur bis zu 1 Mbyte/s, was heutzutage sehr gering ist. Im Gegensatz zu USB und Firewire ist der herkömmliche USB-Anschluss auch nicht Hot-Plugable.
Netzwerkkabel	In der Netzwerktechnologie hat sich das Ethernet durchgesetzt. Hierfür werden RJ-45-Anschlusskabel verwendet. Je nach Abschirmung der Adern werden die Kabel mittlerweile in sieben verschiedenen Kategorien unterschieden, welche eine spezifische Datenübertragungsrate ermöglichen. Die drei wichtigsten sind: ▶ Cat. 3 bietet eine Übertragungsrate von bis zu 16 MHz. Dadurch eignet sich dieser Anschluss für einen 10BaseT-Anschluss (z.B. T-DSL-Modem). ▶ Cat. 5 ist derzeit der Ethernetstandard. Anschlüsse der Kategorie 5 liefern eine Übertragungsfrequenz von 100MHz. Dadurch sind sie sowohl für 10BaseT als auch für 100BaseTX (Ethernet 100-Netzwerkkarten) geeignet. ▶ Cat. 6 ist die Weiterentwicklung. Der Kategorie 6-Anschluss ermöglicht eine Übertragungsrate von bis zu 300 MHz. Dadurch bietet er sowohl für die Kategorie 5 Spezifikationen und ist auch für den 1000BaseT-Anschluss geeignet.

Tabelle 2.9: Kabelarten und ihre Spezifikation (Forts.)

Kabelart	Spezifikation
Bluetooth	Bluetooth ist ein neuer Kurzstreckenfunkstandard. Er bietet eine sichere Übertragung von 1 Mbyte/s in einem Umkreis von zehn Metern, ohne notwendigen Sichtkontakt von Sender und Empfänger. Ein Bluetooth-Sender kann bis zu acht Geräte verwalten, die er sowohl synchron, als auch asynchron ansprechen kann.
IrDA	Die IrDA-Schnittstelle bietet eine Infrarotschnittstelle, die ein bis zwei Geräte verwalten kann. Eine sichere Übertragung von bis zu 16 Mbyte/s ist nur im Abstand von einem Meter und direktem Sichtkontakt der Geräte zueinander möglich.

Tabelle 2.9: Kabelarten und ihre Spezifikation (Forts.)

Gefahren und Sicherheit

Netzwerke sind komplexe und damit anfällige Einrichtungen. Fällt der Server aus, stürzt das Netzwerk zusammen. Eine defekte Netzwerkkarte kann ebenso zu massiven Störungen führen wie ein schlecht isoliertes Netzwerkkabel, die Fehlerquellen sind vielfältig. Sind die Hardwarefehler offensichtlich, ist der Fehler schnell behoben. Ist der Fehler auf Anhieb nicht zu finden, muss die Software helfen.

Alle Betriebssysteme haben heute die erforderlichen Mittel an Bord. Eines der bekanntesten Programme ist Ping. Ping sendet vom Client ein Signal an den Server, der es beantwortet. Ist die Antwort eingetroffen, zeigt Ping die Signallaufzeit an. Kommt keine Antwort, ist der Fehler beim verwendeten Client oder dessen Verbindung zum Server zu suchen, wobei bei der weiteren Suche weitere Diagnoseprogramme helfen.

Der Betrieb eines LAN ist relativ ungefährlich. Da jedem Client nur bestimmte Rechte auf dem Server eingeräumt werden, ist Datenmissbrauch kaum zu befürchten, es sei denn, ein Außenstehender oder ein Mitarbeiter entwickeln kriminelle Energien.

Problematischer sieht es aus, wenn über das LAN ein Internetzugang eingerichtet wird. Moderne Router können zwar die meisten Gefahren abwehren, ein Restrisiko durch leichtfertige Anwender bleibt aber bestehen. Hat ein Anwender einem Virus auf seinem Client die Freiheit geschenkt, ist zu befürchten, dass der Virus das gesamte Netzwerk heimsucht. Hier helfen auf jedem Client installierte aktuelle Virenscanner, die die Ausbreitung des Virus unterbinden.

De facto gilt gerade im Netzwerk: Regelmäßige Datensicherung ist unabdingbar, jeder vernünftige Systemadministrator wird hier entsprechende Maßnahmen ergreifen.

Mobile Computer

Mobile Computer verbreiten sich immer weiter. Mobilität ist ein Schlagwort der Gesellschaft, weltweiter und jederzeitiger Datenzugriff fast selbstverständlich. Mobile Computer entsprechen den verschiedensten Anforderungen, das passende Gerät macht das Leben leichter.

Notebook

Notebooks oder Laptops können den PC ersetzen, die Anschaffungskosten sind allerdings erheblich höher. Die hohen Kosten tragen den veränderten Anforderungen Rechnung. Notebooks müssen schon mal einen Rempler ertragen, dürfen nicht viel Strom verbrauchen und sollen möglichst kompakt sein. Der Komfort soll darunter jedoch nicht leiden. Diese Forderungen können nur durch individuell entwickelte Geräte abgedeckt werden.

Bild 2.28: Moderne Notebooks bieten jeden denkbaren Komfort und sind komplett ausgestattet (Foto: IBM).

Die kostenintensivsten Komponenten eines Notebooks sind Monitor und Akku. Allein diese beiden Komponenten kosten soviel wie ein kompletter Mittelklasserechner.

Weitere Kostentreiber sind Prozessor und Arbeitsspeicher. Der Prozessor darf nicht heiß werden und soll nur minimalen Strom verbrauchen. Kühlsysteme verbrauchen unnötigen Strom. Der Arbeitsspeicher hat ein kleineres Format, die geringen Stückzahlen treiben die Kosten hoch.

Festplatte und CD-ROM-Laufwerk sind mit einer aufwändigeren Mechanik ausgestattet und ausgefeilterer Steuerungssoftware, die einwandfreien Betrieb unter unterschiedlichsten Bedingungen gewährleistet. Die Festplatten sind nur 2,5 Zoll breit, auch sie dürfen sich kaum erhitzen: Die kleine Stückzahl treibt den Preis hoch.

Tastatur, Touchpad, Lautsprecher und Modem müssen ebenfalls in das vergleichsweise winzige Gehäuse eingebaut werden, genauso wie die verschiedensten Schnittstellen.

Hieraus ergibt sich, dass Notebooks nur schwer aufzurüsten sind und keine Komponente billig ist.

Gute Notebooks sind ab 1.300 Euro erhältlich, nach oben sind die Grenzen offen. Steht die Anschaffung eines Notebooks an, muss der Anspruch als das Maß der Dinge gelten, nicht der Geldbeutel. Daneben sollte im Hinterkopf vermerkt sein, dass auf jeden Fall eine dreijährige Garantiezeit her muss, was zwar ein paar Euro extra kosten kann, sich aber bei einem Defekt schnell rechnet.

Bei Notebooks hat sich eingebürgert, das Betriebssystem in der Recovery-Version beizulegen. Das System kostet die Hersteller nur Pfennige und wird im Normalfall an das Notebook angepasst, eine Reinstallation ist in kürzester Zeit erledigt. Auf den ersten Blick bietet die Recovery nur Vorteile, die aber auf den zweiten Blick verschwinden. Dieses Windows lässt sich nämlich nur auf diesem oder einem baugleichen Notebook installieren, der Verkauf ist nicht möglich (Registrierung am Notebook angebracht), der Umstieg auf die Vollversion kostenträchtig.

Handheld, PDA und Subnotebook

Eine oder mehrere Leistungsklassen unter den vollwertigen Notebooks gibt es allerlei Geräte, die auf bestimmte Funktionalitäten optimiert sind. Subnotebooks bieten nicht den möglichen Komfort eines Notebooks, sind dafür aber kompakt und leicht. Um tägliche Arbeiten zu erledigen, sind sie allemal ausreichend: Ideal für den Personenkreis, der nicht nur mit dem Auto unterwegs ist, sondern das Gerät oft selbst tragen muss. Ihr großer Nachteil ist die sehr kleine Tastatur, die umfangreiche Arbeiten fast unmöglich macht. Zwar ist eine externe Tastatur anschließbar, damit geht aber der Platzspareffekt verloren.

Handhelds, PDAs und Palms sind auf bestimmte Bereiche optimiert, sei es der Internetzugang oder die Terminplanung und Adressenverwaltung. Für bestimmte Aufgabenbereiche bieten die Geräte sicherlich viel Leistung auf kleinstem Raum, als reiner Luxus sind sie recht teuer und unausgereift.

Handys mit PDA-Funktionen

Der Traum vom Handy mit Internetzugang ist ein Widerspruch in sich. Handys sollen klein und leicht sein, da passt keine Internetseite, von einer vernünftigen Tastatur kann nur geträumt werden. Eine Zwischenlösung bieten Handys mit PDA-Funktionen – bei manchen Herstellern heißen sie Smartphone. Einige Internetseiten sind bereits in der verfügbaren Miniauflösung programmiert, eine Minitastatur wird über einen integrierten Stift bedient. Für den Privatanwender, der das Gerät nicht unbedingt beruflich nutzen muss, ist das Gerät nicht nötig.

Mobilzubehör

Der Zubehörmarkt ist ebenso riesig wie unübersichtlich. Für Notebooks sind externe Tastatur, Maus, Monitor und Tragetasche sinnvoll. Eventuell werten auch aktive Lautsprechersysteme, eine Docking-Station zur Kommunikation mit dem Firmenrechner, oder ein externer CD-Brenner den Rechner auf. Externe CD-Laufwerke und ZIP-Drives können weiteren Komfort bieten.

Konkrete Empfehlungen scheitern am Bedarf des Anwenders – de facto gibt es nichts, was es nicht gibt.

Für die Subsysteme wird wenig sinnvolles Zubehör angeboten. Das Angebot beschränkt sich im Wesentlichen auf Tragetaschen und Gürtelclips.

Für den Handybetrieb im Auto schreibt der Gesetzgeber eine Freisprecheinrichtung vor. Da Handys mit PDA-Funktionen größer sind als normale Handys und deren Verbreitung noch lange nicht so fortgeschritten ist, sind Freisprechvorrichtungen nur vom Hersteller erhältlich, die geringen Stückzahlen treiben den Preis zusätzlich.

Die Computereinrichtung

Ist der Computer aufgestellt und sind die Peripheriegeräte angeschlossen, soll der PC auch arbeiten. Sollte mit dem Rechner kein Betriebssystem ausgeliefert worden sein oder keine gültige Lizenz mehr zur Verfügung stehen, muss der Anwender eine erste Entscheidung treffen: Linux, Windows, OS/2 oder ein Unix. Allen Betriebssystemen gemeinsam ist die Tatsache, dass sie die eingebauten und angeschlossenen Geräte erkennen und einrichten müssen, um eine Verwendung überhaupt zu ermöglichen.

Treiber

Jedes Gerät wird über einen Treiber angesprochen. Treiber werden vom Hersteller des Gerätes zur Verfügung gestellt. Zwar bringt z.B. Microsoft Windows etliche Treiber mit, meist gibt es aber vom Gerätehersteller schnell aktuellere Versionen, deren Einsatz anzuraten ist.

Da die einzelnen Treiber vom Hersteller geliefert werden, sind Probleme mit anderen Treibern möglich, da z.B. der Hersteller der Grafikkarte für gewöhnlich nicht weiß, was der Produzent der TV-Karte programmiert und umgekehrt. Wenn Rechner und Betriebssystem etwa zur gleichen Zeit auf den Markt kommen, dann gibt es selten richtige Probleme. Die tauchen vor allem auf, wenn ein moderner Rechner mit einem älteren Betriebssystem oder ein neues Betriebssystem auf einem älteren Rechner laufen soll.

Unter Linux liegt das Problem etwas anders. Da die Treiber hier nicht vom Hersteller mitgeliefert werden, sondern direkt ins System integriert sind, treten normalerweise keine Probleme auf. Daneben behandelt Linux Geräte und Programme gleich – alles wird als Datei oder Verzeichnisbaum ins System integriert. Die Probleme liegen in der Aktualität. Da die Gerätehersteller oft nicht die konkreten Gerätedaten veröffentlichen, hinkt die Entwicklung von Linux-Treibern immer ein paar Monate hinterher – brandaktuelle Hardware kann mit Linux oft gar nicht oder nur eingeschränkt betrieben werden.

Interrupt

Die Interrupts sind eine Eigenheit der EIDE-Systeme. Der Rechner unterbricht regelmäßig seine eigentliche Arbeit und arbeitet die Aufgaben der Interrupts ab. An Interrupts (unter Linux I/O) werden die einzelnen Geräte angeschlossen. Da sie nur in der begrenzten Anzahl von 16 Stück zur Verfügung stehen und einige von Haus aus belegt sind, herrscht bei modernen Systemen drangvolle Enge.

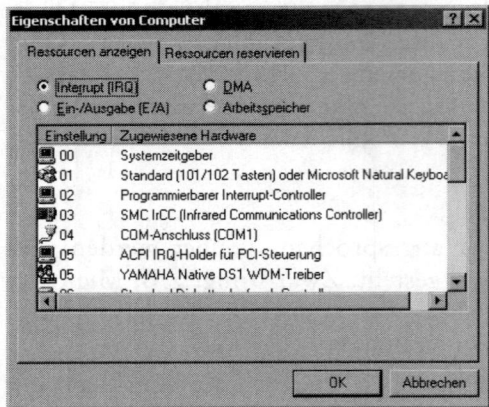

Bild 2.29: Windows liefert im Gerätemanager Informationen zu den aktuell belegten Ressourcen, den installierten Geräten und auch zu Treiberversionen.

Der Interrupt muss an der eingebauten Komponente eingestellt werden. Dies erfolgt über Jumper, kleine Reiter auf dem Gerät. In der jeweiligen Bedienungsanleitung sind die Einstellungen und Einstellungsmöglichkeiten detailliert beschrieben.

Insbesondere Notebook-Besitzer stehen hier oft im Dunklen, da den Laptops keine Detailbeschreibungen beiliegen. Oft werden die Interrupts geteilt und mehreren Komponenten zur Verfügung gestellt.

Standardkonfigurationen für unterschiedliche Anwender

Je nach Anwendungsgebiet sind die Anforderungen an den Rechner grundverschieden. Daneben sind die Anforderungen der verwendeten Software höchst unterschiedlich. Außerdem stehen mehrere Betriebssysteme zur Verfügung, die alle ihre Stärken und Schwächen haben.

Das Studium der Angebote ist ein praktischer Weg, das passende System zu finden. Für den Einsteiger ist es grundsätzlich empfehlenswert, ein Komplettsystem eines etablierten Herstellers zu erwerben, das genügend Erweiterungsmöglichkeiten bietet. Computerprofis bauen sich den Wunsch-PC selbst zusammen, alles ist denk- und machbar.

Privat

Für den Privatanwender kommt es darauf an, den Rechner zusammenzustellen, der seinen Ansprüchen genügt. Ein typischer Familienrechner muss mehrere Aufgaben erfüllen: Rezepte sammeln und ausdrucken, Videos verwalten, CDs brennen, spielen und Bilder verarbeiten. Je nach Anforderungsprofil muss die Ausstattung passen:

▶ Für einfache Aufgaben reicht ein preiswerter Mittelklasserechner: ein guter Monitor, eine Tastatur und eine vernünftige Maus. Ein Tintenstrahldrucker komplettiert die Ausstattung. Der übliche Internetzugang erfordert ebenfalls Hardware: ISDN-Karte oder MODEM samt Kabel.

▶ Der gewünschte CD-Brenner fordert mehr Arbeitsspeicher und einen schnellen Prozessor. Nur so kann er die Brenngeschwindigkeiten schneller Brenner ausreizen.

▶ Spiele erfordern einen großen Monitor, eine leistungsfähige Grafikkarte, eine Soundkarte und Aktivboxen. Der schnellste und teuerste Prozessor und volle Speicherbänke sowie die richtige Spielsteuerung sind das Maß der Dinge.

▶ Für Bildbearbeitung muss der Monitor eine gute Qualität aufweisen, auch die Grafikkarte sollte genügend Speicher für 16,7 Millionen Farben haben. Außerdem ist eine besonders große Festplatte nötig, denn Fotos und gescannte Bilder haben einen ziemlichen Platzbedarf. Komplettiert wird das System durch einen Scanner und einen guten Farbtintenstrahldrucker.

> *Hinweis* ◥ Zusätzlich gilt: Die gewünschten Programme müssen auf dem Rechner laufen. Es ist also anzuraten, zunächst die Anforderungen der Programme zu ermitteln und danach die Rechnerausstattung zu ermitteln.

Standardkonfigurationen für unterschiedliche Anwender

Büro

Im Büro finden sich selten Stand-Alone-Syteme, sondern Rechner, die über das LAN auf die zur Verfügung gestellte Software zugreifen. Hier reicht am Arbeitsplatz im Allgemeinen ein Slimline-Gehäuse mit eingebauter Netzwerkkarte, Grafikkarte und Monitor nebst Tastatur und Maus.

In kleineren Firmen ist es üblich, am Arbeitsplatz komplette Rechner aufzustellen, die über das LAN zusammenarbeiten. Wie beim Heimanwender wird der einzelne Rechner komplett eingerichtet, allerdings reicht ein preiswerter Mittelklasseprozessor.

Im Büro sollte Wert auf eine gute Grafikkarte und einen guten Monitor gelegt werden, um ermüdungsfreies Arbeiten zu gewährleisten. Eine qualitativ hochwertige Maus und eine sehr gute Tastatur gehören ebenfalls zur Grundausstattung.

Als Drucker bietet sich ein Laserdrucker an, da die Druckqualität sehr hoch und die Druckkosten niedrig sind.

Letztendlich ist festzuhalten, dass im Büro ein preiswerter Mittelklasserechner allemal ausreicht, um alle anfallenden Arbeiten zu erledigen: Die eingesetzte Software bestimmt die untere Ausstattungsgrenze. Wichtiger als der PC sind die peripheren Geräte, die allesamt gehobenen Ansprüchen genügen sollten.

Mobil

Die Verkaufszahlen von Notebooks steigen. Waren bis vor kurzem Außendienstmitarbeiter die Hauptkunden, ist mit der Verbreitung des Internets mittlerweile auch im privaten Bereich der Bedarf gestiegen, da die mobilen Computer einfach praktisch sind und einen Standard-PC fast ersetzen können.

Preiswerte Einsteiger-Notebooks bis 1.750 Euro sind komplett ausgestattet. 24fach CD-ROM- und Diskettenlaufwerk sind ebenso vorhanden wie USB-Port und PCMCIA-Schnittstelle. Ein Modem ist meist eingebaut. Der Bildschirm besteht aus einem 13,3-Zoll-TFT-Display, externer Monitor, Maus und Tastatur können angeschlossen werden. Die Festplatte ist ausreichend groß, Soundkarte und Grafik meist On-Board. Oft wird eine AGP-Grafikkarte eingesetzt, die keinen eigenen Speicher besitzt, sondern auf den Arbeitsspeicher zugreift, das gefällt nicht unbedingt. Die Lautsprecher sind eingebaut, ebenso das Touchpad.

Geräte in den oberen Preisklassen sind oft in eine bestimmte Richtung optimiert, entweder bieten sie mehr Leistung, oder sie sind extrem kompakt gebaut, Diskettenlaufwerk und CD-ROM-Laufwerk werden als externe Geräte betrieben, alternativ wird ein DVD-Laufwerk verwendet.

CD-Brenner für Notebooks sind sehr teuer, die Grafikkarten sind selten für Spiele geeignet, meist sind nur 65.000 Farben möglich. Arbeitsspeicher kosten das Fünf- bis Sechsfache, bei einem Hardwarefehler steht das komplette Notebook nicht zur Verfügung.

Wichtig ist die Garantiezeit. Üblich sind sechs Monate oder ein Jahr. Fast alle Anbieter verlängern gegen Aufpreis auf drei Jahre. Da allein ein defekter Akku teurer ist als die Zusatzkosten, ist die verlängerte Garantiezeit unbedingt anzuraten.

Große Firmen wie IBM bieten lebenslangen Support. Zwar sind Ersatzteile teuer, aber genau wie Gerätetreiber auch nach Jahren noch erhältlich. Ersatzteile oder Erweiterungen sind auch über Internet-Auktionshäuser erhältlich.

Hardware gemeinsam nutzen

Mit einem Computer beginnt es, nach und nach kommen aus den unterschiedlichsten Gründen weitere dazu. In Firmen sind meist ein oder mehrere Server zu verwalten. Im Heimbereich wird für sichere Internetzugänge häufig ein zweiter PC angeschafft, um die Gefährdung wichtiger Daten auszuschließen. Auch ist der Trend zu verzeichnen, dass einige Familienmitglieder eigene PCs besitzen. Damit tauchen neue Probleme auf. Im einfachsten Fall wird nur der Platz knapp: Mehrere Monitore, Tastaturen und Mäuse bevölkern den Schreibtisch, obwohl die Mehrzahl der Geräte nur zeitweise benötigt wird. Andernfalls stellt sich die Frage, wie die Peripheriegeräte verteilt werden. Es ist sicher keine Lösung, für jeden PC z.B. einen eigenen Scanner bzw. CD-Brenner zu installieren. Aber auch für diese Problemstellungen hält der Markt spezielle Lösungen bereit.

Mehrere PCs – eine Konsole

Ein PC-System ist erst mit Ein- und Ausgabegeräten komplett und benötigt dafür Platz. In vielen Fällen sind aber Computer nur gelegentlich im Einsatz oder müssen nur überwacht werden, um bei besonderen Problemen einzugreifen. Um mehrere Computer mit einer Konsole (Maus, Tastatur und

Hardware gemeinsam nutzen

Monitor) zu betreiben, sind unterschiedliche Systeme im Handel erhältlich. Ein Beispiel: Mit dem OmniCube 4-Port von Belkin können Sie bis zu vier PCs über nur eine Tastatur, einen Monitor und eine Maus bedienen. Omni-Cube bietet eine starke Leistung bei kleinen Abmessungen (ca. 18 Zentimeter breit, nur 4,5 Zentimeter hoch und ca. 12 Zentimeter tief. Vor allem die geringe Bauhöhe ist von Bedeutung, da das Gerät für die manuelle Umschaltung im Griffbereich stehen muss.

> **Hinweis** Einige Switches verbinden Computerwelten: Spezielle MAC-Adapter helfen, mit den üblichen PS/2-Geräten auch einen Apple Macintosh zu bedienen. Ebenso erhältlich sind Adapter, die Signale vom Sun Workstation-Keyboard, Maus und Video in PS/2-Keyboard, -Maus und VGA-Video konvertieren.

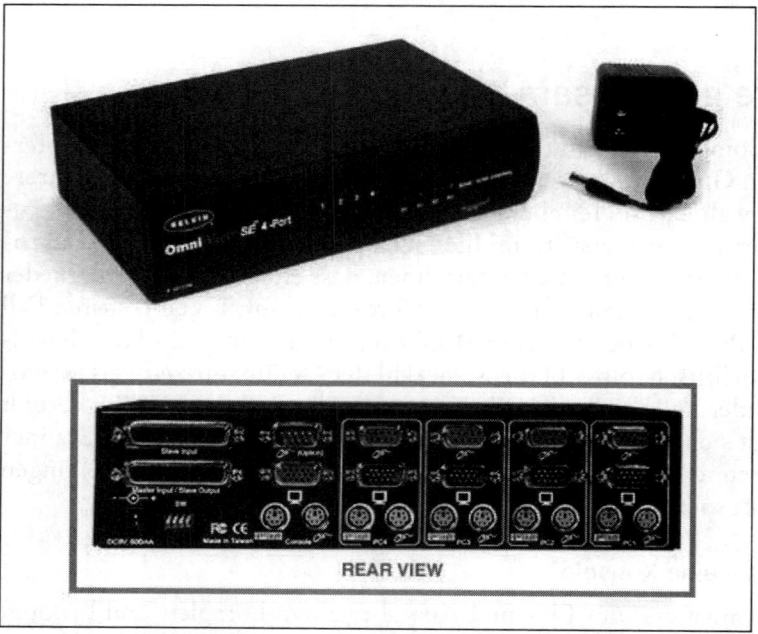

Bild 2.30: Handlich und übersichtlich: der Belkin OmniCube 4-Port (Quelle: Belkin Components)

Die im Handel erhältlichen Switches verbinden entweder zwei oder vier Computer an einer Konsole. Wenn Sie nur zwei Zentraleinheiten betreiben müssen, ist die Entscheidung einfach. Das Gerät ist aber auch in einer Ausführung für zwei PCs erhältlich. Damit realisieren Sie z. B. einen Arbeitsplatz mit zwei separaten Rechnern, die auf die gleichen Eingabegeräte zugreifen.

Es lohnt sich nicht, auf Verdacht gleich einen Viererswitch zu erwerben, um vielleicht später die Zahl der Geräte zu erweitern. In diesem Fall überwiegen die Nachteile im praktischen Betrieb, da z. B. beim Durchschalten durch alle angeschlossenen PCs meist nicht unterschieden wird, ob ein PC an einen Port angeschlossen ist. Dieser Nachteil fällt deutlich geringer ins Gewicht, wenn drei Geräte an einen Viererswitch angeschlossen sind.

Außerdem ist bei der Anschaffung zu beachten, dass die erforderlichen Kabelsätze (Standardkabel) noch einmal etwa ebenso teuer sind wie das Grundgerät selbst. Benötigt werden je PC, zwei PS/2-Kabel für Tastatur und Mausanschlüsse Mini-DIN, sechspolig, Stecker auf Stecker, sowie je ein Standard-VGA-Kabel für Monitoranschluss HDDB15, Stecker auf Buchse.

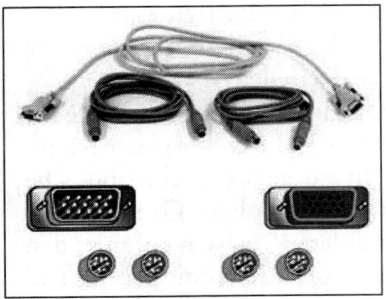

Bild 2.31: Kabelset und Anschlusstypen für einen Masterswitch (Quelle: Belkin Components)

Geeignet zum Betrieb an einer Konsole in einer üblichen Windows-Umgebung sind alle neueren Computer, die den PS/2-Standard unterstützen und bei denen Maus und Tastatur mit 6-poligen Mini-DIN-Steckern angeschlossen werden. Besonders wichtig ist das für den korrekten Betrieb der Maus. Die üblichen Geräte unterstützen zwar oft problemlos einen üblichen Adapter zum Anschluss der PS/2-Tastaturkabel an einer 5-poligen DIN-Buchse bzw. den Anschluss einer AT-Tastatur mit einem AT-PS/2-Adapter am Umschalter. Der Betrieb einer PS/2-Maus an einem COM-Port ist häufig jedoch auch mit einem Adapter nicht möglich.

Hardware gemeinsam nutzen

> **Fachwort** ↗ Ein *Anschluss* bezeichnet ganz allgemein eine Verbindungsstelle am Computer für den Anschluss von Geräten zur Dateneinoder -ausgabe. Drucker werden oft über einen parallelen Anschluss (LPT-Anschluss) mit dem PC verbunden und Modems über einen seriellen Anschluss (COM-Anschluss).

Maus und Tastatur anschließen

Die Maus und Tastatur sind die Eingabegeräte, die seit »Urzeiten« die Entwicklung der Computer begleiten. Je nach Computergeneration gibt es verschiedene Varianten, Maus und Tastatur am PC anzuschließen.

- Ältere Computer boten eine 5-polige DIN-Buchse für den Anschluss der Tastatur. Dementsprechend hatten ältere Tastaturen einen 5-poligen DIN-Stecker.
- Die ersten Mäuse wurden an den COM-Port angeschlossen. Das ist ein Anschluss an einem Computer, der eine byteweise asynchrone Kommunikation ermöglicht. Eine andere Bezeichnung dieses Kommunikationsanschlusses ist »serieller Anschluss«.

Das hat sich für moderne Computer aber geändert. Üblich sind heute für Tastatur und Maus so genannte PS/2-Stecker, die durch ihr gleichartiges Aussehen beim Anschluss an den PC leicht zu verwechseln sind. Die Hersteller der Hardware haben aber etwas nachgeholfen: Grüne Buchsen symbolisieren den Platz für die Maus, violette Buchsen nehmen den Stecker der Tastatur auf. Für die Übergänge der Generationen gibt es Adapter, die je nach Gerät andere Kombinationen aufweisen.

Noch aktueller ist der Trend, Maus und Tastatur über die USB-Schnittstelle am PC anzuschließen.

Die Umschalter erlauben die Bedienung von zwei, vier oder acht PS/2-Computern über nur eine Tastatur, eine Maus und einen Monitor. Voraussetzung für spezielle Tastaturen ist natürlich, dass die zugehörigen Treiber auf allen Systemen installiert sind. Vorteilhaft für den sicheren Betrieb scheint jedoch nach einigen praktischen Erfahrungen zu sein, Standardgeräte zu benutzen, die vom System ohne zusätzliche Treiber erkannt werden.

Kapitel 2: Hardware

Bild 2.32: Mausadapter: links PS/2 Buchse, rechts Stecker für COM-Port (Quelle: Belkin Components)

Eines der wichtigsten Features für den korrekten Betrieb ist die Tastatur- und Maus-Emulation für fehlerfreies Booten. Ohne diese Funktion würden die Computer beim Hardwaretest die fehlende Hardware bemerken und den Startvorgang unterbrechen. Während es z.B. durch eine entsprechende Einstellung im BIOS noch möglich wäre, eine Fehlermeldung der Tastatur zu verhindern, Windows würde das Fehlen der Maus bemerken und auf Tastaturbetrieb umschalten.

Die Geräte zum Umschalten benötigen u.U. eine geringe Stromversorgung. Das ist vor allem bei besonderen Gerätekombinationen nötig, wenn hohe Bildschirmauflösungen verwendet werden. Dabei wird als Maximum eine Auflösung von 1600 x 1200 Bildpunkten angegeben. Dabei ist es übrigens egal, ob die Computer unterschiedliche Auflösungen verwenden: Die Umschalter übertragen die eingestellten Auflösungen korrekt zwischen dem aktiven PC und dem angeschlossenen Monitor. Dabei werden problemlos VGA-, SVGA- und Multisync-Bildschirme unterstützt.

Die Umschaltung der Konsole auf den jeweiligen PC kann über Druckknopf oder Tastaturbefehle erfolgen. Einige »Druckknopflösungen«, ermöglichen nur die Umschaltung in einer Durchlaufrichtung. Das wird aber dadurch ausgeglichen, dass die direkte Umschaltung auf einen der vier PC-Ports per Tastenkombination erfolgen kann. Im Beispiel löste eine zweifache Betätigung der ⌊Rollen ⇩⌋-Taste den Umschaltmodus aus, eine nachfolgende Zif-

Hardware gemeinsam nutzen

ferntaste zwischen eins und vier die Umschaltung. Ein akustisches Feedback beim Umschalten informiert über den Wechsel, den auch ein Lämpchen auf der Gerätevorderseite zeigt.

Vorteilhaft ist, wenn sich der Umschalter an den Zustand der Tastatur erinnert und diesen korrekt wieder herstellt. Unterstützt werden beim abgebildeten Gerät z.B. der Zustand der Tasten `CAPS LOCK`, `Num`, und `SCROLL LOCK` `Rollen` bei jedem Computer.

Probleme beim Umschalten werden vermieden, wenn die Maus nicht bewegt und auch keine Taste gedrückt wird. Wenn das Gerät umschaltet, ist die Maus etwa zwei Sekunden nicht funktionsfähig, um die ordnungsgemäße Maussynchronisation zu gewährleisten.

Besonders bei der Überwachung mehrerer Server mit einer Konsole ist es von Vorteil, den Status der angeschlossenen Computer regelmäßig zu sehen. Dafür sollte ein AutoScan-Modus vorhanden sein, wie ihn z.B. der Belkin OmniCube bietet. Dabei schaltet das Gerät in Intervallen von etwa zehn Sekunden von einem Computer zum nächsten.

Die im Handel erhältlichen Geräte unterstützen jede erdenkliche Variante. Der einfachste Fall ist ein Umschalter für Maus und Tastatur. Diese Variante kann zum Einsatz kommen, wenn jeder PC einen eigenen Monitor haben soll, aber nur eine Tastatur und eine Maus zum Einsatz kommen.

Eine weitere Variante ist, mit einem Zweiport-Switch einen Servermonitor als zweiten Arbeitsbildschirm beim Doppelmonitorbetrieb zu verwenden.

▶ Dabei werden Maus- und Tastaturanschlüsse über die Standardkabel normal mit dem Switch verbunden.

▶ Der Servermonitor wird an den Umschalter angeschlossen, Maus und Tastatur am Switch verkabelt.

▶ Das Videosignal des Servers gelangt per Verbindung an den zugehörigen Port des Umschalters.

▶ Vom Arbeitsrechner wird nun lediglich der Sekundärmonitoranschluss an den Switch gelegt.

▶ Beim Umschalten am Switch erscheint auf dem Sekundärmonitor des Doppelmonitorsystems entweder der Status des Servers oder der des nachgeordneten Bildschirms. Außerdem wird die Konsole für den sichtbaren Rechner aktiviert.

> **Hinweis:** Wenn Sie Switches an den PC anschließen möchten, sollten Sie genau die Hinweise des Herstellers befolgen. Bei nicht ordnungsgemäßer Installation der Kabel können Tastatur- und Mausfehler die Folge sein. Stellen Sie außerdem sicher, dass alle Geräte ausgeschaltet und vom Netz getrennt sind, ehe Sie Kabel mit dem Switch oder den PCs verbinden. Das Ein- und Ausstecken von Kabeln unter Strom kann Computer oder Umschalter dauerhaft beschädigen.

USB-Geräte an verschiedenen PCs nutzen

Bei Verwendung mehrerer PCs taucht oft die Frage auf, an welchen PC die Geräte angeschlossen werden. Mittlerweile gehören Scanner und CD-Brenner, aber auch andere Geräte zur Standardausstattung eines PCs. Oft ist es nicht möglich, angeschlossene Geräte über ein Netzwerk zu betreiben. Gerade Scanner und Brenner sind bekannt dafür, dass sie jeweils nur an einem PC funktionieren. Bevor nun aber für jeden PC ein eigener Scanner beschafft wird, sollten Sie die Verwendung von USB-Geräten prüfen. Der USB (Universal Serial Bus) ist ein externer Bus, der die Plug & Play-Installation von Geräten unterstützt.

Bei Verwendung von USB können Sie Geräte anschließen oder trennen, ohne den Computer ausschalten oder neu starten zu müssen. Sie können mit einem einzigen USB-Anschluss bis zu 127 Peripheriegeräte anschließen, z.B. Lautsprecher, Telefone, CD-ROM-Laufwerke, Joysticks, Bandlaufwerke, Tastaturen, Scanner und Kameras. Normalerweise befindet sich bei neueren Geräten mindestens ein USB-Anschluss auf der Rückseite des Computers nahe dem seriellen oder parallelen Anschluss. Bei vielen Geräten sind solche USB-Anschlüsse auch auf der Vorderseite des PCs angebracht. Falls das nicht der Fall ist, können Sie einen USB-Verteiler an der Frontseite des PCs anbringen, z.B. in einem freien Laufwerksschacht des Computers.

Um also ein Gerät an mehreren PCs zu nutzen, müssten Sie das Gerät selbst nur an den jeweiligen PC anschließen bzw. zwischen den PCs hin und hertragen, falls es an einem anderen PC Verwendung finden soll. Wenn zwischen den verschiedenen ein größerer Abstand zu überbrücken ist, führt kein Weg an dieser Variante vorbei.

Das An- und Abstöpseln der USB-Geräte ist aber dennoch aufwändig. Ein Grund dafür ist, dass einige Geräte eine zusätzliche Stromversorgung benö-

Hardware gemeinsam nutzen

tigen. Abhilfe kann wie im vorherigen Fall ein Gerät schaffen, dass angeschlossene USB-Geräte bei Bedarf auf einen anderen PC umschaltet.

Durch die besonderen Fähigkeiten von USB wird das Verfahren unterstützt, da Sie die Geräte im laufenden Betrieb abnehmen bzw. zuschalten können. Das Verfahren selbst ist einfach: Das USB-Gerät wird an den Umschalter geschlossen. Vom Umschalter wird zu jedem PC ein Kabel als Verbindung gelegt. Danach kann immer der PC das Gerät nutzen, das am Umschalter eingestellt wird.

Was für ein Gerät gilt, kann die USB-Technologie auch auf mehrere angeschlossene Geräte erweitern. In diesem Fall ist ein Hub erforderlich, der einfach zwischengeschaltet wird. Die Geräte, die wahlweise an die verschiedenen Computer angeschaltet werden, werden einfach an den Hub angeschlossen. Der Hub selbst verfügt seinerseits über einen Anschluss, der an den Umschalter angeschlossen wird.

Bild 2.33: USB-Umschalter (Quelle: Belkin Components)

Allerdings müssen Sie beim Anschluss der Geräte bzw. beim Erwerb von Kabeln oder Verlängerungen darauf achten, dass es mittlerweile zwei Ausführungen der Stecker und Buchsen gibt: USB A und USB B. Als Anhaltspunkt kann dienen, dass der Typ A flacher und breiter ist als Typ B.

USB 2.0 – Die Entwicklung geht weiter

USB 1.1 unterstützt derzeit Datenübertragungsraten von bis zu 12 Mbps. Damit bietet USB eine weit höhere Geschwindigkeit als herkömmliche serielle und parallele Verbindungen. Das ist aber noch nicht das Ende der Entwicklung. Aktuell wird der Standard USB 2.0 erarbeitet und in die Praxis umgesetzt. Dieser neue Standard macht Datenübertragungsraten von bis zu 480 Mbps möglich. Die neue Technologie wird völlig neuartige Hochleistungsgeräte für die Computerperipherie ermöglichen.

Durch die höhere Bandbreite von USB 2.0 können Bildschirme, Videokonferenzkameras, Drucker der nächsten Generation und schnelle Speichergeräte einfach und sicher per USB an den Computer angeschlossen werden. Zudem ergeben sich ganz neue Möglichkeiten für die Entwicklung neuartiger, schneller Peripheriegeräte. Während sich USB auf dem Markt sowohl bei PCs als auch bei Peripheriegeräten immer mehr durchsetzt, verlieren herkömmliche Ein- und Ausgabesysteme immer mehr an Bedeutung.

USB 2.0 soll mit USB 1.1 aufwärts- und abwärtskompatibel sein. Vorhandene USB-Peripheriegeräte können daher ohne Veränderung in den künftigen USB 2.0-Systemen weiter betrieben werden. Einige Standardgeräte wie z.B. Mäuse, Tastaturen und Gamepads können die zusätzliche Leistung von USB 2.0 nicht ausnutzen und werden daher weiterhin als USB 1.1-Geräte ausgeführt. Es ist davon auszugehen, dass alle USB-Geräte in einem USB 2.0-System nebeneinander betrieben werden können. Durch die höhere Geschwindigkeit von USB 2.0 erweitert sich das Spektrum der Peripheriegeräte für den PC. Die höhere Bandbreite sorgt außerdem dafür, dass mehr USB-Geräte als bisher sinnvoll am USB-Bus betrieben werden können. Allerdings werden dafür auch andere, abgeschirmte Kabel für die Verbindung der Geräte erforderlich.

Die Unternehmen, die an der Spitze der Entwicklung von USB 2.0 stehen, vereinen das erforderliche Fachwissen für die Ausarbeitung der neuen Spezifikation zur Unterstützung hochfunktioneller Peripheriegeräte. Die vier wichtigsten Mitglieder der Arbeitsgruppe für USB 1.1 (Compaq, Intel, Microsoft und NEC) gehören auch zum Kernteam für USB 2.0. Neu hinzugekommen sind Hewlett Packard, Lucent und Philips. Ebenso wie bei USB 1.1 verzichtet die Kernarbeitsgruppe auf Gebühren für wesentliche Patente, die zur Umsetzung der USB 2.0-Spezifikationen erforderlich sind.

Intelligente Minihelfer

Wohin geht der Weg der elektronischen Datenverarbeitung? Eine heiß diskutierte Frage, die Anzahl der Möglichkeiten strebt gegen unendlich. In jedem elektrischen Gerät, selbst im Radiowecker, findet sich ein Chipsatz, der ein komplettes angepasstes Betriebssystem enthält. Kein Auto funktioniert mehr ohne seine integrierte Elektronik. Einige Projekte haben jedoch schon konkrete Formen angenommen.

Hardware: kompakter, schneller, schlauer

Die letzten Jahre haben es bereits gezeigt: Neue Hardware stößt mit ihren Leistungsmerkmalen in völlig neue Dimensionen vor. Während mit einem Nadeldrucker der Ausdruck einer normalen Seite mit Bild durchaus einige Minuten dauern konnte, liefern Hochleistungsdrucker bereits mehrere Seiten in einer Sekunde. Diese Entwicklung wird sich fortsetzen: Die Anwender stellen immer höhere Anforderungen an die Arbeitsgeschwindigkeit der Rechner und die dabei zu erzielenden Ergebnisse. So wird es weiter gehen. Immer mehr Funktionen werden in Standard-Computer Einzug halten, Geräte werden immer mehr Funktionen bieten und dabei ungeahnte Leistungen vollbringen.

Dabei wird es nicht zwangsläufig schwieriger werden, die Hardware zu bedienen. Im Gegenteil: Wenn die Massenproduktion hochwertiger Zubehörteile für den PC nach einem massenhaften Absatz der Produkte ruft, wird die Handhabung für jeden begreifbar werden. Nicht die technischen Details bestimmen die Absatzchancen, sondern der fehlerfreie Betrieb und die einfache Handhabung. Die Zeiten sind schon nah, wo aus dem Plug & Pray (Einstöpseln und beten) ein wirkliches Plug & Play (Einstöpseln und loslegen) wird. Ob die Verbindung dann über einen Kabelsalat oder per Funk hergestellt wird, ist noch nicht entschieden. Dem unbestreitbaren Vorteil kabelloser Verbindungen steht eine weitere Zunahme von Elektrosmog gegenüber.

Der Kühlschrank bestellt die fehlende Milch

Über BlueTooth oder andere kabellose Verbindungen ist es möglich, einen entsprechend eingerichteten Kühlschrank zur Eigeninitiative zu veranlassen. Das Vorgehen ist einfach. Über den Computer wird mitgeteilt, was sich im Kühlschrank zu befinden hat. Anschließend überwacht der Kühlschrank den Inhalt, was nichts anderes als eine einfache Zählaufgabe darstellt. Eingehende Produkte werden ebenso wie ausgehende Produkte per Scancode registriert. Intelligente Verpackungen registrieren per Gewicht, wie viel Aufschnitt noch vorhanden ist.

Kapitel 2: Hardware

Sind ein oder mehrere der vorgesehenen Produkte nicht mehr vorhanden, meldet sich der Kühlschrank beim PC und teilt ihm die Einkaufsliste mit. Der PC meldet sich im Internet an, besucht die Seite des Lebensmittelhändlers um die Ecke und gibt die Bestellung auf. Nicht ganz so kühne Nutzer erhalten einen Vorschlag, den sie bestätigen oder als Einkaufszettel ausdrucken.

Das Warenwirtschaftssystem des Händlers ruft den Auslieferungsfahrer an und gibt ihm die Bestellung weiter, während die Ware im Lager bereits zusammengestellt wird. Wenn der Auslieferungsfahrer kommt, steht die Ware abgepackt an der Rampe und wird prompt ausgeliefert.

Ganz so einfach funktioniert es noch nicht, da der Kühlschrank auch das Mindesthaltbarkeitsdatum für Signale an den Verbraucher nutzen sollte. Die Ansätze sind aber schon da. Sowohl die komplett EDV-gesteuerte Küche mit integrierter Rezeptsammlung als auch das komplett über die EDV gesteuerte Haus sind Realität, die außentemperaturgesteuerte Heizung ist mittlerweile antiquiert.

Der Computer im Handy

Ebenfalls Realität sind Ansätze, das Mobilnetz und das Festnetz mit Datenverarbeitungsmedien zu koppeln. Die Mobilfunkanbieter entwickeln Handys, mit denen mit dem Internet gearbeitet werden kann, und zwar mit einer halbwegs vernünftigen Auflösung. Farbdisplays sind eingeführt, Minitastaturen verfügbar.

Notebooks finden immer weitere Verbreitung, mittlerweile beträgt ihr Marktanteil rund 25 Prozent. Eingebaute Modems sind Standard, absehbar ist, dass kurz über lang der Webzugang alternativ über Mobilfunk, ISDN, Satellit oder konventionelle Leitung ortsunabhängig möglich ist. Über Sprachsoftware ist es machbar, mobile Computer als Telefonersatz zu verwenden.

Sicherlich wird auch das Bildtelefon bald weitere Verbreitung finden, schnelle Datenübertragung über Satellit ist bald möglich, WebCams seit längerem erhältlich, Headsets und Sprachsoftware erlauben praxisgerechten Einsatz.

Kapitel 3
Betriebssysteme

Nachdem die ersten Kapitel die allgemeinen Grundlagen der EDV und das Innenleben des Computers im Besonderen betrachtet haben, folgt hier der nächste Schritt: Das Betriebssystem ist Thema dieses Abschnitts. Er beschreibt allgemeine Bedienkonzepte und stellt die wichtigsten Betriebssysteme dar.

Was leistet ein Betriebssystem?

Das Betriebssystem hat die Aufgabe, die Kommunikation zwischen dem Computer und dem Anwender in geregelte Bahnen zu lenken. Das Betriebssystem wertet Ihre Eingaben aus – egal ob von der Tastatur, der Maus oder einem anderen Gerät – und leitet sie an die ablaufenden Programme weiter. Schließlich nimmt es die Ergebnisse dieser Programme auf und stellt Sie auf einem Ausgabegerät – normalerweise dem Monitor – dar.

Der schematische Ablauf ist in Bild 3.1 dargestellt: Beim Einschalten lädt der Computer grundlegende Ein- und Ausgabefunktionen (BIOS), führt seinen Selbsttest durch und greift dann auf Massespeicher – Diskette, Festplatte oder CD-ROM – zurück.

> **Hinweis** Die Reihenfolge, in der die Massespeicher nach einem Betriebssystem durchsucht werden, lässt sich in den BIOS-Einstellungen vorgeben.

Von diesem Massespeicher wird das Betriebssystem geladen. Es übernimmt das Kommando und lädt dann selbstständig weitere Komponenten (z.B. Treiber für Erweiterungskarten), nimmt die Grundeinstellungen vor (z.B. die Bildschirmauflösung), legt das Dateisystem für den Festplattenzugriff fest und steuert auch eventuelle Sicherheitsroutinen (z.B. Netzwerkanmeldung per Passwort).

Was leistet ein Betriebssystem?

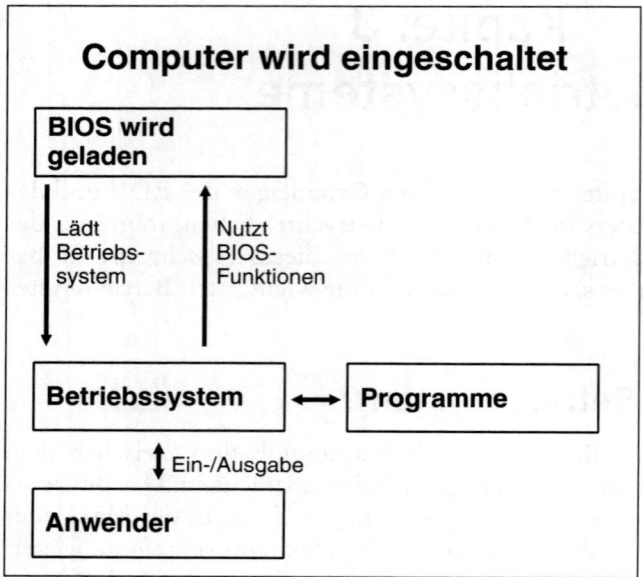

Bild 3.1: Nach dem Starten des Computers übernimmt das Betriebssystem vom BIOS die Kontrolle über den Computer.

> **Fachwort** ⤴ Das *Dateisystem* ist die Art und Weise, wie Daten auf der Festplatte gespeichert werden. Es ist entscheidend für die abgelegten Informationen, für die maximale Größe der Festplatte und auch für systemimmanente Sicherheitsmechanismen (z.B. Schreibschutz).

Dabei ist der Computer zunächst nicht auf ein einziges Betriebssystem festgelegt. Zwischen den Ladevorgang kann noch ein so genannter »Boot-Manager« geschaltet werden. Ein Boot-Manager ist in der Lage, mehrere Betriebssysteme auf einem Computer zu verwalten und bietet dem Anwender beim Computerstart eine Auswahl zwischen den installierten Systemen. Üblicherweise ist eines der Betriebssysteme als Vorgabe definiert, nach einer kurzen Zeitspanne lädt der Boot-Manager das Standardsystem automatisch.

Kapitel 3: Betriebssysteme

> **Fachwort** ↗ Bei einem *Bootvorgang* über ein Netzwerk sorgt eine entsprechend ausgestattete Netzwerkkarte, dass das Betriebssystem direkt von einem Netzwerkserver geladen wird. Dieses Verfahren ist bei größeren Netzwerken verbreitet, weil sich damit der Pflegeaufwand erheblich verringert.

Das Laden eines modernen Betriebssystems ist kein einfacher Vorgang: Das Betriebssystem protokolliert eine ganze Reihe von Einstellungen – z.B. installierte Hardwarekomponenten oder automatisch zu startende Programme – und stellt damit eine definierte Ausgangsbasis für den Start in den Arbeitsalltag wieder her.

Betriebssysteme in der Entwicklung

Wer den VC20 – Commodores ersten »Volkscomputer« aus den 80er Jahren – noch kennt, weiß auch, dass dieser kein Betriebssystem nachgeladen hat. Einschalten und loslegen, so wie es die meisten Pocket-Computer heute noch können.

Und doch hatte auch dieser bekannteste Urahn aller Heimcomputer ein Betriebssystem. Es war nicht extern auf einem Massenspeicher abgelegt, sondern in einen ROM-Speicherbaustein untergebracht.

> **Fachwort** ↗ *ROM* steht für Read Only Memory (Nur-Lese-Speicher) und kennzeichnet Speicherbausteine, in denen der Inhalt einmal abgelegt (eingebrannt) wird. Anschließend kann der Speicherinhalt nur noch gelesen werden.

Der Vorteil: Das im Vergleich zu heute winzig kleine Betriebssystem stand fast sofort im Arbeitsspeicher bereit und konnte auf dem C64 seine Aufgaben erfüllen. Der Nachteil: Ergänzungen, Fehlerkorrekturen oder Weiterentwicklungen waren schwierig. Statt einer Betriebssystemdatei musste das ROM-Modul ausgetauscht werden, und schon nach kurzer Zeit waren auch genau solche Speichermodule verfügbar, die z.B. das Laden der Daten von der Floppy-Disk beschleunigten.

Betriebssysteme in der Entwicklung

Mit dem PC, dem Personal Computer, hat das amerikanische Unternehmen IBM einen wichtigen Meilenstein auf dem Weg zum heutigen Rechenknecht geebnet. Mit dem 8088-Prozessor, 64 Kbyte Hauptspeicher und einer oder zwei 180 Kbyte-Diskettenlaufwerken reizen die technischen Daten aus heutiger Sicht eher zum Schmunzeln. Der Preis war weniger erfreulich. Bei der Vorstellung am 12. August 1981 im New York Astoria verlangte IBM zwischen 1.565 und 4.425 Dollar für das Gerät – je nach Ausstattung.

Dieser erste PC beeinflusst die Computerwelt noch heute. Die meisten Computer sind »PC-kompatibel«, d.h. sie folgen auch heute noch grundsätzlichen Gestaltungsrichtlinien ihres Urvaters. Interrupts, COM-Schnittstellen oder IO-Adressen haben ihren Ursprung in diesem Gerät.

> **Fachwort**
>
> ↗ *Interrupt* steht für eine Unterbrechung des normalen Rechenprozesses: Der PC prüft bei einem Interrupt, ob sich an der zugehörigen Stelle etwas getan hat. COM-Schnittstellen bieten die Kommunikation nach außen und IO-Adressen sind PC-interne Festlegungen für die Datenein- bzw. -ausgabe (Input/Output).

Neben den Altlasten haben zwei tiefgreifende Konzepte bis heute Bestand:

▶ Der PC 8088 war erweiterungsfähig. Steckplätze auf dem Motherboard, der Hauptplatine, waren für die Aufnahme von Erweiterungskarten ausgelegt. Anders als eine Reihe von Mitbewerbern hat IBM die Schnittstellen offen gelegt – schon nach kurzer Zeit waren erste Erweiterungen auf dem Markt, die dem Computer zusätzliche Fähigkeiten verliehen.

▶ Mit dem IBM-Computer wurde erstmals das Betriebssystem MS-DOS (Microsoft Disk Operating System) unter der Bezeichnung PC-DOS 1.0 ausgeliefert. Diese Kooperation zwischen Microsoft und IBM begründet die heutige Stellung des Softwaregiganten aus Redmont – IBM hat nur Lizenzen für den Vertrieb mit ihren Computern, nicht aber die Rechte am Betriebssystem selbst erworben. Es wird kolportiert, dass Manager von Digital Research die Intel-Vertreter nicht empfangen wollten, die sich um eine Lizenzierung des damals vorherrschenden Betriebssystems CP/M für den IBM-PC bemühten und die IBM-Vertreter nur deshalb bei Bill Gates nachgefragt haben ...

Wie der Name »Disk Operating System« schon sagt: Das Betriebssystem stammt von einem externen Gerät, zunächst von Diskettenlaufwerken, später von den zunehmend an Verbreitung gewinnenden Festplatten.

> ## Dateinamen
>
> Bis zur Einführung von Windows 95 durften die Dateinamen lediglich acht Zeichen lang sein, gefolgt von einem Punkt und einer bis zu drei Zeichen langen Dateierweiterung. Über die Dateierweiterung identifizieren MS-DOS und die unterschiedlichen Windowsversionen die Art des Dateiinhalts – z.B. DOC für ein Textdokument. Seit Windows 95 darf der Dateinamen 255 Zeichen umfassen, die DOS-Darstellung kürzt einen solchen Eintrag.

DOS war ein kommandozeilenorientiertes System. An einem »Prompt«, der Markierung der aktuellen Eingabeposition auf dem Bildschirm, wurden Befehle ausschließlich mit der Tastatur erteilt. Dabei unterschied DOS zwischen internen und externen Befehlen:

▶ Ein interner Befehl gehörte zur Grundausstattung des Betriebssystems, z.B. dir zum Anzeigen eines Verzeichnisses.

▶ Externe Befehle benötigten zusätzliche Programmdateien mit den Dateierweiterungen .COM oder .EXE.

Von Mausbedienung war in dieser Frühphase des Personal Computers noch keine Rede. Erst einige Anwendungsprogramme – z.B. die erste Version des heute zu einer mächtigen Officesoftware ausgewachsenen StarWriter – unterstützten diese neue Art von Eingabegerät.

> *Fachwort*
>
> ↗ Ein *Programm* ist eine ausführbare Datei, die den Computer um spezielle Funktionen erweitert. Mit einem Textverarbeitungsprogramm erfassen Sie Briefe, ein Kalkulationsprogramm hilft bei Ihrer Reisekostenabrechnung und mit einem Grafikprogramm lassen Sie Ihren künstlerischen Ambitionen freien Lauf. Neben der ausführbaren Programmdatei werden meist noch eine Vielzahl zusätzlicher Dateien, die für den Programmablauf erforderlich sind, übertragen.

Betriebssysteme in der Entwicklung

```
WEB_WA~1        <DIR>           07.03.01    8:41
AD-AWARE        <DIR>           30.03.01   10:36
GDIUX_~2 EXE    2.694.957       07.04.01   22:53
        25 Datei(en)            68.085.475 Bytes
        32 Verzeichnis(se)       1.760,38 MB frei

C:\Tools>cd avm

C:\Tools\avm>dir

 Datenträger in Laufwerk C: hat keine Bezeichnung
 Seriennummer des Datenträgers: 3758-1551
 Verzeichnis von C:\Tools\avm

.               <DIR>           20.03.01   11:04
..              <DIR>           20.03.01   11:04
FRITZ301 EXE    8.819.646       20.03.01   10:56
DISK            <DIR>           20.03.01   11:50
FCW98A06 EXE      736.924       20.03.01   11:50
DISK_1          <DIR>           20.03.01   11:05
CAPIPORT EXE      159.028       20.03.01   14:04
         3 Datei(en)             9.715.598 Bytes
         4 Verzeichnis(se)       1.760,38 MB frei

C:\Tools\avm>_
```

Bild 3.2: So sah eine Verzeichnisanzeige vor den heute üblichen grafischen Betriebssystemen aus – in der Praxis weiß auf schwarzem Hintergrund.

Detail: Apple vs. PC

Im Jahr 1975 bastelten Steve Jobs und Steven Wozniac in einer Garage ein selbst zusammen gebautes Computerboard in ein Holzgehäuse. Sie verkauften ab 1976 immerhin 200 davon – unter dem Namen »Apple«. Apple hat eine von der IBM-Welt unabhängige Entwicklung genommen und sich in der Vergangenheit durch innovative Bedien- und Designkonzepte ausgezeichnet. Derzeit ist der Apple Macintosh besonders bei Grafikern, Designern und Musikern beliebt, während er im Büroalltag, bei Programmierern und auch als Heimcomputer verhältnismäßig selten anzutreffen ist.

1983 kündigte Microsoft eine innovative Bedieneroberfläche an: Microsoft Windows in der Version 1.0 – eine Imitation der grafischen Bedieneroberfläche von Apple. Die geneigte Kundschaft musste aber noch zwei Jahre warten, ehe dieser Ankündigung Produkte folgten. Die erste Microsoft-Windows-Version setzte vollständig auf MS-DOS auf.

Sie startete als normales Anwendungsprogramm und bildete damit zunächst einen Betriebssystemaufsatz. Der Vorteil für Programmhersteller war beträchtlich. Während jede Software zuvor mit eigenen Treibern für die installierten Geräte – z.B. die unterschiedlichen Drucker – ausgestattet sein musste, übernahm nun Windows die Verwaltung der Hardware. Das Anwendungsprogramm unter Windows musste nur noch die Druckdateien herausgeben, die Umsetzung und Weitergabe an den Drucker wurde von Windows übernommen.

Gleichzeitig etablierte sich ein erster Standard bei grafischen Benutzeroberflächen. Da einheitliche Steuerelemente und eine vorgegebene Darstellungsform existierten, reduzierte sich der Einarbeitungsaufwand für den Anwender, auch wenn von einer durchgehenden Bedienstruktur auch heute noch nicht die Rede sein kann.

Arbeiten mit der Maus

Ohne Maus (oder ein ähnliches Eingabegerät) ist die Bedienung eines modernen, grafischen Betriebssystems schwierig oder gar unmöglich. Die Mäuse des PC verfügen über mindestens zwei Tasten. Folgende Bezeichnungen haben sich für Mausoperationen etabliert:

Klicken	Ein einfacher Klick mit der linken Maustaste
Doppelklicken	Zwei schnell aufeinander folgende Klicks mit der linken Maustaste auf das gleiche Objekt
Rechter Mausklick	Ein Klick mit der rechten Maustaste auf ein Objekt (öffnet in der Regel das Kontextmenü)
Ziehen	Die linke Maustaste wird auf einem Objekt gedrückt und die Maus mit gehaltener Maustaste bewegt.

Einige Modelle weisen ein zusätzliches Rädchen auf, das die Programmbedienung erheblich vereinfachen kann. Je nach Programm bewegt das Drehen am Rädchen den Bildausschnitt im Fenster nach oben oder unten bzw. vergrößert oder verkleinert die Darstellung. Andere Modelle weisen zusätzliche Tasten auf, die unterschiedliche Funktionen ausführen.

1992 beginnt der Siegeszug von Linux, einer von Linus Thorvalds programmierten Variante des auf Großrechnern verbreiteten UNIX-Betriebssystems. Während die kommerziellen Anbieter für jedes Betriebssystem Geld kassieren, folgt Thorvalds dem »Open Source«-Gedanken: Der Quelltext des Betriebssystems ist nicht geschützt, im Gegenteil. Er veröffentlicht den gesamten Programmiercode und lädt alle Interessierten ein, sich mit eigenen Arbeiten in einem zunehmend komfortableren Betriebssystem einzubringen.

Die Windows-Familie

Die ersten Betriebssysteme waren »kommandozeilenorientiert«. An einer bestimmten Position auf dem Monitor blinkte bei MS-DOS eine Schreibmarke. Per Tastatur wurden dann Befehle eingegeben: DIR listete den Inhalt des aktuellen Ordners als Tabelle am Bildschirm, CD stand als Kürzel für »Change directory« und wechselte in das angegebene Verzeichnis (directory) und die Eingabe eines eindeutigen Pogrammnamens startete die entsprechende Anwendung. Es musste also etwas passieren, damit nicht nur EDV-Profis, sondern auch normale Anwender einen Nutzen aus ihrem PC ziehen konnten. Deshalb waren die ersten grafischen Betriebssysteme keine Betriebssysteme im eigentlichen Sinn, sondern Erweiterungen, die auf der Basis von MS-DOS eine einheitliche, intuitive Bedienung erlauben sollten.

Auch Microsoft Windows nahm diesen Anfang. Mittlerweile dominiert Windows in unterschiedlichen Versionen den Bereich der Betriebssysteme. Eine fast unerschöpfliche Auswahl an Programmen, Publikationen und Hilfsmitteln und die Erweiterbarkeit des PC durch vielfältige Hardwarekomponenten machen diese Kombination für den Anwender reizvoll.

Mehrere Programme gleichzeitig

Eine grundlegende Eigenschaft aller modernen Betriebssysteme ist die Darstellung der Inhalte in Fenstern. Das sind rechteckige Bildschirmbereiche mit klaren Begrenzungen und vorgeschriebenen Steuerelementen. Anders als bei der DOS-Darstellung, die immer nur ein Programm gleichzeitig ausführen kann, teilt Windows den ausgeführten Programmen einen Platz auf dem Monitor zu – das Fenster, oder englisch: Window.

Der ganze Monitor ist nicht einfach schwarz wie unter MS-DOS, sondern farbig hinterlegt: Der gesamte Bildschirm präsentiert sich als »Desktop«, als Schreibtisch, auf dem alle Arbeiten stattfinden.

Kapitel 3: Betriebssysteme

Bild 3.3: Der Desktop von Windows ist der Schreibtisch, auf dem sich alle Operationen abspielen.

▶ Die Fenster lassen sich mit der Maus in der Größe verändern. Das Ziehen an einem Fensterrand vergrößert oder verkleinert das aktuelle Fenster.

▶ Eines der Fenster ist aktiv, erkennbar an der farbig hervorgehobenen Titelleiste. Die Titelleiste im Kopf jedes Fensters enthält Informationen zum ausgeführten Programm, einige Standardschaltflächen und meist noch ein Symbol und die Bezeichnung des gerade bearbeiteten Dokuments.

> **Hinweis** Es gibt auch »fensterlose« Programme: Diese begnügen sich mit einem Schattendasein im Hintergrund und treten nur dann in Erscheinung, wenn eine bestimmte Bedingung erfüllt ist.

Die Windows-Familie

▶ Im aktiven Fenster finden alle Ein- und Ausgabeoperationen statt: Sie tippen ein Zeichen, es erscheint im Fenster der Textverarbeitung. Das aktive Fenster ist also eine Zweiwegeverbindung. Die nicht aktiven Fenster geben ausschließlich Daten aus. Der Wechsel des aktiven Fensters geschieht durch Anklicken mit der Maus.

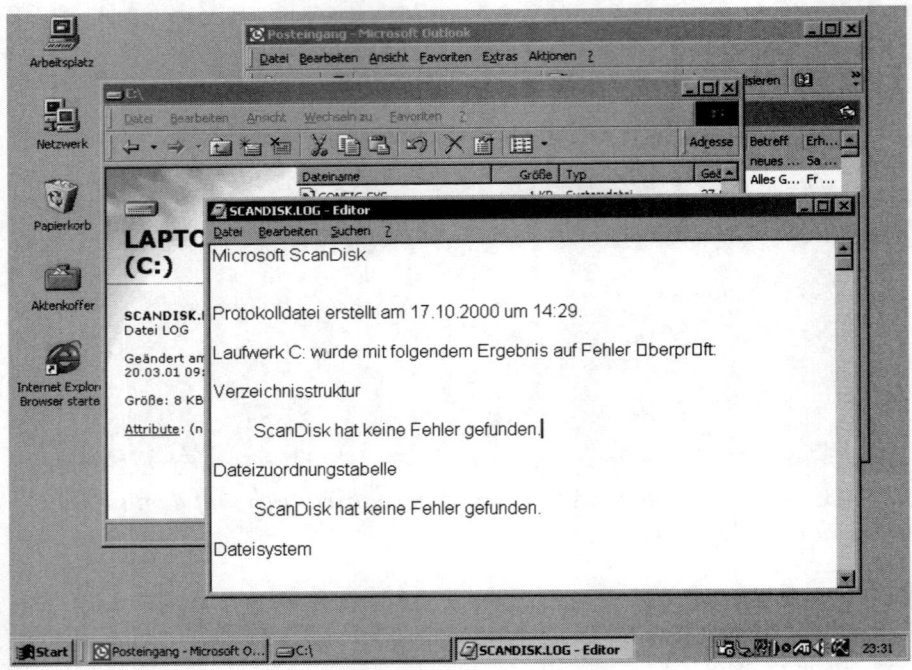

Bild 3.4: Auch wenn mehrere Fenster geöffnet sind: Nur das aktive Fenster nimmt Eingaben von der Tastatur entgegen.

Objekte statt Befehle

Schon nach dem ersten Start von Windows fallen die Unterschiede zur MS-DOS-Darstellung aus Bild 3.3 ins Auge: Kleine Symbole haben nicht nur dekorative Funktion, sondern übernehmen die Funktion von Befehlen unter MS-DOS. Ein einzelner Klick auf ein Symbol auf dem Desktop hinterlegt das Symbol, ein Doppelklick startet das zugehörige Programm.

Kapitel 3: Betriebssysteme

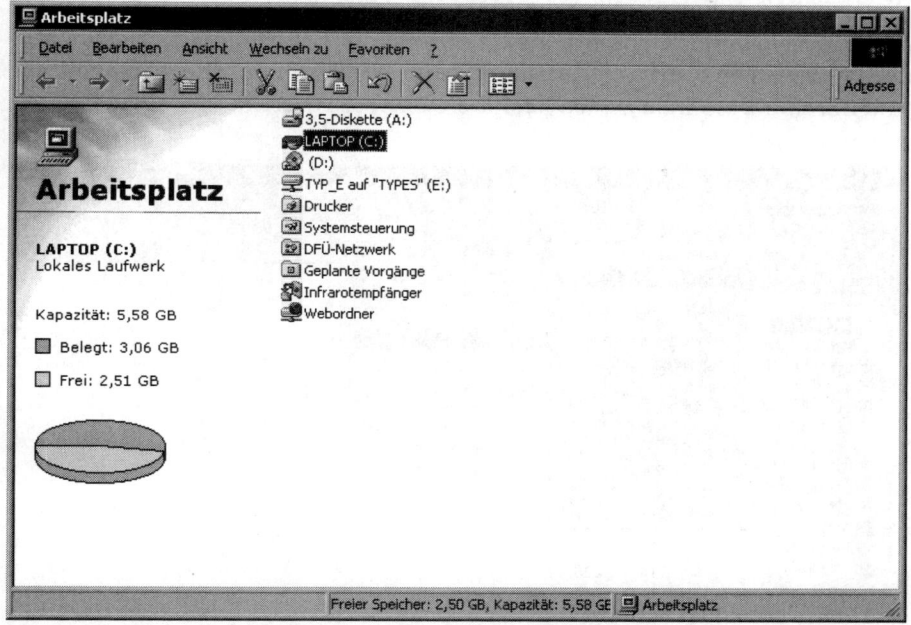

Bild 3.5: Ein Doppelklick auf den Arbeitsplatz öffnet ein Fenster, das der Navigation auf den angeschlossenen Speichermedien dient und Zugriff auf Systemfunktionen bietet.

Diese Symbole repräsentieren eine weitere Eigenschaft: Windows basiert auf einzelnen Objekten, die ihrerseits mit anderen Objekten kommunizieren. Am Beispiel des Arbeitsplatzes: Der Klick auf das Arbeitsplatz-Symbol hat ein Programm gestartet, das wiederum ein anderes Objekt abgefragt hat, das die aktuellen Laufwerksdaten abfragt. Zusätzlich erscheinen im Arbeitsplatz-Fenster weitere Objekte (z.B. das Symbol SYSTEMSTEUERUNG), die wiederum Operationen anstoßen. Auch die Symbole in der Zeile oberhalb der Laufwerksanzeige sind solche Objekte.

> **Fachwort** ⇒ In der *Systemsteuerung* sammelt Windows mehrere Hilfsprogramme, die die Grundfunktionen des Betriebssystems beeinflussen.

Die Windows-Familie

Eine besondere Form stellen die Menüs dar. Ein Klick auf einen Eintrag in der Textzeile unterhalb den Fenstersymbolen öffnet das entsprechende Menü. Hier wählen Sie einen der angebotenen Befehle aus. Die Menüeinträge sind durch horizontale Linien nach Bereichen separiert.

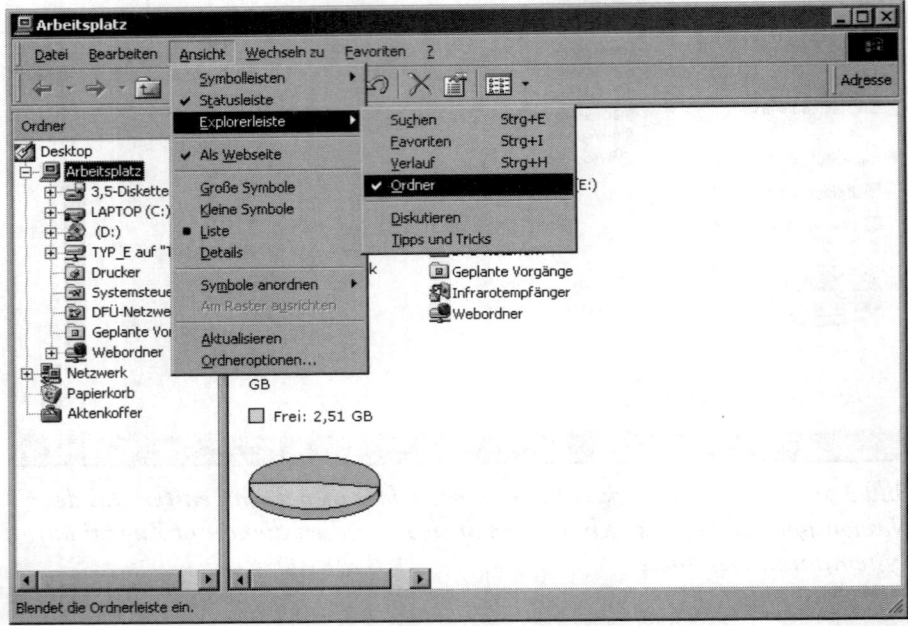

Bild 3.6: Ein Klick auf einen der Einträge in der Menüzeile öffnet ein Menü.

Symbole in den Menüs

Wenn Sie ein Menü öffnen, weisen zusätzliche Zeichen oder Angaben auf zusätzliche Funktionen hin:

▶ Ein Mausklick auf einen Eintrag in schwarzer Schrift ruft den entsprechenden Befehl auf.

▶ Ein grauer Eintrag weist darauf hin, dass der entsprechende Befehl aktuell nicht zur Verfügung steht.

- Ein schwarzer Pfeil öffnet ein zusätzliches Menü.
- Drei Punkte hinter einem Menüeintrag zeigen an, dass sich nach dessen Aufruf eine Dialogbox öffnet.
- Zeichenkombinationen wie `Strg` + `C` zeigen an, dass der entsprechende Befehl nicht nur über das Menü, sondern auch über eine Tastenkombination (Hier: `Strg` gedrückt halten und einmal kurz `C` drücken) aufgerufen werden kann. Tastenkombinationen für häufig eingesetzte Befehle können die tägliche Arbeit erheblich beschleunigen.
- Neuerdings passen sich die Menüs der Arbeitsweise des Benutzers an: Personalisierte Menüs zeigen beim ersten Erscheinen nur häufig genutzte Befehle, die anderen erscheinen erst kurze Zeit später.

Kommunikation mit Dialogboxen

Neben den Menüs nehmen Dialogboxen eine Hauptrolle bei der Bedienung des Betriebssystems ein. Sie erscheinen z.B., wenn ein Menübefehl aufgerufen wird, hinter dem drei Pünktchen stehen. Dialogboxen steuern bestimmte Funktionen im Programmablauf. Die Steuerelemente sind leicht zu überblicken:

- Schaltflächen starten die Aktion, die auf ihnen angegeben ist. OK bestätigt und und schließt die Dialogbox, ABBRECHEN beendet die Bearbeitung und verwirft die veränderten Einstellungen.
- Eingabefelder nehmen direkt Werte von der Tastatur entgegen.
- Eingabefelder mit Pfeilen werden für numerische Werte eingesetzt. Ein Klick auf den Pfeil am Rand erhöht oder verringert den Wert im Feld.
- Listenfelder bieten eine Auswahl aller Möglichkeiten an. Die Auswahl erfolgt mit den Pfeiltasten oder mit der Maus. Listenfelder verfügen über Bildlaufleisten an der Seite, wenn die Anzahl der Einträge die Zeilenanzahl der Anzeige überschreitet.
- Einzeilige Listenfelder zeigen zunächst nur einen voreingestellten Eintrag und öffnen sich erst nach einem Klick auf den rechts angeordneten Pfeil zu einer Liste.

Die Windows-Familie

▶ Runde Optionsschaltflächen lassen die Wahl einer von mehreren Möglichkeiten zu. Sie sind stets in Gruppen angeordnet.

▶ Quadratische Kontrollkästchen repräsentieren Programmeinstellungen, die unabhängig voneinander aktiviert oder deaktiviert sein können.

▶ Vorschauabbildungen visualisieren einen Vorgang. Mittlerweile sind viele dieser Abbildungen interaktiv und erlauben direkt die Änderung der dargestellten Vorgaben.

▶ Register findet man oft in Dialogboxen mit breitem Einsatzgebiet, z.B. bei den Grundeinstellungen zum Programm. Die Register gliedern die Eingaben in logisch zusammenhängende Bereiche.

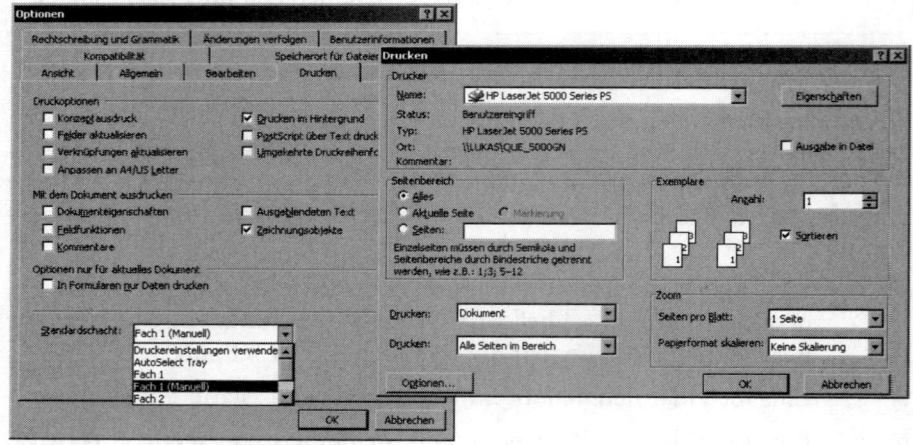

Bild 3.7: Zwei Dialogboxen aus Microsoft Word 2000: Hier sind die meisten der üblichen Steuerelemente dargestellt.

Treiber und Schnittstellen

Neben der Benutzerfreundlichkeit spielen aber auch noch andere Faktoren eine Rolle: Immer leistungsfähigere Computer erschließen immer breitere Anwendungsbereiche. So ist z.B. die Bearbeitung von Videos an den heute üblichen leistungsfähigen Computern kein Problem mehr – sofern die entsprechenden Programme und Hardwarekomponenten installiert sind. Eine Videograbber-Karte und ein Videoschnittprogramm brauchen Sie dafür, und diese beiden müssen miteinander kommunizieren können.

> **Fachwort** ↗ *Videograbber* sind PC-Erweiterungen, die die Datenströme einer Videoquelle (TV-Bilder, Videokamera oder -rekorder) komprimieren und als Datei auf die Festplatte übertragen.

Die modernen Betriebssysteme nehmen den Herstellern einiges an Arbeit ab: Sie übernehmen die Dateioperationen, steuern die Ein- und Ausgabe und bieten klar definierte Schnittstellen, die sich durch herstellereigene Treiber erweitern lassen. Im Klartext: Die Hersteller der Videosoftware müssen sich nicht um die installierte Karte kümmern, sondern greifen auf Grundfunktionen von Windows zurück. Die Hersteller der Videokarte brauchen nur einen Treiber zu erstellen, der mit Windows harmoniert, und schon können alle Videoschnittprogramme auf die Karte zurückgreifen – zumindest in der Theorie.

Grundsätzlich teilen sich mehrere Programme unter Windows den Monitor, den Hauptspeicher, die Festplattenzugriffe usw. Windows dient auch hier als Schnittstelle: Ein Programm, das einen Text oder eine Tabelle ausdrucken soll, greift nicht mehr direkt auf den Drucker zu. Die Druckdaten werden Windows übergeben, das wiederum den Ausdruck steuert. Das bedeutet: Der PC kann einen Text aus dem ersten Programm drucken und sofort anschließend eine Tabelle aus dem zweiten: Windows sorgt dafür, dass die Ausdrucke schön der Reihe nach aus dem Drucker laufen. Unter Windows 95, 98 und Me übernehmen »virtuelle Gerätetreiber« diese Aufgabe. Diese Treiber liegen als separate Dateien mit der Dateiendung VXD auf der Festplatte und werden vom Betriebssystem immer dann geladen, wenn ein Programm auf das damit verbundene Gerät zugreift.

Mit Windows 98 etablierte Microsoft eine weitere Treiberarchitektur mit der Bezeichnung »Win32 Driver Modell« (WDM). Die Quellcodes der Treiber, die den damit verbundenen Aufbauvorschriften folgen, lassen sich unter Windows 98, 2000 und Me einsetzen. Diese Quellcodes müssen lediglich neu kompiliert werden – eine Möglichkeit zur deutlichen Kostenreduktion bei Herstellern von Hard- und Software.

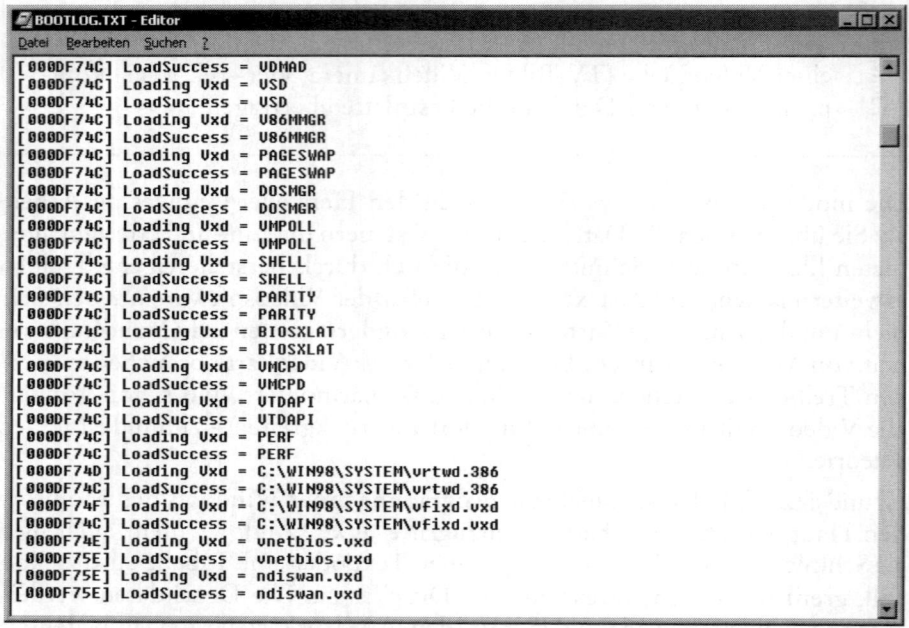

Bild 3.8: Einiges zu tun: Beim Start werden Treiber geladen und initialisiert. Die Logdatei Bootlog.txt wird beim protokollierten Start angelegt und hilft, Fehlerquellen zu lokalisieren.

Die Treiberarchitektur ist einigermaßen unübersichtlich. Neben den VXD- und WDM-Treibern existieren noch Real- und Protected-Mode-Treiber (Win 95/98/ME), User- und Kernel-Mode-Treiber (Win NT/2000), und das auch noch mit unterschiedlichen Berechtigungen und Privilegien. Das Problem für den Anwender: Ein älterer Real-Mode-Treiber kann bessere Ergebnisse bringen als ein Treiber der modernen WDM-Architektur. Da bleibt nur ausprobieren und informieren – nutzen Sie die Internetpräsenzen der Hersteller für weitergehende Rückfragen.

Mit Windows 2000 hat Microsoft ein Zertifizierungsmodell eingeführt. Sowohl Windows 2000 als auch Windows Me können so konfiguriert werden, dass sie nur Treiber akzeptieren, die mit einem Windows-Zertifikat versehen sind. Diese Zertifizierung bescheinigt, dass sie den gültigen Programmierkonventionen folgen, und soll die Fehlerquellen beim Zusammenspiel installierter Komponenten minimieren.

Kapitel 3: Betriebssysteme

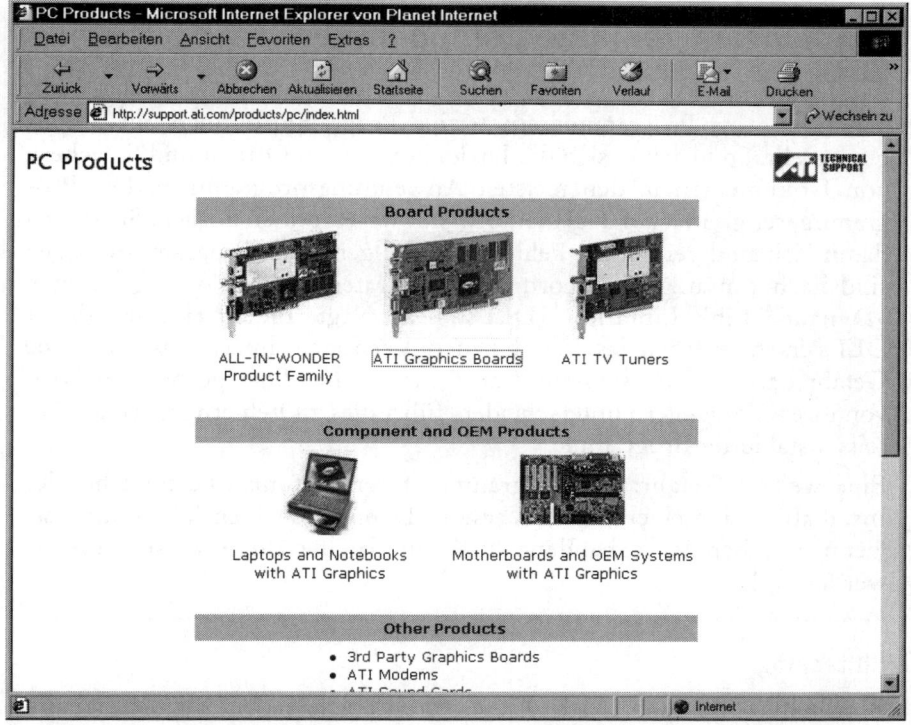

Bild 3.9: Wie hier bei ATI bieten alle namhaften Anbieter einen Internet-Support für ihre PC-Komponenten.

Damit dieses Zusammenspiel funktioniert, muss das Betriebssystem die installierten Hardwarekomponenten erkennen. Seit Windows 95 gehört die automatische Hardwareerkennung bei der Installation – bei Plug&Play-Komponenten auch direkt nach Inbetriebnahme – zum Standardrepertoire. Dabei kann Windows natürlich nur die Komponenten korrekt installieren, die in den integrierten Datenbanken beschrieben sind. Für andere Hardwareerweiterungen sind Treiberdateien erforderlich – jede Windows-Variante hat dafür eigene Vorgaben, so dass Sie bei einer Computererweiterung auf passende Treiber vom Hersteller oder von Microsoft achten müssen.

Gemeinsam genutzte Komponenten

Das Konzept der gemeinsamen Schnittstellennutzung basiert auch darauf, dass Microsoft Programmierern fertige Programmroutinen zur Verfügung stellt. So gleichen sich die Dialogboxen zum Öffnen und Speichern von Dokumenten in den meisten Anwendungsprogrammen: Die Programmierer greifen auf allgemeine Windows-Routinen zurück. Sie sparen damit Zeit und vermeiden Fehler. Diese allgemeinen Programmroutinen sind nach Einsatzgebiet geordnet in separaten Dateien – so genannten »Dynamic Link Libraries« (DLLs) – abgelegt. Indem einzelne dieser DLLs ersetzt werden, lassen sich neuere Versionen einfach einspielen. Die Gefahr dabei: Wenn sich einzelne Routinen bei einer geänderten DLL von ihren Vorgängern unterscheiden, führt dies zu Fehlern im Ablauf bereits installierter Programme.

Eine weitere Gefahr: Ein Programm älteren Datums überträgt bei der Installation eine eigene DLL-Version. Dann erscheinen Warnhinweise, wenn eine bereits vorhandene DLL durch eine ältere Version ersetzt werden soll.

Multitasking

Schließlich haben die PC durch Windows eine zusätzliche Fähigkeit erhalten. Der Begriff »Multitasking« bezeichnet die Fähigkeit, mehrere Programme gleichzeitig auszuführen. Sie können also in Ihrer Textverarbeitung weiterschreiben, während ein Datenbankprogramm umfangreiche Adressdateien sortiert. Dieses »gleichzeitig« erfolgt nicht wirklich gleichzeitig, sondern in extrem kurzen Abständen nacheinander. Jeder Task (engl. für Aufgabe) oder Prozess erhält etwas Rechenzeit zuerkannt. Ein spezielles in Windows integriertes Steuerprogramm verteilt die zur Verfügung stehende Rechenleistung. Bei Schreiben von Texten werden Sie kaum Einschränkungen spüren, weil Tasks im Vordergrund grundsätzlich mehr Rechenzeit erhalten als Programme, die nicht direkt mit dem Anwender kommunizieren.

Dafür müssen bestimmte Bedingungen erfüllt sein: Die einzelnen Tasks dürfen nicht den gleichen Bereich des Hauptspeichers belegen, sonst würden unweigerlich Daten verloren gehen. Auch der Zugriff auf bestimmte Geräte, Treiber usw. muss geregelt werden. Am Beispiel des Druckers: Wenn zwei Programme gleichzeitig Daten an die Druckerschnittstellen senden würden, wäre der Ausdruck unbrauchbar.

Sicherheit

Die nächste wichtige Anforderung betrifft die Sicherheit. Computer haben – besonders in Unternehmen – Zugriff auf eine Unmenge vertraulicher Informationen. Nicht jeder Mitarbeiter darf alle Unternehmensdaten einsehen, geschweige denn verändern oder kopieren. Aus diesem Grund bieten alle modernen Windows-Versionen – ab Windows für Workgroups, einer Variante von Windows 3.X – Anmelderoutinen an: Über einen Benutzernamen und ein Kennwort sichert das Betriebssystem den Zugriff auf den Computer. Auch die Anmeldung in einem Netzwerk wird über eine geeignete Startroutine vorgenommen. Die Schutzmechanismen waren lange Zeit ein wesentliches Unterscheidungskriterium zwischen Windows 95/98/Me und Windows NT/2000.

> **Achtung** ⬇ Der integrierte Zugriffsschutz ist meist nur unzureichend und lässt sich leicht umgehen. Den sichersten Schutz bieten die BIOS-Passwortroutinen, wenn Sie sicherstellen können, dass niemand den Computer öffnet. Hochsensible Daten lassen sich über spezielle Verschlüsselungskarten im PC absichern oder – ein Netzwerk vorausgesetzt – in besonders gesicherten Bereichen des Netzwerkservers ablegen. Eine weitere Möglichkeit: Sichern Sie geheime Daten auf einem austauschbaren Datenträger – z.B. ein ZIP-Medium – und verwahren Sie dieses Medium an einem sicheren Ort.

Ein weiterer Sicherheitsaspekt betrifft die Datensicherung. Was nützt Ihnen der schönste Zugriffsschutz, wenn die Daten nach einem Hardwarefehler verloren sind? Die hier dargestellten Windows-Versionen verfügen über grundlegende Programme zur Datensicherung, dem so genannten »Backup«. Dabei überträgt eine spezielle Software Dateien nach speziellen Kriterien auf ein auswechselbares Speichermedium, z.B. auf ein Bandlaufwerk. Diese Backups können z.B. alle Dateien, Dateien mit einem bestimmten Änderungsdatum oder nur die geänderten Dateien umfassen.

Schließlich ist auch die Problematik der Viren relevant. In diesem Bereich haben alle Betriebssysteme wenig zu bieten, hier sind Sie auf externe Virenprogramme angewiesen.

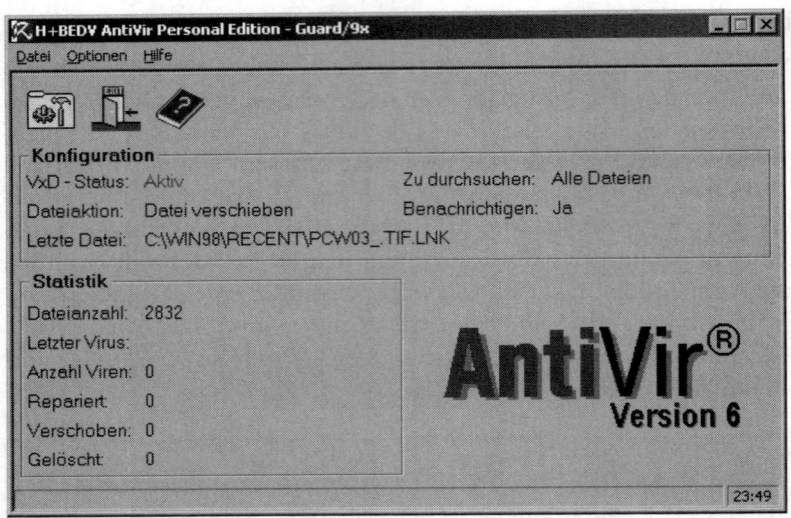

Bild 3.10: Nicht im Lieferumfang, aber kostenlos und immer wachsam. Eine leistungsfähige Antivirensoftware sollte auf keinem Computer fehlen.

> **Fachwort**
>
> ↗ *Viren* sind Schadprogramme, die sich ähnlich wie ihre biologischen Vettern selbstständig weiterverbreiten können.

Wenn etwas schief geht, brauchen Sie (oder der verantwortliche Systemverwalter) Informationen über die Fehlerursache. Protokollfunktionen lassen sich z.B. für den Systemstart aktivieren, aber auch eine Reihe von Systemprozessen notieren die abgelaufenen Operationen und deren Auswirkung in Protokolldateien. Die Protokolldateien verfügen meist über die Dateierweiterung LOG und lassen sich mit dem im Betriebssystem enthaltenen NOTIZBLOCK betrachten.

Die letzte betrachtete Schutzfunktion betrifft das Betriebssystem selbst: Kann es sicher verhindern, dass der Anwender Schaden an den für den Ablauf benötigten Dateien anrichtet? Diese Problematik wird in den folgenden Abschnitten diskutiert.

Kapitel 3: Betriebssysteme

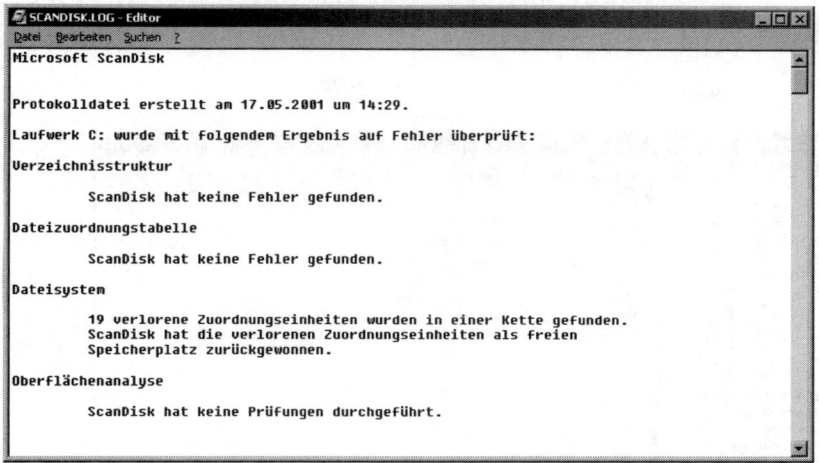

Bild 3.11: In dieser Log-Datei protokollierte Scandisk die letzte Überprüfung der Festplatte. Hier ist zu sehen, dass ein Fehler im Dateisystem repariert wurde.

> **Fachwort** ↗ Der *Notizblock* ist ein einfaches Textprogramm, das sich in erster Linie zur Erstellung von Rohtexten ohne besondere Formatierung eignet.

Was passiert beim Start?

Beim Starten lesen alle Windows-Versionen zunächst den so genannten Kernel. Er ist der zentrale Teil des Betriebssystems und beim Ablauf des Betriebssystems immer im Hauptspeicher präsent. Der Kernel lädt während der Laufzeit bei Bedarf Komponenten nach, z.B. Treiberdateien, Systemfunktionen, Bibliotheken oder Programme.

Bereits beim Start wertet er mehrere Registrierdatenbanken aus, die zusammenfassend auch als »Registry« bezeichnet werden. In diesen Datenbanken speichert Windows alle möglichen Informationen zum Computersystem. Abhängig von diesen Einträgen konfiguriert der Kernel den Computer. Er lädt z.B. die benötigten Schriftarten und Grafikkartentreiber, stellt die Bildschirmdarstellung ein oder erkennt, ob eine Netzwerkanmeldung erforderlich ist oder nicht. Die Registry ist das Herz des Systems: Ohne korrekte

Die Windows-Familie

Einträge ist ein störungsfreier Betrieb nicht denkbar. Die benötigten Treiber und Systemkomponenten liegen in speziellen Verzeichnissen auf der Festplatte.

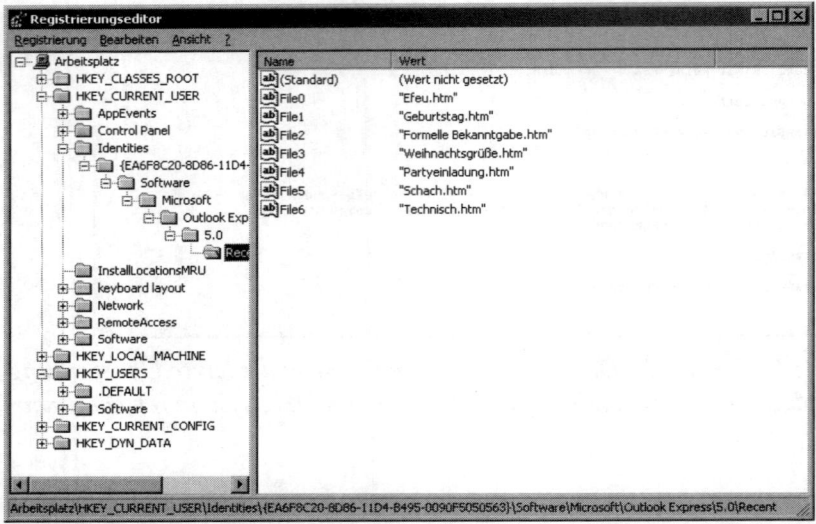

Bild 3.12: Mit dem Registrierungseditor Regedit.Exe lassen sich die Einträge der Registrierdatenbanken durchsuchen, anzeigen und ändern. Aber Vorsicht: Fehleingaben können eine totale Neuinstallation erforderlich machen.

Fehler beim Start?

Nach der Installation oder Deinstallation von Systemkomponenten oder von Programmen können dringend benötigte Systemdateien fehlen. Windows 95/98 bieten in diesem Fall einen »abgesicherten Modus«, der ohne diese Dateien auskommt und zumindest die Nachinstallation dieser Komponenten erlaubt. Windows Me ist in der Lage, die Systemkonfiguration selbstständig wieder herzustellen oder sie auf einen zuvor gespeicherten Stand zurück zu versetzen. Zusätzlich verhindert die System File Protection, die auch in Windows 2000 zu finden ist, dass Anwendungsprogramme die Systemdateien des Betriebssystems verändern.

Kapitel 3: Betriebssysteme

Die Zwischenablage

Durch die integrierende Funktion des Betriebssystems lässt sich auch der Datenaustausch zwischen einzelnen Programmen realisieren. Für diesen Zweck stellt Windows die Zwischenablage bereit. Das Prinzip ist einfach: Sie übertragen ein Bild, einen Text oder ein beliebiges Objekt mit der Befehlskombination BEARBEITEN, KOPIEREN in die Zwischenablage. Dann wechseln Sie das Anwendungsfenster und fügen dort den Inhalt der Zwischenablage mit BEARBEITEN, EINFÜGEN ein. So gelangt die Kalkulationstabelle blitzschnell in das Textdokument. Dabei fungiert die Zwischenablage als Datendrehscheibe: Sie wandelt die in ihr abgelegten Inhalte so um, dass das Zielprogramm sie verarbeiten kann. Der Befehl BEARBEITEN, INHALTE EINFÜGEN lässt Ihnen die Wahl zwischen unterschiedlichen Objektformaten beim Übertragen.

Die Zwischenablage kann nur eine Kopieroperation aufnehmen. Beim nächsten Kopieren wird der bisherige Inhalt überschrieben.

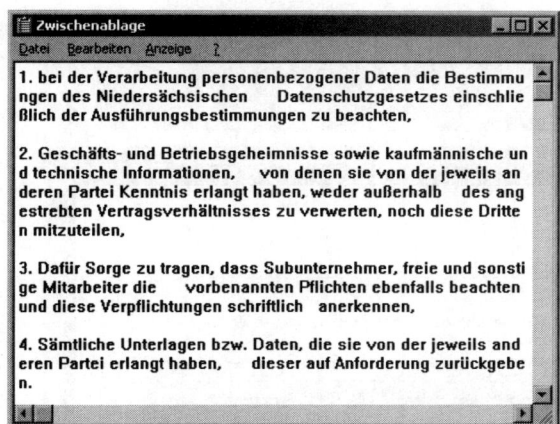

Bild 3.13: Der Inhalt der Zwischenablage lässt sich über das Programm Zwischenablage einsehen.

Verknüpfen und Einbetten

Neben der Zwischenablage bietet Windows weitere Mechanismen zum Übernehmen von Inhalten zwischen zwei Programmen. Dabei stellt die OLE-Technik (»Object Linking & Embedding«, Verknüpfen und Einbet-

175

ten) eine dauerhafte Beziehung zwischen diesen Programmen her. Beim Verknüpfen lädt das Zielprogramm ein bereits bestehendes Objekt aus einer externen Datei. Ein Beispiel: Sie laden einen bestimmten, benannten Bereich einer Kalkulationstabelle in ein Textprogramm. Die Kalkulationstabelle liegt als eigene Datei vor. Nach einer Veränderung der Werte der Kalkulationstabelle aktualisiert sich die Verknüpfung im Textdokument automatisch, das Bearbeiten öffnet die Inhalte im Ursprungsprogramm.

Das Einbetten geht noch einen Schritt weiter. Sie markieren die Tabelle in die Zwischenablage und betten sie über entsprechende Befehle in die Textverarbeitung ein. Dann braucht keine separate Datei auf der Festplatte vorzuliegen: Der »fremde« Inhalt wird in das Textdokument eingebettet. Bei der Bearbeitung erkennt das Textprogramm die Ursprungsapplikation und bietet deren Funktionen im eigenen Fenster an. Durch das Einbetten fallen die Grenzen zwischen den Programmen.

Sowohl Einbetten als auch das Verknüpfen muss in der Programmierung von Ursprungs- und Zielprogramm berücksichtigt und vorgesehen worden sein.

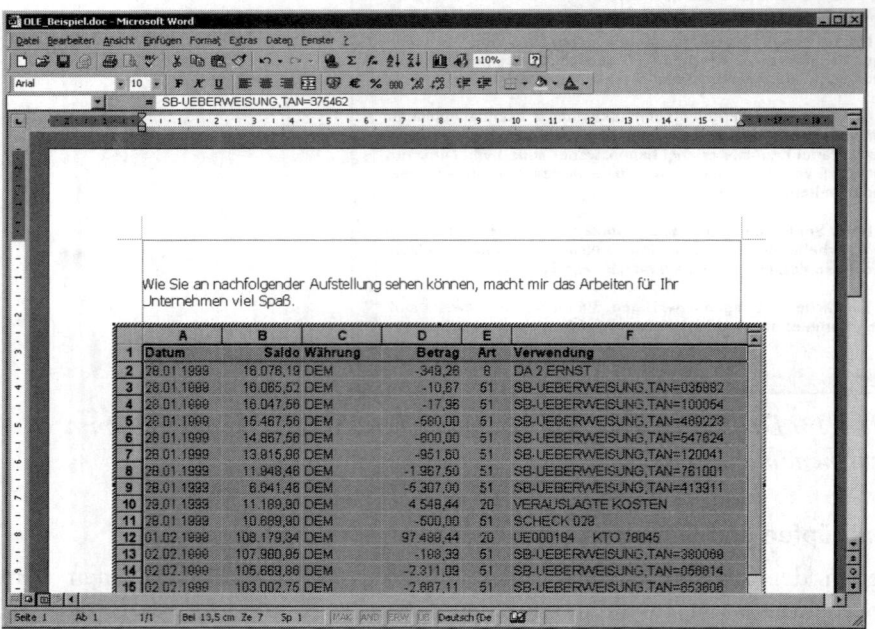

Bild 3.14: Word oder Excel? Ein eingebettetes Objekt wird im Zielprogramm mit den Funktionen des Ursprungsprogramms bearbeitet.

Windows für den Heimanwender

Der Aufbau der Windows-Betriebssysteme ähnelt sich – bis auf eine grundsätzliche Unterscheidung: Die frühen Varianten basieren alle auf der Betriebssystemgrundlage MS-DOS. Dies gilt für die Windows-Versionen bis Windows 3.X, Windows 95, Windows 98 und auch noch für Windows Me. Diese Windows-Versionen sind in erster Linie für den Privatanwender gedacht, obwohl die wichtigsten Netzwerke direkt unterstützt werden.

MS-DOS kannte zwei unterschiedliche Modi: Der Real Mode konnte nur bis zu 640 Kbyte Hauptspeicher ansprechen, aus heutiger Sicht lächerlich wenig. Im Protected Mode konnte MS-DOS immerhin – mit Abstrichen und speziellen Programmerweiterungen – 16 Mbyte benutzen. Viele Spiele liefen zunächst nur unter MS-DOS und funktionierten dann auch unter Windows – die Programmbasis war die gleiche. Das ist heute noch nachprüfbar: Wird direkt nach dem Anschalten des Windows-Computers die Taste F8 gedrückt, kann in einem Bootmenü die Art des Programmstarts gewählt werden. Bei Windows 95 und Windows 98 führt die Auswahl des Eintrags NUR EINGABEAUFFORDERUNG zu einem waschechten MS-DOS-Bildschirm.

Produktzyklen

Microsoft legt für die ausgelieferten Produkte Produktzyklen fest. Im ersten Zyklus (»Mainstream-Phase«) sind die Lizenzen für das Betriebssystem ganz normal zu erwerben. Diese Phase dauert etwa drei Jahre nach Erstauslieferung. In der Auslaufphase, also zwischen drei und vier Jahren nach Auslieferung, reduziert Microsoft den Support auf die Onlinevariante und bezahlte Anfragen und schränkt den Lizenzvertrieb ein. In der dritten Phase steht nur noch der Onlinesupport zur Verfügung. Nach fünf Jahren behält sich Microsoft vor, auch diesen Support abzuschalten. Sie können jedoch legale Lizenzen ohne Probleme über diesen Zeitpunkt hinaus weiter betreiben.

Windows 95 ist seit dem 1. Januar 2001 in der Auslaufphase, für Windows 98 und Windows NT4 ist diese Phase auf den 30.6.2002 terminiert.

Obwohl MS-DOS die Basis für die drei Betriebssystemvarianten ist, versteckt sich dieser Modus unter Windows Me recht gut: Es existiert keine Möglichkeit, die Startprozedur direkt in den DOS-Modus zu leiten. Hier bleibt nur die MS-DOS-EINGABEAUFFORDERUNG aus dem Start-Menü. Daraus resultieren einige Einschränkungen. Spiele, die den DOS-Modus zwingend erfordern oder auch systemnahe Programme – z.B. Partitionsmanager – funktionieren im DOS-Modus nicht und erfordern bei Bedarf einen Start mit Hilfe einer Bootdiskette.

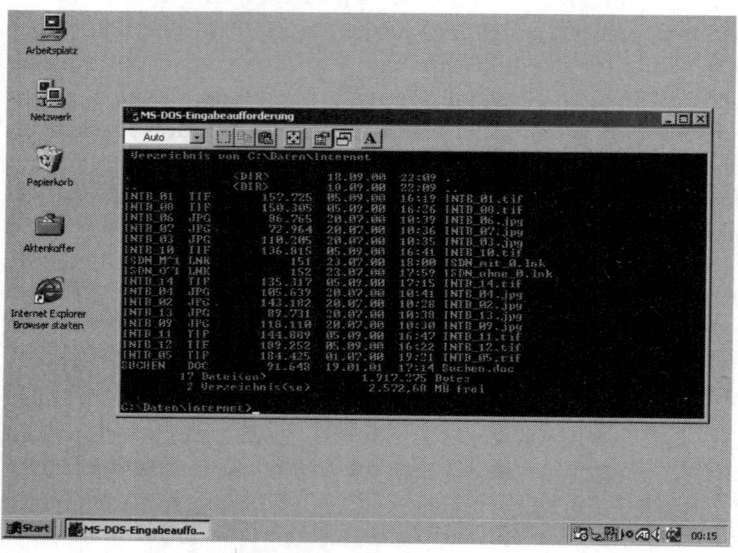

Bild 3.15: Die MS-DOS-Eingabeaufforderung gibt (begrenzten) Zugriff auf Programme, die in der DOS-Umgebung laufen müssen.

> **Fachwort**
>
> ↗ Die Festplatte wird bei der Computerinstallation in Bereiche, *Partitionen*, unterteilt. Jede Partition kann ein eigenständiges Dateisystem enthalten. Damit lässt sich eine Festplatte über Partitionen für mehrere Betriebssysteme einrichten oder in mehrere Laufwerke unterteilen. Ein Partitionsmanager ist in der Lage, die Zuordnung und die Größe der einzelnen Partitionen zu verändern, ohne dass eine Neuinstallation nötig wird.

Kapitel 3: Betriebssysteme

Die Festplattenkapazitäten haben im Laufe der Zeit erheblich zugenommen. Während erste Platten die sagenhafte Kapazität von 5 Mbyte aufwiesen, sind heutzutage 10, 20 und mehr Gbyte – also 10 bzw. 20 mal 1.000 Mbyte – die Regel. Das »alte« Dateisystem mit der Bezeichnung FAT (File Allocation Table) kam mit den hohen Plattenkapazitäten nicht mehr zurecht, bei 2 Gbyte war Schluss. Nach ersten Modifikationen entschloss sich Microsoft ab Windows 95B zur Einführung von FAT32. Dieses Dateisystem reduziert die Fragmentierung der Platte und kann bis zu 2 Terrabyte – immerhin 2.000 Gbyte, verwalten.

Dateifragmente

Die FAT-Dateisysteme bewirken eine Fragmentierung der Festplatte. Dateien werden zunächst nacheinander auf der Festplatte abgelegt. Nach dem Löschen einer Datei wird der bislang belegte Platz wieder freigegeben und später von anderen Dateien belegt. Im Laufe der Zeit liegen die Dateien nicht mehr fein säuberlich hintereinander, sondern können über größere Festplattenbereiche verstreut sein – der Dateizugriff erfolgt dann erheblich langsamer. Räumen Sie Ihre Festplatte von Zeit zu Zeit mit dem Windows-Programm DEFRAG auf, um volle Leistung aus dem PC herauszuholen.

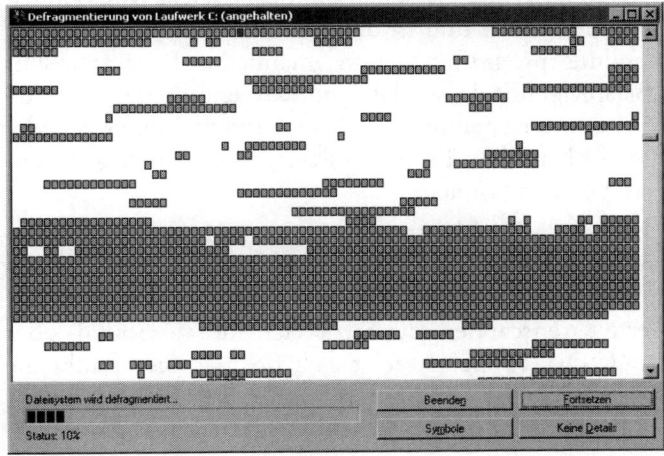

Bild 3.16: Nach einer Defragmentierung wird dieses Laufwerk deutlich schneller.

Windows 95

Windows 95 aus dem Jahr 1994 kann als wesentlicher Meilenstein der Betriebssystementwicklung angesehen werden. Dort etablierte Microsoft die derzeit übliche Aufteilung des Desktops, führte das Kontextmenü endgültig ein, zeigte zum ersten Mal die Taskleiste und hob die Beschränkung bei der Länge der Dateinamen auf. Der Windows-Explorer ersetzte den bis dahin üblichen Datei-Manager von Windows 3.X.

Auch beim Kernel wurde eine wesentliche Hürde genommen: Diese Windows-Version konnte erstmals mehrere Prozesse im 32-Bit-Modus unabhängig voneinander ablaufen lassen, sofern die Software dafür ausgelegt war.

Auch die Registry – verteilt auf die beiden Dateien USER.DAT und SYSTEM.DAT – ist neu. Zuvor waren diese Grundeinstellungen in den Dateien WIN.INI und SYSTEM.INI und weiteren ergänzenden INI-Dateien abgelegt. Die neue Datenbankstruktur erlaubt jedoch eine effizientere Verwaltung und strukturiert die Einstellungen, so dass bei vorgabenkonformer Programmierung eine rückstandsfreie Deinstallation von Programmen möglich wird.

Zwei wichtige Neuerungen sind eine nähere Betrachtung wert. Die rechte Maustaste läuft ab Windows 95 zu großer Form auf: Ein rechter Mausklick auf ein Objekt öffnet ein Kontextmenü. Dieses Kontextmenü zeigt die Befehle, die sich auf dieses Objekt anwenden lassen: Symbole lassen sich ausschneiden und kopieren, Texte markieren und in die Zwischenablage übertragen, Dokumente aus Anwendungsprogrammen ohne manuellen Programmstart drucken – nur einige Beispiele, mit denen das Kontextmenü die tägliche Arbeit beschleunigt. Die Zusammenstellung der Kontextmenüs innerhalb der Anwendungsprogramme obliegt dem Programmierer, so dass hier ganz unterschiedliche Befehle auftauchen können.

Die andere Änderung betrifft die Taskleiste mit dem Start-Menü. In der Taskleiste versammelt Microsoft die aktuell laufenden Programme. Der rechte Bereich der Taskleiste ist Systemprogrammen vorbehalten, hier tauchen z.B. die Uhr, aber auch installierte Virenscanner oder Steuerelemente für Sound- oder Monitoreinstellungen auf. Die Taskleiste zeigt sich flexibel. Sie erlaubt die Anlage eigener Symbolleisten, kann automatisch im Hintergrund verschwinden oder auch einfach auf eine mehrzeilige Anzeige umgestellt werden.

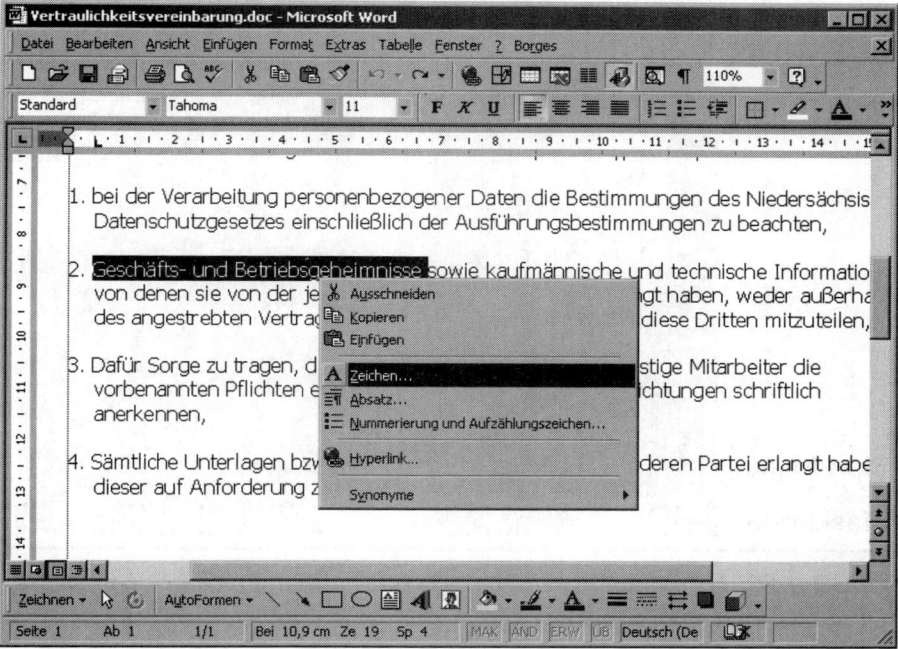

Bild 3.17: Das Kontextmenü bietet nach einem rechten Mausklick auf einen Text in Word 2000 z.B. die wichtigsten Formatierungen an.

Das Startmenü bietet schnellen Zugriff auf die installierten Programme. Jedes Programm erhält einen Eintrag im Startmenü, meist in einem eigenen Ordner, so dass auch Zusatzprogramme sinnvoll zugeordnet sind. Weitere Ordner helfen, den Überblick zu bewahren. Im Ordner START, PROGRAMME, ZUBEHÖR, SYSTEMPROGRAMME finden z.B. alle wichtigen Wartungsprogramme Platz.

Mit Startmenü und Kontextmenü hat auch die bis dahin übliche Tastatur eine Überarbeitung erfahren: Heute sind fast keine Tastaturen mehr erhältlich, die nicht eine separate Windows- und eine Kontextmenütaste aufweisen.

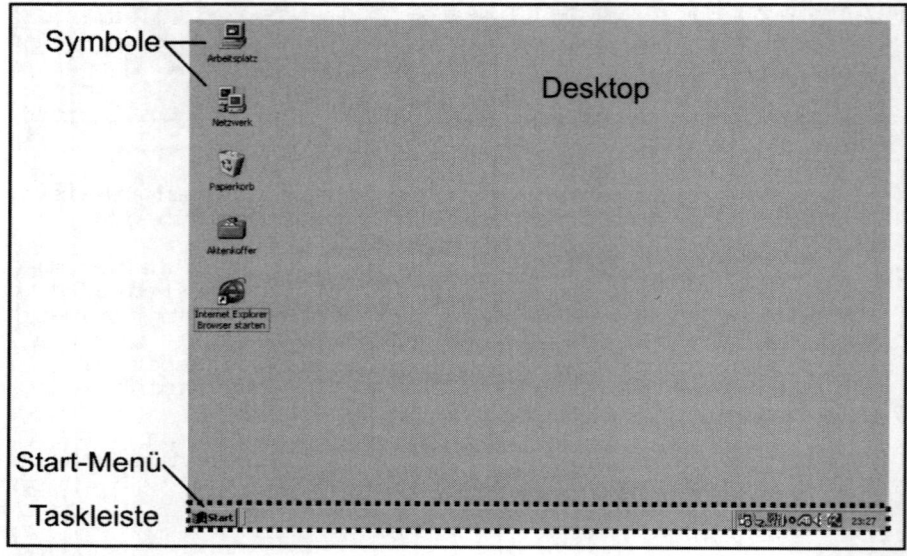

Bild 3.18: Die Grundkomponenten des Desktops finden sich in allen wichtigen Betriebssystemen wieder.

Preis	Nicht mehr erhältlich
Systemanforderungen	
Hardware	CPU ab 386/25 MHz, ab 4 Mbyte RAM, freie Festplattenkapazität ca. 50 Mbyte
Betriebssystem	MS-DOS/Bei Upgrade-Version Windows 3x
Sonstiges	CD-Laufwerk empfohlen

Tabelle 3.1: Windows 95

Windows 98

Die erste Version von Windows 95 wurde durch eine Reihe kleinerer und zwei größerer Systemupdates begleitet. Die beiden Systemupdates brachten Windows 95 z.B. das Dateisystem FAT32 und den Umgang mit USB-Geräten bei. Ein drittes Update wollte Microsoft wohl vermeiden – Windows 98 ist auf den ersten Blick nicht viel mehr als die Summe aller bisherigen Updates, ergänzt um eine Reihe neuer Treiber und einen erweiterten Internet-Zugang. Alles in allem hatte die Kompatibilität zu Windows-Vorversionen und zu MS-DOS-Programmen einen hohen Stellenwert. Unter der Haube gehen die Ergänzungen schon weiter, das Betriebssystem berücksichtigt die rasanten Entwicklungen der Soft- und Hardware.

Windows 98 kommt von Haus aus mit einer Unterstützung der USB daher – eine Schnittstelle, die bis zu 127 Geräte unterschiedlichen Typs auf einfachste Weise mit dem PC verbinden kann. Auch die Unterstützung der IEEE 1349-Schnittstelle (»Firewire«) für höchste Datentransferraten erweitert die Anschlussfreudigkeit des PC. Auch bei den Laufwerken hat Windows 98 zugelegt: Das Betriebssystem erkennt selbstständig Wechselmedien wie ZIP-Laufwerke und kann auch auf DVD-Geräte zugreifen.

Mit Windows 98 stellte Microsoft ein neues Treiberkonzept mit der Bezeichnung WDM (Win32-Driver-Model) vor. Treiber, die diesen Regeln folgen, sollten sowohl unter Windows 98 als auch unter dem geplanten Profi-Betriebssystem Windows 2000 eingesetzt werden können.

Netzwerk und Internet rückten zusehends in das Blickfeld der Anwender. Windows 98 bringt alles mit, um Anschluss im internen Netzwerk und im Internet zu finden. Der Active Desktop bringt die Internetfunktionalität auch zu Informationszwecken direkt auf den Desktop und in die Darstellung der Ordner. Im Grafikbereich beherrscht Windows 98 von Haus aus eine Doppelmonitorunterstützung: Zwei Grafikkarten, zwei Monitore, ein Desktop. Mit einem Doppelmonitorsystem lassen sich große Datenmengen schnell erfassen. Gerade Grafiker und Programmierer (aber auch Buchautoren!) wissen diese Vergrößerung der Arbeitsfläche zu schätzen.

DirectX ist eine Schnittstelle, die Programmen mit entsprechenden Treibern schnellen und direkten Zugriff auf die Hardwarekomponenten ermöglicht. Dabei funktioniert DirectX als Mittler zwischen den Anforderungen des Programms und den Fähigkeiten der angesprochenen Hardware. Durch die Integration ins Betriebssystem werden erstmals Spiele mit hohen Anforderungen an die Grafik unter Windows lauffähig. DirectX startete mit der Version 5.0 und ist zum Zeitpunkt der Drucklegung bei der Versionsnummer 8.0 angekommen.

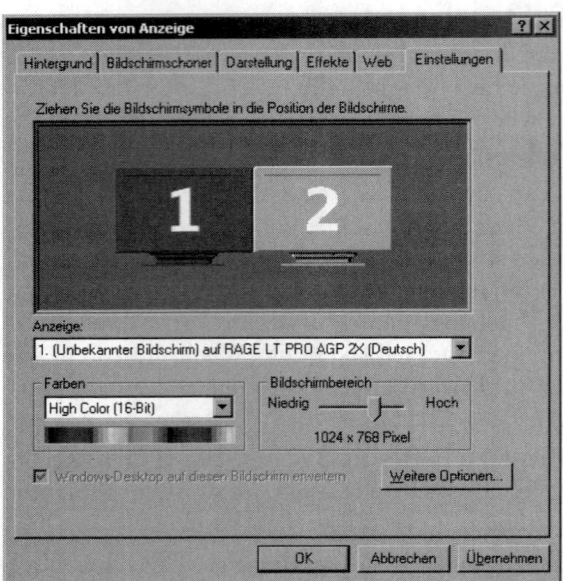

Bild 3.19: Ein Computer, zwei Monitore und ein riesiger Desktop. Die hier gezeigte Darstellung stammt von einem Laptop, der den integrierten und einen externen Monitor im Dualverfahren ansteuern kann.

Energiesparfunktionen

»APM« spart Geld und bringt Zeit. Das Advanced Power Management, die Energiesparfunktion, schaltet einzelne Komponenten, z.B. Monitor oder Festplatten, nach einer voreingestellten Zeit automatisch aus. Das ist gerade beim Betrieb von Laptops sinnvoll, weil bei reduziertem Energieverbrauch die Dauer bis zum nächsten Steckdosenaufenthalt steigt. Auch die Unterstützung der Infrarotvernetzung zielt wohl in erster Linie auf Laptop-Benutzer. Windows 98 unterstützt Mainboards, die das ACPI (Advanced Configuration & Power Interface) beherrschen. Damit lassen sich auch auf dem Desktop-PC Sparfunktionen realisieren, die sonst nur bei tragbaren Geräten üblich waren.

Kapitel 3: Betriebssysteme

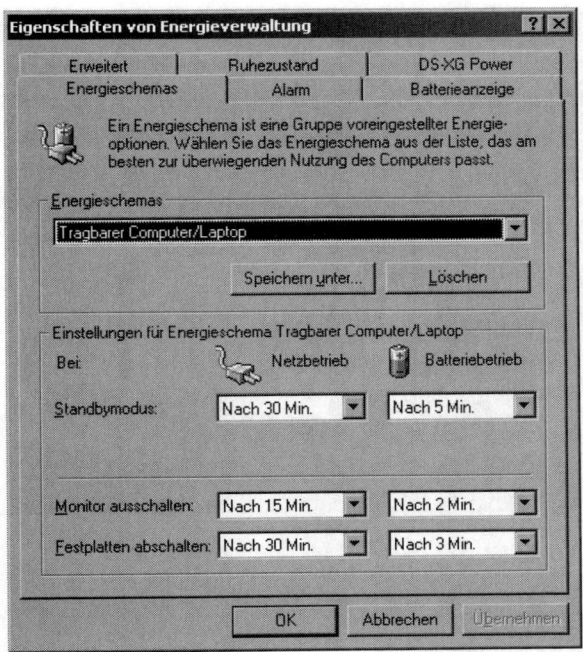

Bild 3.20: Mit den Einstellungen zur Energieverwaltung lässt sich Energie und damit Geld sparen. Windows schaltet dafür einzelne Komponenten nach einer definierten Zeit aus.

Eine zweite Variante unter der Bezeichnung Windows 98 SE (Second Edition) erweiterte die Funktionalität noch einmal. Auch mit Windows 95 und 98 ließ sich mit Bordmitteln ein einfaches Netzwerk aufbauen. Die SE-Version liefert das Modul »Internet Connection Sharing« (ICS) mit, das den gemeinsamen Internetzugang aller angeschlossenen Computer über einen einzelnen Internetzugang erlaubt. In der Second Edition wird auch ADSL unterstützt und eine Software mit der Bezeichnung Microsoft Windows Media Player eingeführt. Der Media Player vereint die bis dahin auf einzelne Programme verteilten Multimediafunktionen und kann z.B. Videos unterschiedlicher Formate oder auch Sounddateien abspielen. Natürlich war im Jahr 1999 auch das Jahr-2000-Problem im Fokus – die SE-Version versprach eine Lösung.

Windows für den Heimanwender

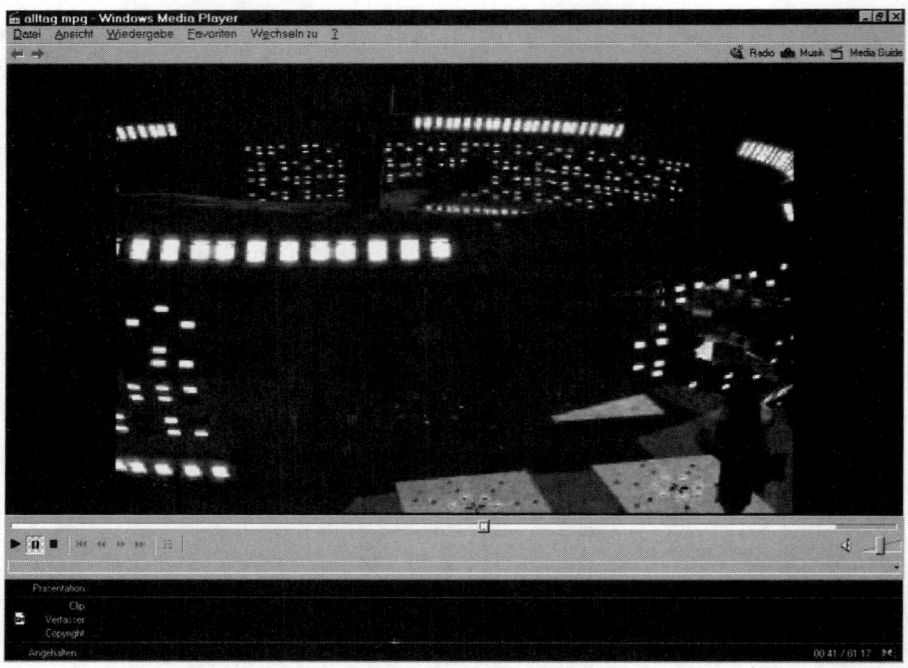

Bild 3.21: Der Windows Media-Player gibt Video- und Audiodaten wieder.

Preis (Update)	Nur noch vorinstalliert erhältlich, Update von Win 3.X/95 199 Mark, von Win 98 auf Win 98/SE 25 Euro.
Systemanforderungen	
Hardware	CPU ab 486/75 MHz, ab 16 Mbyte RAM, freie Festplattenkapazität ca. 100 Mbyte
Betriebssystem	MS-DOS (enthalten)/Bei Upgrade-Version Windows 3.X oder 95
Sonstiges	CD-ROM-Laufwerk empfohlen

Tabelle 3.2: Windows 98

Windows Me

Die derzeit letzte Consumer-Variante verlässt die Bezeichnung nach Jahreszahlen und wird mit dem Kürzel »Me« für »Millennium Edition« bezeichnet. Windows Me soll die letzte auf MS-DOS basierende Version sein, danach heißt es Abschied nehmen von Programmen aus der Computersteinzeit – vielleicht manchmal mit einem weinenden Auge? Aber auch mit Windows Me funktionieren einige Programme nicht mehr, die den herkömmlichen 16-Bit-Modus erfordern. Diesen Modus erreichen Sie nur noch, indem Sie den Computer mit einer Startdiskette booten. Der Bootvorgang selbst läuft etwas schneller ab. Dazu hat Microsoft eine dritte Registrydatei mit der Bezeichnung *Classes.Dat* eingeführt, deren Inhalte nur bei Bedarf ausgewertet werden. Ein spezieller Stromsparmechanismus ist Laptop-Besitzern schon länger bekannt. Im »Hibernation-Modus« speichert Windows den gesamten Inhalt des Arbeitsspeichers auf der Festplatte und stellt diese Arbeitsumgebung beim erneuten Start automatisch wieder her.

Goodbye, DOS-Modus ...

Auf den ersten Blick erscheint es gar nicht so schlimm. Wer braucht schon den DOS-Modus. Und dann soll eine Erweiterungskarte eingebaut werden, die sich mit dem aktuellen BIOS nicht verträgt ...

Es existieren einige selten benötigte Programme, die über Spielerei hinausgehen und nur in diesem Modus funktionieren. Kein Wunder: Wenn Windows läuft, sperrt das System alle Systemdateien, die gerade benötigt werden, und behindert damit die Funktion aller Programme, die sich der Neuorganisation der Festplatte widmen.

Deshalb empfiehlt es sich, im Register STARTDISKETTE der Kategorie SOFTWARE der Systemsteuerung eine Startdiskette zu erstellen. Wenn die Bootreihenfolge des PC so eingestellt ist, dass die Diskette als erstes auf ein Betriebssystem untersucht wird, startet der PC in den DOS-Modus durch.

Windows für den Heimanwender

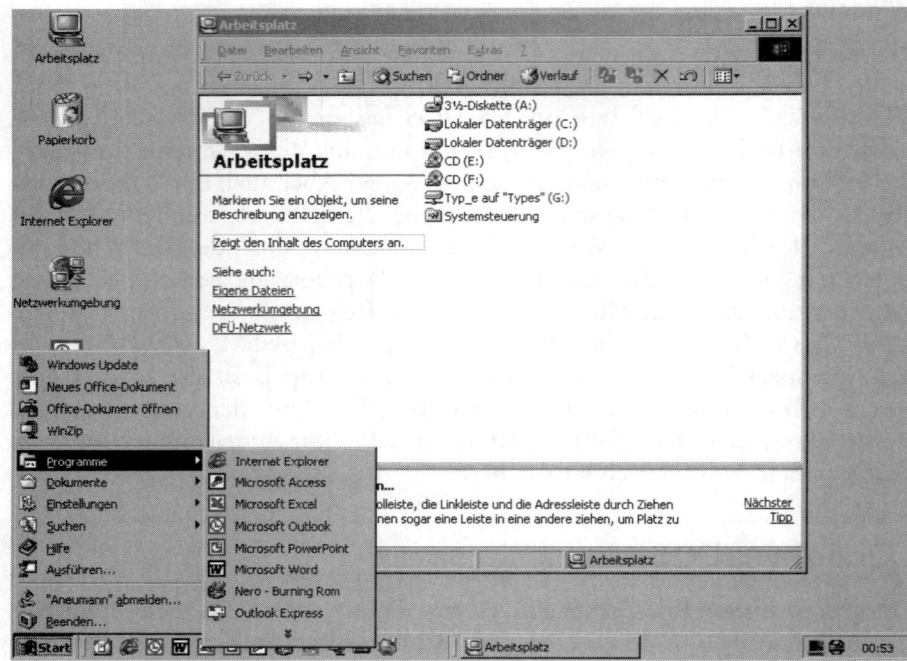

Bild 3.22: Andere Symbole, individualisierte Menüs – Windows Me gibt sich benutzerfreundlich.

Windows Me kam kurze Zeit nach Windows 2000 auf den Markt. Kein Wunder, dass eine Reihe von Funktionen in beiden Programmen zu finden ist. Aber auch von seinem Vorgänger setzt sich die Millennium Edition aus dem Jahr 2000 deutlich ab. Ein wichtiger Vorteil für den Anwender sind die Sicherheitsfunktionen »System File Protection« und »System Restore« (Systemwiederherstellung). System File Protection verhindert das Löschen und Überschreiben der vom Betriebssystem benötigten Dateien. Selbst das Löschen wichtiger Komponenten geht spurlos an Windows Me vorbei – das System stellt veränderte oder fehlende Dateien automatisch wieder her. System Restore protokolliert den Systemzustand zu einem bestimmten Zeitpunkt und kann diesen mit einem Mausklick wieder aktivieren. Dieses Feature ist besonders bei Anwendern sinnvoll, die oft und gerne Programme installieren und ausprobieren. Auch Testrechner lassen sich mit diesen Funktionen schnell und sinnvoll betreiben.

Kapitel 3: Betriebssysteme

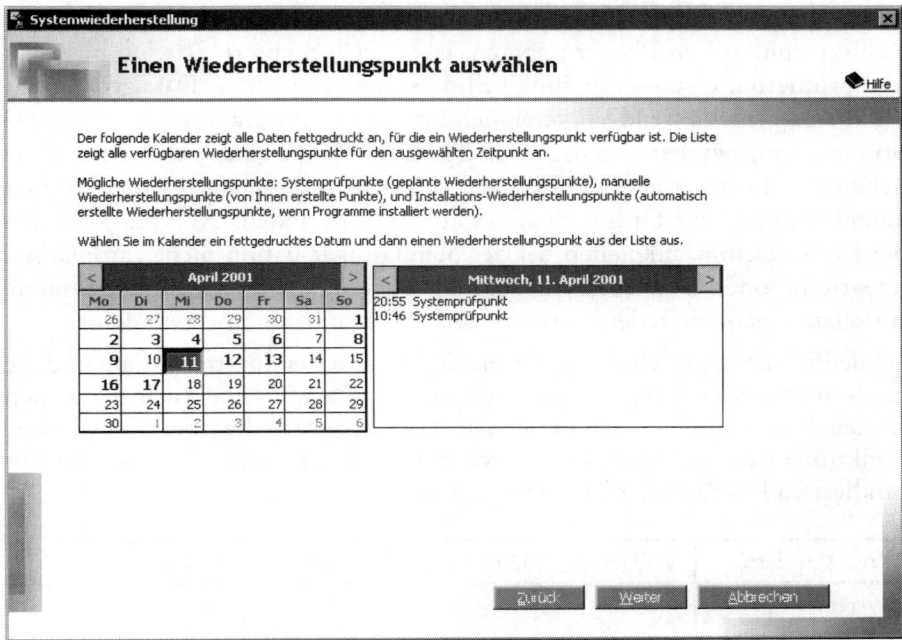

Bild 3.23: Zurück zum Ausgangszustand: Mit der Funktion Systemwiederherstellung verlieren Deinstallationsprozeduren ihren Schrecken.

Da Windows Me später als Windows 2000 erschienen ist, finden sich hier Bedienelemente des großen Bruders wieder. Die persönlichen Menüs zeigen zunächst nur die häufig benötigten Befehle an und stellen sich auf die Benutzergewohnheiten ein, eine erweiterte Suchfunktion hilft bei der Orientierung und die Zusammenfassung der Konfigurationsaufgaben in der Systemsteuerung vermeidet Umwege bei der Optimierung von Windows Me.

Die Multimediaausstattung trägt den geänderten Useranforderungen Rechnung: Der Media Player 7 ist in seinen Funktionen erweitert worden, ein neues Programm mit dem Namen »Movie Maker« bietet erste Fähigkeiten zum Aufnehmen und Schneiden von Audio- und Videodaten – an der Funktionalität muss Microsoft allerdings noch arbeiten, um den bezahlten Konkurrenten von anderen Herstellern tatsächlich gefährlich werden zu können.

Beim Durchstöbern des Dateisystems finden sich eventuell Ordner mit einem Reißverschluss: Um Platz zu sparen, lassen sich mehrere Dateien in einem komprimierten Ordner bei zum Teil drastisch reduzierten Dateigrößen zusammenfassen. Während Vorversionen auf separate Programme zum Entkomprimieren angewiesen waren, bringt Windows Me die entsprechenden Fähigkeiten mit: Es greift auf ZIP-Dateien wie auf herkömmliche Ordner zu und kann herkömmliche Ordner in dieses Format umwandeln. Allerdings werden die Kompressionsfähigkeiten bei der Standardinstallation nicht automatisch integriert, sondern müssen nachträglich oder durch die benutzerdefinierte Installation explizit in den Installationsumfang aufgenommen werden.

Schließlich ist natürlich die gestiegene Zahl der unterstützten Geräte und die modernere Ausstattung mit Internet-Tools zu erwähnen. Auch die in den letzten Jahren in Mode gekommenen Assistenten tauchen bei immer mehr Funktionen auf und leiten den Anwender durch Prozesse, die sonst nur mit fundiertem EDV-Wissen zu meistern wären.

Preis (Update)	Vollversion 200 Euro, Update ab ca. 100 Euro
Systemanforderungen	
Hardware	CPU ab Pentium 150 MMX, 32 Mbyte RAM (empfohlen: min. Pentium 300, 64 Mbyte RAM), freie Festplattenkapazität mind. 250 Mbyte, bei Vollinstallation 650 Mbyte
Betriebssystem	Bei Upgrade-Version Windows 9x/SE
Sonstiges	CD-/DVD-Laufwerk für Installation

Tabelle 3.3: Windows Me

Update oder Neuinstallation?

Wenn Sie bereits ein lauffähiges System Ihr Eigen nennen, haben Sie bei der Installation eines Update die Wahl: Sollen alle bisherigen Einstellungen übernommen werden oder möchten Sie Ihren PC von Grund auf neu einrichten? Bei der zweiten Variante drohen natürlich einige Stunden, die Sie als Diskjockey für die Installation der bisherigen Programme verbringen werden.

Grundsätzlich gilt: Vor jedem tiefen Eingriff in das Computersystem müssen Sie eine Sicherheitskopie der für Sie wichtigen Daten erzeugen. Der dafür nötige Zeitaufwand ist gering im Vergleich zu der Zeit, die Sie für die erneute Herstellung dieser Daten einsetzen müssten. Das Gleiche gilt für spezielle Einstellungen zum Netzwerk, für elektronische Postfächer usw.

Die Updates sind deutlich günstiger als die Vollversionen zu erwerben, sie fordern jedoch einen Beweis der Berechtigung. Dieser Beweis gilt durch eine installierte Vorversion erbracht. Bei einem leeren Computer werden Sie aufgefordert, einen bestimmten Datenträger der Vorversion zur Kontrolle einzulegen.

Updates verfügen über zwei grundsätzlich unterschiedliche Modi: Sie können die vorhergehende Installation übernehmen oder mit einem unbelasteten Windows starten. Bei der ersten Variante haben Sie den Vorteil, dass Sie keine Programme nachinstallieren müssen und die grundsätzlichen Einstellungen schon angepasst sind. Allerdings übernehmen Sie damit auch alle Fehleinträge in der Registry, alte Treiber oder auch überflüssige Dateien von bereits entfernten Programminstallationen.

Windows für den Profi

Windows NT (Neue Technologie) und Windows 2000 sind die professionellen Brüder der Windows-Varianten 95, 98 und Me. Sie sind primär für den professionellen Einsatz konzipiert und weisen daher andere Schwerpunkte auf: Nicht die MS-DOS-Kompatibilität und Multimedia, sondern Systemsicherheit und einfache Verwaltung standen beim Entwurf im Vordergrund. Eine Systemanmeldung ohne Passwort ist nicht möglich. Und damit sind auch schon die wesentlichen Unterschiede für den Nur-Anwender dargestellt.

Unter der Haube gibt es natürlich noch mehr zu finden – oder auch nicht: Einen DOS-Modus gibt es eben nicht, eine Emulation lässt DOS-Anwendungen in einem intern abgeschlossenen Bereich laufen. NT und dessen Nachfolger Windows 2000 verfügen über einen so genannten Mikrokernel, der alle Ein- und Ausgabeoperationen regelt.

Windows NT

NT 4.0 erschien 1996 als Nachfolger der Version NT 3.5. Mit mittlerweile sechs Service Packs hat Microsoft diesem Betriebssystem immer mit einer Frischzellenkur unter die Arme gegriffen, Fehler beseitigt und neue Funktionen integriert – in punkto Flexibilität und Bedienbarkeit kann es NT 4 mit den Consumer-Versionen nicht aufnehmen. Dafür ist gerade der Sicherheitsbereich deutlich ausgeprägt.

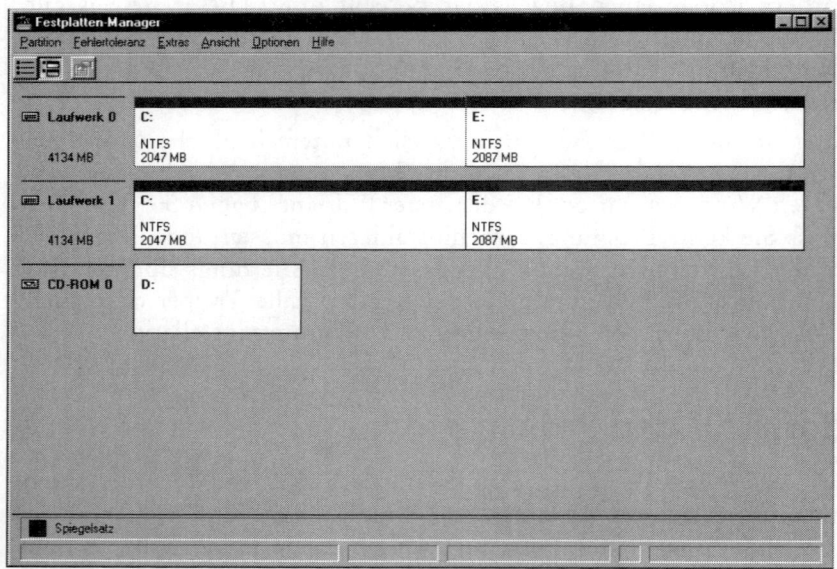

Bild 3.24: Flexibilität und Sicherheit: Das NTFS-Filesystem ist deutlich professioneller als FAT oder FAT 32.

Das beginnt bereits beim Dateisystem. Statt FAT setzte NT von Anfang an auf das System NTFS (NT File System). Dieses Dateisystem kann z.B. Zugriffsbeschränkungen für Dateien und Ordner vergeben. Die Benutzerverwaltung ist ein wesentliches Kriterium für den Einsatz eines Computers in einem komplexen Umfeld. Auf den Zugriff auf FAT-Partitionen ist NT vorbereitet, bei FAT 32 streikt NT. Dafür lassen sich über den Festplatten-Manager zu jeder Zeit Partitionsgrößen verändern, Laufwerksbuchstaben zuweisen oder auch so genannte Stripe-Sets (laufwerksübergreifende Partitionen) und Spiegelplatten (automatische Datenduplizierung) anlegen.

Andere Systemtools finden sich im Ordner VERWALTUNG im Start-Menü. Dort erlauben z.B. die Benutzerverwaltung, ein Systemmonitor, der Festplatten-Manager oder die Ereignisanzeige einen differenzierten Eingriff in das System.

Alle Prozesse führt Windows NT grundsätzlich in abgeschirmten Bereichen aus – der Absturz eines Programms beendet dann zwar das laufende Programm, beeinträchtigt aber das Gesamtsystem nicht. NT hat gegenüber anderen Profi-Betriebssystemen einen deutlichen Vorteil: Nahezu alle Anwendungsprogramme laufen sowohl unter Windows NT als auch unter Windows 95, 98, Me und 2000. So erhalten NT-Anwender Zugriff auf den größten existierenden Softwaremarkt, lediglich der Multimedia-Bereich und ältere 16-Bit-Programme bleiben auf der Strecke. Das bedeutet, dass auch der Lernaufwand reduziert wird. Wer ein Windows kennt, kann alle bedienen – zumindest in den Grundzügen. Das ServicePack 3 integrierte zwar eine DirectX-Version 3.0, diese bleibt in ihrer Leistung jedoch deutlich hinter ihren Comsumerbrüdern zurück.

USB-Unterstützung, Joysticks und Firewire sind passé. NT benötigt spezielle Treiber und gerade im Multimediabereich klaffen deutliche Lücken. Das gilt auch für die Hardwareerkennung. Während bei der Installation der Consumervarianten fast alle Geräte automatisch erkannt werden, ist bei Windows NT noch einiges an Handarbeit erforderlich. Immerhin liefern alle namhaften Hersteller Treiber für ihre Produkte aus oder stellen sie zumindest im Internet bereit.

Preis (Update)	Vollversion 200 Euro, Update ab ca. 100 Euro
System-anforderungen	
Hardware	CPU ab 486/100, 12 Mbyte RAM (in der ersten), freie Festplattenkapazität mind. 90 Mbyte, mit Auslagerungsdatei ca. 300 Mbyte
Betriebssystem	Bei Upgrade-Version Windows 9x/SE
Sonstiges	CD-/DVD-Laufwerk für Installation

Tabelle 3.4: Windows NT 4 (Client)

Windows 2000

Ein stabiles System wie NT, die gute Hardwareunterstützung und die Multimediafähigkeiten wie die Consumer-Produkte – Windows 2000 will die besten Seiten beider Systeme miteinander kombinieren. Dabei bleibt der MS-DOS-Modus außen vor: Auch Win 2000 baut auf der sicheren Basis von NT auf und ergänzt diese durch zusätzliche Wiederherstellungsfunktionen (Windows File Protection) und eine Treiberzertifizierung. Durch WDM-Treiber reduzieren sich die Produktionskosten der Hersteller und damit deren Bereitschaft, aktuelle Versionen für die unterschiedlichen Betriebssystemvarianten anzubieten.

Hier finden Sie alles, was NT fehlt: Multimedia-Unterstützung, DirectX 7, USB, Firewire, FAT 32, gute Geräteerkennung bei der Installation und Powermanagement – das Ganze unter einer optisch aufpolierten Oberfläche vereint. So ist die Systemkonfiguration nicht mehr auf viele Einzelapplikationen verteilt, sondern gut strukturiert in der Computer-Management-Konsole angeordnet. Auch bei der Bedienerfreundlichkeit hat sich einiges getan, z.B. bei der komfortablen Suchfunktion.

Weiterhin hat auch die Benutzeroberfläche eine Überarbeitung erfahren. Windows 2000 fühlt sich wie das bereits beschriebene Windows Me an. Kein Wunder: Windows Me hat eine Reihe konzeptioneller Änderungen geerbt, die in der zuvor erschienenen 2000er Version erstmals zum Einsatz kommen. Ein Beispiel dafür sind die anpassbaren Symbolleisten, das »intelligente« Startmenü oder die erweiterten Suchfunktionen. Ein Defragmentierungstool, eine automatische Datenträgerbereinigung, ein System zur Vergabe des Festplattenplatzes in Abhängigkeit vom angemeldeten Benutzer und andere nützliche Hilfsprogramme erweitern das Funktionsspektrum erheblich.

Anders als NT beherrscht Win 2000 auch die Energiesparmechanismen. Gemeinsam mit der Verschlüsselungsoption und der Intellimirror-Technik zum automatischen Abgleich von Datenständen eignet sich dieses Betriebssystem auch hervorragend für den Einsatz auf Laptops.

Interessant auch die Ergänzungen im Multimedia-Bereich. Erst dadurch wird das stabilere Windows nicht nur für Heimanwender, sondern auch für den professionellen Grafiker interessant. In Anwendertests schneidet Windows 2000 im Vergleich zu NT 4 und Win 98 durchweg besser ab. Es ist offensichtlich wirklich gelungen, das Beste beider Welten in einem Programm zu vereinigen.

Kapitel 3: Betriebssysteme

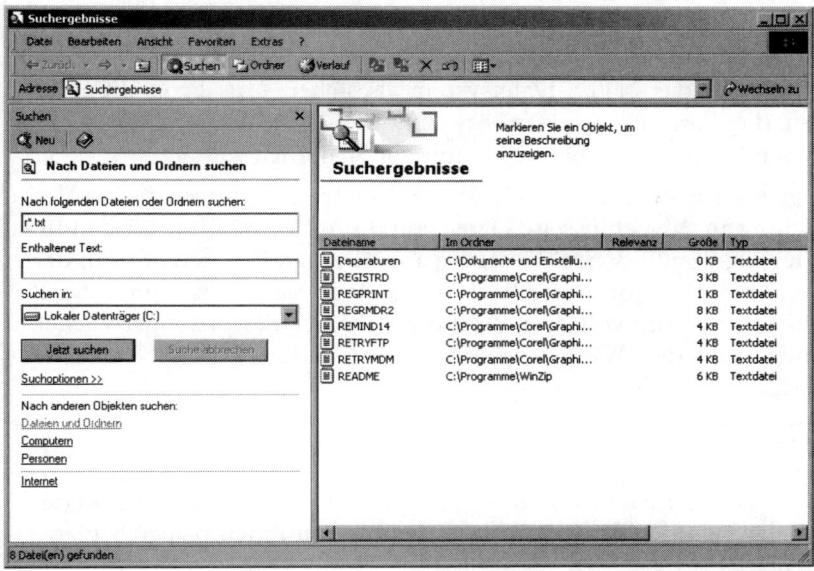

Bild 3.25: Suchen und Finden mit den deutlich verbesserten Suchfunktionen von Windows 2000

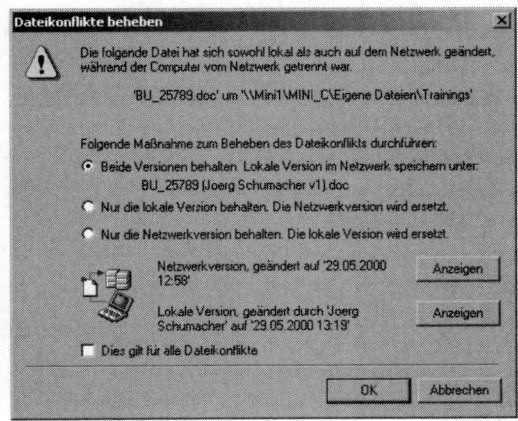

Bild 3.26: Eine nützliche Neuerung, nicht nur für Laptopbesitzer. Bei der Dateisynchronisierung nach einer Offline-Bearbeitung erkennt Windows 2000 Dateikonflikte und bietet eine Lösung an.

Datenverschlüsselung

Lange Zeit galt das NTFS-Dateisystem als sicher – bis Programme erschienen, die dieses Dateisystem aus einer MS-DOS-Anwendung heraus ansprechen konnten. Vorbei war es mit der Sicherheit ...

Nun legt Microsoft nach: Windows 2000 bietet eine automatische Verschlüsselung an. Verschlüsselte Dateien und Ordner sind nur für den Benutzer lesbar, der die Verschlüsselung angelegt hat. Für den Notfall darf auch der Administrator diese Daten lesen. Diese Verschlüsselung ist z.B. auch bei Laptops sinnvoll: Der Wert der auf einer Festplatte gespeicherten Daten kann den Wert des Geräts beim Verlust um ein Vielfaches übertreffen.

> **Fachwort** ↗ Die *Datenträgerbereinigung* entfernt nicht mehr benötigte Dateien von der Festplatte und gibt den von ihnen belegten Platz wieder frei.

Preis (Update)	Vollversion ca. 400 Euro, Update ca. 170 Euro (von NT Workstation) bzw. ca. 220 Euro (von 95/98)
Systemanforderungen	
Hardware	CPU ab Pentium 166, 64 Mbyte RAM (empfohlen: min. Pentium 300, 128 Mbyte RAM), freie Festplattenkapazität mind. 250 Mbyte, bei Vollinstallation 650 Mbyte
Betriebssystem	Bei Upgrade-Version Windows NT/9x
Sonstiges	CD-/DVD-Laufwerk für Installation

Tabelle 3.5: Windows 2000

Serverversionen

Sowohl von Windows NT als auch von Windows 2000 bietet Microsoft so genannte Serverversionen an. Die bisher besprochenen Programmpakete waren für den Einsatz auf einem Arbeitsplatz-PC vorgesehen. Serverversionen sind durch verschiedene Funktionen ergänzt. Dabei bildet das Serverbetriebssystem nur den Kern, der durch weitere Serverapplikationen ergänzt wird.

Serverlizenzen werden nach Anzahl der angeschlossenen Computer abgerechnet. Demzufolge bietet Microsoft sowohl für Windows NT als auch für Windows 2000 Serverversionen an, die von fünf Rechnern bis zu großen Netzwerken mit mehreren hundert Lizenzen reichen. Sowohl Hardwareanforderungen und Preise weichen erheblich von denen der Einzelplatzversionen ab.

Für Windows 2000 sind mehrere unterschiedliche Versionen verfügbar.

▶ Das kleinste Serverpaket heißt Windows 2000 Server. Dieses Paket eignet sich für kleine Arbeitsgruppen oder in kleinen Unternehmen. Es erfüllt alle wesentlichen Anforderungen an ein System, das mit einem einzelnen Server auskommt.

▶ Der Windows 2000 Advanced Server ist für den Einsatz in Umgebungen gedacht, die mehrere Server umfassen. Ein Loadbalancing-System verteilt Anfragen auf mehrere Server und sorgt damit für eine optimale Performance im Netzwerk.

▶ Der Windows 2000 Datacenter Server ist ein komplettes Dienstleistungspaket. Auf dieser Basis lassen sich laut Microsoft Geschäftsprozesse realisieren, die höchste Ansprüche an die Verfügbarkeit stellen. Dieses System kann bis zu 64 Gbyte Arbeitsspeicher und 32 Prozessoren ansteuern – genug, um ein Rechenzentrum zu betreiben.

Zusätzlich zu den grundlegenden Servern bietet Microsoft noch eine Reihe weiterer Server im Rahmen der Backoffice-Produktfamilie an. Der Exchange-Server regelt den Datenaustausch in und mit dem Unternehmen, der SQL-Server stellt eine Schnittstelle zum Datenbestand des Unternehmens bereit und der Systems Management Server erlaubt die zentrale Administration und Konfiguration aller angeschlossenen Desktop-Computer.

> **Hinweis** Für den gewerblichen Einsatz existieren unterschiedliche Formen der Lizenzierung. Hier lohnt ein Blick auf die Microsoft-Homepage, um einen aktuellen Überblick über die angebotenen Produkte und deren Kosten zu erhalten.

Win CE

Auch im mobilen Betrieb müssen Sie auf Windows nicht verzichten. Mit Windows CE kommen auch Pocket- und Handheld-PC in den Genuss eines Betriebssystems aus Redmont. Windows CE ist für den Betrieb auf diesen kleinen Geräten optimiert. Es bietet integriertes Kontakt-, Adressen- und Terminmanagement, einen Internet Explorer und funktionsreduzierte Versionen der großen Office-Programme Word und Excel. Die Daten aus dem kleinen Computer lassen sich mit Daten auf dem Desktop-PC abgleichen, so dass alle Informationen stets auf dem neuesten Stand sind.

Im Betriebssystem sind zwei Eingabesysteme integriert, die den Besonderheiten des Handhelds entsprechen. Das diese Geräte keine Tastatur, wohl aber eine berührungsempfindliche Eingabefläche aufweisen, beherrscht Win CE die Handschrifterkennung oder das Einblenden einer Tastatur, die mit dem Stift des Geräts bedient wird.

Standardmäßig beherrschen Pocket-PC den Datenaustausch per Infrarotschnittstelle. Daraus ergeben sich – ein Mobiltelefon mit Infrarotschnittstelle vorausgesetzt – eine große Bandbreite an Anwendungsformen. So kann der Pocket-PC mit dem Handy im Internet surfen, ohne auf die simplifizierte WAP-Darstellung angewiesen zu sein. Auch die Pflege der Telefonnummern im Handy oder das Versenden von Faxen ist mit dieser Kombination kein Problem.

Weitere Betriebssysteme

Auch wenn Windows auf ca. 95 Prozent der PC installiert ist: Andere Betriebssysteme brauchen sich hinter den Produkten aus Redmont nicht zu verstecken. Das Thema Linux ist in der gesamten Fachpresse stark vertreten, aber auch andere Betriebssysteme machen von sich reden.

Linux

Linux ist eigentlich eine Variante von Unix, einem Betriebssystem, das auf Workstations und Rechnern der mittleren Datentechnik weit verbreitet war und ist. 1991 begann der finnische Student Linus Thorvalds mit der Entwicklung dieses Betriebssystems, gab die Quellcodes frei und ermunterte Programmierer in aller Welt, sich an der Weiterentwicklung von Linux zu beteiligen. Mit der Entwicklung des Internets schwoll auch die Schar der

Entwickler immer weiter an – heute ist Linux ein vollwertiges PC-Betriebssystem, das den Windows-Betriebssystemen in einigen technischen Daten überlegen ist. Linux steht für Stabilität, geringe Hardwareanforderungen und schnelle Programmausführung. Auf der Sollseite finden Sie die geringere Bandbreite der angebotenen Programme, höhere Anforderungen an die Benutzerkenntnisse und die leider ungenügende Kompatibilität der angebotenen Distributionen.

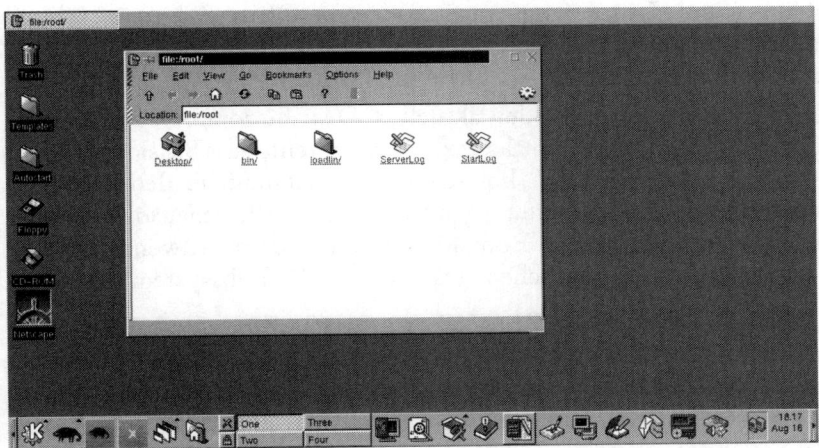

Bild 3.27: *Kein großer Unterschied. Die grundsätzliche Bedienung erfordert nur wenig Umdenken bei Anwendern, die mit der Windows-Oberfläche vertraut sind.*

Linux-Distributionen

Auch wenn die Linux-Grundkomponenten kostenlos sind: Wenn alle Anwender alle einzelnen Dateien im Internet zusammen suchen müssten, wäre der Siegeszug von Linux vermutlich in einem kleinen elitären Kreis stecken geblieben. Obwohl tatsächlich alle benötigten Linux-Dateien im Internet zu finden sind, empfiehlt sich der Einsatz so genannter Distributionen.

Weitere Betriebssysteme

Dabei haben sich Linux-Profis Gedanken darüber gemacht, welche Basisdateien und Programme der Anwender denn brauchen könnte, diese sinnvoll auf mehreren CD-ROMs zusammen gestellt, ein Installationsprogramm und ein Handbuch integriert und alles unter einem wohlklingenden Namen in die Kaufhäuser und EDV-Shops gebracht.

Neben den Linux-Dateien umfassen die Distributionen eine ganze Reihe zusätzlicher Software. Die Linux-Version von Star Office bietet den kompletten Funktionsumfang einer modernen Office-Software, Gimp genügt auch hohen Ansprüchen an die Bildbearbeitung und die Flut der Hilfsprogramme ist kaum zu übersehen.

Die Installationsprogramme der aktuellen Distributionen – z.B. SuSE Linux oder Red Hat – sind mittlerweile so ausgereift, dass Sie sich mit der Windows-Installation messen können. Eine verständliche Bedienerführung und die Hardwareerkennung gehören mittlerweile genauso zum Lieferumfang wie so genannte Boot-Manager, die dem Anwender beim Computerstart die Wahl zwischen verschiedenen Betriebssystemen lassen.

Obwohl die Anschaffung der Software von kostenlos bis günstig reicht – die SuSE Linux 7.1 Professional Version mit sieben CD-ROMs, vier Handbüchern und Installationssupport kostete gerade mal 130 Mark – sind immer noch die Kosten der Systeminstallation, Anwenderschulung und Systembetreuung zu betrachten. Denn diese Leistungen werden nicht kostenlos erbracht, sondern sind natürlich zu bezahlen.

Dieser Aspekt ist im privaten Einsatz kaum zu beachten. Zum Preis einer Fachzeitschrift werden Anwender mit den Grundversionen ausgestattet: Viele EDV-Magazine liefern Linux-Distributionen auf den Begleit-CD-ROMs mit. Mittlerweile kursieren Varianten, die sich direkt von der eingelegten CD-ROM starten lassen und nur wenig Platz auf der ansonsten unveränderten Festplatte belegen.

Windows-Anwender können mit ein wenig Geduld in den Genuss eines zusätzlichen Betriebssystems kommen. Der Umstieg setzt einige Installationsarbeiten voraus, die in der Regel jedoch schnell erledigt sind.

Zunächst wird eine freie Partition auf der Festplatte benötigt: Die dafür nötige Software ist in allen Distributionen enthalten. Dann wird ein Bootmanager installiert, der beim Start die Wahl zwischen den installierten Betriebssystemen lässt. Anschließend gelangt Linux auf die freie Partition.

Die Bedienung ist relativ einfach zu erklären: Wer bereits Windows im Einsatz hatte, wird sich schnell zurecht finden. Die Taskleiste, einen Dateimanager, die rechte Maustaste ... die Grundfunktionen der grafischen Oberfläche sind Windows so ähnlich, dass Anwender sofort loslegen können. Die grafische Oberfläche KDE greift bewährte Bedienfunktionen auf und erweitert sie, so schalten Tastenkombinationen blitzschnell zwischen vier unabhängigen Bildschirmdarstellungen hin und her.

Linux ist nicht auf den PC als Hardwarebasis festgelegt. Auch für andere Computer – z.B. für PowerPC, Alpha- oder Sparc-Architekturen bis hin zu IBM-Mainframes – sind Linux-Versionen verfügbar.

Neben dem Einsatz als Desktop-Betriebssystem ist auch der Einsatz als Server interessant. Neben der klassischen Funktion als Webserver – Linux bringt das Internet-Protokoll TCP/IP von Haus aus mit – setzen sich andere Anwendungen wie z.B. Datei- und Druckersharing mehr und mehr durch. Da das Linux-Gesamtsystem für den Insider transparenter als eine Windows-Installation ausfällt, lassen sich auch komplexe Aufgaben – z.B. der Aufbau einer Firewall zur Abschottung des internen Netzwerks gegen Angriffe aus dem Internet – damit erledigen.

Wer auch unter Linux nicht auf Windows-Applikationen verzichten kann: Mittlerweile existieren Emulatoren, die Windows-Programme in einem laufenden Linux-System ein Windows-Betriebssystem bereitstellen können.

Open Source

Alle Linux-Distributionen bauen auf einem Kernel auf, der kontinuierlich weiter entwickelt wird. Da schon aus Sicherheitsgründen nicht jeder Änderungen an diesem Grundsystem vornehmen darf, werden die Entwicklungsschritte in der Regel mit Versionsnummern gekennzeichnet und durch Gremien freigegeben.

Open Source heißt nicht, dass jeder mit dem veröffentlichten Quellcode machen darf, was er will. Verschiedene Einschränkungen der Rechteinhaber ergeben unterschiedliche Ausprägungen. Von »Public Domain«, bei dem der Programmierer auf jeden Einfluss verzichtet, bis hin zu »General Public Lizenzen«, bei denen Programme auf Basis der Open Source wiederum als Open Source zur Verfügung gestellt werden müssen, reicht die Bandbreite.

Weitere Betriebssysteme

OS/2

Mit dem ersten OS/2 aus dem Jahr 1987 setzten Microsoft und IBM gemeinsam Meilensteine: Ein Betriebssystem, das große Speicherräume verwalten und ein geschütztes Multitasking anbot, schien wie geschaffen für die immer leistungsfähigeren Computer. Da jedoch Windows mit der Version 3 endlich erfolgreich wurde und nur wenige der existierenden Programme unter OS/2 laufen wollten, trennten sich die Wege der beiden Giganten im Jahr 1990.

Die bislang letzte Version OS/2 Warp 3 aus dem September 1994 setzte noch einmal Maßstäbe, konnte sich aber trotz einer breit angelegten Werbekampagne im Anwendermarkt nicht durchsetzen. Seit 1995 bietet IBM OS/2 für Endanwender nicht mehr an.

Bei der klassischen IBM-Klientel ist dieses Betriebssystem jedoch nach wie vor verbreitet. In vielen Banken und Versicherungen läuft OS/2 nach wie vor stabil und schnell, auch wenn zunehmend Umstellungsbestrebungen deutlich werden.

BeOS

Eine genau geplante Struktur ohne Rücksicht auf historische Gegebenheiten und eine klare Ausrichtung auf digitale Medien standen Pate bei BeOS, einem ursprünglich als Konkurrenten zum MacOS konzipierten Newcomer aus dem Jahr 1997.

BeOS hat auf dem Kaufmannsschreibtisch nichts verloren, wohl aber bei den digitalen Datenkünstlern der kreativen Zunft. Schon das Grundsystem enthält Mechanismen zur Echtzeitübertragung von Audio- und Videodateien, unterstützt mehrere Prozessoren sowie Multitasking und Multithreading.

BeOS ist in der derzeit verfügbaren Personal Edition 5.0 als englischsprachige Freeware erhältlich. Ähnlich wie für Linux gilt: Zu finden ist das Betriebssystem auf Magazin-CD-ROMs oder im Internet. Mit nur 45 Mbyte ist die Übertragungsgröße noch vertretbar, allerdings setzt BeOS 512 Mbyte auf der Festplatte voraus.

Palm OS/Epoc

Die letzten betrachteten Betriebssysteme haben eigentlich nichts mit dem PC zu tun. Palm OS funktioniert nur auf Handheld-PC von Palm Computing oder Anbietern, die auf diesen Zug aufgesprungen sind. Palm trotzt damit (wie ein kleines gallisches Dorf) den Anstrengungen des übermächtigen

Kapitel 3: Betriebssysteme

Mitbewerbers Microsoft, dessen PDA-Betriebssystem Windows CE nur den dritten Platz belegt hinter Epoc (gemeinsam von Nokia und Ericsson entwickelt).

Die grundlegenden Funktionen beherrschen alle drei Betriebssysteme: Sie synchronisieren die kleinen Helfer mit dem stationären PC, übernehmen Adress-, Termin- und Aufgabenverwaltung und steuern die Eingabe über den Touchscreen.

> **Fachwort**
>
> ↗ Ein *Touchscreen* ist eine berührungsempfindliche Monitoroberfläche. Die Eingaben erfolgen über den Touchscreen und machen z.B. Tastatur und Maus überflüssig – eine Voraussetzung für Handheld-Computer, aber auch für Terminals für den Publikumsverkehr.

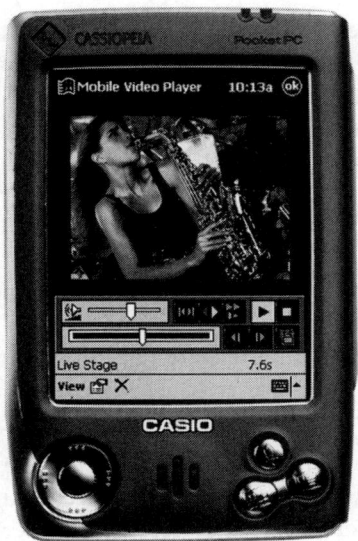

Bild 3.28: Mehr als nur Termine: Moderne Handheld-PC dienen als Diktiergerät, zeigen Bilder oder Videos oder gestatten das Surfen im Internet (Foto: Casio).

Windows XP – der Renner von Microsoft

Am 25. Oktober 2001 war der deutsche Verkaufsstart von Windows XP. Dabei steht das XP für »Experience«, übersetzt mit »Erfahrung« oder »Erlebnis«. Und ein Erlebnis ist das angeblich beste Windows aller Zeiten ohne Zweifel. Nach vorherrschender Meinung ist dieses Datum für den weiteren Fortgang des Betriebssystems aus dem Hause Microsoft ein ebenso wichtiger Meilenstein wie die damalige Einführung von Windows 95. Damit verschwimmen die Grenzen zwischen den Consumervarianten und den betrieblich genutzten Versionen des Windows-Betriebssystems. Der Weg zeichnete sich schon länger ab: Die alten Zöpfe, sprich: MS-DOS, werden abgeschnitten. Windows XP kommt als eigenständiges Betriebssystem mit eigenem Microkernel, basierend auf der NT-Architektur, daher. Das WDM (Windows Driver Modell) und die Treiberzertifizierung bieten eine sichere Basis für aufeinander abgestimmte Komponenten, eine neue Oberfläche mit der Bezeichnung »Luna« macht den Desktop nicht nur schön bunt, sondern hat eine Reihe ganz konkreter Vorteile für den Anwender.

Mit Windows XP und dem zeitnah erschienenen Office XP führte Microsoft eine so genannte Produktaktivierung ein. Neben der fünfmal fünfstelligen Seriennummer erzeugen diese Produkte einen zusätzlichen Code aus verschiedenen Hardwaredaten und senden diesen per Internet an Microsoft. Von dort erhält der Anwender einen Aktivierungsschlüssel, der die zeitlich unbefristete Funktionalität der Software sicherstellt. Wenn sich nach einer größeren Veränderung der Hardware der Bedarf nach einer Neuinstallation ergibt, ist eine erneute Aktivierung fällig. Dieses heiß umstrittene Thema hat sich nach anfänglicher Aufregung als wirksames Mittel gegen Raubkopien erwiesen. Bei der Produktaktivierung wird das Produkt mittels mathematischer Verfahren an den Rechner geklammert, persönliche Daten des Nutzers sind jedoch nachweislich nicht eingebunden

Microsoft hat mit dem neuen XP die Technik von Windows 9.x/Me über Bord geworfen und führt nur noch das große Windows 2000 fort. Um den Anforderungen der verschiedenen Nutzergruppen technisch und preislich gerecht zu werden, gibt es nunmehr verschiedene Ausbaustufen: Neben der Home-Edition ist auch eine Professional-Edition verfügbar, die sich zwar in der Technik gleichen, nicht aber im Funktions- und Lieferumfang. Dazu kommen 2002 noch verschiedene Server-Versionen.

Kapitel 3: Betriebssysteme

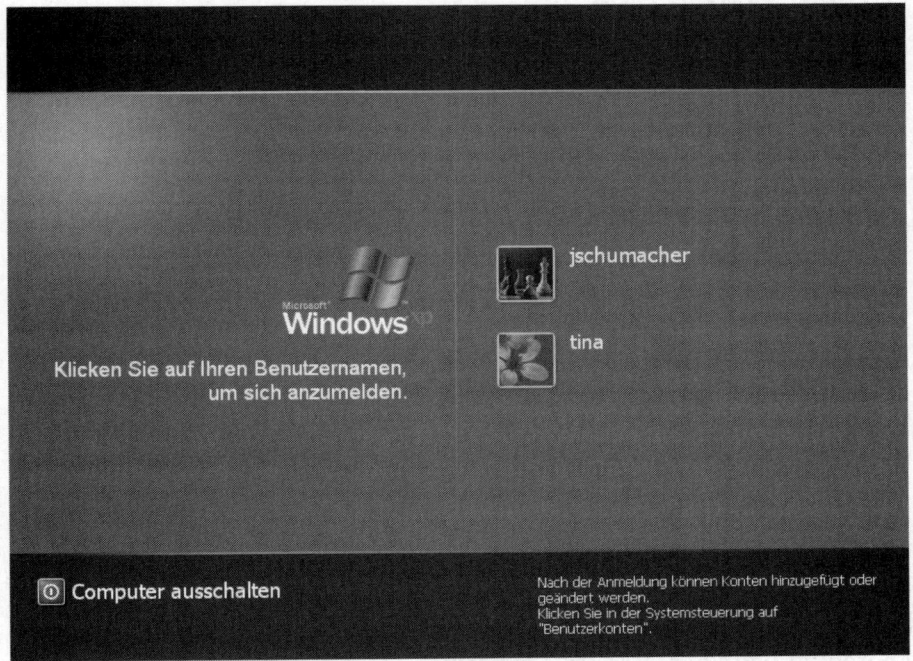

Bild 3.29: *Neuartig und ungewohnt fürs Auge: das neue Erscheinungsbild von Windows XP*

Für die Programmierer von Microsoft hat die Zusammenführung eigentlich nur Vorteile: Es muss nur noch eine Plattform gepflegt werden. Probleme mit Programmen, die z.B. nur unter einem Windows laufen, dürften in naher Zukunft ebenfalls Vergangenheit sein.

Der entscheidende Vorteil dürfte aber in der Entwicklung der Treiber für die unterschiedliche Hardware liegen, auch wenn es am Anfang noch einige Schwierigkeiten gab. Mit fortschreitender Verbreitung von Windows XP werden alle Hersteller gezwungen sein, XP-konforme und -zertifizierte (d.h. von Microsoft geprüfte) Treiber für ihre Produkte anzubieten.

Auch der Support vieler Soft- und Hardwarehersteller wird in naher Zukunft von der Zusammenführung profitieren. Musste man bisher Produkte auf vielen Systemen testen, wird sich mit dem »Aussterben« der alten Versionen das Problem irgendwann selbst gelöst haben. Microsoft selbst forciert diese Entwicklung: Der Support für Windows 95 ist bereits eingestellt.

Versionsvielfalt

Mit dem Verkaufsstart von Windows XP gab es zunächst zwei Versionen: Die Home-Edition richtet sich an die bisherigen Win9x-Anwender, während die Professional-Edition als direkter Nachfolger zu Windows NT und Windows 2000 gesehen werden kann. So sind auch die vom Hersteller angebotenen Updatemöglichkeiten zu erklären: Windows 98 und Windows Me berechtigen zum Update auf die Home-Edition. Die professionelleren Varianten Windows NT 4 und Windows 2000 lassen ein Update auf die Professional-Edition zu.

Ärgerlich ist dagegen die Tatsache, dass Besitzer von Windows NT/2000 nicht auf die Home Edition umsteigen können, die für den Heimgebrauch ausreichend und zudem preiswerter ist. Besitzer der noch älteren Versionen Windows 3.x und Windows 95 müssen sogar eine Vollversion erwerben: Für diese Versionen besteht keine Updateberechtigung. Microsoft will außerdem wohl noch ein Update von der Home-Edition auf die Professional-Edition anbieten.

Microsoft bietet für Windows XP neue Lizenzierungsmodelle, u.a. Zweitlizenzen für Privatkunden. Das hängt damit zusammen, dass der Kauf einer Vollversion mit den üblichen Lizenzverträgen nur die Nutzung und Installation auf einem Rechner erlaubt. Durch die Produktaktivierung von Windows XP ist es schon beinahe unmöglich, die Version parallel auf einem Laptop zu betreiben. Bei der dann fälligen Produktaktivierung per Telefon hängt es ein wenig von der Gegenseite und dem Gesprächsverlauf ab, ob eine solche Variante zulässig ist.

> **Hinweis** Neben der Neuinstallation und dem Update bietet Windows XP die Möglichkeit, das Betriebssystem auf eine andere als die Standardpartition zu installieren. Dabei richtet XP einen Bootmanager ein, welcher beim Systemstart eine Auswahl zwischen den installierten Systemen bietet.

Funktionen

Welche Version für den jeweiligen Zweck die richtige ist, die Home-Edition oder die Professional-Edition, ist nur von den nötigen Netzwerkfunktionen abhängig. Bei allen Gemeinsamkeiten und Funktionen eignet sich die Home-Edition nicht für den sinnvollen Einsatz in Firmennetzwerken, da

Microsoft dem »kleinen« Windows wichtige Features entzogen hat: Die Mitgliedschaft in einer Domäne oder serverseitige Profile sind mit Windows XP Home-Edition nicht möglich. Auch fehlt die Unterstützung für andere Netzwerksysteme.

Aber das ist offensichtlich gewollt: Microsoft zwingt Firmen beim Umstieg von Windows 9x zum Update auf die Windows XP Professional-Edition. Nach der Unternehmensstrategie hat Windows XP die historische Aufgabe, die Anwender von Windows 9x/Me auf die große Windows-Schiene (NT/2000/XP) zu bringen.

Ansonsten gleichen sich die Versionen, nutzen gleiche Treiber und bieten gleiche Programme. Dennoch tauchen an allen Ecken und Enden kleinere oder größere Unterschiede auf.

Windows XP verfügt über eine so genannte Remote-Control-Funktion. Das ist eine Möglichkeit zur Fernsteuerung des Systems über eine Netzwerk- oder Telefonverbindung. Während die Professional-Edition auch eine Verbindung von außen erlaubt, muss der Zugriff auf die Fernsteuerung in der Home-Edition immer ausdrücklich auf Anfrage von einem Helfer aktiviert werden. Das ist löblich in Bezug auf die Transparenz, schränkt aber den Nutzen ein wenig ein.

Neue Wege hat Microsoft auch bei der Benutzerverwaltung beschritten und die Benutzerverwaltung in der Home-Edition vereinfacht. Während die Professional-Edition mit Benutzergruppen und Berechtigungen arbeitet, gibt es bei der Home-Edition weniger Optionen. Es existieren nur Administratoren und Benutzer mit eingeschränkten Rechten, wobei diese Restriktion separat aktiviert werden muss. Das ist ein wichtiger Aspekt: Aus Gründen der Datenintegrität und der Systemstabilität sollte bei gemeinsamer Benutzung eines PCs nicht jeder Benutzer umfangreiche Rechte haben. Das unterstützt diese Art der Benutzerverwaltung: Benutzer mit eingeschränkten Rechten dürfen den Computer ohne Einschränkung nutzen. Außerdem dürfen Sie ein eigenes Kennwort erstellen oder verändern, nicht aber z.B. Programme installieren, entfernen oder andere Veränderungen am System vornehmen. Für gelegentliche Besucher, die den Computer zwar nutzen, aber nicht verändern sollen, bietet Windows XP außerdem ein Gastkonto, das aber ebenfalls erst aktiviert werden muss.

Obwohl nur eine geringe Unterscheidung der Benutzer in der Home-Edition erfolgt, ist dennoch ein wesentlicher Sicherheitsaspekt realisiert. Durch das NTFS-Dateisystem, das auf Dateiebene Benutzerrechte verwalten kann, bietet Windows XP erstmals auch für den Heimanwender eine brauchbare Benutzertrennung. Die Professional-Edition bietet darüber hinaus sogar noch die benutzerabhängige Verschlüsselung der Daten, so dass Fremdzugriffe auf interne Daten auch über Umwege ausgeschlossen sind.

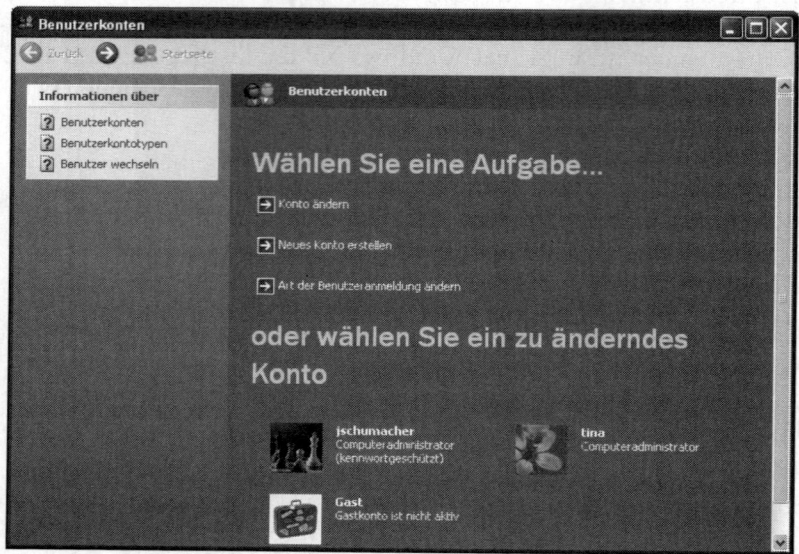

Bild 3.30: Benutzerverwaltung von Windows XP

Eine besondere Funktion bietet Windows XP mit den seit Windows 2000 bekannten Offlineordnern. Mit diesem Tool können beliebige Ordner in einem Netzwerk offline verfügbar gemacht werden. Damit ist sichergestellt, dass alle erforderlichen Dateien auch dann zur Verfügung stehen, wenn der Rechner gerade nicht am Netzwerk angeschlossen ist. Für den Anwender ändert sich nichts. Die Pfadangaben zu den Dateien bleiben erhalten und werden durch das System simuliert, wenn die Quelle nicht verfügbar ist. Über einen Synchronisationsmanager lässt sich festlegen, wann und wie ein Abgleich mit den Dateien bei erneut bestehender Verbindung erfolgen soll. Die Funktion der Offlineordner ersetzt den Aktenkoffer, wie er unter Windows 9x verfügbar ist, und erweitert diesen in Leistung und Funktionsumfang.

Neue Versionen in den Programmierschmieden

Aktuell haben die Entwickler einiges zu tun, um Sicherheitslöcher zu stopfen und versteckte Fehler auszumerzen. Nicht lange nach dem Erscheinen von Windows XP waren die ersten Servicepacks und Sicherheitsupdates verfügbar.

Ein Blick über die nahe Zukunft hinaus führt aber in andere Bereiche. Bereits bei Windows XP wurde die Integration der Spracherkennung in das Betriebssystem erwartet, offensichtlich für den deutschen Sprachraum ein wenig zu früh. Kenner der Szene gehen jedoch davon aus, dass diese Spracherkennung in naher Zukunft integraler Bestandteil des Betriebssystems sein wird.

Außerdem hält sich vor allem Microsoft bedeckt, da die Prozesslawine noch nicht überstanden ist, mit der Konkurrenten den Softwaregiganten überschüttet hatten. Ehrgeizige Neuerungen hat Microsoft mit Windows Blackcomb angepeilt, das ursprünglich für 2003 angekündigt, mittlerweile auf 2005 verschoben wurde. Nach den vorliegenden Gerüchten soll noch eine Windows-Version namens »Longhorn« dazwischen geschoben werden – ohne die Funktionalität von .NET.

Hauptziel von .NET (Dot Net) ist es, das Aufsuchen von Webseiten und das zugehörige Anmelden so zu automatisieren, dass sich Webdienste wie lokale Daten nutzen lassen. Ein Vorbote von .NET in Windows XP ist der SOAP-Client (Simple Object Access Protocol), über den sich Webinhalte ansteuern und sammeln lassen. Eine ähnliche Funktion bietet der (umstrittene) Microsoft-Dienst Passport, der alle Anmeldedaten für Microsofts Internetdienste verwalten soll. Unter der Voraussetzung, dass der Benutzer einen kostenlosen Zugang zu Hotmail bzw. Passport eingerichtet hat, stellt MSN (Microsoft Network) entsprechende Angebote bereit.

Windows Blackcomb soll die volle .NET-Integration erhalten. Das sieht dann so aus: Das Betriebssystem stellt beim Aufruf von Musikdaten nicht nur die passenden Menüs und die lokalen Dateien bereit, sondern erkundigt sich automatisch, ob der Anwender auch entsprechende Internetangebote nutzt. Das können z.B. Internetshops oder Informationsseiten sein. Wenn das der Fall ist, stellt das System selbstständig die Verbindung zu diesen Webseiten her. Aufgrund dieser nahtlosen Webintegration kann der Benutzer bei ständiger Verbindung zum Internet kaum noch zwischen lokalen Daten und Webinhalten unterscheiden. Die Zielrichtung geht naturgemäß auf die Angebote von Microsoft im Internet oder auf die Seiten, die dem System Hotmail/

Neue Versionen in den Programmierschmieden

Passport angeschlossen sind. Deshalb spekulieren Insider über einen Zusammenhang zwischen der Entwicklung von Windows Longhorn ohne die .NET-Anbindung mit Bemühungen Microsofts, den Antikartellprozess möglichst schnell zu beenden und keinen neuen Zündstoff zu liefern.

Bei den Codenamen der neuen Versionen bleibt Microsoft einer Tradition treu: Whistler (der Codename von Windows XP), Blackcomb und Longhorn sind Berge innerhalb eines der besten alpinen Skigebiete in Kanada ca. 100 Kilometer nördlich von Vancouver, in dem sich die Führungsetage von Microsoft offensichtlich gut auskennt. Vom Sitz der Microsoftstrategen in Seattle sind es nur 250 Kilometer bis Vancouver.

Die Schlüsseltechnologien der neuen Versionen können spannend werden, es gibt allerdings nur Vermutungen. Spekuliert wird über ein neues Dateisystem mit der Bezeichnung UFS (Universal File System). Diese SQL-Datenbank mit dem Codenamen Yukon soll einfachere und zugleich weit komplexere Auswahlmöglichkeiten als herkömmliche Dateisysteme bieten. Allerdings ist Microsoft damit schon wieder auf Konfliktkurs: Die Integration einer Microsoft-Datenbank in das Betriebssystem könnte erneut kartellrechtliche Diskussionen und Prozesse auslösen.

Ebenfalls nur eine Vermutung ist eine neue Netzwerk-Strategie. Das bislang serverorientierte Netzwerkkonzept von Windows soll künftig einem verteilten Dateisystem ohne Server weichen, dem SSDFS (Serverless Symbiotic Distributed File System). Inwieweit diese neue Strategie in Zusammenhang mit UFS steht, ist ebenfalls unklar.

Aber das anvisierte Ziel ist relativ sicher: Die Zukunft bringt ein sich selbst organisierendes Firmennetz, das automatisch Daten in verschlüsselter Form auf anderen PCs speichert und somit klassische Datensicherungsmechanismen sowie die Serveradministration entbehrlich macht.

Der Rest der Windows-Zukunft ist Kosmetik, die sich natürlich an den Arbeitsweisen der Benutzer orientiert. Als erstes wird sicher wieder eine überarbeitete Oberfläche ins Auge fallen. Der Anmeldebildschirm wird sich an Windows XP orientieren, zusätzlich aber Raum für Mitteilungen an andere PC-Benutzer bieten. Möglicherweise werden Startmenü und Desktoplinks (Verknüpfungen) der Vergangenheit angehören.

Schaltzentrale späterer Versionen könnte eine frei konfigurierbare, ständig präsente Taskleiste am Bildschirmrand sein. Diese Taskleiste ist anders als das bisherige Startmenü von Windows nach inhaltlichen Gesichtspunkten sortiert. Der Anwender wählt also z.B. nicht zuerst den Media Player, um dann die Mediadaten abzuspielen. Anders herum wird es sein: Der PC-Benutzer wählt die Musik- oder Videodaten. Daraufhin soll dann in Vollendung ablaufen, was Microsoft schon vor Jahren mit OLE und In-Place-Editing angekündigt hat: Windows bietet ein zum Kontext passendes Menü, das ein stets einheitliches Erscheinungsbild zeigt, aber je nach Aufgabe die passende Software bereitstellt.

Bei Mediadaten wäre das z.B. ein Menü mit Vorschlägen, welches Programm für das Abspielen verwendet werden soll. Auch das zeigt Windows XP bereits in Ansätzen.

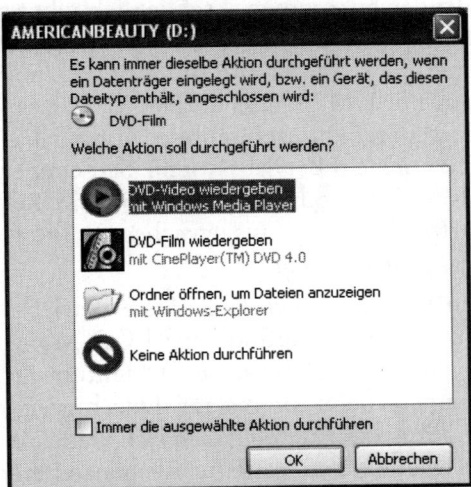

Bild 3.31: Intelligentes Auswahlmenü nach dem Einlegen einer DVD in den DVD-Player unter Windows XP

OLE und In-Place-Editing

OLE (Objekt Linking und Embedding) ist eine besondere Art zur Übertragung und Freigabe von Informationen. Dabei wird die in der einen Anwendung erstellte Informationen in ein mit einer anderen Anwendung erstelltes Dokument eingefügt. Ein Beispiel hierfür sind Dokumente, die gleichzeitig aus den Ergebnissen der Textverarbeitung und eines Tabellenkalkulationsprogramms bestehen. Verwandte Themen sind in diesem Zusammenhang die Bezeichnungen *Eingebettetes Objekt* bzw. *Verknüpftes Objekt*.

> *In-Place-Editing* ist dabei das Verfahren, zur Bearbeitung der anwendungsfremden Elemente nicht in die Quellanwendung zu schalten, sondern zur Bearbeitung die Werkzeuge dieser Anwendung zu aktivieren. Wenn also z.B. eine Excel-Tabelle in ein Word-Dokument eingefügt ist, erscheinen beim Bearbeiten der Tabelle die Werkzeuge von Excel, ohne dass dazu das Word-Arbeitsfenster verlassen wird.

Andere Entwicklungen

Windows CE/PocketPC soll einen Bruder bekommen – schließlich gibt es bislang noch kein Windows für das Mobiltelefon. Wer die Entwicklung der Mobiltelefone verfolgt, wird zustimmen, dass das Ende der Entwicklung noch lange nicht erreicht ist. Spätestens mit UMTS, also im Jahr 2002, werden die heute noch fast klassischen Fernsprecher durch mobile Multimediaterminals abgelöst. Und die brauchen ja auch ein Betriebssystem. Seit einiger Zeit stellt Microsoft auf seiner Website das Produkt Stinger vor, ein Betriebssystem, mit dem sich »Smartphones« in ausgewachsene Internetschnittstellen für den mobilen Zugang verwandeln.

Auch die auf der CeBIT vorgestellten Pads brauchen angepasste Betriebssysteme. Solch ein Pad ist ein flacher, berührungsempfindlicher LCD-Monitor, der ohne feste Stromversorgung auskommt und seinen Datentransfer per Funk abwickelt. Diese Entwicklung erscheint interessant. Durch geeignete Zusatzkomponenten und Kooperationsfähigkeiten lassen sich vielleicht eines Tages beliebige Eingabeformen wählen und verteilte Rechenanwendungen unter Einbeziehung aller verfügbaren Computer realisieren. Dann wird auch die individuelle Informationsaufbereitung unabhängig von einem festen Standort Realität.

Aber auch andere Entwickler schlafen nicht. Die Linux-Gemeinde wird weiter hart daran arbeiten, auch für den Heimanwender ein einfach zu bedienendes und fehlerfrei arbeitendes Betriebssystem zu bieten. Heute kursiert noch der Satz »Linux IST benutzerfreundlich: Es ist nur etwas wählerisch bei der Auswahl seiner Freunde«. Das ist eine nette Umschreibung für den Fakt, dass dieses System viel offenkundiger seine Arbeit bloßlegt, als das z.B. Microsoft Windows tut. Das führt oft zu Verwirrung bei Linux-Neulingen, die eine stille, ungestörte Installation des Systems von Windows her gewohnt sind. Linux dagegen fordert Entscheidungen und individuelle Einstellungen.

Dennoch wird genau dieses offene Herangehen immer mehr an Bedeutung zunehmen. Ob das zu einer weiteren Verbreitung von Linux führt, bleibt abzuwarten. Heute ist schon abzusehen, dass auch Microsoft seinen Code offen legen muss. Nur so kann bewiesen werden, dass keine heimlichen Aktivitäten vom Betriebssystem ausgehen.

Wie sich die Offenlegung von Code mit unternehmerischen Aktivitäten vereinbaren lässt, ist noch zu klären. Andererseits scheint gerade auf dem Gebiet der Betriebssysteme zu gelten, dass Geheimniskrämerei und Intrigen dem Geschäftserfolg eher schaden.

Sicher werden auch andere Betriebssysteme so wie gegenwärtig in speziellen Bereichen ihren Platz behaupten. Es können durchaus auch neue Systeme entstehen, vorhandene untergehen und verschwinden. Viel wird davon abhängen, wie genau die Entwickler den Erwartungen der Computernutzer in aller Welt gerecht werden können.

Aber die Anforderungen der nahen Zukunft werden den Markt der Betriebssysteme umtreiben. Am vorläufigen Ende einer langen Entwicklung könnte ein Gerät stehen, dass nur noch entfernt an den heutigen PC erinnert. Vielleicht ist das eine sprachgesteuerte Multimediakonsole, die Texte fehlerfrei schreibt, Dokumente selbstständig professionell gestaltet, nebenbei dezente Hintergrundmusik abspielt und gleichzeitig die neuesten Nachrichten nach den Gewohnheiten des Nutzers aus dem Internet zusammenstellt. Welches Betriebssystem die vielfältigen Aufgaben dann managt, wird dem Nutzer der Zukunft vielleicht völlig egal sein.

Kapitel 4
Software allgemein

Die gekaufte Hardware und die Programme des Betriebssystems ergeben trotz aller Vielfalt noch kein komplettes EDV-System. Es müssen die Programme hinzukommen, mit denen die Wünsche des Anwenders befriedigt werden. Solche Programme heißen Anwendungssoftware, sie sind Thema des folgenden Abschnitts.

Was ist Software?

Unter dem Begriff *Software* werden alle die Programme und Daten für den Computer zusammengefasst, die den Rechnerbetrieb ermöglichen. Die wichtigste Software ist das bereits beschriebene Betriebssystem. Davon abgegrenzt bezeichnet der Begriff *Anwendungssoftware* alle die Programme, mit denen der Nutzer des PC seine Arbeiten erledigt.

> **Fachwort** ↗ *Programme* sind Anweisungen für die Arbeit des Computers, die in computerlesbarer Form für die unterschiedlichsten Zwecke erstellt werden. *Anwendungssoftware* ist Software, die zur Lösung von betrieblichen oder anderen Aufgaben geeignet ist. *Daten* sind Informationen in computerlesbarer Form, die durch die Arbeit des Computers erfasst, verarbeitet und ausgegeben werden.

Da der PC mittlerweile weit über den betrieblichen Rahmen eingesetzt wird, umfasst der Begriff im weitesten Sinne auch die Unterhaltungssoftware, wie z.B. Computerspiele.

Fazit: Erst mit der geeigneten Software beginnt die Arbeit bzw. das Vergnügen am Rechner.

Die richtige Software

Der Nutzer des PC, die zu lösende Aufgabe und die Kosten bestimmen, was die richtige Software ist. Wenn z.B. ein taschenrechnerähnliches Rechenprogramm benötigt wird, das die Umrechnung von Deutscher Mark in Euro be-

Was ist Software?

wältigt, dann ist der Taschenrechner aus dem Zubehör von Windows schon am Ende. Nun wird sicher niemand auf den Gedanken verfallen, dass für dieses Problem ein riesiges Programm nötig ist – Taschenrechner wären sonst kostengünstige Konkurrenz. Die richtige Software ist also in diesem Fall ein spezialisiertes Rechnerprogramm, das die Umrechnung bewältigt und dabei auf die allgemeingültigen Formeln bzw. Umrechnungsfaktoren zugreift. Natürlich muss der Rechner zur installierten Version des Betriebssystems passen. Das geschilderte Beispiel ist ein typischer Fall für eine Recherche im Internet: Dort ist die Quelle für unzählige frei verfügbare bzw. kostengünstige Zusatzprogramme.

> **Hinweis** Falls Sie nach geeigneten kostenfreien Pogrammen suchen, sind Sie z.B. bei *http://www.freewarenetz.de* oder *http://www.freewarehits.de* an der richtigen Stelle.

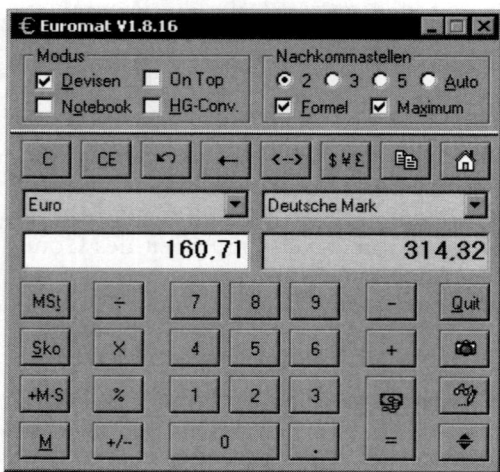

Bild 4.1: Das Freewareprogramm Euromat von Detlev Schäfer: ein Profi-Eurorechner für Windows

Bei der Auswahl einer Software steht also immer das zu lösende Problem im Vordergrund. Programme, die eine gewünschte Funktionalität nicht bieten, scheiden unbedingt aus.

Kapitel 4: Software allgemein

> **Achtung** ⬇ Wenn Sie ein Programm erwerben möchten, dann sollten Sie die gewünschten Funktionen genau prüfen. Im Zweifelsfall ist es billiger, einen Fachverkäufer oder einen Sachkundigen zu Rate zu ziehen, als ein für den gewünschten Zweck nutzloses Programm zu erwerben.

Bei der Auswahl der richtigen Software sind einige weitere Fragen wichtig:

- ▶ Die Software muss immer mit der Hardware korrespondieren. So ist das beste Spiel nichts nütze, wenn zur Bedienung z.B. ein spezielles Steuerrad erforderlich ist oder für den Betrieb nicht vorhandene 128 Mbyte Hauptspeicher benötigt werden. Dabei tritt oft der Fall ein, dass die Angaben auf der Verpackung eines Programms oft minimale Anforderungen sind, die die Funktion des Programms gerade so ermöglichen. Hinter dem Zusatz »empfohlen« steckt meist die erforderliche Hardwareausstattung, die für einen zügigen Betrieb des Programms sorgt.

- ▶ Die Software muss zum Betriebssystem passen. Wie die Angaben zu den Hardwareanforderungen steht diese Angabe ebenfalls auf der Verpackung – sie muss deutlich sichtbar sein. Gerade bei modernen Spielen ist aber besonderes darauf zu achten, dass in einigen Fällen Betriebssystemerweiterungen für die grafische Umsetzung des Spiels nötig sind. Diese Tools sind meist auf der Installations-CD-ROM vorhanden, müssen aber mitunter separat installiert werden.

- ▶ Eine wichtige Kaufentscheidung sollte die leichte Bedienbarkeit des Programms sein. Dazu dienen heute so genannte intuitive Benutzeroberflächen. Die nötigen Befehle zur Programmsteuerung werden durch Steuerelemente zur Verfügung gestellt, die ihre Wirkungsweise selbst beschreiben oder durch Anklicken mit der Maus offenbaren. Der Nutzer des Programms kann in solchen Programmen meist ohne Vorkenntnisse die richtigen Befehle für die zu lösende Aufgabe finden und gefahrlos ausprobieren.

Was ist Software?

> **Achtung** ⬇ Die wichtigste Voraussetzung für den korrekten Umgang mit intuitiven Benutzeroberflächen ist die Aufnahme der vom Programm gebotenen Information: In Zweifelsfällen sollten Sie sich immer für Steuerelemente mit der Aufschrift ABBRECHEN bzw. CANCEL entscheiden oder die [Esc]-Taste zum Abbruch benutzen.

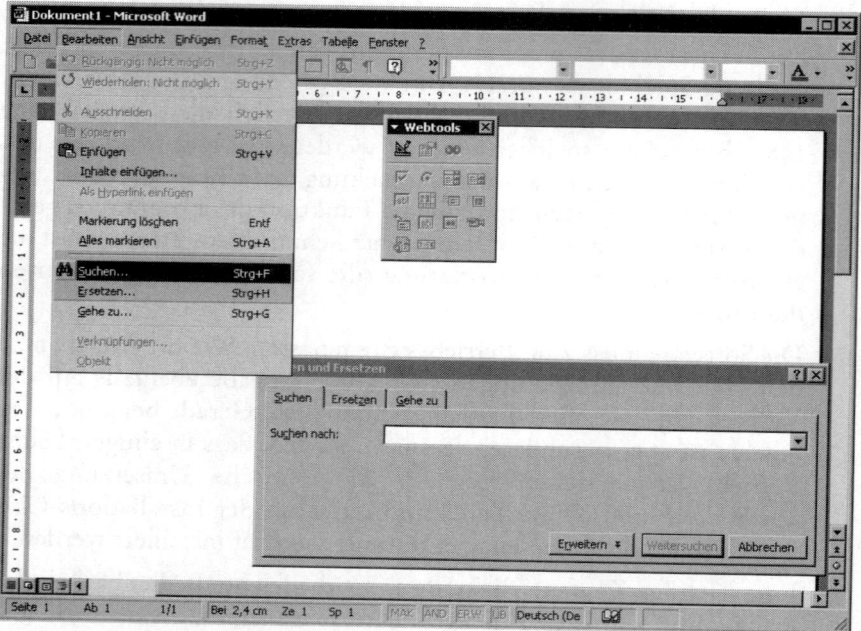

Bild 4.2: Merkmale einer intuitiven Benutzeroberfläche: Menüstrukturen, Symbolsammlungen und Dialogboxen

▶ Besonders für den betrieblichen Bereich notwendig ist die Kompatibilität neuer Software zu bereits vorhandenen Programmen. Durch die ständige Weiterentwicklung der Datentypen und die verschiedenen Software-Hersteller kann es im Extremfall zu Kommunikationsstörungen zwischen den Programmen kommen. Dann ist der Datenaustausch zwischen den unterschiedlichen Anwendern nicht gegeben – die neue oder die alte Anwendung muss ersetzt werden.

> **Fachwort** ↗ Der Begriff *Kompatibilität* bezeichnet die Verträglichkeit von Programmen untereinander. Es ist besonders beim Austausch der Daten zwischen verschiedenen Anwendungen von Bedeutung, dass jedes Programm die Daten des anderen korrekt interpretieren kann.

▶ Beim Softwarekauf lohnt sich oft ein Blick ins Kleingedruckte: Programme mit ausreichendem Gewährleistungsanspruch und Serviceleistungen sind oft trotz höherer Kosten anderen Programmen vorzuziehen.

▶ Um alle bisher angeführten Punkte reichlich zu bedenken, bietet sich der Zugriff auf Demonstrations- bzw. Evaluationssoftware an. Diese Versionen der Programme haben entweder einen eingeschränkten Funktionsumfang oder eine zeitliche Einsatzbegrenzung. Trotzdem bieten solche Versionen den Vorteil, dass die Funktion unter realen Bedingungen getestet werden kann und die Ergebnisse des Tests eine fundierte Kaufentscheidung zulassen.

Standardsoftware

Software mit gebräuchlichen Funktionen, die entweder auf die Erfüllung eines bestimmten Problems oder auf die Lösung einer allgemeinen betrieblichen Aufgabe gerichtet ist, fällt unter den Begriff der Standardsoftware. Programme aus dieser Kategorie decken die grundsätzlichen Aufgaben im privaten und betrieblichen Bereich ab und bieten Raum für individuelle Anpassungen.

Allgemeine Anwendungen	Kommerzielle Anwendungen
Programme, die zur Erfüllung spezieller individueller Aufgaben dienen	Programme, die zur Erfüllung spezieller geschäftlicher Aufgaben dienen (horizontale Software)
»Kleidung von der Stange, dem Zweck entsprechend«	»Kleidung von der Stange, der Berufsgruppe entsprechend«

Tabelle 4.1: Standardsoftware (Übersicht)

Allgemeine Anwendungen	Kommerzielle Anwendungen
Textverarbeitung Tabellenkalkulation Projektmanagement Datenbankanwendungen Grafikanwendungen Satz- und Layoutprogramme Konstruktionsprogramme Webseiteneditoren Spracherkennungsprogramme Informationsmanager u.a.	Finanzbuchhaltungsprogramme Lohn- und Gehaltsabrechnung Fakturierungsprogramme Budgetrechnungsprogramme u.a.

Tabelle 4.1: Standardsoftware (Übersicht) (Forts.)

Der Vorteil der Standardsoftware liegt vor allem in der schnellen Verfügbarkeit, der universellen Einsatzgebiete und im vergleichsweise niedrigen Preis. Bereits durch die Eingabe weniger benutzerspezifischer Daten wird eine hohe Funktionalität erreicht. Dabei entsteht kaum ein Risiko: Begleitende Dokumentationen und das Know-how des Herstellers sichern den effektiven Einsatz.

Der Nachteil von Standardsoftware kommt überall dort zum Vorschein, wo spezifische Unternehmensanforderungen umgesetzt werden müssen. Besonderheiten, z.B. beim Erfassen von Buchungsdaten in einem Online-Reisebüro ziehen unter Umständen in einer Standardsoftware erhebliche Erweiterungen durch zusätzliche Funktionen nach sich. Diese Erweiterung ist zwar bei den meisten Programmen möglich, z.B. durch Programmierung, aber zeit- bzw. kostenintensiv. Außerdem enthält eine Standardsoftware oft deutlich mehr Funktionen, als im Alltag allgemein nötig sind. Diese Funktionsvielfalt ist es, die eine Software zur Standardsoftware macht.

Branchensoftware

Während die Standardsoftware praktisch in jedem Bereich zur Erfüllung der allgemeinen Aufgaben einsetzbar ist, reicht diese Funktionalität in den meisten kommerziellen Fällen nicht aus bzw. ist erst mit erheblichem Aufwand herzustellen. Diesen Umstand nutzen die Hersteller von Software aus und bieten Komplettlösungen (vertikale Software) für die unterschiedlichsten

Branchen an. Mit diesen Programmen können Berufsgruppen oder Branchen die täglich anfallenden Arbeiten effektiv erledigen, z.B. Ärzte, Reisebüros, Versicherungen, Architekten usw.

Der Vorteil dieser Programme liegt im Know-how der Hersteller, die ihre Programme genau an den Bedürfnissen der Berufsgruppe orientieren und für die nötige Aktualisierung sorgen, wenn sich Rahmenbedingungen verändern.

Natürlich entsteht dadurch eine gewisse Abhängigkeit. Der Wechsel zu einem anderen Hersteller ist aber meist teurer, als bei einer einmal erworbenen Lösung zu bleiben. Nachteilig ist ebenfalls, dass der Einzelanwender kaum direkten Einfluss auf die Weiterentwicklung des Programms nehmen kann: Ob die gewünschten Änderungen den Weg in das Programm finden, entscheidet der Hersteller.

Individualsoftware

Einem Maßanzug für einen genau definierten Anlass entspricht dieser Softwaretyp. Die Programme im Auftrag erstellt: Genau definierte Anforderungen werden einem Pflichtenheft entnommen und durch Programmierer erfüllt. Der Auftraggeber testet das Programm und bezahlt die Herstellerfirma meist für Programmierung, Dokumentation, Wartung, Update und Schulung der Anwender.

DLLs

Eine besondere Form von Software sind DLLs. Das sind dynamische Laufzeitbibliotheken (Dynamic Link Libraries), die wichtige Funktionen auf Abruf bereithalten. Typischer Vertreter für diese Arbeitsweise ist z.B. Microsoft Windows. Wenn ein Programm eine solche Funktion anfordert, dann wird die zugehörige Bibliothek in den Hauptspeicher geholt und die Funktion steht zur Ausführung bereit. Mit diesem Verfahren wird einerseits der Hauptspeicher entlastet, andererseits sind neue Funktionen schnell über eine zusätzliche oder erneuerte DLL ergänzt, ohne dafür das einsetzende Programm neu zu schreiben. Außerdem stellen DLLs ihre Funktionen mehreren Programmen zur Verfügung, so dass viel Speicherplatz gespart wird.

Durch das beschriebene Verfahren ist eine Individualsoftware optimal an die betrieblichen Gegebenheiten angepasst und enthält nur die notwendigsten Programme. Nachteilig wirken sich Zeitaufwand und Kosten aus: Individualsoftware lohnt sich nur, wenn dadurch ein Produktivitätsschub entsteht, der den Aufwand rechtfertigt, bzw. nach kurzer Zeit amortisiert.

Der Erwerb von Software

Die verfügbare Software kann auch nach der Art und Weise eingeteilt werden, mit der sie von den Herstellern zur Verfügung gestellt wird. Dabei spielen der Vertrieb, die Art der Bezahlung und die damit verbundenen Nutzungsrechte eine Rolle.

Demoprogramme

Demoprogramme sollen Anreize für den Erwerb eines Programms bieten. Solche Programme werden oft auf CD-ROMs in Fachzeitschriften oder im Internet zum Download angeboten. Der Zweck ist eindeutig: Der Nutzer soll das Programm testen und toll finden. Damit aber der Kaufanreiz erhalten bleibt, und sich der Nutzer nicht mit dem Einsatz der kostenlosen Demo begnügt, sind in solche Programme Einschränkungen eingebaut.

▶ Häufiges Mittel sind Funktionseinschränkungen: Ein Dokument kann zwar erstellt, aber dann nicht gespeichert oder gedruckt werden.

▶ Die gewählte Einschränkung muss nicht nachteilig sein: Einige Demoversionen, z.B. Textmaker Office, bieten eine kostenlose, funktionsfähige Anwendung für den Heimgebrauch. Erst wenn diese Funktionalität erschlossen ist bzw. nicht mehr ausreicht, muss das Programm in erweiterter Funktionalität erworben werden.

▶ Bei Spielen häufig: Mitten im größten Spielvergnügen bricht das Programm ab und fordert zum Erwerb auf.

▶ Ein anderes Verfahren ist die zeitliche Begrenzung: Ein vollfunktionsfähiges Programm lässt sich nach Ablauf einer Frist nicht mehr ausführen.

Kapitel 4: Software allgemein

Bild 4.3: Plötzliches Ende einer Spieledemo: erst kaufen, dann weiteres Vergnügen

Kaufprogramme

Für den gewerblichen Zweck und den rechtsbewussten Heimanwender ist das Kaufprogramm die häufigste Art, das Nutzungsrecht einer Software zu erwerben. Gegenwert des Kaufpreises ist eine voll funktionsfähige Software, deren Funktionalität in einem Handbuch oder einer elektronischen Dokumentation beschrieben ist. Die Bedingungen für den Einsatz der Software sind genau definiert, auch die Gewährleistung des Herstellers ist in definiertem Umfang gegeben.

Der Kauf selbst muss nicht im Laden erfolgen, auch Rechtsgeschäfte im Internet fallen in diese Kategorie: Es ist möglich, die Software im Internet zu kaufen, per Kreditkarte zu bezahlen und das Programm vom Server des Herstellers zu laden. Der Hersteller übermittelt in kürzester Zeit einen Code, mit dem das Programm freigeschaltet wird. Der Vorteil: Das Programm ist sofort einsetzbar und nach Freischaltung uneingeschränkt nutzbar, ohne dass dazu der Rechner verlassen werden muss.

OEM-Versionen

Für Computerhersteller (Original Equipment Manufacturer) bieten viele Softwarehersteller Programmversionen, die an den neu gekauften Computer gebunden sind.

Der neue PC wird dadurch für den Käufer wertvoller, da er sofort mit dem PC auch die gewünschte Anwendungssoftware erhält. Andererseits erhält der Käufer bestenfalls eine CD-ROM mit dem Programm ohne Dokumentation. Gewährleistungsansprüche übernimmt der Hersteller des PC, nicht der Softwarehersteller. Damit hat auch dieser seinen Vorteil, er muss keine Produktunterstützung leisten und hat doch ein Exemplar seiner Software verkauft.

Einige Hersteller von Computern gehen noch einen Schritt weiter: Sie bieten die OEM-Version z.B. des Betriebssystems nur als Recovery-Version auf CD-ROM an. Mit dieser CD-ROM kann im Notfall der PC wieder in den Originalzustand gebracht werden: Der Einsatz auf einem anderen PC ist nicht möglich.

Achtung ⬇ Wenn Sie einen PC mit einer System-Recovery-CD-ROM besitzen, dann sollten Sie großen Wert auf die regelmäßige Datensicherung legen. Bei einem Neuaufbau des Computers mit Hilfe der CD-ROM gehen die persönlichen Einstellungen und Daten verloren.

Shareware

Der Programmierer eines Sharewareprogramms versucht, die Nutzer seines Produkts an den Kosten für die Entwicklung zu beteiligen: Je mehr zahlende Nutzer er findet, desto besser ist die Entlohnung für die geleistete Arbeit. Das Sharewareprinzip ist also in erster Linie eine Vertriebsform.

Der Autor der Software stellt eine Programmversion zur Verfügung, die für einen bestimmten Zeitraum funktionsfähig ist oder die bei jedem Programmstart an den Erwerb der Software erinnert. Dieses Programm darf auf beliebig vielen Rechnern getestet, an andere weitergegeben oder vervielfältigt werden. Je mehr Leute das Programm testen, desto größer ist die Chance für den Autor, dass zufriedene Tester ihren Anteil (engl. »share«) leisten.

Je länger das Programm nicht bezahlt eingesetzt wird, desto lästiger werden einige Programme – zu recht, der Programmierer hat das Programm für den Verkauf erstellt. Die Funktionalität dieser Programme deckt die verschiedensten Bereiche ab: Es gibt kaum ein Gebiet, das nicht durch solche Programme abgedeckt wird.

Wenn das Programm nach einem Testbetrieb erworben wird, erhält der Nutzer die Dokumentation und einen Code bzw. ein Kennwort, das die Funktionalität des Programms freischaltet oder einen Datenträger mit der Vollversion des Programms. Damit erwirbt der Nutzer die Nutzungsrechte des Programms.

Freeware

Die Motive, die die Programmierer von Freeware antreiben, sind unterschiedlichster Natur. Freewareprogramme sind Software, die beliebig oft eingesetzt und vertrieben werden kann, ohne dass dem Nutzer dadurch Kosten entstehen. Dabei handelt es sich nicht etwa in jedem Fall um kleine Programme, die nur geringen Funktionsumfang aufweisen. Auch große Namen nutzen Freewareprogramme als Flaggschiff oder Werbeträger für andere Programme und Hersteller.

Wichtige Freewareprogramme sind z.B.

▶ Verschiedene Internetbrowser, etwa der Microsoft Internet Explorer oder der Netscape Communicator;

▶ Abspielprogramme für Mediadaten wie z.B. der Microsoft Media Player oder der Real Networks Player;

▶ Der Betrachter für das PDF-Dateifomat von Adobe, der Acrobat Reader;

▶ Das Büropaket StarOffice von sun Microsystems, das mit Textverarbeitung, Tabellenkalkulation, Datenbankanwendung, Präsentationsprogramm und Informationsmanager die komplette Palette der Büroanwendungen abdeckt;

▶ Das Betriebssystem Linux und die Mehrzahl der dafür erhältlichen Programme.

Der Erwerb von Software

Im Gegensatz zu den »namhaften« Distributoren von Freeware setzen die Hersteller kleinerer Freewareprogramme auf den Werbeeffekt, den sie mit ihrem Programm erzielen. Die meisten Freewareprogramme enthalten die Kontaktdaten des Autors, so dass für eine Verbesserung, Lob oder Kritik schnell ein Ansprechpartner gefunden ist. Garantie für die Funktion des Programms wird von einigen der Programmierer nicht übernommen.

Lizenzrecht

Mit jedem erworbenen Softwareprodukt geht der Nutzer einen Vertrag mit dem Hersteller der Software ein, der im üblichen Fall nicht die Rechte an der Software, sondern Nutzungsrechte regelt. Lediglich bei Individualsoftware wird die erstellte Software (der Programmcode) erworben und darf weiterentwickelt werden.

Dieser EULA (End User Licence Agreement) ist in den meisten Fällen ein juristisches Dokument, das alle Varianten zum Umgang mit der Software regelt. In den meisten Fällen muss während der Installation der Vertragstext »gelesen« werden: Ohne Bestätigung des Texts ist keine Installation möglich. Mit diesem Verfahren sichern sich die Hersteller ab: Der Nutzer hätte die Chance gehabt, den Vertrag zu lesen und einzuhalten, Unkenntnis schützt auch in diesem Fall nicht vor Strafe.

Was jedoch im Einzelnen in diesem Vertrag steht, ist stark von der erworbenen Software und ihrem Einsatzgebiet abhängig.

▶ Für den Heimanwender ist vor allem die Kenntnis nötig, dass eine Kopie der Installations-Datenträger nur für Sicherheitszwecke erlaubt und eine Weitergabe der Software an andere verboten ist. Dagegen ist die Nutzung der gleichen Software auf zwei verschiedenen Rechnern, z.B. einem Laptop und einem Home-PC unter Umständen erlaubt, wenn die Geräte nicht gleichzeitig betrieben werden.

▶ Für die Anwender im Unternehmen oder im gewerblichen Bereich ist eine genaue Kenntnis der erworbenen Lizenzen einer Software für den Einsatz im einem Computernetzwerk nötig. Im Allgemeinen gilt, dass für jeden PC im Netzwerk eine Lizenz, d.h. das Nutzungsrecht an einer Software erworben werden muss.

Kapitel 4: Software allgemein

> **Achtung** ⬇ Verstöße gegen die Softwarelizenzbestimmungen können strafrechtlich verfolgt werden und gerade im professionellen Bereich oder bei illegalem Verkauf von Raubkopien drakonische Strafen nach sich ziehen.

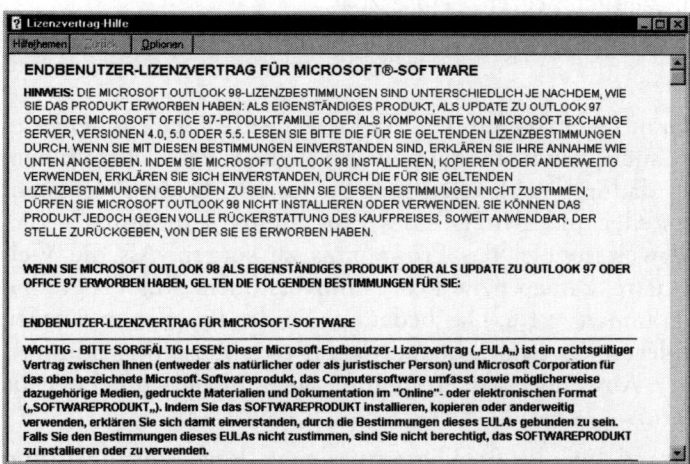

Bild 4.4: Ein Endbenutzerlizenzvertrag: Zustimmen oder auf die Software verzichten – eine andere Alternative gibt es nicht

Kopierschutz

Software ist urheberrechtlich geschützt. Deshalb versuchen einige Hersteller von Software, die Installationsdatenträger vor unberechtigter Vervielfältigung zu schützen und bauen dazu einen Kopierschutz in den Datenträger ein. Dieses Verfahren ist schon deshalb bedenklich, da von wichtigen Programmen eigentlich immer ein Duplikat (Sicherheitskopie) an einem sicheren Ort abgelegt sein sollte. Üblichen Kopierprogrammen spiegelt ein solcher Kopierschutz z.B. einen Fehler auf dem Datenträger vor, so dass der Kopiervorgang abbricht.

227

Neuerdings wird versucht – zum Zeitpunkt der Drucklegung bei Microsoft Office XP –, eine unberechtigte Weitergabe einer Software durch eine Registrierung im Internet zu unterbinden: Aus der Nummer der Software und Rechnerdaten wird ein Schlüssel erzeugt und an die Software gebunden. Eine Installation auf weiteren Rechnern ist in diesem Fall nur durch eine erneute Registrierung möglich: Ohne Aktivierung ist das Programm nur zeitlich begrenzt einsetzbar.

Updates und Bugfixes

Keine Software kommt fehlerfrei auf den Markt, das ist bei der Unmenge an Programmierarbeit auch kaum möglich. Schnelligkeit verschafft zudem Marktvorteile, auch dadurch schleichen sich Fehler ein. Dadurch entsteht der Zwang für Hersteller und Nutzer eines Programms, ständig nach Verbesserungen und Erweiterungen des Programms zu sorgen. Als die Welt noch kein Internet hatte, kamen neue Programmversionen: Aus Programm xyz 1.5 wurde Programm xyz 1.6. Das bedeutete, in das Programm wurden geringfügige Veränderungen eingearbeitet. Wenn das Marketing stimmte, kauften die gläubigen Anwender das Programm, wenn nicht, kam eine neue Version auf den Markt.

Heute ist der Aufwand für alle Beteiligten geringer: Verbesserungen und notwendige Erweiterungen sind über das Internet schnell verfügbar. Das hat leider nicht zu verbesserter Software geführt, ein Bugfix jagt mitunter das nächste.

Fachwort

➚ Als die Rechnerwelt noch aus riesigen röhrenbestückten Kästen bestand, waren es kleine wärmeliebende Käfer (*bugs*), die ihre Suche nach Wärme mit dem Leben bezahlten und die Rechner zum Absturz brachten. Heute steht der Begriff *Bug* für einen Fehler im Programm, der die Funktionsfähigkeit des Programms stört.

▶ *Bugfixes* sind notwendige Programmerweiterungen, Ergänzungen oder Korrekturen, die erkannte Fehler oder Sicherheitslücken beseitigen. Der Benutzer sollte die Aufforderung ernst nehmen und das

Kapitel 4: Software allgemein

Bugfix besorgen und installieren. Ein neueres Wort für diese Art der Fehlerbeseitigung ist »Service Pack«.

▶ Ein *Update* ist die neuere Version eines bereits vorhandenen Programms. Besonders Software, die Internetfunktionalität ausnutzt, ist schnell veraltet. In diesem Fall schafft ein Update Abhilfe: Die Software wird auf den aktuellsten Stand gebracht. Gleichfalls gebräuchlich ist der Begriff, wenn Hersteller von Software eine neue Version des Programms zu günstigeren Konditionen an Nutzer der Vorgängerversion verkaufen oder kostenlos zur Verfügung stellen. Für ein Update ist der Besitz einer Vorgängerversion meist unbedingt nötig: In vielen Fällen wird diese Software bei der Installation kontrolliert, indem ein Datenträger überprüft wird. Andernfalls muss beim Erwerb der Software mitunter der Erwerb der Vorversion nachgewiesen werden.

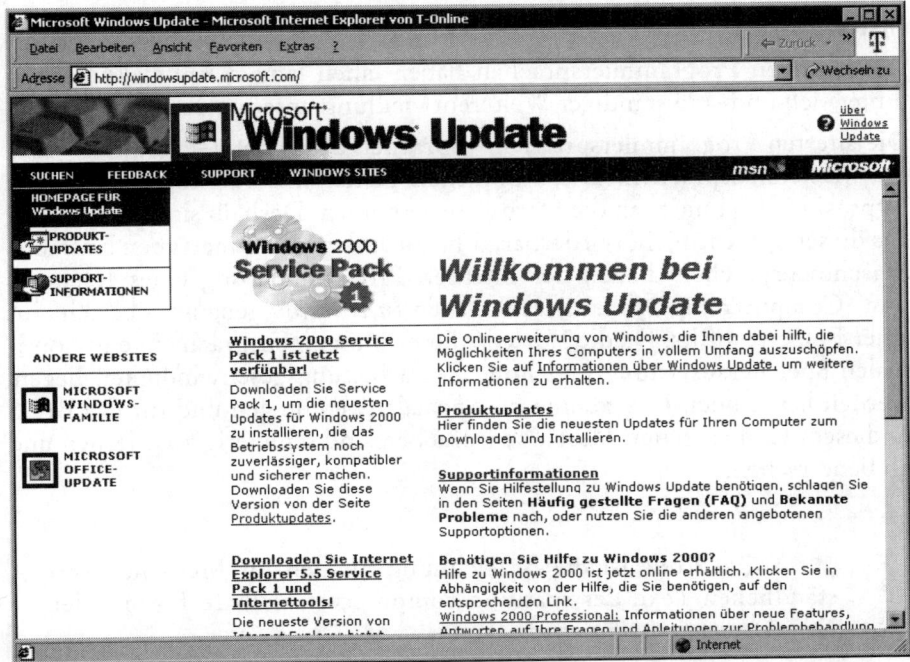

Bild 4.5: Bemerkenswertes Update oder Bugfix? Der Unterschied ist manchmal kaum noch zu erkennen.

Programmierung

Jede Software entsteht durch Programmierung. Das ist ein schöpferischer Prozess, bei dem die Wünsche der Anwender in einer Form aufgeschrieben werden, die der Computer umsetzen kann. Dahinter steckt, dass jede noch so komplizierte Anweisung in Binärcode übersetzt werden muss, die einzige Sprache, die der Computer versteht. Damit die Programmierer die Programme nicht in diesen komplizierten Ausdrücken aufschreiben müssen, wurden Programmiersprachen entwickelt.

> **Fachwort** ↗ Eine *Programmiersprache* ist eine zum Abfassen von Programmen geschaffene Sprache mit definierten Begriffen, festgelegter Schreibweise und festen Regeln (Syntax).

Historisches

Die heutigen Programmiersprachen haben einen langen Entwicklungsweg hinter sich und sind ständiger Weiterentwicklung unterworfen.

Die ältesten Programmiersprachen – Sprachen der ersten Generation – sind die Maschinensprachen. Diese Sprachen gelten nur für Chips desselben Typs, sind also immer an die Hardware gebunden. Deshalb sind Programme aus dieser Sprache nicht portierbar, d. h. auf anderen Rechnertypen lauffähig. Maschinensprachen dienen der internen Programmierung eines Rechners bzw. Computerchips. Jeder Befehl – auch *Instruktion* genannt – besteht aus einer Folge von Bits. Da die Vorteile dieser Maschinensprache in einer optimalen Speicherauslastung und hoher Verarbeitungsgeschwindigkeit liegen, werden heute noch Programme für Spezialanwendungen und für das BIOS in diesem Code erzeugt. Maschinensprachen sind schwierig zu erlernen und zu beherrschen.

> **Fachwort** ↗ *Quellcode* ist die Bezeichnung für den für Menschen verständlichen Text, der später in computerverwertbare Form – den *Objektcode* gebracht wird.

Maschinenorientierte Sprachen gelten als Sprachen der zweiten Generation. Sie heißen Assembler oder Assemblersprachen. Der Befehlsaufbau ist den Maschinensprachen ähnlich. Für die bessere Handhabung werden die Instruktionsteile durch Abkürzungen ersetzt. Die Umwandlung der symbolischen Form in die maschinenlesbare Form übernimmt der Assembler. Damit in diesen Programmen nicht jede Schrittfolge immer wieder neu programmiert werden musste, wurden häufig vorkommende Befehle zu *Makrobefehlen* zusammengefasst – ein Begriff, der sich in ähnlicher Form in modernen Programmen wiederfindet.

> **Fachwort** ↗ Der Begriff *Assembler* wird häufig für die Programmiersprache selbst und für das Übersetzungsprogramm verwendet.

Anfang der 60er Jahre tauchten die ersten problemorientierten Sprachen auf. Sie gehören zu den höheren Programmiersprachen und heißen auch prozedurale Sprachen.

▶ Prozedurale Sprachen sind unabhängig vom verwendeten Computertyp, d.h. sie sind weitgehend unabhängig von der vorhandenen Hardware.

▶ Die Instruktionen sind oft der englischen Umgangssprache entnommen.

▶ Übersetzungsprogramme übersetzen das in einer höheren Programmiersprache geschriebene Programm (Quellcode) in Maschinensprache (Objektcode).

▶ Programme sind leichter zu schreiben und weniger fehleranfällig.

Übersetzer für Programmiersprachen

Als Übersetzer für den Quellcode – auch *Sourcecode* – kommen Compiler und Interpreter zum Einsatz.

Compiler übersetzen den Quelltext als Ganzes und erzeugen ein ausführbares Programm, den Objektcode. Dabei wird der Quellcode auf Fehler geprüft, erst dann wird der Objektcode gespeichert. Ein *Binder* verknüpft den Objektcode mit Standardprozeduren z.B. zur Ein- und Ausgabe von Daten. Der *Lader* holt dann den gebundenen Objektcode zur Ausführung in den Hauptspeicher: Nur Informationen, die sich im Hauptspeicher befinden, sind für den Computer direkt nutzbar.

Der Compiler ist mit einem Dolmetscher vergleichbar, der erst die gesamte Ansprache abwartet und erst übersetzt, wenn der Vortragende geendet hat.

Interpreter dagegen erzeugen keinen eigenständigen Objektcode. Sie arbeiten jeden Befehl einzeln ab – interpretieren ihn – und übersetzen diesen zur Ausführung, wie ein »Simultandolmetscher«. Nur der Quelltext ist gespeichert. Interpreter-Programme laufen langsamer als kompilierte Programme, ein Umstand, der auf modernen Rechnern kaum noch ins Gewicht fällt.

Programmiersprache	Name	Einsatzzweck
ALGOL	Algorithmic Language	Für mathematisch-statistische Anwendungen in der Forschung geeignet. Ihre Bedeutung ist heute gering.
APL	A Programming Language	Für spezielle mathematisch-technische und kommerzielle Anwendungsgebiete computergestützter Planung einsetzbar.
BASIC	Beginners all purpose symbolic instruction code	Zunächst nur für Ausbildungszwecke entwickelt, heute nach etlichen Erweiterungen auch für kommerzielle Anwendungen einsetzbar. Moderne Basicsprachen haben nur noch wenig mit ihren Vorläufern gemeinsam.
COBOL	Common business oriented language	Viele kaufmännische Anwendungen sind in dieser Sprache erstellt. Programme in COBOL sind wegen der kompakten Schreibweise gut lesbar.

Tabelle 4.2: Ältere Programmiersprachen

Program- miersprache	Name	Einsatzzweck
FORTRAN	Formula Translation	Vorwiegend für technisch-wissenschaftliche Anwendungen geeignete und älteste höhere Programmiersprache.
PASCAL		Pascal ist Lernsprache für Schule und Ausbildung.
PL/1	Programming language number one	Für kaufmännische und technisch-wissenschaftliche Anwendungen geeignet. Sie ist eine Kombination aus FORTRAN und COBOL, hat aber nur geringe Bedeutung erlangt.

Tabelle 4.2: Ältere Programmiersprachen (Forts.)

Sprachen der vierten Generation sind nicht prozedurale oder deskriptive Programmiersprachen. Sie umfassen Programmentwicklungssysteme und Endbenutzersprachen. Programmierer oder der Anwender geben Befehle zur Verarbeitung ein, ohne dass der genaue Lösungsweg in Form eines Algorithmus beschrieben werden muss. Dadurch wird die Arbeit eines Programmentwicklers vereinfacht und die »Programmierung« durch Anwender möglich. Diese Sprachen sind immer auf ein bestimmtes Anwendungsgebiet zugeschnitten. Einer der bekanntesten Vertreter dieser Generation ist die Abfragesprache SQL für relationale Datenbanken. Auch die Scriptsprachen von Lotus Smartsuite oder WordBasic bzw. Visual Basic für Anwendungen in Microsoft Office gehören in diese Kategorie – sie sind später Thema.

Prozedurale und deskriptive Sprachen

Den Unterschied zwischen prozeduralen und deskriptiven Sprachen soll ein kleines Beispiel veranschaulichen. Ein Programm soll aus einer Mitgliederliste alle männlichen Mitglieder herausfiltern.

Die prozeduale Programmiersprache benötigt mehrere Anweisungen:

- ▶ Nimm das erste Mitglied.
- ▶ Prüfe, ob Mitglied männlich.
- ▶ Wenn Ja, aussortieren.

Programmierung

> ▶ Wenn Nein, übergehe dieses Mitglied.
> ▶ Prüfe, ob die Liste zu Ende ist.
> ▶ Wenn Nein, nimm das nächstes Mitglied.
> ▶ Wenn Ja, beende.
>
> Eine deskriptive Formulierung kommt dagegen mit einer klaren Anweisung aus: Suche alle Mitglieder, für die die Bedingung »männlich« erfüllt ist.

Sprachen der fünften Generation finden ihren Einsatz im Bereich der »Künstlichen Intelligenz« wie etwa zur Erstellung von Expertensystemen. Folgende Programmiersprachen fallen darunter:

▶ funktionale Sprachen z. B. LISP,

▶ objektorientierte Sprachen, d. h. Daten und Anweisungen werden als Objekte aufgefasst z. B. VISUAL BASIC, C++, SMALLTALK,

▶ logische Sprachen z. B. Prolog.

Java

Java ist eine moderne Technik zur Programmierung. Die erstellten Programme können auf nahezu jeder denkbaren Plattform laufen: Einem PC, einem Großrechner, dem Internet mit seinen unterschiedlichsten Rechnersystemen oder z. B. in programmierbaren Haushaltsgeräten.

Gegenüber anderen Systemen zeichnet sich Java durch größere Fehlertoleranz, leichtere Bedienbarkeit und bessere Stabilität aus. Der Vorteil ist, dass die dynamische Struktur von Java nicht an einen festen Standard gebunden ist. Dadurch kann sich diese Technik an veränderte Umgebungen anpassen und dennoch Stabilität, Sicherheit und Zuverlässigkeit garantieren.

Die Entwicklung von Java ist eng mit der Entwicklung des Internets verbunden. Bei der Suche nach multimedialen Animationen und nach Interaktionsmöglichkeiten zwischen Anwender und Server wurde diese Sprache eingesetzt. Java-Programme teilen den Rechnern der Internetnutzer anteilige Arbeiten zur Darstellung der Webseiten zu und entlasten dadurch die Server und die Übertragungswege des Internet, der Client wird kaum genutzt.

1995 wurde die Java-Technik zusammen mit dem JDK (Java Developer Kit) kostenlos bereitgestellt. Das JDK bietet die Werkzeuge, mit denen Java-Applikationen entwickelt werden. Als erste Anwendung präsentierte der Hersteller, Sun Microsystems, den vollständig in Java geschriebenen Webbrowser Hot-Java. Dieser konnte erstmalig eine Spezialität von Java verwenden – die Java-Applets.

> **Fachwort** ↗ *Java-Applets* sind Java-Programme, die in einer Webseite platziert werden und dort die Funktionalität der Webseite erweitern.

Java stellt sich den wichtigsten Problemen moderner Programmierung: gefordert sind die Eigenschaften echtzeitfähig, integriert, kompakt, zuverlässig, portierbar und dezentral.

Java ähnelt in seiner Syntax stark der objektorientierten Programmiersprache C/C++. Konzeption und Objektorientiertheit wurden aus einer älteren objektorientierten Sprache übernommen – SmallTalk. Java ist trotz dieser hochwertigen Eigenschaften dennoch relativ einfach zu verstehen, da gute Erfahrungen von den Vorgängern übernommen wurden und auf fehleranfällige Elemente verzichtet wurde. Java gilt zudem als stabil, sicher und zuverlässig.

> **Fachwort** ↗ *Java* ist laut Hersteller eine einfache, objektorientierte, dezentrale, interpretierte, stabil laufende, sichere, architekturneutrale, portierbare und dynamische Sprache, die Hochgeschwindigkeits-Anwendungen und Multithreading unterstützt.

Java ist streng objektorientiert. Das ist der Grund für Stabilität, Pflegeleichtigkeit und Zuverlässigkeit von Java-Programmen. Wesentlich für Java ist ein besonderer Aufbau: Die JVM-Architektur ist Grundlage für die Unabhängigkeit von der Plattform und für die Portierbarkeit zwischen unterschiedlichen Systemen.

Java ist natürlich nicht die einzige Programmiersprache in der modernen EDV-Welt. Es gibt eine Vielzahl von Programmier- und Scriptsprachen, die in Konkurrenz zu Java stehen oder die erweiterte Möglichkeiten bieten.

Programmierung

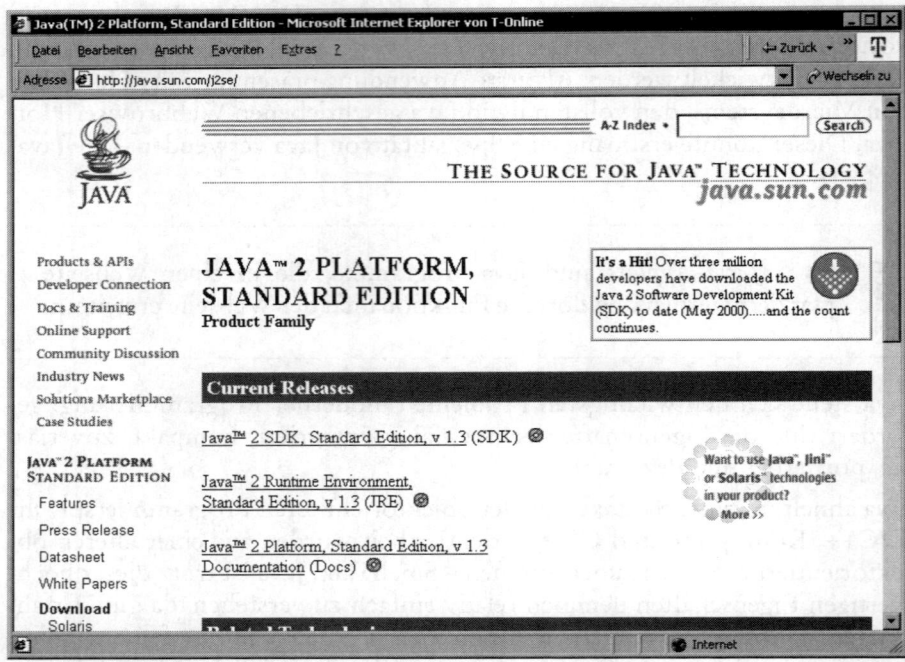

Bild 4.6: Java ist im Internet frei verfügbar.

> **Fachwort**
>
> ➔ *JVM* steht für Virtuelle Javamaschine oder engl. Java Virtual Machine. Die virtuelle Maschine ist eine Verbindung zwischen dem kompilierten Programm und der Hardwareplattform mit dem jeweiligen Betriebssystem und realisiert die Codes in ausführbare Prozessorbefehle. Die JVM realisiert ebenso grundlegende Operationen wie bzw. die Objekterstellung und die Speicherfreigabe. Eine JVM muss auf jedem Rechner vorhanden sein, der Java-Anwendungen ausführen soll. Umgekehrt gilt auch: Wenn eine JVM vorhanden ist, kann eine Java-Applikation ausgeführt werden.

Die Java-Technik

Der Prozess vom Java-Sourcecode zum lauffähigen und architekturneutralen Java-Programm besteht aus mehreren Zwischenschritten:

Zuerst erstellt der Programmierer eine Java-Sourcedatei und speichert diese mit der Erweiterung .java.

Der Java-Kompiler liest die Dateien mit der Erweiterung .java ein und übersetzt den Java-Quelltext in allgemeinen Bytecode. Die resultierende Datei bekommt den gleichen Namen mit der Erweiterung .class.

Die JVM liest den Bytecode als Folge von Anweisungen und gibt diesen als Folge von ausführbaren Befehlen weiter. Durch diesen Schritt wird aus einem allgemeingültigen Programm die konkrete Anweisung für den Rechner.

Hinweis ◆ Mit dem .NET (gesprochen: Dotnet) Framework kommt von Microsoft eine komplett neue Technologie, die das Internet zu einer Plattform für verteilte Anwendungen macht, die auf allen Geräten bis hin zum PocketPC laufen werden. Das Konzept von .NET gilt als ein Paradigmenwechsel gegenüber den bisherigen Programmierkonzepten.

JavaScript und andere Scriptsprachen

JavaScript ist eine an Java angelehnte, offene, plattformunabhängige Scriptsprache für das Internet. Diese Verwandtschaft und der Name führt oft dazu, dass JavaScript mitunter mit der Programmiersprache Java verwechselt oder als Ersatz gesehen wird. Dies ist falsch, denn Java ist viel leistungsfähiger als jede Scriptsprache. JavaScript wurde von Netscape in Kooperation mit Sun Microsystems und einigen weiteren Partnern entwickelt, um einen Webbrowser aus einer Webseite heraus zu steuern. Der Quelltext wird als Klartext direkt in eine HTML-Seite notiert und dann beim Aufbau der Seite von einem in dem Browser integrierten Interpreter ausgeführt.

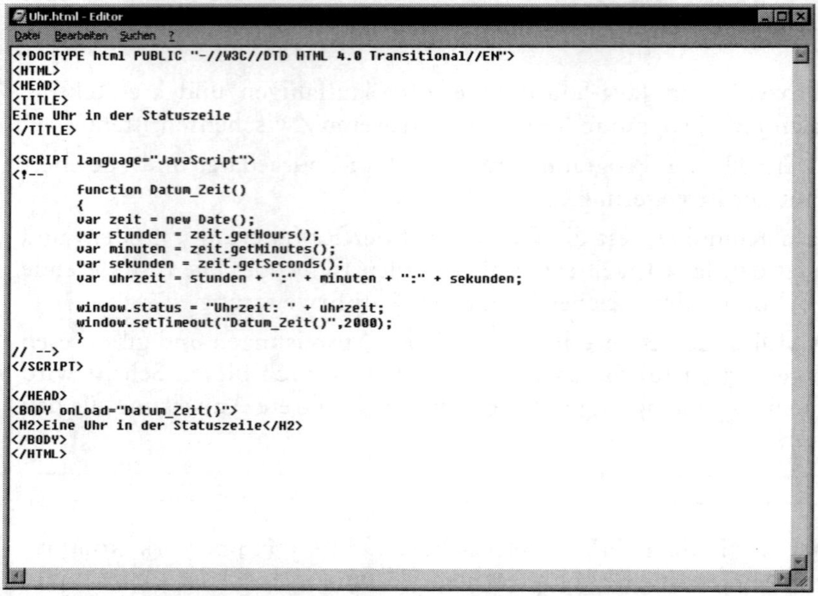

```
Uhr.html - Editor
Datei Bearbeiten Suchen ?
<!DOCTYPE html PUBLIC "-//W3C//DTD HTML 4.0 Transitional//EN">
<HTML>
<HEAD>
<TITLE>
Eine Uhr in der Statuszeile
</TITLE>

<SCRIPT language="JavaScript">
<!--
        Function Datum_Zeit()
        {
        var zeit = new Date();
        var stunden = zeit.getHours();
        var minuten = zeit.getMinutes();
        var sekunden = zeit.getSeconds();
        var uhrzeit = stunden + ":" + minuten + ":" + sekunden;

        window.status = "Uhrzeit: " + uhrzeit;
        window.setTimeout("Datum_Zeit()",2000);
        }
// -->
</SCRIPT>

</HEAD>
<BODY onLoad="Datum_Zeit()">
<H2>Eine Uhr in der Statuszeile</H2>
</BODY>
</HTML>
```

Bild 4.7: Eine Javascript-Funktion im HTML-Quelltext einer Webseite: Eine Zeitanzeige erscheint in der Statusleiste.

HTML

HTML (HyperText Markup Language) ist die Sprache für die Erstellung vielfältiger bunter Seiten im World Wide Web. Grundsätzlich basiert jede Webseite auf dieser Sprache, die durch die Webbrowser interpretiert wird. HTML ist eine Weiterentwicklung der Sprache SGML (Structured Generalized Markup Language) zur abstrakten Beschreibung von Dokumenten auf Computerplattformen und für den standardisierten Datenaustausch. HTML ist auf die Hypertext-Funktionalität spezialisiert und bietet deshalb anklickbare Querverweise bzw. Hyperlinks in einer Seite, die dann zum gewünschten Zielobjekt wechseln. Die Sprache kann beschreiben, wie Texte, Überschriften, Bilder, Kapitel, Absätze, Aufzählungen, Tabellen und andere Objekte zu einem Dokument zu verbinden sind.

Script- und Programmiersprachen

Zwischen den erläuterten Programmiersprachen und den Scriptsprachen bestehen wesentliche Unterschiede. Scriptsprachen wie JavaScript oder auch VB Script (eine von Microsoft aus Visual Basic entwickelte Sprache) erstellen keine eigenständigen Programme. Scriptsprachen sind Sprachen, die im Wesentlichen zur Programmierung einer Umgebung verwendet werden. Das kann z.B. ein Browser sein, wie bei JavaScript. Andere Beispiele sind WHS – Windows Host Scripting – unter Windows oder Visual Basic für Anwendungen in Microsoft Office. Script- oder Makrosprachen erweitern die vorhandenen Möglichkeiten oder automatisieren Vorgänge, die ein Anwender manuell Schritt für Schritt durchführen würde.

HTML-Dateien bestehen ausschließlich aus Klartext. Deshalb können HTML-Dokumente auf jeder Plattform erscheinen, wenn das entsprechende Werkzeug zur Darstellung der Seite vorhanden ist.

HTML ist jedoch keine Programmiersprache wie z.B. Java, sondern beschreibt nur die logischen Strukturen eines Dokuments. Deshalb wurde der Begriff *Seitenbeschreibungssprache* geprägt: Webseiten werden nicht in HTML programmiert, sondern mit HTML beschrieben.

C/C++

Im Gegensatz zu Java ist C bzw. C++ eine hybride Sprache: Sie arbeitet objektorientiert mit prozeduralen Elementen. C/C++ wird vor allem dann eingesetzt, wenn Anwendungen mit hoher Arbeitsgeschwindigkeit entstehen sollen, die hardwarenah arbeiten, und wenn Bereiche eines Betriebssystems selbst programmiert werden müssen. So ist z.B. das Betriebssystem Unix in C programmiert worden.

Visual Basic und Visual Basic für Anwendungen

Visual Basic ist eine der populärsten Programmiersprachen für den PC mit Windows als Betriebssystem. Visual Basic ist eine ideale Einstiegsprogrammiersprache. In den neuesten Versionen ist die Leistungsfähigkeit stark erweitert. Visual Basic-Programme können – bis auf wenige Ausnahmen – nur auf PC mit Windows als Betriebssystem laufen. Größter Vorteil von Visual Basic ist, dass es wohl kaum eine andere Programmiersprache gibt, mit der

Programmierung

so schnell und einfach Programme entstehen. Die Programmierung erfolgt über Symbolschaltflächen und kontextsensitiver Unterstützung durch das Programm. Nach Auswahl eines Objekts, z.B. einer Schaltfläche, erscheinen Dialogboxen, mit denen die Eigenschaften des Objekts gesteuert werden.

Einen ganz anderen Zweck erfüllt das relativ gleich lautende Visual Basic für Anwendungen, das ebenfalls visuelle Elemente für die Programmierung bietet. Um die Anpassung der Office-Anwendungen an individuelle Bedürfnisse zu ermöglichen, hatte Microsoft in der Version Office 97 einen entscheidenden Schritt getan: Mit der Version 5.0 von Visual Basic for Applications (VBA, auch Visual Basic für Anwendungen) wurde eine einheitliche Programmiersprache für alle Anwendungen in das Office-Paket integriert.

Aber was verbirgt sich hinter dieser Bezeichnung? Während Visual Basic als eigenständige Anwendung erworben werden muss und eigenständige Programme erzeugt, ist VBA bereits in Microsoft Office integriert. Im nterschied zu Visual Basic kann VBA aber keine eigenständigen Programme erzeugen. Erstellte Programme sind nur in Verbindung mit den jeweiligen Office-Anwendungen funktionsfähig. VBA dient der Steuerung bzw. funktionellen Erweiterung der Office-Anwendungen und vor allem der Automatisierung wiederkehrender Arbeitsabläufe. Alle Funktionen und Routinen der jeweiligen Office-Anwendung, aber auch die anderer Office Module stehen – ergänzt durch zusätzliche Programmstrukturen – für die Programmierung zur Verfügung.

> **Fachwort** ↗ *ActiveX-Steuerelemente* sind z.B. Kontrollfelder, Listenfelder oder Befehlsschaltflächen. Mit diesen Elementen können Makros zum Automatisieren von Aufgaben ausgeführt werden.

In modernen Versionen von Microsoft Office hat VBA die bisher unterschiedlichen Makrosprachen durch eine im Wesentlichen einheitliche Programmiersprache für alle integrierten Anwendungen ersetzt. Damit lassen sich die jeweiligen Spezialisierungen der Office-Anwendungen im Interesse einer konkreten Aufgabe oder komplexer Handlungsabläufe vereinen.

Trotz oder gerade wegen der hohen Funktionalität der Office-Anwendungen gibt es in der Praxis viele Arbeiten, die für die Anwendung von VBA geeignet sind. Dadurch können die Fähigkeiten der Standardsoftware enorm erweitert werden.

Kapitel 4: Software allgemein

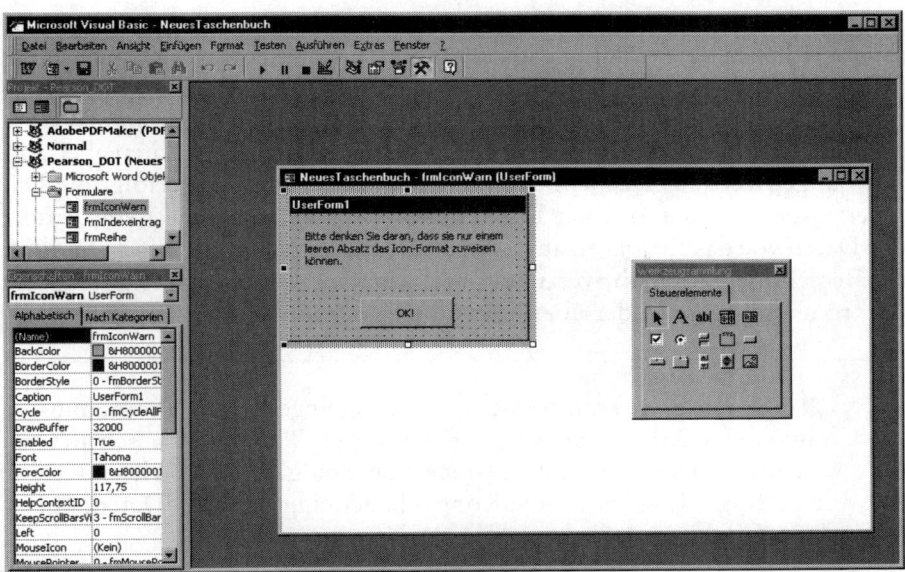

Bild 4.8: Automatisierung von Arbeitsabläufen und Funktionserweiterung in Microsoft Office-Anwendungen durch das integrierte Visual Basic für Anwendungen

Hauptaufgabe vieler Büro-Anwendungen ist die Aufbereitung erfasster Betriebsdaten – Routineaufgaben. Dazu laufen in den Firmen auf der Grundlage immer gleich strukturierter Daten immer wieder gleiche Arbeitsschritte ab. Nach der Datenerfassung aus standardisierten Berichtsformularen werden z.B. Umsatzzahlen verschiedener Verkaufsbereiche zu Umsätzen der Firma bezogen auf Warengruppen zusammengefasst, daraus ein Diagramm erstellt und dieses in einen Monatsbericht integriert.

Die einmalige Erfassung der Umsatzzahlen ist und bleibt notwendig. Wenn die Daten aber einmal erfasst sind, warum dann nicht mit Hilfe von VBA den Rest erledigen? Genau dafür ist diese Programmiersprache ausgelegt: Ein zusätzliches Symbol in der Funktionsleiste angeklickt und schon ist der fällige Monatsbericht fertig. In kürzerer Zeit und vermutlich auch fehlerfreier als handgemacht. Der gesparte Zeitaufwand bei wiederholt ablaufenden Handlungen rechtfertigt die Anstrengungen, die zur Automatisierung der Abläufe erforderlich sind.

Programmierung

Zum anderen kann es aber nützlich sein, den Funktionsumfang von Anwendungen für den Anwender einzugrenzen – eine Praxis, die in vielen größeren Firmen zum Einsatz kommt. Viele Anwender erledigen Arbeiten, bei denen nur ein Bruchteil der vorhandenen Programmfunktionen nötig sind. Warum also den Anwender für die zu lösende Aufgabe mit den Feinheiten aller Anwendungen vertraut machen? Durch den Einsatz von VBA erfolgt die Datenerfassung bequem in einer Datenmaske; die routinemäßige Verarbeitung der Daten wie das Eintragen an die richtige Stelle eines Rechnungsformulars, die Berechnung der Mehrwertsteuer und des Rechnungsbetrages erledigt ein Makro und der Anwender übernimmt die Endkontrolle.

> **Fachwort** ↗ Eine *Datenmaske* stellt für den eingebenden Programmnutzer eine Arbeitserleichterung dar. Dieses Tool bietet beschriftete Eingabefelder, in die die Dateneingabe möglich ist. In vielen Fällen erfolgt gleichzeitig eine Kontrolle der eingegebenen Daten, um Eingabefehler zu minimieren.

Dennoch ist VBA bei aller Einfachheit und Vielfältigkeit keine Programmiersprache für alle. Funktionen, die früher von kleinen Makros erledigt wurden, gehören mittlerweile zum normalen Funktionsumfang moderner Office-Anwendungen. Nunmehr geht es um komplette, vielleicht sogar programmübergreifende Anwendungssysteme, die mit den integrierten Makrosprachen geschrieben werden. Der heutige Anwender kommt also an der Tatsache nicht mehr vorbei, dass VBA eine richtige Programmiersprache ist und auch als solche erlernt werden muss.

Aufgrund der dafür notwendigen Zeit kann davon ausgegangen werden, dass die Automatisierung von EDV-Abläufen durch Makroprogrammierung mit VBA nicht durch jeden Anwender oder in jeder Firma geleistet werden kann oder muss. Denn Arbeitszeit ist genau das, was in den Firmen nur teuer zu haben ist; Freizeit für den Heimanwender ein kostbares Gut. Also können sich nur wenige mit diesen Problemen beschäftigen und sich so tief in die Programmierung mit VBA einarbeiten, dass ein wirklicher Nutzen entsteht.

Die Zeit der spontanen Automatisierung von Programmabläufen am Arbeitsplatz durch jeden Anwender dürfte sich damit dem Ende zuneigen. Die Frage, ob und wie der Umgang mit Microsoft Office zur Aufgabenlösung in der Firma organisiert wird, gehört damit in den Managementbereich. Der muss letztendlich auch über die Kosten entscheiden, die mit einer Programmierung mit VBA verbunden sind. Es kann für eine Firma wesentlich kostengünstiger sein, einen EDV-Dienstleister mit der Programmierung von zusätzlichen Funktionen zu beauftragen oder sogar ganz darauf zu verzichten, als einen eigenen Mitarbeiter in dieses Gebiet einzuarbeiten.

Genauso sinnvoll kann es aber sein, die Entscheidung für ein Erlernen von VBA jetzt zu treffen, da bei allen Verbesserungen, die mit den nächsten Versionen von Microsoft Office auch auf diesem Gebiet noch zu erwarten sind, mit der Integration der Programmiersprache in verschiedene Office-Anwendungen ein zukunftsorientierter Schritt getan wurde. Dabei steht die in Microsoft Office integrierte VBA-Entwicklungsumgebung zur Verfügung.

> **Hinweis** Wegen der weiten Verbreitung der Microsoft Office-Produkte sind einige andere Softwarehersteller, z.B. Corel, dazu übergegangen, in modernen Versionen eigener Software eine Schnittstelle zu VBA herzustellen. In diesem Fall lassen sich völlig verschiedene Anwendungen über eine gemeinsame Programmiersprache automatisieren.

Makros aufzeichnen

Für die Automatisierung eignen sich besonders solche Arbeitsabläufe, die ständig in der gleichen Weise anfallen. Das ist in vielen Anwendungsprogrammen der Fall. Quer durch viele moderne Programme zieht sich also zumindest die Möglichkeit, wiederkehrende Arbeitsschritte maschinell zu protokollieren und die Schrittfolge zu speichern. Diese gespeicherte Schrittfolge kann später im gleichen Zusammenhang durch das Programm wiederholt werden.

Der einfachste Anwendungsfall besteht im Aufzeichnen eines Makros bzw. Scripts. Auf diese Weise können Sie z.B. Routineaufgaben wie das Formatieren bestimmter Textpassagen vereinfachen. Viele Programme unterstützen durch einen Makrorecorder das Neuanlegen dieser nützlichen Helfer. Dieser Recorder zeichnet die durchgeführten Schritte auf und schreibt den dazugehörigen Code in das Makro.

> **Fachwort** ↗ Ein *Makro* oder *Script* ist eine Folge von Befehlen der Anwendungen, die zu einem neuen Befehl zusammengefasst sind.

Die Installation

Wie kommt die Software auf den Rechner? Mit dieser Frage ist jeder Anwender konfrontiert, der ein Programm erworben hat. Dabei ist der Umgang mit neuer Software heute so leicht wie nie zuvor, vor allem wenn die Installations-CD-ROMs über eine Autostart-Funktion verfügen. Bei dieser Funktion ist das gemeinsame Handeln der Hardware und einiger kleiner Programme nötig.

> **Fachwort** ↗ Der Vorgang, bei dem eine bisher nicht vorhandene Software auf einen Arbeitsplatzrechner gelangt, heißt *Installation* oder *Setup*. Gemeint ist ein Paket von Aufgaben, das die korrekte Funktion der Software auf dem neuen Rechner sichert.

▶ Das CD-ROM-Laufwerk eines Windows-Rechners z.B. erkennt, wenn eine neue CD-ROM in den Laufwerksschacht gelangt. In diesem Fall prüft eine kleine Programmroutine, ob auf der CD-ROM eine Datei vorkommt, die einen Namen wie z.B. AUTORUN hat.

▶ Wenn das der Fall ist, dann wird der Dateiinhalt analysiert und das Installationsprogramm startet.

> **Hinweis** ◀ Die Autostartfunktion ist für die Windows-Welt Standard, andere Betriebssysteme bieten ähnlichen Komfort bei der Installation, auch wenn manchmal die Installation manuell gestartet werden muss.

Kapitel 4: Software allgemein

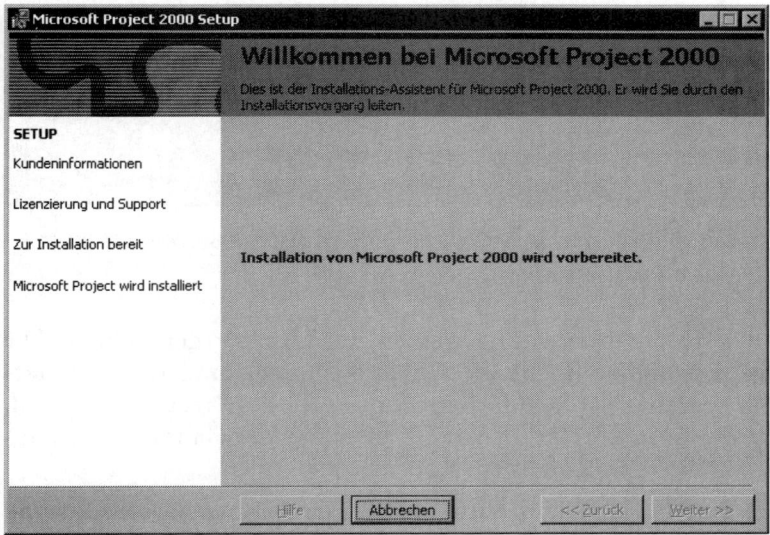

Bild 4.9: Moderne Installationsassistenten machen die Installation leicht.

Installation mit Setup-Programm

Setup-Programme haben die Aufgabe, die nötigen Bestandteile eines Programms auf dem lokalen Datenträger eines Rechners abzulegen. Außerdem treffen sie einige organisatorische und technische Vorbereitungen, um die korrekte Programmfunktion zu gewährleisten. Im Gegensatz zu den Kindertagen des PC beschränken sich diese Vorbereitungen nicht mehr nur auf das Kopieren der Daten vom Installationsdatenträger auf die Festplatte.

▶ Unmittelbar nach dem Start prüft ein solches Setup-Programm zunächst, ob die Bedingungen für die korrekte Installation vorhanden sind. Geprüft wird das Betriebssystem, die Versionsnummern vorhandener Komponenten und das Vorhandensein wichtiger Bibliotheken. Ist das nicht der Fall, dann bricht das Setup den Vorgang sofort ab. Dann bleibt dem Anwender nichts anderes übrig, als das System nach den Wünschen des Programms zu verändern oder auf das Programm zu verzichten.

▶ Nach den vorbereitenden Maßnahmen bieten die meisten Setup-Programme einen Willkommensbildschirm, der einer weiteren Installation vorangeht. Erst die Bestätigung dieser Begrüßung leitet den Installationsprozess ein.

245

Die Installation

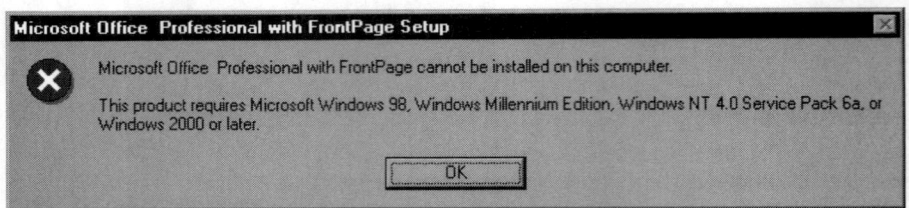

Bild 4.10: Das Setup-Programm hat ein veraltetes Betriebssystem erkannt – das Programm wird nicht installiert.

▶ Zu Beginn der Bestätigung werden die Lizenzfragen geklärt. Die Setup-Programme fragen die Schlüsselnummer bzw. den Produktkey der Software ab und fordern zum Lesen des Lizenzvertrags auf. Erst wenn das korrekt erfolgt ist, geht die Installation weiter, andernfalls erfolgt ebenfalls ein Abbruch.

▶ Nach den Formalitäten wird der Kopiervorgang vorbereitet und ausgeführt. Alle nötigen Daten gelangen vom Installationsdatenträger in ein extra vorbereitetes Verzeichnis oder an definierte Plätze, z.B. den Windows-Systemordner.

Installationsvarianten

Einige Programme bieten eine Auswahl für die Art der Installation. Meist sind die Varianten Standard, Benutzerdefiniert, Minimal und CD-ROM-basisert im Angebot.

▶ Die Standardvariante enthält alle für eine typische Programmausführung nötigen Komponenten. Sie ist immer dann zu empfehlen, wenn der Platz auf einem Datenträger knapp oder die Funktionalität des Programms noch nicht bekannt ist.

▶ Die benutzerdefinierte Variante kommt zum Einsatz, wenn der Anwender vorab festlegen möchte, welche Komponenten auf die Festplatte gelangen sollen. Diese Variante kommt vor allem dann zum Einsatz, wenn eine vollständige Installation des Programms mit allen zugehörigen Komponenten gewünscht wird.

Kapitel 4: Software allgemein

▶ Eine minimale Installation kopiert nur die unbedingt zur Progammausführung nötigen Daten auf die Festplatte des Rechners. Viele Funktionen werden nicht installiert: Diese Art ist vor allem platzsparend, erfordert aber das Nachinstallieren der Funktionen, wenn sie gebraucht werden.

▶ Die CD-ROM-basierte Installation kopiert ebenfalls nur die nötigsten Daten auf die Festplatte, im Extremfall nur eine Verknüpfung für den Programmstart. Diese Installation benötigt die in das Laufwerk eingelegte CD-ROM, damit das Programm ausgeführt werden kann.

In einigen Fällen, besonders bei Spielen oder in Programmpaketen ist eine gemischte Installation anzutreffen, die sich nur durch vollständige Installation der Software beheben lässt.

▶ Einige Spiele belassen das aufwändige Intro – die einleitende Videosequenz – und andere multimediale Effekte auf der CD-ROM und fordern die CD-ROM an, um die gewünschten Daten zu erhalten.

▶ In Microsoft Office und anderen Programmpaketen gibt es eine Installation bei Bedarf: Für einige Funktionen wird lediglich ein Platzhalter installiert. Wenn der Benutzer eine solche Funktion nutzen möchte, erfolgt eine automatische Nachinstallation der fehlenden Komponente. Auch in diesem Fall wird die CD-ROM benötigt und vom Setup-Programm angefordert.

▶ Der Kopiervorgang dauert seine Zeit und ist irgendwann beendet. Danach schließt die Installation meist noch nicht, da noch einige Arbeiten folgen. Moderne Programme melden sich beim Betriebssystem an, registrieren die mitgebrachten Dateitypen, legen Starbutton oder ähnliche Verknüpfungen an und bringen das Deinstallationsprogramm auf dem Datenträger unter.

> **Fachwort** ↗ Die *Registrierung* von Programmen ist die Aufnahme wichtiger Programminformationen in eine zentrale Liste, die zur Verwaltung des Computers angelegt wird. Danach »wissen« alle auf dem PC vorhandenen Programme und vor allem das Betriebssystem, dass es dieses neue Programm gibt und wie es behandelt werden muss.

Die Installation

▶ Nach Abschluss aller Arbeiten meldet sich das Setup-Programm mit einer Erfolgsmeldung über die abgeschlossene Installation. In vielen Fällen, vor allem unter Windows wird vom Setup-Programm ein Neustart des Rechners vorgeschlagen und bei Bestätigung ausgelöst. Dieser Neustart ist vor allem dann erforderlich, wenn das neue Programm Systemdateien ersetzt oder gar verändert hat.

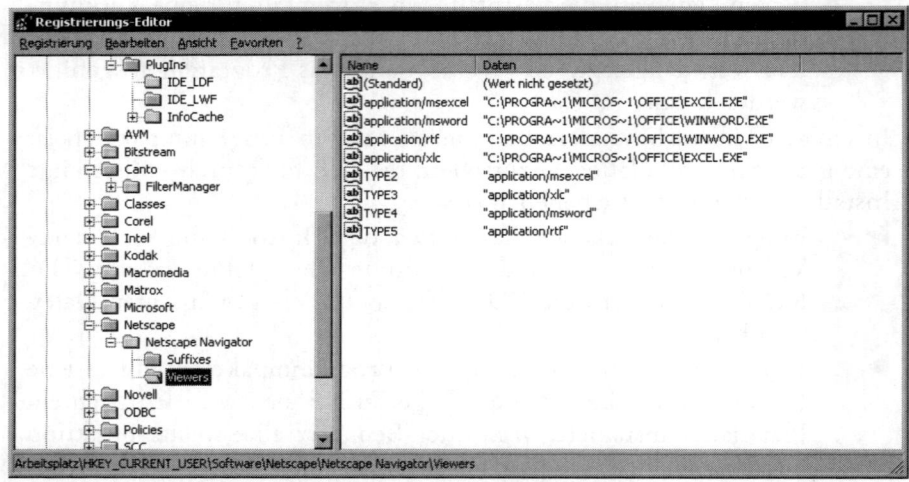

Bild 4.11: Neue Programme tragen sich unter Windows in die Registrierung ein.

> **Achtung** ⬇ Auch wenn ein Setup-Programm nicht ausdrücklich einen Programmneustart fordert: Unter Windows sollte ein solcher Neustart nach jeder Installation erfolgen. Dazu wird Windows heruntergefahren, der Computer etwa zehn Sekunden abgeschaltet und dann neu eingeschaltet.

Nach erfolgter Installation und dem Rechnerneustart ist das Programm bereit zum ersten Start. Wie der erste Start erfolgen soll, wird entweder während oder am Ende der Installation erklärt oder es wird ein deutlich sichtbares Symbol bzw. ein Menüeintrag erzeugt.

Oft erfolgt beim ersten Programmstart zunächst eine interne Programmorganisation, mit der ein Programm auf die Ausführung vorbereitet wird. Besonders bei Spielen bietet das Programm dann zunächst einen Überblick über Programmfunktionen und Steuermechanismen an und fordert eventuell dazu auf, die automatisch ermittelte Hardwarekonfiguration zu überprüfen.

Nachinstallationen

Nicht in jedem Fall ist beim ersten Arbeitsgang die komplette Software auf den Rechner gelangt. Beim Ausprobieren der Software macht entweder das Programm selbst auf weitere mögliche Funktionen aufmerksam oder der Benutzer bemerkt, dass eine erwartete Funktion nicht vorhanden ist. In diesem Fall ist eine Nachinstallation erforderlich, um fehlende Komponenten auf die Festplatte zu bekommen.

In modernen Programmen ist auch für diesen Fall das Setup-Programm zuständig. Beim erneuten Start des Programms merkt dieses, dass die zum Programm gehörenden Komponenten bereits installiert sind und schaltet in einen Wartungsmodus um. Dieser Wartungsmodus analysiert zunächst, welche Komponenten das Programm bietet und welche davon bereits installiert sind. Ähnlich wie bei einer benutzerdefinierten Installation kann dann ausgewählt werden, welche Komponenten hinzugefügt werden sollen.

> **Hinweis** Das gleiche Verfahren kommt zur Anwendung, wenn überflüssige Programmkomponenten aus Platzgründen vom Rechner entfernt werden sollen.

Ein besonders komfortables Beispiel für die Verwaltung der installierten Software bieten moderne Windowsversionen. Ein Klick auf das Symbol SOFTWARE in der Systemsteuerung aktiviert ein Verwaltungstool, das den Weg zur Ergänzung der Windowsinstallation, zur Veränderung installierter Programme und zur Neuinstallation von Software ebnet. Dieses Tool nutzt die Tatsache aus, dass sich die bereits installierten Programme ordnungsgemäß registriert haben. Ein Klick auf ÄNDERN/ENTFERNEN oder eine ähnlich beschriftete Schaltfläche startet das zugehörige Setup-Programm, das die installierten Komponenten verwaltet oder gänzlich entfernt.

Die Installation

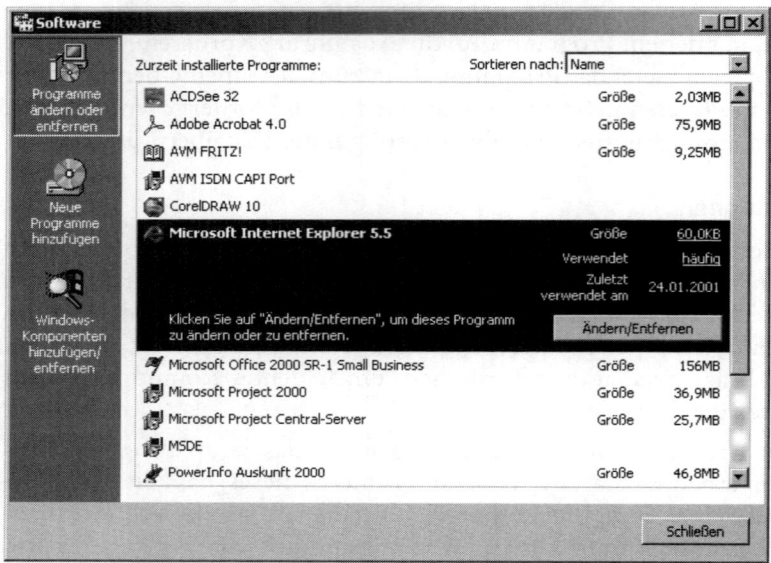

Bild 4.12: Softwareverwaltung unter Microsoft Windows 2000

Deinstallation von Programmen

Das Entfernen von nicht mehr benötigten Programmen ist kein kompliziertes Verfahren, da diese Deinstallation meist ebenfalls durch das Setup-Programm erfolgt. Dennoch ist das Verfahren keinesfalls unproblematisch. Das hängt mit dem komplizierten Installationsverfahren zusammen, bei dem nicht nur Daten kopiert worden sind.

Deshalb ist es in keinem Fall ausreichend, die zum Programm gehörenden Daten einfach zu löschen. Bei diesem Verfahren verbleiben vor allem die Bibliotheken oder Programmkomponenten auf dem Rechner, die an zentrale Plätze kopiert wurden. Auch die Einträge in die Registrierung werden nicht entfernt. Vor allem diese Tatsache kann ein Betriebssystem mächtig verwirren, da es weiter von der Existenz des Programms ausgeht und im Bedarfsfall ins Leere greift. Vor allem unter Windows sind Systemabstürze die Folge.

> **Fachwort** ↗ Ein *Systemabsturz* bezeichnet ein anormales Verhalten eines Computers, bei dem wichtige Funktionen, z.B. die Tastatur oder der Bildschirm, ausfallen. Im Extremfall startet der Rechner selbstständig neu: nicht gespeicherte Daten sind verloren.

Dieses Problem umgehen die von den Herstellern vorgesehenen Deinstallationsroutinen, die praktisch die abgelaufene Installation umkehren: Registrierungseinträge werden entfernt, hinzugefügte Dateien und Ordner gelöscht und alle Spuren des Programms mit Ausnahme vom Benutzer angelegter Elemente beseitigt. Für die Mehrzahl der Programme sind aber die DLLs ein Problem, da diese auch für andere Programme nötig sein könnten. In diesem Fall fragt das Programm den – davon meist völlig überraschten – Benutzer, ob diese Daten ebenfalls gelöscht werden sollen. Hier gilt die Regel: Im Zweifelsfall werden DLLs nicht entfernt!

Deinstallationsprogramme und Regcleaner

Wenn das Programm keine eigene Routine zur Deinstallation mitbringt, dann sollten so genannte *Deinstallationsprogramme* helfen. Diese Tools versprechen, jede auf dem PC aufgebrachte Software rückstands- und vor allem fehlerfrei vom PC zu entfernen. Das stimmt meist aber nur dann, wenn das Tool bereits installiert und aktiv war, als das zu entfernende Programm installiert wurde. Nur in diesem Fall ist gewährleistet, dass alle auf die Festplatten gelangten Daten und Registrierungseinträge bekannt sind und entfernbar sind.

Regcleaner haben dagegen die Aufgabe, die Registrierungsdatei zu entrümpeln. Diese Tools durchforsten dazu die Registrierung und entfernen Einträge, die als überflüssig erkannt werden. Diese Tools sind ebenfalls mit Vorsicht einzusetzen, da besonders bei »exotischen« Programmen, z.B. bei Shareware aus dem Internet, nicht in jedem Fall korrekte Ergebnisse erreicht werden.

Software aus dem Internet

Die Weiterentwicklung auf dem Softwaresektor ist eng mit der Entwicklung des Internets verbunden. Moderne Programme werden immer umfangreicher und unterliegen auch nach Fertigstellung weiteren Veränderungen. Außerdem ist bei vielen Standardprogrammen zu verzeichnen, dass beinahe jeder Anwender andere Funktionen nutzt. Viele Funktionen sind vorhanden, bezahlt und dennoch nicht nötig.

Es gibt daher bereits Versuche, Programmmodule im Internet bereitzustellen und auf dem Rechner nur ein Rumpfprogramm zu installieren. Wenn der Nutzer auf Funktionen zugreift, stellt der Rechner die Verbindung zum Softwarepool her und holt die nötige Funktion ab. Erst in diesem Fall wird der Betrag für die Softwarenutzung fällig.

Andere Konzepte gehen von einer ständigen Verbindung zum Internet aus. In diesen Modellen wird die Software nicht mehr auf dem Einzelplatz installiert: Alle Komponenten werden zur Laufzeit des Programms aus dem Internet angefordert. Nur die Verarbeitung der Daten und die Ablage der Ergebnisse erfolgt auf dem lokalen Rechner.

Ebenfalls in Verbindung zu den Angeboten im Internet stehen Softwareroboter, die in Verbindung mit neuer Software erworben werden. Solche Roboter sind z.B. das Windows-Updateprogramm oder die Versionsprüfung im Microsoft Internet Explorer. Beim Zugriff auf das Internet prüfen diese Roboter ständig, ob an einer definierten Stelle Programmerweiterungen, Updates oder Bugfixes vorliegen. In den meisten Fällen wird der Anwender über die Arbeit im Hintergrund informiert – einige Roboter sind ausschließlich unbemerkt tätig.

Auch für die ständig neuen Versionen moderner Programme, die beinahe im Jahresabstand über den Anwender hereinbrechen, gibt es neue Varianten: Die Software wird nicht mehr gekauft, sondern für die Dauer des Einsatzes gemietet. Wie beim Leasing von Fahrzeugen ist das eine Variante, die für den wirtschaftlichen Bereich bedeutsam ist. Erstens fallen die Mietkosten in »kleineren« Beträgen monatlich an und zweitens ist die Aktualität gesichert: Für eine neue Version wird ein neuer Mietvertrag abgeschlossen.

Ob sich die derzeitigen Entwicklungen tatsächlich bis in den Heimbereich auswirken, bleibt abzuwarten: Die Entscheidung darüber wird bei den Anbietern der Internetverbindungen liegen. Erst wenn der Dauerzugriff auf das Internet in einem zumutbaren Kostenbereich liegt, werden neue Konzepte greifen.

Kapitel 5
Office-Programme

Der Siegeszug des Computers begann, als er die Schreibmaschine und die mechanische Rechenmaschine effizient ersetzen konnte. Auch heute ist der Einsatz von Bürosoftware noch das Haupteinsatzgebiet der Rechenknechte, zumindest im betrieblichen Umfeld, dem »Office«. Im Heimbereich sind viele Aufgabenstellungen mit dem PC und der zugehörigen Software ebenso lösbar: Schriftverkehr mit Behörden und Institutionen, Videoverwaltung und Haushaltsbuchführung. Dazu sind spezielle Programme nötig, die unter den Sammelbegriff »Office-Programme« fallen. Diese Officeprogramme existieren in ganz unterschiedlichen Formen und Preisklassen, haben aber ähnliche Grundfunktionen. Das folgende Kapitel gibt einen Überblick über wichtige Programmfunktionen und den Einsatz der richtigen Programme.

Textverarbeitungsprogramme

Das Textverarbeitungsprogramm ist wahrscheinlich die Anwendung, die Sie im Alltag am häufigsten benötigen. Wie der Name schon andeutet, geht es nicht nur um das Schreiben und Drucken von Texten, sondern um umfangreiche Funktionen zur Be- und Verarbeitung von Texten. Das Einsatzgebiet moderner Textverarbeitungsprogramme reicht vom Brief über wissenschaftliche Arbeiten und Massensendungen bis hin zu zeitungsähnlichen Druckstücken und Internetseiten. Es gibt heute kaum noch einen gestalteten Text, den Sie nicht mit einem Textverarbeitungsprogramm erstellen können.

Microsoft Word, StarOffice Writer, WordPerfect, Lotus Word Pro und Textmaker sind z.B. Textverarbeitungsprogramme mit hoher Funktionalität. Neben üblichen Standardfunktionen zum Erstellen und Bearbeiten von Texten stehen Ihnen viele komfortable Funktionen als Arbeitshilfen zur Verfügung. Kompatibilität zu anderen Programmen, Internationalität und Internettauglichkeit sind einige Stichworte. Darüber hinaus stellen alle diese Programme eine Vielzahl von Vorlagen für Musterdokumente bereit.

Allen Programmen gemeinsam ist die Erzeugung von Fließtext. Einer Perlenkette gleich reihen Sie bei der Texteingabe Zeichen an Zeichen. Auch für besondere Stellen im Text, z.B. für den Beginn einer neuen Seite, erzeugen

Textverarbeitungsprogramme

Sie mit Hilfe der Tastatur oder auf andere Weise eine Perle in der Kette. Das Textverarbeitungsprogramm interpretiert die Zeichen und stellt den Text in der gewünschten Form auf dem Bildschirm bzw. beim Ausdruck auf dem Papier dar. Je nach Aufgabe innerhalb der Perlenketten unterscheidet das Programm druckbare Zeichen, z.B. Buchstaben und nicht druckbare Steuerzeichen. So wird z.B. das mit der ⎡Enter⎤-Taste erzeugte Zeichen für eine Absatzschaltung nicht gedruckt, sondern durch das Programm ausgewertet. Dieses Steuerzeichen enthält wichtige Informationen über den Absatz, z.B. die verwendete Schrift, Abstände zwischen den Zeilen, Umrahmungen, Sprache und viele weitere Details, die das Textverarbeitungsprogramm für die korrekte Darstellung des Textes benötigt.

Bild 5.1: Diese Visitenkarten sind Kombinationen aus Texten und Bildern, die mit Hilfe eines Textverarbeitungsprogramms für den Druck auf einem handelsüblichen Visitenkartenbogen platziert sind.

> **Fachwort** ↗ Ein *Absatz* (Paragraph) ist der sachlich zusammengehörende Text hinter einem Absatzende bis einschließlich der nächsten Absatzendemarke. Absätze bestehen meist aus mehreren Sätzen.

Einsatzgebiete und Funktionen

Die Texterfassung und -bearbeitung war eine der ersten Funktionen, die Personalcomputer im Arbeitsleben übernahmen. Abgesehen von speziellen Anwendungen waren es Programme dieses Typs, die die Verbreitung des Computers bis in die Haushalte erst ermöglichten. Zuerst wurde in vielen Anwendungsbereichen die Schreibmaschine ersetzt. Die Vorteile eines professionellen Textprogramms gegenüber diesem mittlerweile altertümlich anmutenden und in der jungen Generation kaum noch bekannten Gerät liegen auf der Hand:

▶ Einmal geschriebene Texte sind reproduzierbar. Sind die Texte in computerlesbarer Form vorhanden, lassen sie sich immer wieder neu verwenden. Im einfachsten Fall stehen die Texte für die Korrektur von Fehlern zur Verfügung. Aber auch die Weitergabe an andere Bearbeiter oder die Wiederverwendung von wichtigen Elementen für andere Zwecke – z.B. für wiederkehrende Anschreiben – ist jederzeit möglich.

▶ Moderne Textverarbeitungsprogramme enthalten umfangreiche Hilfsfunktionen. Assistenten, Rechtschreib- und Grammatikprüfung oder Textbausteine erleichtern das Erstellen professioneller Schriftstücke und entlasten Sie bei vielen Standardaufgaben. Der inhaltliche Aspekt der Texterstellung rückt dadurch in den Vordergrund. Außerdem erhalten Sie in vielen Anwendungsbereichen »heimliche« Unterstützung durch die Programme: Automatische Korrekturfunktionen sind heute in der Lage, selbstständig typische Schreibfehler zu korrigieren.

> **Fachwort** ↗ *Textbausteine* oder *Autotexte* sind häufig genutzte Textelemente, die über ein Kürzel in den Text geholt werden. Typische Beispiele sind Grußformeln oder Standardtexte im Mahnwesen.

Textverarbeitungsprogramme

▶ Mit neuen Formatierungsmöglichkeiten – z.B. Verwendung verschiedener Schriftarten, Einfügung grafischer Linien, aber auch durch Integration von Abbildungen in den Text – stoßen »Textverarbeitungsprogramme« in Dimensionen vor, die noch vor wenigen Jahren professionellen und teuren Programmen für den Drucksatz vorbehalten waren.

> Fachwort ➚ *Formatierung* ist der Sammelbegriff für alle Handlungen, mit denen Sie das Aussehen eines Dokuments verändern.

▶ Fit fürs Internet: Mit diesen wenigen Worten ist die Fähigkeit von modernen Textverarbeitungsprogrammen korrekt beschrieben, mit dem HTML-Format umzugehen. Es gibt kaum noch ein Programm, mit dem Sie nicht direkt einen geschriebenen Text samt Bildern in eine Form bringen können, die sofort im Internet einsetzbar ist.

Fazit: Nicht nur im Büroalltag, auch im Privatbereich ist ein Textverarbeitungsprogramm nötig, wenn es um die Erstellung und Bearbeitung von Texten aller Art geht. Nur diese Programme bieten alle Funktionen für die jeweilige Aufgabenstellung, um Text in gestalteter Form zu Papier zu bringen. Die notwendige Arbeitsweise ist aber vom gewünschten Ergebnis abhängig. Während Sie einen einfachen Brief noch mit wenigen Kenntnissen über die Programmfunktionen zu Papier bringen können, sind z.B. für wissenschaftliche Arbeiten mit Abbildungen, Fußnoten und Inhaltsverzeichnissen mehr Kenntnisse nötig. Sie können von einem Textverarbeitungsprogramm nur die Dinge verlangen, die Sie durch Ihre Arbeit vorbereitet haben: Ein automatisches Inhaltsverzeichnis kann das Programm nur erzeugen, wenn Sie die dafür zu verwendenden Überschriften im Text auf besondere Weise gekennzeichnet haben.

Briefe schreiben

Das Schreiben von Briefen ist meist der erste Berührungspunkt mit einem Textverarbeitungsprogramm. Und schon sind Sie mitten im Problem: Sie haben kein anfassbares Briefpapier.

Beim Einsatz von Papier und Stift ist alles einfach: Sie suchen sich den richtigen Ausgangspunkt, setzen den Stift an und schreiben los. Während des

Schreibens behalten Sie stets den Überblick, wo sich die Zeichen befinden, wann eine Zeile oder gar eine Seite zu Ende ist.

Anders beim Textverarbeitungsprogramm: Es stellt zwar eine leere Seite auf dem Bildschirm dar, die Platzierung der Zeichen muss jedoch mit Hilfe von Tastatur bzw. Maus erfolgen. Auf dem Bildschirm ist selten die gesamte Seite vollständig zu sehen. Der Erfolg der Arbeit entscheidet sich endgültig beim Ausdruck: Passt die Anschrift in das Fenster des Briefumschlags oder nicht?

Zur Lösung dieses Grundproblems bieten Textverarbeitungsprogramme umfangreiche Hilfsmittel, mit denen Sie die Platzierung des Texts bestimmen.

▶ Zunächst ist jedes Dokument durch Seitenränder in einen beschreibbaren Bereich, den Satzspiegel, und eine Randzone eingeteilt. Bei der Eingabe des ersten Zeichens in einem Dokument beginnen Sie also nicht ganz oben links in der Blattecke, sondern ein Stück darunter. Das Programm sorgt also dafür, dass Sie wie mit einem Stift einen gewissen Abstand zum Blattrand einhalten.

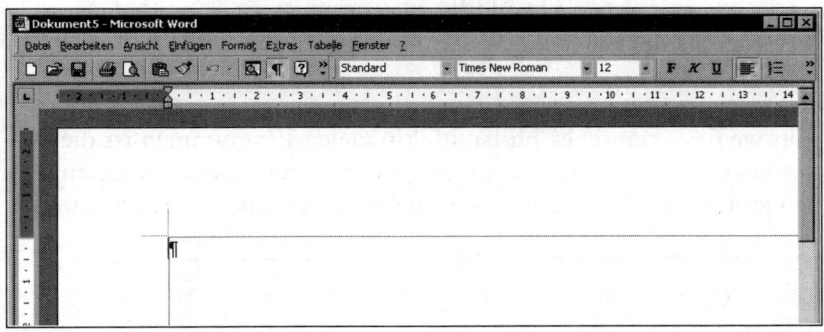

Bild 5.2: Die obere linke Ecke eines imaginären Blatts im Textverarbeitungsprogramm: Sichtbar sind die Blattkanten und der Rand des Satzspiegels. Das leere Dokument enthält bereits ein (nicht druckbares) Zeichen: das Absatzendezeichen

▶ Für die Orientierung auf dem Blatt finden Sie in den Textverarbeitungsprogrammen die Lineale. Meist ist dieses Hilfsmittel direkt über der Arbeitsfläche angeordnet. In einigen Ansichten stehen Ihnen ein horizontales und ein vertikales Lineal zur Verfügung. Neben einer Orientierung zur Platzierung des Textes auf der Seite

Textverarbeitungsprogramme

dienen die Lineale z.B. zur Einstellung von Tabulatoren oder Absatzeinzügen. Absatzeinzüge sind Abweichungen vom normalen Seitenrand, die nur für einzelne Absätze gelten. Lineale sind oft interaktive Werkzeuge, deren Funktionen Sie mit Hilfe der Maus oder über spezielle Dialogboxen steuern.

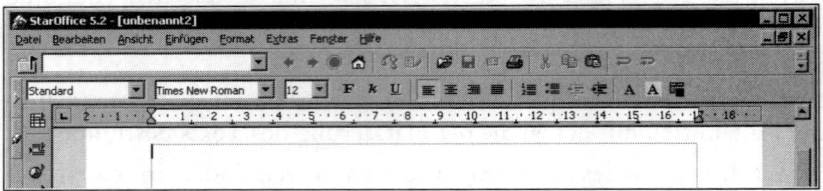

Bild 5.3: Lineale am Arbeitsbildschirm helfen, den Überblick im Dokument zu behalten.

> **Fachwort**
>
> ↗ *Dialogboxen* sind Fensterelemente, die Sie für die Arbeit mit dem Programm nutzen. Mit Hilfe der vorhandenen Steuerelemente verändern Sie die Funktionsweise des Programms.

▶ Ein weiteres typisches Hilfsmittel in vielen Programmen ist die Statusleiste an der unteren Begrenzung der Arbeitsfläche. In vielen Fällen gibt sie Auskunft über die aktuelle Platzierung der Schreibmarke.

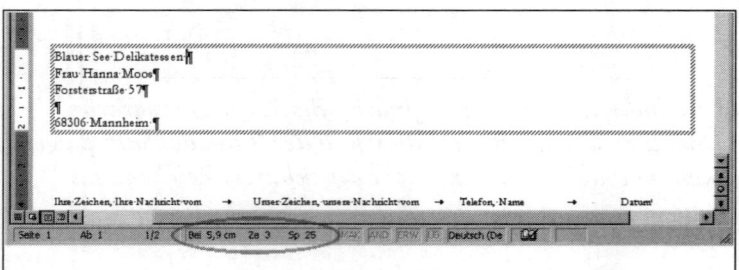

Bild 5.4: Ein Blick in die Statuszeile – hier Microsoft Word – gibt Sicherheit: Die Adresse wird nach dem Ausdruck im Umschlagfenster Platz finden.

Kapitel 5: Office-Programme

▶ Für die exakte Platzierung von Texten auf der Arbeitsfläche stellen die Textverarbeitungsprogramme besondere Elemente bereit. Tabellen, Textfelder oder Positionsrahmen bzw. Textrahmen – auch wenn die Benennung zwischen den Programmen variiert, der Zweck ist in jedem Fall der gleiche. Durch diese Elemente schaffen Sie einen speziellen Platz für die exakte Platzierung von Text auf der Seite. In diesen Fällen erzeugen Sie quasi einen Container, in den Sie den Text einfügen. Durch Platzierung des Containers bzw. durch Veränderung der Außenmaße gestalten Sie indirekt den enthaltenen Text: Besonders auf Seiten im Internet können Sie diese Eigenschaften von Text in Containern beobachten.

Wie Sie diese Elemente am Besten miteinander kombinieren, erfahren Sie in entsprechenden Fachbüchern oder in Seminaren. Für eigene Lernschritte werfen Sie einen Blick in die mit den Programmen gelieferten Musterdokumente. Übliche Begriffe sind Vorlage, Dokumentvorlage oder Master.

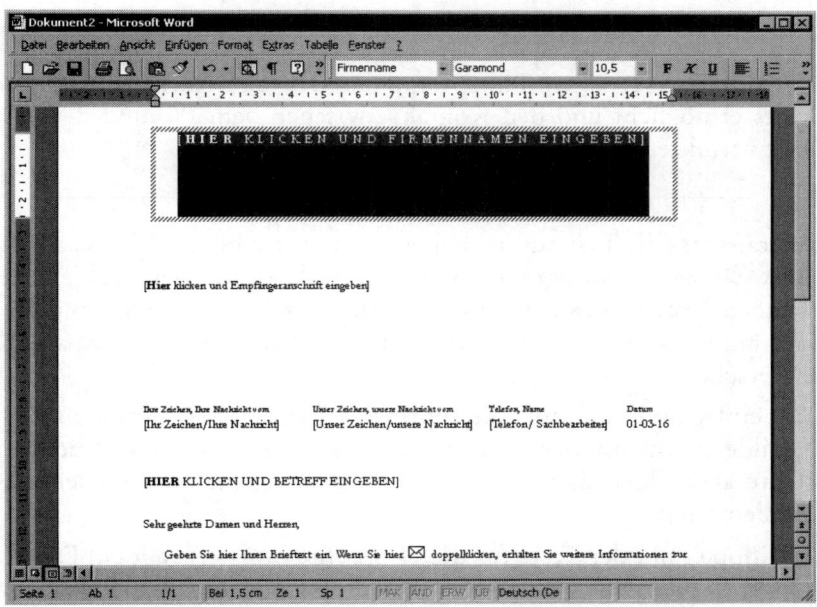

Bild 5.5: Mit Hilfe dieser allgemeinen Briefvorlage erstellen Sie schnell ein Muster für den eigenen Briefwechsel.

Textverarbeitungsprogramme

Alle diese Muster enthalten allgemeine Informationen und platzierte Elemente, die Sie nur noch auf Ihre speziellen Bedürfnisse anpassen müssen. Oft helfen Bereiche mit dem deutlichen Hinweis »Hier klicken«, um die Vorgaben zu überschreiben. Nach dieser Anpassung müssen Sie die veränderten Muster speichern, um Sie für die spätere Wiederverwendung zu sichern. Das ist der Vorteil elektronischer Dokumente: Sie sind nach Erstellung immer wieder zu verwenden und können als Grundlage für eine Vielzahl weiterer Dokumente dienen. Das spart Zeit, denn die meiste Zeit im Umgang mit einem Officeprogramm ist für die Dateneingabe nötig.

Besondere Zeichen

Immer wieder haben Sie bei Office-Dokumenten das Problem, besondere Zeichen schreiben zu müssen. Aktuelle Beispiele sind Mailadressen der Form JEMAND@IRGENDWO.DE oder das Eurosymbol. Nicht auf jeder Tastatur sind diese Zeichen sofort sichtbar. Aber selbst dann, wenn Sie die Zeichen auf der Tastatur finden, ist der Zugriff nicht immer ganz einfach.

> **Fachwort** ↗ Ein *Treiber* ist ein Hilfsprogramm, das die Bedienung eines Geräts ermöglicht und den Kontakt zwischen dem PC und dem Gerät vermittelt.

Das liegt daran, dass die Tastatur über einen Tastaturtreiber an den PC angeschlossen ist. Dieses Hilfsprogramm bestimmt, welches Zeichen nach einem entsprechenden Tastendruck auf dem Bildschirm erscheint. Außerdem muss eine Schrift aktiviert sein, deren Zeichensatz auf dem Bildschirm bzw. im Dokument erscheint.

- Ein einfacher Druck auf eine »normale« Taste erzeugt die darauf abgebildeten Buchstaben. Sind mehrere Zeichen auf der gedrückten Taste abgebildet, dann ist die untere Reihe gemeint, z.B. bei den Zahlentasten.

- Gekoppelt mit der Taste für die Großschreibung erzeugt ein Druck auf eine »normale« Taste die darauf abgebildeten Buchstaben in Großschreibung. Sind mehrere Zeichen auf der gedrückten Taste abgebildet, dann ist die obere Reihe gemeint. Bei den Zahlentasten erzeugen Sie damit z.B. das Gleichheitszeichen bzw. das Fragezeichen. Die Taste für die Großschreibung ist die `Shift`-Taste, auch Umschalttaste genannt. Sie ist links bzw. rechts über der `Strg`-Taste angeordnet.

> **Hinweis**
>
> Während das @-Zeichen auch auf älteren Computern verfügbar ist, finden Sie das Zeichen € nur auf neueren Tastaturen. Ob das Symbol aber erscheint, hängt von den installierten Schriften ab.

▶ Einige Tasten der Tastatur tragen ein Zeichen in der rechten unteren Ecke. So finden Sie auf der Taste `Q` das bereits erwähnte at-Zeichen @ und beim `E` das Eurosymbol €. Diese Tastenbelegung erreichen Sie mit der Alternativen Großschreibung, Taste `Alt Gr`: Sie halten die Taste nieder und drücken dann z.B. die Taste `E`, damit das Eurosymbol erscheint.

Das beschriebene Verfahren ist naturgemäß auf die Zeichen beschränkt, die auf der Tastatur abgebildet sind. Damit sind aber noch längst nicht alle Zeichen schreibbar, die im Standardzeichensatz verfügbar sind. Dieser besteht aus dem einfachen und dem erweiterten Teil: Nur der einfache Teil ist direkt über zugeordnete Tasten erreichbar. Für die Zeichen aus dem erweiterten Teil sind Hilfsmittel oder »Tricks« nötig.

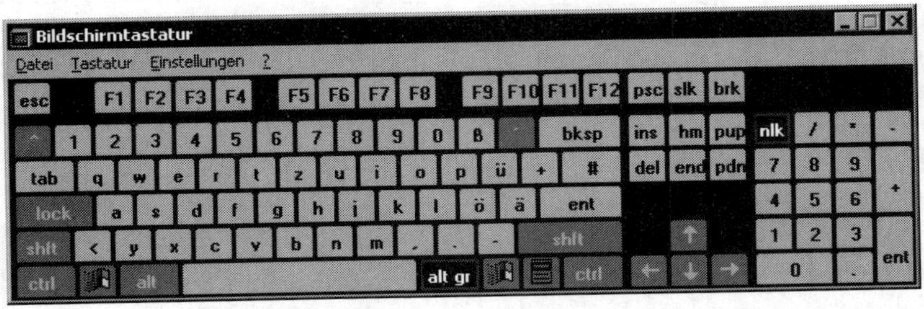

Bild 5.6: Die Taste `Alt Gr` rechts neben der Leertaste ist für alternative Zeichen zuständig.

In Textverarbeitungsprogrammen finden Sie meist im Menü EINFÜGEN eine Funktion, mit der Sie Sonderzeichen bzw. Symbole einfügen. Diese Funktion verhält sich in allen modernen Textverarbeitungen komfortabel: Aus einer Zeichentabelle wählen Sie das Sonderzeichen und fügen es über angeordnete Schaltflächen direkt in das Dokument ein.

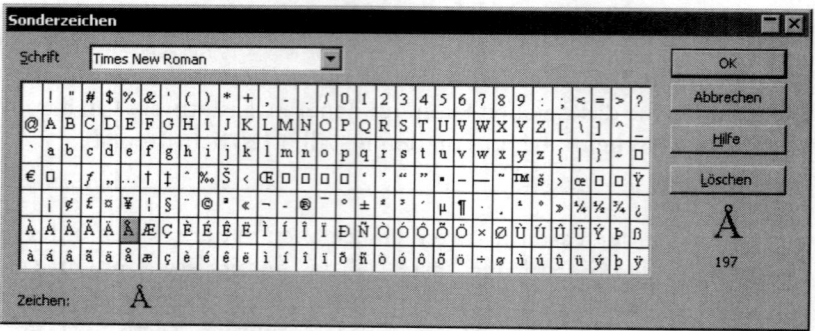

Bild 5.7: Zeichentabelle in StarOffice Writer

Das Bild zeigt einen Standardzeichensatz der Schriftart TIMES NEW ROMAN. Zu erkennen ist das gewählte Zeichen, das nach einem Klick auf OK im Textdokument erscheint.

Die abgebildete Zeichentabelle zeigt noch eine weitere Eigenschaft der Zeichen im Standardzeichensatz. Unterhalb des gewählten Buchstabens erscheint eine Ziffernfolge, mit der Sie das Zeichen direkt im Text mit der Tastatur schreiben. Der »Trick«: Sie halten die [Alt]-Taste nieder und drücken nacheinander die Tasten [0] [1] [9] [7] auf dem Ziffernblock der Tastatur. Nach der letzten Ziffer geben Sie die [Alt]-Taste frei: Das Zeichen erscheint im Text. Beachten Sie dabei aber, dass die Art des Zeichens von der gewählten Schriftart abhängt: Wenn z.B. die Schriftart WINGDINGS – ein Symbolzeichensatz – eingestellt ist, dann erscheint statt Å das Zeichen ✌.

> **Fachwort**
>
> ↗ Ein *Symbolzeichensatz* ist eine besondere Schriftart, die anstelle von »normalen« Buchstaben Symbole enthält, mit denen Sie auf einfache Weise Texte illustrieren.

Seitennummerierungen

Während Briefe meist nur eine einzige Seite beanspruchen, benötigen Berichte oder wissenschaftliche Arbeiten einen größeren Seitenumfang. Auch in diesem Fall sind sich alle Textverarbeitungsprogramme einig: Sobald der Text nicht mehr auf einer Seite unterzubringen ist, wird automatisch eine neue Seite erzeugt. Alternativ können Sie einen Seitenumbruch erzwingen, indem Sie manuell einen Seitenwechsel mit der Tastatur schreiben. Durch das Einfügen eines manuellen Seitenwechsels erzeugen Sie ein Steuerzeichen, das die danach folgenden Zeichen auf die neue Seite schiebt.

Bereits bei zwei Seiten beginnt das Problem: Wie soll die Seitennummerierung erfolgen? Das manuelle Verfahren, die Seitenzahlen jeweils am Seitenende selbst einzuschreiben, ist nicht zu empfehlen. Wenn Sie die Seitenzahlen selbst über die Tastatur hinzufügen, dann müssen Sie die Zahlen bei jeder kleinen Veränderung kontrollieren und nacharbeiten.

Für solche und ähnliche Probleme halten Textverarbeitungsprogramme im Hintergrund Informationen zum Dokument bereit. Jedes Programm ist in der Lage, die Zahl der Seiten eines Dokuments bzw. die aktuelle Seitenzahl zu ermitteln. Die Seitenanzeige in der Statusleiste ist ein sicherer Beweis für diese Fähigkeit. Deshalb müssen Sie nur noch dafür sorgen, dass das Textverarbeitungsprogramm die Seitenzahl ermittelt und selbstständig in den Text einträgt. Diese Aufgabe übernehmen Felder, auch Power-Felder oder Feldbefehl genannt.

> **Fachwort** ↗ *Felder* sind besondere Stellen in Textdokumenten, die als Ergebnis einer Feldanweisung eine Information holen, bearbeiten und anzeigen.

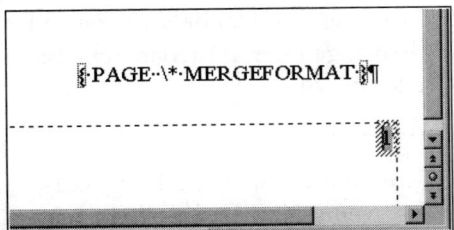

Bild 5.8: Automatische Seitenzahl in einem Word-Dokument: Der Ausdruck in den geschweiften Klammern darüber illustriert die Feldanweisung.

Textverarbeitungsprogramme

Selbstverständlich können die Felder mehr als nur die Seitennummer einschreiben: Das aktuelle Datum, der Dateiname, Querverweise oder Hyperlinks sind nur einige wenige Beispiele für die Anwendung von Feldern.

Fazit: Seitennummerierungen überlassen Sie in Textverarbeitungsprogrammen immer dem Programm: Sie suchen nach einer entsprechenden Funktion, die Sie im Menü EINFÜGEN bzw. einem ähnlichen Menüpunkt finden sollten. Dieses Verfahren hat einige Vorteile: Durch die automatische Ermittlung der Seitenzahlen stimmt die Seitennummerierung auch nach umfangreichen Veränderungen noch mit der Realität überein. Sie müssen in diesem Fall nicht manuell eingreifen.

> **Hinweis**
>
> Felder in Textverarbeitungen werden nicht in jedem Fall automatisch aktualisiert. Während sie unmittelbar nach dem Einfügen den aktuellen Wert zeigen, kann die Anzeige später vom tatsächlichen Wert abweichen. Beispiele sind Berechnungen oder Zeitangaben. Bei Druckvorgängen oder manuellen Aktualisierungen setzt ein Textverarbeitungsprogramm die Anzeige wieder auf den aktuellen Wert.

Kopf- und Fußzeilen

Kopfzeilen bzw. Fußzeilen enthalten üblicherweise Informationen, die den Text eines Dokuments fortlaufend bezeichnen, nummerieren oder auch andere allgemeine Informationen enthalten. Kopf- bzw. Fußzeilen können neben der Firmenadresse oder der Privatadresse Seitennummern, Angaben zu den Bankverbindungen, Hinweise zum Eintrag im Handelsregister oder auch Firmenlogos enthalten. Auch das Hinzufügen der aktuellen Seitenzahl und der Gesamtseitenzahl ist an dieser Stelle sinnvoll.

> **Fachwort**
>
> *Kopf-* und *Fußzeilen* sind besondere Bereiche in Textdokumenten, die vom normalen Text abgetrennt sind und deshalb mit besonderen Werkzeugen bearbeitet werden.

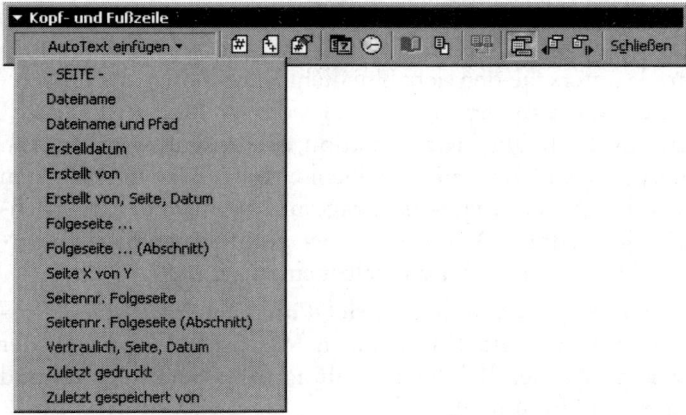

Bild 5.9: Die Symbolleiste für Kopf- und Fußzeilen in Microsoft Word hilft bei der Gestaltung und dem Einfügen bestimmter Werte und Informationen mit Feldfunktionen.

Die Bezeichnung »Zeile« für diese besonderen Textelemente stammt noch aus einer Zeit, als für die Wiederholungsfunktionen tatsächlich nur jeweils eine einzige Zeile für Text verfügbar war. Das hat sich heute längst geändert: In den Bereichen für Kopf- und Fußzeilen finden mehrere Textabsätze und Grafiken problemlos Platz.

Kopf- bzw. Fußzeilen werden mit speziellen Werkzeugen nach Belieben gestaltet. Microsoft Word z.B. wechselt nach Aufruf des Befehls ANSICHT, KOPF- UND FUSSZEILEN automatisch in das Seitenlayout und zeigt die Symbolleiste Kopf- und Fußzeile. In dieser Ansicht wird die Kopf- bzw. Fußzeile vorbereitet.

Kopf- bzw. Fußzeilen können Sie in Textverarbeitungsprogrammen nicht nur für gerade und ungerade Seiten unterschiedlich gestalten. Für die erste Seite des Dokuments oder der Dokumentabschnitte gibt es die Möglichkeit, eine Sonderregelung anzuwenden.

Natürlich ist es ebenso möglich, diverse Objektarten in die Kopf- und Fußzeile aufzunehmen. Eine Grafik, z.B. ein Firmen- oder persönliches Logo ist ebenso denkbar wie die wichtigen Feldtypen. Sie fügen die gewünschten Objekte in die Kopf- oder Fußzeile ein und haben selbstverständlich die Möglichkeit, solche Objekte nachträglich zu formatieren, z.B. um die Größe an den benutzten Bereich anzupassen.

Textverarbeitungsprogramme

Seriendruck

Häufig soll die gleiche Information viele Empfänger erreichen. Lediglich Empfängername und Anrede unterscheiden sich. Um nicht jeden Brief einzeln zu erstellen, bieten alle Textverarbeitungsprogramme leistungsfähige Seriendruckfunktionen. Vielleicht sind Sie häufig in der Situation, einen identischen Brief an eine ganze Personengruppe senden zu müssen. Denken Sie z.B. an Einladungen zu einer Feierlichkeit oder an eine Angebotsanfrage an verschiedene Unternehmen. Es wäre lästig, für jeden dieser Adressaten einen gesonderten Brief zu entwerfen oder jedes Mal Anschrift und Anrede selbst einzutragen.

Die Lösung dieses Problems ist die Serienbrief-Funktion, in einigen Programmen auch »Mischen« genannt. Ein Tool, in Microsoft Word z.B. der Seriendruck-Manager, hilft Ihnen bei der Erstellung Ihres Serienbriefes und verwaltet die dazu nötigen Dokumente.

Beim Seriendruck bzw. Mischen verbinden die Textverarbeitungsprogramme zwei Dateien – ein Dokument mit Platzhaltern und dem eigentlichen Text und die Datenquelle mit den konkreten Informationen. Beim Zusammenführen der Dokumente werden die veränderlichen Elemente des Briefes, also z.B. Adressen, Namen, Anrede etc. aus der Datenquelle heraus in den Brief an vordefinierte Positionen eingefügt. Für jeden Datensatz der Datenquelle erscheint ein separates Dokument.

Mit den Serienbrieffunktionen erledigen Sie weit mehr als einfache Serienbriefe mit Adressanpassungen. Mit Unterstützung des Textverarbeitungsprogramms richten Sie z.B. individualisierte Textabschnitte ein. Damit erzeugen Sie Textabschnitte mit geschlechtsspezifischen Formulierungen oder übertragen unterschiedliche Preise in Angebote. Diese Funktionalität erreichen Sie durch zusätzliche Felder in der Datenbank und Bedingungsfelder im Hauptdokument.

Neben Serienbriefen erlaubt die Seriendruckfunktion auch die Erstellung von Adressetiketten, Umschlägen und Katalogen auf ähnliche Art und Weise.

Fachwort ↗ Ein *Katalog* bzw. eine *Liste* ist ein besonderes Hauptdokument, bei dem die Inhalte der Datenbank über die Seriendruckfelder nicht in mehrere Dokumente, sondern nacheinander auf einer Seite angeordnet werden (z.B. unterschiedliche Adressaufkleber auf einem Etikettenbogen).

Kapitel 5: Office-Programme

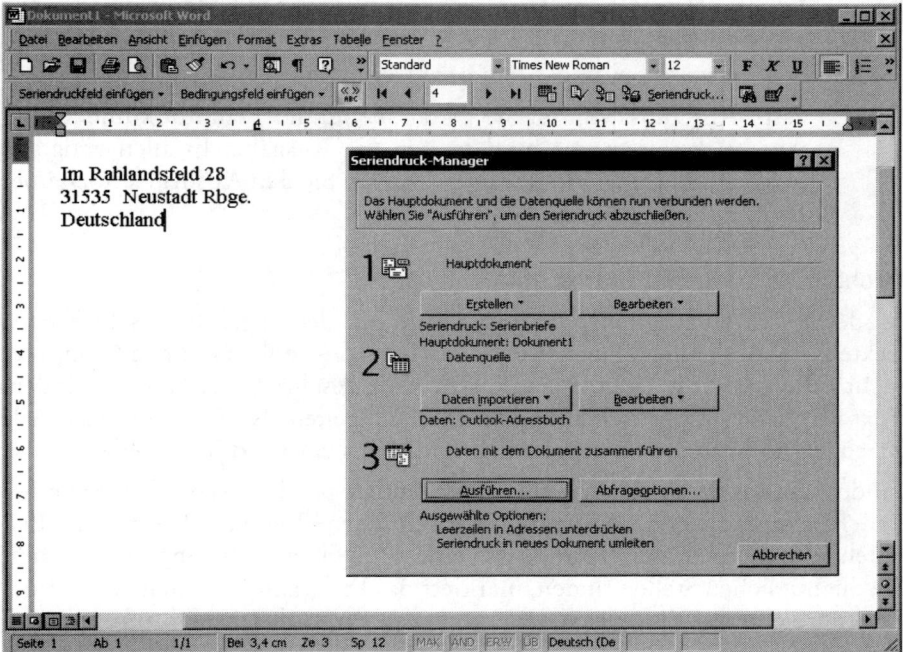

Bild 5.10: Komplizierte Abläufe werden überschaubar: Mit dem Seriendruck-Manager von Microsoft Word haben Sie die Serienbriefe im Griff.

Der Ablauf bei einem Serienbrief ist immer gleich:

▶ Bevor Sie den Serienbrief erstellen, sollten Sie das Dokument vorbereiten, auf dem der Serienbrief basiert. Lassen Sie in Ihrem Vorlagedokument freie Stellen an den Positionen für die Seriendruckdaten.

▶ Dann wählen Sie dieses Dokument als Hauptdokument – den eigentlichen Serienbrief.

▶ Dann bestimmen Sie die Datenquelle, z.B. mit den Adressen. Sie sollten die Datenquelle prüfen und einrichten, denn das Bearbeiten der Dokumente für den Seriendruck erfordert in erster Linie die Auswahl und Positionierung der Datenfelder. Bei Bedarf ergänzen Sie die Datenquelle mit neuen Daten oder legen eine neue Datenquelle an.

Textverarbeitungsprogramme

▶ Für das Zusammenführen der Dokumente sind Platzhalter für die Daten im Hauptdokument erforderlich, die Sie mit Unterstützung der Textverarbeitungsprogramme einfügen.

▶ Zum Abschluss führen Sie Datenquelle und Hauptdokument zum Ausdruck zusammen, und starten die Ausgabe. In allen gängigen Textverarbeitungsprogrammen können Sie den Ausdruck noch über Bedingungen steuern.

Rechtschreibung und Grammatik

Moderne Textverarbeitungsprogramme sind in der Lage, die geschriebenen Texte zu analysieren. Dabei werden ganz formal – denken können Computer nicht – die Wörter in einer langen Liste richtig geschriebener Wörter mit dem Text verglichen. Leerzeichen und Satzzeichen gelten als Wortbegrenzer: Alle Zeichen zwischen diesen Begrenzern werden als ein Wort interpretiert.

Findet sich das Wort oder alle seine Bestandteile bei der Rechtschreibprüfung in der Liste, dann ist das Wort richtig geschrieben. Wenn das Wort in der Liste fehlt, ist es falsch oder zumindest verdächtig: Sie müssen eingreifen. Damit Sie die fraglichen Stellen finden, markiert das Programm die Stellen mit einer Unterstreichung. Diese Form der automatischen Rechtschreibprüfung finden Sie in den meisten verfügbaren Programmen. Außerdem können Sie die Prüfung der Rechtschreibung und Grammatik auch nach Fertigstellung Ihrer Texte starten und somit die Fehler in einem Durchgang korrigieren.

Dann kommt zum Vorschein, was alles vom Programm angemerkt ist. Bei den ersten Schritten sind dem Programm viele Wörter unbekannt. Vorsichtshalber wird von Ihnen deshalb eine Kontrolle erwartet. Sie haben es in der Hand, dem Programm einen Unterricht zu erteilen. Mit Schaltflächen wie AUFNEHMEN oder HINZUFÜGEN weisen Sie das Programm an, die Wörter für eine spätere Verwendung aufzubewahren – danach wird z.B. Ihr Name oder Ihre Adresse nicht mehr kritisiert. Je länger Sie mit dem Programm arbeiten, desto umfangreicher wird der Wortschatz: Das erhöht die Trefferrate, und es erscheinen fast nur noch falsch geschriebene Wörter.

Natürlich hat die beschriebene Art der Kontrolle ihre Einschränkungen. Sie kommen auch nach abgeschlossener Prüfung nicht umhin, den Text noch einmal genau zu lesen. Die Rechtschreibprüfung hat nämlich im Text auch die Wörter »übersehen«, die zwar richtig geschrieben, aber im Kontext falsch sind. Ein mit »Zeigen« begonnener Satz ist natürlich falsch, wenn Sie

»Ziegen« geschrieben haben. Von der Rechtschreibprüfung erhalten Sie keinen Hinweis, da das im Kontext falsche Wort formal richtig geschrieben ist.

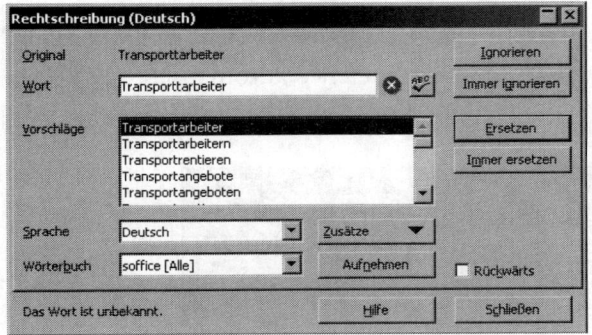

Bild 5.11: Komfortable Prüfung des Texts auf Fehler: die Rechtschreibprüfung von StarOffice Writer.

> **Fachwort**
>
> ↗ *Wörterbücher* in Textverarbeitungsprogrammen sind alphabetisch aufsteigend sortierte Wortlisten, die Wörter einer zugeordneten Sprache aufnehmen. Sie gehören zum Programm und sind unveränderbar. Alle Wörter, die Sie bei der Arbeit in das Wörterbuch aufnehmen, gelangen in Benutzerwörterbücher. Bei der Prüfung von Rechtschreibung und Grammatik werden die verschiedenen Wörterbücher nacheinander abgearbeitet.

Textverarbeitungsprogramme sind Spezialisten für den Umgang mit Texten, nicht nur in einer Sprache. Die Globalisierung des Arbeitslebens hat es mit sich gebracht, dass Texte in verschiedenen Sprachen ausgetauscht werden. Leider ist es nicht so, dass Sie einen Text in deutscher Sprache eingeben, dann eine andere Sprache wählen und so z. B. einen englischen Text erhalten. Eine Übersetzungsfunktion bieten Textverarbeitungsprogramme (noch) nicht.

Dennoch: Für die Sprachen Deutsch, Englisch und Französisch bieten die meisten Programme die nötigen Wörterbücher, um die Rechtschreibprüfung, die Grammatikkontrolle und die Silbentrennung zu realisieren.

Textverarbeitungsprogramme

> **Hinweis**
>
> Bei der Silbentrennung erscheinen entsprechend der Vorgabe in den Wörterbüchern bedingte Trennzeichen in die Wörter, die in die Silbentrennzone reichen. Der Vorteil dieses Verfahrens: Verlassen bedingt getrennte Wörter die Trennzone am rechten Rand des Blattes, dann verschwinden die Trennzeichen automatisch.

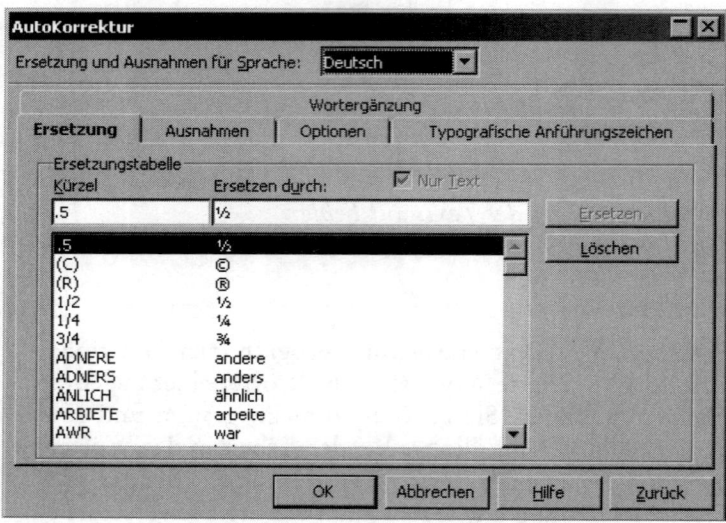

Bild 5.12: *Ersetzungstabelle für die AutoKorrektur in StarOffice*

Eine weitere Errungenschaft moderner Textverarbeitungsprogramme sind Automatikfunktionen, z.B. die AutoKorrektur, auch Blitzkorrektur genannt, oder eine automatische Formatierung eingegebener Textelemente.

Die automatische Korrekturfunktion ersetzt falsch geschriebene Wörter oder definierte Abkürzungen durch das richtige Pendant. Dazu stehen in einer zweispaltigen Tabelle die beiden »Partner« in einer Zeile. Wenn Sie ein Wort schreiben, das in der linken Spalte gefunden wird, dann ersetzt die Korrekturfunktion das geschriebene Wort ohne Rückfrage durch den Eintrag in der rechten Spalte. Im ersten Moment ist das etwas irritierend, später werden Sie die Funktion nicht mehr missen wollen.

Ebenso unerwartet schlagen in manchen Programmen weitere Funktionen zu: z.B. werden Aufzählungen und Nummerierungen automatisch erzeugt, Vervollständigungen für lange Wörter angeboten oder ausgewählte Zeichenfolgen durch spezielle Zeichen ersetzt: Aus :-) wird z.B. ☺.

> **Fachwort** ↗ Der Begriff *Formatierung* steht für die Tätigkeiten, mit denen Sie das Aussehen von Objekten verändern. Bei Texten sind das z.B. die Veränderung von Schriftart oder -größe, bei Tabellen die Zellumrahmung.

Eine Grammatikprüfung für wichtige Sprachen ist ebenfalls enthalten. Dabei kommen die Stärken und Grenzen des Computers deutlich zum Vorschein: Die Programme prüfen den Text nach formalen Kriterien – den Regeln der Grammatik der jeweiligen Sprache. Was sie dabei als Fehler finden, ist allerdings stark von Ihren Schreibgewohnheiten abhängig: Je komplizierter die Satzgestaltung, desto häufiger liegt die Grammatikprüfung daneben.

> **Hinweis** ◀ Welche deutsche Rechtschreibung ist aktiviert: Die alte oder die neue? Schreiben Sie z.B. Flussschifffahrt und Flußschiffahrt. Eine der beiden Varianten wird durch die Rechtschreibprüfung fallen: Im ersten Fall ist die alte, im zweiten Fall die neue deutsche Rechtschreibung Grundlage der Rechtschreibprüfung. Sind beide Varianten zulässig, ist in den Wörterbüchern keine Entscheidung getroffen.

Die Arbeit mit Inhaltsverzeichnissen

Inhaltsverzeichnisse, Abbildungsverzeichnisse oder Stichwortverzeichnisse sind typische Textelemente in langen bzw. wissenschaftlichen Dokumenten. Das Textverarbeitungsprogramm muss jedoch am Text erkennen, welche Elemente in ein Verzeichnis kommen sollen. Für ein Inhaltsverzeichnis z.B. benötigen Sie Überschriften, die mit Hilfe der Formatvorlagen für Überschriften erzeugt wurden, oder die auf eine andere Weise für das Programm gekennzeichnet wurden.

> **Fachwort**
>
> ↗ *Formatvorlagen*, *Stile*, *Absatzlayouts* oder auch *Druckformate* sind definierte Textmuster. Hinter der Bezeichnung »Überschrift 3« kann die Festlegung von Schriftart, Schriftgröße und Absatzabständen stecken. Wichtig für ein Inhaltsverzeichnis ist die Angabe, dass es sich um eine Überschrift dritter Ebene handelt: In der Überschrifthierarchie gibt es zwei Ebenen, die darüber stehen.

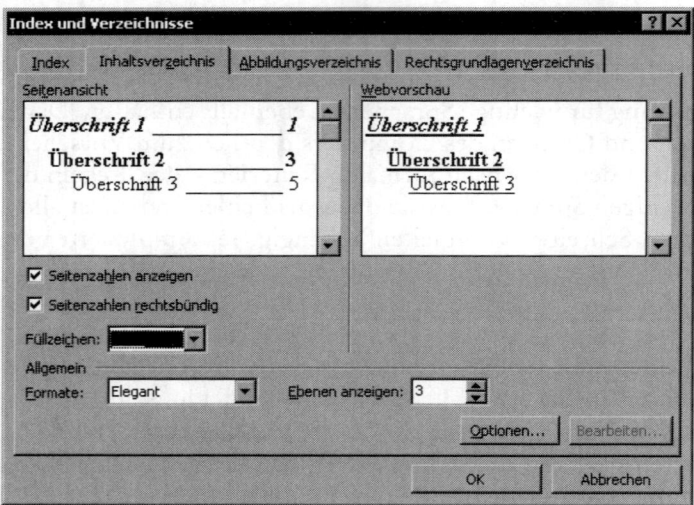

Bild 5.13: Nach der gezielten Vorbereitung des Texts wird ein Verzeichnis automatisch eingefügt.

Alle Verzeichnisse erfordern also Vorarbeiten: Die späteren Einträge müssen definiert werden, am effektivsten sofort bei der Texteingabe oder spätestens bei der Überarbeitung des Texts.

Danach ist alles ganz einfach. Nach Platzierung der Schreibmarke an die richtige Stelle und Auswahl der entsprechenden Funktion, bei Microsoft Word z.B. durch die Befehlsfolge EINFÜGEN, INDEX UND VERZEICHNISSE wählen Sie das gewünschte Aussehen und bestätigen. Das Textverarbeitungsprogramm sammelt die notwendigen Informationen und fügt das gewählte Verzeichnis ein.

Diktieren statt schreiben

Es ist der Wunsch vieler Anwender, einem Textverarbeitungsprogramm einfach die Texte zu diktieren. Das spart die Eingabe der Zeichen über die Tastatur: Erst bei der letzten Korrektur sind Maus und Tastatur nötig. Moderne und hochwertige Textverarbeitungsprogramme unterstützen diesen Wunsch durch Module für die Spracheingabe – natürlich mit dem entsprechenden Preis, den notwendigen Aufrüstungen für den PC (Soundkarte, Sprachgarnitur) und nur auf einem schnellen PC.

Vor dem erfolgreichen Diktat steht einige Arbeit. Die Spracherkennung muss trainiert werden: Durch Vorlesen von Texten »gewöhnt« sich das Programm an Ihre Stimme und kann dann die gesprochenen Texte in Zeichen umsetzen. Das geht umso besser, je deutlicher die Aussprache ist und je besser das Programm an die üblichen Texte angepasst wird. Gute Programme erreichen Erkennungsraten von über 90 Prozent.

Neben der Texteingabe ist es aber auch möglich, das Textverarbeitungsprogramm oder den gesamten PC mit Hilfe der Spracherkennung zu steuern. Dafür stehen definierte Befehle zur Verfügung, die Sie erlernen müssen.

Fazit: Um die Vorteile der Spracherkennung auszuschöpfen, sind umfangreiche Anpassungen des Programms an die Stimme des Benutzers und die üblichen Texte nötig. Je länger und konsequenter Sie das Programm einsetzen, desto besser sind die Ergebnisse. Spracherkennungsprogramme sind nur bedingt für Gelegenheitsschreiber geeignet.

Tabellenkalkulationsprogramme

Eine zweite Hauptanwendung innerhalb von Officepaketen stellen die Tabellenkalkulationsprogramme dar. Während Textverarbeitungsprogramme Textdokumente erstellen, die im letzten Schritt gedruckt oder veröffentlicht werden, bieten Tabellenkalkulationsprogramme elektronische Arbeitsblätter. Schon beim ersten Start präsentiert Ihnen ein solches Programm eine Arbeitsmappe und legt ein elektronisches Arbeitsblatt in Form einer Tabelle vor. Typische Vertreter dieser Programmkategorie sind Microsoft Excel, StarOffice Calc, Lotus 1-2-3 und Corel QuattroPro.

Der Vorteil solcher Programme gegenüber den anderen Modulen der Officepakete liegt nicht in der einfachen Gestaltung von Tabellen, um etwa Text aufzunehmen. Für diese Aufgabe ist ein Textverarbeitungsprogramm

Tabellenkalkulationsprogramme

sogar besser geeignet. Tabellenkalkulationsprogramme können mit den Zahlen in der Tabelle umfangreiche Berechnungen ausführen, vorausgesetzt, Sie geben durch Eingabe von Formeln entsprechende Arbeitsanweisungen.

Ändern Sie dann einen Ausgangswert, berechnen Tabellenkalkulationsprogramme automatisch alle durch Formeln erzeugten Werte neu. Auf diese Weise können Sie mit den Zahlen verschiedene Varianten durchspielen (kalkulieren) oder Formulare erstellen, die nach Eingabe der Werte sofort eine Auswertung liefern.

Die Arbeit findet innerhalb von Tabellen statt, von denen moderne Tabellenkalkulationsprogramme bis zu 255 pro Datei verwalten können. Diese Tabellen sind in Spalten (meist 256) und Zeilen (32.000 oder mehr) eingeteilt. Der Schnittpunkt einer Zeile und einer Spalte ist die Zelle.

> **Achtung** ⬇ Die maximale Anzahl von Tabellenblättern, Zeilen, Spalten und Zellen stellen die Grenze des technisch Machbaren dar. Achten Sie darauf, dass Ihre Tabellen nicht ins Uferlose wachsen. Sinnvolle Unterteilungen in unterschiedliche Tabellen oder verschiedene Dateien sorgen für mehr Übersicht.

Für den Aufbau eines Datenblattes sind einige Vorüberlegungen nötig.

Viele Anwendungsbereiche von Tabellen erfordern den Umgang mit mehreren Arbeitsblättern. Moderne Tabellenkalkulationsprogramme unterstützen diesen Fall dadurch, dass mehrere leere Tabellenblätter automatisch in einer Datei verbunden sind. Sie können daher über eine einzige Datei mehrere Blätter thematisch zusammenfassen, z.B. bei einer Umsatzauswertung in einem Tabellendokument alle Monate eines Jahres.

Nach der Entscheidung darüber, welche Arbeitsblätter notwendig sind, legen Sie den prinzipiellen Aufbau der Tabellen fest. Innerhalb eines Tabellendokuments kann jedes Blatt einen eigenen Aufbau haben.

Entscheiden Sie darüber, welche Zellen zur Beschriftung bereitstehen sollen. Am wichtigsten im Umgang mit eine Tabellenkalkulation ist aber die Unterscheidung zwischen Eingabezellen und solchen Zellen, die das Ergebnis von Berechnungen sind.

Kapitel 5: Office-Programme

Während Sie in Eingabezellen Werte über die Tastatur eintragen, müssen Ergebniszellen Formeln aufnehmen.

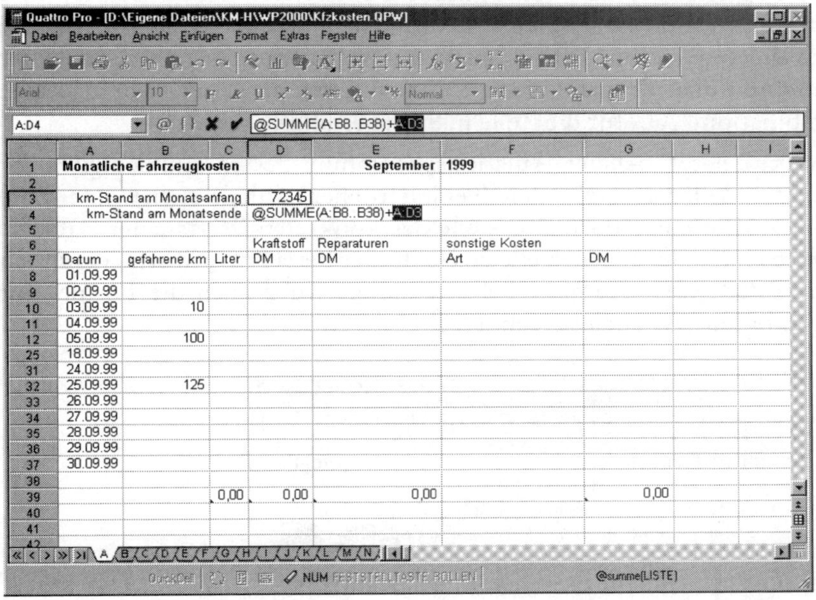

Bild 5.14: Aufbau einer Kfz-Verwaltung mit einem Tabellenkalkulationsprogramm: QuattroPro aus der Corel WordPerfect Suite

Die Zellen eines elektronischen Arbeitsblatts können – außer den Rechenanweisungen – zwei prinzipiell verschiedene Inhalte aufnehmen: Zahlen und Texte. Wozu diese Unterscheidung? Als Spezialist für den Umgang mit Zahlen muss das Tabellenkalkulationsprogramm diese Inhalte unterscheiden können, um die Funktionalität der Berechnungen zu gewährleisten. Schließlich soll das Programm beim Berechnen einer Summe nicht die Artikelnummer einbeziehen, nur weil diese zufällig ausschließlich aus Ziffern besteht.

> **Hinweis** ◆ Halten Sie sich im Umgang mit Tabellenkalkulationsprogrammen an eine Grundregel: Alle Ausgangswerte für Berechnungen müssen korrekte Zahlen sein, Text verwenden Sie für Überschriften, Beschriftungen oder Erklärungen.

Rechenoperationen

Wie funktioniert nun eine Rechenoperation? Grundlage aller Formeln ist das Tabellengitter, das über eine genaue Kennzeichnung der Spalten und Zeilen verfügt. Damit ist jede Zelle der Tabelle genau zu identifizieren: Die Zelladresse setzt sich aus dem Namen des Tabellenblatts, dem Bezeichner der Spalte und dem Bezeichner der Zeile zusammen. Damit steht also z.B. die Kombination »A1« für die Zelle in Spalte A und Zeile 1.

Der »Trick« eines Tabellenkalkulationsprogramms besteht nun lediglich darin, dass die Zelladresse für den (veränderlichen) Inhalt stehen kann. Sie schreiben also in einer Formel anstelle des konkreten Werts einer Zahl die Zelladresse ein, in der Formelzelle erscheint der berechnete Wert. Wenn sich dann der Inhalt einer Ausgangszelle verändert, wird auch die Formel mit dem veränderten Wert neu berechnet.

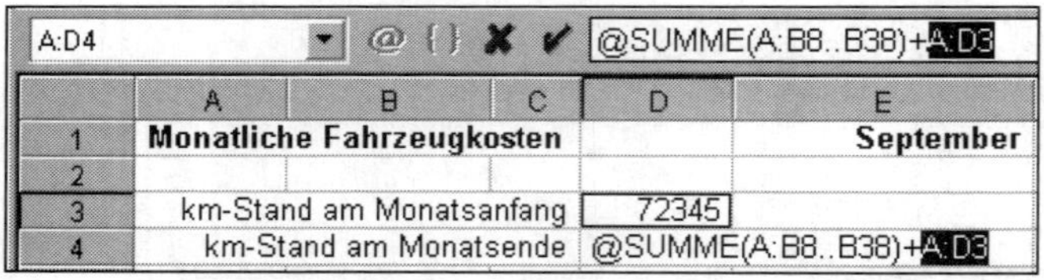

Bild 5.15: Formelzelle mit Funktion und Zelladressen

Im einfachsten Fall können Sie die Formel in einer Zelle mit den üblichen Rechenzeichen erstellen. Da alle Tabellenkalkulationsprogramme die Rechenregeln beherrschen, also z.B. Punkt- vor Strichrechnung und Klammerregeln, könnten sie jede beliebige Formel per Tastatur zusammenbasteln. In den Tabellenkalkulationsprogrammen ist das aber nicht nötig: Verschiedenste Funktionen für die unterschiedlichsten Bereiche nehmen Ihnen viel Arbeit ab. Die abgebildete Funktion Summe berechnet die Summe aus den Zellen des Bereichs von B8..B38 auf dem Arbeitsblatt A, also aus einem Teil der zweiten Spalte.

Die Zahl der verfügbaren Funktionen ist zwar in den Programmen unterschiedlich, es lohnt sich aber in jedem Fall der Blick in die Funktionsliste. Besonders für Statistiker und Finanzmathematiker sind etliche wichtige Funktionen integriert, aber auch der »Normalanwender« wird wichtige Funktionen finden, z.B. für die Summe, den Mittelwert, das Maximum oder das Minimum einer Zahlenreihe.

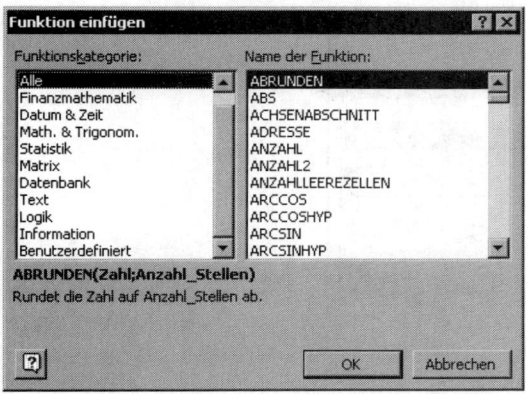

Bild 5.16: Lang ist die Liste der Funktionen in einem Tabellenkalkulationsprogramm, hier in Microsoft Excel.

Analysen

Wenn die Daten in einem elektronischen Tabellenblatt vorhanden sind, dann kommen die Stärken der Programme zum Tragen. Ein Blick auf die Umsatzzahlen des Vorjahres löst beim Betrachter sicher die Frage aus, wie sich die Zahlen entwickelt haben und welche Erwartungen sich für das neue Jahr ergeben. Für ein Tabellenkalkulationsprogramm ist das eine geeignete Aufgabenstellung. Integrierte Analysetools nehmen die Fragestellung auf und berechnen mit Hilfe mathematischer Verfahren die neuen Werte.

Bei allen Analysen kommt es nur darauf an, das Problem in eine berechenbare Form zu bringen. Im einfachsten Fall ist das z.B. die Frage, wie sich ein Ausgangswert der Berechnung verändern muss, damit ein bestimmtes Ziel erreicht wird. Ein Fall für die so genannte Zielwertsuche.

Wie würden Sie vorgehen? Um z.B. bei einem Sparplan mit monatlichen Raten ein gewisses Ziel zu erreichen, können Sie entweder die Ratengröße oder die Zahl der Raten so lange verändern, bis Sie das gewünschte Ziel erreicht haben.

Nicht anders geht ein Tabellenkalkulationsprogramm vor, nur eben schneller. Auf diesem Gebiet haben Computer deutliche Vorteile gegenüber dem menschlichen Hirn.

Tabellenkalkulationsprogramme

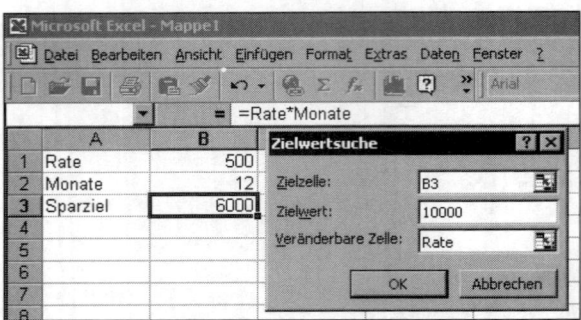

Bild 5.17: Zielwertsuche: Nach dem Klick auf OK berechnet Excel die erforderliche Rate.

> **Hinweis** Für die Vereinfachung der Formelausdrücke bieten Tabellenkalkulationsprogramme die Möglichkeit, Zellen zu benennen. Danach steht der Name gleichberechtigt für die Zelladresse: Formeln werden überschaubarer.

Ähnlich arbeiten andere Tools:

▶ Solver (Problemlöser) nehmen Zielwert und Bedingungen auf. Bei geeigneten Arbeitsblättern mit den entsprechenden Formeln versucht das Programm, durch Probieren eine Lösung zu finden. Besonders geeignet sind Arbeitsblätter, deren Ergebnis in einer einzigen Zelle zum Ausdruck kommt. Während bei der Zielwertsuche nur eine einzelne Zelle verändert werden kann, verändert das Programm bei Einsatz des Solvers mehrere Zellen, in denen Ausgangswerte der Berechnung stehen.

▶ Szenarien dienen der Analyse von verschiedenen Varianten eines Arbeitsblatts, z. B. bei Soll-Ist-Analysen. Bei diesem Verfahren wird das gleiche Arbeitsblatt nacheinander mit den Werten gefüllt und das Programm angewiesen, die jeweiligen Zustände als Szenario zu speichern. Sind alle Vergleichszustände vorhanden, dann können Sie einen Bericht erstellen lassen, der die verschiedenen Varianten zeigt.

Szenariobericht				
	Aktuelle Werte:	Kleine Rate	Große Rate	Realistische Rate
Veränderbare Zellen:				
Rate	580	500	1000	625
Ergebniszellen:				
B3	6960	6000	12000	7500
Anmerkung: Die Aktuelle Wertespalte repräsentiert die Werte der veränderbaren Zellen zum Zeitpunkt, als der Szenariobericht erstellt wurde. Veränderbare Zellen für Szenarien sind in grau hervorgehoben.				

Bild 5.18: Szenariobericht über die Wirkung verschiedener Raten beim Zielsparen

▶ Pivot-Tabellen stehen in dem Ruf, besonders kompliziert zu sein. Sie liefern Auswertungen nach voreingestellten Kriterien. Bedingung dafür ist eine Tabelle mit Daten, die sich gruppieren lassen. Im einfachsten Fall ist das z. B. eine Tabelle mit den notierten Ausgaben über das gesamte Jahr. Wenn als Grund der Ausgabe z. B. Telefonkosten genannt ist, und diese Ausgaben mehrfach in der Liste stehen, dann können Sie mit einer Pivot-Tabelle durch wenige Mausklicks z. B. die Zahl der Zahlungen, die niedrigste bzw. höchste Telefonrechnung und die Gesamtsumme ermitteln.

Fazit: Tabellenkalkulationsprogramme sind immer dann erste Wahl, wenn es um den spielerischen Umgang mit Zahlen geht und die Auswertung in elektronischer Form unmittelbar am PC erfolgt. Diese Programme sind die elektronische Erweiterung früherer Rechenmaschinen: Die Funktionalität geht über diese Maschinen weit hinaus.

Diagramme

Zahlen sind nüchtern aufgelistet wenig anschaulich. Häufig genug kommt es aber gerade darauf an, umfangreiches Zahlenmaterial übersichtlich darzustellen, um eine gewünschte Aussage visuell zu unterstützen. Die Mehrzahl aller Officeanwendungen assistieren Ihnen bei dieser Aufgabe mit zahlreichen Diagrammfunktionen. Spezialist sind aber meist die Tabellenkalkulationsprogramme, die leistungsfähige Verbindungen zwischen den Tabellendaten und darauf basierenden Diagrammen bieten.

Diagramme basieren immer auf Daten in Tabellen. Mit einem Diagramm-Tool setzen Sie diese Daten grafisch um. Das Werkzeug wertet die beim

Tabellenkalkulationsprogramme

Aufruf bestehende Markierung aus und erstellt nach formalen Kriterien ein Diagramm. Der Erfolg ist also davon abhängig, ob die Vorgabe in der Markierung korrekt analysiert werden kann. Je geschickter Sie die Tabelle vorbereiten und je genauer der Assistent die Daten vorfindet, desto besser ist das Ergebnis.

Die Verbindung zwischen den Daten in der Tabelle und dem Diagramm bleibt erhalten: Nachträgliche Änderungen an den Daten führen automatisch zu Veränderungen am Diagramm. Deshalb stellt das Diagramm keine Daten dar, wenn die Tabelle leer ist, d.h. ausschließlich Nullwerte enthält.

Zur Vorbereitung auf die Diagrammerstellung gestalten Sie als erstes die Tabelle. Dabei sind folgende Grundsätze zu beachten:

▶ Vermeiden Sie Leerzeilen zwischen den Daten und den Datenbeschriftungen. Sorgen Sie insgesamt dafür, dass Sie alle Daten für das Diagramm in einem zusammenhängenden Bereich markieren können.

▶ Der Assistent übernimmt alle Zahlenwerte zunächst automatisch als Datenreihen. Falls als Beschriftungen ebenfalls Zahlen auftauchen, z.B. Jahreszahlen, müssen Sie entweder die Zahlen vor Aufruf des Assistenten in Text umwandeln oder die Automatik während der Diagrammerstellung korrigieren. Beide Wege führen zum Ziel.

▶ Die Tabelle muss die richtigen Zahlenformate enthalten. Andere Formatierungen sind nicht nötig, da sie keinen Eingang in das Diagramm finden.

Fachwort ↗ *Zahlenformate* in Tabellenkalkulationsprogrammen realisieren die gewünschte Anzeige einer Zahl innerhalb einer Tabelle. Während im Hintergrund für das Tabellenkalkulationsprogramm noch die »nackte« Zahl steht, verändern Sie durch ein Zahlenformat das Aussehen in Zellen oder Diagrammbeschriftungen.

▶ Die Tabelle darf für eine Auswertung als Diagramm nicht zu komplex sein. Günstig ist in diesem Fall, die Daten über Verknüpfungen zu den Originaldaten in einem neuen Tabellenblatt zusammenzustellen. Dieses Verfahren hat außerdem den Vorteil, dass Sie die Tabelle dem Diagramm zuordnen, auch wenn Sie das Diagramm als eigenes Arbeitsblatt in der Mappe einfügen.

Kapitel 5: Office-Programme

> **Hinweis** ◆ Eine Verknüpfung zwischen verschiedenen Zellen erreichen Sie, indem Sie in Zielzellen die Zelladresse der Originaldaten eintragen. Wenn Sie die Ausgangswerte verändern, aktualisiert das Tabellenkalkulationsprogramm unverzüglich auch die Inhalte der verknüpften Zellen.

Bild 5.19: Auf dem Weg zum fertigen Diagramm bestimmen Sie das Aussehen – hier der Diagramm-Assistent von Microsoft Excel.

Wenn alle Daten vorliegen, die zur Erstellung eines Diagramms notwendig sind, müssen Sie den gewünschten Bereich nur markieren. Dabei beziehen Sie die Zeilen und Spaltenbeschriftungen mit in die Markierung ein. Anschließend reicht meist ein Klick auf ein Symbol aus, damit das Tabellenkalkulationsprogramm einen Assistenten startet, der Sie Schritt für Schritt zum fertigen Ergebnis leitet.

Tabellenkalkulationsprogramme

Die Palette der Veränderungen ist breit und zeigt den Leistungsumfang moderner Diagrammtools:

▶ Sie bestimmen den Typ des einzufügenden Diagramms aus der Palette verfügbarer Diagrammtypen. Microsoft Excel stellt z.B. 14 vorbereitete Standardtypen zur Verfügung, die jeweils durch mehrere Untertypen ergänzt werden.

▶ Sie bestimmen die Daten, auf denen das Diagramm beruht. Außerdem legen sie fest, ob sich die Datenreihen in Zeilen oder Spalten befinden.

▶ Ein wichtiges Merkmal bei Diagrammen sind aussagefähige Beschriftungen. Dazu zählt der Diagrammtitel ebenso wie die Beschriftung der Achsen.

▶ Legen Sie fest, an welcher Stelle das neue Diagramm erscheinen soll. Sie haben meist die Wahl, das Programm auf dem Blatt mit den Daten oder auf einem neuen Blatt in der Arbeitsmappe zu erzeugen.

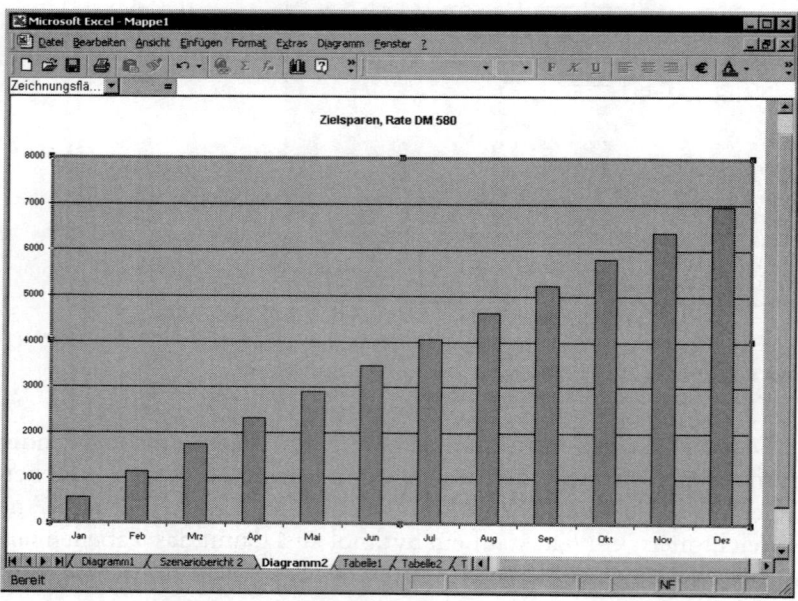

Bild 5.20: Einfaches Diagramm

Der letzte und vielleicht wichtigste Schritt beim Anlegen eines Diagramms ist die Nachbearbeitung. Ein Diagramm besteht aus mehreren Einzelobjekten, die Sie unabhängig voneinander bearbeiten. Nicht immer ist das automatisch erzeugte Ergebnis optimal – hier ist noch die Beschriftung, dort die Farbgebung anzupassen. Tabellenkalkulationsprogramme erlauben die Bearbeitung nahezu jedes einzelnen Diagrammelements – bis das gewünschte Ergebnis erreicht ist.

Aus der Kombination der vielen Diagrammobjekte und den zugehörigen Eigenschaften resultieren hunderte Bearbeitungsvarianten. Welche Einstellung Sie verwenden, hängt nicht zuletzt von der gewünschten Aussage ab.

Eine Aufgabe beim Anpassen der Diagramme ist die Bearbeitung von Textelementen. Bei Elementen mit Text können Sie Schriftart, Schriftgröße, Ausrichtung und Farbe festlegen. Rahmen, Flächenfüllung und Schattierung des Textelements sind ebenfalls veränderlich. Wesentlich wichtiger und häufig erforderlich ist das nachträgliche Anpassen der verwendeten Schriftart – besonders dann, wenn bei automatisch erstellten Diagrammen Texte durch zu große Schriften abgeschnitten werden.

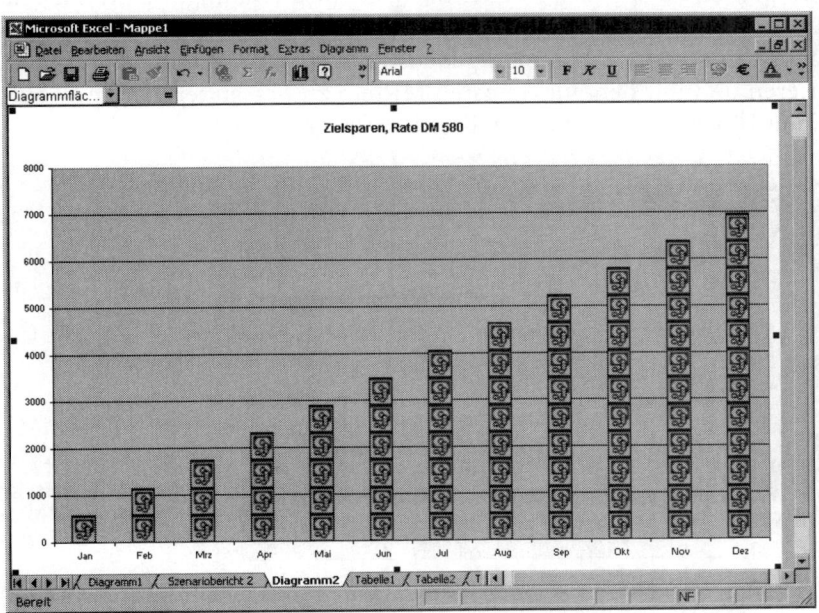

Bild 5.21: Gestapelte Grafiken unterstützen die Diagrammaussage.

In jedem Diagramm steckt die gewünschte Aussage. Damit das Auge des Betrachters in die richtige Richtung geht, können Sie einen oder mehrere Datenpunkte besonders herausheben.

Für einzelne Übersichten kann die optische Unterstützung durch Grafiken die Aussage entscheidend unterstützen. Mit Hilfe kleiner Bildelemente lassen sich z.B. Balkendiagramme aufwerten. Voraussetzung ist eine kleine, die gewünschte Aussage unterstützende Grafik, die als Datei vorliegt.

Präsentationsprogramme

Der Einsatz multimedialer Komponenten ist wirkungsvoller als das gesprochene Word allein. Um Informationen einer Gruppe von Menschen wirksam darzustellen, müssen sie optisch aufbereitet werden – eine Präsentation entsteht. Deshalb enthalten die Officepakete zumeist ein Programm, das auf attraktive Bildschirmpräsentationen spezialisiert ist und das nötige Zubehör bereitstellt. Typische Vertreter sind z.B. Microsoft PowerPoint, Lotus Freelance, Corel Presentations und StarOffice Impress.

Eine Präsentation zu erstellen ist alles in allem ein aufwändiges Unterfangen. Es gehört einiges an Übung dazu, eine Präsentation von vorne bis hinten durchgängig zu gestalten. Hauptaufgabe ist, die zu vermittelnde Aussage zu strukturieren und mit den wirksamsten Mitteln zu präsentieren. Diese Aufgabe nimmt Ihnen kein noch so intelligentes Programm ab.

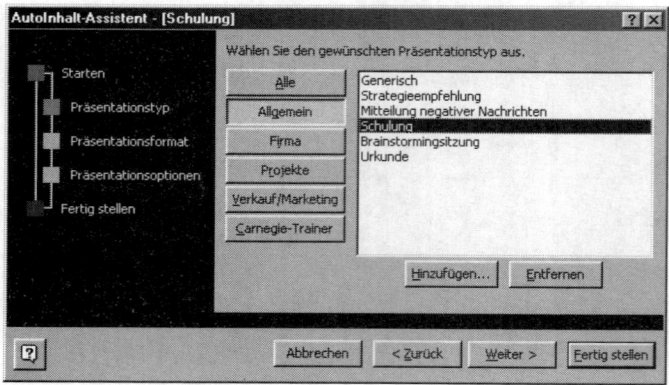

Bild 5.22: Mit vorbereiteten Musterpräsentationen und einem Assistenten sind Sie mit Microsoft PowerPoint schnell am Ziel.

In einigen Präsentationsprogrammen, z. B. Microsoft PowerPoint nutzen Sie aber die Erfahrungen der Profis und greifen auf bewährte Grundgerüste zu. Mit dem AutoInhalt-Assistenten von PowerPoint sparen Sie eine Menge Arbeit. Der Assistent benutzt als Startpunkt vorgefertigte Präsentationen, die mit einem allgemeinen Inhalt versehen sind. Der Assistent fragt zusätzlich nach einigen Hintergrundinformationen, wie z. B. dem Ausgabemedium. Ergebnis seiner Arbeit sind acht bis zehn Folien für eine Präsentation, deren Inhalt Sie verändern.

> **Achtung** ⬇ Beachten Sie schon bei der Auswahl der Hintergründe bzw. des Präsentationslayouts, dass für jedes der möglichen Ausgabemedien eigene Regeln gelten. Einige der möglichen Designs sind für das gewählte Medium, z. B. Overheadfolien, besser geeignet als andere.

Eine Präsentation ist nichts anderes als ein geplanter bzw. detailliert ausgearbeiteter Vortrag, der durch Bildelemente unterstützt wird. Diese Bilder enthalten z. B. Kernaussagen, Diagramme, Bilder oder andere Informationen.

Die Ausgabemedien für Präsentationen sind vielfältig:

▶ Bedrucktes Papier, das zu einer Mappe zusammengestellt wird

▶ Farbige bzw. schwarzweiße Overheadfolien bzw. Dias für Vorträge

▶ Bildschirmpräsentationen im Netzwerk, an PC oder über Beamer

▶ Selbstlaufende Präsentationen an Messeständen oder im Internet.

Die eigentliche Arbeit mit Präsentationsprogrammen bezieht sich immer auf Folien oder Dias, den Arbeitsblättern dieser Programme. Sie sind das A und O jeder Präsentation.

> **Fachwort** ↗ Mit dem Begriff *Folie* bzw. *Dia* sind die Seiten in einer Präsentation gemeint. Die Begriffe leiten sich aus der Folie für den Tageslichtprojektor bzw. den Elementen einer Diashow ab und orientieren sich damit am Aufgabengebiet eines Präsentationsprogramms.

Bestandteile einer Präsentation

Nichts wirkt in einer Präsentation chaotischer als Präsentationsfolien, die nicht zueinander passen. Präsentationsprogramme stellen ein Hilfsmittel zur Verfügung, mit dem Sie diesen Fehler bereits im Vorfeld ausschließen – so genannte Master. Auf dem Folien-Master werden die Richtlinien für alle Folien festgelegt: Beim Hinzufügen einer neuen Folie gelten die Vorgaben der Masterfolie.

Beim Einfügen einer neuen Folie wählen Sie zusätzlich zwischen verschiedenen Folien-Grundlayouts. Da die Planung einer Präsentation im Vordergrund steht, entscheidet der grundsätzliche Aufbau und der Ablauf der Präsentation, welches Layout auszuwählen ist. Präsentationsprogramme stellen eine Vielzahl von Funktionen und Werkzeugen zur Bearbeitung der Präsentationsfolien bereit. Eine Vielzahl spezieller Elemente kann dazu auf den Folien Platz finden.

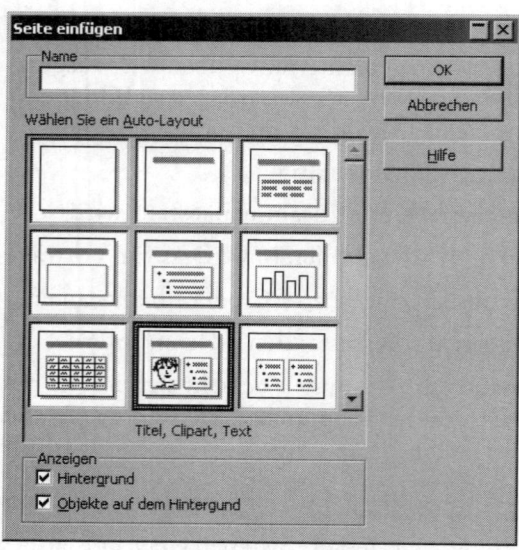

Bild 5.23: Beim Einfügen einer neuen Folie entscheiden Sie vorab über das Aussehen.

Für den Überblick bieten die meisten Programme eine Art Foliensortieransicht. Diese Sicht auf die Seiten der Präsentation ist das geeignete Werkzeug für den Überblick und für Sortierarbeiten. In diesem Darstellungsmodus wird die gesamte Präsentation angezeigt. Deshalb bietet Ihnen diese Ansicht einen schnellen Überblick über die gesamte Präsentation und die Abfolge der einzelnen Folien.

Multimediale Effekte

Die handwerklichen Grundlagen für die Gestaltung der Einzelfolien sind schnell erlernt. Meist sind wichtige Bedienelemente und Werkzeuge mit denen der anderen Officeanwendungen der gleichen Familie identisch. Wenig später entsteht vermutlich die erste eigene Präsentation. Jetzt geht es daran, die Informationen so aufzubereiten, dass diese ein Erfolg wird. Die Programme bieten gerade für Bildschirmpräsentationen multimediale Effekte jeder Art: Töne beim Folienübergang, animierte Texte und Diagramme auf Folien, Übergangseffekte mit Animation und Ton. Jeder Effekt, der eine Aussage gründlich unterstützen bzw. die Aufmerksamkeit der Zuhörer erwecken, ist vorhanden. Gerade dieses Problem stellt die eigentliche Schwierigkeit im Umgang mit Präsentationsprogrammen dar – schließlich sind es die Zuhörer, die über Erfolg oder Misserfolg einer Präsentation entscheiden. Schnell sind alle technischen Hilfsmittel eingesetzt und ein Gewitter geht über dem Auditorium nieder. Dagegen hilft nur die freiwillige Selbstbeschränkung.

Eine gute Präsentation hat

- wenige, dafür prägnante Formulierungen im Inhalt;
- sparsam eingesetzte Animationen und Effekte zum Auflockern oder um einen Inhalt zu betonen;
- eine harmonische Farbgestaltung;
- maximal zwei Schriftarten.

Überprüfen Sie ständig das Ergebnis Ihrer Arbeit: Wie wirkt dieser Effekt oder jene Animation? Ist der Sound nicht doch zu aggressiv? Jede Variante will bedacht sein, um bei der eigentlichen Präsentation den gewünschten Effekt zu erreichen.

Zielgruppenorientierte Präsentation

Angenommen, Sie haben eine ausführliche Präsentation erstellt und wollen für einen speziellen Zweck eine Auswahl treffen. Sie könnten natürlich die

Präsentation kopieren und dann die nicht benötigten Folien löschen. Präsentationsprogramme sind aber in der Lage, aus einem Folienstamm mehrere Präsentationen zu entwickeln.

Dabei müssen Sie nur aus der bestehenden Präsentation eine Reihe von Folien auswählen und die neue Zusammenstellung unter einem eigenen Namen speichern. Später entscheiden Sie dann, welche Zusammenstellung gezeigt wird. Dieses Verfahren hat den Vorteil, dass Veränderungen an Einzelfolien sofort in alle Zusammenstellungen aufgenommen werden.

Präsentationen weitergeben

Wenn eine Präsentation auf einem anderen Computer ablaufen soll oder per Post an einen Kunden geht, muss eine besondere Form gewählt werden. Schließlich ist nicht sicher, ob auf dem Fremdrechner das Präsentationsprogramm tatsächlich installiert ist. Deshalb bieten die meisten Präsentationsprogramme Abspielprogramme, mit denen die Präsentationsfolien gezeigt, nicht aber verändert werden können. Dieses Tool ist wichtig bei der Entscheidung für ein Präsentationsprogramm, da es den problemlosen Einsatz der Präsentation auf den verschiedensten Rechnern sichert.

Datenbankanwendungen

Die Informationsspeicherung und -verarbeitung ist die eigentliche Aufgabe des Computers. Immer umfangreichere Informationen müssen festgehalten und geordnet werden. Diese Daten zu speichern und auf Abruf schnell wiederzufinden bzw. nach unterschiedlichsten Kriterien auszuwerten, das ist die eigentliche Aufgabe von Datenbankmanagementprogrammen. In den wichtigen Office-Paketen gibt es entweder ein solches Datenbankmanagementprogramm, oder die Datenbankfunktionen sind als Modul z.B. in die Textverarbeitungs- oder Tabellenkalkulationsprogramme integriert. Wichtige Vertreter sind Microsoft Access, Lotus Approach und StarOffice Base.

Datenbanken kommen immer dann zum Einsatz, wenn gleichartige Informationen zu verwalten sind, z.B. Adressen, Termine oder Artikeldaten. Der Wert einer elektronischen Datenhaltung besteht besonders in den vorhandenen Suchmechanismen und der Möglichkeit, die Daten nach unterschiedlichsten Kriterien auszuwerten.

Bei der Arbeit mit Datenbanken geht es vorrangig um die strukturierte Speicherung verschiedener Informationen. Tägliche Berührungspunkte sind z.B.

Telefonbücher oder das Postleitzahlenbuch. In allen Fällen werden Informationen geordnet aufbewahrt – einfache Beispiele für Datensammlungen mit eindeutigen Strukturen und einer geeigneten Anordnung, die das Wiederfinden der benötigten Informationen beschleunigt. Dabei sind zwei Varianten denkbar:

▶ Variante Karteikasten mit der Beschriftung »Adressen«: Jede Anschrift findet auf einer eigenen Karteikarte Platz, alle Karten werden in einem Karteikasten gesammelt.

▶ Variante Adressenliste: Die einzelnen Anschriften erscheinen in einer Tabelle zeilenweise untereinander.

Sobald die Sammlungen umfangreich werden, ist es kaum möglich, mit vertretbarem Aufwand einen einzelnen Eintrag zu finden. Auswertungen sind ebenso mühevoll. Stellen Sie sich vor, eine Datenliste mit Adressdaten nach denen zu durchsuchen, die z.B. im Januar Geburtstag haben.

Bei der Bewältigung größerer Datenmengen kommt deshalb der Computer effektiv zum Einsatz. Mit der geeigneten Datenhaltung in so genannten Datenbanken und der angepassten Software ist der PC in der Lage, die gewünschten Daten aufbereitet darzustellen, z.B. sortiert und gefiltert.

Fachwort ↗ Der Begriff *Filter* ist im PC-Bereich ähnlich gemeint wie im Hausgebrauch: Aus der Masse der hineingesteckten Informationen treten aus einem Filter die Informationen aus, die durch den Filter passen. Das sind z.B. die Adressen aller Leute in der Adressverwaltung, die im Januar Geburtstag haben.

Datenbanken

Viele Informationen lassen sich in Tabellenform geordnet darstellen. Eine Adressliste ist daher in mehrere Spalten unterteilt, die Angaben zur Person aufnehmen, z.B. Vorname, Nachname, Straße, Postleitzahl und Ort. Jede Zeile entspricht dabei genau einer Adresse.

Diese Einteilung in Zeilen und Spalten bildet das Grundgerüst einer Tabelle. Die einzelnen Spalten tragen Überschriften, die den dort eingetragenen Inhalt wiedergeben. Im Beispiel sind das die Überschriften Vorname, Name, usw.

Datenbankanwendungen

Um eine neue Anschrift aufzunehmen, muss lediglich eine weitere Zeile in die Tabelle eingefügt werden. Danach lassen sich die entsprechenden Spalten ausfüllen. Jede Zeile der Tabelle entspricht genau einer Adresse – diese Eingabe ist das Erfassen eines Datensatzes.

Andere Listen sind jederzeit denkbar: Ein Fahrtenbuch ist z.B. eine tabellarische Aufstellung mehrerer Fahrten. Die einzelne Zeile entspricht genau einer Fahrt. Dazu sind Spalten für Fahrtziel, Datum und die gefahrenen Kilometer vorzusehen. Weitere Spalten können bei Bedarf ergänzt werden, z.B. der Name des Fahrers, der Fahrtgrund oder eine Spalte für Bemerkungen.

In anderen Fällen sind mehrere Tabellen nötig, um alle erforderlichen Informationen aufzunehmen. Auch dazu ein Beispiel: Ein Händler erfasst die Anschrift seiner Kunden und führt Buch über Warenein- und -ausgänge an die jeweiligen Kunden. Dazu wäre eine Datensammlung in einer einzigen Tabelle zu unübersichtlich.

Die Lösung: In einer Tabelle werden die Kundenanschriften erfasst, eine weitere Tabelle nimmt die Artikeldaten auf, z.B. Artikelbezeichnung, Bestellnummer und Preis. Sollen auch noch die Bestellungen oder Aufträge der Kunden festgehalten werden, ist zusätzlich noch ein »Bestellbuch« notwendig, das alle Bestellungen aufnimmt. In diesem Beispiel sind also mehrere Tabellen erforderlich, um die Informationen zu sammeln.

Eine Datenbank stellt die Summe der gesammelten Informationen dar. Für die Erfassung, Speicherung, Verwaltung und Verarbeitung dieser Informationen sind verschiedene Werkzeuge notwendig. Diese Werkzeuge bilden, zusammen mit den eigentlichen Daten, ein so genanntes Datenbankmanagementsystem.

> **Achtung** ⬇ In der Praxis verschwimmen die Begriffe »Datenbank«, »Datenbankmanagementsystem« und »Datenbankanwendung«. Meist steht der Begriff »Datenbank« für alle drei Begriffe; die eigentliche Bedeutung wird oft nur aus dem Kontext erkennbar.

Die eigentlichen Aufgaben einer Datenbankanwendung lassen sich wie folgt zusammenfassen:

▶ Zuverlässige Speicherung großer Daten- bzw. Informationsmengen. Dabei übernimmt die Anwendung die Datenablage in effektiver Form.

▶ Sicherstellung eines schnellen Zugriffs auf die gespeicherten Daten: Die benötigten Informationen lassen sich mit geringem Aufwand finden.

▶ Bereitstellung der Werkzeuge zum Erfassen, Ändern und Löschen sowie zur Verwaltung und zur Verarbeitung der enthaltenen Informationen.

▶ Zentrale Bereitstellung der Informationen, z.B. in einem Netzwerk: Die Daten sind nur an einer einzigen Stelle abgelegt.

Relationale Datenbanken

Betrachten Sie das Beispiel des Händlers noch einmal etwas genauer. Zur Speicherung der benötigten Informationen sind hier die drei Tabellen, Kundenstamm, Artikelstamm und Bestellung, für einen ganz normalen Geschäftsvorfall angelegt worden. Der Kunde X bestellt eine Waschmaschine und eine Nachttischleuchte. Die Anschrift von Herrn X, und auch die Artikel Waschmaschine und Nachttischleuchte, sind bereits in den Tabellen Kundenstamm bzw. Artikelstamm enthalten. Die Bestellung selbst stellt eine neue Information dar, die erfasst werden muss.

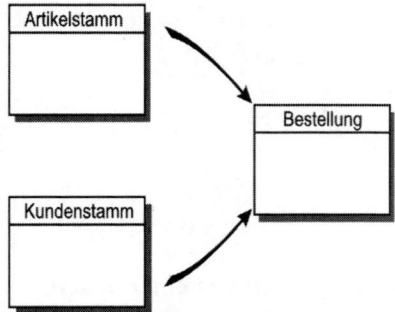

Bild 5.24: Die Stammdaten gehen in die Bewegungsdaten ein: Eine relationale Datenbank entsteht.

Ein leicht nachvollziehbarer Weg besteht darin, das »Bestellbuch« aufzuschlagen und den Kunden sowie die bestellten Artikel einzutragen. Um Fehler bei der anschließenden Auftragsausführung zu vermeiden, muss darauf geachtet werden, dass alle Daten richtig eingegeben werden: Name und Anschrift des Kunden, richtige Artikelbezeichnung und -nummer.

Angenommen, der Kunde hat dem Händler bei der Bestellung gleich seine neue Anschrift mitgeteilt, nimmt dieser sie natürlich sofort im Bestellbuch auf. Damit die Adressentabelle des Händlers weiterhin brauchbar bleibt, müssen diese Daten zusätzlich noch im Kundenstamm aktualisiert werden. Das Aktualisieren wird im Tagesgeschäft allzu schnell vergessen. Die Folge ist, dass der Händler beim nächsten Rundschreiben an seine Kundschaft im Bestellbuch nachschlagen muss, um an die aktuelle Adresse zu gelangen.

Das Problem bei der beschriebenen Situation liegt aber vor allem darin, dass Daten, die bereits in den Tabellen Kundenstamm und Artikelstamm vorhanden sind, bei der Bestellung noch einmal erfasst werden. Dieser Sachverhalt heißt Datenredundanz.

Diese überflüssige Datenerfassung verhindert ein Datenbankprogramm, das Kundenstamm und Artikelstamm in der Tabelle mit der Bestellungen miteinander in Beziehung setzt. Durch diese Verbindung bilden die Informationen aus den vorhandenen Tabellen gemeinsam mit weiteren Informationen zur Bestellung einen neuen Datensatz.

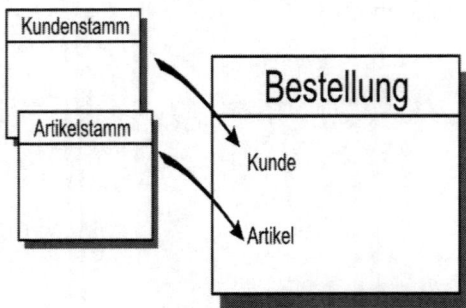

Bild 5.25: Die Detailinformationen zur Bestellung werden in einer neuen Datenbank erfasst.

Um die Bestellung zu erfassen, müssen Sie also nicht erneut Kunden und Artikel eingeben. Es werden nur die entsprechenden Datensätze aus den Tabellen Kunden- und Artikelstamm ausgewählt und verknüpft. In dieser Vorgehensweise liegen entscheidende Vorteile:

▶ Daten werden einmal erfasst und mehrfach verwendet – einmal vorhandene Informationen müssen nicht immer wieder neu aufgenommen werden. Das spart Zeit und verhindert Fehler.

▶ Eine Änderung in den Stammdaten muss nur einmal erfolgen – nicht etwa in allen Bestellungen.

Das Beispiel macht deutlich, dass Effizienz und Zuverlässigkeit der Informationsverarbeitung durch die Verwendung geeigneter Datenbankstrukturen steigen.

Eine relationale Datenbank verbindet also die Daten in verschiedenen Tabellen miteinander, setzt Informationen in Beziehung zueinander und stellt gesuchte Informationen aus den unterschiedlichsten Tabellen zusammen.

Was sind nun Beziehungen zwischen Tabellen, und wie werden sie realisiert? Betrachten Sie das Händler-Beispiel: Der Händler hat Kunden und Artikel. Geht es um die Bestellungen, trifft die Aussage zu: »Ein Kunde bestellt Artikel«. Keine Bestellung ohne Kunden – ohne Artikel keine Bestellung. Die Information »...bestellt...« ist zwangsläufig mit Kunden und Artikel verbunden. Kunde und Artikel treten beim Bestellen miteinander in Beziehung. Die entstehende Tabelle mit den Bestellungen ist die Beziehungs- oder Relationentabelle. Diese Beziehungen sind der Kern jeder relationalen Datenbank.

Datenbankobjekte

Innerhalb der Datenbankanwendungen kommen verschiedene Objekte zum Einsatz, mit denen die Funktionalität umgesetzt wird:

▶ Tabellen sind für die Datenspeicherung zuständig. Sie sind die Grundelemente für die Erfassung und Ablage der Daten.

▶ Abfragen oder Suchmasken dienen der Auswahl von Datensätzen aus einer oder mehreren Tabellen. So kann eine Abfrage z.B. eine Liste aller Kunden erzeugen, die ihre Rechnung noch nicht bezahlt haben. Voraussetzung ist natürlich eine Information in einer der Tabellen, die auf nicht bezahlte Rechnungen verweist.

▶ Formulare oder Datenmasken bieten komfortablen Zugriff auf die Daten einer Tabelle. Formulare dienen z.B. zum Erfassen (Eingabemaske) oder Ändern bestehender Daten.

▶ Berichte bereiten die Informationen aus Abfragen und Tabellen für den Druck vor (z.B. für Jahres- oder Quartalsberichte). Sie listen die Daten auf und können Auswertungszeilen enthalten.

Persönliche Informationsmanager (PIM)

Hinter der Abkürzung PIM verbergen sich Persönliche Informationsmanager. Das sind Programme, deren Aufgabe im Sammeln und Bereitstellen persönlicher Informationen besteht. Typische Programme aus dieser Kategorie sind Microsoft Outlook, StarOffice Schedule und Corel Central und Lotus Organizer. Darüber hinaus gibt es gerade auf diesem Sektor eine Reihe von Spezialprogrammen, vor allem für die Kontaktverwaltung.

Allgemeine Funktionen

Informationsmanager stellen bei der Arbeit am PC eine Reihe wichtiger Funktionen bereit, mit denen Sie die unterschiedlichsten Probleme im Alltag lösen können. Dabei spielen elektronische Informationsmanager ihre Stärken nur dann voll aus, wenn der Benutzer einen großen Teil der Zeit vor dem Computer verbringt und der PC für elektronische Post vorbereitet ist. Noch effektiver arbeitet ein PIM, wenn der PC über ein besonderes Telefon mit der Außenwelt verbunden ist. In diesem Fall reicht es aus, die Telefonnummer eines Kunden in der Kontaktverwaltung anzuklicken, damit der telefonische Kontakt hergestellt wird.

Adressbuch

Kern jedes Informationsmanagers ist die Kontaktverwaltung, die üblicherweise wie ein Karteikasten aufgebaut ist. Die Daten zum Kontakt finden über komfortable Eingabemasken den Weg in die Adressdatenbank. Nach Fertigstellung der Eingabe sortiert das Programm die Adressen nach den gewünschten Kriterien. Damit behalten Sie den Überblick über die vorhandenen Kontakte.

Problematisch beim Umgang mit Adressbüchern ist die fehlende Konsequenz bei der Dateneingabe. Meist werden die Adressmasken nur teilweise ausgefüllt, einige Felder bleiben leer. Das ist so lange ohne Bedeutung, wie diese Adressdaten nur zum Nachschlagen von Telefonnummern oder als E-Mail-Adressbuch dient. Ein Problem taucht auf, wenn die Adressdaten plötzlich Adressdaten für einen Serienbrief bereit stellen soll. In diesem Fall sind umfangreiche Ergänzungen in den Daten nötig, um die gewünschte Funktionalität zu erreichen. Besser ist es, bereits bei der ersten Kontaktaufnahme alle relevanten Felder konsequent auszufüllen.

> **Hinweis** Alle PIM und Kontaktmanager verfügen über leistungsfähige Exportfunktionen, mit denen Sie die einmal aufgenommenen Daten leicht für andere Programme, z.B. für ein Tabellenkalkulationsprogramm, verfügbar machen. Damit sparen Sie doppelte Dateneingaben.

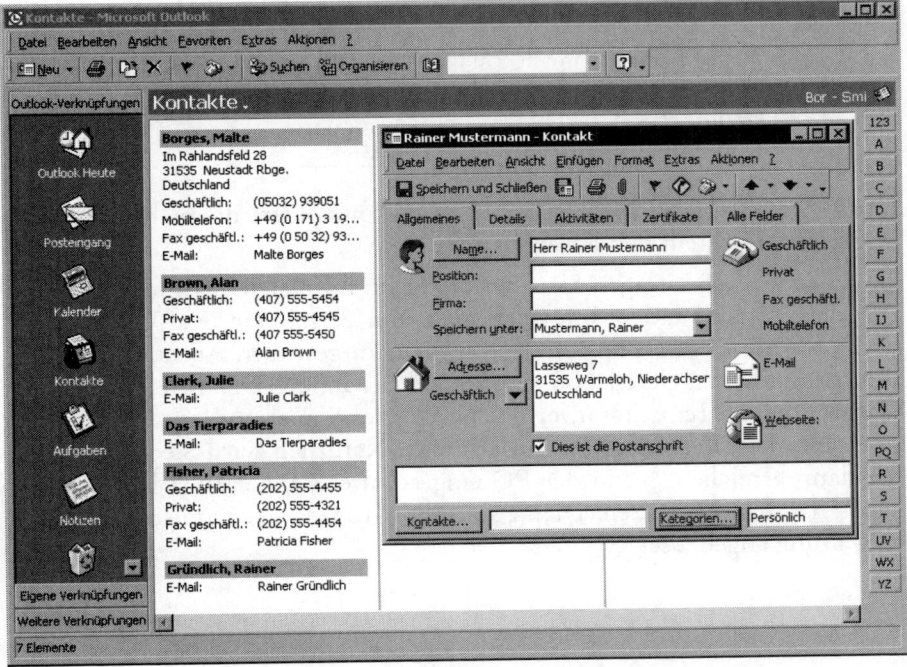

Bild 5.26: Aufnahme von Kontaktdaten mit Microsoft Outlook

Persönliche Informationsmanager (PIM)

> **Fachwort** ↗ In PIM und Kontaktmanagern ist eine besondere Exportfunktion für Einzelkontakte üblich, die *vCard*. Das ist ein elektronisches Visitenkartenformat für den Austausch zwischen Programmen. Wenn einer Mail ein solches Dateiformat anhängt, dann können Sie die Daten aus der Mail direkt übernehmen.

Kalender

Die zweite Komponente eines PIM ist der integrierte Kalender. Die Kalenderfunktion basiert auf der Tatsache, dass in jedem Rechner eine kleine, batteriebetriebene Systemuhr »tickt«. Dadurch ist der PC in der Lage, den Programmen eine Information über Datum und Uhrzeit zu geben – vorausgesetzt, die interne Uhr des Rechners geht richtig.

> **Hinweis** Jedes Betriebssystem verfügt über die Möglichkeit, die interne Uhr des PC zu stellen. Unter Windows benutzen Sie dazu z.B. den Befehl START, EINSTELLUNGEN, SYSTEMSTEUERUNG, DATUM UND UHRZEIT.

Sobald Sie also den PIM gestartet haben, kontrolliert dieser beständig die Systemuhr und stellt den Kalender darauf ein.

Im Kalender selbst tragen Sie – wie in einen normalen Terminplaner – die Zeit, den Ort und andere Informationen zum Termin ein. Auf Wunsch aktivieren Sie die Erinnerungsfunktion mit einem gewissen Abstand zum Termin, damit Sie reagieren können. Sobald die innere Uhr des PC mit dem Warntermin übereinstimmt, ertönt ein kurzes Signal und ein Meldefenster erscheint, das Sie an den Termin erinnert. Natürlich wird Sie dieses Signal nur dann erreichen, wenn der PC eingeschaltet ist, der PIM läuft und Sie selbst vor dem PC sitzen: Damit sind die Grenzen elektronischer Terminverwaltung angedeutet.

Kapitel 5: Office-Programme

Fachwort ↗ Einige Begriffe sind für das Verständnis der Kalenderfunktionen notwendig: Eine *Besprechung* ist ein Termin, zu dem Sie andere Personen z.B. per E-Mail einladen oder für den Sie Ressourcen reservieren. Ein *Ereignis* ist eine Aktivität, die mindestens 24 Stunden dauert. *Terminserien* werden bei der Einrichtung des ersten Termins definiert: Sie erscheinen in regelmäßigen Abständen automatisch im Terminkalender.

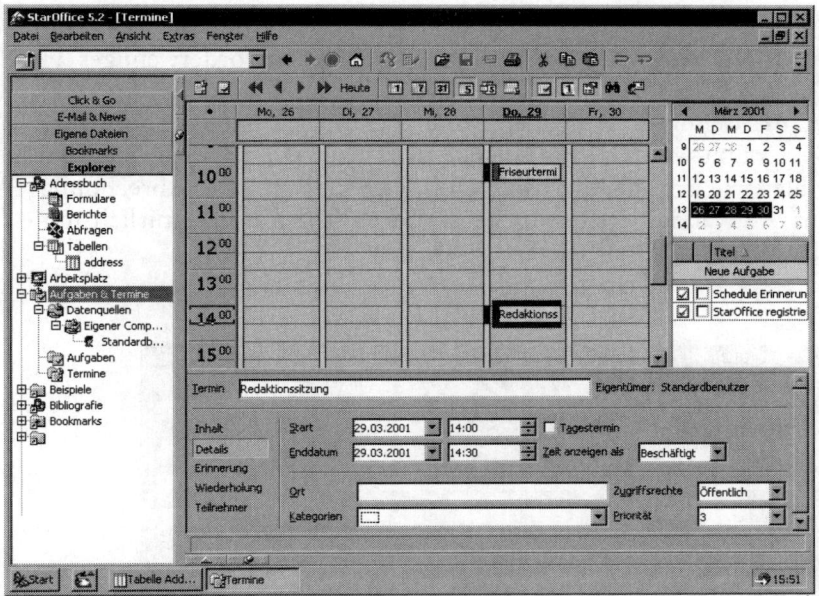

Bild 5.27: Kalender mit Terminverwaltung in StarOffice

Aufgabenverwaltung

Eine Aufgabe ist ein persönlicher oder aufgabenbezogener Auftrag, der mit einem PIM bis zur Erledigung verfolgt wird. Dazu gibt es ebenfalls eine Eingabemaske, die die notwendigen Eintragungen aufnimmt. Dabei besteht die Möglichkeit, eine Aufgabe mit Terminen zu verbinden und den Status der Abarbeitung zu verfolgen.

Persönliche Informationsmanager (PIM)

In Verbindung mit einem Netzwerk und den zugehörigen Mailfunktionen wird die Aufgabenverwaltung besonders interessant: Fast alle PIM unterstützen die Arbeit im Team. Dabei wird eine angelegte Aufgabe zur Erledigung an ein anderes Teammitglied delegiert, das die Aufgabe annehmen oder ablehnen kann. Der Nachrichtenaustausch erfolgt per E-Mail.

Wenn die Zuständigkeit für eine Aufgabe abgegeben wurde, dann kann – ebenfalls per E-Mail – die Abarbeitung kontrolliert werden, bis die Aufgabe erledigt ist.

Die Kontrolle über aktive Aufgaben erfolgt über einen Bereich im Kalender.

> **Hinweis**
>
> Die Aufgabenverwaltung mit dem PC erfordert einiges an Disziplin: Nur wenn der Bearbeiter z.B. den Grad der prozentualen Erledigung im Aufgabenformular einträgt, kann das Tool effektiv genutzt werden. Das Gleiche trifft zu, wenn das Aufgabenformular wie z.B. in Microsoft Outlook Felder für die Abrechnung des Aufwands bereitstellt: Diese Daten lassen sich natürlich nur auswerten, wenn sie eingetragen sind.

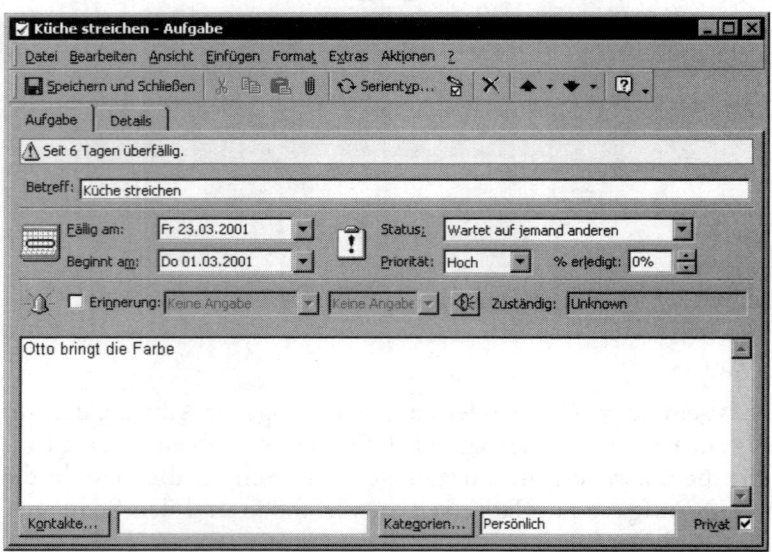

Bild 5.28: Ein Aufgabenformular in Microsoft Outlook

Kapitel 5: Office-Programme

Elektronische Post

Moderne Informationsmanager bieten außer den bereits beschriebenen Funktionen vor allem die Möglichkeit, die elektronische Post komfortabel zu verwalten. Dazu müssen die Kontakte natürlich auch Mailadressen enthalten oder umgekehrt. Das heißt: Wichtige Mailabsender sollten sofort den Weg in die Kontaktverwaltung finden. Alle Programme bieten dafür die nötigen Werkzeuge, um dem Benutzer die Handhabung so einfach wie möglich zu machen.

> **Fachwort** ↗ *E-Mail* ist die übliche Bezeichnung für Post(sendung), die elektronisch ausgetauscht wird. Dabei ist oft sowohl die Art der Kommunikation als auch das einzelne Schriftstück gemeint.

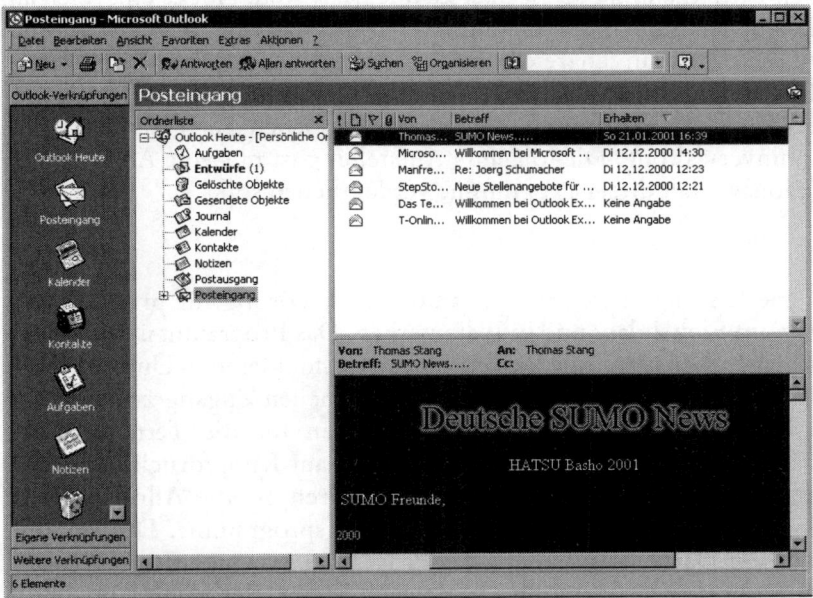

Bild 5.29: Mailverkehr mit Microsoft Outlook

Für die elektronische Post müssen dem PIM lediglich die Verbindungsmöglichkeit zum Postfach und die Daten des Postfachs mitgeteilt werden. Danach erledigt das Programm die notwendigen Arbeiten: Es holt die Post aus dem Postfach und stellt die Inhalte übersichtlich dar. Mit den integrierten Werkzeugen ist die Beantwortung bzw. das Weiterleiten der Mails schnell erledigt.

> **Hinweis** Mobile elektronische PIM wie z.B. der PalmPilot gleichen die Nachteile der PC-Programme aus, da sie wie ein »normaler« Terminplaner in die Tasche gesteckt werden können. Um die Daten zwischen den Pocketplanern und den Programmen auszutauschen, bieten alle Hersteller Varianten für den Datenaustausch.

Kontaktmanager im Überblick

Neben den PIM, die in die Officepakete integriert sind, gibt es eine Vielzahl von Spezialprogrammen, die auf die Kontaktverwaltung spezialisiert sind. Sie bieten meist eine umfangreiche Funktionalität, die oft über die Möglichkeiten der integrierten PIM hinausgehen. Dafür sind andere Aufgaben zurückgetreten, nicht alle Kontaktmanager beherrschen auch die Aufgaben oder Terminverwaltung. Die folgende Aufstellung ist nur eine Auswahl, die die Funktionsvielfalt dieser Programme verdeutlichen soll.

ACT!

Act! ist eine leistungsstarke, leicht handhabbare Lösung für professionelle Ansprüche am Einzelplatz und in Netzwerken. Das Programm ist eine Kontaktmanagement-Lösung für Einzelpersonen und kleinere Unternehmen. Die benutzerfreundliche Anwendung bietet schnellen Zugang zu den Kundeninformationen. Effektive Kalenderfunktionen für die Terminplanung sind integriert. Alle Kundeninformationen sind auf Knopfdruck verfügbar. Direkt aus dem Adressmanager heraus integrieren Sie die Adressdaten in Telefonie-, E-Mail-, Fax- und Textverarbeitungsprogramme. Der ständige Zugriff auf alle Daten ist gesichert, das Programm managt souverän gleichzeitige Zugriffe im Netzwerk auf die gleichen Daten. Besonderes Highlight ist die grafische Darstellung der Auftrags- bzw. Umsatzprognosen – vorausgesetzt, die entsprechenden Informationen sind eingegeben. Für die Verwendung der Kontaktdaten außerhalb des Computers bietet ACT! eine Synchronisation mit dem Palm Pilot.

Kapitel 5: Office-Programme

> **Hinweis**
>
> Der Vertrieb des Programms erfolgt durch Interact GmbH, *www. interactcommerce.com*, der Preis liegt bei ca. 150 Euro für eine Einzelplatzversion und bei 600 Euro für fünf Benutzer innerhalb eines Netzwerks.

cobra Adress PLUS

Einheitliche Bedienungselemente machen Adress PLUS zur idealen Ergänzung einer vorhandenen Office-Umgebung, vor allem unter Microsoft Windows. Adress PLUS ist in der Version 8.0 völlig neu entwickelt und auf die aktuellen Windows-Betriebssysteme abgestimmt. Die Ablage der Adressdaten erfolgt im Format Microsoft Access. Dadurch ist der Zugriff von anderen Access-Anwendungen auf die Adress PLUS-Daten möglich. Kontextmenüs realisieren das Arbeiten mit der rechten Maustaste. Normierte Schnittstellen zwischen verschiedenen Windows-Anwendungen bieten eine komfortable Zusammenarbeit. Mit der Textverarbeitung erstellen Sie aus den Adressen auf Knopfdruck Einzel-, Mehrfach- und Serienbriefe. Das Programm unterstützt fast alle gängigen ISDN-Telefone und Telefonanlagen: Beim spontanen Telefonieren wählt Adress PLUS per Mausklick die gewünschte Telefonnummer. Eingehende Anrufer werden identifiziert, die zugehörige Adresse erscheint beim ersten Klingeln auf dem Bildschirm. Ist die Adresse des Anrufenden noch nicht in der Datenbank vorhanden, können Telefonnummer und Adresse sofort eingearbeitet werden.

> **Hinweis**
>
> Der Vertrieb erfolgt durch cobra computer's brainware GmbH, *www.cobra.de*, zum Preis von ca. 350 Euro.

PowerAdressManager

PowerAdressManager ist ein preiswerter und leicht zu bedienender Kontaktmanager vor allem für kleine Unternehmen und den Heimbereich. Das Programm macht Ihren Adressenbestand zur Schaltzentrale für Büro, Verein und das Homeoffice. Ein eingehender Anruf ruft bei korrekter Installation mit einem ISDN-Telefon oder einer geeigneten Telefonanlage automatisch den betreffenden Datensatz samt zugeordneter Korrespondenz auf,

Persönliche Informationsmanager (PIM)

z.B. Texte, Grafiken, Bilder oder Filme. Aus der Datei heraus starten Sie die Aktion: Eine Serien-E-Mail geht an einen selektierten Adresskreis mit Einladung und einem Dokument im Anhang. Per Drag & Drop setzen Sie individuelle Anforderungen um. Das Programm enthält weitere Produkte des Herstellers: In der Erstauflage ist die Telefonauskunft PowerInfo und ein modernes Routingprogramm für Deutschland integriert. Mit einem Klick fließen Adressen aus der Telefonauskunft in den Adresspool ein. Schnell ist eine Route geplant, gepackt und verschickt. Adressen und Termine können Sie mit Microsoft Outlook abgleichen. Das Programm unterstützt 60 verschiedene Grafikformate, alle gängigen Etikettenformate, Scanner und das Einlesen von Bildern aus Digitalkameras.

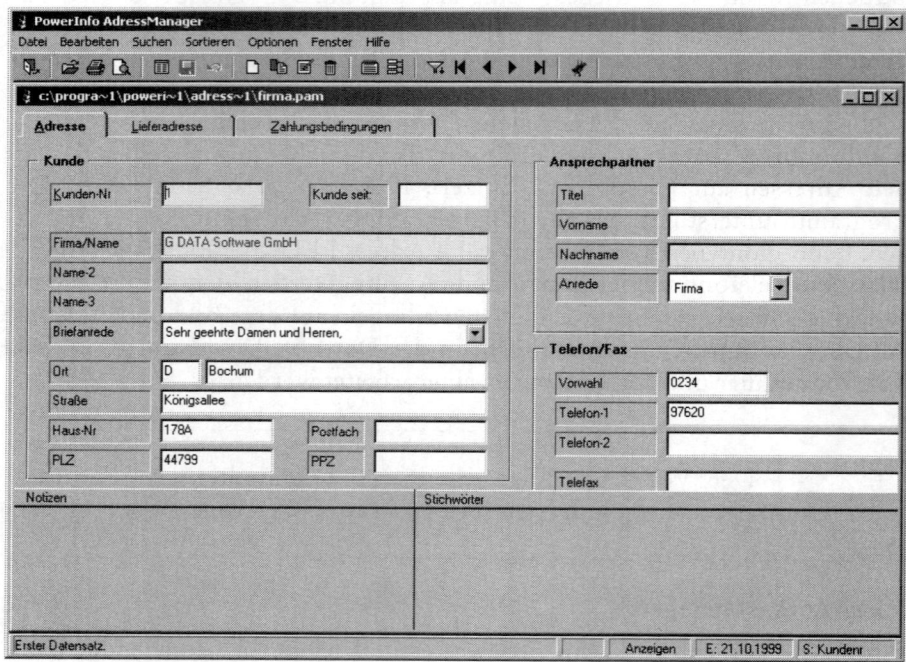

Bild 5.30: Übersichtliche Eingabemasken für private und geschäftliche Belange sind wichtiges Merkmal des Programms.

> **Hinweis:** ◆ Der Vertrieb erfolgt über die G-DATA Software GmbH, *www.gdata.de*, zu einem Preis von ca. 50 Euro. Das Tool ist auch auf Heft-CDs von PC-Zeitschriften zu finden, meist in Verbindung mit der PowerInfo Telefonauskunft.

GS-ADRESSEN für Windows

Der Kontaktmanager GS-ADRESSEN hilft Ihnen, Routineaufgaben zu Hause oder im Unternehmen perfekt zu erledigen. Das Programm ist besonders gut geeignet für Unternehmensgründer: GS-ADRESSEN arbeitet hervorragend mit GS-AUFTRAG und GS-FIBU zusammen. Die Profisoftware zum Komfortpreis bietet die Verwaltung von Kontaktdaten und der zugehörigen Korrespondenz in einem Programm. Eine automatische Suchfunktion findet vorhandene Kontakte blitzschnell. Wenn das Telefon klingelt, zeigt GS-ADRESSEN die zugehörigen Adressdaten und notiert den eingehenden Anruf. Intelligente Adressverknüpfungen erleichtern den Alltag: Sie organisieren Kontakte in Adressgruppen oder hinterlegen beliebig viele Ansprechpartner. Dabei können Sie eigene Eingabefelder erzeugen und diese nach Ihren Vorstellungen neu anordnen. Der integrierte Texteditor arbeitet effektiv mit eigenen Briefvorlagen: Sie schreiben den Brieftext, Adresse, Briefanrede, Datum usw. setzt GS-ADRESSEN automatisch ein. Natürlich können Sie Briefe auch direkt aus GS-ADRESSEN per E-Mail oder Fax versenden. Die integrierte Dokumentverwaltung zeigt, an wen und wann Sie einen Brief gesendet, gemailt oder gefaxt haben.

> **Hinweis:** ◆ Der Bezug ist über Gandke & Schubert GmbH & Co. KG, *www.gsn.de*, zum Preis von ca. 100 Euro für die Einzelplatzversion möglich.

Lotus Organizer

Der Informationsmanager Lotus Organizer ist durch Gestaltung und Bedienung ein ideales Programm für den Einstieg in das private Kontaktmanagement. Lotus Organizer vereint auf dem Bildschirm Kalender, Kontaktverwaltung, Aktivitätenliste, Planer, Notizbuch, Anrufverwaltung, Jahrestage

Persönliche Informationsmanager (PIM)

und Web-Links sowie die Planung von Besprechungen über das Internet. Dabei sind die Internetfunktionen integriert: Sie brauchen eine URL, Ihren Benutzernamen und das Kennwort nur einmal einzugeben. Mit einem Mausklick starten Sie den Browser, Name und das Kennwort werden an die Web-Site übergeben und schon haben Sie sich bei Ihrem Internet-Account angemeldet. So berufen Sie Gruppenbesprechungen ein und nutzen dazu Kalender und Kontaktverwaltung gemeinsam mit anderen Benutzern über das Internet. Das Programm bietet gute Abgleichfunktionen mit externen Geräten: PalmPilots, IBM WorkPads und FoneSync zum automatischen Herunterladen in das Handy. In der Kontaktverwaltung werden alle wichtigen Details, z.B. Telefonnummern, Adressen, Hintergrundinfos, Geburtstage und Jahrestage in Standard- bzw. benutzerdefinierten Feldern verwaltet.

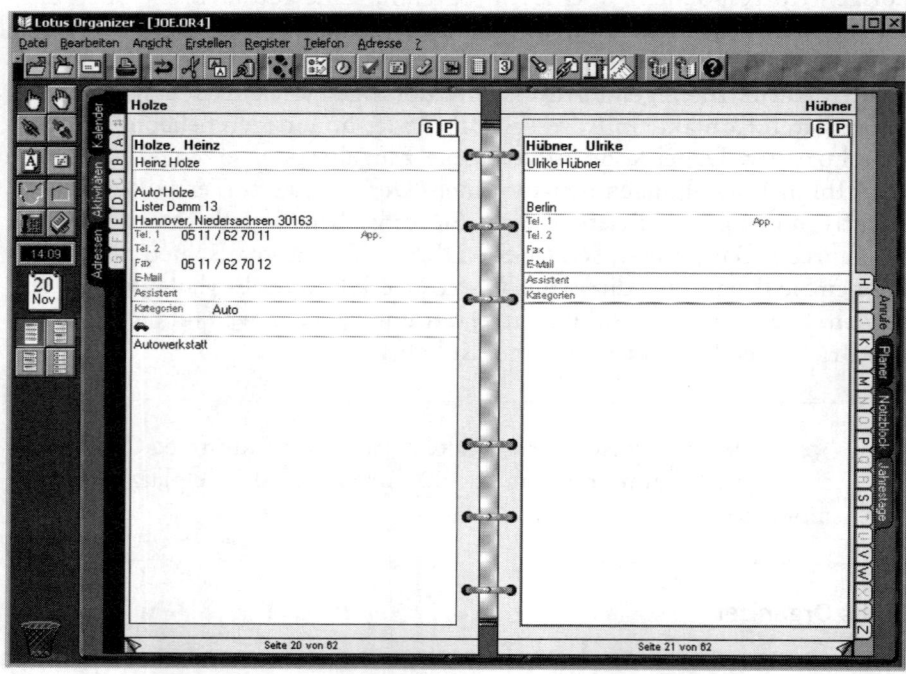

Bild 5.31: Lotus Organizer sieht aus wie ein echter Terminkalender und lässt sich leicht bedienen.

> **Hinweis** ← Bezug über Lotus Deutschland oder im Internet über den Link *www.lotus.de*. Der Preis liegt bei etwa 50 Euro. Das Programm ist im Lieferumfang von Lotus SmartSuite enthalten.

combit address manager vario light

Seit Jahren ist der combit address manager unter den Adressverwaltungen ein Begriff. Der combit address manager ist eine hochwertige Adressverwaltung mit sehr guter Integration in das Systemumfeld. In zahlreichen Tests bescheinigten ihm ein Höchstmaß an Komfort und Funktionalität. Mit dem address manager vario light stellt combit diese Spitzentechnologie für den semi-professionellen Bereich zur Verfügung. Sie bestimmen bei der Installation selbst, welche sieben Top-Funktionen der Vollversion die vario light Version aufweisen soll. Die in der Vollversion bewährten Grundfunktionen zur Pflege, Suche und Auswahl von Adressen sind enthalten. vario light ist im Gegensatz zur Vollversion eine reine Einzelplatzversion und kann pro Datenbank maximal 2000 Datensätze und 75 Datenfelder verwalten – eine für den Hausgebrauch mehr als ausreichende Größenordnung. Die Anzahl der Datenbanken ist dagegen unbegrenzt. Wenn die Möglichkeiten der vario light Version irgendwann nicht mehr ausreichen, bietet combit ein kostengünstiges Upgrade auf die Vollversion. Alle Daten, Einstellungen und Masken bleiben nach dem Update erhalten.

> **Hinweis** ↗ Bezugsquelle ist combit GmbH, Tel. (07531) 90 60-10 oder *www.combit.de*. Der Preis liegt bei etwa 100 Euro.

Weitere Office-Anwendungen

Neben den bisher beschriebenen Anwendungen sind in der Kategorie der Office-Anwendungen weitere Anwendungen zu nennen. Sie runden meist das Angebot der Officepakete ab bzw. bieten zusätzliche Spezialfunktionen.

Programme für Projektplanung

Projekte sind Abfolgen von Handlungen, die auf ein zu erfüllendes Ziel gerichtet sind. Erst wenn das Ziel bedeutend genug ist, lohnt sich der Einsatz einer Projektplanungssoftware wie z.B. Microsoft Project. Das ist z.B. der Fall, wenn es um zu bauende Häuser, einen Umzug oder die Einführung eines neuen Produkts geht. In diesem Fall nehmen solche Programme die Einzelschritte, deren Dauer und deren Abhängigkeiten untereinander auf und berechnen z.B., wann das Projekt frühestens realisiert ist. Nach der Projektplanung helfen die Programme auch, wenn es um die Kontrolle des Projektverlaufs geht. Wenn die erfüllten Aufgaben in das Programm gelangen oder z.B. Verzögerungen und Abweichungen in den ursprünglichen Projektplan einfließen, dann erfolgt eine sofortige Neuberechnung des Projekts. Das setzt den Projektmanager in die Lage, rechtzeitig einzugreifen und Maßnahmen einzuarbeiten, die das Projekt zum Erfolg führen.

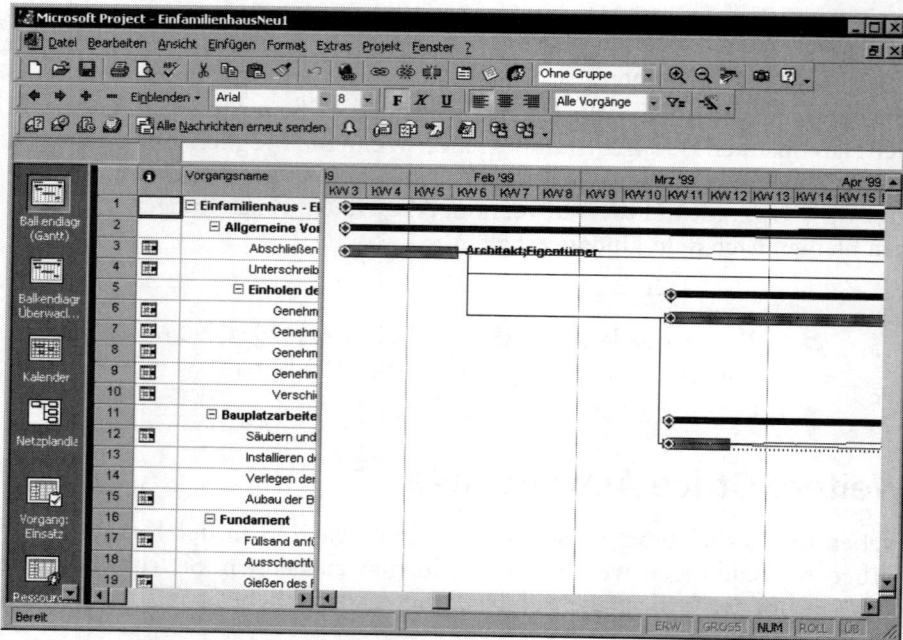

Bild 5.32: Elektronische Projektplanung und -verfolgung: Ein Einfamilienhaus entsteht.

Programme für Webseitenerstellung

Internetauftritte sind große Mode. Es gehört beinahe schon zum guten Ton, dass auf einer Visitenkarte auch der Verweis auf eine Homepage erfolgt. Dem tragen auch Officepakete Rechnung: Oft dient das Textverarbeitungsprogramm auch als so genannter Webseiteneditor.

> **Fachwort** 🡢 Der Begriff *Webseiteneditor* definiert ein Programm, mit dem Seiten in einem internetfähigen Dateiformat erzeugt und bearbeitet (editiert) werden können.

Wenn aber das Textverarbeitungsprogramm ein Textdokument oder eine Datei erzeugt, die für das Internet geeignet ist, dann ist der entstehende Code nicht immer optimal. Dadurch kann es bei der Betrachtung im Internet zu Ladeverzögerungen oder gar Fehldarstellungen kommen. Deshalb gibt es in vielen Officepaketen Programme, die auf Webseiten spezialisiert sind.

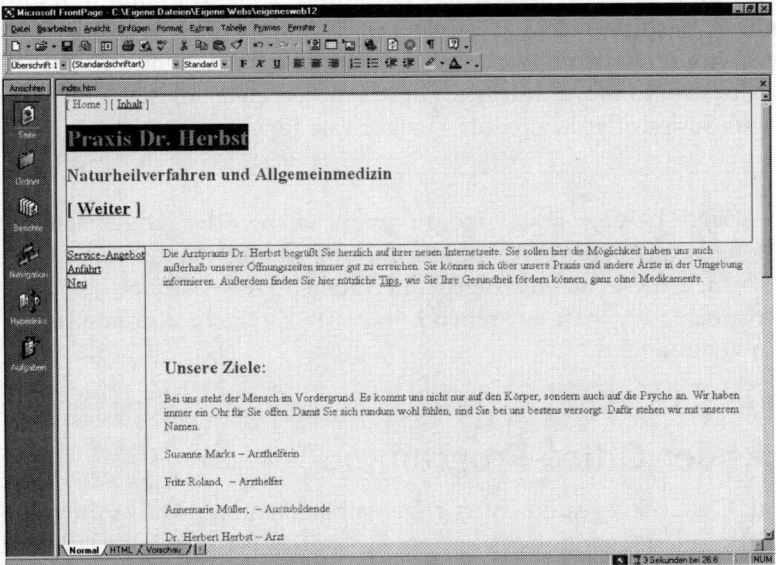

Bild 5.33: Eine Webseite wird mit Microsoft FrontPage editiert.

Programme für die Bildbearbeitung

Viele Dokumente müssen heute illustriert sein: Eine Internetseite ohne Bilder ist kaum denkbar. Aber auch Briefbögen und andere Druckstücke enthalten Grafiken oder Bilder: Schließlich kann ein modernes Textverarbeitungsprogramm sogar eine ganze Zeitung erstellen. Deshalb finden Sie in allen Officepaketen leistungsfähige Module mit Zeichenwerkzeugen, z.B. Microsoft Draw oder StarOffice Draw. In jedem Fall aber müssen Officeprogramme in der Lage sein, Bilder von einem Scanner oder einer Digitalkamera zu holen und darzustellen.

Module zur Automatisierung

Bei den marktüblichen Officeprogrammen handelt es sich um Standardsoftware. Der Begriff veranschaulicht, dass für die Programme keinerlei Spezialisierung vorgenommen wurde. Das verhilft den Programmen zu einem breiten Einsatzgebiet.

Andererseits bedeutet das aber, dass spezialisierte Lösungen mitunter fehlen. Dieses Manko gleichen moderne Officeprogramme durch integrierte Automatisierungsmodule aus, mit denen Erweiterungen des Programmumfangs möglich sind. Diese Erweiterung erfolgt durch Scripte oder Makros. Das sind keine programmunabhängigen Programmiersprachen, sondern Lösungen, die auf die Programmfunktionen zugreifen. Vertreter dieser Kategorie sind z.B. Lotus Script oder Microsoft Visual Basic für Applikationen.

Fachwort

➚ *Scripte* bzw. *Makros* sind aufgeschriebene oder aufgezeichnete Befehlsfolgen, die Programmfunktionen nacheinander ausführen. Werden diese Befehlsfolgen mit Elementen der Script- bzw. Makrosprache ergänzt, entstehen komplette Zusatzfunktionen für die Anwendungen.

Der Markt der Office-Programme

Der Markt an Office-Programmen ist relativ überschaubar. Marktführer ist Microsoft Office, daneben gibt es aber preiswertere Vertreter mit ähnlicher Funktionsvielfalt. Die nachfolgende Aufstellung gibt einen Überblick und zeigt anhand einiger Beispiele aktuelle Trends in der Office-Software für den deutschsprachigen Raum auf.

Hinweis: Es lohnt sich, beim Kauf eines neuen PCs nach einem Softwarebundle zu fragen. Das ist ein Softwarepaket, das vom PC-Hersteller erworben ist und dann – meist ohne Handbuch und Dokumentation – gemeinsam mit dem PC bzw. gegen einen geringen Aufpreis vertrieben wird. Je nach Marktsituation und Händler ist dieses Angebot unterschiedlich: Ein genauer Blick lohnt sich.

Microsoft Office

Das Paket von Microsoft bietet in verschiedenen Kollektionen Werkzeuge für die unterschiedlichsten Ansprüche. Integriert ist der Informationsmanager Outlook. In allen Paketen, z.B. im Paket für Profis und in der Small Business Edition, sind das Textverarbeitungsprogramm Word und die Tabellenkalkulation Excel enthalten. Beide Programme bieten optimale Unterstützung für Aufgaben zur Textbearbeitung und Kalkulation.

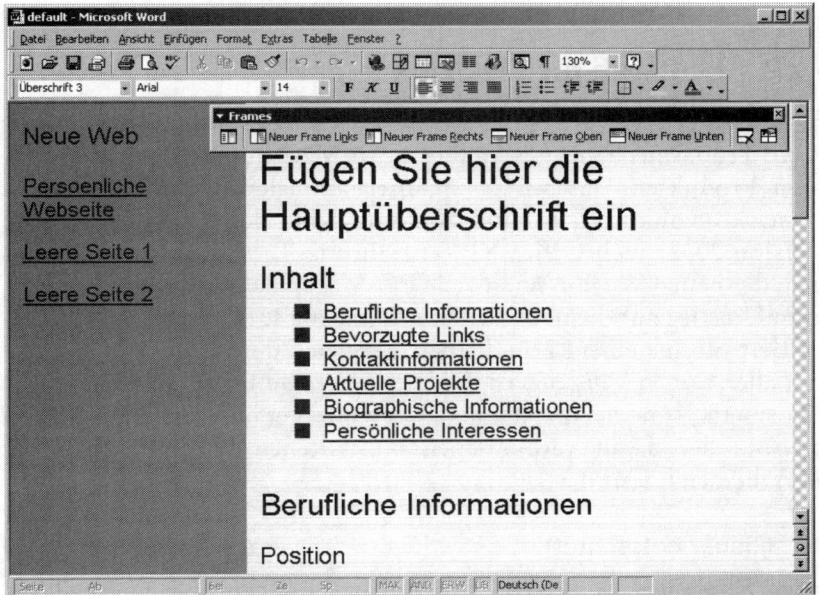

Bild 5.34: Mit den integrierten Assistenten von Microsoft Office gelingen sogar komplizierte Dokumente in wenigen Minuten: Hier entsteht eine Seite für das Internet mit Microsoft Word.

In anderen Kollektionen sind z.B. Access für das Datenbankmanagement, PowerPoint für Präsentationen, FrontPage für Webdesign, Draw für Zeichnungen und Publisher für Satzaufgaben enthalten. Allen Programmen gemeinsam ist die einheitliche Benutzerführung. Selbst komplizierte Aufgaben gelingen dank der Unterstützung von Assistenten.

Der Datenaustausch zwischen den Einzelprogrammen ist problemlos. Mit wenigen Schritten übernehmen Sie eine Excel-Tabelle in ein Word-Dokument oder eine Präsentation. Die aktuellen Versionen benutzen die für das Internet nötigen Dateiformate. Veröffentlichungen von Arbeitsergebnissen im Internet erreichen hohe Qualität, bei Verwendung des Internet Explorers ab Version 5 bleibt die Office-Funktionalität erhalten.

> **Hinweis** Der Vertrieb erfolgt über den Fachhandel, Informationen sind bei Microsoft Deutschland GmbH oder im Internet unter *www.microsoft.de* verfügbar. Der Preis liegt bei 200 Euro und weit aufwärts, je nach Edition und Funktionsumfang.

Office XP – Maßstab für die Konkurrenz?

Das Office-Produkt von Microsoft ist zweifellos trotz aller Kritik an den neuen Aktivierungsmechanismen immer noch Marktführer unter den vergleichbaren Produkten, obwohl es im internationalen Vergleich regional durchaus starke Konkurrenten gibt. Neuestes Kind der Softwareschmiede ist die Version 2002, auch Office XP (»Erfahrung, Erlebnis«) genannt. Seit Erscheinen der neuen Version raten viele PC-Magazine und andere Publikationen zum Umstieg auf die neue Version. Diese meist euphorische Feststellung resultiert oft aus einem gründlichen Vergleich der neuen Version von Office mit allen seinen Vorgängern. Die neue Version beschränkt sich nicht nur auf Kosmetik, sondern bietet einige wertvolle Veränderungen, die einen Umstieg trotz der damit verbundenen umstrittenen Produktaktivierung sinnvoll erscheinen lassen.

Office XP genauer betrachtet

Beim ersten Start einer der neuen Office-Anwendungen fällt ein gefälliges Layout ins Auge. Die Programmoberfläche erscheint in einer zurückhaltenden Farbgebung, die auf schreiend bunte Symbole verzichtet: Weiche Farben bestimmen das neue Layout. Auch der Office-Assistent hält sich zurück. Dieser hatte in den Vorversionen für Aufsehen gesorgt: Karl Klammer, eine vorlaute animierte Büroklammer, drängte sich ständig in den Vordergrund, um dem Anwender mit Tipps oder Anleitungen unter die Arme zu greifen. Von einigen netten Varianten und Animationen abgesehen – die Palette der animierten Helfer reichte vom liebenswerten Professor über Hund und Katze bis zum Delphin – war dieses Tool für die tägliche Arbeit eher nervig und lästig.

Microsoft hat diesen Trend erkannt und Karl Klammer und Co. in die Verbannung geschickt. Dafür wurde sogar noch werbewirksam damit geprahlt, dass die neue Variante wegen der leichten Bedienbarkeit keine solchen Helfer benötigt. Das ist natürlich arg übertrieben, denn die Helfer sind nach wie vor vorhanden. Im Gegensatz zu den Vorgängern steht Ihnen ein Antwort-Assistent unauffällig zur Seite. Die Menüleiste enthält das neue Eingabefeld FRAGE HIER EINGEBEN, in der Sie eine Frage zu einem Office-Programm eingeben können. Unabhängig von der Ausführung des Office-Assistenten erhalten Sie eine Liste mit Auswahlmöglichkeiten oder ein Hilfethema.

Auffällig macht sich am rechten Rand des Arbeitsbildschirms ein so genannter Aufgabenbereich breit. Dieses neue Steuerelement ersetzt in einigen Fällen bisher bekannte Assistenten oder sammelt die Funktionalität von Menübefehlen und Dialogboxen. In der Praxis hat sich dieses neue Element bewährt, obwohl der für den eigentlichen Text verfügbare Bildschirmbereich kleiner geworden ist. Aufgabenbereiche erscheinen in bestimmten Situationen automatisch.

Mithilfe neuer integrierter Schaltflächen, den so genannten Optionenschaltflächen, können Sie unmittelbar festlegen, wie Informationen eingefügt oder automatische Änderungen in Ihren Office-Programmen ausgeführt werden sollen. Auch das ist eine Reaktion auf die Beschwerden der Anwender. Die Vorgänger hatten die Autofunktionen eingeführt und damit für viel Wirbel gesorgt. Neueinsteiger und Umsteiger auf diese Programmversionen hatten eine Menge Arbeit damit, dem Programm auf die Schliche zu kommen. Ständig musste darauf aufgepasst werden, was die Programme heimlich taten: hier einen Tippfehler korrigiert, dort mal eben ein Zeichen geändert, rote Wellenlinien, grüne Wellenlinien, automatische Aufzählungen usw. Durch das überfallartige Wirken vieler Helfer im Hintergrund waren die an sich guten und hilfreichen Funktionen in Verruf geraten. Durch die Optionenschaltflächen wird die Handlungsweise der Programme durchsichtiger und leichter zu handhaben.

Der Markt der Office-Programme

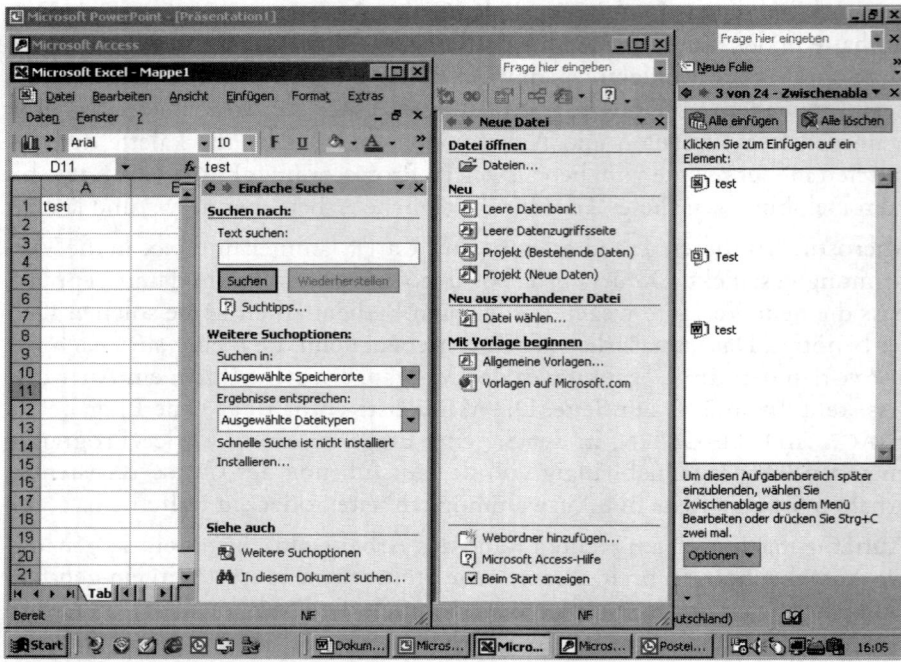

Bild 5.35: Aufgabenbereiche bestimmen die erste Ansicht der neuen Programmversion.

Wenn Sie z.B. Text aus Word in Microsoft PowerPoint einfügen, erscheint eine Schaltfläche neben dem Text. Ein Klick auf diese Schaltfläche aktiviert eine Liste mit Auswahlmöglichkeiten für die Feineinstellung der Formatierung des eingefügten Textes. Die Funktionalität dieser Optionsschaltflächen unterscheidet sich in den Office-Programmen. Dabei ist besonders elegant, dass Sie formatierte Objekte nach dem Einfügen noch an die Formate der Umgebung anpassen können.

Ebenfalls der Automatisierung dienen die Smarttags. Für diese Funktion analysiert die Office-Anwendung im Hintergrund das Ergebnis der Tastatureingabe. Werden z.B. Texte als Namen erkannt, stellen die Smarttags Beziehungen zu Outlook her und ermöglichen direkten Zugriff auf Adressdaten. In Excel bieten Smarttags Zugriff auf Börsendaten, wenn das entsprechende (englische) Finanzsymbol eingegeben wird.

Kapitel 5: Office-Programme

```
; ins Internet planten wir eine Rundreise, kamen aber „nur" bis nach Geseke
it's: Das Haus voller netter Leute, und riesige Hunde. Es war Liebe auf den
großen H...                                            Dann stockte
näher wi  ◉  Ursprüngliche Formatierung beibehalten    Hündin darin.
ind wollt                                              obert, ein
einem kl  ○  An Zielformatierung anpassen              tte. Tapsig,
chtsam,   ○  Nur Text einfügen
Stringer  🔄  Formatvorlage oder Formatierung übernehmen...  em hatten wir
zwar sch                                               und gelegentliche
uns auf      Dennoch stellte sich schnell die Frage: Was haben wir
```

Bild 5.36: Ein Beispiel für die neue Transparenz: Die Optionenschaltfläche Einfüge-Optionen bietet nachträglich an, die Art des Einfügens zu verändern.

Als neuesten Clou bietet Office einen speziellen Smarttag, der bestehende Texte und andere Dokumente auf das Vorhandensein von Währungssymbolen analysiert und anbietet, z.B. Markbeträge in Euro umzurechnen.

Smarttags

Hinter dem Begriff Smarttag verbirgt sich eine Programmfunktion, die Microsoft als Hilfestellung für den Benutzer erfunden hat. »Smart« ist übersetzt mit »clever« und »schlau«; »Tag« ist synonym mit »Etikett« oder »Anhängsel«.

Die Funktion analysiert vorliegende Texte in Office-Dokumenten und auf Internetseiten nach formalen Kriterien, die aus dem Umfeld des Benutzers oder aus allgemeinen Vorgaben stammen. Damit sind Vorteile und Grenzen der Funktion angedeutet. Wenn es sich um vorgegebene Kriterien handelt, ist die Funktion für die meisten Anwender willkommen. Das betrifft vor allem die bereits genannte Umrechnungsfunktion von Landeswährungen in den Euro. Auch der Vergleich von Namen mit Kontakten, die im Register von Microsoft Outlook abgelegt sind, bietet Vorteile für die tägliche Arbeit.

Problematisch wird es, wenn das Surfverhalten des Computernutzers beeinflusst wird. Der Internet Explorer von Microsoft analysiert Texte und besucht Webseiten nach Stichwörtern, die auf ein Angebot von Microsoft oder Partnern des Unternehmens im Internet verweisen könnten. Bei möglichen Stichwörtern wird der Text mit einem Etikett versehen – in diesem Fall wird ein Link zu einer Webseite hinterlegt.

> In allen erwähnten Programmen lässt sich die Smarttag-Funktion deaktivieren, so dass der Anwender es in der Hand hat, welche Art der »Unterstützung« er zulassen möchte.

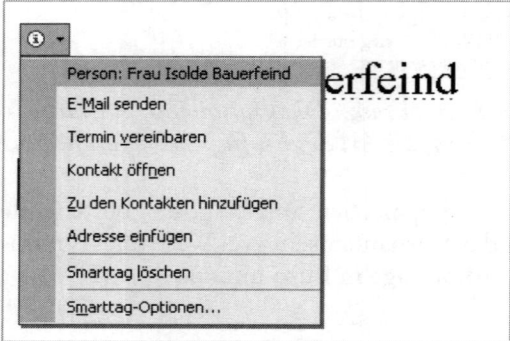

Bild 5.37: Smarttag an einem Namen im Text

Viele weitere zentrale Funktionen setzen einen neuen Standard für Office-Anwendungen:

▶ Für die Verwaltung von Bildern und anderen Elementen, die auf Webseiten Anwendung finden könnten, bietet Microsoft Office einen Clip Organizer. Clips im Sinn des Programms sind Multimediaschnipsel aller Art, die zusammengeführt bzw. in Dokumenten verwendet werden. Dieses Tool löst die frühere Clip Gallery ab und enthält hunderte Clips, eine benutzerfreundliche Aufgabenbereichsoberfläche sowie Werkzeuge zum Organisieren von Clips.

▶ Der anschaulichen Darstellung von Sachverhalten kommt immer mehr Bedeutung zu. Anliegen der Programmierer ist es, für diesen Zweck möglichst einfach zu bedienende Werkzeuge bereit zu stellen. Word, Excel und PowerPoint enthalten deshalb einen neuen Katalog mit Konzeptdiagrammen unter dem Begriff SCHEMATISCHE DARSTELLUNGEN. So kann z.B. zum Anzeigen der Bausteine einer Beziehung das Diagramm PYRAMIDE und zum Anzeigen von Elementen in Bezug auf ein zentrales Element das Diagramm RADIAL ausgewählt werden.

Kapitel 5: Office-Programme

Bild 5.38: Die Diagrammsammlung der schematischen Darstellungen

▶ In Access, Excel, PowerPoint, Publisher und Word steht ein spezielles Webarchiv-Dateiformat zur Verfügung. Dieses Dateiformat speichert alle Elemente einer Website, einschließlich Text und Grafiken, in einer Datei.

▶ Dokumente in Word, Excel oder PowerPoint können wiederhergestellt werden, wenn das Programm einen Fehler findet oder nicht mehr reagiert. Beim nächsten Öffnen des Programms erscheinen die Dokumente im Aufgabenbereich DOKUMENTWIEDERHERSTELLUNG angezeigt.

▶ Ein Assistent zum Speichern eigener Einstellungen sichert die persönlichen Programmeinstellungen in einer Datei, die im Intra- bzw. Internet gespeichert werden kann. Bei Veränderung der Installation bzw. des Arbeitsrechners können diese Einstellungen rekonstruiert werden.

▶ Die Office-Zwischenablage wurde auf 24 Plätze erweitert: Ein Aufgabenbereich ein Symbolleiste und ein Symbol in der Taskleiste von Windows machen auf die Funktion aufmerksam. Damit erweitert Microsoft die zentrale Windows-Zwischenablage, in der jeweils nur ein Element Platz findet. Die Erweiterung ist, obwohl sie ausschließlich zum Datenaustausch zwischen den Officeanwendungen dient, ein nützliches Werkzeug. Der Vorteil kommt besonders zum Tragen, wenn Objekte aus vorhandenen Dokumenten eingesammelt und in ein neues Dokument eingefügt werden sollen.

Der Markt der Office-Programme

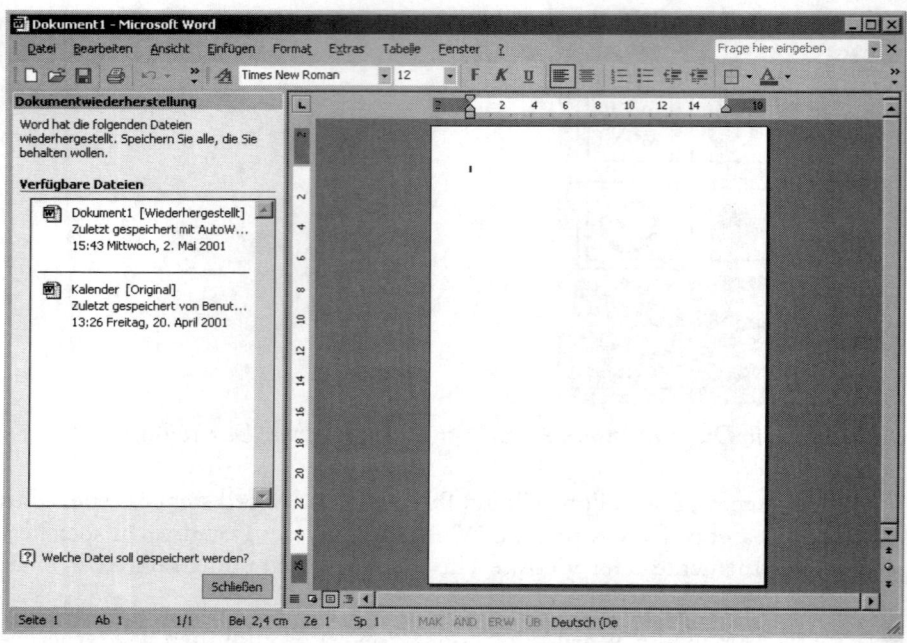

Bild 5.39: Der Aufgabenbereich Dokumentwiederherstellung in Aktion

Word

Die tiefgreifendsten Veränderungen gegenüber den Vorgängern hat Word 2002 erfahren.

▶ Die neueste Version bietet Mehrfachmarkierungen. Dieses Feature kommt bei den unterschiedlichsten Funktionen vorteilhaft zum Einsatz. Sie sorgt dafür, dass jetzt z.B. ein besonders formatiertes Textobjekt markiert werden und Word angewiesen werden kann, alle im Text vorkommenden gleichartigen Textobjekte (Instanzen) zu markieren. In diesem Zusammenhang wurde das Handling für die Formatierungen überarbeitet. Word protokolliert Formatierungen in speziellen Formatvorlagen. Damit bietet die Version erstmalig auch für Einsteiger in das Programm eine nachvollziehbare Übersicht, welche Formatierungen einem Absatz oder einer Zeichenfolge zugewiesen wurden.

- Word nutzt den Arbeitsbereich SERIENDRUCK, um neue Möglichkeit der Verbindung mit der Datenquelle zu schaffen. Neue »Überfelder« für den Adressblock, die Anrede und die Grußzeile sollen die Arbeit erleichtern und bieten verbesserten Zugriff auf die Outlook-Daten. Adresslisten, die während der Serienbrieferstellung neu angelegt werden, speichert Word im Format von Access. Etwas hakelig geraten ist aber das manuelle Einfügen von Feldern: So muss jedes Mal erst die Dialogbox geschlossen werden, bevor die Schreibmarke im Text neu platzieren werden kann. Insgesamt zeigt sich die Funktion aber deutlich einfacher zu handhaben und bietet auch Neulingen schnell ein Erfolgserlebnis.

- In der Seitenlayoutansicht – der Ansicht, die das Dokument so darstellt, wie es gedruckt wird – können Sie den Leerraum ober- und unterhalb der Dokumentseiten ausblenden: Das gestattet einen nahtlosen Blick auf den fortlaufenden Text.

- Mit Hilfe eines so genannten Zeichnungsbereichs können Sie mehrere Zeichnungsobjekte gemeinsam im Dokument einfügen, positionieren, anordnen und ihre Größe ändern. Dieser Zeichnungsbereich dient als Container für mehrere Objekte. Leider ist er im Standard automatisch aktiviert, das behindert das Einfügen einzelner Objekte.

- Die Wasserzeichenfunktion ist stark verbessert: Sie können Dokumenten Bilder, Logos oder benutzerdefinierten Text als Hintergrund zuweisen.

- Persönliche Daten können Sie aus dem Dokument entfernen. Dazu gehören z.B. Dateieigenschaften (Autor, Manager, Firma und ZULETZT GESPEICHERT VON) und Namen im Zusammenhang mit Kommentaren oder Überarbeitungen. Diese Funktion scheint vor allem deshalb neu aufgenommen worden zu sein, weil Microsoft durch die »stille« Übermittlung der genannten Daten für die Empfänger von Dokumenten einige Interna bzw. persönliche Daten offenbarte.

- Word kann mit Cascading Style Sheets (CSS) arbeiten. Cascading Style Sheets erleichtern das Formatieren mehrerer Webseiten oder einer gesamten Website. Um das Format der Seiten zu ändern, nehmen Sie Änderungen am Style Sheet vor und brauchen dann nicht jede Webseite einzeln zu bearbeiten.

▶ Völlig geändert ist die Arbeit mit Formatvorlagen. Neu ist eine Protokollfunktion, die Veränderungen an Absätzen registriert und automatisch angepasste Formatvorlagen erstellt. Mit einem Befehl aus dem Kontextmenü formatierter Texte können Sie alle Vorkommen gleicher Art markieren und verändern. Zwei Aufgabenbereiche unterstützen das Verfahren: Im Aufgabenbereich FORMATVORLAGEN UND FORMATIERUNG können Sie Formatierungen eines Textes erstellen, anzeigen, auswählen, zuweisen und wieder löschen. Außerdem können Sie den Aufgabenbereich FORMATIERUNG ANZEIGEN öffnen, in dem Textformatattribute angezeigt werden. Dieser Aufgabenbereich ersetzt die Direkthilfe aus den Vorgängerversionen.

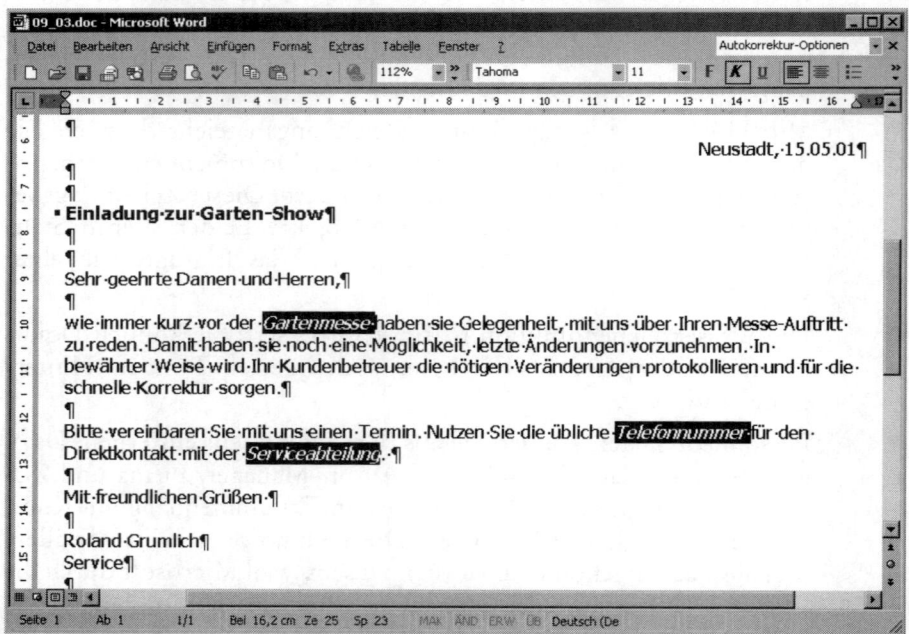

Bild 5.40: Mehrfachmarkierung in Word

▶ Eine deutlich verbesserte Symbolleiste ÜBERARBEITEN erleichtert die dokumentbezogene Zusammenarbeit. Überarbeitungsmarkierungen erscheinen deutlich und leicht lesbar in »Sprechblasen«, ohne das Originaldokument zu verdecken oder sein Layout zu verändern. Diese so genannten Markups werden angezeigt, wenn die Änderungsverfolgung aktiviert ist, sowie als Ergebnis eines Dokumentvergleichs.

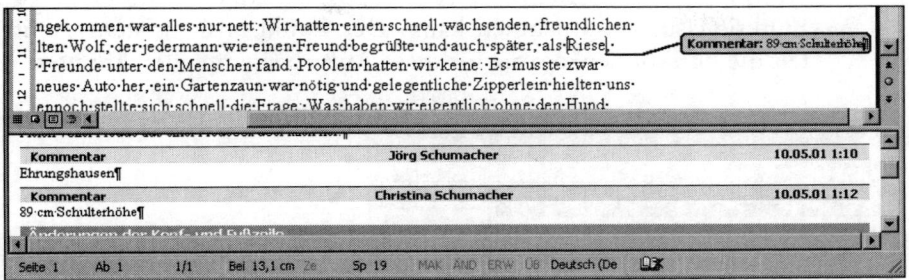

Bild 5.41: Neues Kommentarlayout und Überarbeitungsfenster

▶ Word bietet auch erweiterte Features zum Vergleichen und Zusammenführen. Der Vergleichsumfang und die Genauigkeit wurden verbessert. Nunmehr kann auch ein drittes Dokument mit dem Vergleich erstellt werden. Vereinfacht wurde das Verfahren: Wenn Sie ein Dokument per SPEICHERN UNTER über ein bereits vorhandenes speichern wollen, bietet Word den Dokumentvergleich an.

▶ Wesentlich verbessert sind weitere Teamfunktionen im Intranet (Microsoft Exchange u.a.): Das Verteilen eines Dokuments zur Überarbeitung ist in sich abgeschlossen. Wenn Sie ein Dokument zur Überarbeitung senden, erstellt Word automatisch ein Überarbeitungsanfrageformular, aktiviert die Überarbeitungshilfsmittel und zeigt sie an, sobald ein Bearbeiter das Dokument erhält. Wenn Sie die überarbeitete Kopie erhalten, fordert Word zum Zusammenführen auf. Mit den Überarbeitungshilfsmitteln können Sie die Änderungen wie gewohnt übernehmen oder ablehnen.

Excel

Auf den ersten Blick hat sich in Microsoft Excel außer den überall präsenten Aufgabenbereichen wenig getan. Die Veränderungen liegen im Detail und tragen allesamt den Stempel »für den Benutzer geschaffen«. Dabei wurden offensichtlich vor allem Wünsche berücksichtigt, die in den Vorversionen offen geblieben sind.

Der Markt der Office-Programme

▶ Wenn Sie eine Funktion in eine Zelle eingeben, erscheint eine hilfreiche QuickInfo, ein Infokästchen, mit allen Argumenten der Funktion sowie einer Verknüpfung zum entsprechenden Hilfethema angezeigt.

▶ Der Funktions-Assistent bietet ein Eingabefeld, das eine Frage zur Funktionssuche aufnehmen kann. Der Funktions-Assistent ermittelt die Funktionen, die Sie für diese Aufgabe verwenden könnten.

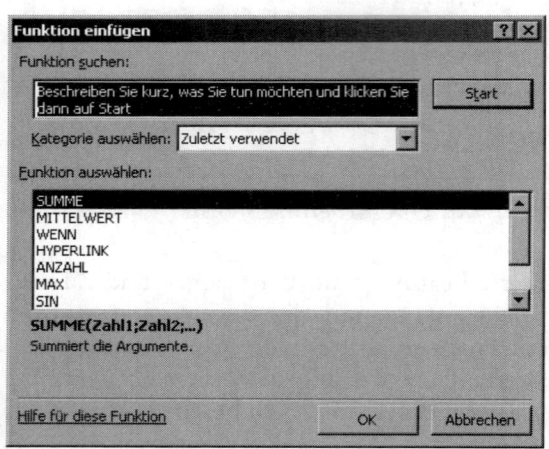

Bild 5.42: Funktionen per Fragestellung suchen

▶ Neu ist ein so genanntes Überwachungsfenster. Damit sehen Sie Zellen und deren Formeln auch dann, wenn die Zellen selbst auf einem völlig anderen Blattbereich stehen. Mit der Symbolleiste lassen sich verschiedene Zelleigenschaften überwachen.

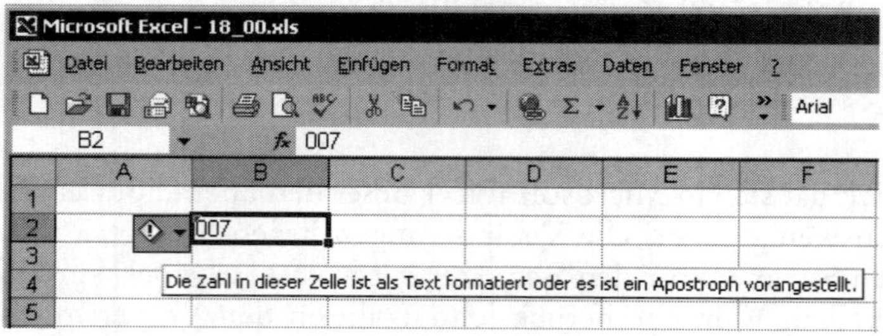

Bild 5.43: Automatische Fehleranalyse in Excel

- Beim Öffnen bestehender Arbeitsblätter stoßen Sie bald auf das neue Feature FEHLERPRÜFUNG IN FORMELN. Wie eine Grammatikprüfung analysiert Excel Formeln nach bestimmten Regeln. Anhand dieser einzeln aktivierbaren Regeln können allgemeine Fehler aufgedeckt werden.
- Neu ist die Möglichkeit, das Arbeitsblattregister farbig einzufärben. Das erhöht den Überblick in umfangreichen Mappen.
- Die Optionenschaltfläche EINFÜGEN-OPTIONEN, die beim Einfügen von Tabellenbereichen automatisch erscheint, löst ein Problem der Vorversionen: Sie enthält den Befehl BREITE DER URSPRUNGSSPALTE BEIBEHALTEN.
- Erweitert wurde der Umfang der Funktion SUCHEN UND ERSETZEN. Sie bietet neue Optionen für die Suche nach übereinstimmenden Formaten und zum Durchsuchen einer kompletten Arbeitsmappe bzw. eines kompletten Arbeitsblatts.
- Excel unterstützt das Öffnen und Speichern von XML-Dateien: Mit der neuen Version können Sie ganze Arbeitsmappen im XML-Kalkulationstabellenformat speichern und Abfragen für XML-Quelldaten erstellen.
- Der Arbeitsblattschutz ist wesentlich aufgewertet. Die Einstellungen zum Schutz der Daten vor Änderungen an Arbeitsblättern und Zellen sind differenzierter. Sie können z.B. Zellwerte und Formeln schützen, aber das Formatieren der Zelle zulassen. Ebenso können Sie bestimmten Benutzern gestatten, Zellen zu ändern.

Dokumentauszeichnungssprachen

Dokumente können unter Verwendung einer so genannten Dokumentauszeichnungssprache erstellt werden. In diesem Fall kennzeichnen spezielle Schreibweisen die verschiedenen Bestandteile des Dokuments. Dazu können z.B. spitze Klammern (<>) wie bei HTML, Kommas oder auch Binärcode wie in Office-Dokumenten verwendet werden. Dokumente, die mit einer Auszeichnungssprache erstellt wurden, bestehen aus Auszeichnungen und dem eigentlichen Text. Eine Anwendung, die das Dokument liest, interpretiert die Auszeichnungen und zeigt dann das Dokument in der dadurch bestimmten Art und Weise.

Grundlage der aktuellen Dokumentauszeichnungssprachen HTML und XML ist *SGML* (Standard Generalized Markup Language). Der Entwicklung von SGML gingen die Begriffe Hypertext und GML (Generalized Markup Language) voraus. SGML ist eine herstellerunabhängige, international normierte Dokumentenbeschreibungssprache für die logische Struktur und den Inhalt von Dokumenten. 1986 wurde diese Spezifikation als Standard etabliert und sogar zur ISO-Norm erhoben. Die Erfinder von SGML entwickelten diese Sprachdefinition mit dem Ziel, die logische Struktur von Textdokumenten abzubilden. SGML trennt dabei strikt die eigentliche Information vom Layout, in dem die Information als Dokument dargestellt wird. Das ist von Vorteil, da durch diese deutliche Trennung die eigentlichen Inhalte auch auf verschieden Arten genutzt werden können. SGML legt also nur die Regeln fest, nach denen elektronische Dokumente aufgebaut werden. Die Nutzung von SGML erfordert die Definition von Strukturen und Inhalten. Eine solche Definition heißt Document Type Definition (DTD).

HTML (HyperText Markup Language) ist der soft- und hardwareunabhängige Standard zur Verteilung, Organisation und Verbindung von Dokumenten im World Wide Web. HTML hat eine für die jeweilige Version typische und mit SGML erstellte DTD und eine festgelegte Anzahl von Markierungen zur Modellierung von Dokumentstrukturen. Dabei ist der Umfang der möglichen Formatierungen allerdings begrenzt. Die einzigen Merkmale, die HTML zur Verfügung stellt, sind einige wenige Überschriften und Absatzformatierungen. Deshalb ist HTML als generelles Format nicht umfassend genug.

Andererseits ist SGML für den breiten Einsatz zu kompliziert. Deshalb wurden wichtige Elemente von SGML genutzt, um eine neue, einfachere Metasprache zu definieren. So entstand *XML* (Extensible Markup Language). Der Umfang von XML beträgt nur etwa ein Zehntel des Sprachumfangs von SGML. Außerdem enthält XML mehr Restriktionen, so dass die Entwicklung geeigneter Browser und Editoren wesentlich einfacher ist.

XML 1.0 wurde 1998 als Standard verabschiedet und ist im Kern eine reduzierte Version von SGML. Bei HTML-Dokumenten ist die Darstellung des Dokuments auf dem Bildschirm der wesentliche Aspekt. XML liefert Informationen über Daten, um diese Daten weiterzuverarbeiten. XML ist nicht als Nachfolger für HTML gedacht, sondern beide sollen parallel weiter existieren. Für normales Homepage-Design reicht HTML vollkommen aus, aber in professionellen Bereichen wie z.B. im Bereich der Datenbanken könnte XML eine interessante Alternative zu herkömmlichen Formaten wie z.B. dem dBase-Format werden.

Auch im Datenaustausch zwischen verschiedenen Office-Programmen liegt die Zukunft dieser Sprache: Durch auch bei SGML übliche Trennung von Layout und logischen Datenstrukturen können neue, passende Layouts unter Beibehaltung der eigentlichen Dateninhalte erstellt werden. Damit können Dokumente und Daten ohne Verlust von Format- und Layoutinformationen ausgetauscht und für andere Applikationen genutzt werden.

PowerPoint

Das Präsentationsprogramm PowerPoint hatte mit der Version 2000 bereits grundlegende Veränderungen erfahren. Die neueste Version hat dennoch einige Highlights, mit denen die tägliche Arbeit mit dem Programm noch leichter von der Hand gehen sollte.

- PowerPoint bietet wie z.B. Word eine Überarbeitungsfunktion, bei der PowerPoint und Outlook zusammenarbeiten. Die Übertragung und Benachrichtigung über die eingegangene Überarbeitung erfolgt per Mailfunktion. Danach geht alles einfach: Sie kombinieren die Kopien zu einer einzigen Präsentation, die Sie anschließend überarbeiten. Wenn Sie den Mauszeiger über eine Änderungsmarkierung platzieren, sehen Sie die Einzelheiten einer Änderung. Das Überarbeitungstool hilft mit dem Aufgabenbereich ÜBERARBEITUNGS-FENSTER beim Managen der Kommentare und Veränderungen.

- PowerPoint bietet neue Animationseffekte, eine verbesserte Steuerung des zeitlichen Ablaufs sowie Bewegungspfade. Diese Bewegungspfade sind Linien, auf denen sich die Objekte einer Animationsfolge bewegen können. Damit sind Sie in der Lage, mehrere Text- und Objektanimationen zu synchronisieren.

Der Markt der Office-Programme

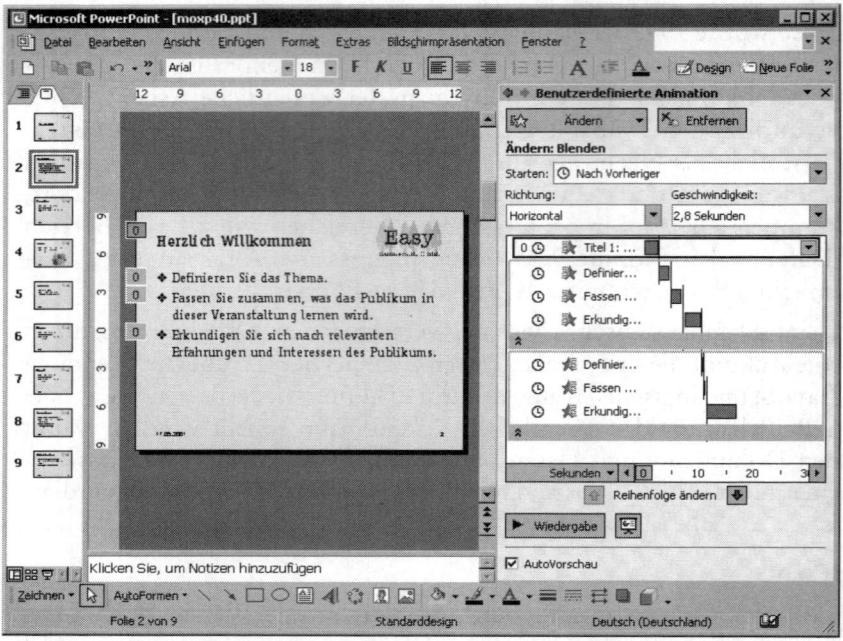

Bild 5.44: Benutzerdefinierte Animationen per Aufgabenbereich

▶ Animationsschemata sammeln Animations- und Übergangseffekte. Der zugehörige Aufgabenbereich ANIMATIONSSCHEMAS bietet die Auswahl für das zur Präsentation passende Animationsschema. Es ist weiterhin möglich, Animationseffekte jeweils nur einzelnen Folien zuzuweisen.

▶ PowerPoint bietet nun eine Seitenansicht, wie z.B. Word und Excel: Sie können nun die Präsentation in einer Vorschau betrachten, bevor Sie diese drucken. Spezielle Einstellungen in der Seitenansicht ermöglichen es Ihnen, Folien, Notizblätter und eine Vielzahl von Handzettellayouts in der Vorschau anzuzeigen und auszudrucken.

▶ PowerPoint 2002 unterstützt die Verwendung mehrerer Entwurfsvorlagen in einer Präsentation. Das erweist sich als sehr nützlich, wenn Sie mehrere Präsentationen in einer Datei zusammenfassen, die jede für sich ihren eigenen Stil beibehalten soll.

Kapitel 5: Office-Programme

Outlook 2002

Outlook setzt in der neuen Version die Tradition der unmittelbaren Vorgänger fort. Am auffälligsten ist aber die Tatsache, dass die bisherige Trennung der Internet- und Exchange-Modi aufgehoben wurde.

▶ Mit dem neuen Assistenten E-MAIL-KONTEN können Sie in einem Profil mehrere E-Mail-Kontotypen erstellen: Microsoft Exchange, POP3, IMAP, HTTP. Deshalb benötigen Sie eigentlich nur noch ein Profil, mehrere Profile werden aber weiterhin unterstützt. Bei der Nachrichtenerstellung können Sie das Konto auswählen, mit dem Nachrichten gesendet und empfangen werden sollen. In der Symbolleiste finden Sie dazu die Schaltfläche KONTEN. Wenn mehr als ein Konto zu einem Profil gehört, enthält die Schaltfläche die Konten zur Auswahl: Das Standardkonto erscheint in der Liste an erster Stelle.

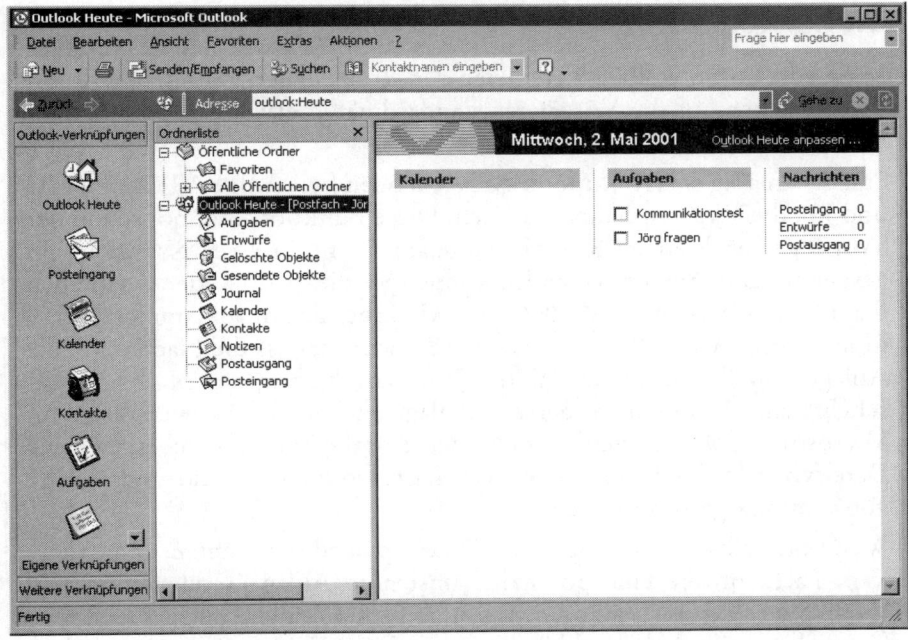

Bild 5.45: Outlook 2002

▶ Word wird als Standard-E-Mail-Editor sowie HTML als Standardnachrichtenformat verwendet: zwei Einstellungen, die Sie aber deaktivieren können, wenn Sie auf diese Funktionalität verzichten möchten. Bewährt hat sich die Kombination aus Word als Standardeditor und Text als Nachrichtenformat: In diesem Fall vermeiden Sie die für viele Mails typischen Schreibfehler.

▶ Deutliche Veränderung der Optik ist die integrierte Adressleiste, mit der Sie Outlook als Browser verwenden. Sie erscheint unter der Standardsymbolleiste und enthält Features der Websymbolleiste. Sie können jederzeit eine Webseite aufrufen, ohne Outlook zu verlassen. Sie geben einfach den URL der Seite ein oder wählen in der Adressleiste aus einer Liste aus. Mit anderen Websymbolleistenschaltflächen der Leiste können Sie die Anzeige einer Seite beenden oder aktualisieren.

Sicherheit vor Viren

Microsoft Outlook 2002 bietet nach den Erfahrungen von Microsoft mit den Attacken auf die Vorgänger standardmäßig erweiterte Schutzmaßnahmen:

Standardmäßig sperrt Outlook Anlagedateien (wie z.B. BAT, EXE, VBS und JS), die Viren enthalten könnten. Diese Funktionalität bot schon der Vorgänger nach einem Sicherheitsupdate. Wenn in einer Nachricht ein gesperrter Dateityp enthalten ist, können Sie die Datei weder sehen noch darauf zugreifen. Im POSTEINGANG wird aber das Büroklammersymbol in der Spalte ANLAGE gezeigt, damit Sie wissen, dass die Nachricht eine Anlage enthält. In der neuen Infoleiste am Anfang der Nachricht erscheint eine Liste der gesperrten Anlagedateien. Bei Verwendung von Microsoft Exchange Server kann der Administrator angeben, welche Dateitypen in der Liste der Sicherheitsstufen zulässig sind und welche von Outlook gesperrt werden.

Wenn Sie selbst einen gesperrten Dateityp senden möchten, fragt Outlook nach, ob Sie eine potenziell unsichere Anlage senden möchten. Wenn Sie es dennoch wünschen, sendet Outlook die Anlage. Der Empfänger kann die Anlage abhängig von seinem E-Mail-Programm sehen oder nicht.

> Vorsichtig geht Outlook mit Skripts und ActiveX-Steuerelementen von HTML-Nachrichten um. Zum Schutz vor Viren sind Skripts unabhängig von den Sicherheitszoneneinstellungen nicht ausgeführt und ActiveX-Steuerelemente deaktiviert. Standardmäßig ist die Outlook-Sicherheitszone auf EINGESCHRÄNKTE SITES festgelegt.

▶ Sie können einzelne und wiederkehrende Termine mit einer von zehn Farben markieren. Jeder Farbe ist eine veränderbare Beschriftung zugeordnet, so dass Sie die Termine anhand der Beschriftung organisieren können. Dieses Feature können Sie automatisieren und so alle Termine, die die gleiche Bedingung erfüllen, farbig gestalten.

▶ Werden gleichzeitig mehrere Terminerinnerungen aktiviert, z.B. nach längerer Abwesenheit, fasst Outlook sie in einer Dialogbox zusammen. Dies steigert die Übersichtlichkeit und verhindert das Erscheinen unzähliger Erinnerungsfenster. Sie können die Erinnerungen einzeln oder gleichzeitig schließen.

▶ Hervorzuheben ist noch der Microsoft Office Internet-Frei/Gebucht-Dienst. Mit diesem Dienst können Sie freie und gebuchte Zeitblöcke unter einer freigegebenen Internetadresse veröffentlichen. Dies ist praktisch für Personen, die im Team normalerweise keinen Zugriff auf einen Kalender haben, aber auf das Internet zugreifen können. Der Dienst arbeitet mit Outlook 2002 oder höher, so dass die veröffentlichten Zeiten ebenfalls in einer Outlook-Besprechungsanfrage zu sehen sind. Zugreifen können nur Personen, die Mitglied des Dienstes sind und ausdrücklich autorisiert wurden, die Frei/Gebucht-Zeiten zu sehen. Unterstützt wird diese Funktion allerdings nur vom Internet Explorer ab Version 5. Außerdem ist ein Microsoft-Hotmailkonto dafür nötig.

Microsoft Works

Microsoft Works ist ein ähnlicher Name wie Microsoft Word, und doch liegen Welten dazwischen. Works ist sozusagen der kleine Bruder von Office: Sie finden die notwendigsten Funktionen aus den Bereichen Textverarbeitung, Tabellenkalkulation und Datenbankverwaltung. Es ist ausreichend für die Anwendung zu Hause: Die Bedienung entspricht dem großen Bruder, der Datenaustausch ist unproblematisch.

Der Markt der Office-Programme

Im Handel erhältlich ist die Works Suite 2002. Diese Programmzusammenstellung ist eine echte Empfehlung für den Heimanwender, da sie außer dem Programm Works auch noch andere Microsoft-Programme enthält Word 2002, Works 6.0, Picture It! Foto 2002, Autoroute 2002 und Encarta.

Abgerundet wird das Programmpaket durch die enge Anbindung an windowseigene Programme: Der Internet Explorer dient dem Surfen im Internet und Outlook Express ist für den Mailverkehr zuständig. Diese Programme sollten auf jedem Windows-Rechner ohnehin verfügbar sein, hervorzuheben ist die Anbindung in das Startmenü.

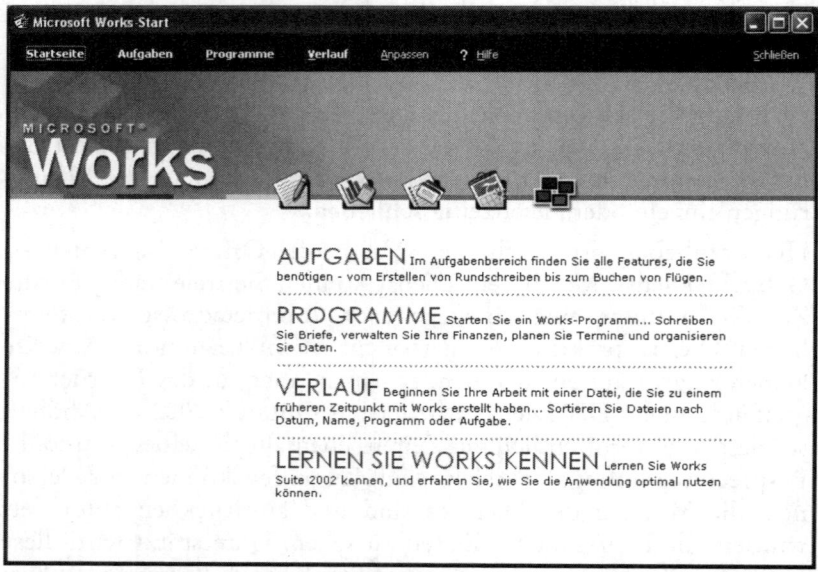

Bild 5.46: Ein Startzentrum bietet komfortablen Einstieg in die Programmvielfalt.

Microsoft Works 6.0

In Works sind die wichtigsten Tools enthalten, die Sie zum Erstellen von Dokumenten, zum Verwalten von Listen, zum Erstellen von Berichten und Budgets, zum Verwalten Ihres Zeitplans und zum Organisieren von Informationen aus vielen Quellen benötigen.

Kapitel 5: Office-Programme

▶ Mit der Works-Datenbank können Sie Informationen einfach speichern und organisieren. Damit erstellen Sie z.B. einen Überblick Ihrer CD-Sammlung oder legen eine Rezeptdatenbank an, die Sie nach Zutaten durchsuchen können. Für wichtige Anwendungsgebiete bringt das Programm notwendige Vorlagen mit.

▶ Die Works-Tabellenkalkulation stellt Werkzeuge für Berechnungen. Das Spektrum reicht vom Erstellen eines einfachen Haushaltsbudgets bis zum professionellen Buchhaltungssystem. Wie im großen Bruder Excel können Sie Berechnungen in Diagrammen der Tabellenkalkulation deutlich darstellen.

▶ Mit dem neuen Works-Portfolio (einer Art Sammelmappe) können Sie Text und Bilder aus verschiedenen Quellen – sogar aus dem Internet – sammeln und an einem Ort speichern.

▶ Mit dem integrierten Works-Kalender verwalten Sie Geburtstage, Feiertage und Termine. Der Works-Kalender lässt sich in das Adressbuch integrieren, so dass Sie Geburtstage über einem Mausklick hinzufügen können.

Word 2002

Bestandteil der Suite ist Word 2002, ergänzt um einige interessante Funktionen. So bietet z.B. der Seriendruck-Manager direkten Zugriff auf das Adressbuch von Works. Speziell für das schnelle Gestalten ist das Programm durch den Works-Formatierungskatalog ergänzt: Mit dem Formatierungskatalog können Sie hunderte von Schrift- und Farbpaletten durchsuchen, die aufeinander abgestimmt sind. Dann wählen Sie die Kombination, die am besten zu Ihrem Dokument und Ihrem Publikum passt. Mit wenigen Mausklicks weisen Sie allen Works-Dokumenten ein ansprechendes Format zu. Im Formatkatalog wird automatisch eine Vorschau des Textes eingeblendet, so dass Sie sehen können, wie dieser aussieht, bevor Sie Ihre Wahl treffen. Diese Automatik hat in der Praxis ihre Tücken, nach etwas Übung ist der Erfolg allerdings garantiert.

Bild 5.47: Der Formatierungskatalog von Works

Microsoft Picture It! Foto

Picture It! Foto 2002 macht die professionelle Fotobearbeitung leicht. Das Programm bietet rund um Scanner, Kamera und Internet alle Werkzeuge, die für die Arbeit mit digitalen Bildern notwendig sind. Hierbei setzt das Programm zwei Schwerpunkte. Ein Schwerpunkt ist die leichte Handhabung: Links im Programm bieten Ideen oder Hilfe zum Erstellen von Projekten. Mit Hilfe von Filmen ist das Programm leicht erlernbar. Der zweite Schwerpunkt ist die Vermarktung von Angeboten der Firma Microsoft Network. Bei bestehender Internetverbindung können Sie die in Picture It! Foto angebotenen Links zu MSN Fotos nutzen, um Ihre Bilder und Projekte im Web zu veröffentlichen.

Kapitel 5: Office-Programme

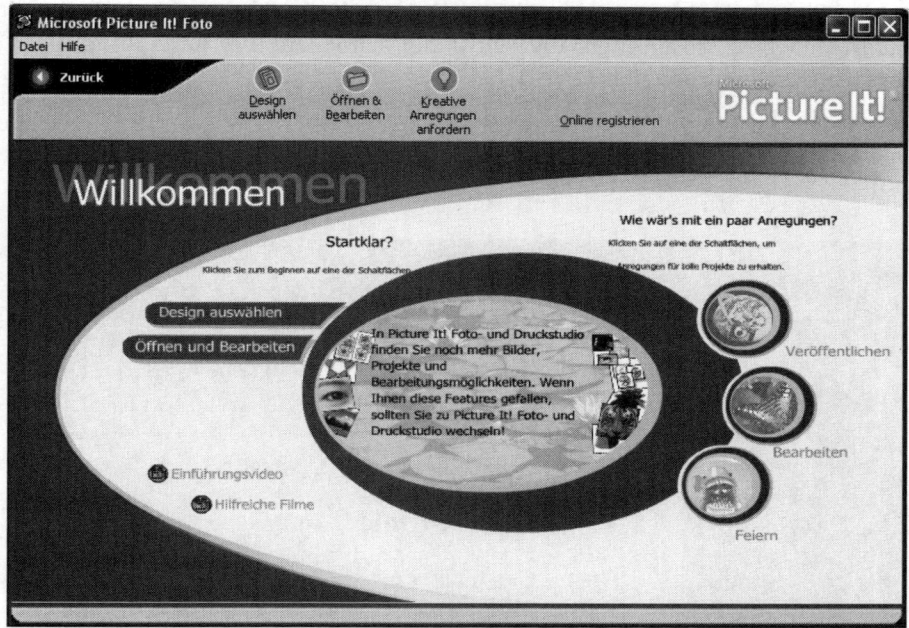

Bild 5.48: Bunt und komfortabel: Microsoft Picture It! Foto

Microsoft Encarta Enzyklopädie 2002

Das Trio Multimediacomputer, Internet und Microsoft Encarta Enzyklopädie ist an Informationsgehalt und Aktualität kaum zu übertreffen. Das Programm bietet in einer browserähnlichen Umgebung bereits etliche Stichwörter, die mit Text und Bild dargestellt sind. Einige Beiträge enthalten Sounds oder Videoclips, um die Information audiovisuell zu unterlegen. Hervorragend gelöst ist die Verlinkung der Texte und Stichworte untereinander: Hervorgehobene Textstellen machen weitere verfügbare Informationen sichtbar, die mit einem einzigen Mauklick abrufbar sind.

Über das Internet gleicht das Programm das Manko jedes gedruckten Nachschlagewerks aus: Wenn im aktuellen Tagesgeschehen ein Begriff oder Sachverhalt auftaucht, der noch nicht enthalten ist, stehen beinahe zeitgleich entsprechende Stichwörter im Internet bereit. Wenn das Programm regelmäßig genutzt wird, stellt dieses notwendige Update keine wesentliche Belastung dar, da der Download in diesem Fall in kleinen Häppchen erfolgt. Falls aber

Der Markt der Office-Programme

nach längerer Zeit eine Aktualisierung erforderlich ist, kommen schnell mehrere Mbyte zusammen, die selbst bei schnellen Internetverbindungen ihre Zeit in Anspruch nehmen.

Wenn ein Thema nicht ausreichende Informationen liefert, dann bietet das Webcenter Empfehlungen der Redaktion und eine komfortable Suchfunktion.

Bild 5.49: Gelungene Verbindung aus Wörterbuch und Webbrowser: Microsoft Encarta.

Microsoft AutoRoute 2002

Microsoft AutoRoute bietet leistungsstarke und benutzerfreundliche Funktionen für die Reise und Urlaubsplanung am PC. Mit Routenplanung von Adresse zu Adresse und Karten auf Straßenebene können Sie einfach und bequem den kürzesten, schnellsten oder einfach den gewünschten Weg zu den von Ihnen ausgewählten Zielen erreichen.

Dazu ist nur ein wenig Vorbereitung nötig: Bei den Voreinstellungen werden die Fahrzeugdaten geprüft und der aktuelle Preis je Liter Kraftstoff eingetragen. Diese Daten und das integrierte Kartenmaterial reichen aus, um durch spezielle Optimierungsverfahren die Strecke zwischen dem Start und dem Zielort zu ermitteln. Selbst Zwischenstopps können berücksichtigt werden. Das Ergebnis der Berechnung sind eine Tabelle der Fahrtanweisungen sowie eine Karte, in der die Route eingezeichnet ist. Nach einem Ausdruck halten Sie detaillierte Anweisungen in der Hand. Das Fahren nach diesen Anweisungen ist etwas gewöhnungsbedürftig: Mitunter erinnern die Angaben zu den Fahrtrichtungswechseln eher an die Ansagen eines Rallye-Copiloten.

Die Karte kann als faxbare Karte gedruckt werden. Dabei verzichtet das Programm beim Ausdruck auf alle Details, die das Kartenbild beim Druck in Graustufen unübersichtlich machen könnten.

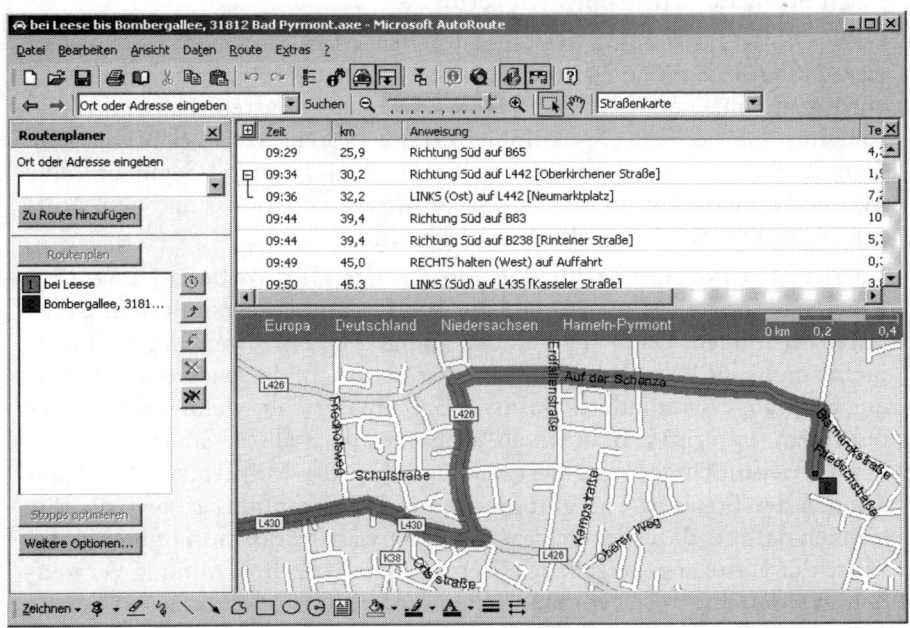

Bild 5.50: Mit diesen Vorgaben sollte das Ziel leicht gefunden werden.

Routenplanung und Satellitennavigation

Viele Hersteller von hochwertigen Autos bieten serienmäßig eine in das Fahrzeug integrierte Navigationshilfe an. Dabei vergleicht ein Computer das gespeicherte Kartenmaterial regelmäßig mit den Daten über die Geschwindigkeit, Richtungsänderungen und zurückgelegter Strecken sowie oft mit einem per Satellit ermittelten Standort.

Die Satellitennavigation hat das Navigieren auf dem Lande, zu Wasser und in der Luft stark verändert. An jedem Punkt der Erde können rund um die Uhr immer genügend Navigationssignale empfangen werden, um metergenau (unter 25 Meter) zu navigieren. Einfach zu bedienende Empfangsgeräte werten die Signale aus und stellen alle zur Navigation erforderlichen Daten übersichtlich zur Verfügung. Dabei ist der technische Aufwand bei den GPS-Empfängern im Vergleich zu anderen elektronischen Navigationsinstrumenten gering.

GPS (Global Positioning System) ist neben GLONASS eines der beiden im GNSS (Global Navigation Satellite Systems) vertretenen Systeme. Es wird manchmal auch als NAVSTAR (Navigation System with Time and Ranging) bezeichnet. Das komplette GPS besteht aus drei Segmenten: dem Raum-Segment (mit 24 Satelliten), dem Kontroll-Segment (eine Master-Control-Station MCS und vier Monitor-Stations) und dem Nutzer-Segment (Seefahrt, Luftfahrt, Landverkehr).

Microsoft Autoroute ist für den Einsatz mit GPS vorbereitet. Wie ein beliebiges anderes Gerät wird dazu ein GPS-Empfängers mit dem Computer verbunden. Dann steht einer ständigen Überprüfung des Standorts nichts mehr im Weg. Voraussetzung ist natürlich, dass sich der Standort des Empfängers verändert: Das ist z.B. dann der Fall, wenn das Computersystem (Laptop) z.B. in einem Wohnmobil installiert ist. Wenn Sie einen GPS-Empfänger installiert haben, überprüft AutoRoute alle 15 Sekunden den Standort und gibt diesen auf der Computerkarte wieder. Sie können dafür z.B. festlegen, dass die gegenwärtige Position immer in der Mitte der Karte angezeigt wird. Wenn Sie die GPS-Bestimmung verwenden, werden auch die geographischen Koordinaten des aktuellen Standortes angegeben.

Kapitel 5: Office-Programme

> Damit GPS für Microsoft AutoRoute verwendet werden kann, muss der GPS-Empfänger mit NMEA (National Marine Electronics Association) kompatibel sein. Außerdem muss die Schnittstelle des Empfängers so eingerichtet sein, dass NMEA 0183, Version 2.0 oder höher, unterstützt wird – Details, über die das Handbuch eines GPS-Empfängers Auskunft gibt.

Lotus SmartSuite

Lotus Smartsuite ist eine Büro-Komplettlösung, die alle Komponenten im Paket vereint. Sie finden Word Pro für Textverarbeitung, das legendäre Lotus 1-2-3 für die Tabellenkalkulation, Freelance Graphics für Präsentationen, Approach für Datenbanken, den Kontaktmanager Organizer und FastSite für Internetveröffentlichungen.

Verwaltet werden die Programme im SmartCenter, das auch Browserqualitäten bietet. Das Paket unterstützt auf vielfältige Weise internationale Kommunikation und die Zusammenarbeit in Netzwerken. Es spielt seine Stärken besonders dort aus, wo Lotus Notes für den Datentransport in Netzen zum Einsatz kommt.

Für den Heimanwender ist das Paket eine preisgünstige Lösung, vor allem beim Einsatz der sprachgesteuerten Version. Durch die Integration von IBM ViaVoice erstellen Sie Dokumente fast ohne Tastatureinsatz.

Eine Besonderheit von SmartSuite sind die InfoBoxen. Einstellungen, die Sie in diesen Boxen vornehmen, überträgt SmartSuite sichtbar auf das Dokument. Dadurch ist die richtige Formatierung schnell gefunden. Herauszuheben aus dem Paket ist Approach. Damit realisieren Sie anspruchsvolle Datenbanken auf einfache Weise.

> **Hinweis** Vertriebsinformationen erhalten Sie bei Lotus Deutschland bzw. im Internet unter *www.lotus.de*. Sie erhalten die preiswerte Komplettlösung, die alle für den Büroalltag nötigen Komponenten enthält, auf Wunsch mit Sprachunterstützung für etwa 50 bis 300 Euro, je nach Ausstattung.

Der Markt der Office-Programme

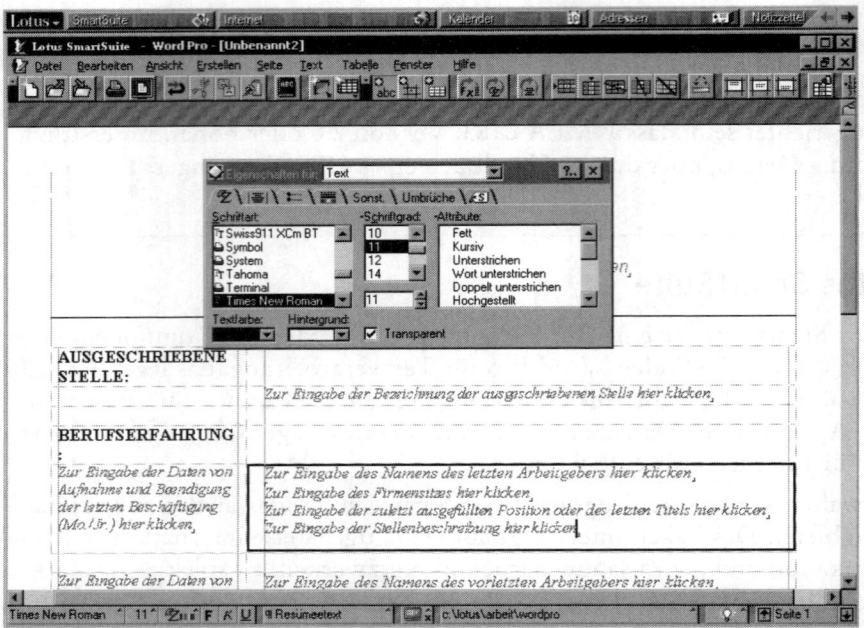

Bild 5.51: InfoBoxen bieten in Lotus SmartSuite bei der Auswahl von Formateigenschaften eine Vorschau direkt im Dokument: Jede Veränderung wird sofort angezeigt.

StarOffice

Wer beim Verkauf der »urdeutschen« Star Division an den amerikanischen Megakonzern Sun Microsystems Böses für das lieb gewonnene StarOffice befürchtet hat, sah sich schon mit der Version 5.2 eines Besseren belehrt: Die von Star Division-Chef Marco Börries initiierte kostenlose Verteilung des Office-Pakets wurde von den neuen Besitzern auch auf den gewerblichen Einsatz ausgedehnt. Egal, ob auf dem heimischen Windows-PC, einem gewerblichen Unix/Linux-Rechner oder unter dem Betriebssystem Solaris: StarOffice kann jeder nutzen.

Die Version 5.2 bietet umfassende und weitreichende Innovationen. So macht die bestehende »Interoperabilität« Anwendern den Umstieg aus anderen Officeanwendungen einfach, ein komplett neues Datenbankmodul und eine erweiterte Präsentationssoftware mit eigenem Player sind Belege für den Willen zur Weiterentwicklung. Aber Sun geht noch weiter: Der Software-Quellcode steht der weltweiten Netzgemeinde zur Verfügung, so dass sich jeder an der Weiterentwicklung seines Office-Programms beteiligen kann. Die ersten Ergebnisse der OpenOffice.org-Gemeinde können sich sehen lassen. Der Betatest von StarOffice 6.0, das auf diesem Code basiert, hat bestätigt, dass StarOffice auf dem Weg zu einer international verfügbaren, plattformübergreifenden Office-Anwendung heranwächst, die eine ernsthafte Konkurrenz zum Marktführer Microsoft Office ist. Abzusehen ist aber auch, dass das im Internet frei verfügbare StarOffice 5.2 nach einer erfolgten Aktualisierung noch längere Zeit seinen Platz im Reigen der Star-Office-Suiten behaupten wird, da z.B. Mail, Planer und Browserfunktionen vom Nachfolger nicht mehr unterstützt werden.

StarOffice 5.2

StarOffice 5.2 von Sun Microsystems ist eine kostenlos im Internet verfügbare Komplettlösung, deren Einzelkomponenten innerhalb einer Desktop-Lösung perfekt zusammenarbeiten.

Bereits bei der Installation entscheiden Sie außerdem, ob StarOffice 5.2 auch die Internetfunktionen übernimmt: Browser und Mailclient sind integriert. Durch die integrierte Gestaltung haben Sie viele Vorteile: Mit Drag&Drop ziehen Sie z.B. Grafiken aus dem Beamer in Textdokumente und Präsentationen, die Bedienung ist in allen Programmen identisch.

StarOffice 5.2 bietet für Standardaufgaben pfiffige Lösungen. Leistungsfähige Tools unterstützen die Arbeit mit allen Programmen, von denen Star-Office Writer die Gestaltung von Dokumenten ebenso übernimmt wie den Aufbau rahmenorientierter Websites. Calc bietet die Tabellenkalkulation, Draw die übergreifenden Zeichenwerkzeuge, Base die Datenbankverwaltung, Schedule das Kontaktmanagement und Impress die Präsentationen.

Die Bedienung ist komfortabel und überschaubar, selbst Animationen auf Präsentationsdias und Logos gelingen mühelos: Sie finden eine gelungene Anwenderunterstützung durch einen HelpAgenten, der kontextbezogen detaillierte Informationen in verständlicher Sprache liefert.

> Hinweis ◆ Informationen zu aktuellen Versionen bei Sun Microsystems bzw. im Internet unter *www.sun.com/staroffice*.

Der Markt der Office-Programme

Bild 5.52: Auf dem StarOffice5.2 Desktop haben Sie alle Informationen im Blick.

OpenOffice.org

OpenOffice.org ist ein Open Source-Projekt mit der Zielsetzung, die international führende Office-Suite zu entwickeln, die auf allen wichtigen Plattformen läuft und Zugang zu Funktionen und Daten durch transparente Schnittstellen und ein XML-basiertes Dateiformat gewährt. Die Wurzeln von OpenOffice.org reichen nach Deutschland, wo 1986 Marco Börries die Star Division gründete. Es gibt daher eine große Gemeinschaft deutscher Entwickler, User und Berater mit einer entsprechenden Newsgroup-Infrastruktur. Dennoch ist die deutsche Stimme in der OpenOffice.org-Gemeinschaft aufgrund sprachlicher Klippen relativ schwach und der Bekanntheitsgrad von OpenOffice.org entsprechend gering. Eher bekannt ist StarOffice: OpenOffice.Org liefert den Quellcode, auf dem StarOffice 6.0 basiert. Die Entwicklung dieses Codes von OpenOffice geht unabhängig von der Realisierung neuer StarOffice-Versionen weiter.

Kapitel 5: Office-Programme

Open Source

Software ist ein besonderes geistiges Erzeugnis, in dessen Entwicklung viel Geld gesteckt wird. Deshalb hüten viele Hersteller den so genannten Quellcode (Source Code), das Herzstück ihrer Produkte, beinahe wie ein Staatsgeheimnis. Quellcode ist der für Kundige in lesbarer Form aufgeschriebene Programmablauf, bevor er durch Umwandlung in computerlesbare Form gebracht wird.

Anders ist es bei so genannter »offener Software«, auch Open Source-Software (OSS) genannt. Herausragende Beispiele sind Linux und der in OpenOffice freigegebene Quellcode von StarOffice.

Das Betriebssystem Linux z.B. darf beliebig kopiert werden; jeder Programmierer darf Einblick in den Quellcode nehmen, ihn verändern und weiterentwickeln. Mittlerweile sind mehrere Zehntausend freiwillige Programmierer in der ganzen Welt an der Entwicklung dieser Software beteiligt. Kein Unternehmen könnte eine vergleichbare Zahl von Entwicklern bezahlen. Das wird wohl auch der Hintergrund für das Projekt OpenOffice.org sein.

Das Bundeswirtschaftsministerium empfiehlt die Nutzung von offener Software für kleine und mittelständische Unternehmen. Argumente für diese Software sind vor allem die entfallenden Anschaffungskosten und Lizenzgebühren.

StarOffice 6.0

StarOffice 6.0 ist die neueste Version der populären Office-Anwendung. Ebenso bei Sun erhältlich ist StarSuite. Dieses Programm ist nichts anderes als StarOffice – es ist lediglich aus markenrechtlichen Gründen (Office) eine andere Bezeichnung für den asiatischen Markt. Mit der neuen Version will Sun Microsystems einen weiteren Schritt vollziehen, die Vorherrschaft von Microsoft Office zu brechen.

▶ Durch die Einführung von XML als gemeinsamem Dokumentformat in allen Programmteilen erweist sich StarOffice 6.0 als technologischer Vorreiter und Unterstützer offener Standards und Technologien.

Der Markt der Office-Programme

- Gleichzeitig wurde bei der Entwicklung von StarOffice 6.0 höchstes Augenmerk auf die weitere Optimierung der Interoperabilität mit Microsoft Office gelegt. Die schon aus der Version 5.2 gut bekannten Import- und Exportfilter wurden erneut verbessert.
- StarOffice 6.0 erscheint in neuem, modularem Aufbau: Für jeden Dokumenttyp steht nun ein eigenes Programmmodul und -fenster zur Verfügung. Insbesondere für bisherige Benutzer anderer Office-Pakete gestaltet sich damit der Umstieg auf StarOffice erheblich einfacher als bei den Vorversionen.
- Basierend auf dem Quellcode des Open-Source-Projektes OpenOffice.org zeichnet sich die neue StarOffice-Büro-Suite durch die konsequente Nutzung von HTML, ODBC, Java und XML aus. Die Nutzung dieser Technologien eröffnet ein größtmögliches Maß an Transparenz, Sicherheit und Zuverlässigkeit.

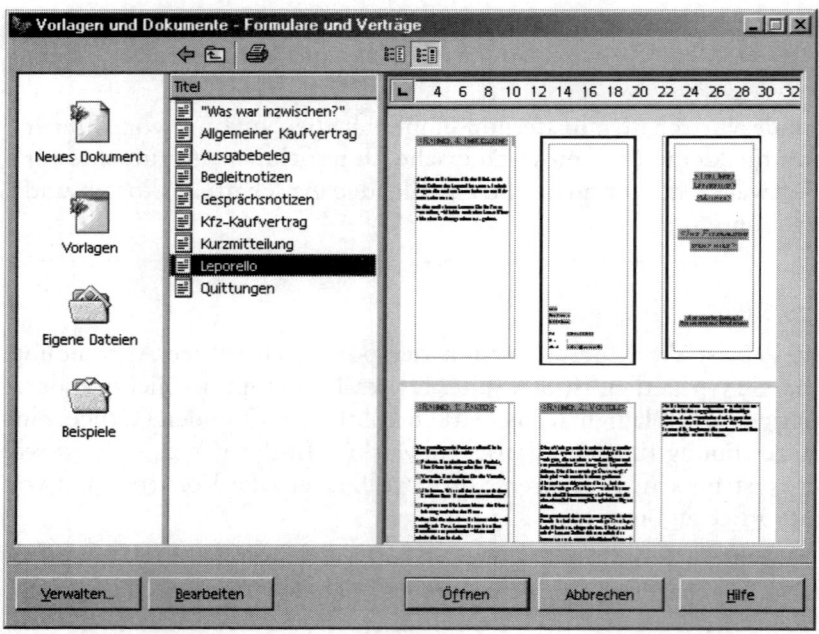

Bild 5.53: Mit praxisorientierten Vorlagen sind Sie in StarOffice schnell am Ziel.

▶ Dank seiner sprachunabhängigen, komponentenorientierten und offenen API (Programmierschnittstelle) lässt sich StarOffice 6.0 bequem in vorhandene IT-Infrastrukturen einpassen oder durch externe Funktionalität erweitern. StarOffice 6.0 bietet ein neues Application Program Interface (API), das es ermöglicht, StarOffice-Komponenten über verschiedene Programmiersprachen anzusteuern. Für die neue Programmierschnittstelle ist ein StarOffice 6.0 Development Kit erhältlich. Makros, die mit StarOffice Basic auf Grundlage der alten Programmierschnittstelle – z.B. unter StarOffice 5.2 – erstellt worden sind, werden von der aktuellen Version nicht mehr unterstützt.

▶ Der modulare Aufbau von StarOffice 6.0 hat seine Konsequenzen: Deshalb entfällt der integrierte Desktop. Auch andere Bereiche fallen weg: Beamer, Explorer, E-Mail und Newsunterstützung sowie der Scheduler. Das Versenden von StarOffice-Dokumenten per Mail wird ab sofort durch das Datei-Menü realisiert.

Corel WordPerfect Office

Corel WordPerfect Office sprachaktiviert ist die erste Wahl, wenn Sie den PC über Sprache steuern und Texte diktieren möchten. Mit der vorliegenden Version hat der kanadische Hersteller Corel ein Office-Paket vorgestellt, das leistungsfähige Programme beinhaltet.

Die Verarbeitung der Texte übernimmt das leistungsfähige WordPerfect. Die üblichen Standardprogramme sind mit der Tabellenkalkulation Quattro Pro, Presentations und dem Informationsmanager CorelCentral vorhanden. Trellix bietet die Unterstützung für die Gestaltung von Internetseiten. In allen Anwendungen bietet WordPerfect Office leistungsfähige PerfectExperten, die Lösungen für die Gestaltung der Dokumente vorschlagen und Schritt für Schritt die nötige Unterstützung bis zum fertigen Ergebnis geben.

Alle Komponenten steuern Sie in der sprachaktivierten Version mit dem hochwertigen Philips FreeSpeech 2000: Die Erkennungsrate beim Diktat in WordPerfect und der Komfort beim Diktieren sind kaum zu übertreffen. Ebenso gelungen ist der Leistungsumfang des Zeichenmoduls. Hochwertige Grafiken, Fotos und Hintergründe gehören zum Lieferumfang.

Der Markt der Office-Programme

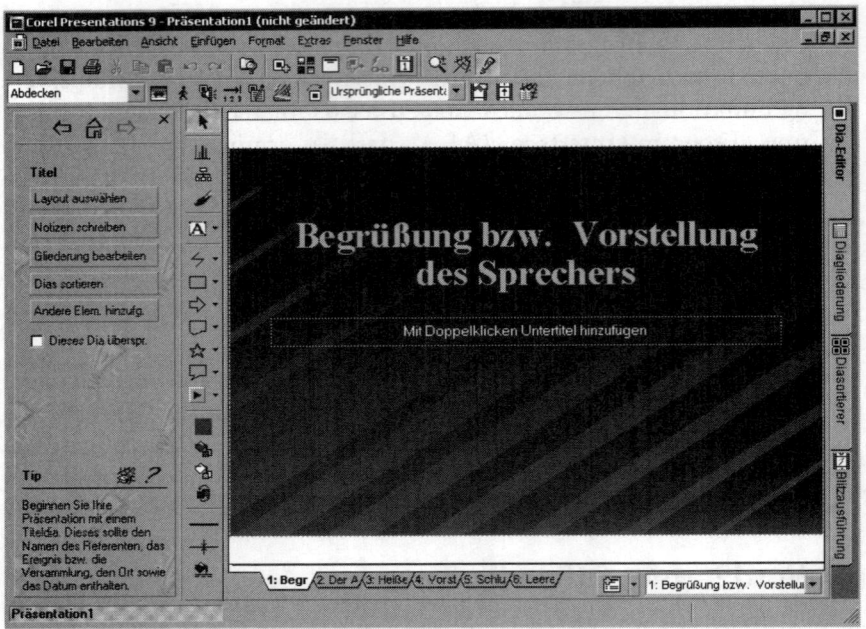

Bild 5.54: Der PerfectExperte im linken Fensterbereich führt Schritt für Schritt zur gewünschten Lösung.

> **Hinweis** ◆ Informationen bei Corel Corporation Deutschland oder im Internet unter *www.corel.de*. Der Preis liegt je nach Ausstattung zwischen 200 und 400 Euro. Der Besitz des kostenlosen StarOffice oder einer anderen Office-Software berechtigt zum preisgünstigen Update. Nach vorliegenden Meldungen wird Corel WordPerfect Office nur noch als internationale (englische) Version mit deutschen Rechtschreibdateien weiterentwickelt.

Kapitel 5: Office-Programme

Bild 5.55: Auf dem StarOffice5.2 Desktop haben Sie alle Informationen im Blick.

SoftMaker Office

SoftMaker Office ist die preiswerte Komplettlösung für den Office- und Grafikbereich: Mit TextMaker, DataMaker und PlanMaker meistern Sie Textverarbeitung, Datenverwaltung und Kalkulation. Micrografx Designer, Picture Publisher und Instant 3D übernehmen den grafischen Part: Zeichnen, Illustrieren, Bildretusche und das Erstellen dreidimensionaler Schriftzüge und Logos.

Besonderen Wert legt SoftMaker auf die Zusammenarbeit der Programme. Ein Beispiel ist die einheitliche Benutzeroberfläche in allen Programmen. Deshalb müssen Sie nur wenige Bedienungselemente lernen.

Beim Datenaustausch hat SoftMaker Office weitere Stärken. Das in allen Anwendungen verfügbare dBase-Datenbankformat bietet komfortable Funktionen für die Nutzung der Adressdaten: Serienbriefe, Adressaufkleber oder Visitenkarten sind leicht zu erstellen.

Die Version SoftMaker Home Office – ein vollständiges Office-Paket – können Sie kostenlos downloaden. Für Privatanwender reichen die gegenüber der Profiversion eingeschränkten Funktionen völlig aus, der Datenaustausch mit anderen Officeanwendungen ist jedoch begrenzt. Es wird aber daran gearbeitet, die Firma legt größten Wert auf qualitativ hochwertige Filter für den Datenaustausch, z.B. mit Microsoft Office.

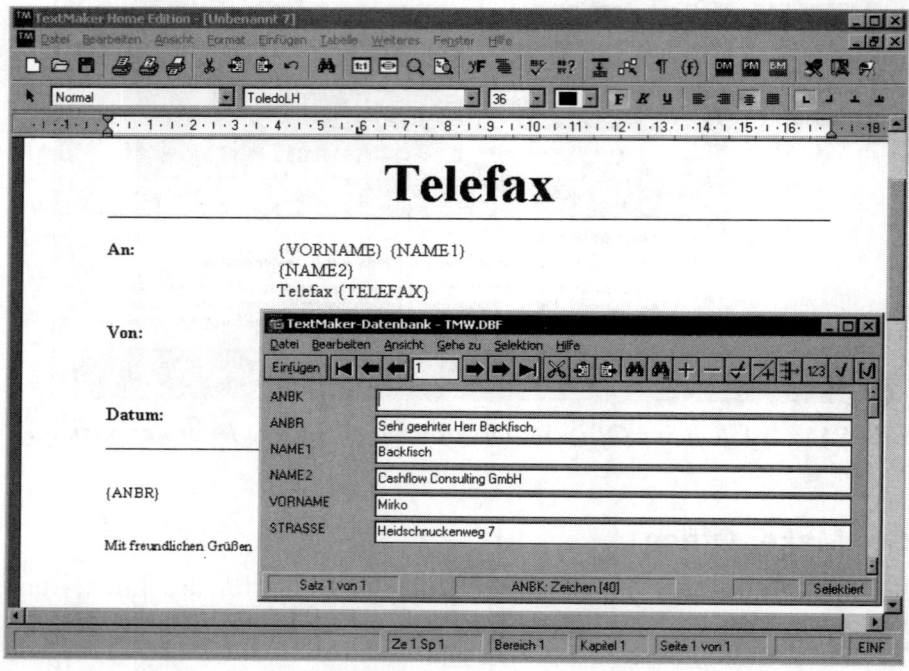

Bild 5.56: Die integrierten Datenbankfunktionen von SoftMaker Office bieten jederzeit Zugriff auf die Kontaktadressen.

> **Hinweis** Infos bei SoftMaker Software GmbH bzw. unter *www.softmaker.de*. Die Homeversion ist kostenlos, Profiversionen liegen zwischen 100 und 200 Euro.

papyrus OFFICE

Eine freundliche Bürolösung der besonderen Art bietet R.O.M. Logicware mit papyrus OFFICE. Das ist papyrus WORD Textverarbeitung, DTP und Tabellenkalkulation und papyrus BASE Datenbank – alles unter einem Dach in integrierter Anwendungsumgebung. Komplett gestartet belegt papyrus OFFICE nur ca. 1.5 Mbyte Arbeitsspeicher.

Die Bedienung des Programms ist übersichtlich. Beim ersten Start erscheinen Beispieldokumente mit hilfreichen Texten zum Umgang mit dem Programm, leicht verständlich und informativ. Gleichzeitig geben diese Dokumente einen Einblick in die Möglichkeiten, die das Programm bietet. Und die sind beträchtlich: Was andere Office-Pakete in verschiedenen Anwendungen realisieren, bietet papyrus OFFICE in einem Programm.

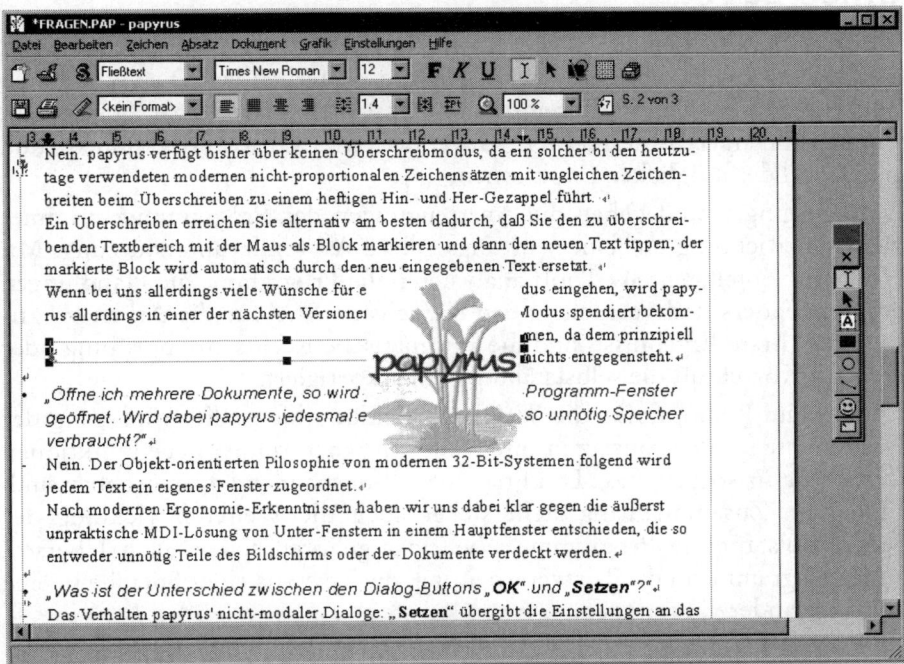

Bild 5.57: Officefunktionalität in einem einzigen Programm: papyrus OFFICE mit Hilfetext

Gewollt ist dabei eine Beschränkung des Funktionsumfangs auf die Tools, die für Schreiben, Kalkulieren und Gestalten von Druckstücken nötig sind, nicht mehr und nicht weniger. Selbst eine Version mit Sprachunterstützung durch IBM ViaVoice ist vorhanden. Im Internet steht eine Demoversion mit eingeschränkter Funktionalität zum Download bereit.

> **Hinweis** ◀ papyrus OFFICE ist eine Empfehlung für alle, die ein schnelles, schlankes Programm ohne unnötige Funktionen bevorzugen. Der Vertrieb erfolgt durch R.O.M. Logicware, *www.romlogicware.com*, der Preis liegt bei 150 Euro.

Office 2010?

Wohin der Weg bei der Weiterentwicklung der Office-Programme geht, lässt sich in den letzen Jahren verfolgen und weiterdenken. Die verfügbaren Funktionen sind heute in ihrem Umfang fast nicht erweiterbar. Schon jetzt kennen und nutzen die meisten Anwender eines Office-Programms kaum ein Drittel der möglichen Funktionen.

Deshalb gingen und gehen die Anstrengungen der Programmierer immer weiter in Richtung auf eine wirkungsvollere Anwenderunterstützung. Mit Hilfe von »intelligenten« Tools analysieren die Programme die Handlungen des Anwenders und versuchen, den einfachsten Weg für die Arbeit vorzuschlagen. Erste Ergebnisse sind die automatische Rechtschreibprüfung oder die AutoKorrektur, die selbstständig Fehler korrigiert.

Eine zweite Richtung für die Weiterentwicklung bietet die Anpassung der Dokumente für den Einsatz in Inter- oder Intranet. Immer neue Funktionen werden dafür sorgen, dass Dokumente weltumspannend austauschbar sind. In diesem Zusammenhang steht sicher auch die Weiterentwicklung der Sprachtools für die Programme. Vielleicht gehören später auch Übersetzungsprogramme in die Textverarbeitung, die Text aus einer Sprache in eine beliebige andere übertragen.

Eine dritte Richtung ist sicher die weitere Annäherung der Einzelprogramme. Schon heute verschwimmen die Grenzen der Einzelanwendungen: Die Office-Anwendungen bieten stets genau die Werkzeuge, die Sie für die Problemlösung brauchen. Welches Programm diese Werkzeuge stellt, wird immer unwichtiger.

Kapitel 5: Office-Programme

Weiter entwickelt wird wohl auch die Fähigkeit der Programme, gesprochenen Text fehlerfrei in Zeichen zu verwandeln oder mit Hilfe von Sprachbefehlen die Programme zu steuern: Auch der Markt der Office-Programme verspricht rasante Innovationen.

Kapitel 6
Tools

Moderne Betriebssysteme bringen eine Vielzahl von Funktionen mit – trotzdem ist kein System bei der Auslieferung vollkommen. Hilfsprogramme für die unterschiedlichsten Einsatzgebiete – so genannte »Tools« – kennzeichnen bzw. erweiterten die Fähigkeiten Ihres Computers.

Datenkompression

Informationen sind in computerlesbarer Form als Daten auf den unterschiedlichsten Datenträgern abgelegt. Dabei wird eine Übersetzung allgemeiner Informationen in Zeichen vorgenommen, die jedes für sich wieder nach einer Vorschrift erzeugt werden. Durch die Verwendung des Binären Zahlencodes ist die Zahl der verfügbaren Zeichen begrenzt. Deshalb tauchen in den Dateien immer wieder dieselben Zeichen auf, viele sogar häufig nacheinander.

> **Fachwort**
>
> ➚ *Binärcode* entsteht durch die Verwendung von nur zwei Zeichen für die Darstellung von Zahlen. Dieses Zahlensystem stellt jede Zahl aus den Ziffern L (auch 1) und 0 (Null) zusammen. Im üblichen Dezimalsystem werden dazu zehn Ziffern benötigt. Das System ist deshalb für Computer so gut einsetzbar, weil die Ziffern durch die Zustände An (1) und Aus (0) simuliert werden können.

Ein zweites Phänomen tritt ebenfalls bei der Dateiablage auf: Je nach Datenträger und Betriebssystem benötigen die Informationen mehr oder weniger Platz auf dem Datenträger. Das kommt durch die Abschnitte, in die die Datenträger für die Verwaltung aufgeteilt werden.

Beide Tatsachen nutzen Komprimierungsmechanismen aus: Durch mathematische Verfahren werden die Informationen geprüft und gleichartige Teile zusammengefasst. Bei gescannten Fotos mit hoher Farbauflösung kann durch dieses Verfahren die Dateigröße auf etwa ein Zehntel der ursprüng-

Datenkompression

lichen Größe reduziert werden: Viele Informationen sind bei Bildpunkten gleich. Deshalb finden Sie z.B. beim Speichern von Bildern oft Dateiformate, die eine interne Komprimierung anbieten.

Noch einen Schritt weiter gehen Archivprogramme: Diese Tools packen mehrere Dateien in Archive, um die beim Speichern der Einzeldateien nötigen Zwischenräume zu umgehen: In den Archiven werden die Dateien hintereinander gelegt: Das Archiv ist die verbleibende Datei.

> **Fachwort**
>
> ↗ *Archive* sind Container-Dateien, die selbst andere Dateien enthalten. Normalerweise sind die Dateien eines Archivs komprimiert. Die Dateinamen eines Archivs enden z.B. auf ZIP, LZH, ARJ oder ARC. Das ist abhängig davon, mit welchem Komprimierungsprogramm das Archiv erzeugt wurde. Mit Archiven lassen sich Dateien übersichtlich in Gruppen zusammenfassen, und der Transport oder das Kopieren dieser Dateien geht schneller.

Typische Anwendungsbereiche für Komprimierungsprogramme sind der Datenaustausch zwischen Anwendern und der Download aus dem Internet.

▶ Die meisten Dateien, die in den Dateibereichen des Internets angeboten werden, sind in Archive eingepackt. Das hat zwei Vorteile: Alle zusammengehörenden Dateien eines Archivs können in einem Schritt heruntergeladen werden und die Dauer dieses Übertragungsprozesses verringert sich drastisch gegenüber den einzelnen Dateien, da die Dateien komprimiert vorliegen.

▶ Beim Datenaustausch ist es meist erforderlich, mehrere zusammengehörende Dateien zu schicken. Es ist einfacher, die Dateien in einem Archiv zusammenzufassen, als die Dateien einzeln zu versenden. Auf diese Weise profitieren Sie von der Gruppierung der Einzeldateien und von der Komprimierung. Selbst dann, wenn Sie nur eine einzige Datei innerhalb des Archivs versenden, nutzen Sie immer noch den Effekt der gepackten Daten.

▶ Um Speicherplatz zu sparen, können Sie selten benötigte Dateien in ein Archiv komprimieren und bei Bedarf wieder auspacken. Auch hier bieten diese Programme den Vorteil, sachlich zusammengehörende Daten, z.B. den Briefwechsel eines Jahres, zusammen abzulegen.

Die Komprimierungsprogramme verfügen über wichtige Funktionen, die in den meisten Programmen ähnlich sind.

▶ Beim *Packen* werden ausgewählte Dateien in eine Archivdatei eingelesen und dabei komprimiert.

▶ Beim *Extrahieren* analysiert das Programm den Inhalt eines Archivs und packt die Dateien aus. Beim Auspacken werden die Dateien wieder separat auf dem Datenträger abgelegt und auf ihre ursprüngliche Länge ausgedehnt.

▶ Beim *Einsehen* bietet das Programm einen Blick auf den Inhalt einer Datei im Archiv. Dazu wird die Datei in einen temporären Ordner extrahiert und mit der zugehörigen Anwendung angezeigt. Nach dem Blick in den Dateiinhalt wird die extrahierte Datei wieder gelöscht.

▶ *CheckOut* heißt das Verfahren, bei dem ein Archiv probeweise in einen temporären Ordner entpackt wird. Dadurch wird gesichert, dass sich beim Einpacken keine Fehler in das Programm eingeschlichen haben.

> **Fachwort** ↗ Ein selbstentpackendes ZIP-Archiv ist eine ausführbare Programm-Datei mit der Dateierweiterung EXE, die das ZIP-Archiv enthält und außerdem noch ein Programm, um den Inhalt dieses Archivs zu extrahieren. Wenn Archive in dieser Form weitergegeben werden, dann benötigt der Empfänger kein weiteres Tool, um die Daten auszupacken.

Archiv-Formate

So unterschiedlich wie die Methoden zur Komprimierung und Archivierung sind auch die Programme, die dazu einsetzbar sind.

▶ Das gebräuchlichste Archiv-Format sind ZIP-Archive. Dieses Format wird deshalb von fast allen Komprimierungsprogrammen unterstützt, z.B. durch das weit verbreitete WinZip. Ein anderes verbreitetes Archiv-Format ist ARJ: Diese Archive werden mit dem ARJ-Programm von Robert Jung bearbeitet.

Datenkompression

▶ Mit dem LHA-Programm von Haruyasu Yoshizaki werden LZH-Archive erstellt bzw. bearbeitet. Der Japaner gewann bereits im Oktober 1991 den »Editor's Choice award« eines internationalen PC-Magazins für das damals beste Datenkompressionsprogramm.

▶ Eines der ersten Komprimierungsprogramme für den PC war ARC. Als Standardprodukt für viele Online-Systeme wurde es bereits vor langer Zeit von PKZIP abgelöst. ARC-Archive können mit mehreren Programmen bearbeitet werden: Dem originalen ARC-Programm, ARCE (auch als ARC-E verbreitet), PKXARC und PKUNPAK. Inzwischen werden fast alle Archive in anderen Formaten erstellt und es gibt zur Bearbeitung der ARC-Archive kein wirklich weit verbreitetes Programm. Wegen der Bedeutung des Formats unterstützen aber viele Komprimierungsprogramme Funktionen wie Extrahieren, Einsehen und CheckOut.

In Unix-basierten Internet-Bereichen sind TAR-, Z-, GZ-, TAZ- und TGZ-Archive zu Hause.

▶ TAR bedeutet Tape ARchive. Es ist ein älteres Format, das noch keine Komprimierung ermöglicht.

▶ Z-Archive werden mit dem Programm GZIP oder dem älteren UNIX-Programm Compress erzeugt. GZ-Archive werden mit dem Programm GZIP erstellt. Z- und GZ-Archive enthalten nur eine Datei, bieten aber den Komprimierungsmechanismus.

▶ TAZ- und TGZ-Archive sind (unkomprimierte) TAR-Archive, die zusätzlich im Format Z oder GZ komprimiert sind. Durch dieses doppelte Verfahren wird das Archivprogramm TAR durch die Komprimierungsmechanismen ergänzt.

▶ Archive im Microsoft Compress-Format (LZEXPAND-Archive) enden meist mit einem langen Unterstrich wie in »msbkp.ex_«. Diese Microsoft-Archive können nicht mehr als eine Datei enthalten. Ein neueres Verfahren verwendet die Dateiendung CAB. Das sind Installationsarchive, die mehrere Dateien enthalten. Zur Einsicht in diese Archive ist meist ein spezielles Programm erforderlich.

WinZip

Im Windows-Bereich am weitesten verbreitet ist das Programm WinZip von der Nico Mak Computing, Inc. und Top Systems GmbH. WinZip bietet anwenderfreundliches Komprimieren unter der vertrauten Windows-Oberfläche, ohne dass weitere Zusatzprogramme nötig sind. Die intuitiv zu erfassende Oberfläche bietet Ihnen mit den Schaltflächen der Symbolleiste Zugriff auf die Funktionen EINSEHEN, AUSFÜHREN, EXTRAHIEREN, HINZUFÜGEN, LÖSCHEN und TESTEN von Dateien in ZIP-Archiven. WinZip bietet eine Schnittstelle zu den meisten Virensuchprogrammen.

> **Achtung**
>
> Alle hier genannten Programme dienen lediglich der Illustration. Die Nennung eines Programmnamens ist weder eine Wertung noch eine Kaufempfehlung: Es gibt in jeder Kategorie eine Vielzahl von Programmen. Aktuelle Übersichten finden Sie im Internet oder in der Computerfachpresse.

Besonders komfortabel einsetzbar ist das Programm durch die vielseitige Drag&Drop-Schnittstelle: Zum Hinzufügen einer Datei zu einem Archiv müssen Sie diese nur mit der Maus über das geöffnete Programmfenster ziehen und dort ablegen.

> **Fachwort**
>
> *Drag&Drop* – ziehen und fallen lassen – bezeichnet eine Mausaktion, bei der ein markiertes Objekt mit gehaltener linker Maustaste verschoben wird und dann die Maustaste über dem »Zielgebiet« freigegeben wird.

> **Hinweis**
>
> Das Programm ist im Internet als Probeversion erhältlich. Unter der URL *www.winzip.de* finden Sie die jeweils aktuellste Version und die Vertriebsbedingungen.

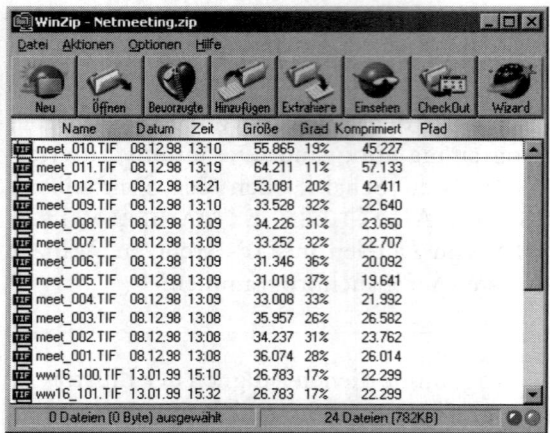

Bild 6.1: WinZip im Einsatz: Das Archiv enthält die einzelnen Dateien, deren Komprimierungsgrad deutlich erkennbar ist.

Komprimierte Ordner in Microsoft Windows Me

In Microsoft Windows Me, einer neueren Windows-Version für den Heimanwender, bietet das Betriebssystem eine Funktion, die den beschriebenen Komprimierungsprogrammen ähnlich ist. Bei den komprimierten Ordnern handelt es sich um Archive, deren Inhalt im Windows Explorer als Inhalt eines Ordners erscheint. Diese Windows-Funktion bietet für das Extrahieren und Einsehen ähnliche Funktionen wie die speziellen Packprogramme, bei den anderen Funktionen sind die Spezialisten naturgemäß im Vorteil. Trotzdem ist positiv anzumerken, dass dieses Tool für den Heimgebrauch mit geliefert wird: Es spart die Suche nach einem speziellen Tool und damit Kosten.

> **Achtung** ⬇ Falls Sie die Funktion auf Ihrem Windows ME-Rechner nicht entdecken, müssen Sie die Installation erweitern: Die komprimierten Ordner sind in der Standardinstallation nicht mit auf die Festplatte gelangt. Nutzen Sie den Befehl START, EINSTELLUNGEN, SYSTEMSTEUERUNG, SOFTWARE und fügen Sie die Funktion KOMPRIMIERTE ORDNER hinzu.

Kapitel 6: Tools

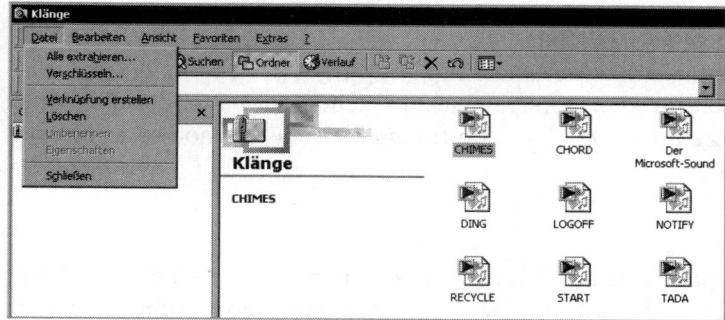

Bild 6.2: Ein komprimierter Ordner unter Windows Me im Explorer: Die Funktionen sind im Dateimenü angeordnet.

Komprimierte Laufwerke

Die Ausgaben von Microsoft Windows für den Heimanwender bieten eine Funktion, Datenträger zu komprimieren, um die Aufnahmekapazität der Laufwerke zu erhöhen. Dabei erledigt ein Systemprogramm genau die Arbeiten, die von einem Archivierungs- bzw. Komprimierungsprogramm erledigt werden.

Im Unterschied zu diesen ist das Systemprogramm jedoch ständig aktiv und hat somit Einfluss auf die Arbeitsgeschwindigkeit des Rechners. Außer diesem möglichen Geschwindigkeitsverlust, der sich auf modernen Rechnern ohnehin kaum bemerkbar macht, bemerken Sie von der Arbeitsweise kaum etwas: Nach einem lang andauernden Konvertierungsprozess erscheinen alle Daten unverändert in den Verwaltungsprogrammen oder z.B. im Windows Explorer.

Die Dauer des Konvertierungsprozesses ist schnell erklärt: Dabei werden alle Daten von der Festplatte gelesen, in eine einzige Archivdatei gepackt und die Originale anschließend entfernt. Je nach Belegung der Festplatte dauert dieses Umschaufeln der Daten seine Zeit.

> **Hinweis** Bei den modernen PC ist es oft nicht nötig, die Laufwerke zu komprimieren. Abhilfe bei Platzmangel schaffen die schon erwähnten Packprogramme, mit denen Sie selten oder nicht mehr benötigte Daten archivieren und komprimiert ablegen.

Sicher ist sicher

Durch den Datenaustausch mit anderen Computern besteht die Gefahr, sensible eigene Daten für andere verfügbar zu machen oder den Computer mit Computerviren zu infizieren. Deshalb finden Sie viele Methoden, um Daten sicherer zu machen.

Verschlüsselung

Bei einer Verschlüsselung handelt es sich um ein mathematisches Verfahren, bei dem der ursprüngliche Inhalt nach einem komplizierten Schema so verfremdet wird, dass er nicht mehr erkennbar ist. Die Verschlüsselung entspricht dem Einschließen von Wertsachen in einem Tresor: Sensible Daten werden mit Hilfe eines Schlüssel-Algorithmus verfremdet. Auf diese Weise sind die Daten nicht brauchbar, wenn der Schlüssel nicht vorliegt.

Geboren wurde das Verfahren, als militärische Nachrichten per Funk übermittelt wurden und damit abgehört werden konnten. Deshalb wurden die Nachrichten verschlüsselt. Der Empfänger musste das Verfahren kennen, um die Nachricht zu entschlüsseln: Thema für unzählige Bücher und Filme.

Bei computerunterstützten Verschlüsselungsverfahren müssen Sie sich um das Verfahren nicht kümmern: Die nötige Software liefert das Betriebssystem gleich mit. Die Schlüssel für die Datenverschlüsselung werden beim Herstellen einer Verbindung mit dem anderen Computer bestimmt. Die Datenverschlüsselung kann durch Ihren Computer oder auch durch den Server, mit dem Sie eine Verbindung aufbauen, ausgelöst werden.

Verschlüsselungsverfahren

Für den Einsatz am PC sind verschiedene Verfahren üblich, die je nach gewünschter Sicherheitsstufe verwandt werden.

▶ Die Verschlüsselung mit geheimem Schlüssel ist ein Verschlüsselungsverfahren, das für die Ver- und Entschlüsselung denselben geheimen Schlüssel nutzt. Es heißt deshalb alternativ auch symmetrische Verschlüsselung. Das Verfahren ist schnell: Es wird verwendet, wenn der Absender einer Nachricht große Datenmengen verschlüsseln möchte.

▶ Die Verschlüsselung mit öffentlichem Schlüssel ist eine Verschlüsselungsmethode, bei der zwei mathematisch miteinander verbundene Verschlüsselungsschlüssel verwendet werden. Der eine Schlüssel ist der private Schlüssel und ist vertraulich. Der andere ist der öffentliche Schlüssel, der vom Besitzer des privaten Schlüssels frei verfügbar an alle Kontaktpersonen ausgegeben wird. Der Absender verschlüsselt also die ausgehende Nachricht mit dem öffentlichen Schlüssel des Empfängers. Nur der Empfänger hat den zugehörigen privaten Schlüssel, um die Nachricht zu entschlüsseln. Die Verschlüsselung mit öffentlichen Schlüsseln ist eine asymmetrische Verschlüsselung.

Ein Anwendungsgebiet für die Verschlüsselung ist der E-Mail-Verkehr. E-Mails haben ungefähr den Sicherheitsgrad einer Postkarte: Jeder, der sie in die Hand nimmt, kann den Inhalt lesen. Außerdem ist die Verbindlichkeit der Mail fragwürdig: Die Unterschrift fehlt. Deshalb können im Mailverkehr bei Notwendigkeit zusätzliche Maßnahmen die Sicherheit erhöhen:

▶ Elektronische Unterschriften (Signaturen) nutzen die bereits beschriebenen unsymmetrischen Schlüssel, um den Empfänger einer Mail von der Authentizität des Absenders zu überzeugen. Rechtsverbindliche Unterschriften unter E-Mails werden durch Trust-Center herausgegeben, die unter höchsten Sicherheitsbestimmungen die nötigen Schlüssel herstellen, vergeben und verwalten.

▶ Zusätzlich zur Signatur muss natürlich noch der Inhalt verschlüsselt werden, daran geht auch bei elektronischer Singnatur kein Weg vorbei. Diesen Schutz bieten Mail-Verschlüsselungsprogramme wie z.B. PGP Personal Privacy, Mail Secure oder Crypto Ex. Diese Programme verschlüsseln die ausgehende Post und entschlüsseln die eingehende Post nahezu unbemerkt und zuverlässig.

Trust-Center

Trust-Center werden eingerichtet, um die hohen Sicherheitsstandards zu gewährleisten. In Deutschland sind das Telesec (Telekom) und Signtrust (Post), die von der Regulierungsbehörde zugelassen sind. Die Signaturen sind kostenpflichtig, etwa 100 Mark jährlich plus einmalige Einrichtungskosten. Während die Beantragung online möglich ist, muss die einmalige Identifikation persönlich erfolgen: Die Vorlage des Personalausweises bestätigt die Daten auf dem Antrag.

Sichere Internetseiten für Transaktionen

Viele Internetseiten sind so eingerichtet, dass Unbefugte am Zugriff auf den Datenaustausch zwischen dem Nutzer und dem Betreiber einer Seite gehindert werden. Diese Seiten werden gesicherte Sites genannt, der Transportweg gesicherte Verbindung. Alle modernen Browser, z.B. der Microsoft Internet Explorer, unterstützen die dazu nötigen Sicherheitsprotokolle. Sobald der Browser mit einem Symbol – meist ein Bügelschloss – die gesicherte Verbindung anzeigt, können Sie Informationen vertrauensvoll senden. Wenn die sichere Verbindung nicht existiert, dann sollten Sie vertrauliche Informationen, wie z.B. eine Kreditkartennummer, nicht übermitteln.

Fachwort ↗ Ein *Protokoll* ist ein Paket aus Regeln und Standards, das den Austausch von Informationen zwischen Computern ermöglicht. Ein *Zertifikat* ist eine Bescheinigung, die die Identität einer Person oder die Sicherheit einer Website garantiert.

Kennwörter

Kennwörter werden am PC häufig eingesetzt. Sie haben die Aufgabe, den Zugang zu vertraulichen Bereichen des PC oder zu sensiblen Daten zu verhindern. Dieses Verfahren ist in unterschiedlichen Bereichen üblich.

▶ Ein Kennwort, das in die Chips des PC übernommen wird, sichert den Zugriff auf den gesamten PC. Die Eingabe des Kennworts erfolgt bei den Computergrundeinstellungen, dem BIOS (Basic Input Output System = System zur Gewährleistung der Computerfunktionen).

Kapitel 6: Tools

> **Achtung** ⬇ Kennwörter im Hardwarebereich sind nur durch Fachleute gegen entsprechende Vergütung aufzuheben; in anderen Fällen sind Daten bei Verlust des Kennworts unwiederbringlich verloren.

▶ Das Kennwort für das Betriebssystem sichert den Zugriff auf die Daten des PC. Moderne Betriebssysteme verwalten mit Hilfe von Kennwörtern unterschiedliche Benutzer des Rechners. Mit der Kombination aus Benutzername und Kennwort regelt das System die Freigabe von Daten und die Berechtigungen der einzelnen Nutzer.

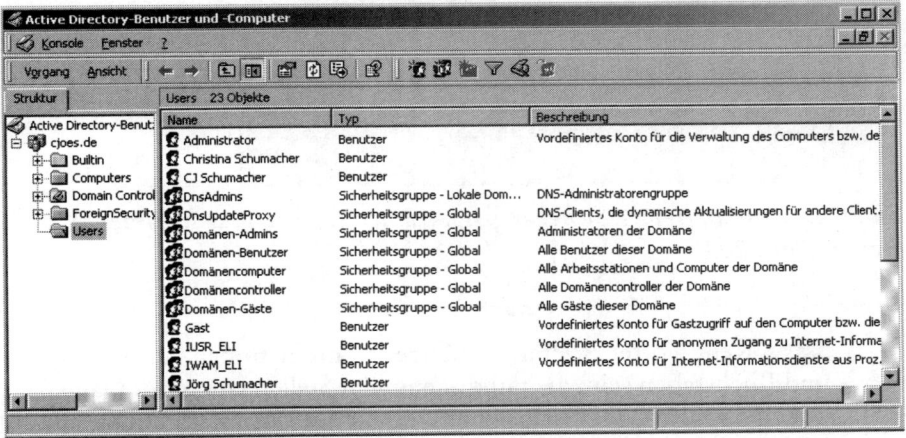

Bild 6.3: Moderne Betriebssysteme – hier Windows 2000 Server – regeln detailliert die Rechte der Benutzer.

▶ Das Kennwort für den Dokumentschutz setzt an der untersten Ebene an, dem Ergebnis der Arbeit selbst. Die meisten Programme ermöglichen, das gesamte Dokument entweder vor Einsichtname oder vor Veränderungen zu schützen. Der Schöpfer des Dokuments regelt also über das Kennwort die Berechtigung anderer Benutzer. Ohne Kennwort keine Einsicht: Die Datei ist vor unberechtigtem Öffnen geschützt. Mit Kennwort geregelter Zugriff: Der Benutzer darf das Dokument zwar lesen, aber z.B. nur kommentieren oder vorbereitete Bereiche ausfüllen.

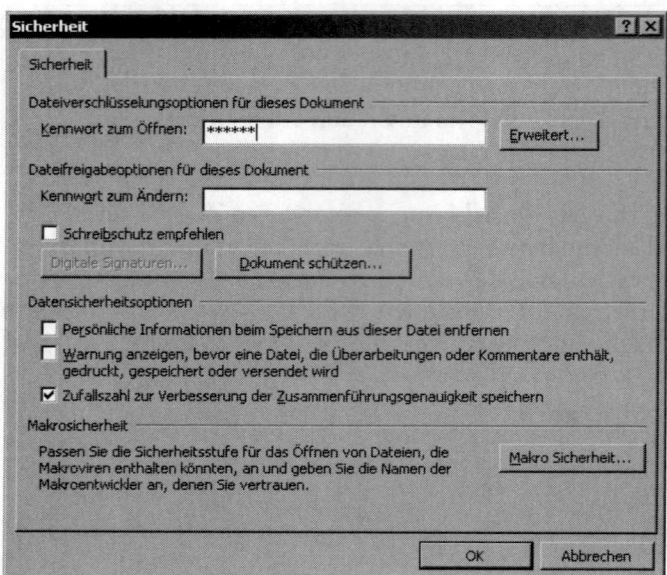

Bild 6.4: Umfangreiche Sicherungsfunktionen für ein Textdokument, hier in Word 2002

> **Hinweis** Kennwörter sollten zufällige Kombinationen aus Zahlen und Buchstaben sein, die mindestens acht Stellen lang sind. Namen oder persönliche Daten aus dem Umfeld des Benutzers sind relativ leicht zu erraten. Bei der Eingabe eines Kennworts ist auf die Schreibweise in großen bzw. kleinen Buchstaben zu achten: Manchmal ist es die Feststelltaste für die Groß-/Kleinschreibung am PC, die ein erneutes Öffnen des Dokuments verhindert.

Virenscanner

Eine Hauptsorge der PC-Anwender gilt den Computerviren. Der Begriff *Virus* ist dabei nicht so abwegig: Wie bei einem Grippevirus fängt man sich die Erreger irgendwo im Kontakt mit anderen ein. Der Erreger befällt den neuen Wirt und lässt die Symptome erscheinen.

Damit ist ein Mittel gegen Computerviren schon genannt: Ohne Kontakt zur Außenwelt ließe sich der Rechner nicht infizieren. Aber genau hier fängt das Problem an: Ohne Programme ist mit dem Rechner nichts anzufangen, ohne Internetanbindung gehen wichtige Funktionen verloren und der Datenaustausch im Team müsste auch unterbunden werden.

> **Fachwort**
>
> ↗ *Computerviren* sind kleine Programme, die sich selbstständig weiterverbreiten und eine gezielte Reaktion auslösen. Die Palette ist vielseitig: Der Schaden reicht von mehr oder minder witzigen Bildschirmmeldungen über das Löschen bzw. Überschreiben von Daten bis hin zu Zerstörungen an der Hardware. In jedem Fall bedeutet ein Virus einen Eingriff in die Funktionalität des Rechners. Troztem ist nicht jeder rätselhafte Vorfall nicht gleich einem Virus zuzuschreiben: Bedienungsfehler und Bugs (Fehler in den installierten Programmen) sind häufiger die Ursache dafür.

Deshalb gibt es Programme, die den Virenschutz übernehmen. Dieses Tools lesen die Dateien, die auf den Rechner gelangen sollen und prüfen den Code: Tauchen die Bitmuster eines Virenprogramms auf, dann schlägt das Programm Alarm und blockiert die Übertragung. Wie ein Schild (shield) treten diese Programme vor Ihren PC. In anderen Fällen werden diese Virenscanner eingesetzt, um die bereits vorhandenen Viren auf dem Rechner zu erkennen und zu beseitigen.

Das alles klappt nur dann, wenn das Programm den Virus auch kennt. Deshalb gibt es Bemühungen der Softwareindustrie, die Virenscanner ständig auf dem neuesten Stand zu halten und weiter zu entwickeln. Auf dem Markt sind etwa 80 dieser Tools in unterschiedlichster Qualität erhältlich. Für den Heimanwender gibt es kostenlose Programme, die im Internet verfügbar sind oder auf den Heft-CDs der Computermagazine vertrieben werden. Beispiele sind AntiVir Personal Edition und F-Prot, die auch regelmäßige Updates im Internet verfügbar machen. Andere Programme, z.B. Norton AntiVirus, CDV Antivirus, McAffee Virenscanner und Dr. Solomons Antivirus bieten gegen ein Entgelt Die Grundversion und den Updateservice. Die Test- oder Demoversionen einiger Programme sind ebenfalls im Internet verfügbar, so dass einem Probebetrieb nichts im Wege steht.

Sicher ist sicher

Für den Schutz vor Viren sind einige Grundregeln hilfreich:

▶ Achten Sie beim Datenaustausch immer auf die Zuverlässigkeit der Quelle: Installieren Sie keine Software (Spiele!), die Sie als Kopie erhalten haben. Auch im Internet sollten Sie nur Daten von vertrauenswürdigen Seiten laden.

▶ Halten Sie einen installierten Virenscanner immer auf dem Laufenden. Die Entwicklung neuer Viren und deren Abwehrmittel geht schnell voran: Ein veralteter Virenscanner ist gegenüber neueren Viren wirkungslos.

▶ Halten Sie für den Notfall eine schreibgeschützte Diskette bereit, von der Sie den Rechner starten können und die den Virenscanner enthält. Einige Viren lassen sich auf einem befallenen Rechner, der »normal« gestartet wurde, nicht erkennen.

▶ Sorgen Sie für regelmäßige Datensicherung, damit Sie wichtige Daten im Natfall sofort rekonstruieren können.

> **Hinweis**
>
> Falls Sie nach einem Virenscanner suchen, geben Sie diesen Begriff oder einen der oben erwähnten Programmnamen in die Maske einer Suchmaschine ein: Schon nach wenigen Minuten sollte die Suche erfolgreich sein.

Backup

Tools für den so genannten Backup helfen Ihnen, wichtige Daten auf austauschbaren Datenträgern unterzubringen. Damit stehen die Daten für die Rekonstruktion eines Rechners auch dann zur Verfügung, wenn die Festplatte mit den Originaldaten nicht mehr zur Verfügung steht. Ausgangspunkt der Überlegungen für die Datensicherung ist, Daten vor Verlust zu schützen. Wie in anderen Fällen bei wichtigen Dokumenten üblich, wird also eine Kopie erzeugt und an anderer Stelle sicher abgelegt. Hilfsmittel für dieses Verfahren sind z.B. integrierte Programmfunktionen: Jedes Programm bietet die Möglichkeit, das Ergebnis der Arbeit z.B. auf einer Diskette zu speichern.

Kapitel 6: Tools

Fachwort ↗ Der Begriff *Backup* ist abgeleitet von der Reserve, die sich im Hintergrund für ihren möglichen Einsatz bereithält.

Effektiver aber sind Hilfsprogramme des Betriebssystems oder Spezialisten für die Datensicherung. Diese Programme bieten nicht nur die Sicherungsfunktion selbst, sondern auch die Werkzeuge, um eine Datensicherung wieder auf den Rechner zurückzuspielen.

Ein Beispiel ist Microsoft Backup, das in allen bisherigen Versionen von Windows für den Heimanwender zum Zubehör in der Kategorie SYSTEMPROGRAMME gehört. Dieses Programm bietet dem Anwender alle Funktionen für eine gezielte Sicherung ausgewählter Daten. Ein Assistent – nichts anderes als eine Folge von Dialogboxen mit Fragen und den möglichen Antworten – hilft dem Anwender, die Datensicherung vorzubereiten.

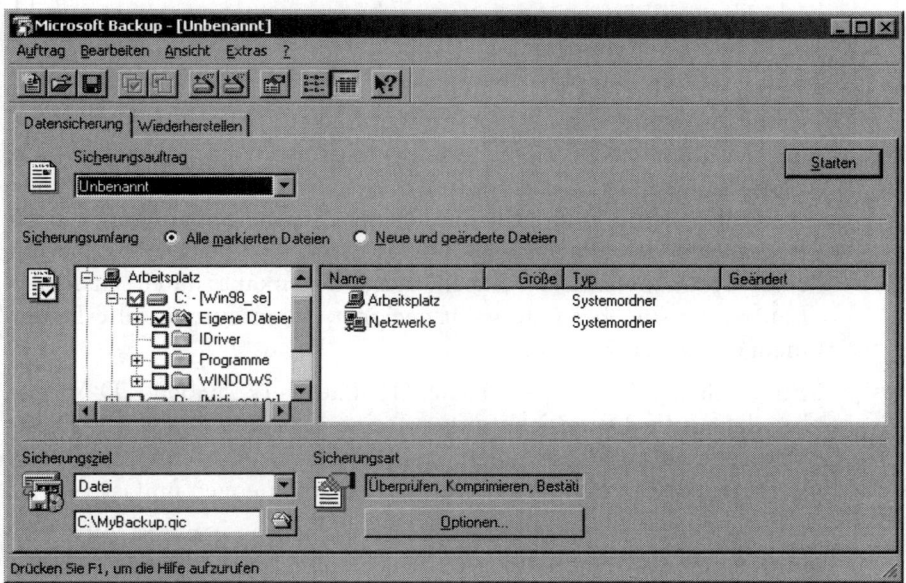

Bild 6.5: Microsoft Backup bietet alle Funktionen für das Schreiben und Wiederherstellen einer Datensicherung.

> **Hinweis**
>
> ◆ Das Programm gehört nicht in jeder Windowsversion zur Standardinstallation, es muss bei Bedarf durch Ergänzung der Installation auf die Festplatte gelangen. In der Version Windows Me befindet sich das Tool auf der Installations-CD im Ordner *Addons*.

Das Programm unterstützt – wie alle anderen Tools seiner Art – verschiedene Sicherungsmedien. Das sind Geräte, mit denen Sie austauschbare Datenträger beschreiben bzw. lesen können.

▶ Einfachster Fall für ein Sicherungsmedium sind Disketten, für die auch noch in modernen PC ein Diskettenlaufwerk vorhanden ist. Nachteil dieses Mediums ist die geringe Kapazität der Disketten. Datensicherungsprogramme überbrücken diesen Nachteil durch ihre Fähigkeit, die Daten nacheinander auf mehrere Disketten schreiben zu können. Disketten sind nur geeignet, wenn ausgewählte, kleinere Datenmengen zu sichern sind.

▶ Besser geeignet für die Datensicherung sind ZIP-Laufwerke. Das sind Laufwerke, die als Datenträger diskettenähnliche Medien benutzen, die aber das 70fache und mehr an Daten gegenüber einer Diskette aufnehmen. Der Vorteil dieser Laufwerke ist, dass sie meist spezifische Programme für die Datensicherung mitbringen, die alle Funktionen des Datenträgers unterstützen. Für die Datensicherung eines Heimanwenders reichen diese Datenkapazitäten aus. ZIP-Laufwerke sind besonders gut geeignet, wenn ausgewählte Datenmengen zu sichern sind.

▶ Ein ähnliches Einsatzgebiet wie ZIP-Laufwerke haben CD-Writer, bei denen die Datensicherung auf eine CD gebrannt wird. Dieses Verfahren kommt besonders zur Anwendung, wenn die Datensicherung selten nötig ist und größere Datenmengen umfasst.

▶ Für große Datenmengen, z.B. für die Sicherung ganzer Laufwerksinhalte, gibt es Bandlaufwerke. Auf Datenträgern, die einer Musikkassette nicht unähnlich sind, wird auf einen Rutsch der gewünschte Inhalt abgelegt. Dieses Verfahren ist also besonders gut geeignet, um regelmäßig große Datenmengen schnell zu sichern.

▶ In Firmennetzwerken muss sich der einzelne Anwender nur selten um die Sicherung der Daten kümmern: Ausgeklügelte Strategien bis hin zu doppelt vorhandenen Festplatten erledigen die Arbeit im Hintergrund.

Beinahe so wichtig wie das richtige Programm und das richtige Sicherungsmedium ist das richtige Sicherungskonzept. Die Überlegungen zu diesem Konzept sind vor der Datensicherung und vor dem Notfall nötig: Nichts ist schlimmer, als im Notfall mit einer veralteten oder defekten Datensicherung vor dem PC zu stehen und den Verlust der Daten – und damit jeder Menge Arbeits- oder Freizeit zu beklagen.

In der Praxis wird die Datensicherung nach einigen wichtigen Kriterien geplant:

▶ Die Sicherung erfolgt so oft wie nötig. Die Notwendigkeit richtet sich vor allem nach der Häufigkeit und dem Umfang der Datenänderung. Daten von Rechnern mit hohem Arbeitsaufkommen müssen häufiger gesichert werden als die von Heimcomputern.

▶ Es werden nur notwendige Daten gesichert. Welche das sind, entscheidet die Art des Rechners und der Aufwand, der für die Auswahl der Daten zu betreiben ist. Es kann einfacher sein, ein ganzes Verzeichnis zu sichern als zuvor die wenigen nötigen Daten auszuwählen.

> **Hinweis**
>
> Sollten Sie eine Datensicherung planen, dann beziehen Sie außer den erstellten Dokumenten auch persönliche Einstellungen, Adressbücher, Postfachdateien und z. B. Dokumentvorlagen (Master- oder Musterdokumente) mit ein, die sich meist nicht direkt in den Benutzerverzeichnissen befinden.

▶ Voraussetzung für eine erfolgreiche Datensicherung ist eine geordnete Dateiablage. In einer solchen befinden sich alle wichtigen Dokumente, Einstellungen und Benutzervorgaben an genau definierten Orten: Die Datensicherung kann deshalb mit den entsprechenden Vorgaben automatisiert werden.

Sicher ist sicher

▶ Die Datensicherung erfolgt auf geprüfte Medien: Für die Datensicherung kommen nur qualitativ hochwertige und fehlerfreie Datenträger in Frage.

▶ Die Datensicherung erfolgt nach dem Generationenprinzip. Dabei werden alle Dateien über drei Generationen hinweg gespeichert. Drei unterschiedliche Datenträger werden eingesetzt und der Reihe nach mit einer Datensicherung bespielt. Der erste eingesetzte Datenträger nimmt die Daten in dem Zustand auf wie er z.B. am Dienstagabend vorgefunden wurde. Er ist die Generation der Großeltern. Der zweite Datenträger übernimmt z.B. am Mittwoch die Daten – es ist die Elterngeneration. Donnerstagabend kommt der Enkel an die Reihe: Der dritte Datenträger wird bespielt. Freitag beginnt der Zyklus von neuem: Der jeweils älteste Datenbestand wird überschrieben. Dieses Verfahren verhindert, dass bei fehlerhaften Daten alle Datenträger unbrauchbar sind: Durch das Generationenprinzip der Datensicherung können bei Datenverlusten relativ leicht verlorengegangene Datenbestände rekonstruiert werden.

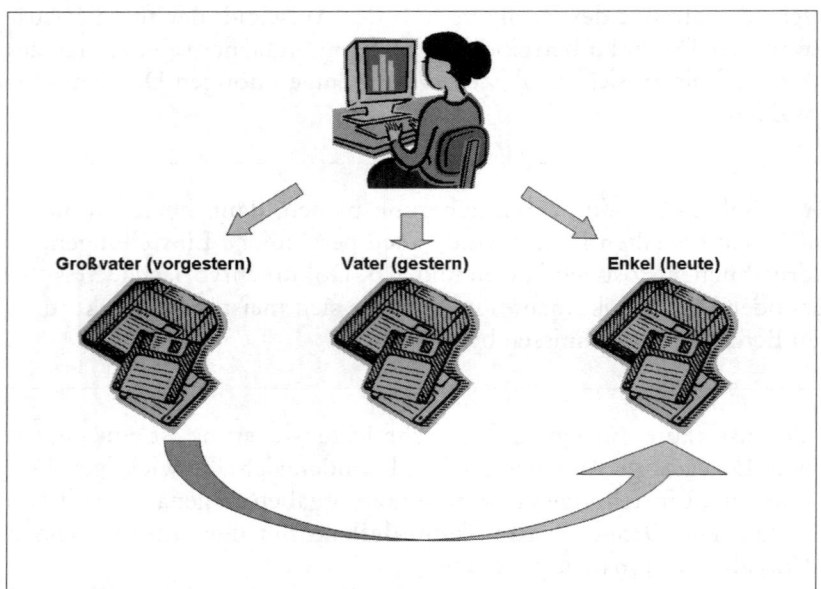

Bild 6.6: Das Generationenprinzip der Datensicherung

> **Hinweis** 🔸 Natürlich kann das Verfahren leicht auf eine größere Anzahl an Datenträgern erweitert werden, z.B. für jeden Tag der Woche je einen. Wichtig ist nur, dass mehrere Datenträger in sinnvollen Zeitabständen genutzt werden.

Bildbetrachter

Der Grafikbereich wird durch das Internet vorangetrieben. Bildbearbeitungsprogramme werden zunehmend um Funktionen erweitert, die speziell für dieses Medium einsetzbar sind. Und schon taucht das Problem auf: Bilder enthalten Informationen, die mit den üblichen Programmen nicht mehr interpretiert werden können. Abhilfe schaffen Konverter oder Viewer.

> **Fachwort** 🔸 *Konverter* sorgen für die Umwandlung eines Bildes in ein anderes – übliches – Bildformat, während *Viewer* lediglich das Betrachten der Inhalte gestatten. Viewer gibt es auch außerhalb des Grafikbereichs. So ermöglicht ein Word-Viewer z.B. den Blick auf die Inhalte einer Microsoft Word-Datei, ohne dass das Programm selbst vorhanden ist.

Das Konvertieren der Grafikdateien ist nur für die weitere Bearbeitung nötig. Wenn Sie also z.B. ein Foto aus der Digitalkamera in einem JPEG-Format erhalten, dann kann z.B. für die Bearbeitung eine Konvertierung in ein anderes Format nötig sein. Wenn das Bearbeitungsprogramm selbst die Konvertierung nicht unterstützt, dann muss ein Konverter her: Natürlich genau der, der auch die gewünschte Variante bietet. Bei professioneller Software, z.B. Corel Draw, sind alle nötigen Konverter integriert, Aktualisierungen erfolgen über das Internet.

Bildbetrachter dagegen sind eine nützliche Erweiterung des Funktionsumfangs eines PC. Typische Vertreter sind ACDSee und ThumbsPlus. Beide Programme bieten Unterstützung für eine Vielzahl von Bildformaten. Fast jedes Bildformat kann dargestellt und gedruckt werden, für einige Formate bieten die Programme einfache Bearbeitungsfunktionen. Weitere Programme sind Jet-PhotoShell, IfranView und Graphic Workshop.

Bildbetrachter

> **Hinweis** Sie erhalten einen schnellen Überblick über aktuelle Bildbetrachter, wenn Sie das Eingabefeld einer Internet-Suchmaschine (z.B. *http://www.fireball.de*) mit dem Suchbegriff *Bildbetrachter* füttern.

Gute Bildbetrachter bieten für die Vorschau zur Verwaltung verkleinerte Ansichten. Diese Thumbnails dienen der Organisation der Ablage, bieten ersten Überblick und wichtige Bildinformationen.

> **Fachwort** *Thumbnails* (Daumennagel) sind verkleinerte Vorschauabbildungen, die eine erste Vorschau auf eine Grafik bieten. Außer in Bildbetrachtern kommen diese Bildchen auch im Internet reichlich vor: Mit einem Doppelklick auf eine Vorschau aktivieren Sie die volle Ansicht auf das Bild.

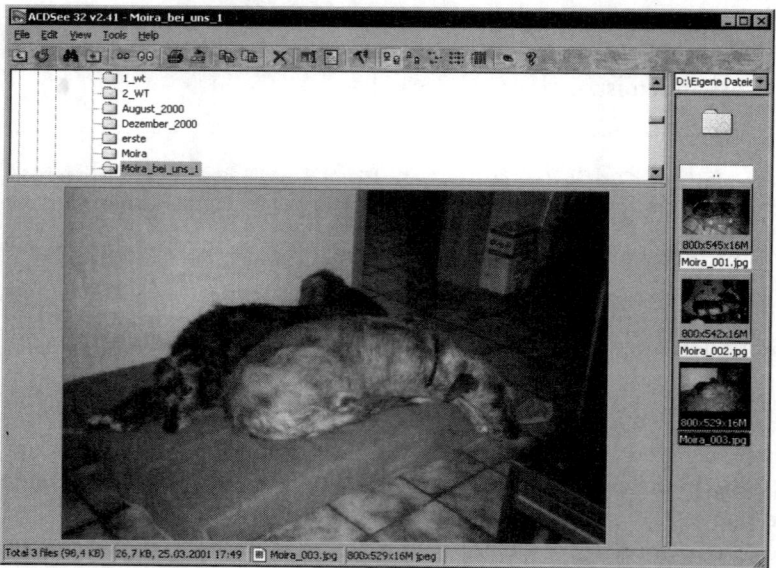

Bild 6.7: Der Bildbetrachter ACDSee: Rechts die Thumbnails zur Vorschau, oben der Explorerteil für die Dateiverwaltung, zentral der Blick auf das Bild.

> **Hinweis:** Eine funktionsfähige Probeversion von ACDSee finden Sie im Internet unter *http://www.acdsee.com*. Ebenfalls dort finden Sie Hinweise zum Erwerb des Produkts.

Systemanalyse

Never change a winning team – das trifft wohl auch für die Arbeit mit dem PC zu. Leider ist man aber nur zu oft gezwungen, das funktionierende Zusammenspiel der Komponenten zu zerstören: Jede Programminstallation und jedes neue Bauteil kann ungeahnte Folgen für das komplizierte Innenleben eines Rechners haben. Die Folge: Systemabstürze – unter Windows sind das die gefürchteten blauen Bildschirmseiten, die Bluescreens. Manchmal ist es auch nicht gleich der ernsteste Fall, sondern »nur« das Nachlassen der Systemleistung.

Für die Kontrolle der Veränderungen sind einige Tools erhältlich: Einige einfache gehören zum Betriebssystem, andere finden Sie als Free- oder Shareware im Internet oder auf CDs von Computerzeitschriften.

Diagnoseprogramme

Bei veränderten Verhältnissen auf dem Rechner und damit verbundenen Störungen ist zuerst die Frage nach dem Verursacher nötig: Ein Diagnoseprogramm muss her. Diese Tools analysieren den Rechner gründlich, ermitteln die installierte Hardware sowie deren Einstellungen und prüfen die laufende Software. Das ist meist das Betriebssystem. Zu Windows gehört das Diagnosetool SYSTEMINFORMATIONEN, das mit START, PROGRAMME, ZUBEHÖR, SYSTEMPROGRAMME, SYSTEMINFORMATIONEN gestartet wird.

Das Programm liefert unendlich viele Informationen über die Details der Installation und des laufenden Systems. Trotzdem lohnt sich ein Blick hinter die Kulissen: Das Programm liefert Details zu den erfolgten Veränderungen. Außerdem bieten die Menübefehle weitere Unterstützung.

Gute Diagnosetools finden Sie schon im Free- bzw. Sharewarebereich. Aber auch namhafte Firmen, z.B. Symantec, bieten diese Programme an. Bessere Programme bieten nicht nur die Systemanalyse, sondern auch Ratschläge, wie Sie das Problem abstellen.

Systemanalyse

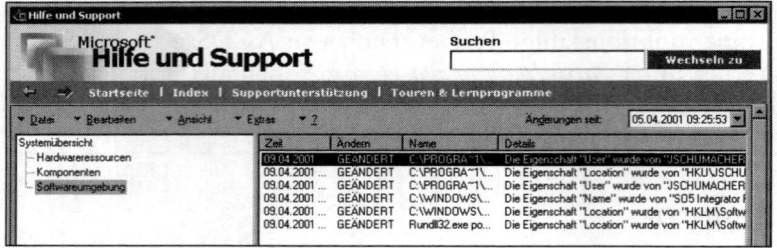

Bild 6.8: Die Windows-Systeminformationen: Nur eines von unzähligen Diagnoseprogrammen

> **Fachwort**
>
> ↗ Während Sie *Freeware*-Programme uneingeschränkt nutzen können, müssen Sie *Shareware*-Programme nach Ablauf einer First bezahlen oder weiterhin mit der Aufforderung zum Erwerb des Produkts leben – falls sich das Programm nicht selbst nach dieser Frist deaktiviert.

Benchmark-Programme

Nicht nur Freaks wollen wissen, wie gut der gekaufte Rechner ist. Dabei offenbaren einige Rechner Eigenschaften, die zu denken geben: Nicht jede als High-Tech-Gerät ausgewiesene Variante ist so gut wie in der Werbung, No-Names dagegen überraschen manchmal mit guten Leistungen.

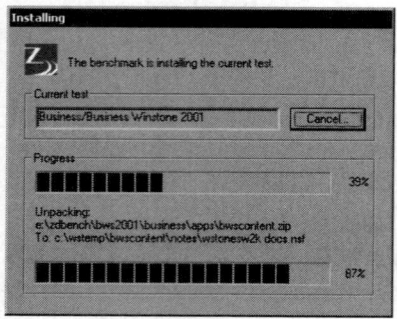

Bild 6.9: Mit umfangreichen Tests ermitteln Benchmark-Programme die Leistungsfähigkeit eines PC.

Für den PC-Leistungstest gibt es Benchmark-Programme. Das sind Programme, die die Leistung des PC nach normierten Kriterien prüfen und die Ergebnisse in Vergleich zu einem Standard-PC setzen.

> **Achtung**
>
> ⬇ Bestandteil der meisten Diagnosetools sind Assistenten, mit denen Sie die installierte Hardware, die Bauteile des PC, testen können. Das Hardwaretuning umfasst dabei alle Vorgänge, mit denen die Komponenten leistungsfähiger gemacht und die Arbeitsgeschwindigkeit des PC verbessert wird. Trotz Unterstützung durch Assistenten erfordern diese Arbeiten fundiertes Grundwissen: Sie sollten Veränderungen an den Hardwareeinstellungen nur im Notfall und nach gründlicher Überlegung vornehmen.

Bootmanager

Jeder PC benötigt für den Betrieb ein Betriebssystem. Dieses Betriebssystem wird nach dem internen Check des PC von der Festplatte geladen, also wenn der Rechner bootet (startet). Dazu steht im Master Boot Record (MBR), einem bestimmten Teil der Festplatte, wo die Systemdateien zu finden sind.

Falls auf dem Rechner mehrere Betriebssysteme installiert werden sollen, muss der Rechner beim Start entscheiden, welches System er starten soll. Dazu dienen die Bootmanager: Sie nisten sich im MBR ein und bieten beim Start die Wahl, welches Betriebssystem startet. Üblich ist der Einsatz im Heimbereich vor allem in der Kombination Windows/Linux – den dafür nötigen Bootmanager bringt Linux mit.

Kapitel 7
Spiele und Lernsoftware

Je mehr der PC in die Haushalte einzieht, desto breiter wird das Spektrum der Anwender. In vielen Haushalten und Bildungseinrichtungen haben Kinder unterschiedlichen Alters Zugang zum Computer – der folgende Abschnitt gibt einige Hilfestellungen.

Das richtige Programm fürs Kind

Der Computer ist schon lange nicht mehr allein dem Arbeiten vorbehalten. Durch die Möglichkeiten, die das Internet bietet, ist der Computer zu einem wichtigen Unterhaltungs- und Informationsmedium geworden. In (fast) jedem Haushalt steht inzwischen ein Rechner, denn neben Textverarbeitung und Tabellenkalkulation dient er zunehmend der Unterhaltung und der Wissensvermittlung. Das Angebot an Spielen und Lernprogrammen wächst rasant.

Aber nicht nur Erwachsene spielen und lernen mit dem Computer. Kinder wachsen mit diesem Medium auf, spätestens in der Grundschule – meist aber schon viel früher – machen sie ihre ersten Erfahrungen mit dem Computer. Der folgende Abschnitt richtet den Blick zunächst auf Kinder im Vor- und Grundschulalter sowie die nächstfolgenden Altersstufen.

Das Kinderzimmer ist schon längst keine computerfreie Zone mehr. Ganz im Gegenteil, Kinder kommen in zunehmend jüngerem Alter mit dem Computer in Berührung. Lernprogramme und Spiele auf CD-ROM – immer rasanter, immer bunter, immer faszinierender. Für Eltern stellen sich natürlich Fragen nach Altersbegrenzung, Qualität, Zeitrahmen und Gefahren im Umgang mit Computer und Internet.

Täglich erscheinen neue Programme auf dem Markt und Tausende von neuen Seiten im Internet. Ein einheitliches Bewertungssystem gibt es nicht, Anbieter und Medien vergeben unterschiedliche Gütesiegel. Grundsätzlich lassen sich dennoch Kriterien festlegen, die die Qualität der Programme beschreiben. Die Bewertungsmaßstäbe beziehen sich grundsätzlich auf die Faktoren »Inhalt«, »Didaktik« und »mediengerechte Umsetzung«.

Das richtige Programm fürs Kind

Hinweis

> Trotz gesetzlicher Regelungen, Verbote und Strafandrohungen sind jugendgefährdende Inhalte im Internet vorhanden und damit auch Kindern und Jugendlichen jederzeit zugänglich. Die Bundesarbeitsgemeinschaft Kinder- und Jugendschutz (BAJ) gibt aktuelle Publikationen zu diesem Thema heraus, die gegen eine Schutzgebühr zu beziehen ist. Bei Fragen des Kinder- und Jugendschutzes können sich Eltern und Lehrer an die BAJ-Geschäftsstelle wenden. Der Kontakt: Bundesarbeitsgemeinschaft Kinder- und Jugendschutz, Haager Weg 44, 53127 Bonn, Tel. 0228 / 29 94 21, Fax 0228 / 28 27 73, E-Mail: baj-bonn@t-online.de.

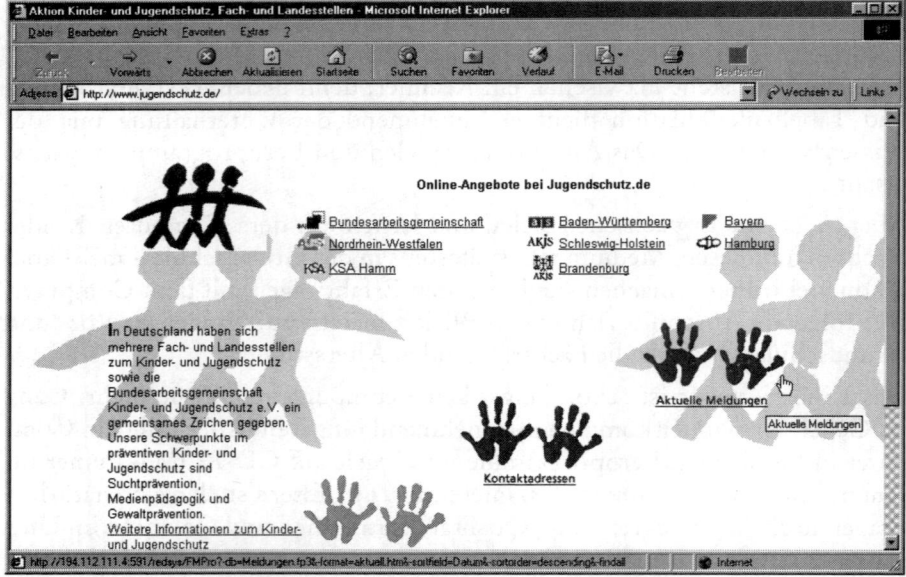

Bild 7.1: Die Internetseite http://www.jugendschutz.de bietet einen guten und immer aktuellen Einstieg in die Problematik.

Die Qualitäts-Checkliste

Verschiedene Faktoren machen die Qualität einer Software aus. Entscheidend bei der Beurteilung von Software für Kinder und Jugendliche sind der Inhalt, die Didaktik und die mediengerechte Umsetzung.

▶ Eine der wichtigsten Fragen ist, ob die angebotenen Inhalte dem aktuellsten Stand der Wissenschaft bzw. der Pädagogik entsprechen. Es ist unerlässlich, dass aktuelle Informationen die Grundlage des Lernens bilden. Auch die Frage, ob sich einzelne Aspekte im Zusammenhang befinden und damit ein umfassendes Verständnis der Thematik gefördert wird, ist ein Qualitätsmerkmal. Als Orientierung gilt der Blick in die Schulbücher – Widersprüche zwischen den Aussagen unterschiedlicher Medien führen oft zu Problemen, die nur durch eine entsprechende Hilfestellung seitens der Erwachsenen behoben werden können.

▶ Bei Lernsoftware entscheidend ist das didaktikische Herangehen: Grundsätzlich sollte sich die Wissensvermittlung »vom Kleinen ins Große« bewegen. Einzelne Wissensbausteine lassen sich so zu komplexen Zusammenhängen fügen. Es ist sinnvoll, wenn zu Beginn das Vorwissen erfragt bzw. festgestellt wird und die einzelnen Lerneinheiten mit Lernzielkontrollen gekoppelt sind. Der Schwierigkeitsgrad sollte einstellbar sein, die Aufgaben mit dem Alltag zu tun haben und ihre Fantasie einbeziehen. Abzulehnen ist eine Software, die ausschließlich das »Pauken« unterstützt, also nur eine, genau formulierte Lösungsvariante bietet.

▶ Nicht nur für Erwachsene, sondern gerade für Kinder und Jugendliche ist die Umsetzung entscheidend: Es ist ein gutes Zeichen, wenn die Handhabung einer Lernsoftware kein langes Blättern in Handbüchern erfordert. Sich selbst erklärende Symbole, eine klare Navigation und die Beschränkung auf wichtige Funktionen fördern den Lernprozess. Die Überflutung mit Reizen – in Form von Bildern, Tönen und animierten Sequenzen – kann zwar beeindruckend sein, aber auch vom Lernen ablenken. Eine geschickte Kombination aus verschiedensten Effekten ist vorteilhaft, vor allem dann, wenn der Nutzer die Art der Information – Text, Bild, Videosequenz oder Ton – selbst wählen kann.

Bevor es los geht ...

Gerade dann, wenn Eltern auf der Suche nach geeigneter Software für ihre Sprösslinge sind, sollte nichts dem Zufall überlassen sein. Der gewünschte Lernerfolg stellt sich nicht von allein ein: Der Spaßfaktor für die Kinder, gemeinsam mit den Eltern eine Lösung zu finden, fördert das Ergebnis nachhaltig.

▶ Bevor der Spaß beginnt, muss natürlich sicher gestellt sein, dass die geplante Software auf dem heimatlichen Computer läuft. Die Systemvoraussetzungen heutiger Programme für die genannte Zielgruppe sind nicht zu unterschätzen. Ohne Sound- und Grafikkarte läuft gar nichts mehr, ein CD-ROM-Laufwerk und ausreichende Speicherkapazitäten müssen vorhanden sein. Angaben dazu stehen auf der Verpackung der Spiele oder Lernprogramme. Nichts ist frustrierender als die Feststellung, dass die Vorfreude umsonst war und erst ein neuer Computer angeschafft werden muss, bevor das Spiel oder der »Unterricht« los geht.

▶ Vor dem Kauf von Lernprogrammen und Spielen sollten Eltern sich über Qualität und Inhalt der Software informieren. Sowohl im Internet als auch in Zeitschriften werden regelmäßig neue Programme besprochen und bewertet.

▶ Eltern sollten die Programme zuerst allein, später gemeinsam mit ihren Kindern ausprobieren. So können sie aufkommende Fragen beantworten und beobachten, ob das Programm geeignet ist.

▶ Eltern sollten versuchen, mit dem Wissen ihrer Kinder Schritt zu halten. Wenn sie gar keine Vorstellung mehr von dem haben, was ihr Kind am Rechner erlebt, dann haben sie auch keine Möglichkeit, positiv darauf einzuwirken.

Kapitel 7: Spiele und Lernsoftware

Bild 7.2: Ein Beispiel aus dem Internet: Suchmaschine für Kinder. Hier finden Kids Linklisten, Bastelanleitungen und Kochrezepte – und können auch eigene Geschichten veröffentlichen.

> **Hinweis** Die abgebildete Seite finden Sie im Internet unter *http://www.blinde-kuh.de*.

Das Kind am PC

Je jünger die Kinder sind, desto weniger Zeit sollten sie vor dem Bildschirm verbringen. Eine Vielzahl von Sinneseindrücken und das Ausleben des Bewegungsdrangs kommen sonst zu kurz.

Eltern sollten sich Zeit nehmen und gemeinsam mit ihren jüngeren Kindern die Welt des Computers kennen lernen. So sind sie Ansprechpartner und Hilfe und können auch sicher einschätzen, wann ihr Kind besser auf dem Spielplatz aufgehoben ist. Mit zunehmendem Alter und Erfahrung können

Das richtige Programm fürs Kind

Kinder natürlich auch alleine am Bildschirm spielen und lernen. Grundsätzlich gilt das Gleiche wie beim Fernsehen: Unkontrollierter Genuss führt zu Beschwerden!

> **Achtung** ⬇ Wenn Kinder mit dem gemeinsamen Computer umgehen, sollten Eltern auf konsequente Datensicherung achten: Ein Tastendruck an ungewollter Stelle, und die Arbeit der vergangenen Stunden ist verloren.

Vieles hängt natürlich vom eigenen Umgang mit Computer und Internet ab. Wer selber Stunden mit Spielen verbringt, wird sich schwer tun, seinen Kindern die vorrangige Aufgabe des Rechners als Arbeits-, Kommunikations- und Wissensmedium zu vermitteln.

Aber warum nicht mal im Internet die Antwort auf die Frage suchen, wie viele Fangarme der Krake hat? Da kann das Lexikon getrost mal im Bücherschrank stehen bleiben. Spezielle Suchmaschinen für Kinder und Lexika im Internet bereiten Wissen so auf, dass es dem Verständnis der Kinder angepasst ist. Da kann die Antwort auf eine Frage auch richtig spannend werden, wenn nämlich das Wissensgebiet gut recherchiert und aufbereitet zur Verfügung steht.

Oktopus

Der Oktopus ist der am weitesten entwickelte Tintenfisch. Er gilt als das intelligenteste wirbellose Tier - Experten vergleichen seine Intelligenz mit der von Ratten. Wie sein Name schon sagt, hat er acht Arme. Der Oktopus ist ein ausgesprochener Höhlenbewohner und geht nur nach draußen, wenn er Nahrung oder einen Paarungspartner sucht. Er ist ein Meister der Tarnung (link zu Abschnitt "Tarnung") und ein listiger Jäger. Weil er auch den letzten Schalenrest verloren hat, kommt er durch den kleinsten Spalt: ein ausgewachsener Oktopus zwängt sich ohne Probleme durch ein 5-DM-grosses Loch. Sehr zur Verzweiflung der Menschen, die versuchen, Oktopusse im Aquarium zu halten: Seine Gabe sich dünn zu machen und die Kraft seiner Arme machen ihm zum Ausbruchskünstler.

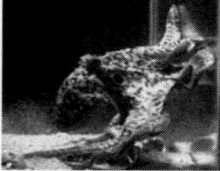
Oktopus oder Krake

Bild 7.3: Schnell zum Ziel: Der Krake hat natürlich acht Fangarme.

Kapitel 7: Spiele und Lernsoftware

> **Hinweis**
>
> Was nüchtern daherkommt, bietet oft solide Information: Text und Bild sind gut kombiniert, die Information ist kindgerecht und interessant aufbereitet – der abgebildete Ausschnitt stammt von *http://www.quarks.de*.

Allgemeine Lernsoftware

Das Angebot allgemeiner Lernsoftware umfasst sämtliche Altersklassen, Wissensgebiete und Schulfächer. Ratgeber und Zeitschriften geben einen Überblick über aktuelle und empfehlenswerte Lernprogramme.

Fast jede Figur, die aus Büchern, Fernsehen oder von der Kassette bekannt ist, erzählt ihre Geschichten auch auf CD-ROM. Schon für Kinder im Vorschulalter sind Denkspiele oder das Thema »Verkehrserziehung« als erste Lernsoftware zu haben. Genauso gut und empfehlenswert wie die Fernsehsendung ist auch die »CD-ROM mit der Maus«, die ab einem Alter von vier Jahren empfohlen ist. Raten, Knobeln, Malen, Spielen, Basteln und Musik machen – in bekannter und beliebter Qualität.

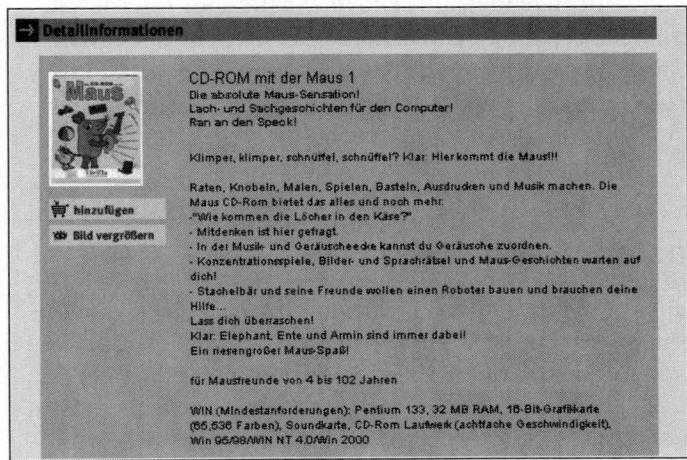

Bild 7.4: Es gibt nicht mehr nur die Sendung, sondern auch die CD-ROM mit der Maus.

> **Hinweis** ⬇ Mathematik, Lesen und Schreiben, Fremdsprachen, Geschichte und Naturwissenschaften – Programme gibt es wie Sand am Meer. Manchmal können sie Interesse an vermeintlich langweiligem Stoff wecken.

Die angebotene Schulsoftware eignet sich – je nach Interesse des Kindes – zur Ergänzung des Unterrichts. Durch kleine Filme und lustig verpackte Aufgaben können das altersgemäße Wissen spielerisch erlernt und die schulischen Felder ergänzt werden. Ob Rechnen oder Schreiben – schon im Grundschulalter kann der Umgang mit dem Computer viel Spaß machen.

Je älter die Kinder sind, desto gezielter können sie den Computer auch alleine einsetzen. Recherche für Hausaufgaben und Referate, Vorbereitungen auf Klassenarbeiten, verfügbares Wissen und Informationen für individuelle Interessengebiete: Lernprogramme und das Internet sind ein unerschöpflicher Wissensfundus.

> **Achtung** ⬇ Um Schutz vor jugendgefährdenden Inhalten im Internet zu bieten, sollten eine Filtersoftware installiert oder die Schutzmöglichkeiten der Browser genutzt werden. So verhindern Sie den zufälligen oder auch gezielten Besuch von Webseiten mit jugendgefährdenden Inhalten.

Computerschulen für Kinder

In fast allen Städten gibt es Computerschulen für Kinder. Als private Bildungseinrichtungen haben sie sich zum Ziel gesetzt, den verantwortungsvollen Umgang mit dem Computer und Medienkompetenz bei den Kindern zu fördern. Über die Qualität der einzelnen Schulen kann im Rahmen dieses Buches nicht geurteilt werden: Eltern sollten sich gründlich informieren, bevor sie die zum Teil teuren Kurse buchen.

Die Kursangebote richten sich an alle Altersklassen, von den Vierjährigen bis zu den jungen Erwachsenen. Ab wann der Besuch von speziellen Computerkursen sinnvoll ist, hängt ganz besonders von den Kindern selbst und ihren Neigungen ab. Aber gerade hier gilt: Kleinere Kinder verpassen in so jungem Alter noch gar nichts, die – heutigen und zukünftigen – Anforderungen an PC-Wissen können sie sich noch in der späteren Schullaufbahn aneignen. Der Computer ist ja kein Selbstzweck, sondern ein Arbeitsmedium.

Zum Erlernen gezielter Wissensbereiche wie Programmiersprachen, Internettechnologie oder Grafikprogramme kann der Besuch von Computerkursen für Jugendliche sinnvoll sein.

Hinweis Über die neuesten Lernprogramme und Spiele informieren spezielle Ratgeber, die jährlich überarbeitet werden. In den verschiedenen Kategorien und Fachgebieten geben Pädagogen und Schüler ihre Meinung ab.

Lernen im Multimedia-Zeitalter

Berufliche und private Weiterbildung erobert den Bildschirm. Die Vorteile liegen auf der Hand: Wissen ist unabhängig von »Zeit und Raum« verfügbar. Aber es gibt auch Nachteile. Die Programme nutzen oft nicht die vorhandenen Möglichkeiten des Mediums aus. Was nutzt eine aufwändig produzierte CD-ROM, wenn sie nur dazu dient, Buchseiten auf dem Bildschirm zu lesen?

Im Internet gibt es zahlreiche Anbieter von Workshops, Kursen und Seminaren. Bildungsportale bieten einen Überblick, da ganz unterschiedliche Angebote auf einer Seite zu finden sind: Traditionelle Kurse an Volkshochschulen in Wohnortnähe oder e-Learning im World Wide Web.

Schon weit verbreitet sind CD-ROMs mit Inhalten aus den unterschiedlichsten Wissensgebieten. Angefangen bei Sprachen über die üblichen Computerprogramme bis hin zu allgemeinbildenden Inhalten: Alles kann man heute am Bildschirm lernen.

Lernen im Multimedia-Zeitalter

> **Fachwort**
>
> ↗ Hinter dem Schlagwort *e-Learning* – elektronisches Lernen – verbirgt sich im Allgemeinen das Lernen mit Hilfe von Informations- und Kommunikationstechnologie. Dabei beinhaltet der Begriff »e-Learning« aber, dass interaktive und multimediale Elemente genutzt werden.

Dabei ist der PC keine Einbahnstraße: Interaktive Elemente ermöglichen, dass der Lernende in seinem Training bestimmte Aufgaben löst und das Programm in der Lage ist, auf Fehler hinzuweisen oder die Richtigkeit der Lösung zu bestätigen.

Bild 7.5: e-Learning und Präsenzschulungen – Bildungsportale im Internet machen die Suche leichter.

> **Fachwort**
>
> ↗ *Multimedial* bedeutet, dass die Inhalte mit Hilfe von ganz verschiedenen Medien – also Ton, Video, Grafik, Animation und Text – dargestellt werden.

Ein großer Vorteil des e-Learning ist, dass die unterschiedlichen Gewohnheiten des Lernenden berücksichtigt werden. Manche Programme beinhalten auch Video-Sequenzen. Der Lernende kann sich dann am Bildschirm anschauen, wie er zum gewünschten Ergebnis gelangt, während ein Sprecher die einzelnen Schritte erklärt.

Das große Gebiet des e-Learning gliedert sich in verschiedene Bereiche.

▶ Beim Computer Based Training (CBT) – Computerunterstütztes Lernen (CUL) – werden neben Lehrbüchern Computer und spezielle Lernsoftware verwendet. Interaktive und multimediale Programme auf CD-ROM ermöglichen auch und besonders das Selbststudium. Der Lernende kontrolliert selbstständig die eigenen Fortschritte und testet seine Lernerfolge. Der Computer und das Programm nehmen sozusagen die Rolle des Lehrers ein. Zunehmend werden CBTs in der beruflichen Weiterbildung eingesetzt, z.B. als Ergänzung zu Seminaren.

▶ Das Web Based Training (WBT) greift mit einem entscheidenden Schritt weiter als ein CBT: WBT's nutzen die Technologie des Internets. Die Lerninhalte sind nicht mehr auf dem heimischen Computer, z.B. auf der CD-ROM, gespeichert, sondern liegen im Internet. Der Lernende greift also flexibel auf Inhalte zurück und lädt sich die gewünschten Informationen auf seinen Rechner. Noch kann bei dieser Technologie genau das ein Problem darstellen. Wenn die Datenpakete zu groß sind oder die Übertragungskapazitäten zu gering, kann ein solcher Vorgang sehr lange dauern. An dieser Technologie wird allerdings gearbeitet. Zukünftig ist damit zu rechnen, dass immer mehr Lerninhalte über das Internet vermittelt werden.

▶ Ein weiterer Oberbegriff des e-Learning ist Open Distance Learning (ODL). Lernmaterialien liegen dafür auf einem Server bereit, auf den die Teilnehmer eines Seminars Zugriff haben. Lernbibliotheken und Materialsammlungen werden bei Bedarf abgerufen. Auch für diese Form des Lernens ist es natürlich erforderlich, einen

Internet-Zugang zu haben oder über ein Firmennetzwerk mit dem Server verbunden zu sein. Individuelles Lernen und die Bildung von Lerngruppen, die per E-Mail oder Chat miteinander kommunizieren, aber auch die Kontaktaufnahme zu Tutoren und Trainern mit Hilfe der elektronischen Kommunikation sind so möglich.

Telelearning

Bisher sind die elektronischen Lernmedien meistens eine Ergänzung zum Seminar, das ganz traditionell von einem Trainer aus Fleisch und Blut geleitet wird. Das ausschließlich selbstgesteuerte Lernen über CD-ROM und Internet bekommt zunehmend Bedeutung. Zu den unterschiedlichen Mischformen zählt auch das Telelearning: Dieser Oberbegriff bezeichnet eine Lernform, bei der Lehrer und Lernender sich nicht am gleichen Ort aufhalten. Aus der Vergangenheit ist diese Lernform z.B. beim Fernstudium bekannt. Nun erreichen die Lernunterlagen den Schüler aber nicht mehr allein auf dem Postweg, sondern zunehmend über Internet und neue Kommunikationswege wie E-Mail und Chat.

Die Vorteile, die das Telelearning mit sich bringt, sind zahlreich:

▶ Lehren und Lernen werden zeit- und ortsunabhängig.

▶ Das Aktualisieren von Lerninhalten und -materialien geht schnell und ist nicht aufwändig.

▶ Seminare und Kurse, die die Möglichkeiten des Telelearnings nutzen, sind meist kostengünstiger als Präsenzveranstaltungen. Die Kosten für Anreise und Übernachtung entfallen, die Lernmaterialien liegen elektronisch vor und müssen nicht extra gedruckt werden.

▶ Learning on Demand bedeutet: Dann lernen, wenn der Bedarf an Wissen besteht.

Viele Unternehmen greifen bei der innerbetrieblichen Weiterbildung auf die Kombination zwischen Präsenzschulung und e-Learning zurück. Da sich die Inhalte und das erforderliche Wissen der Mitarbeiter in immer kürzeren Abständen verändern, rückt das Thema »lebenslanges Lernen« immer mehr in den Mittelpunkt. Um konkurrenzfähig zu bleiben, entwickeln große Unternehmen eigene Anwendungen. Das bedeutet für alle Menschen im Arbeitsleben aber auch, dass nach Abschluss der Berufsausbildung das Lernen nicht aufhört. Heute ist das notwendige Wissen in einigen Berufen schon nach drei bis fünf Jahren veraltet, so dass eine kontinuierliche und berufsbegleitende Weiterbildung unerlässlich ist. Gerade dafür eignen sich die elektronischen Medien. Ein Arbeitsplatz mit Internetzugang gewährleistet den ständigen Zugriff auf Wissen in dem Moment, wenn es notwendig ist.

Das Ablegen von Prüfungen bleibt allerdings als Problem bestehen. Eine Prüfung, die über die elektronischen Medien abgelegt wird, bringt viele Möglichkeiten zur Täuschung mit sich, da Prüfer und Prüfling nicht direkt miteinander kommunizieren. Prüfungsergebnisse sind deshalb nur bedingt aussagefähig. Deshalb werden Prüfungen häufig ganz traditionell an einem zentralen Ort abgenommen.

Selbstlernkurse im Internet

Im Internet kann jeder Kurse in allen denkbaren Wissensbereichen belegen: Kurse zu gängigen Office-Programme oder einen Lehrgang in Marketing, Sprachen, Wissens-, Zeit- und Selbstmanagement. Sogar Karriereberatung und Bewerbungstrainings werden im World Wide Web angeboten.

Online lernen erlangt einen immer wichtigeren Stellenwert. Das Angebot teilt sich auf:

▶ Kostenlose Angebote stellen jedem – meist als Zweitverwertung – ausgewählte Informationen zur Verfügung.

▶ Portale von großen Unternehmen, Zeitschriften oder Providern bieten häufig eine eigene Rubrik mit speziellem Wissen aus dem gesamten Computer- und Internetbereich.

▶ Unter der Bezeichnung »Tipps und Tricks« verbergen sich gute Ratschläge und kurze Problemlösungen auf häufig gestellte Fragen.

Selbstlernkurse im Internet folgen einem einfachen Prinzip. Gegen eine Kursgebühr erhält der Nutzer die Berechtigung, über einen bestimmten Zeitraum – z.B. zwei Monate – Zugriff auf die Lernmaterialien und Testaufgaben zu haben. So ist jeder Kursteilnehmer selbstbestimmt und kann dann lernen, wann er Lust hat. Zu bestimmten Zeiten steht ein Tutor zur Verfügung, der per E-Mail oder im eigenen Chatraum Fragen beantwortet. Diese Form des Lernens setzt ein hohes Maß an Selbstdisziplin voraus, denn es gibt keinen vorgeschriebenen Zeitplan.

Im Gegensatz dazu bieten »betreute« Workshops im Internet eine größere Begleitung für die Lernenden. Neben Unterrichtsmaterialien und Aufgaben ist ein Zeitplan aufgestellt, der die Kurse strukturiert. Feste Termine für Beginn, wöchentliche Aufgaben, Zwischenziele (Tests) und Ende des Kurses,

Lernen im Multimedia-Zeitalter

eine begrenzte Teilnehmerzahl und ein Leiter des Kurses sorgen für einen kontinuierlichen Ablauf des Seminars. Dazu besteht häufig die Möglichkeit der Beratung durch den Teamleiter. Die Kursteilnehmer können untereinander kommunizieren: Diskussionsforen, für Teilnehmer reservierte Webseiten und Chaträume, die in bestimmten Zeiten durch Tutoren betreut sind, unterstützen das Lernen und das Gruppengefüge.

> **Achtung** ⬇ Dem Online-Lernenden schaut niemand auf die Finger. Das bedeutet vor allem, dass Selbstdisziplin gefragt ist: Wer nicht alleine lernen kann, ist in einem Volkshochschulkurs oft besser aufgehoben.

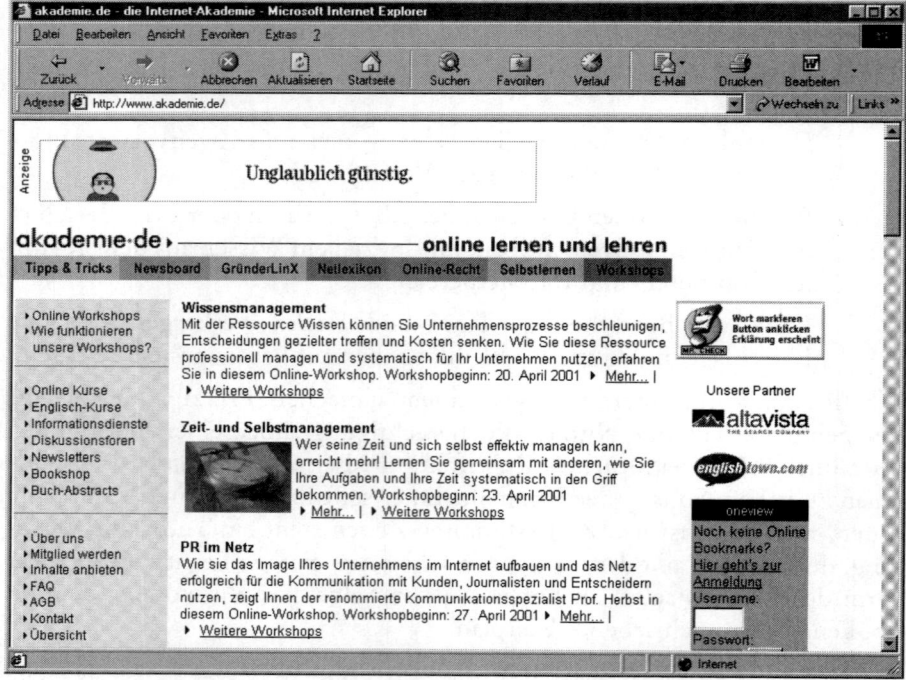

Bild 7.6: Im Internet Kurse besuchen ist ganz einfach.

386

Kapitel 7: Spiele und Lernsoftware

Wer ein Seminar nicht nur wegen des Lernstoffs besucht, sondern Menschen kennen lernen will, ist wahrscheinlich in Präsenzschulungen bei der örtlichen Volkshochschule besser aufgehoben. Die Teilnehmer eines Online-Kurses sind im ganzen Land, vielleicht sogar in ganz Europa oder auf einem anderen Kontinent verteilt. Interessante Kontakte können sich dabei natürlich auch ergeben.

Wenn neue Entwicklungen entstehen und sich langsam etablieren, bleiben einige Probleme noch lange bestehen. Das Lernen im Multimedia-Zeitalter erfordert ein einheitliches System des Leistungsnachweises. Bei der Vielzahl der Lernangebote scheint es schwierig, ein solches System zu finden bzw. durchzusetzen. Die Aussagekraft von Zertifikaten über erworbene Kenntnisse ist nicht mehr gegeben. Jedes Institut, jeder Trainer vergibt eine Urkunde über die erfolgreiche Teilnahme an einem Kurs. Ob aber Inhalte und Lernniveau vergleichbar sind und ob jeder Teilnehmer tatsächlich mit mehr Wissen den Kurs verlässt, ist nicht nachprüfbar. Ein Versuch, ein einheitliches Bewertungssystem zu etablieren, ist der Europäische Computer-Führerschein (ECDL, European Computer Driving Licence). Er hat sich allerdings nicht durchgesetzt.

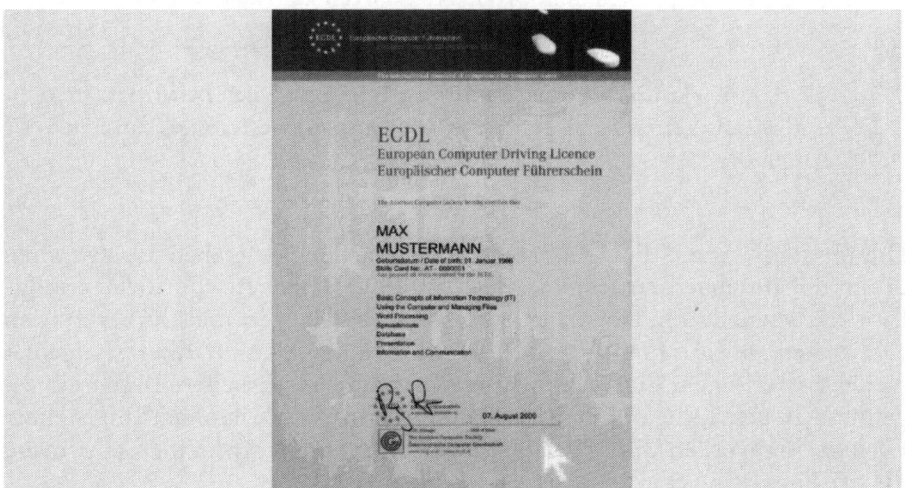

Bild 7.7: So sieht das ECDL-Zertifikat aus.

Der ECDL ist ein international anerkanntes und standardisiertes Zertifikat. 1994 wurde ein erstes Konzept erarbeitet. Die Idee war, ein einheitliches Bildungsniveau im Computerwissen festzulegen und durch den ECDL nachzuweisen. Er setzt sich aus sieben Modulen zusammen, die in ihrer Gesamtheit die grundlegenden, praktischen Fähigkeiten im Umgang mit dem Computer abbilden: theoretische Grundlagen der Informationstechnologie, Computerbenutzung und Dateimanagement, Textverarbeitung, Tabellenkalkulation, Datenbank, Präsentation, Information und Kommunikation. Der Computernutzer legt in den einzelnen Themen »Prüfungen« ab. Praxisbezogene Fertigkeiten stehen dabei im Vordergrund.

Die sieben Teilprüfungen müssen in drei Jahren erfolgreich abgeschlossen werden. Selbststudium anhand der Schulungsunterlagen und Kurse in speziellen ECDL-Centern bereiten auf die Prüfungen vor. Der ECDL ist unabhängig von Softwareherstellern und Unternehmen.

Wissensportale

Mit einem Internet-Anschluss kommt das gesamte verfügbare Wissen ins Haus. Und es ist zu jedem erdenklichen Zeitpunkt abrufbar. Neben den Online-Seminaren bieten Wissensportale Antworten auf (fast) alle Fragen.

> **Fachwort** ↗ Ein *Portal* ist eine Zusammenstellung von Informationen und Neuigkeiten – in der Regel als Eingangsseite eines Internet-Angebots.

Die meisten Portale dieser Art bieten verschiedene Rubriken an, zwischen denen der Besucher der Seite wählen kann. Die alphabetische Suche ermöglicht das schnelle Finden: Über Schlagwörter gelangen die Nutzer zu den Antworten auf ihre Fragen und haben die Möglichkeit, ihr Interessengebiet weiter zu verfolgen. Eine Linkliste verweist auf ausführlichere Beschreibungen und Aspekte, die mit dem gesuchten Begriff im Zusammenhang stehen. Gleichzeitig werden Bilder geladen, manchmal auch kurze Videosequenzen, die die Thematik veranschaulichen.

Daneben bieten diese Seiten häufig auch ausgearbeitete Themengebiete an. Die Architekturgeschichte Nordamerikas oder die Entwicklung des Urpferdes zum heutigen Pferd – der Überblick wird »frei Haus« auf den Bildschirm geliefert. Aktuelle Themenbereiche sind eigens aufgeführt, so dass diese Portale einen eigenen Überblick schaffen über gesellschaftliche oder kulturelle Diskussionen.

Unterrubriken sind meist thematisch geordnet. Chroniken, Atlanten oder Wörterbücher können gezielt angesteuert werden. Darüber hinaus existieren im Internet auch themenbezogene Wissensportale, die inhaltlich auf bestimmte Themengebiete spezialisiert sind.

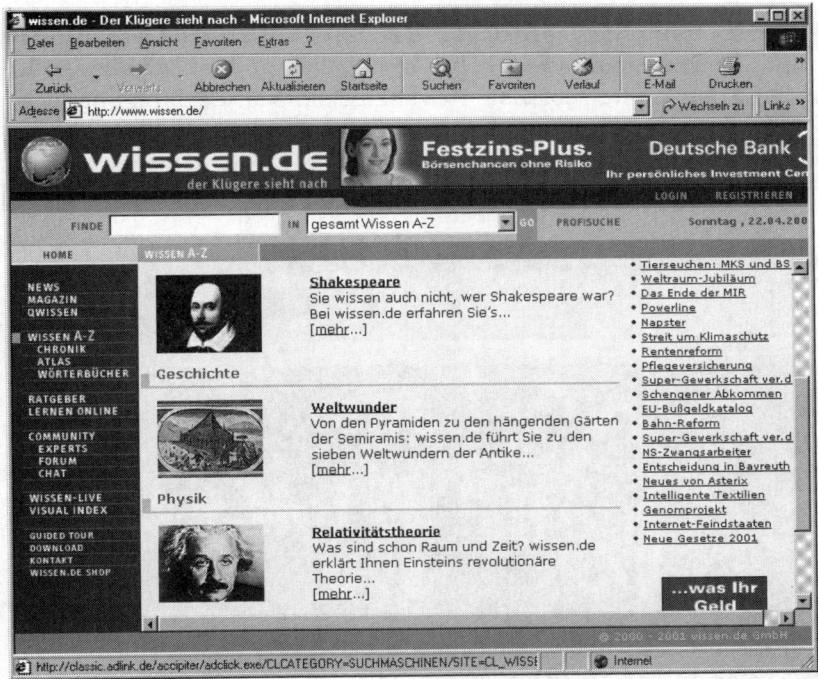

Bild 7.8: Das Wissen der Welt auf dem Bildschirm: Wissensportale im Internet

Die Registrierung als Mitglied der »community« bringt noch einige Vorteile mit sich. Ein besonderer Service, den viele Portale anbieten, ist das Zusenden von Newslettern oder das Bestellen von gewünschten Informationen für registrierte Mitglieder. In ein entsprechendes Anmeldeformular tragen Interessenten ihre Daten und ihre E-Mail-Adresse ein und bekommen fortan Material per E-Mail geschickt.

Lernen im Multimedia-Zeitalter

> **Fachwort**
>
> ↗ *Community* ist der Sammelbegriff für Internetgemeinden. Das sind Sammlungen von Homepages und Angeboten bei einem Anbieter, z.B. MSN, Yahoo, Web.de oder Corel. Der Beitritt zu einer solchen – meist werbefinanzierten – Internetgemeinde erfolgt durch Anmeldung mit Benutzernamen und selbstgewähltem Passwort.

Wissensportale im Internet leben davon, dass ihre Inhalte ständig aktualisiert werden und die Präsentation möglichst anschaulich und vollständig ist. Insofern sind sie dem alt hergebrachten zwanzigbändigem Lexikon überlegen. Gerade in der heutigen Zeit ist Wissen – z.B. im gesamten IT-Bereich – innerhalb kürzester Zeit veraltet. Da hat manch ein Nachschlagewerk, das druckfrisch im Buchladen steht, schon fast antiquarischen Charakter.

Bild 7.9: Der multimediale Brockhaus

Inzwischen kommen die Lexikon-Klassiker auch auf CD-ROM auf den Markt. Wer es gewöhnt ist, auf dem Bildschirm zu lesen, und keinen Wert auf das gute alte Buch im Regal legt, ist damit gut beraten.

Zur Entspannung

Die Zeiten der einfachen Spiele sind schon lange vorbei. PacMan und Konsorten gehören dem Urgestein der Computerspiele an. Aufwändige Szenerien in fast realistisch anmutenden Umgebungen sind der Standard. Und jeden Tag kommen neue Spiele auf den Markt. Da ist es dem persönlichen Geschmack vorbehalten, in welchem Genre sich der Spieler bewegt: Abenteuer oder Strategie, Action oder Sport.

Es ist noch gar nicht so lange her, da trat das Moorhuhn seinen Siegeszug an. Kaum jemand, der nicht Stunden damit zubrachte, niedlich aussehende Hühnchen zu erlegen und damit viele Punkte zu gewinnen. Das Moorhuhn nahm Rache: Ein folgendes Spiel hatte eben dieses Moorhuhn zum Protagonisten, das Punkte sammelte, indem es das Eigentum der Menschen – im wohl schlimmsten Fall die Autos – von oben mit seinen Ausscheidungen verzierte.

> **Achtung** ⬇ Es gibt einige Spiele, die aus dem Internet geladen werden können. Wenn die Quelle nicht sicher ist, besteht die Gefahr, Viren auf die heimische Festplatte zu bekommen.

Spiele gibt es für jede Altersstufe. Man kann alleine spielen oder im Team. Nicht zu unterschätzen sind in diesem Bereich die Anforderungen an den Rechner: Die meisten handelsüblichen Spiele erfordern jede Menge Speicherkapazität, eine gute Sound- und eine noch bessere Grafikkarte. Manch ein neuer Computer wurde sicherlich schon angeschafft, damit ein neues Spiel überhaupt laufen konnte. Mit einem für die Büroarbeit konzipierten Rechner ist ein modernes Spiel kaum zum Leben zu erwecken.

Für Neueinsteiger ist es manchmal schwierig, sich in dem speziellen Vokabular zurechtzufinden. Ein Blick in eine der zahlreichen Zeitschriften, die sich ausschließlich mit Computerspielen beschäftigen, erleichtert den Durchblick. Das Neueste vom Neuen ist hier besprochen, getestet und bewertet. Die ganz eigenen Testmaßstäbe, die jedes einzelne Magazin anlegt, geben Auskunft über die Qualität der Spiele und die Systemvoraussetzungen. Besondere Qualitätsmerkmale sind:

▶ Eine hochwertige Grafik, die die aufwändigen Bilder und Animationssequenzen in schnellster Zeit und höchster Qualität aufbaut.

▶ Spiele mit Langzeitmotivation sorgen für langanhaltenden Spielspaß, auch wenn sich das Spielen über einen längeren Zeitraum erstreckt.

▶ Die Spieltiefe sorgt dafür, dass Anfänger und Profis gleichermaßen zurechtkommen: Je länger ein Spiel dauert, desto anspruchsvoller wird es. Gute Spiele bieten verschiedene Niveaustufen für Anfänger, Fortgeschrittene und Profis.

Die Meinungen der Fachleute sind – meistens – als solche gekennzeichnet. Diese Magazine informieren auch über Hardware und Zubehör, das neu auf den Markt kommt: Grafikkarten, Mäuse und Joysticks. Und natürlich über die aktuellen Top-Spiele, die auf dem Markt sind. Auf beiliegenden CD-ROMs stehen häufig Demo-Versionen zur Verfügung, um bestimmte Spiele anzutesten. Außerdem verraten die Zeitschriften Profitricks, damit jeder mal ins nächste Level kommt.

> **Hinweis** Bevor Sie viel Geld für ein Spiel ausgeben, sollten Sie anhand einer Demoversion testen, ob die Hardwareausstattung genügt und der Spielspaß den Erwartungen entspricht.

Die Spielegenres

Das breite Angebot von Spielen ist in verschiedene Genres unterteilt:

▶ Strategie: Aufbau-Strategie, Echtzeit-Strategie, Runden-Strategie, Taktik, Denkspiele, elektronische Brettspielsimulationen.

▶ Actionspiele, z.B. Ego-Shooter, Action-Adventures, Flipper, Jump & Runs, Geschicklichkeitsspiele

▶ Abenteuer- bzw. Erlebnisspiele: historische Simulationen, Science Fiction

▶ Sportspiele

▶ Quizspiele, meist bekannt aus dem Fernsehen.

Kapitel 7: Spiele und Lernsoftware

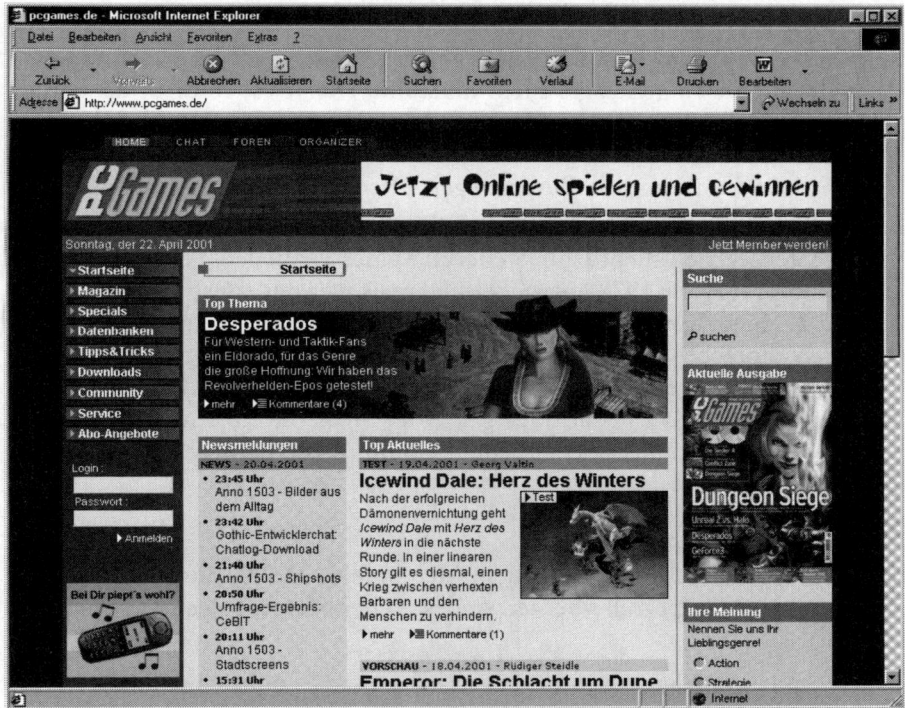

Bild 7.10: Unter http://www.pcgames.de findet jeder »Spieler«, was das Herz begehrt – nur ein Beispiel von vielen.

Die Wahl eines Spieles folgt dem persönlichen Geschmack.

▶ Wer schon immer mal im Wilden Westen sein Unwesen treiben wollte, spielt z.B. Desperados. Da gibt es die Punkte dafür, den Safe im Saloon zu knacken, ohne dass der Besitzer es merkt.

▶ Oder endlich wie Michael Schumacher in Imola trainieren: Da lernt jeder Rennfahrer die Strecke kennen und findet sich manchmal im Kiesbett wieder. Wem dann die Rennautos zu klein sind, sattelt um auf Truck Racing.

▶ Die Welt der Science Fiction oder der historischen Spiele bieten einen unerschöpflichen Fundus an Spielideen, Kulissen und Abenteuern, die die Spieler zu bestehen haben.

Der Joystick

Bei vielen Spielen geht's gar nicht ohne ihn: Der Joystick dient dazu, die nötigen Befehle zum Computer zu übertragen. Im Prinzip funktioniert er wie die Maus, mit der der Cursor über den Bildschirm bewegt wird. Der Spieler bestimmt die Bewegungen, Richtung und die Geschwindigkeit seines Spielers oder Fahrzeugs mit dem Joystick.

Der erste Joystick diente zur Steuerung eines virtuellen Tennisschlägers und wurde im Jahr 1972 entwickelt. Damals war der Joystick eine kleine Box, die einen Startknopf und zwei Drehregler besaß. Heute mutiert der ehemals einfache Spielknüppel zu Hightech-Varianten: Speziell für die Spiele entwickelte Geräte wie Rennwagen-Lenkräder oder Flugzeugsteuerungen mit Gaspedal oder gar Golfschlägerattrappen sind nur ein kleiner Ausschnitt aus spielgerechten Computersteuerungen.

Online-Spiele

Fast alle neuen Spiele sind mit einem Mehrspieler-Modus ausgestattet. Über das Internet und spezielle Server sind sie ebenfalls mit »echten Gegnern« spielbar.

Online-Spiele werden – wie der Name schon sagt – online bei direkter Verbindung zum Internet gespielt. Einfache Varianten stehen kostenlos zur Verfügung.

> **Hinweis**
> Das Betriebssystem Windows Me bietet Ihnen im Spielmenü Direktzugriff auf einige Klassiker der Onlinespiele. Leider ist es dabei schwierig, genügend ausdauernde und qualifizierte Mitspieler zu finden, um z.B. eine Viererrunde mit zehn bis zwölf Einzelspielen des Kartenspiels Hearts durchzuspielen.

Daneben existiert auch ein breites Angebot an Spielen, zu denen der Zugang eine (monatliche) Gebühr kostet. Echte Freaks treffen sich online und spielen alleine oder in Gruppen gegeneinander. Eine besondere Variante sind die Game-Partys, die meist an Wochenenden stattfinden. Hunderte Spieler schließen ihre Computer zu einem gigantischen Netzwerk zusammen und

Kapitel 7: Spiele und Lernsoftware

spielen nonstop 48 Stunden durch. Das Ganze findet in großen Hallen statt, die die Veranstalter eigens dafür anmieten.

Bild 7.11: Online-Spiele: die Suche nach der goldenen Rüstung

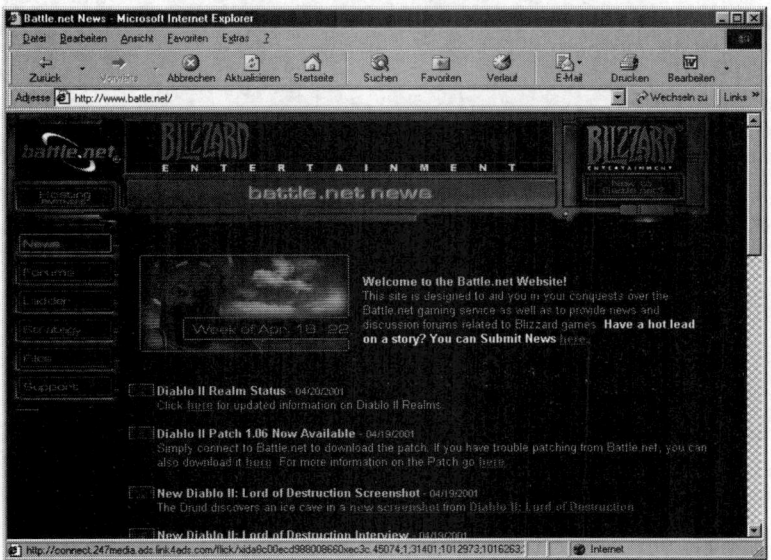

Bild 7.12: Über http://www.battle.net können einige Spiele auch online gespielt werden.

Quizspiele

Ein weiteres Genre, dass sich immer größerer Beliebtheit erfreut, sind die Quizspiele in verschiedensten Varianten. Wissen pur – entweder als Training vor dem großen Fernsehauftritt oder zum Zeitvertreib. Diese Spiele gibt es ebenso als Brettspiele für den Wohnzimmertisch wie auch online oder auf CD-ROM. Manch einer ist schon virtueller Millionär geworden oder hat nach einigen Trainingseinheiten am Bildschirm zu Hause den Mut gefunden, sich für die große Quizshow im Fernsehen zu bewerben.

Bild 7.13: Ich hab's geschafft!! – Leider gibt es nur virtuelles Geld.

Der Computer im Kinderzimmer

Kinder haben unabhängig vom Alter häufig Kontakt zum PC. Meist steht im Haushalt ein PC, oder bei Bekannten und Freunden gibt es ein solches Gerät. Der Boom geht auch am jüngsten Nachwuchs nicht vorbei. Eine ebenfalls boomende Branche stellt Lerncomputer her – das ist der Begriff, der sich mittlerweile als Bezeichnung der PCs für Kinder durchgesetzt hat. Sie sollen ein Problem lösen, vor dem viele Erwachsene oft stehen: Sobald ein Erwachsener daheim vor dem PC sitzt, vergehen oft keine fünf Minuten, bis Junior um die Ecke saust und auch mit dem Computer »spielen« will. Das ist nicht verwunderlich, denn was die Erwachsenen fasziniert, stellt auch eine Herausforderung für den Nachwuchs dar. In vielen Fällen haben Computer und PC-Spiele den Fernseher in der Beliebtheitsskala bei den Kindern abgelöst.

Es ist sicher wenig erfolgversprechend, den heimischen PC unbeaufsichtigt den Sprösslingen zu überlassen. Dem Forschungsdrang der Kinder hält noch heute kein Betriebssystem stand: Mindestens eine wöchentliche Windows-Neuinstallation wäre vermutlich das Ergebnis. Der abgelegte PC im Kinderzimmer ist angesichts der hochgeschraubten Multimedia-Erwartungen des Nachwuchses auch nicht das Wahre. Die Hersteller beliebter Computerspiele tun ihr Übriges, um die Anforderungen an die Hardware immer höher zu treiben. Bleiben noch die speziellen Kinder- oder Spiel-Computer, die mittlerweile in jeder größeren Spielwarenabteilung zu haben sind. Auch hier sind jüngere Kinder schnell begeistert, es bleibt aber die Frage, was diese Geräte taugen.

Um es vorwegzunehmen: Eigentlich sind alle gegenwärtig angebotenen Lerncomputer Mogelpackungen. Wie die Einordnung in die Spielzeugabteilung schon andeutet, sind sie eher Spielzeug als Computer. Was auf den ersten Blick gerade noch wie ein richtiges Laptop aussieht, ist auf den zweiten Blick damit überhaupt nicht zu vergleichen: Viel Plastik, klapprige Tastaturen und vor allem grob gerasterte und kleine Schwarzweiss-Bildschirme sind die Regel. An allen Ecken wird gespart, um die Spielzeugpreise zu erreichen.

Was aber auch im Spielzugbereich an die Erwachsenenwelt erinnert, ist der Boom der Geräte und Hersteller. Das Angebot bei den Lerncomputern ist nur noch schwer überschaubar. Den Markt teilen sich aktuell die Hersteller Ravensburger, VTech und Oregon Scientific. Selten tauchen auch Geräte anderer Firmen auf.

Das Angebot aller Hersteller gleicht sich auffällig, z.B. bei der Segmentierung nach Altersklassen: Die simpelsten Geräte gibt es schon für Kinder ab vier Jahren, dann folgt das Angebot für Sechs- bis Achtjährige und die anspruchsvollsten Geräte sollen für Kinder ab neun geeignet sein.

Der Computer im Kinderzimmer

Ähnlich ist bei allen Herstellern auch das Konzept der Lerncomputer. Auf den Geräten sind altersklassengerecht mehr oder weniger viele Lernprogramme aus den Bereichen Sprache, Rechnen, Logik und Allgemeinwissen zu finden. Bei den besseren Geräten gibt es Erweiterungsmodule mit zusätzlichen Programmen im Zubehörangebot.

Das ist auch schon ein Thema, das den meisten Kindern die Spielcomputer verleidet: Dem Computerneuling im Kindesalter präsentiert sich das erste eigene Gerät vor allem als Lernmaschine. Im mathematischen Bereich reicht die Palette z.B. von einfachsten Rechenaufgaben aus dem Unterstufenbereich bis zu komplizierten Fragen aus Geometrie und Algebra. Das Ganze ist üblicherweise als Wettbewerb aufgebaut, mit Punkten für richtige Antworten, Zeitbeschränkung und Rangliste, was die nötige Motivation fürs Weitermachen bringen soll. Oft ertönt zur Belohnung auch eine kreischende Fanfare aus dem Lautsprecher, untermalt von einer mehr oder weniger gelungenen Bildschirmanimation.

Die Programme selbst passen teilweise sehr gut in den Schulunterricht. Kinder sollen Wortformen bestimmen, Rechtschreibfehler finden und korrigieren oder Auswahlfragen im Stil von »Wer wird Millionär?« beantworten. Die Hersteller sprechen in diesem Zusammenhang von »spielerischem Lernen«, das die Kinder in der Schule weiterbringen soll. Ob sich die Kinder aber auch zu Hause weiter mit diesen Themen befassen wollen, ist fraglich.

Schon eher ein Grund für die Anschaffung eines Lerncomputers ist der damit initiierte Einstieg in die Computerwelt, da die Kinder spielerisch die Grundbegriffe der Computerbedienung erlernen. Die besseren Lerncomputer verfügen über eine Maus und eine vollständige Tastatur. Außerdem müssen auf dem Bildschirm Programme gestartet und beendet werden. Es gilt, Icons anzuklicken und Texte in Masken hineinzuschreiben – Aufgaben also, die auch beim »richtigen« Computer zu lösen sind.

Allerdings gibt es noch wenig Erfahrungswerte darüber, wie gut dies tatsächlich als Einstieg in die Computerwelt funktioniert. Für Erwachsene erwecken die Lernspiele beim Ausprobieren jedenfalls nicht oft den Eindruck, als könnten sie ungeduldige Kinder stundenlang beschäftigen. Das liegt vor allem auch daran, dass die Darstellung auf den doch recht kleinen Bildschirmen eher unterentwickelt ist. Damit klafft ein großer Unterschied zu dem, was die Kinder heute vom »normalen« Computer oder vom Fernseher gewohnt ist.

Einer Umfrage zufolge sollen schon etwa 20 Prozent der Sechs- bis Siebenjährigen einen eigenen PC besitzen, weitere 30 Prozent wünschen sich einen. Allerdings: Die Handlungen der Schulanfänger am PC sind oft genug genau die, die einst von Gegnern der Technisierung des Kinderzimmers als Gespenst heraufbeschworen wurden. Etwa 70 Prozent der Computerkids klicken sich durch Action- und Strategiespiele. Lernspielen und Textverarbeitungsprogramme sind nicht auf der Tagesordnung.

Mit geeigneten Lerncomputern kann versucht werden, diesem Trend entgegenzuwirken. Dennoch: Ein Lerncomputer kann den klassischen PC nicht ersetzen. Er kostet zwar nur einen Bruchteil dessen, was ein PC kostet. Allerdings bieten Lerncomputer dafür aber auch wesentlich weniger. Ob dieses »Weniger« als Gut oder Schlecht zu beurteilen ist, hängt von der Sicht auf die Dinge ab.

Kinder schätzen vor allem die Tatsache, dass ihr Lerncomputer im Kinderzimmer steht, leicht zu bedienen ist und selten mal abstürzt.

Die Vorteile für die Eltern liegen vor allem darin, dass ihr Kind den eigenen Computer eine Zeitlang in Ruhe lässt. Vor allem aber, wenn kein Computer im Haushalt vorhanden ist, kann das Kind dennoch einige Dinge üben, die zu den elementaren Fertigkeiten im Computerzeitalter gehören: auf einer Tastatur tippen, Bewegungstasten einsetzen, eine Maus als Zeigegerät bedienen und Menüfolgen abarbeiten.

Darin erschöpfen sich aber die positiven Seiten des Lerncomputers schon. Es gibt jeweils nur ein viel zu kleines Display, das zudem in vielen Fällen noch einen unzureichenden Kontrast aufweist. Das gemeinsame Arbeiten am Gerät ist praktisch unmöglich. Nur die größeren Geräte von Ravensburger und VTech bieten ein akzeptables Display und einige wenige Anwendungen, mit denen die Kinder in geringem Maße auch eigene Ideen verwirklichen können. Damit können z.B. kleine Texte erstellt, das Taschengeld verwaltet, Kalender, Zeitplaner und Telefonverzeichnis aufgerufen werden.

Die Hersteller bemühen sich, ihre Lerncomputer laufend zu verbessern und attraktiver zu machen. Die jüngste Generation zeigt dabei klare Trends:

▶ Lerncomputer werden ihren Vorbildern immer ähnlicher – sowohl in der Optik als auch den Funktionen. Die leistungsfähigsten Modelle z.B. verfügen über eine akzeptable Textverarbeitung, über Kalender, Datenbank und haben sogar Übersetzungsprogramme für Deutsch und Englisch.

Der Computer im Kinderzimmer

- Die technische Ausstattung nimmt rasant zu. Es gibt bereits Geräte, die einen geschützten Internet-Zugang auf vorbestimmte Seiten zulassen (Oregon Scientific), andere bauen einen Audio-CD-Player ein (Ravensburger Champion PC Audio-CD).

- In den Agent-Bravo-Lerncomputern Oregon Scientific gibt es ein digitales CD-Laufwerk, das zumindest die werkeigenen Daten-CDs liest. Innovativ sind auch der TV-Anschluss von VTech IQ und Ravensburger Champion PC TV-Master. Diese Geräte überwinden die Limitierungen des eingebauten Mini-Bildschirms und realisieren die farbige Darstellung auf dem Fernsehbild.

- Die meisten Lerncomputer bieten Drucker und Druckeranschluss, dazu kommen diverse Erweiterungs-Disks mit neuen Lernprogrammen. Üblich sind bei besseren Geräten Anschlusskabel zur Verbindung mit dem »richtigen« PC. An einige Geräte können auch digitale Kameras angeschlossen werden.

Die Zukunft ist bei dieser Entwicklung bereits absehbar. Lerncomputer werden bald eine Leistungsfähigkeit erreichen, die mit den ersten PCs zu vergleichen ist. Die Beschränkungen der eingebauten Programme werden aufgehoben. Es soll schon Erwachsene geben, die einen guten Lerncomputer als elektronischen Ersatz für eine Schreibmaschine verwenden.

Vereinzelt gibt es schon heute einfachste Basic-Programmierumgebungen. So wie zu Zeiten des ersten Homecomputers, des Commodore C64, beginnen Kinder bereits, ihre Computer zu programmieren.

Fazit: Lerncomputer bieten von der Programmvielfalt und von der Grafik her weit weniger, als gute CD-ROMs für Kinder auf einem richtigen PC bieten können. Ihr großer Vorteil ist aber, dass die Geräte unempfindlich gegen Fehlbedienung und robust sind. Das Kind bekommt einen eigenen Computer und lernt den grundsätzlichen Umgang mit der Computertechnologie.

Dennoch, als Alternative zum PC sind die Lerncomputer nur ein Kompromiss, zumal die Geräte für die kleinsten Kunden oft billig gemacht sind. Wenn eine PC-Ausstattung vorhanden ist, so empfiehlt sich für den Nachwuchs ein günstiger Multimedia-PC, der mit dem vorhandenen Drucker und allen anderen vorhandenen Peripheriegeräten kompatibel ist. Selbst wenn am Anfang Hilfestellung nötig ist: Diese Lösung ist oft die bessere. Ein noch so guter Lerncomputer wird den computerbegeisterten Nachwuchs kaum dauerhaft befriedigen.

Kauftipp: Lerncomputer

Wer seinem Kind einen Lerncomputer kaufen möchte, steht fast vor denselben Problemen wie beim PC-Kauf: Auch hier hat die Qual, wer die Wahl hat. Nur weil es um einen Lerncomputer geht, ist die Sache keineswegs einfacher. Der kurze Blick auf die bunte Packung reicht als Kaufentscheidung keinesfalls.

- Schauen Sie die Geräte nicht nur an. Lassen Sie sich zeigen, was die Geräte können. Noch besser ist, wenn Sie die Geräte ausprobieren.
- Lassen Sie sich nicht von der Optik täuschen: Was wie eine Computermaus aussieht, ist vielleicht bloß eine funktionslose Attrappe.
- Sparen Sie nicht bei der Anzeige: Das größte Handicap ist der meist viel zu kleine Bildschirm, auf dem oft nur wenige Wörter Platz haben. Je größer der Monitor ist, desto besser ist das Handling. Noch besser ist es, wenn das Gerät an einen Fernsehapparat angeschlossen werden kann.
- Achten Sie auf Vielfalt und Qualität: Die Werbebotschaft von den hunderten Programmen leitet oft in die Irre. Oft werden Programme doppelt gezählt, weil sie auf Deutsch und Englisch abrufbar sind. Vielfach sind »Programme« einfach nur Variationen. Wichtig sind viele wirklich unterschiedliche und gut gemachte Programme, sonst steht das Gerät bald unbenutzt in der Ecke.
- Achten Sie auf bleibenden Nutzen: Die integrierten Lernprogramme sind bald durchgespielt, dann zählen nur noch allgemeine Tools wie Textverarbeitung oder Spiele.
- Fragen Sie nach Erweiterungen: Auch Lerncomputer sind nicht billig. Umso wichtiger ist, dass ein Grundgerät durch Zusatzprogramme und Anschlussmöglichkeiten immer wieder neue Motivation schaffen kann.

Ravensburger: Lerncomputer für Kinderhände

Die Ravensburger Lerncomputer spielen beim sanften, kindgerechten Einstieg in die Computerwelt eine wichtige Rolle. Entsprechend umfangreich präsentiert sich die Palette der Lerncomputer für Kinder. Bereits Vierjährige

Der Computer im Kinderzimmer

können dabei ungehemmt in die Tasten greifen und erste »Tippversuche« auf dem speziell für Kinderhände geschaffenen Keyboard mit Erfolg durchführen. Aber auch ältere Kinder werden beim Hersteller fündig. Etwa 60 Programme für die neun- bis zwölfjährigen Computereinsteiger bietet das Champion PC Notebook XXL. Besonders handlich sind die kleinen MEGA mit 3000 Fragen- und Antworten aus verschiedensten Wissensgebieten. Sie erinnern an ein Handy in Kinderhand und sollten den entsprechenden Spielspaß bringen.

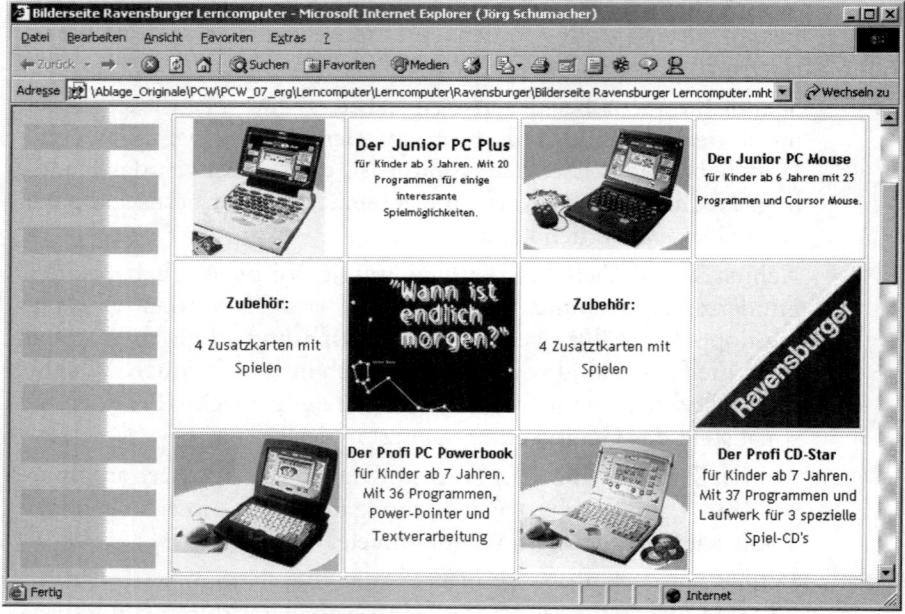

Bild 7.14: Ein Einblick in die breite Palette der Lerncomputer von Ravensburger (Quelle: Rechsteiner Spielwaren, Schweiz)

VTech: Kinder sind unser höchstes Gut

Im Zeitalter der Elektronik gibt es zahlreiche Erfindungen von großem Nutzen. In der Medizin retten sie Leben, in der Kommunikation verbinden sie Menschen rund um die Welt und in der Luft- und Raumfahrttechnik ermöglichen sie uns Reisen zu allen Kontinenten dieser Erde. VTech möchte

Kapitel 7: Spiele und Lernsoftware

laut Firmenphilosophie seinen Teil dazu beitragen. Die VTech Electronics Europe GmbH hat sich dabei auf die jüngsten Anwender spezialisiert – die Kinder. Das Hongkonger Mutterunternehmen startete 1992 ein 100prozentiges deutsches Tochterunternehmen. Der Jahresumsatz lag im Jahr 2000 bei 80 Millionen Mark: steigende Tendenz bei einem Marktanteil von 80% als Prozent stärkster Anbieter elektronischer Lernspielzeuge und Lerncomputer in Deutschland.

Dabei versucht das Unternehmen, die kindliche Neugierde für alles Elektronische zu nutzen und über diese Bereitschaft Lerninhalte zu vermitteln. Diese müssen nach pädagogischen und erzieherischen Maßgaben gestaltet sein, aber nicht den Spaß an der Sache blockieren. Ein pädagogisches Forum, dem Pädagogen aus Grundschulen aller Bundesländer angehören, testet die Geräte im Unterricht. So wird versucht, Anforderungen aus der Praxis optimal umzusetzen.

Bild 7.15: Breit und bunt ist das Angebot von VTech.

Der Computer im Kinderzimmer

Ein Beispiel ist der HyperLoad DX VTech. Das Lernnotebook wurde mit den Funktionen eines Normal-PCs ausgestattet. So bietet das Gerät nicht nur 110 lehrreiche Spiele und Denkaufgaben – auch E-Mails lassen sich versenden und empfangen. Wie bei Standardcomputern gibt es Textverarbeitungs-Programme und Organizer-Funktionen wie den Kalender. Per Taste und entsprechendem Kabel lassen sich Texte und Termine auf den elterlichen PC laden und bearbeiten.

Das Highlight ist die Downloadbox. Die Kleinen können sich direkt von der »Hyperload-Website« die neuesten Wissensspiele auf ihren Lerncomputer laden. Von einer speziell dafür eingerichteten Internetseite können Eltern für ihre Kinder neue Programme auf den PC laden und anschließend auf den Lerncomputer überspielen. Damit bleibt das Kind immer up-to-date mit neuen Inhalten aus dem Internet, hat einen dynamischen Lerncomputer, der nie veraltet, und ist weiterhin mobil. Geeignet ist der »Lern-PC« für Kinder ab sieben Jahre. Auch Erwachsene, die Berührungsängste mit Computern haben, können damit leicht den Einstieg in die Multimediawelt erlernen.

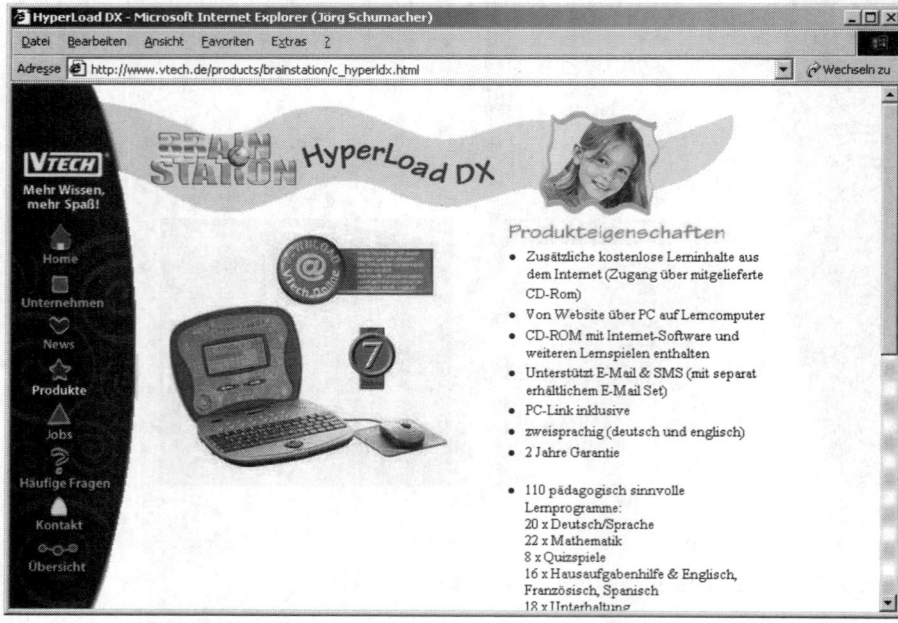

Bild 7.16: Der VTech HyperLoad DX

Die TOY Line von Oregon Scientific

Die Oregon Scientific Deutschland GmbH vertreibt im deutschsprachigen Raum HandHeld-PCs und Organizer, Spiel- und Lerncomputer und ein weit gefächertes Produktangebot für Organisation und Bürokommunikation. Sie ist eine Tochtergesellschaft des internationalen Elektronik-Konzerns IDT, Integrated Display Technology, Hongkong.

Die Toy Line bietet Lernspiele, Laptops, Handhelds und ein Desktopgerät. Das Desktopgerät, der Accelerator ECLIPSE, ist ein Spiel- und Lerncomputer, mit Maus und Druckeranschluss und Stimme, der für Kinder ab 6 Jahren geeignet ist. Im Lieferumfang sind 60 Spiel- und Lernprogramme enthalten. Außer den üblichen Lernaufgaben, Gedächtnisübungen und Spielen sind Textverarbeitung, Taschenrechner, Datenbank enthalten. Hervorzuheben ist die Möglichkeit, einen PC-Drucker anzuschließen. Das Gerät ist durch separat erhältliche SmartCards ausbaufähig.

Bild 7.17: Accelerator ECLIPSE von Oregon Scientific (Quelle: Oregon Scientific)

Spielzeug per Computer entwerfen und steuern

Für den Einstieg der Kinder in das computergestützte Lernen muss es nicht unbedingt ein Lerncomputer sein. Vorreiter auf dem Gebiet der Anwendung des Computers auf anderen Gebieten ist Lego. Wenn die Statistik in diesem Fall stimmt, dann entfallen auf jeden Menschen dieser Erde etwa 60 Legosteine.

Schon vor einigen Jahren waren die ersten Modelle erhältlich, deren Konstruktion am PC-Bildschirm nachvollzogen werden konnte. Kombiniert mit einem PC-Spiel, mit dem z. B. der gekaufte Buggy durch eine Hindernisbahn zu steuern war, ergab sich ein toller Spielspaß für die gesamte Familie. Dabei ist nur natürlich, dass die Kinder nicht allein an die Lösung der Aufgaben gehen: Ein normaler PC mit Multimediafähigkeiten ist schon Voraussetzung. Erfahrungen im Umgang zeigen, dass die Kinder selbst komplizierte Modelle anhand der dreidimensionalen Darstellung besser zusammensetzen können als anhand der zweidimensionalen Packungsbeilage.

Aber die Entwicklung ist nicht stehen geblieben. Einige Lego-Serien bieten durch moderne Elektronik und raffinierte Lösungen erstaunliche Spielzeuge, die auf tatsächlich spielerische Weise an die Computertechnik heranführen. Allerdings sollte das üblicherweise auf den Packungen ersichtliche Einstiegsalter ernst genommen werden: Jüngere Kinder sind schnell überfordert und verlieren die Lust, sich weiter mit der Problematik zu beschäftigen.

Der RCX LEGO Mikrocomputer

Der RCX ist ein programmierbarer Mikrocomputer, der als Gehirn von Robotern funktioniert. Dazu wurde die Elektronik in die LEGO-typischen Noppenbausteine integriert: So kann der Computer als Basis für verschiedene Modelle, aber auch für eigene Kreationen dienen.

Verschiedene Sensoren, die auf Licht oder Berührung reagieren, und spezielle Motoren im LEGO-Look bieten alles, was für ein »intelligentes« Modell nötig ist. Für den vollen Erfolg ist ein Computer nötig, der über einen freien COM-Port verfügt. Das sollte bei moderneren Geräten der Fall sein, wenn die Maus über den PS/2-Port angeschlossen ist.

> **Achtung** ⬇ Informieren Sie sich unbedingt vor dem Kauf anhand der Verpackung, ob Ihr PC die nötigen Voraussetzungen bietet. Die Software stellt einige Anforderungen an die Multimediafähigkeiten des Computers.

Kapitel 7: Spiele und Lernsoftware

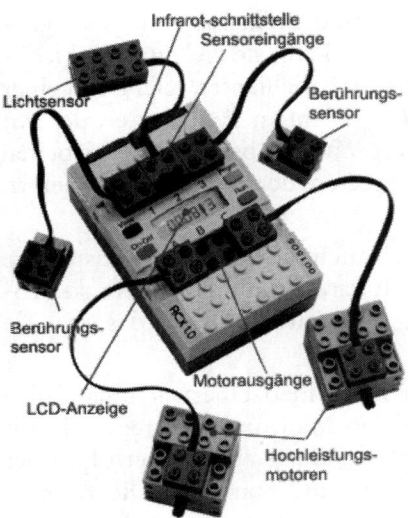

Bild 7.18: Verbunden mit der Außenwelt kann der LEGO-Mikrocomputer nicht nur Modelle steuern, sondern auch reagieren. (Quelle: LEGO MindStorms).

Für die Steuerung der Fähigkeiten bietet LEGO eine eigens für das Programmieren der Roboter entwickelte Programmiersprache. Dabei werden Programmierbausteine durch einfaches Drag&Drop aneinandergesetzt. Das Spiel besteht im Wesentlichen aus drei Schritten:

▶ Zunächst wird das Modell gebaut und dabei die entscheidenden Elemente wie z.B. Sensoren, Motoren und Getriebe an den RCX-Computer angeschlossen. Der Phantasie sind dabei kaum Grenzen gesetzt.

▶ Nach dem Zusammenbau erfolgt das Programmieren. Mit der Robotics Invention Systems Software wird festgelegt, welche Handlungen das Modell ausführen soll. Diese Programmierung erfolgt am PC.

▶ Das fertige Programm wird über einen mitgelieferten Infrarotsender vom Computer in den RCX übertragen. Das Modell ist startklar und führt die programmierten Befehle aus.

Besonders spannend für größere Kinder sollte die Kombination des Minicomputers mit einer elektronischen Kamera sein. Auch hierfür bietet LEGO alle Voraussetzungen: Die LEGO CAM kann am Computer so programmiert werden, dass sie auf Bewegung, Farbe und Licht reagiert. Als eigenständige, voll funktionsfähige PC-Videokamera kann sie viele unterschiedliche Funktionen übernehmen. Die Palette der Möglichkeiten reicht von einer hochsensiblen Überwachungskamera bis hin zu einem Synthesizer, der mit Musik auf Bewegungen reagiert. Kombiniert mit dem bereits beschriebenen System kann die Kamera als Sichtsensor fungieren, der als Auge und Gehirn der Modelle funktionieren kann.

Die Leistungsfähigkeit der Kamera kann sich auch für »normale« Ansprüche sehen lassen. Mit der Vision Command Software kann die Kamera so programmiert werden, dass sie wahrnehmen, verarbeiten und auf das, was sie sieht, reagieren kann.

Die Software bietet außerdem Lösungen zur Video-Überwachung, Bildbearbeitung (Foto), Video-Bearbeitung, Video Mail und arbeitet auch mit Videokonferenzsoftware zusammen. Die Verbindung zum PC erfolgt über einen USB-Anschluss, fünf Meter Kabellänge sind Standard. Die Kamera liefert 30 Bilder pro Sekunde bei 352x288 Bildpunkten Video-Auflösung, einen justierbaren Fokus und ein eingebautes Mikrofon. Diese Kamera samt Software ist auch für andere Gelegenheiten gut nutzbar und kein Fehlkauf, selbst wenn die Kinder das Interesse dafür verlieren sollten.

Fast selbstverständlich bietet LEGO auch einen Minicomputer, der ohne Computerprogrammierung auskommt, den Micro Scout LEGO Mikrocomputer. Dieses speziell entwickelte Gerät bietet einen eingebauten Lichtsensor, einen eingebauten Motor und sieben optionale Verhaltensweisen. Damit ist sein Einsatz natürlich auf eine spezielle Serie beschränkt. Das System bietet dennoch einen guten Einstieg in die Materie. Hervorzuheben ist auch, dass dieses Einsteigermodell die Lust auf den »großen Bruder« macht und so an die dann nötige Programmierung heranführt.

Spielkonsolen

Früher bevölkerten Videospiele in großer Zahl ausschließlich Spielsalons, wo sie auch heute noch ihren Platz haben. Aber die moderne Technik hat es möglich gemacht, dass hochwertige Geräte unterschiedlichster Größe Einzug in die Kinderzimmer gehalten haben. Der Traum vieler Kinder – immer wieder angeheizt durch Comicserien im Fernsehen – ist eine Spielkonsole. Das ist ein Gerät, dessen Funktion bis vor kurzer Zeit beinahe ausschließlich darin bestand, technisch aufwendig und spannend gestaltete Spiele unterschiedlichster Gattungen darzubieten. Einige wenige tragbare Systeme verfügen über ein eigenes Display, die meisten Konsolen werden an ein Fernsehgerät angeschlossen.

Die amerikanische Marktforschungsfirma Dataquest prognostizierte, dass der weltweite Verkauf von Spielkonsolen im Jahr 2002 49 Millionen Stück erreichen würde nach 29 Millionen Einheiten in 2001. Doch so lukrativ der Konsolenmarkt auch zu sein scheint, der Verkauf der Hardware ist für die Unternehmen meist ein Verlustgeschäft. Profitieren können die Hersteller allein von den verkauften Spielen.

Der technische Fortschritt macht auch vor den Konsolen nicht Halt: Vorbei sind die Zeiten, als Spielkonsolen nur Spielzeug waren. Die Geräte sind mit der Zeit deutlich vielfältiger geworden. Der Trend geht bei neuen Konsolen klar in Richtung Multifunktionalität: DVD-Filme abspielen oder im Internet zu surfen ist fast schon Standard. Mit Zubehörteilen lassen sich Visitenkarten erstellen oder Fotos bearbeiten. Die Hardware wurde nochmals deutlich aufgerüstet, um mit aktuellen PC-Systemen Schritt zu halten.

▶ Mit der PlayStation 2, dem Nachfolger der seit 1994 über 100 Millionen Mal verkauften PlayStation, führte Sony am 24. November 2001 erstmals eine 128-Bit-Konsole ein.

▶ Pokemon-Erfinder Nintendo konterte ebenfalls 2001 mit einer neuen Konsole, dem GameCube.

▶ Software-Riese Microsoft brachte Ende 2001 die Xbox zunächst auf den amerikanischen Markt, um auch vom Marktsegment der Spielkonsolen ein großes Stück zu erhaschen.

▶ Auch der Spielhallen-König Sega hat mit der Dreamcast eine konkurrenzfähige Konsole auf dem Markt, deren Produktion allerdings bereits eingestellt ist.

Dennoch steht die Frage, wo der Vorteil einer Konsole liegt. Von den technischen Parametern kann ein solches Gerät nicht mit modernen Computern konkurrieren. Als reine Spaßprodukte sind Konsolen den Computern allerdings sogar überlegen. Das hat verschiedene Gründe:

▶ Die einzelnen Komponenten einer Konsole sind exakt aufeinander abgestimmt und speziell auf Spiele ausgerichtet.

▶ Die einheitliche und überschaubare Hardware macht es den Entwicklern deutlich einfacher, die Möglichkeiten der Technik bis zu den Grenzen auszuschöpfen.

Spielkonsolen

▶ Ständige Erneuerungen der Hardware durch den Benutzer sind nicht nötig, jedes für eine spezielle Konsole gekaufte Spiel findet in der Hardware optimale Voraussetzungen.

▶ Die Bedienung einer Konsole ist deutlich einfacher als beim PC und selbst für Computeranfänger kein Problem.

▶ Ein wichtiges Kriterium ist auch der im Vergleich zum Computer günstige Preis.

Sony PlayStation.2 und PSone

Sony PlayStation.2, das Flaggschiff von Sony, enthält Technik der neuesten Generation. Ein 300 MHz-Prozessor und eine maximalen Grafikleistung von 66 Millionen Polygonen pro Sekunde bieten grandiose 3D-Grafik und Soundeffekte in Dolby-Surround-Qualität. In der Konsole steckt ein vollwertiger DVD-Player mit Lichtleiter-Ausgang, der, mit dem richtigen Verstärker kombiniert, Kinogenuss bietet. Die Auswahl der in Deutschland verfügbaren Spiele nimmt beständig zu. Empfehlenswertes Zubehör sind eine Fernbedienung für den DVD-Player der PS.2 und ein Lenkrad für realistischen Fahrspaß.

Bild 7.19: Ein unscheinbarer schwarzer Kasten verbirgt den hohen Stand der Technik (Quelle: Sony).

Kapitel 7: Spiele und Lernsoftware

Mit zwei USB-Schnittstellen, Firewire und zwei PCMCIA-Slots ist die PlayStation.2 überaus anschlussfreudig. Sony lässt sich die überragenden Fähigkeiten der Konsole teuer bezahlen: Für die gelegentliche Nutzung zum Spielen oder als DVD-Player ist diese Konsole kaum interessant.

Die Vorteile diese Konsole gegenüber anderen Geräten liegen in der Ausstattung: Technik der neuesten Generation bietet spektakuläre Grafik und satte Soundkulisse. Es gibt eine große Auswahl an Spielen und Zubehör. Besonders positiv ist die Einsatzmöglichkeit des Geräts als DVD- und Audio-CD-Player.

Nachteilig ist vor allem der hohe Anschaffungspreis.

Bild 7.20: Der Klassiker in neuem Gewand: die PSone (Quelle: SONY)

Nach wie vor die beliebteste Videospielkonsole ist der Klassiker Sony PlayStation. Sie wurde dem Geschmack der Zeit angepasst, kosmetisch überarbeitet und auf halbe Größe gebracht. Auch der Name wurde kürzer: Das zweite Leben der Konsole begann mit der Bezeichnung PSone. Obwohl nicht mehr die modernste Konsole, liefert das Gerät immer noch beeindruckende Grafik und Stereosound. Die PlayStation bietet im Vergleich zu anderen Geräten eine bedeutend größere Anzahl hochkarätiger Spiele. Viele Videospiel-Klassiker gibt es fast ausschließlich für die PlayStation. Viele dieser Spiele laufen auch auf der PlayStation2.

Selbstverständlich ist für den Klassiker eine Menge Zubehör zu haben. Fraglich ist aber, ob die z.B. für das Shoot 'm Up-Spiel Metal Gear Solid erhältliche Pistole den Geschmack von Kindern und Eltern gleichermaßen trifft.

Sega Dreamcast

Obwohl auch schon etwas älter, gehört Segas leistungsfähige Dreamcast-Konsole längst nicht zum alten Eisen. Die 128-Bit-Maschine kann alles Notwendige und bietet ausgezeichnete 3D-Fähigkeiten in Kombination mit Stereosound. Die Produktion der Konsole wurde mittlerweile eingestellt. Dennoch kann sich die Auswahl an für die Dreamcast bereitgestellten Spielen sehen lassen. Zusätzlich bietet die Dreamcast-Konsole ein eingebautes 33k-Modem, mit dem über den Fernseher der Zugang zum Internet hergestellt wird. Auf diesem Weg können mehrere Spieler über Segas Internetseite gegeneinander antreten.

Die Dreamcast-Konsole bietet auch verwöhnten Spielern nach wie vor Technik auf höchstem Niveau. Die Anschaffungskosten sind mittlerweile auf einem höchst attraktiven Niveau, sofern noch ein Modell erworben werden kann.

Die Vorteile der Konsole liegen in den hochklassige Grafikfähigkeiten und der reichhaltigen Auswahl an Spielen. Hervorzuheben ist auch, dass bis zu vier Spieler gleichzeitig am Spielvergnügen teilhaben können.

Nintendo 64

Die kinderfreundlichste Spielekonsole auf dem Markt ist das Nintendo 64 (N64). Diese 64-Bit-Konsole bietet erstaunliche Grafik- und Soundleistung. Hervorzuheben sind die einfach einzusetzenden Spielekassetten und simpel zu bedienende Spiele-Controller. Viele Spiele für die N64-Konsole sind außerdem friedsamer Natur und sollen jüngere Spieler ansprechen. In vielen der beliebtesten N64-Titel spielen animierte Charaktere die Hauptrolle und nicht schwerbewaffnete Helden. Unter den bekanntesten Familienspielen finden sich z.B. Super Mario 64, Banjo-Tooie und die Lieblinge aus der Pokémon-Serie.

Kapitel 7: Spiele und Lernsoftware

Bild 7.21: Mit dem Rumble Pack erlebt der Spieler Erschütterungen, Rempler, Tritte und Schüsse (fast) hautnah (Quelle: Nintendo).

Die Nintendo 64-Konsole ist mittlerweile günstig zu haben. Der Nachteil liegt aber vor allem darin, dass N64-Spielekassetten meist teurer sind als die üblichen Spiele auf CD z.B. für PlayStation oder Dreamcast. Grund sind die Herstellungskosten, die für eine Cartridge (Spielekassette) bedeutend höher liegen als bei einer CD.

Die Entscheidung für diese Konsole wird durch die familienfreundlichen Spiele in beeindruckender 64-Bit-Grafik erleichtert. Weitere Pluspunkte bringen der leichte Aufbau und die Unterstützung von bis zu vier Spielern gleichzeitig. Zu bedenken sind die im Vergleich zu anderen Geräten geringere Spielezahl und der Preis der Spielekassetten.

Game Boy

Seit mehr als einem Jahrzehnt gibt es den tragbaren Game Boy von Nintendo. Dennoch ist dieses Komplettsystem für die Hosentasche weiterhin ein Verkaufsschlager. Gründe dafür sind der vergleichsweise geringe Preises, die einfache Bedienung und die große Spieleauswahl.

Spielkonsolen

Bild 7.22: Einfach aufgebaut und handlich: Game Boy Color (Quelle: Nintendo)

Die Urversion des Game Boy zeigt Spiele in schwarz-weiß auf einem 2,6 Zoll breitem LC-Display. Die neueren Game Boy Color bringen Farbe in die Game-Boy-Welt. Beim Kauf ist aber zu bedenken, dass einige der neueren Spiele in Farbe nicht auf der Urversion des Game Boy laufen. Nachteilig wirkt sich lediglich aus, dass die zwei für den Betrieb nötigen Batterien maximal zehn Stunden halten.

Game Boy Advance

Beflügelt vom Erfolg der tragbaren Komplettgeräte lockt Nintendos Game Boy Advance im Vergleich zum Game Boy Color mit einem größeren Bildschirm, einem 32-bit-Prozessor und zehnmal so vielen Farben. Die Konsole selbst ist in fünf verschiedenen Farben erhältlich.

Als besonderes Highlight laufen alle Game Boy- und Game Boy Color-Spiele auch auf dem Game Boy Advance. Und auch an die Zukunft wurde gedacht: Der Game Boy Advance lässt sich als Controller für Nintendos GameCube einsetzen.

Der Game Boy Advance ist der perfekte Begleiter für Kinder auf Reisen: Handlich, im schicken Design und mit tollen Spielen. Einziger Nachteil: Der Bildschirm muss gut beleuchtet sein.

Bild 7.23: Die neue Generation der Pocketkonsolen: Game Boy Advance (Quelle: Nintendo)

Nintendo GameCube

Der Nintendo GameCube ist zunächst eher unscheinbar. In Nintendos neuer Konsole steckt jedoch mehr, als es von außen den Anschein hat. In Praxistests überzeugte der mit 480 MHz getaktete Prozessor »Gekko« auf ganzer Linie. Nintendo hat sich für dieses Gerät gegen Module und für das Medium DVD entschieden. Allerdings werden die Spiele auf Mini-DVDs mit 1,5 Gbyte Speicherplatz ausgeliefert. Deshalb kann der GameCube keine Spielfilm-DVDs wiedergeben, die größeren Scheiben passen nicht in den GameCube-Schacht.

Die kleine Powerkonsole verfügt über vier Controllerports für Mehrspielerspaß sowie über zwei Slots für Memorykarten. Diese Karten haben ein Speichervermögen von 4 Mbyte. Eine große Anzahl guter Spiele sichert den Verkaufserfolg der Konsole.

Nintendo überzeugt bei diesem Gerät durch weitere Innovationen: Jeder Game Boy Advance kann als Controller für den GameCube benutzt werden. Durch die Fähigkeiten des Gameboy als intelligente Konsole können völlig neue Spielvarianten entwickelt werden.

Spielkonsolen

Bild 7.24: Auf den ersten Blick eher unscheinbar: der Nintendo GameCube (Quelle: Nintendo)

Auf der Habenseite kann das Gerät einen günstigen Anschaffungspreis, ein großes Spieleangebot, auch mit den beliebten Nintendo-Charakteren, und die innovative Linkfunktion zwischen GameCube und Game Boy Advance verbuchen. Nachteilig ist die Entscheidung gegen das Abspielen von »normalen« DVDs.

Als notwendiges Zubehör ist unbedingt eine Memorykarte anzuraten. Für die Verbindung des GameCube mit dem Game Boy Advance ist ein besonderes Kabel nötig.

XBox von Microsoft

Relativ neu auf dem Markt und beim Start in den USA sofort ein Renner ist Microsofts Einstieg in die Konsolenwelt. Das neuartige Gerät ist äußerst leistungsfähig und muss einen Vergleich mit dem PC nicht scheuen. Dafür sprechen ein mit 733 MHz getaktete und eigens für die Xbox entworfener Prozessor von Intel, ein mit 250 MHz getakteter nVidia Grafikchip, 64 Mbyte Arbeitsspeicher und – ein Novum in der Konsolenwelt – eine eingebaute Festplatte mit 8 Gbyte Speicherplatz. Bei der Xbox wird die Netzwerkfähigkeit groß geschrieben: sie verfügt über eine Ethernet-Schnittstelle für Online-Spiele über eine schnelle Breitband-Verbindung.

Bild 7.25: Ein Neuling auf dem Konsolenmarkt: die XBox (Quelle: Microsoft)

Für die Xbox als Konsole sprechen die Grafikleistung, die integrierte Festplatte zur Speicherung der Spielstände und die Möglichkeit, das Gerät als DVD- und Audio-CD-Player einzusetzen. Auch Memorykarten sind verfügbar: Damit können Spielstände zwischen Geräten ausgetauscht werden.

Nachteilig ist vor allen der hohe Anschaffungspreis: Die Xbox ist bei weitem die teuerste Konsole auf dem Markt. Für DVD-Wiedergabe muss ein DVD-Playback-Kit mit Fernbedienung erworben werden.

Das Kauderwelsch der Spieler

Die verschiedenen Konsolen und Spiele bringen ihre eigene Sprache mit. Nicht immer haben es die Erwachsenen leicht, wenn sich Kinder über das Spielerlebnis unterhalten. Deshalb an dieser Stelle ein Einblick in die Begriffswelt.

▶ 1 Up, Extraleben: Bei vielen Spielen geht es dem Spieler virtuell an den Kragen. Damit der Spaß nicht sofort vorbei ist, hat ein Spieler mehrere Leben und kann im Spielverlauf zusätzliche Leben erwerben.

Spielkonsolen

- Adventure ist die Genrebezeichnung für Abenteuerspiele. Das sind Spiele, die einer Handlung folgen und Probleme stellen, deren Lösung den Spielverlauf gestaltet.

- ARP-Code (Action Replay Code) steht für ein Passwort, das in einen Schummelmodus führt.

- Automapping ist das automatische Mitzeichnen von Levelkarten. Damit kann ein Spieler das bereits erkundete Gebiet innerhalb einer Spielebene erkennen. Map ist die Übersichtskarte (Levelkarte).

- Battle-Mode (Kampfmodus), auch Versus-Modus (vs. Mode), ist der klassischer Duellmodus Mann gegen Mann. Der Gegner ist meist ein Challenger (Herausforderer). Schaukämpfe finden im Exhibition-Modus statt.

- Block (Deckung) ist das Abwehren von Attacken eines Gegners. Finish(-Him)-Move ist die abschließende Attacke zum Gewinn des Kampfs.

- Bonus ist eine Belohnung bzw. Dreingabe für gutes Spiel. Das Gegenteil davon ist Malus, eine Strafe bzw. Punktabzug.

- Cartridge ist die Bezeichnung für eine (Spiel-)Kassette oder ein Programmmodul.

- Zur Vorbereitung auf eine Attacke muss man oft chargen, d.h. die Kräfte aufladen.

- Einer der wichtigsten Begriffe ist Cheat (Betrug oder Schwindel). Ein solcher Cheat ist meist eine Tastenkombination, die nicht in der Anleitung steht. Cheats sind von Interesse, weil damit geheime Menüs geöffnet, Extra-Fähigkeiten erworben oder günstige Veränderungen am Spielverlauf gemacht werden können.

- Combo (Kombination) beschreibt die Verbindung mehrerer Attacken in Zweikampfspielen. Diese werden meist durch Tastenkombination erreicht, daher der Name.

- Continue ist eine Schaltfläche oder Aufforderung zur Fortsetzung (des Spiels).

- Das zentrale Bedienelement (Pad) einer Konsole heißt auch Controller, Steuereinheit.

- Credits haben mehrfache Bedeutung: Es können Guthaben sein, Zahlungseinheiten oder die Liste aller Mitwirkenden.
- Dungeon bezeichnet eine Höhle, ein Kellergewölbe oder ein Burgverlies.
- Viele Spiele bieten einen Editor (auch Streckeneditor). Das ist eine Zusatzfunktion, mit der wichtige Spielelemente (Strecken oder Personen) erstellt werden können.
- Feature (Spielfeature) meint ein charakteristisches Merkmal bzw. eine besondere Attraktion eines Spiels. Dabei ist die Storyline die eigentliche Geschichte des Spiels. Gameplay (Spielbarkeit) bezeichnet die Spielidee mit einer Art Gradmesser.
- Handicap (auch Handikap) definiert einen Nachteil bzw. die Einschränkung von Möglichkeiten. Üblich sind Handicaps vor allem bei Zweikampf- oder Sportspielen.
- Der Index ist ein Anzeiger, Register bzw. Verzeichnis verbotener oder beschlagnahmter Videospiele. Diese sind dann indiziert, angezeigt, auf den Index gesetzt bzw. verboten
- Instant Replay ist ein Spielmerkmal für Sofortwiederholung. Es erfolgt eine Wiedergabe eines aufgezeichneten Spielablaufs. Eine Variante davon ist die Slow Motion, die Zeitlupe.
- Items sind Artikel, Gegenstände oder Extras, die gesammelt werden müssen. Die Item-Liste ist ein Anzeigebereich, der die eingesammelten Gegenstände anzeigt.
- Ein Levelcode öffnet im Gegensatz zu einem Passwort nicht den gesamten Bereich, sondern nur eine Spielebene (Level). Eine Besonderheit ist ein Levelskip (Levelsprung). Der Begriff bezeichnet das Überspringen eines Levels.
- Verbindungskabel zwischen zwei Konsolen für den Zwei- oder Mehrspieler-Modus ist das Link-Kabel.
- Modulspeicher ist der Speicher für Spielstände oder Highscores (Ergebnislisten) in der Spielkassette.
- Motion Capturing ist ein Verfahren zur Digitalisierung von Bewegungen eines Menschen. Diese digitalisierten Daten werden zur realistischen Nachstellung des Bewegungsablaufs auf einen Spielcharakter übertragen.

> Options (Optionen) sind Varianten oder Einstellungen, mit denen spielrelevante Daten verändert werden.
>
> Protagonist heißt der Hauptdarsteller, die zentrale Gestalt bzw. der Held eines Spiels.
>
> Rendern ist ein Berechnungsverfahren, mit dem ein am Computer erstelltes Objekt oder eine Szene (Landschaft, Gebäude) mit Texturen und Lichteffekten versehen wird. Danach wirken die Objekte realistischer.
>
> Rumble Pak ist eine Rütteleinheit, die das Pad zur Vibration bringt. Damit werden z. B. bei Renn- oder Flugsimulationen realistische Effekte erzielt.
>
> Shoot 'm Up (schieß sie ab!) ist die Genrebezeichnung für ein Spiel, in dem geschossen wird. Vor dem Abschuss schützt ein Shield, das ist ein (Schutz-)Schild, meist ein Energieschild.
>
> Stamina steht für Widerstandsfähigkeit, Konstitution oder auch die körperliche Fitness einer Spielfigur.
>
> Wichtige Spielelemente sind Sticks (Steuerknüppel), Teleporter (Materietransporter, Beamer) und Weapons (Waffen).

Lebenslanges Lernen

Wissen bei Bedarf statt Wissen auf Vorrat – der Trend geht zum abrufbaren Wissen. Die Entwicklung in vielen Berufen zeigt, dass das Lernen nach der Ausbildung nicht aufhört. Das Schlagwort »Lebenslanges Lernen« kursiert. In den Medien diskutieren Fachleute darüber, und Software-Entwickler sitzen an neuen Programmen, die diese Entwicklung unterstützen. Immer kürzere Ladezeiten und immer professionellere Lernprogramme sind die Grundlage dafür.

Kinder wachsen heute schon mit dem Computer auf, die Schulen legen nach und versuchen, Rechner und Internet in den Unterricht zu integrieren. Initiativen aus Politik und Wirtschaft unterstützen diesen Prozess materiell, indem die Hard- und die Software zur Verfügung gestellt werden, und ideell durch Bewusstmachung und Diskussion in der Öffentlichkeit.

Wenn es allen Beteiligten gelingt, die Gefahren zu umschiffen, dann sind PC und Internet eine Chance für die Weiterentwicklung des Planeten. Im Moment jedenfalls gibt es heiße Diskussionen darüber, ob der Computer den Menschen nicht zu sehr vereinsamt und von den Mitmenschen isoliert. Auch die Frage steht, ob durch Internet in entwickelten Ländern und die Computerleere in großen Teilen der Welt die bestehende Kluft zwischen den Menschen nicht noch weiter vertieft wird, wenn das Lernen immer mehr den Computer erfordert,

Ohne das Internet als Informations- und Kommunikationsfeld wird es wohl aber nicht mehr gehen: »Flexibilität« ist das Stichwort der Zukunft: Die User laden sich ihre Programme direkt aus dem Internet, anstatt sie auf der lokalen Festplatte vorrätig zu haben. Damit nimmt auch der Bedarf an schnell verfügbaren Lernprogrammen zu, die ebenfalls direkt aus dem Netz geladen werden. Wie überall wird sich mit der Zeit die Spreu vom Weizen trennen: Bleiben wird nur das, was den wirklichen Interessen aller Menschen dient.

Kapitel 8
Bunte Bilder im PC

Weit verbreitet auf dem Softwaremarkt sind Programme, die sich mit der Erzeugung und Manipulation von Bildern beschäftigen – ein Markt, der durch das Internet und Digitalkameras kräftig zulegt. Der folgende Abschnitt widmet sich daher speziell den Hintergründen der Computergrafik und der zugehörigen Programme.

Grundlagen der Computergrafik

Es ist erst fünfzehn Jahre her, da war das Ausdrucken einer einfachen Strichzeichnung eine kleine Revolution. Heutzutage sind selbst einfache PC leistungsfähige Grafikmaschinen. Das digitale Archivieren von Urlaubsbildern, Fotomontagen oder auch Videobearbeitung sind solche Aufgaben, die selbst der Heimcomputer spielend meistert.

Auch die Software trägt dieser Entwicklung Rechnung. Erste Bildbearbeitungsprogramme waren tatsächlich nur von Profis zu bedienen, die anhand von Farbzerlegungen und Gradationskurven die Druckfähigkeit eines Bilds beurteilen konnten. Moderne Grafikprogramme helfen dem Grafikamateur mit Assistenten, automatischen Optimierungsroutinen und einer intuitiven Bedienung.

Allerdings: Ganz ohne Grundkenntnisse geht es nicht. Die komplexe Thematik macht einiges an Wissen erforderlich, damit das bearbeitete Bild tatsächlich besser als das Original wird.

Grafik ist nicht gleich Grafik. Zeichnungen, Fotos oder Videos gehören in diesen Bereich und unterscheiden sich auch für den Laien deutlich. Für jeden dieser Grafiktypen existieren besondere Bearbeitungsverfahren – und damit auch unterschiedliche Bearbeitungsprogramme.

Bitmapgrafik

In der Computergrafik wird zwischen Bitmap- und Vektorgrafiken unterschieden. Beide Formate setzen Bildinformationen so um, dass sie sich mit dem Computer bearbeiten lassen.

Grundlagen der Computergrafik

> **Fachwort**
>
> ↗ *Bitmaps* setzen das Bild wie in einem Mosaik aus einzelnen Bildpunkten zusammen. Diese einzelnen Bildpunkte werden als Pixel – aus dem englischen picture-element – bezeichnet.

Je mehr Punkte ein Bild hat, desto besser werden Details wiedergegeben. Je kleiner der einzelne Bildpunkt dabei ist, desto weniger fallen die einzelnen Punkte auf. Die Auflösung eines Bildes wird in dpi angegeben.

> **Fachwort**
>
> ↗ Das Maß *dpi* (dots per inch) bezeichnet die Anzahl der Bildpunkte pro Inch. Ein Inch entspricht dabei 2,54 Zentimetern.

Bild 8.1: Eine Bitmap stellt ein Bild durch viele kleine Punkte dar.

Kapitel 8: Bunte Bilder im PC

Bei der Strichgrafik wird ein Bildpunkt entweder gesetzt oder nicht gesetzt. Alle gesetzten Punkte werden farbig wiedergegeben, die nicht gesetzten Punkte bleiben transparent. Ein Punkt in einer solchen »Strichgrafik« belegt ein Bit, ein Byte repräsentiert acht Bildpunkte. Da in diesem Modus ein Bildpunkt auch einem Punkt im Ausgabegerät entspricht, ist eine relativ hohe Auflösung nötig.

Um farbige Nuancen zu unterscheiden, werden mehr Informationen benötigt. Bei einem Graustufenbild – z.B. die Darstellung eines Schwarzweißfotos – kommen 256 Graustufen zum Einsatz. Jeder einzelne Bildpunkt kann dabei 256 verschiedene Graustufen annehmen. Um diese Informationen speichern zu können, wird ein Byte (= acht Bit) pro Bildpunkt benötigt.

Bildschirmfarben entstehen durch die Mischung der Monitorgrundfarben Rot, Grün und Blau. Jede dieser Grundfarben kann 256 verschiedene Tönungen annehmen, so dass hier 256x256x256 verschiedene Farbwerte (16,7 Mio. Farben, 24-Bit-TrueColor) entstehen. Jetzt benötigt jeder einzelne Punkt bereits drei Byte (= 24 Bit), ein Byte für jede Grundfarbe. Eine TrueColor-Bitmap im DIN-A4-Format wird bei einer Auflösung von 300x300 dpi bereits über 24 Mbyte groß!

Wichtige Grafikprogramme für die Bitmap-Bearbeitung ist z.B. das Programm Adobe PhotoShop im Profibereich. Für Heimanwender gibt es ein fast unüberschaubares Angebot an mehr oder weniger leistungsfähiger Software.

> **Hinweis** Beim Kauf von Scannern, Druckern oder Digitalkameras können Sie preisgünstig in den Besitz eines Bildbearbeitungsprogramms kommen. Entscheiden Sie sich für ein Bundle aus Hard- und Software, wenn Sie noch kein entsprechendes Programm besitzen.

Bitmaps komprimieren

Um Speicherplatz zu sparen, werden Bitmaps oft komprimiert. Bei der Komprimierung werden häufig vorkommende Farben oder wiederkehrende Muster durch Platzhalter ersetzt; für viele gleichfarbige Punkte wird also nur eine bestimmte Bytefolge und die Häufigkeit gespeichert. Fast jedes Bitmap-Format verfügt über eigene Kompressionsformen.

Beim Komprimieren muss zwischen verlustloser und verlustbehafteter Komprimierung unterschieden werden.

▶ Bei einer verlustlosen Komprimierung tritt keine Veränderung des Bilds auf – Farbumfang und Detailgenauigkeit bleiben erhalten. Je nach Bildvorlage lassen sich Reduktionen bis auf ein Zehntel der Originaldateigröße erreichen. Die verlustlose Kompression kommt immer dann zum Einsatz, wenn der Dateiinhalt exakt wiederhergestellt werden soll.

▶ Das Gegenstück zur verlustfreien ist die verlustbehaftete Kompression. Sie lässt sich nur auf Daten anwenden, bei denen keine exakte Rekonstruktion benötigt wird, z.B. Bitmaps, Videosequenzen oder auch digitalisierte Sounddateien. Bei einer verlustbehafteten Komprimierung von Bitmaps werden z.B. mehrere Bildpunkte zu einem Punkt zusammengefasst; die Farbe des resultierenden Punktes entsteht aus dem Mittelwert der zusammengefassten Bildpunkte. Dadurch gehen unweigerlich Farbinformationen verloren.

Bild 8.2: Links ein digitales Foto im Originalzustand, rechts daneben nach einer starken Kompression im JPEG-Format

Allerdings sind gerade bei bewegten Bildern die wahrnehmbaren Bildverluste gering und die Kompressionsraten sehr hoch. Die Dateigröße nimmt weiter ab als bei der verlustlosen Komprimierung. Hier lassen sich Faktoren von 1/20 bis 1/300 (für digitale Videoclips) der Originalgröße erreichen.

Ein gängiges Kompressionsformat ist z.B. das JPEG-Format, das sich wegen seiner guten Kompressionsleistung und den geringen Verlusten gerade im Internet für die Übertragung von Bildinformationen durchgesetzt hat.

> **Hinweis** ◆ Speichern Sie Originalbilder immer in hoher Auflösung und mit verlustloser Kompression. Mehrfaches verlustbehaftetes Komprimieren bei aufeinanderfolgenden Bearbeitungsvorgängen reduziert die Bildqualität drastisch.

Bitmaps bearbeiten

Jeder einzelne Bildpunkt einer Bitmap lässt sich unabhängig von allen anderen bearbeiten. Bei der Bearbeitung von Bitmaps arbeiten Sie buchstäblich Punkt für Punkt, auch wenn die meisten Werkzeuge mehrere Bildpunkte gleichzeitig modifizieren. Effektfilter erlauben die Manipulation aller Bildpunkte gleichzeitig. So lassen sich z.B. Schattierungen mit wenigen Mausklicks herstellen, auch das Scharfzeichnen von Bildern erfolgt über Filter.

> **Fachwort** ↗ Beim *Scharfzeichnen* werden die Kontraste nebeneinander liegender Bildpunkte verstärkt. Dadurch entstehen schärfere Konturen.

Vergrößerungen oder Verkleinerungen einer Bitmap sind nur mit Qualitätsverlusten möglich. Wenn Sie eine Grafik verkleinern, wird aus mehreren Punkten ein einzelner Punkt berechnet, dieser wird mit einem mittleren Farbton eingefärbt. Dabei gehen Farbinformationen verloren, wenn die zusammengefassten Punkte mit unterschiedlichen Farben definiert waren – eine Rückvergrößerung führt nicht zum Ausgangsbild zurück.

Umgekehrt verhält es sich, wenn eine pixelorientierte Grafik vergrößert wird. Dann muss ein Punkt durch eine Anzahl von Punkten dargestellt werden. Der berüchtigte Treppcheneffekt entsteht.

Grundlagen der Computergrafik

Bild 8.3: Das linke Bild wurde zunächst verkleinert und dann wieder vergrößert, rechts daneben zeigt ein vergrößerter Ausschnitt aus dem Ursprungsbild Treppchen.

Vektorgrafik

Vektororientierte Grafiken sind im Unterschied zu Bitmaps keine Sammlungen von Punkten, sondern Aufbauvorschriften. Ein Beispiel: Ein Rechteck ist durch die Punkte »linke obere« und »rechte untere Ecke« sowie die Verbindungsvorschrift »Gerade« eindeutig definiert. Zusätzlich muss noch die Position dieses Rechtecks auf der Ausgabefläche bestimmt sein. Das Ergebnis dieser Aufbauvorschrift ist die Kontur eines Rechtecks.

> **Fachwort** ↗ *Vektorgrafikvorschriften* nehmen eine Anzahl von Punkten und dazugehörige Verbindungsvorschriften als Grundlage und bauen daraus das Bild auf.

Kapitel 8: Bunte Bilder im PC

Gekrümmte Verbindungen zwischen zwei Punkten werden als Bézier-Kurven berechnet. Diese verbinden zwei Punkte in einem unregelmäßigen Kurvenverlauf. Aus einer Anzahl von Bézier-Kurven lassen sich ohne großen Aufwand beliebige Kurvenverläufe zeichnen. Die endgültige Erscheinungsweise ergibt sich aus der Gestaltung der Kontur und der Füllung des Zeichnungsobjekts.

Vektororientierte Objekte werden nacheinander gezeichnet; die Reihenfolge beim Zeichnen bestimmt deren Lage im Raum. Unten liegende Objekte werden durch die oben liegenden verdeckt, ohne dass die Aufbauvorschrift verändert wird. Mit dieser Technik entsteht aus einfachen Grafikelementen eine komplexe Grafik.

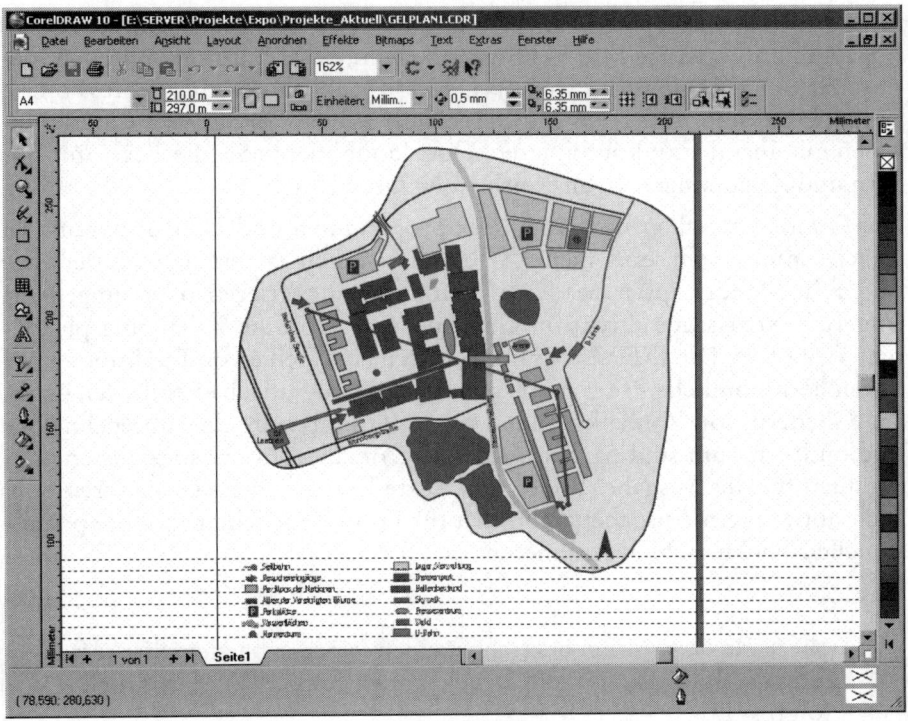

Bild 8.4: Einfache grafische Grundobjekte ergeben durch geschickte Kombination komplexe Zeichnungen – hier ein Geländeplan im Grafikprogramm CorelDRAW.

Grundlagen der Computergrafik

Vektorgrafiken sind beliebig in der Größe zu verändern und lassen sich jederzeit mit geringem Aufwand verändern. Wenn es um Detailtreue und Maßhaltigkeit geht, sind Vektorgrafiken das geeignete Format. So sind z.B. alle CAD-Anwendungen genau genommen Vektorgrafik-Programme.

Die aktuellen Vektorgrafikprogramme sind längst nicht mehr auf einfache Grundobjekte beschränkt. Unterschiedliche Verlaufstypen oder auch »Texturen« – unregelmäßige Strukturfüllungen –, Transparenzen, Perspektive-Funktionen und Kombinationsmöglichkeiten und auch die Fähigkeit, Bitmaps zu integrieren oder gar zu erzeugen nehmen Vektorgrafiken das statische Aussehen. Ein weiterer Vorteil sind die (meist) geringen Dateigrößen.

DTP-Programme

Ein Bildbearbeitungsprogramm erstellt oder bearbeitet Bilder, in einem Grafikprogramm legen Sie Ihre Vektorgrafiken an, das Textprogramm dient der Texterfassung. DTP-Programme (»Desktop-Publishing«) für professionelle Satzarbeiten sind in der Lage, die Arbeitsergebnisse dieser drei Programmtypen miteinander zu kombinieren. Dort kombinieren Sie die Texte mit Bildern und Zeichnungen zu ansprechenden Druckstücken.

Die Grenze zwischen modernen Textprogrammen und DTP-Programmen verschwimmt mehr und mehr. Selbstverständlich lassen sich mittlerweile Bilder in Manuskripten der Textverarbeitung integrieren oder umgekehrt längere Textpassagen direkt im Grafikprogramm in die Zeichnung platzieren. Trotzdem: Die DTP-Programme bieten eine Reihe von Funktionen, bei denen herkömmliche Programme scheitern: Typografische Feinheiten – z.B. das Gliedern von Zahlenkolonnen oder Formsatz um eine unregelmäßige Bildkontur herum sind nach wie vor die Domäne der Satzspezialisten. Das gilt auch für die Ausgabe: Bilder und Texte lassen sich Farbseparieren oder auch mit exakten Ausgabeparametern für Fotosatzbelichter und die professionelle Druckmaschine optimieren.

Fachwort ↗ *Farbseparation* bezeichnet einen Prozess, bei dem die Aufteilung der Bildfarben in die Druckformen für den Vierfarbdruck erfolgt.

Kapitel 8: Bunte Bilder im PC

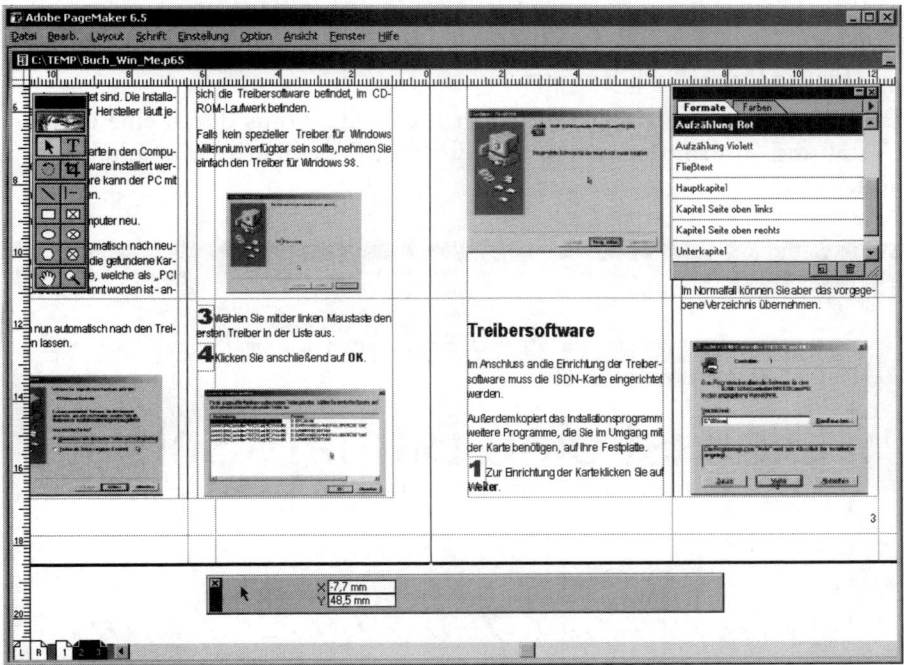

Bild 8.5: Die Kombination von Texten, Bildern und Zeichnungen ist die Domäne der Satzprogramme.

Schriftarten

Auch Schriften lassen sich dem Bereich »Grafik« zuordnen, zumindest im weiteren Sinn. Windows wandelt die Schriftdaten in Bitmuster um und stellt diese am Bildschirm dar oder überträgt sie so auf den Drucker.

Tatsächlich existieren noch Schriften, die als Bitmapfolgen gespeichert sind: Die Systemschriften (z.B. in Dialogboxen oder Menüs) gehören in diese Kategorie.

Modernere Schriftarten sind dagegen als Vektorbeschreibungen abgelegt. Der Vorteil: Sie lassen sich ohne Qualitätsverlust stufenlos verkleinern oder vergrößern.

Windows beherrscht das TrueType-Verfahren, um solche Vektorschriften darzustellen.

Neben den TrueType-Fonts existiert ein weiteres Schriftformat: Für PostScript-Schriften wird ein spezielles Programm, z.B. der Adobe Type Manager, für die Darstellung benötigt.

In der Vergangenheit zeichneten sich PostScript-Fonts durch eine exaktere Gestaltung aus, mittlerweile haben die TrueType-Schriften deutlich aufgeholt.

Bild 8.6: Oben eine Bitmap-Schriftart, darunter ein TrueType-Font. Die TrueType-Schrift lässt sich ohne Qualitätsverlust verkleinern oder vergrößern.

Grafiksoftware

Die größte Marktbedeutung für die Vektorgrafikbearbeitung hat das Programm CorelDRAW. Es wird derzeit in der Version 10.0 vertrieben, Vorversionen sind für deutlich unter 100 Mark zu erwerben.

Zusätzlich zum Vektorgrafikprogramm CorelDRAW ist auch noch das Bitmap-Programm Corel PHOTO-PAINT im Lieferumfang enthalten. Beide Programme gehören zu den leistungsstärksten der jeweiligen Kategorie.

3D-Modelle

Während Bitmaps und Vektorzeichnungen in erster Linie der flächigen Darstellung dienen, widmet sich 3D-Software auch der dritten Dimension. Das Vorgehen: Statt einer zweidimensionalen Kontur erstellen diese Programme räumliche Gittergerüste, die dann mit einer Fläche überzogen werden. Diese Programme mischen die Vektor- und Bitmaptechnik: Die Körpergerüste sind immer als Vektorbeschreibungen aufgebaut, als Texturen können auch Bitmapbilder dienen.

Die Software platziert die Körper in ein räumliches Koordinatensystem. In diesem System finden weitere Objekte Platz: Lichtquellen. Ohne Licht entsteht kein räumlicher Eindruck. Erst durch Lichtpunkte auf gewölbter Fläche oder Schattenwurf entsteht für das menschliche Auge ein 3D-Körper.

Die Texturen der Körperoberfläche weisen spezielle Eigenschaften auf, unter anderem ein Reflexionsverhalten. Damit lassen sich viele Materialien nachbilden, vom eher stumpfen Holztisch bis zum verchromten Auspufftopf.

Bild 8.7: Oberflächeneigenschaften, Licht und Kameraposition machen aus Gittermodellen täuschend echte räumliche Bilder.

Das Berechnen der endgültigen Darstellung aus den Modell-, Licht- und Oberflächendaten wird als Rendern bezeichnet. Beim Rendern berechnet der Computer aus den Objekteigenschaften, der Umgebung und den Lichtverhältnissen ein Bitmap-Bild aus einer bestimmten Perspektive. Diese Perspektive wird als Kameraposition bezeichnet. Da sich die Kameraposition und -brennweite genau wie die Lichtquellen und Objekte jederzeit verändern lässt, sind diese Programme in der Lage, Bilder aus beliebigen Sichtwinkeln zu produzieren. Das geht so weit, dass sich Kamerafahrten wie im Film realisieren lassen – die entsprechenden Dateien landen dann als Film auf der Festplatte.

Animationen

Animationen am PC greifen auf eine alte Logik zurück: Das Daumenkino stand Pate bei den elektronischen Zeichentrickfilmen. Eine Animation ist meist eine Bildfolge, die schnell hintereinander abgespielt wird. Je schneller die Bilder aufeinander folgen, desto flüssiger erscheint die Animation für den Betrachter. Diese Technik liegt auch animierten Bannern im Internet zugrunde. Dort sind in einer Datei mehrere Bilder abgelegt, die nacheinander dargestellt werden.

> **Fachwort** ↗ *Banner* sind kleine rechteckige Werbeeinblendungen auf Internet-Seiten. Sie dienen meist der Finanzierung des Angebots des Seitenbetreibers.

Eine andere Form der Animation macht die modernen Spiele erst möglich. Bei vielen Spielen kommen 3D-Techniken zum Einsatz, bei denen die Spielfiguren aus dreidimensionalen Elementen zusammen gesetzt sind. Diese Elemente sind kinetisch miteinander verbunden, sie besitzen Gelenke. Durch die Bewegung dieser Gelenke entsteht der Eindruck der Bewegung.

Da es sich bei dieser Animation um eine echte 3D-Technik handelt – die Figuren bewegen sich nach vorne oder hinten und auch Lichteffekte werden berücksichtigt –, sind die Anforderungen an Computer und Grafikkarte entsprechend hoch. Jedes Bild muss auf Basis der Modelle berechnet werden, und das bei Bildwiederholraten, die deutlich mehr als 20 Bilder pro Sekunde betragen sollten.

Kapitel 8: Bunte Bilder im PC

Bild 8.8: *Animierte Werbebanner locken die Besucher einer Internetseite auf die Web-Präsenz des Werbenden.*

Zunehmend findet das Flash-Format Verbreitung, besonders im Internet. Flash ist ein Vektorformat, das zusätzlich eine Zeitachse beherrscht: Einzelne Vektorobjekte verändern Position und Größe im Lauf der Darstellungszeit. Zusätzlich kann Flash auf Impulse von außen reagieren, z.B. auf einen Mausklick oder auf Eingaben der Tastatur.

Grundlagen der Computergrafik

Der einfachste Fall einer Flash-Animation ist z.B. eine selbst ablaufende Einleitung beim Besuch einer Webseite. Aber auch komplexere Anwendungen wie interaktive Lernmodule oder selbstrechnende Formulare lassen sich mit Flash leicht realisieren.

> **Hinweis** Um Flash-Animationen im Webbrowser abzuspielen, benötigen Sie den (kostenlosen) Flash-Player. Sie erhalten ihn aus dem Internet oder von Magazin-CD-ROMs vieler EDV-Fachzeitschriften.

Bild 8.9: Flash ist eine vektorbasierte Animationssoftware, die vielfältige Steuerungsmöglichkeiten bietet.

Video am PC

Eine besondere Form der Animation sind Videos, die am Bildschirm wiedergegeben werden. Ein Doppelklick auf eine Videodatei reicht aus, um die Wiedergabe zu starten.

Was so einfach aussieht, entpuppt sich bei näherem Hinsehen als Schwerarbeit für den PC. Betrachtet man das herkömmliche PAL-Verfahren, das beim Fernsehen Verwendung findet, kommen Datenraten von etwa 20 Mbyte pro Sekunde zusammen. Wenn eine 2-Gbyte-Platte die Videodatei aufnehmen soll, ist also nach etwa 100 Sekunden Schluss. Bei diesen Datenmengen kommen auch schnelle Festplatten nicht mit. Da das Video aus vielen einzelnen Bitmaps besteht, helfen Kompressionsverfahren weiter. Durch eine verlustbehaftete Kompression nach dem MPEG-Verfahren (Motion-JPEG) lassen sich Reduktionen auf etwa 3,5 Mbyte pro Sekunde erzielen, ohne dass deutliche Qualitätseinbußen zu erwarten sind. Damit ergibt sich eine Spielzeit von 9,5 Minuten bei der oben angesprochenen 2-Gbyte-Festplatte. Beim FAT32-Dateisystem darf eine herkömmliche AVI-Videodatei eine Maximalgröße von vier Gbyte nicht überschreiten.

Weitere Möglichkeiten zur Datenreduktion bestehen in der Reduktion der Bildgröße, einer schlechteren Tonqualität, in der Verringerung des Farbumfangs oder durch Einsatz weitergehender Kompressionsformen. Diese weitergehenden Kompressionsformen erzielen bessere Ergebnisse, weil ganze Bildsequenzen analysiert und auf die veränderten Bildbestandteile zusammen gedampft werden.

Die erste Voraussetzung für das Abspielen eines Videos: Der PC muss über die nötige Wiedergabesoftware verfügen. So existieren der Real Media Player oder auch der Windows Media Player. Ab Windows 95 sollten die meisten Computer über die nötige Softwareausstattung verfügen. Das Problem liegt in der Kompression.

Um die komprimierten Daten auf den Monitor zu zaubern, müssen sie dekomprimiert werden. Dies geschieht mit einem so genannten »Codec«. Ist der Codec, mit dem das Video reduziert wurde, nicht installiert, bleibt der Monitor dunkel. Die Dekompression stellt wieder einige Anforderungen an den PC. Sie muss in Echtzeit erfolgen, d.h. jedes Bild muss exakt zu dem Zeitpunkt komplett dekomprimiert sein, wenn es dargestellt werden soll.

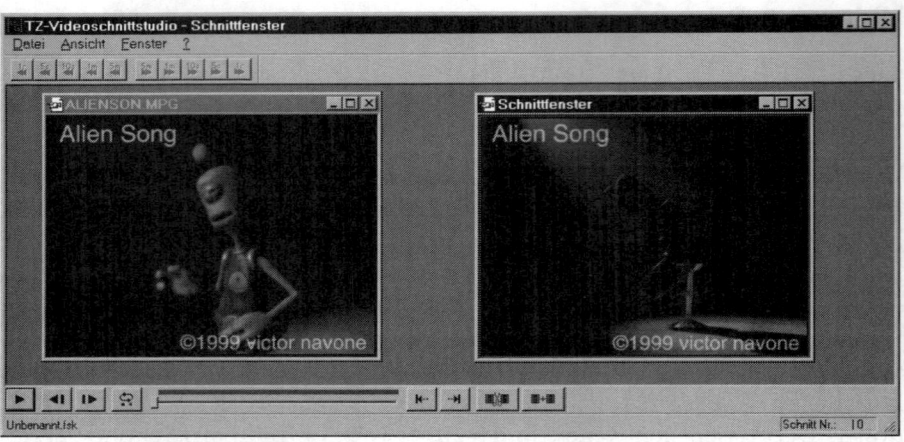

Bild 8.10: Video am PC – etwas Hard- und Software vorausgesetzt, wird der heimische PC zum Profi-Schnittplatz.

Der relativ junge DVD-Standard stellt weitere Anforderungen. Die DVD – eine Abkürzung für Digital Versatile Disk – bietet mit bis zu 25facher-CD-ROM-Kapazität genug Platz für mehrere Stunden Bild, Ton und begleitenden Text, obwohl sich die Medien auf den ersten Blick nicht unterscheiden.

> **Hinweis** Da die meisten DVD-Laufwerke zu den bislang vorherrschenden CD-ROMs abwärtskompatibel sind, sollten Sie beim Neukauf diese Geräte bevorzugen.

Die Wiedergabe von Videos auf DVD ist leider nicht ohne Tücken. Weil Filme nicht zeitgleich auf der ganzen Welt in die Kinos und Videotheken kommen, soll ein so genannter »Ländercode« sicherstellen, dass DVDs nur in den Regionen der Erde abgespielt werden können, in denen sie gekauft worden sind. Auch die DVD-Player weisen diesen »Ländercode« auf. Medien und Gerät verweigern die Zusammenarbeit, wenn diese Codes nicht übereinstimmen.

Der Ländercode lässt sich im Player nur fünfmal ändern, ehe er unverrückbar in das Gerät geprägt wird. Allerdings kursieren im Internet Hinweise, die diese Beschränkung aushebeln.

Zum Zeitpunkt der Drucklegung waren Geräte, die Medien nicht nur lesen sondern auch schreiben können, noch sehr teuer. Die Zukunft wird preiswerte Geräte und Medien an den Markt bringen.

> **Fachwort** ↗ *Abwärtskompatibel* bedeutet, dass eine Technik auf einem Vorgänger basiert und dessen Fähigkeiten mit eigenen Funktionalitäten erweitert. Konkret heißt das, dass DVD-Laufwerke CD-ROMs lesen können, CD-ROM-Laufwerke aber mit DVDs nichts anfangen können.

Grafiken im Praxiseinsatz

Abgesehen von Fotos, die für den Ausdruck aufbereitet werden, werden PC-Grafiken meist im Zusammenhang mit anderen Aufgaben benötigt: Als Diagramm, das eine Zahlenkolonne anschaulich wiedergibt, als selbst erstellter Kalender mit eigenen Motiven oder auch als Schaltfläche auf einer Webseite. Damit das gewünschte Ergebnis auch den Erwartungen entspricht, sind einige Grundlagen nötig.

Mit Farben arbeiten

Farbe übernimmt im Thema »Grafik« eine zentrale Bedeutung – und ist gleichzeitig eines der schwierigsten Gebiete. Das menschliche Auge ist der Maßstab für die Beurteilung der Qualität.

Die Darstellung einer Farbwirkung kann auf zwei unterschiedliche Verfahren geschehen: Es gibt eine additive und eine subtraktive Farbmischung. Beide Farbsysteme gehen von unterschiedlichen physikalischen Gesetzmäßigkeiten aus. Eine wichtige Aufgabe in der Computergrafik besteht darin, diese beiden Systeme anzupassen, um die gewünschte Farbwirkung zu erhalten.

Additive Farbmischung

Die additive Farbmischung erzeugt so genannte »Lichtfarben«. Die unterschiedlichen Farben ergeben sich aus der Spektralzerlegung von ideal weißem Licht. Wenn alle diese Spektralfarben wieder zu einem Strahl vereinigt würden, käme wieder ein weißer Strahl heraus.

Durch die Additivität kann dieses weiße Licht alternativ durch drei Grundfarben erzeugt werden: Rot, Grün und Blau aus einem genau definierten Spektralbereich ergeben ebenfalls Weiß. Bei der Arbeit am Computer haben Sie tagtäglich mit additiven Farben zu tun: Alle Monitore, aber auch Fernsehgeräte, arbeiten nach diesem Verfahren. Weiß erscheint also, wenn alle drei Grundfarben mit voller Intensität strahlen. Ein schwarzer Punkt ergibt sich, wenn keine Lichtquelle angeschaltet ist.

Subtraktive Farbmischung

Die meisten festen Körper reflektieren nur einen Teil des darauffallenden Lichtes, der andere Teil wird absorbiert. Die eigentliche Farbwirkung entsteht dabei durch die restlichen, um den absorbierten Teil verringerten, Lichtfarben. In diesem Zusammenhang wird auch von einer subtraktiven Farbmischung oder von »Körperfarben« gesprochen, da die Farbwirkung aus einer Reduktion des eingestrahlten Lichtes entsteht.

Die Farbwiedergabe nach diesem Schema ist einfacher als im additiven System. Es ist kein Körper nötig, der von sich aus Licht aussendet, sondern nur entsprechend absorbierende Oberflächenbeschichtungen. Diese Oberflächenbeschichtungen sind allgemein bekannt: Als Druckfarben treten sie täglich in der einen oder anderen Form auf.

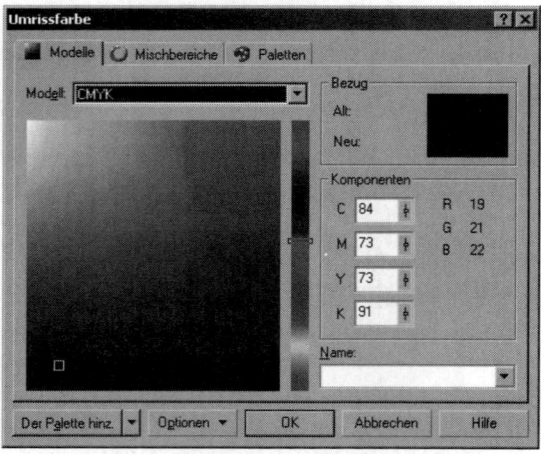

Bild 8.11: Mit Hilfe von Farben-Dialogboxen lassen sich in vielen Grafikprogrammen Farbwerte visuell wählen oder die Werteingabe festlegen.

Diese Druckfarben lassen sich in drei Grundfarben mit einer speziellen Bezeichnung zerlegen. Aus den Farben Cyan, Magenta und Gelb lässt sich (fast) jede druckbare Farbe erzeugen. Alle drei Farben übereinander gedruckt ergeben theoretisch Schwarz, Weiß erscheint, wenn das Druckmedium keine Farbe erhält. Die meisten Farbdrucker verwenden zusätzlich die Farbe Schwarz, um bessere Kontrastwerte zu erhalten.

Interessanterweise stellen die idealen Farben die Komplementärfarben zu den Lichtfarben dar: Wenn Gelb und Blau gemischt werden, absorbieren die Gelbanteile den blauen Lichtfarbanteil, Blau absorbiert die rote Lichtfarbe. Übrig bleibt Grün.

ClipArts und Mustervorlagen

Nicht jeder, der mit Grafiken arbeiten möchte, ist in der Lage, selbst welche zu zeichnen. Dieser Problematik nehmen sich ClipArts und Mustervorlagen an.

> **Fachwort** ↗ *ClipArts* sind kleine Gebrauchsgrafiken, die als Illustrationen in eigenen Druckstücken oder im Internet Verwendung finden.

ClipArts werden meist in größeren Sammlungen zusammen gestellt und als Paket angeboten. Mehrere zehn- oder hunderttausend dieser Bildchen kommen auf CD-ROMs, einem ClipArt-Katalog und oft auch einfachen Verwaltungsprogrammen daher. Mit dem Erwerb der Sammlung gehen spezielle Lizenzrechte einher, z.B. zur Nutzung in eigenen Druckstücken oder auf der Website. Auch das Ändern ist von der Lizenz abgedeckt, nicht aber die Verbreitung und Weitergabe.

Mustervorlagen gehen noch einen Schritt weiter. Sie möchten z.B. in Microsoft Word einen eigenen Briefbogen mit einer Grafik aufbauen, der vielleicht auch noch bestimmte Automatikfunktionen aufweist und der DIN 5008 für den Aufbau von Briefen folgt?

Wenn Sie diese Arbeit scheuen, helfen Sammlungen mit Mustervorlagen weiter. Dort liegen eine Vielzahl fertig gestalteter Vorlagen für unterschiedliche Programme. Im oben genannten Anwendungsfall brauchen Sie lediglich Ihre Kontaktdaten einfügen und glänzen zukünftig mit einer professionell anmutenden Korrespondenz.

Grafiken im Praxiseinsatz

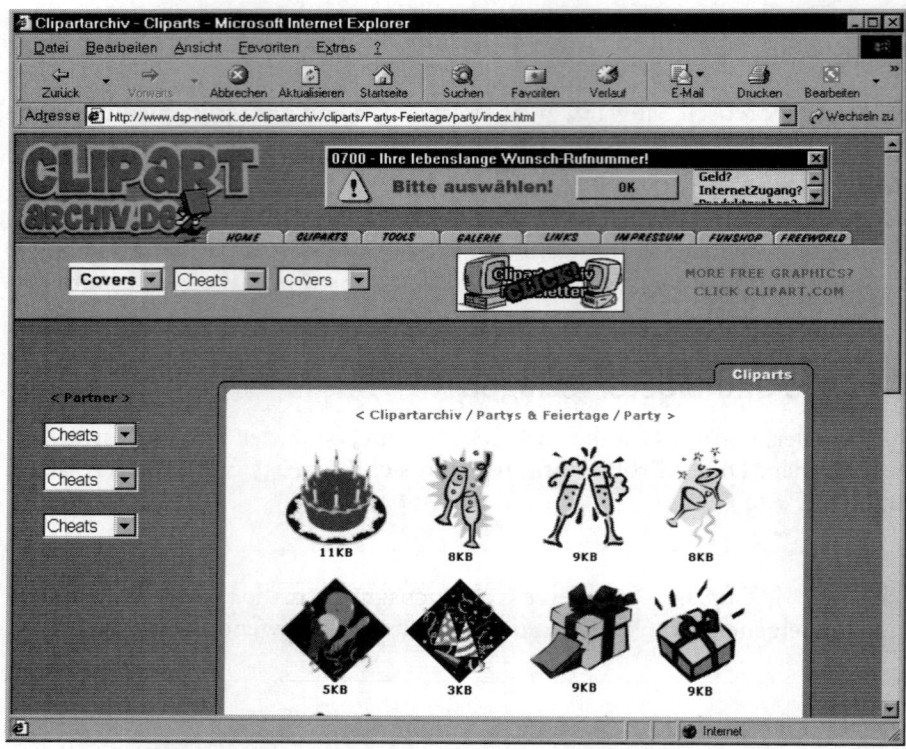

Bild 8.12: Bunte Bilder aus dem Internet. Im Internet finden Sie nicht nur solche ClipArts, sondern auch Schriften, Mustervorlagen, Bilder usw.

Hinweis Achten Sie auf einen einheitlichen Stil, wenn Sie mehrere ClipArts miteinander kombinieren. Die professionellen Sammlungen bieten mehrere Arbeiten des gleichen Künstlers – mit dem gleichen Strich –, so dass Sie vor der Gestaltung geeignete Bilder heraussuchen und separat speichern können.

Bildformate

Windows erkennt Dateien an einer Dateierweiterung. Diese Dateierweiterung gibt an, nach welchen Konventionen die darin enthaltenen Daten aufgebaut sind. Einige wichtige Grafikformate sind häufig anzutreffen:

BMP-Format

Bitmaps im BMP-Format haben in erster Linie dadurch einige Verbreitung gefunden, weil sowohl Windows als auch OS/2 dieses Format betriebssystemseitig unterstützen. Das BMP-Format erlaubt die Komprimierung der Bilddaten nach dem RLE-Verfahren und unterstützt bis zu 24-Bit Farbtiefe. Im professionellen Bereich der Bildverarbeitung findet dieses Format allerdings kaum Anwendung, dafür aber im Einsatz als Bildschirmhintergrund.

TIF-Format

Das TIF-Format ist besonders im professionellen Druck weit verbreitet. Es kann Bitmaps in unterschiedlichsten Farbformaten speichern. Zusätzlich ist dieses Grafikformat in der Lage, verlustfreie Kompressionsverfahren anzuwenden, Notizen zu transportieren oder auch Tiefeninformationen zusätzlich zu den Farbebenen abzulegen. Das TIF-Format taucht auch mit anderen Dateiendungen auf. Wegen seiner weiten Verbreitung lassen sich diese Bitmaps in fast alle Anwendungen übernehmen – ein universelles Austauschformat. Ein Scanner erzeugt häufig digitalisierte Bilddaten im TIF-Format.

GIF-Format

Das GIF-Format hat durch den Online-Dienst CompuServe eine weltweite Bedeutung bei der Bitmap-Ablage erlangt. Es kann nur 256 Farben mit einer individuellen Farbzusammenstellung enthalten, verfügt über mehrere Bildebenen und erlaubt die verlustlose Kompression der Bilddaten. Da eine GIF-Grafik mehrere unabhängige Bilder speichern und gesteuert wiedergeben kann, eignet es sich für Internet-Animationen. Weiterhin lassen sich Bilder in einer speziellen Art und Weise ablegen: Im Interlaced-Modus werden Bilder bereits beim Ladevorgang grob wiedergegeben, mit zunehmender Datenmenge nimmt auch die Bildqualität zu.

JPEG-Format

Dieses Bitmap-Bildformat ist moderner als die zuvor dargestellten Dateitypen. Es kann unterschiedlichste Farbmodelle bis hin zu TrueColor (24-Bit-Farbe) transportieren.

Das JPEG-Format – erkennbar an der Dateierweiterung JPG oder JPEG – zeichnet sich durch sehr hohe, frei wählbare Kompressionsraten aus. Allerdings geht dies zu Lasten der Bilddetails. Je höher die Kompression, desto mehr Bilddetails gehen verloren.

Schließlich unterstützt dieses Format auch den progressiven Bildaufbau. Dabei zeigt das darstellende Programm bereits bei einer geringen übertragenen Datenmenge eine grobe Vorschau. Durch die Skalierbarkeit, die hohe Kompression und die Progressivität hat das JPEG-Format im Internet eine große Bedeutung erlangt. Es wird aber auch z.B. häufig bei digitalen Fotoapparaten eingesetzt.

WMF-Format

Mit Vektorgrafiken im WMF-Format verhält es sich ähnlich wie mit BMP-Grafiken. Das WMF-Format wird von Windows direkt unterstützt. Damit lassen sich WMF-Grafiken in der Windows-Welt universell einsetzen. Nahezu alle Anwendungsprogramme sind in der Lage, dieses Format zu verarbeiten. Allerdings ist dieses Grafikformat relativ einfach aufgebaut und unterstützt z.B. keine Kurvenverläufe. In vielen Anwendungsprogrammen steht Ihnen dieses Format für den Import und Export von Grafikdaten zur Verfügung, auch über die Zwischenablage.

SWF-Format

Das SWF-Format hat im Internet einige Bedeutung erlangt, seit die Internet-Designer den Wunsch ihrer Kunden nach bewegten und interaktiven Elementen zunehmend durch den Einsatz von Flash-Animationen befriedigen. Flash ist dort das einzige Vektorformat von Bedeutung. Allerdings muss ein kostenloser Flash-Player installiert sein, damit der Internetbrowser die Daten wiedergeben kann.

PDF-Format

Das Portable Document Format der Firma Adobe wird seit Jahren weiterentwickelt und hat sich als Standard etabliert, um gedruckte Dokumente mit

Kapitel 8: Bunte Bilder im PC

dem Originallayout zwischen Computern auszutauschen. Es basiert auf der ebenfalls von Adobe entwickelten Seitenbeschreibungssprache PostScript, kommt aber mit deutlich geringeren Dateigrößen aus.

Das PDF-Format lässt sich aus allen Programmen mit Druckausgabe generieren und setzt für die Darstellung ein kostenloses Anzeigeprogramm – den Acrobat Reader – voraus. Dieser Reader stellt zusätzliche Funktionen zur Verfügung, z.B. die Verknüpfung von Dokumenten mit Hyperlinks, eine Kommentarfunktion oder auch das Durchsuchen nach bestimmten Textpassagen. PDF-Dateien lassen sich mit installiertem Reader auch direkt in Internet-Browsern öffnen.

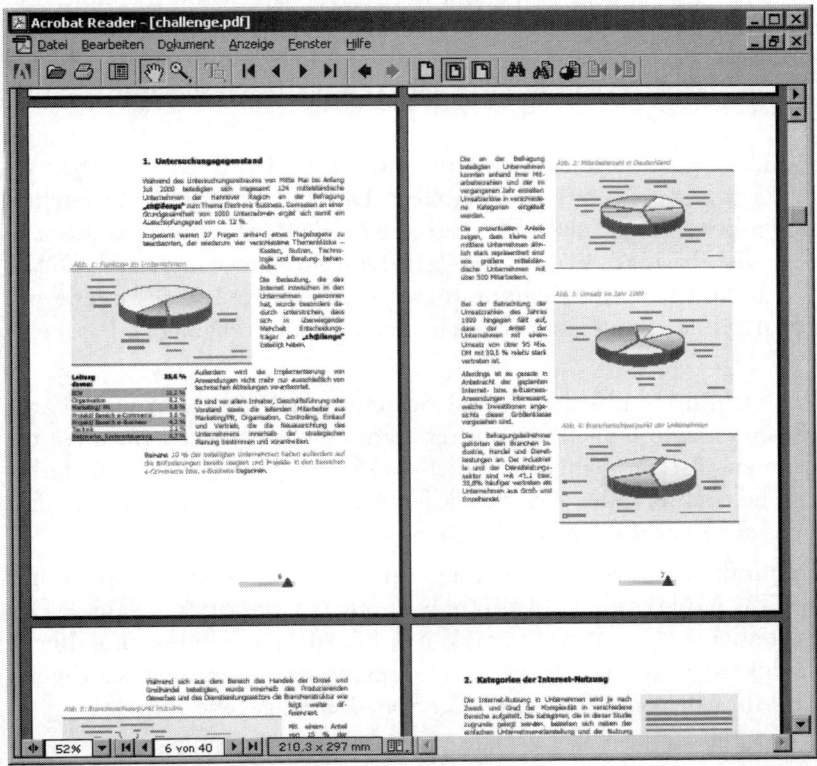

Bild 8.13: PDF-Dateien machen Dokumente unabhängig von den auf einem Computer installierten Schriftarten oder Programmen.

So kommt das Bild in den Computer

Damit das alte braune Foto von der Hochzeit der Großeltern im Hintergrund für deren Einladungskarte zur Goldenen Hochzeit erscheint, muss es erst einmal in eine digitale Form überführt werden. Das ist die Aufgabe externer Geräte. Aber auch Digitalkameras und Videos liefern Bildmaterial für weitere Arbeiten.

Scanner

Mit Hilfe eines Scanners lassen sich gedruckte Vorlagen oder Fotos in Bitmap-Dateien umwandeln und damit in den Computer übertragen. In der Regel wird dabei eine Vorlage beleuchtet; Zeilen mit lichtempfindlichen Sensoren werten die Helligkeitswerte des von der Vorlage reflektierten Lichts aus und übertragen die Daten zum PC. Dieser stellt daraus die Bitmap-Datei zusammen.

Der Farbscanner analysiert die Reflektionswerte der RGB-Grundfarben separat aus. Es sind zwei Verfahren etabliert: Der 1-Pass-Scanner beleuchtet die Vorlage mit weißem Licht und spaltet den reflektierten Lichtstrahl (z.B. mit Hilfe eines Prismas) in die drei Grundfarbkomponenten auf. Dieser Scannertyp besitzt für jede Farbkomponente eine separate Sensorzeile mit 256 Graustufen und kann eine Vorlage in einem Scandurchgang (1-Pass) einlesen.

Beim heute nicht mehr üblichen 3-Pass-Scanner werden die einzelnen Farbkomponenten einzeln eingelesen und erst anschließend zu einem Gesamtbild zusammen gesetzt. Dabei wird die Vorlage entweder direkt mit farbigem Licht beleuchtet oder der reflektierte Lichtstrahl nacheinander mit unterschiedlichen Farbfiltern vor dem Sensor reduziert.

Die Kommunikation zwischen PC und dem Einlesegerät geschieht mit Hilfe eines TWAIN-Treibers (Toolkit Without An Important Name). Der TWAIN-Treiber ist im Lieferumfang des Scanners enthalten und kennt dessen Fähigkeiten genau. Der TWAIN-Treiber startet automatisch, wenn in einem Bildbearbeitungsprogramm der Scan-Befehl gegeben wird.

Schon beim Einlesen der Vorlage lassen sich Bildoptimierungen vornehmen. Es beginnt bei der Auswahl des zu scannenden Bereichs auf die tatsächlich benötigte Größe.

Kapitel 8: Bunte Bilder im PC

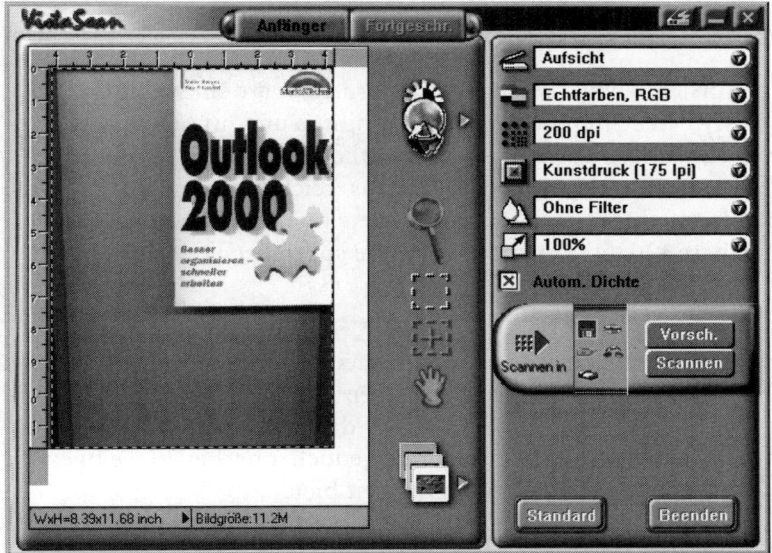

Bild 8.14: Der TWAIN-Treiber steuert den Scanvorgang.

Für die Zielauflösung empfiehlt sich die doppelte spätere Druckauflösung, allerdings nur bei Bildern, die später 1:1 ausgegeben werden. Dann ist nur noch das Farbmodell entscheidend, alle anderen Bearbeitungsschritte lassen sich auch im Bildbearbeitungsprogramm durchführen.

Die Kriterien zu Scannerauswahl liegen auf den ersten Blick in der Auflösung und in der Scangeschwindigkeit. Dabei neigen die Scannerhersteller zur Übertreibung und werben mit Werten, die auf einer Interpolation beruhen. Wichtig sind die Angaben zur physikalischen Auflösung: Interpolierte Werte werden aus den gemessenen Farbwerten ermittelt und bringen keine Vorteile bei der Bildwiedergabe.

> **Fachwort** ⇒ *Interpolation* ist ein mathematisches Verfahren, nach dem zwischen jeweils zwei realen Werten ein Zwischenwert errechnet wird. Dieser berechnete Wert kann daher nur annähernd der Realität entsprechen.

Diascanner und Durchlichtaufsatz

Neben den Aufsicht- bzw. Flachbettscannern existiert ein weiterer Typ: Der Diascanner beleuchtet die Vorlage von hinten und nimmt das durchdringende Licht auf. Diascanner sind deutlich teurer als die üblichen Flachbettgeräte. Für gelegentliche Diascans reicht eventuell auch ein Drucklichtaufsatz. Er besteht aus einem beleuchteten Scannerdeckel. Die damit erreichbare Qualität reicht aber an die spezieller Diascanner nicht heran.

Während schnelle Scanner in der Vergangenheit auf einen SCSI-Anschluss angewiesen waren, kommen die heute üblichen Geräte mit einem USB-Anschluss aus. Die Parallel-Port-Anbindung wird vereinzelt noch angeboten, sollte aufgrund der geringen Transferraten jedoch nur bei PC eingesetzt werden, die keine andere Anschlussmöglichkeit bieten.

Hinweis Geräte mit einer 36-Bit-Farbtiefe erzeugen intern mehr Farbstufen als beim 24-Bit-Modell. In der Praxis gelangen jedoch nur 24 Bit in den PC. Trotzdem hat die größere Farbtiefe bei hohen Ansprüchen Vorteile bei der Farbverteilung, weil durch die höhere Zahl der Messwerte geringere Farbtoleranzen erreicht werden.

Digitalkameras

Die digitalen Kameras machen ihren herkömmlichen Vertretern zunehmend Konkurrenz – nicht nur von der Auflösung, sondern auch vom Preis her. Digitalkameras funktionieren ähnlich wie die analogen Geräte. Statt eines Films nehmen lichtempfindliche CCD-Chips die Bilddaten auf. Alle Kameras verfügen über Anschlüsse, über die die Bilder blitzschnell auf den PC gelangen. Viele Kameras bieten zusätzlich Aufnahmeschächte für Wechselmedien in Form von PC-Cards, Flash- oder Smartcards – elektronische Speicherchips für die Aufnahme der Bilddaten.

Die Qualität der aufgenommenen Bilder hängt in erster Linie von der Auflösung ab. Die derzeit leistungsfähigsten Semiprofi-Kameras erzielen bis zu 2240x1680 Bildpunkte – mit steigender Tendenz.

Das Aufnahmeverfahren spielt ebenso eine wichtige Rolle. Das weit verbreitete Halbbildverfahren aus der Videotechnik liest das Bild in zwei Durchgängen ein, während die moderne »Progressive-Scan«-Technik ein Bild in einem Durchgang erfasst. Das Resultat: Kürzere Belichtungszeiten und weniger Bildfehler bei bewegten Objekten. Natürlich wirken sich auch die Qualität der Optik und die Kameraelektronik auf die Bilder aus.

Für die Kaufentscheidung zu einer Digitalkamera sind weitere Aspekte maßgebend. Die Betriebsdauer der Batterien und deren Austauschbarkeit gewinnen an Bedeutung, wenn viele Aufnahmen erforderlich sind. An die Art des Suchers kann man sich gewöhnen: Ein kleines TFT-Display (Anzeige durch Flüssigkristalle) ersetzt die aufwändige Spiegelreflextechnik und zeigt trotzdem das exakte Bild an.

Bild 8.15: Canon IXUS: so klein wie eine Zigarettenschachtel, aber sogar in der Lage, kurze Videoclips aufzunehmen (Foto: Canon)

Trotz der Vorzüge sind auch einige Schwächen zu erwähnen.

▶ Die CCD-Sensoren neigen zum Rauschen, besonders in sehr hellen oder sehr dunklen Umgebungen. Sie erzeugen dabei Bildinformationen, die tatsächlich nicht vorhanden sind.

So kommt das Bild in den Computer

▶ Anschlüsse für professionelle Blitzgeräte fehlen weitgehend und auch die lieb gewonnenen Objektive bleiben in der Fototasche mit der herkömmlichen Filmkamera.

Diese Einschränkungen werden nicht mehr lange so stehen bleiben. Die hohen Auflösungen, hervorragenden Kontrollmöglichkeiten und nicht zuletzt die Anforderungen des Markts veranlassen die Hersteller zur Produktion immer besserer Geräte, die die besten Seiten der traditionellen mit den Vorzügen der digitalen Fotografie vereinen.

> **Hinweis** Moderne Videokameras liefern Standbilder in ausreichender Qualität – für die Veröffentlichung auf einer Webseite reicht die Qualität auf jeden Fall aus.

Eigene Videos aufnehmen

Mit zunehmender Verbreitung der immer professioneller ausgestatteten Videokameras auch im Privatbereich stellen sich natürlich auch Wünsche nach einer Aufbereitung der Videofilme ein. Dabei spielt zunächst die Art des vorliegenden Videomaterials eine entscheidende Rolle: Liegen die Videodaten bereits in einem digitalen oder noch in einem analogen Format vor?

Analoge Formate

Fernsehsendungen, die am PC wiedergegeben werden (eine entsprechende TV-Karte vorausgesetzt) oder der heimische Videorecorder liefern den analogen Datentyp. Er ist vergleichbar mit einer Musikaufnahme auf einem Kassettenrecorder – mit jeder Übertragung nimmt die Qualität ab. Viele Videokameras liefern ebensolche Daten.

Bei der Aufnahme ist zunächst eine Kompression fällig, sonst überfordern die Datenströme den Computer. Bei der Kompression findet eine Umsetzung in ein digitales Format statt – von da an sind Kopieraktionen ohne Qualitätsveränderungen möglich. Die Kodierung erfolgt in der Regel im MPEG1- oder MPEG2-Verfahren. Diese beiden Verfahren sind ausschließlich für die Kompression von Audio- und Videodaten vorgesehen. Das weit verbreitete MP3-Format für Musikstücke basiert auf eben dieser Technologie.

Kapitel 8: Bunte Bilder im PC

Digitale Formate

Moderne digitale Videokameras speichern Digitaldaten direkt mit MPEG2-Kompression und reduzieren damit den Aufwand, der vor der eigentlichen Bearbeitung zu treiben ist. Ist eine solche Kamera vorhanden, erfolgt der Datenaustausch über eine FireWire-Schnittstelle nach dem IEEE-1394-Standard. Der PC lässt sich für etwa 150 Mark um eine solche Schnittstellenkarte ergänzen, die dann auch anderen Geräten einen blitzschnellen Datenaustausch ermöglicht.

Der heimische PC benötigt zunächst einmal eine Möglichkeit, diese Daten zu übernehmen, eine Video-in/out-Karte. Beim Aufzeichnen der Datenströme, dem so genannten »Videocapture«, lassen sich Bildraten, Kompressionsraten und auch die Bildgrößen einstellen. Wenn die Datenströme höher als die Verarbeitungskapazität der Kompressionslösung ausfallen, fehlen Bilder in der Aufzeichnung. Die Ursachen können leistungsschwache Prozessoren, zu wenig Hauptspeicher, langsame Kompressionskarten oder auch behäbige Festplatten sein. Das schwächste Glied der Kette ergibt die Gesamtleistung.

Auch die Beschränkung der Dateigrößen lässt sich umgehen – am einfachsten, wenn die eingesetzte digitale Videokamera auch über einen Dateneingang verfügt. Das ist leider – aus zollrechtlichen Gründen – nicht immer der Fall.

Hinweis: Bei der Videobearbeitung sollten Sie nicht nur den Computermonitor, sondern auch einen herkömmlichen Fernseher zur Begutachtung der Ergebnisse heranziehen. Die Darstellungsqualitäten und damit die Bildparameter unterscheiden sich zwischen TV-Gerät und Computermonitor beträchtlich.

In den Entwicklungslaboren wartet eine neue Version der MPEG-Kompression mit der Versionsnummer 4. Diese Kompression arbeitet objektorientiert und kann unterschiedliche Bildbestandteile unterschiedlich behandeln. Daraus resultieren nicht nur höhere Kompressionsraten, sondern auch die Eignung für bislang nur schwer realisierbare Einsatzgebiete – etwa mehrsprachige Untertitel und Vertonungen, die in einer Videodatei wahlfrei bereit stehen.

Vom Monitor zum Drucker

Einleitend war von unterschiedlichen Farbsystemen die Rede – und bei der Übertragung dieser Farbsysteme von einem System auf das andere entsteht das erste Problem. Während der Bildschirm mit Lichtfarben arbeitet, ist der Drucker auf Körperfarben angewiesen. In einem (Farb-)Scanner können beide Farbsysteme zum Einsatz kommen: Beim herkömmlichen Scannen wird eine Aufsichtsvorlage mit hellem Licht beleuchtet, eine optische Einheit nimmt die Reflexionen auf und überträgt sie an den Computer. Der gleiche Scanner arbeitet beim Scannen transparenter Vorlagen, wenn eine Durchlichteinheit vorhanden ist, im Lichtfarbbereich.

Kalibrierung

Leider lassen sich Licht- und Körperfarben nicht unmittelbar ineinander umwandeln. Hier ist eine so genannte Kalibrierung nötig, um beide Systeme aneinander anzugleichen.

Konkret bedeutet das:

- Auf einen Scanner wird eine genormte Scanvorlage (IT8-Farbprofil) gelegt und dort eingelesen. Durch einen Vergleich der Farben des Scans mit den bekannten Farbwerten des Farbprofils lassen sich Abweichungen ermitteln und die vom Scanner angelieferten Daten zukünftig mit Korrekturfaktoren optimieren.
- Im zweiten Schritt lässt sich der Monitor mit speziellen Techniken kalibrieren.
- Dann folgt der Drucker. Ein Farbdrucker gibt ein genormtes Bild – eben wieder die Scanvorlage aus – das anschließende Einlesen mit dem bereits kalibrierten Scanner ermittelt auch für dieses Gerät Abweichungen.
- Am Schluss der Farbkalibrierung ist das ganze System mit allen Ein- und Ausgabegeräten angepasst.

Das manuelle Kalibrieren setzt einiges an Kenntnissen über Scanner, Monitore und Drucker, aber auch über Farbsysteme voraus. Aus diesem Grund existieren Farbmanagementsysteme. Statt der einzelnen Messungen liefern diese Farbprofile für die installierten Geräte mit und greifen darauf automatisch zurück. Die manuellen Messungen entfallen damit, allerdings repräsentieren die Farbprofile nur Mittelwerte für das jeweilige Produkt.

Kapitel 8: Bunte Bilder im PC

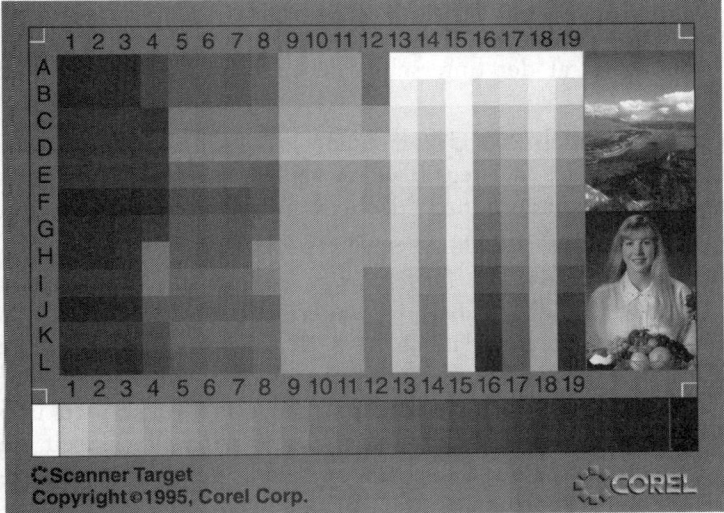

Bild 8.16: Ein genormtes Profil ist die Grundlage für die Kalibrierung des Gesamtsystems.

Ausgabe auf Home-Druckern

Die Auflösung eines Bildes ist für seine Einsetzbarkeit entscheidend. Leider gilt meist: Je größer das Bild ist, desto größer ist auch die Datei, in der es gespeichert wird. Allerdings steigt mit der Größe des Bildes auch seine Detailtreue.

Die Auflösung wird meist in dpi (»Dots per Inch«) angegeben und bezeichnet die Anzahl der Punkte, aus denen ein Bild auf einer Strecke von 2,54 Zentimeter aufgebaut ist.

600 dpi, ein üblicher Wert für Drucker, weist also darauf hin, dass je 2,54 Zentimeter 600 Punkte gesetzt oder nicht gesetzt werden können. Ein DIN A4-Blatt wird bei dieser Auflösung in immerhin 4 960 Punkte in der Breite und 7 015 Punkte in der Höhe unterteilt, es kommen insgesamt 34 794 400 Punkte im Druck zustande.

Für die Darstellung dieser Seite auf dem Monitor steht nur die Bildschirmauflösung zur Verfügung. Eine übliche Monitordarstellung zeigt etwa 1 024x768 Bildpunkte, sie umfasst also 786 432 Pixel. Die Auflösung des

Vom Monitor zum Drucker

Monitors beträgt dabei normalerweise 96 dpi. Trotz dieser gravierenden Unterschiede erscheinen Bilder am Monitor brillanter und detailreicher als der Ausdruck – ein Resultat der unterschiedlichen Darstellungstechniken und der Farbsysteme.

Der Monitor kann tatsächlich 256 Unterschiede pro Farbe wiedergeben – eine Anforderung, an der die meisten Drucker scheitern. Drucker können keine Farbtöne drucken, sondern nur Flächen unterschiedlich dicht mit Farbpunkten belegen. Dieser Vorgang wird als »Rastern« bezeichnet.

Die unterschiedlichen Tonwerte der Druckfarben werden durch Raster erzeugt. Dadurch entstehen Bildbereiche mit stärkeren oder geringeren Farbanteilen. Ein 10%-Raster bedeutet, dass auf 10% der entsprechenden Fläche Farbe aufgetragen wird, während 90% der Fläche unbedruckt bleiben. Der Farbton entsteht dabei durch Nebeneinandersetzen von druckenden und nicht druckenden Punkten, die Helligkeit der Fläche wird also durch die weiße Farbe des Papiers hinzugefügt. Die nebeneinander gedruckten Punkte unterschiedlicher Farben erscheinen als ein Farbton, wenn die Rasterweite fein genug gewählt ist.

Erst durch ein Zusammenspiel von Tonwerten unterschiedlicher Druckfarben kann die Vielfalt der Farbtöne im Druck erzeugt werden. Dabei werden die Grundfarben in Rastern übereinandergedruckt. Um je Farbe 256 Farbtöne zu erzielen, wird für jeden Bildpunkt eine 16x16-Matrix benötigt. Mit diesem Wissen kann leicht die maximale Wiedergabequalität festgelegt werden.

Angenommen, auf einem 300-dpi-Laserdrucker soll ein Bild mit 60 dpi ausgegeben werden. 256 Graustufen sind nur bis zu einer Auflösung von 37 dpi möglich; bei 60 dpi stehen in dieser Konfiguration nur fünf Druckpunkte pro Bildpunkt zur Verfügung (300 / 60). Das Resultat sind also 25 Graustufen (fünf Druckpunkte horizontal mal fünf Druckpunkte vertikal), das ausgegebene Bild verliert Farbabstufungen.

Die Rasterweite wiederum gibt an, wie fein ein Raster verteilt werden soll. In der Regel werden Angaben zur Rasterweite in Dots per Inch (dpi) oder Linien pro Zentimeter gemacht. Je höher der Wert für die Rasterweite, desto feiner fällt das erzeugte Raster aus. Grenzen der Rasterung setzen auch das Ausgabegerät und die Druckmethode.

Das Papier für die Ausgabe

Beim Ausdruck nimmt das Papier eine entscheidende Rolle ein: Es stellt die Helligkeitsanteile bereit. Auf einem dunklen oder farbigen Papier kann kein reinweißer Punkt gesetzt werden, weil Druckfarben lediglich abdunkeln. Das Weiß des Papiers ist der weißeste Punkt im Bild. Damit wird deutlich: Ein weißes, hochwertiges Papier bürgt für gute Druckergebnisse.

Ein anderer Aspekt ist die Saugfähigkeit, besonders bei Tintenstrahldruckern. Tinte und Papier müssen optimal aufeinander abgestimmt sein, damit exakt die erwünschte Farbwirkung erzielt wird. Dafür gibt es einen Trick: Drucken Sie ein Schachbrettmuster aus schwarzen und gelben Quadraten mit einer Kantenlänge von zwei Millimetern. Wenn alle Kanten scharf und ohne Verläufe erscheinen, passen Tinte und Papier zusammen. Alle Hersteller bieten für ihre Tintenstrahldrucker speziell beschichtete Glossy-Papiere an, die eine optimale Ausgabe z.B. für Fotos gewährleisten.

> **Hinweis** Der dunkelste schwarze Punkt auf dem Monitor hat die Farbe des dunklen Monitorhintergrunds. Halten Sie einfach eine schwarze Tonpappe daneben. Dann wird deutlich, wie hell das Schwarz des Monitors eigentlich ist und wie sich das menschliche Auge für die Arbeit am Computer betrügen lässt.

Arbeiten mit Design-Papieren

Das richtige Papier für jeden Zweck – durch spezielle Medien läuft ein Computer zu großer Form auf. Designpapiere sind bereits mit farbigen Elementen bedruckt. Nun fehlt nur noch die Adresse, und schon verfügen Sie z.B. über professionelle und hochwertige Briefpapiere, vorgestanzte Visitenkarten, passende Dokumentmappen und Einladungskarten.

Aber ein Drucker kann noch mehr. Spezielle Folien lassen sich nach dem Bedrucken auf T-Shirts aufbügeln oder auf Tassen und Teller platzieren. Sogar das selbstgemachte Tattoo läuft direkt aus dem Druckerschacht.

Bild 8.17: *Designpapiere verfügen über professionell vorgedruckte Hintergründe oder Grafikelemente.*

Digitale Fotos professionell drucken

Farbdrucker für den Heimanwender sind noch nicht in der Lage, Bilder zu produzieren, die es bezüglich der zu erreichenden Brillanz, Schärfe und Farbsättigung mit einem Papierabzug der herkömmlichen Art aufnehmen können. Beim Profi-Photostudio stehen schon mitunter Thermosublimationsdrucker, mit denen Drucke in höchster Qualität erfolgen können. Das hat natürlich seinen Preis. Auf diesem Gebiet haben größere Anbieter natürlich deutliche Vorteile.

Kapitel 8: Bunte Bilder im PC

Bild 8.18: Eine Frage beim Fotografen um die Ecke kann sich lohnen.

Der Druck von Fotos mit dem eigenen Farbtintenstrahldrucker hat neben großen Kosten für Papier und Tintenpatronen weitere Nachteile.

▶ Ein großes Manko ist die Haltbarkeit von Fotodrucken mit dem Farbtintenstrahler. Herkömmliche Fotos überdauern 30 bis 40 Jahre ohne wesentliche Farbverluste, bei entsprechender Lagerung mitunter sogar noch länger. Wer einmal einen Ausdruck einige Zeit lang dem direkten Sonnenlicht ausgesetzt, wird bemerken, wie die Farbe schon nach sehr kurzer Zeit verblasst.

▶ Ein weiterer Nachteil ist auch der nicht bedruckbare Seitenrand. Aufgrund technischer Gegebenheiten ist der Drucker nicht in der Lage, das Papier seitenfüllend zu bedrucken. Sie müssen entweder mehr oder weniger große weiße Seitenränder in Kauf nehmen oder die Fotos beschneiden. Abhilfe schaffen in diesem Fall hochwertige Fotopapiere, die vorgestanzte Formate bieten.

Fotos vervielfältigen

Die Nachteile der Fotodrucke versuchen die Hersteller durch Foto-Kits zu beheben. Diese Zusammenstellungen versprechen Fotoqualität durch den Einsatz spezieller Tinte und Spezialpapiere. Leistungsfähige Drucker, Tinten und die dazu benötigten Papiere werden in immer kürzeren Zeitabschnitten immer billiger, so dass der Abstand im Lauf der Zeit stetig schwinden wird.

Bitmapgrafiken im Vergleich zu Vektorbildern

Beim digitalen Fotografieren taucht oft die Frage auf, warum Grafikdateien sehr viel kleiner sind als Fotodateien, obwohl sie eine sehr viel größere Auflösung haben. Der Größenunterschied ist darin begründet, dass es sich um verschiedene Arten von Bilddateien handelt. Obwohl es einfach ist, Vektorbilder in Bitmapbilder umzuwandeln, ist dies umgekehrt weitaus schwieriger. Fotos enthalten zu viele Feinheiten und sind zu willkürlich, um sich in Vektorbilder umwandeln zu lassen. Die Umwandlung der Fotodateien ist also nicht sinnvoll, denn Sie haben viel mehr Freiheiten bei der Bearbeitung oder Verbesserung von Bitmapbildern. Jedes Pixel kann individuell verbessert werden. Andererseits ist es manchmal aber notwendig, Vektorbilder in Bitmapbilder umzuwandeln. Das ist oft der Fall, bevor Grafiken im Web veröffentlicht werden können, denn viele Internet-Browser unterstützen keine Vektorgrafiken.

Fotos vervielfältigen

Fotos sind ein sehr persönliches Geschenk, wenn mit dem Bildinhalt wichtige Erinnerungen verbunden sind. Mit dem Auftreten preiswerter Digitalkameras, Scanner und Farbtintenstrahldrucker ist das Vergrößern und Vervielfältigen von Fotos kaum noch ein Problem. Doch die beste Digitalkamera, der schnellste Rechner und der neue Farbtintenstrahldrucker nützen in diesem Fall nichts, wenn Sie nicht über das richtige Material verfügen. Sie haben sicher schon probiert, ein Foto auf normalem Papier auszudrucken. Das Ergebnis ist unbefriedigend: Niedrige Druckauflösung führt zu verwaschenen, unscharfen Ausdrucken, hohe Druckdichte durchweicht das Papier. Die Lösung sind Photo-Papiere. Wenn Sie für den Ausdruck Ihrer Fotos auf das richtige Papier zugreifen und die Fähigkeiten des Druckers ausreizen, unterscheiden sich Drucke kaum von herkömmlich entwickelten Fotos.

Die Geschenkpalette mit Fotos ist breit. Sie reicht von Standard-Fotokollektionen über Postkartenserien und Glückwunschkartensets bis zu Fotokalendern, Foto-CD-Einlegern und Passbildern zum Aufkleben. Für alle Zwecke bietet der Fachhandel spezielle Papiere und geeignete Platzierungssoftware, mit denen die erfolgreiche Umsetzung der Geschenkidee kein Problem ist.

Die Papierwahl

Bei der Wahl des Papiers stehen Sie vor einer nahezu unerschöpflichen Vielfalt. Die Orientierung fällt nicht leicht, um für den gewünschten Anlass das geeignete Papier zu finden. Für die Arbeit mit dem Farbtintenstrahldrucker gibt es zunächst zwei unterschiedliche Oberflächen. Wie bei herkömmlichen Fotos entscheiden Sie zuerst, ob Sie eine hochglänzende oder eine seidenmatte Oberfläche wünschen. Das ist nur eine Frage des Geschmacks: Mit beiden Oberflächenqualitäten gelingen fotoscharfe und lebensechte Ausdrucke, wenn die Fotos entsprechend gut sind.

Die Papierhersteller haben für beide Oberflächen hohen Entwicklungsaufwand betrieben: Eine spezielle, gussgestrichene Oberfläche bewirkt gute Tintenaufnahme. Als Ergebnis der Oberflächenbehandlung zieht die Tinte sofort in das Papier ein: Kurze Trocknungszeiten und hohe Wischfestigkeit sind das Ergebnis. Kombiniert mit einer hohen Druckerauflösung entstehen auf diesen Papieren brillante Farbbilder mit exakten Konturen.

Zweiseitige Fotos?

Wie alle Spezialpapiere haben auch die Fotopapiere eine bedruckbare Oberseite und eine nicht bedruckbare Unterseite. Übliche Papiere sind also für den beiderseitigen Druck nicht geeignet. Für spezielle Wünsche, z.B. für die Anfertigung von Mobiles mit Fotomotiven, bietet der Handel doppelseitiges Fotopapier. Wenn Sie dieses Papier einsetzen, beachten Sie unbedingt die Verarbeitungshinweise der Hersteller.

Nach der Entscheidung für die richtige Oberfläche steht die Wahl der Papierstärke. Fotopapiere sind allgemein fester als Normalpapier. Übliche Flächengewichte liegen zwischen 150 g je Quadratmeter (starke Qualität) und 260 g je Quadratmeter (extra starke Qualität).

Fotos vervielfältigen

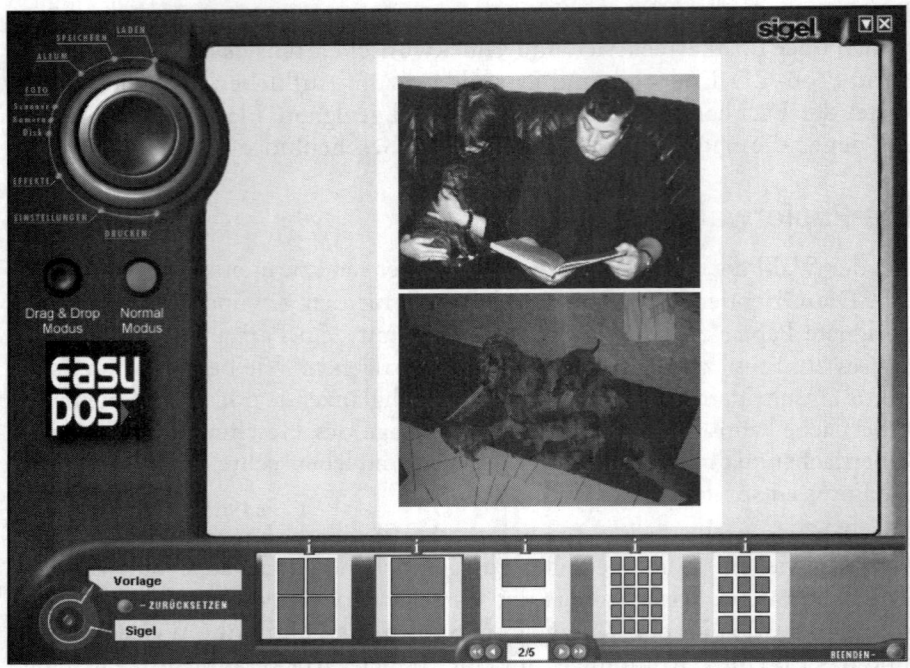

Bild 8.19: Die Industrie bietet eine reichhaltige Palette an Papieren, um digitale Bilder mit dem Farbtintenstrahldrucker zu drucken (Foto: sigel).

Mit der Entscheidung über die Papierstärke ist die Beschaffung noch nicht gelöst: Die Größe der späteren Bilder muss geklärt werden:

▶ Durch die übliche Größe der Farbtintenstrahldrucker finden Sie alle Fotopapiere im Format DIN-A4 im Handel. Einige wenige Papiere gehen darüber hinaus und nutzen das Format DIN-A3, mit dem einige größere Drucker umgehen können.

▶ In den seltensten Fällen wollen Sie Fotos in A4-Größe drucken. Für spezielle Geschenke, z.B. Fotokollagen, drucken Sie das Foto auf das A4-Papier und beschneiden den Ausdruck anschließend manuell. Der Vorteil: Sie haben individuelle Kanten oder Konturen. Für Einzelfotos, die in ein Album wandern sollen, ist dieses Verfahren wenig geeignet.

Überformatige Fotos?

Die optimale Bildgröße für Fotodrucke entscheiden Sie bereits beim Digitalisieren der Bilder. Wenn Ihre Digitalkamera ein Bildformat von z.B. 22 mal 30 Zentimeter vorgibt, sollten geringfügige Vergrößerungen kein Problem darstellen. Anders sieht es beim Scannen eines Originalfotos aus: Der Scanner erzeugt ein Abbild in Originalgröße mit vorgegebener Auflösung. Beim späteren Vergrößern treten Qualitätsverluste auf, da alle Fotos aus Bildpunkten zusammengesetzt sind. Die Bilder werden pixelig, d.h. die einzelnen Bildpunkte werden als kleine Quadrate sichtbar.

Bild 8.20: Links das Foto, rechts die starke Vergrößerung eines Details: Die Konturen verwischen.

▶ Für Fotokollektionen oder Postkartenserien gibt es vorbereitete Papiere, die bereits auf Fotogröße geschnitten sind und eventuell sogar eine Fototasche für die Aufbewahrung mitbringen. Für den Ausdruck sind diese Papiere noch verbunden, damit der Drucker die Drucke exakt platzieren kann. Die Verbindung entsteht meist durch eine Mikroperforation. Die Fotos sind durch kleine Papierbrücken mit den Randstreifen verbunden. Beim späteren Trennen entsteht ein Bildrand mit Hunderten kleiner Zacken, die beim Darüberstreichen fühlbar sind. Diesen »Makel« verhindern durchgestanzte Papiere. Die Fotos sind mit Haftstreifen auf dem Trägermaterial angeordnet: Nach dem Druck ziehen Sie die Fotos einfach ab.

Fotoformate

Fotogrößen entsprechen bestimmten Normen. Üblich sind die Standardgrößen 10x15 Zentimeter, 9x13 Zentimeter und 13x18 Zentimeter. Für Postkartensets ist das Format A6-quer üblich: die Vorderseite hochglänzend, die Rückseite mit Postkartenvordruck. Für den Druck von Clubausweisen, Buttons, Passbildern und ähnlichen, kleinformatigen Serien gibt es perforierte Vorlagen auf A4 mit den Passbildgrößen 3,5x4,5 Zentimeter bzw. 4,5x5,5 Zentimeter. Ähnliche Formate finden Sie für Foto-Aufkleber. In diesem Bereich sind auch Fotopapier-Etiketten für Minipassbilder im ID-Card-Format 3,0x3,6 Zentimeter und Funsticker im Format 2,5x3,3 Zentimeter erhältlich.

▶ Speziell für die Gestaltung von Fotoalben, Exposés und Bildbänden erhalten Sie beidseitig bedruckbare Albumblätter. Auf diesen Blättern ordnen Sie vor dem Ausdruck die Fotos an und erstellen außerdem die Beschriftung am PC. Geeignet ist z.B. die Anwendung Corel PhotoPaint, mit der Sie Bilder bearbeiten, verfremden und durch Text ergänzen können. Der besondere Pfiff der Albumblätter ist die Euro-Lochung. Mit dieser Lochung passen die Albumblätter in Fotoalben, Ordner und Schnellhefter jeder Art.

Digitale Vorlagen

Der PC erfordert Daten in digitalisierter Form. Das sind bei den Fotos Informationen über jeden einzelnen Bildpunkt: Helligkeit, Farbwerte und Platz. Die erste Aufgabe bei der Vervielfältigung von Fotos ist also die Beschaffung digitaler Bilddaten.

Kapitel 8: Bunte Bilder im PC

▶ Ideale Quelle für digitale Fotos sind natürlich die Digitalkameras. Diese Geräte haben zwar noch ihren Preis, aber einen Vorteil: Sie speichern die »geschossenen« Bilder sofort in digitaler Form. Zu allen Geräten erhalten Sie die nötige Hard- bzw. Software, um die digitalen Daten von der Kamera in den PC zu bringen. Moderne Programme tragen dem Rechnung: Sie finden nach korrekter Installation der Software für die Kamera den Direktzugriff auf die Bilder.

▶ Fotofachgeschäfte bieten häufig den Service, »normale« Fotos auf Disketten abzulegen. Dahinter steckt ein Verfahren, dass die Bilddaten von den Negativen ermittelt und in üblichen Dateiformaten ablegt.

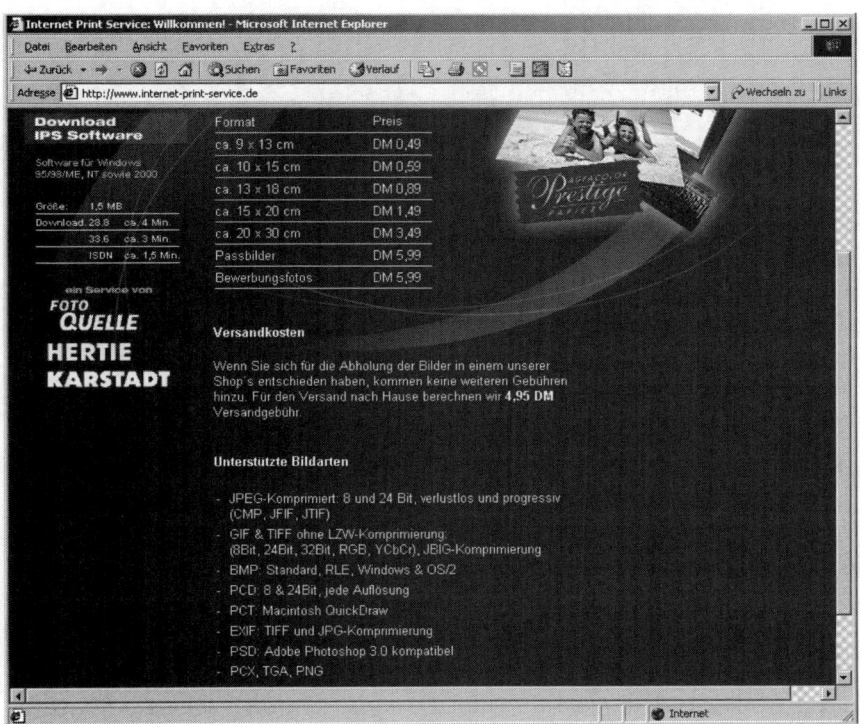

Bild 8.21: Moderne Scannersoftware bietet schnellen Zugriff auf Papiervorlagen.

Fotos vervielfältigen

▶ Der schnellste Weg zur Digitalisierung ist ein Scanner, der die Fotos mit einer Mindestqualität von 300 dpi digitalisieren kann. Scanner tasten mit Licht die Oberfläche des Fotos ab und ermitteln aus den reflektierten Lichtstrahlen die Informationen über die Bildpunkte. Beim Einsatz der Scanner sind Erfahrungswerte nötig: Hohe Auflösungen erzeugen riesige Bilddateien, geringere Auflösungen sind für Vergrößerungen bzw. Bildausschnitte wenig geeignet.

▶ Eine nahezu unerschöpfliche Bildquelle ist das Internet. Viele Betreiber von Homepages stellen Fotos zur Verfügung, die für die Weiterverarbeitung geeignet sind. Der Weg zu diesen Fotos ist einfach: Sie klicken mit der rechten Maustaste auf das vollständig vergrößerte Foto und wählen den Befehl BILD SPEICHERN UNTER aus dem Kontextmenü des Bildes. In der anschließend folgenden Dateidialogbox wählen und bestätigen Sie den Speicherort – fertig.

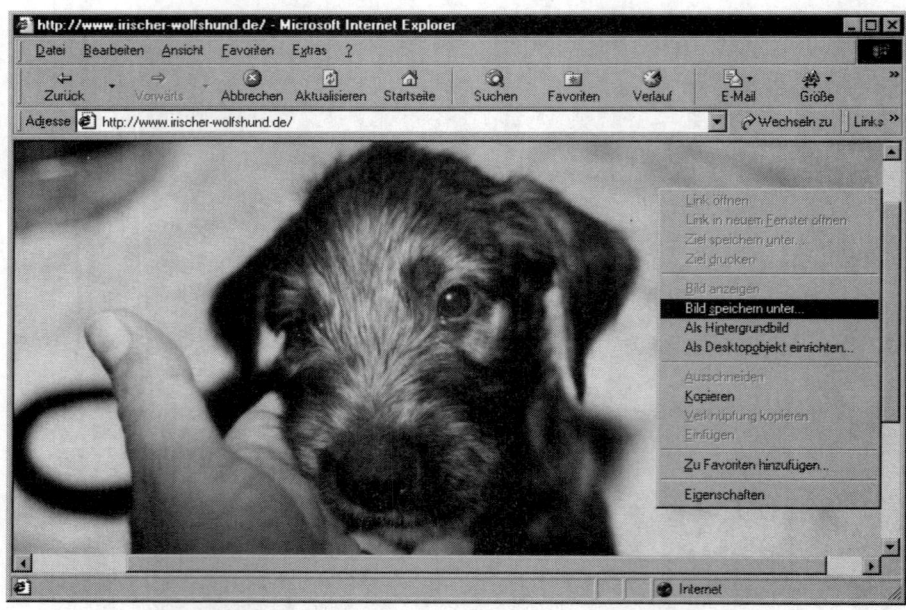

Bild 8.22: Fotos aus dem Internet – der Download erfolgt über das Kontextmenü.

Bildqualität im Vergleich: Digital- oder herkömmliche Filmkamera?

Bietet eine herkömmliche Filmkamera oder eine Digitalkamera bessere Qualität? Die Frage ist so nicht zu beantworten. Es kommt darauf an, wie die Bilder verwendet werden. Zur Betrachtung auf einem Bildschirm, also z.B. auf Webseiten, liefert eine Digitalkamera dieselbe Qualität wie eine Filmkamera. Der Grund dafür ist, dass die Anzahl der Details auf dem Bildschirm auf ungefähr 72 dpi (dots per inch – Bildpunkte pro Zoll) beschränkt ist. In diesem Fall kommt die bessere Detailgenauigkeit eines Fotos nicht zum Tragen.

Wenn es jedoch um das Drucken von Fotos geht, wird die Frage des Vergleichs zwischen digitaler und Filmauflösung komplizierter. Die Antwort ist immer noch heiß umstritten und vermutlich abhängig von der weiteren technischen Entwicklung.

Der Hauptvorteil von Film- gegenüber Digitalabzügen liegt darin, dass diese mit weniger Qualitätsverlust vergrößert werden können. Bei der gegenwärtigen, hohen Qualität der Farbdruck- und Digitaltechnologie ist der Unterschied zwischen digitalen und fotografischen Abzügen minimal.

Einige Fachleute sind sogar der Meinung, dass die digitale Qualität besser sei.

▶ So hat z.B. ein abgetastetes Filmnegativ im Wesentlichen dieselbe Auflösung wie ein Bild aus einer Digitalkamera mit hoher Auflösung. Der Grund dafür liegt in der Annahme, dass Farbnegative nur um die 1700 dpi enthalten. Wenn Sie ein Negativ abtasten, wird die Auflösung weiter auf ungefähr 1400 dpi vermindert, und zwar unabhängig von der Auflösungseinstellung des Scanners. Dies geschieht wegen der eingeschränkten Möglichkeiten der Scanner-Technologie. Das Ergebnis ist ein Bild von ungefähr 2000x1350 Pixeln.

▶ Andererseits bietet eine (sehr gute) Digitalkamera mit drei Mega-Pixeln eine ungefähre Auflösung von rund 1900 dpi; allerdings ist der Sensor kleiner als ein Bildrahmen und hat daher nur 1794x1170 Pixel.

Fazit dieser Betrachtung ist, dass die Auflösung abgetasteter Negative und digitaler Bilder hoher Qualität sich sehr nahe kommen. Maßgebend ist also eher die subjektive Entscheidung, welcher Abzug letztendlich besser aussieht oder das bessere Gefühl vermittelt.

Die Digitaltechnologie entwickelt sich jedoch schnell, und mehr und mehr Fotografen entscheiden sich für die digitale Lösung: Es scheint so zu sein, dass die Vorteile der Digitaltechnologie für viele Anwender den etwaigen Qualitätsverlust ausgleichen.

Richtig platzieren

Das Platzieren von Fotos ist insbesondere dann von großer Bedeutung, wenn Sie auf vorgestanztes Papier drucken. Schließlich soll das gesamte Motiv auf dem vorbereiteten Papier Platz finden und auch nach dem Trennen von den Trägerstreifen den Platz ausfüllen.

Bild 8.23: Vorlage wählen, Bilder zuordnen, drucken – mit der Software zum Fotopapier kein Problem

Die Varianten zum Platzieren sind vielfältig. Im einfachsten Fall greifen Sie auf Software zurück, die von den Herstellern geboten wird. Das hat bei den Fotopapieren außerdem den Vorteil, dass Sie nicht für jedes verfügbare Papier eigene Entwürfe machen müssen, sondern die Papiere samt Bestellnummer in der Software finden. Sie müssen in diesem Fall also nur die richtige Vorgabe anhand der Nummer identifizieren und die Bilder einordnen – den Rest übernimmt die Software.

> **Hinweis** Software für den Fotodruck bietet in einigen Fällen auch Tools für Effekte. Damit verändern Sie die Bildintensität, Ausrichtung und Farbmodus. Für echte Retuschen, also Bearbeitung von Bildern, muss ein Spezialist her. Empfehlenswert ist Corel Photo-Paint, das Sie in älteren Versionen preiswert erwerben können.

Komplizierter, aber individueller ist der Rückgriff auf vorhandene Software, z.B. eine normale Textverarbeitung. Alle modernen Programme dieser Art bieten einen Tabelleneditor, mit dem Sie die Begrenzungen für die Aufnahme der Bilder simulieren. Natürlich müssen Sie zuerst die Maße erkennen oder ermitteln:

- ▶ Legen Sie das Blatt mit den Fotovorlagen hochkant und ermitteln Sie zunächst die äußeren Ränder. Stellen Sie diese Ränder in der Textverarbeitung für das neue Dokument ein.
- ▶ Ermitteln Sie anhand des Blattes die Zahl der nötigen Zeilen bzw. Spalten einer Tabelle, die Sie für die Begrenzung der Bilder benötigen – zählen Sie Abstandhalter zwischen den Bildern mit!
- ▶ Fügen Sie eine Tabelle mit den ermittelten Zeilen bzw. Spalten in das Dokument.
- ▶ Verändern Sie mit den Tabelleneigenschaften die Zeilenhöhe bzw. Spaltenbreite auf die gemessenen Werte.
- ▶ Sorgen Sie für eine Tabellenumrahmung, und drucken Sie dann das Gitternetz auf ein normales Blatt Papier.
- ▶ Halten Sie das Blatt auf das Fotopapier und gegen das Licht, um die Übereinstimmung zu testen. Nehmen Sie anschließend Korrekturen vor, bis Sie eine ausreichende Passgenauigkeit realisieren.

Fotos vervielfältigen

▶ Beim Erstellen eigener Vorlagen für vorgestanzte Papiere sollten Sie die Vorgaben etwas größer wählen, als Sie das dem Papier entnehmen. Die Fotos sind dann nach dem Druck geringfügig größer als die Perforation: Damit verhindern Sie weiße Streifen an den Blattkanten nach dem Trennen.

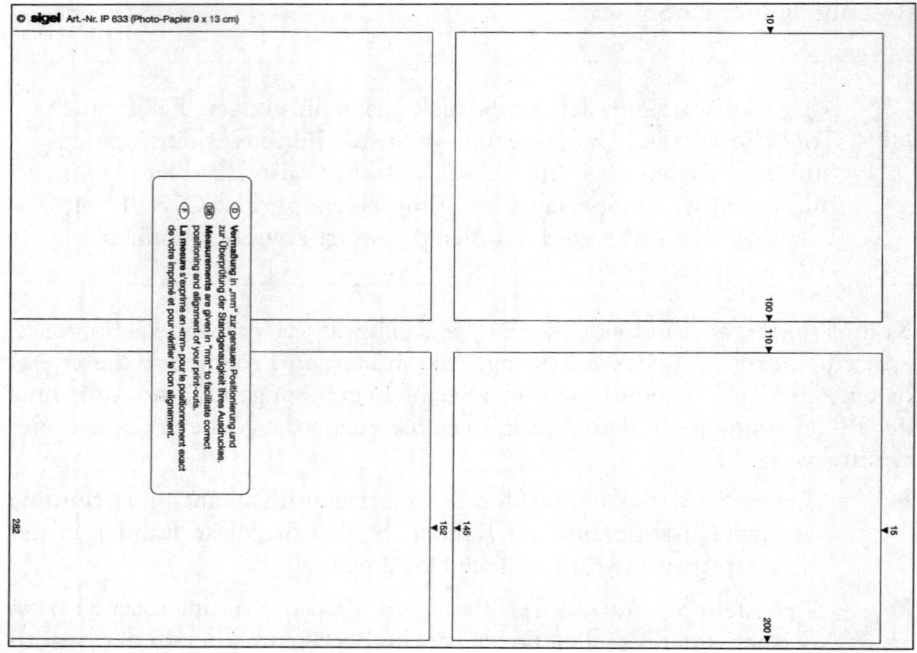

Bild 8.24: Einige Hersteller legen den Papieren Maßbögen bei, denen Sie die Werte für die Einstellungen entnehmen (Quelle: sigel).

Print on the Web: Vor- und Nachteile

Eine gern in Anspruch genommene Dienstleistung ist »Fotofinishing« über einen Druckservice per Internet. Dabei bieten manche Anbieter sogar Archivierungs- und Organisationsmöglichkeiten sowie den E-Mail-Versand über das Internet.

Die nachfolgende Tabelle listet Ihnen einige bekannte Anbieter in alphabetischer Reihenfolge auf.

Kapitel 8: Bunte Bilder im PC

Bild 8.25: Die übersichtlich gestaltete Homepage des Dienstleisters Agfanet

Anbieter	Internet-Adresse
AgfaNet	http://www.agfanet.de
ColorMailer	http://www.colormailer.de
Fotolaboclub	http://www.fotolabclub.de
Internet Print Service	http://www.internet-print-service.de
Photocolor	http://www.photocolor.de
Pixelnet	htpp://www.pixelnet.de

Tabelle 8.1: Bekannte Anbieter eines Druckservice per Internet

Ihre digital aufgenommen und auf der Festplatte gespeicherten Bilder müssen Sie über das Internet an den Anbieter Ihrer Wahl übertragen. So einfach ist es, von Ihren digitalen Bildern über das Internet Papierabzüge zu erhalten.

469

Fotos vervielfältigen

▶ Alle in der Tabelle aufgeführten Dienstleister bieten auf ihrer Website eine kostenlose Software an. Mit dieser Software können Sie alle Bilder offline zusammenstellen und bearbeiten. Das spart Online-Zeit und damit Geld.

▶ Nach der Installation der Software wird die Verbindung konfiguriert. Dazu müssen Sie lediglich angeben, welche DFÜ-Verbindung benutzt werden soll.

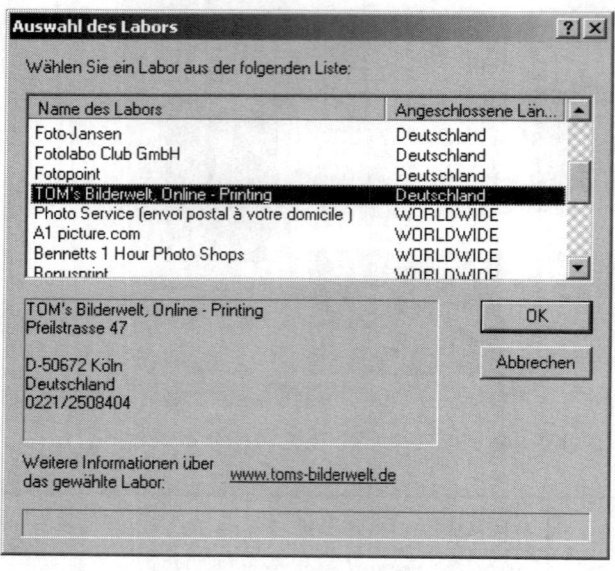

Bild 8.26: Agfanet bietet eine Auswahl deutscher und internationaler Labors.

▶ Anschließend geben Sie Ihre Postanschrift an, damit die fertigen Papierabzüge zu Ihnen geschickt werden können, und legen die Zahlungsart fest.

▶ Je nachdem, ob der Anbieter über mehrere Fotolabors verfügt, wird eine entsprechende Liste präsentiert. Die Firma Agfanet z.B. verfügt über jeweils etwa ein Dutzend deutscher und internationaler Labors, bei denen die Papierabzüge angefertigt werden. Diese Liste wird per Online-Update immer auf dem aktuellen Stand gehalten.

Kapitel 8: Bunte Bilder im PC

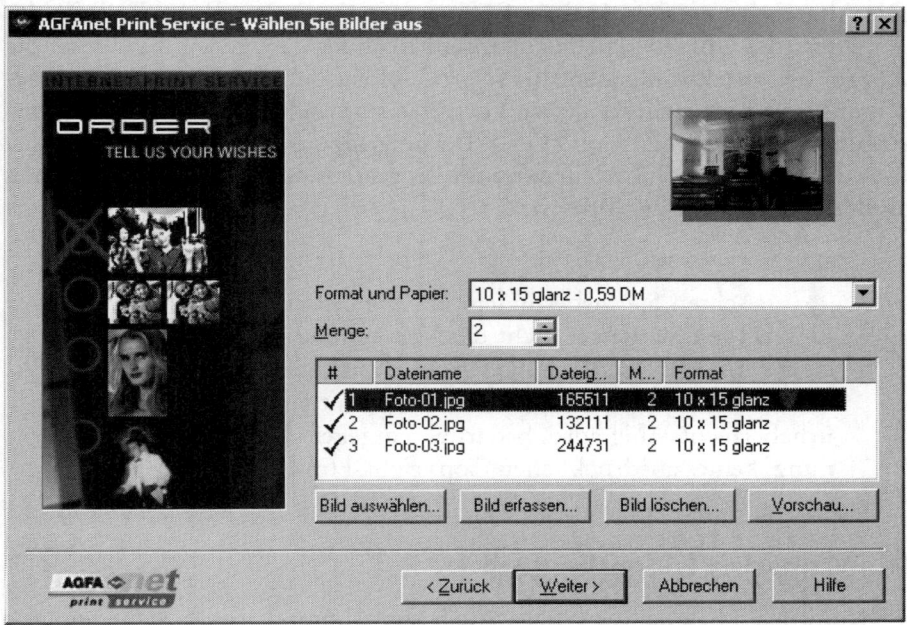

Bild 8.27: Die Auswahl der zu übertragenden Bilder

▶ Jetzt erfolgt die Auswahl der zu übertragenden Bilder sowie des gewünschten Formats und der Anzahl der anzufertigenden Abzüge. Diese Software zeigt zu jedem Format den berechneten Einzelpreis, der ebenfalls über das Online-Update aktuell gehalten wird. Eine Besonderheit: Mit der Schaltfläche BILD ERFASSEN wird die Scannersoftware aktiviert. Dies ist besonders praktisch, wenn Sie von zu scannenden Vorlagen gleich Fotoabzüge anfertigen lassen wollen.

▶ Eine Vorschau zeigt das Bild so, wie es im späteren Abzug erscheint. Hier sollten Sie Bildmanipulationen wie etwa Drehen, Spiegeln, Vergrößern, Verkleinern oder das Beschneiden des Bildes vornehmen können.

Sind alle Bilder zusammengestellt, müssen Sie üblicherweise vor der Online-Übertragung bestätigen, dass Sie im Besitz der Urheberrechte an allen Bildern sind und das beauftragte Fotolabor von jeglicher Verantwortung »frei stellen«. Damit erklären Sie Ihre Haftung bei einem Streitfall für alle Kosten und gegebenenfalls auftretende Konsequenzen.

Fotos vervielfältigen

Die Alternative zu einer Upload-Software ist es, direkt auf der Website des Anbieters die Upload-Quelle auf Ihrem Rechner anzugeben. Leider ist die Anzahl der auszuwählenden Bilder pro Upload-Sitzung normalerweise beschränkt, so dass mehrere dieser Vorgänge stattfinden müssen. Das ist umständlich und kostet Zeit und Geld. Darüber hinaus zeigt sich in der Praxis, dass die Verbindung über ein externes Programm normalerweise stabiler ist als der Upload über den Browser.

> **Achtung** ➡ Achten Sie insbesondere bei Bildern auf das Urheberrecht. Unterliegen Sie besser nicht der Versuchung, auf Websites dargestellte Bilder herunter zu laden und vergrößern zu lassen, sofern dies nicht ausdrücklich gestattet ist. Damit ein solches Dokument urheberrechtsfähig wird, bedarf es, entgegen der landläufigen Meinung, keines ausdrücklichen Copyright-Hinweises.

Die Wahl des Dienstleisters

»Wer die Wahl hat, hat die Qual«. Auch hier stimmt dieser Spruch, denn die Dienstleistung bzw. die Qualität der einzelnen Online-Fotodienste unterscheiden sich voneinander. Untersuchen Sie jeden für Sie in Frage kommenden Anbieter auf die folgenden Punkte.

Bildqualität

Zu den wesentlichen Leistungsmerkmalen gehört die Bildqualität. Diese bestimmt sich aus der Helligkeit, der Brillanz und der Farbsättigung bzw. der Farbtreue.

Dieses Leistungsmerkmal ist natürlich nicht ganz frei von subjektiven Empfindungen. Mancher empfindet ein Bild z.B. bereits als etwas flau, während ein Anderer noch von ausgezeichneter Brillanz spricht. Außerdem hängt das Ergebnis natürlich von der gelieferten Vorlage ab. Aus einem flauen, unterbelichteten Bild wird auch der beste Fotoservice kaum ein überragendes Ergebnis »zaubern«.

Für eine erste, objektive Bewertung Ihrer Fotos können Sie vorab eine IT8-Vorlage heran ziehen. Eine solche Vorlage liegt z.B. als Papierabzug dem Lieferumfang von Corel Draw bei. Bei Ihrem Fotofachhändler sollte ein solches Kalibrierungsbild für etwa 10 Euro im Angebot sein.

Schicken Sie die gleiche digitale Vorlage an mehrere Anbieter und entscheiden Sie anhand der Ergebnisse. Es ist aber nicht sicher, dass Sie immer diese Qualität erhalten. Es ändern sich in Abständen z.B. die Entwicklerlösungen und die Belichtungsschicht der Papiere, auch vom gleichen Hersteller.

Lieferzeit

Die Lieferzeit ist ein sehr wichtiges Auswahlkriterium, insbesondere wenn Sie die Fotos z.B. für semi-professionelle Zwecke benötigen. Normalerweise sollten Aufträge innerhalb von zwei bis vier Werktagen abgewickelt werden können.

Bild 8.28: *Nur zwei Bildformate zur Auswahl sind ein wenig dürftig.*

Ausgabeformate

Ein weiteres Leistungsmerkmal ist die Auswahl der möglichen Formate. Der Anbieter sollte möglichst viele Formate und auf jeden Fall das von Ihnen benötigte unterstützen.

Herkömmliche Spiegelreflexkameras auf der Basis eines Kleinbildfilms arbeiten im Format zwei zu drei, d.h., die längere Seite ist 1,5 mal kürzer als die andere Seite. Alle daraus abgeleiteten Bildformate, wie z.B. 8x12, 10x15 Zentimeter usw. lassen sich auf diesen Nenner bringen.

Fotos einer Digitalkamera liegen dagegen normalerweise im Format drei zu vier vor. Ausschlaggebend sind die Proportionen des CCD-Chips (Charge Coupled Device).

Fotos vervielfältigen

Wahl des Fotolabors

Bei einigen Anbietern können Sie zwischen unterschiedlichen Fotolabors wählen, bei denen die Abzüge erstellt werden. Probieren Sie die möglichen Fotolabors aus und wählen in Zukunft dasjenige, mit dessen Leistung Sie überwiegend zufrieden sind.

Unterstützte Dateiformate

Die üblichen Dateiformate TIF, GIF, JPG und Flashpix unterstützen eigentlich alle Anbieter. Wenn Sie jedoch keine Möglichkeit der Dateikonvertierung haben und Ihre Bilder nur in einem bestimmten Dateiformat wie etwa PSD oder PCT anliefern können, sollten Sie diesem Punkt eine besondere Bedeutung beimessen. Mit etwa einem Dutzend unterschiedlicher, bearbeitbarer Dateiformate bietet beispielsweise der Anbieter Internet Print Service reichhaltige Auswahl.

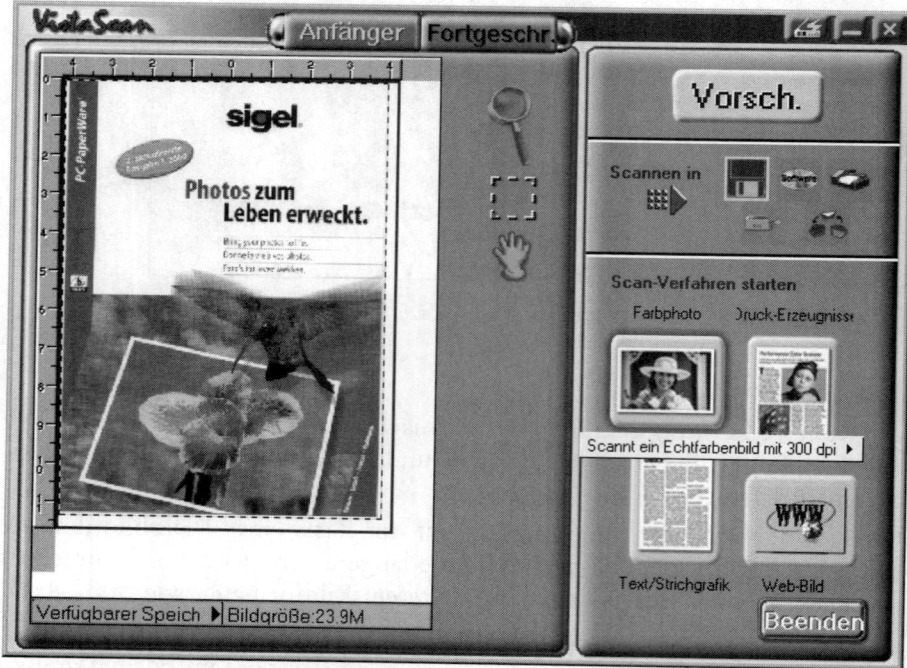

Bild 8.29: Ein gutes Beispiel für ein reichhaltiges Angebot an möglichen Bild- und Dateiformaten

Spezialformate und Spezialdrucke

Ein weiteres Kriterium: Gibt es Möglichkeiten, das eingesandte Bild z.B. als Poster oder als Tassen- oder T-Shirt-Motiv drucken zu lassen?

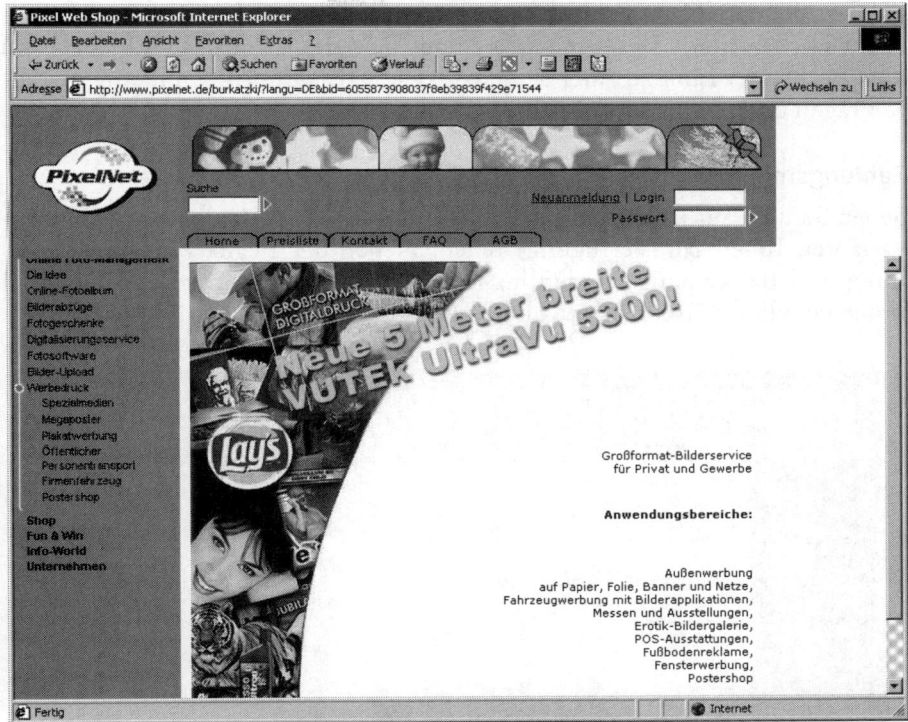

Bild 8.30: Der Anbieter Pixelnet bietet die Wahl bis hin zur Anfertigung von Fahrzeugaufdrucken.

Service

Wenn Sie nicht über einen eigenen CD-Brenner verfügen, suchen Sie einen Anbieter, der die per Upload angelieferten Bilder auf eine CD brennt und zurückschickt.

Fotos vervielfältigen

Bedienungsqualität des Onlineangebots und Hilfestellung

Wenn Sie häufiger einen Dienstleister in Anspruch nehmen, wird die Bedienungsqualität wichtig. Die Angebote und Werkzeuge sollten intuitiv und ohne langes Studium der Online-Hilfe aufzufinden sein. Neulingen fällt besonders positiv auf, wenn nicht erst umständlich nach einer Erläuterung gesucht werden muss. Bei Agfanet befindet sich gleich auf der Homepage ein entsprechender Link zu einer Seite, von der aus Sie Zugriff auf häufig gestellte Fragen und auf die Upload-Software usw. haben.

Zahlungsmöglichkeiten

Sehen Sie sich auf jeden Fall vor der Auftragserteilung an, welche Zahlungsvarianten Ihnen zur Verfügung stehen. Neben der Begleichung per Rechnung und Bankeinzug werden im Einzelfall bis zu einem halben Dutzend unterschiedliche Kreditkarten akzeptiert.

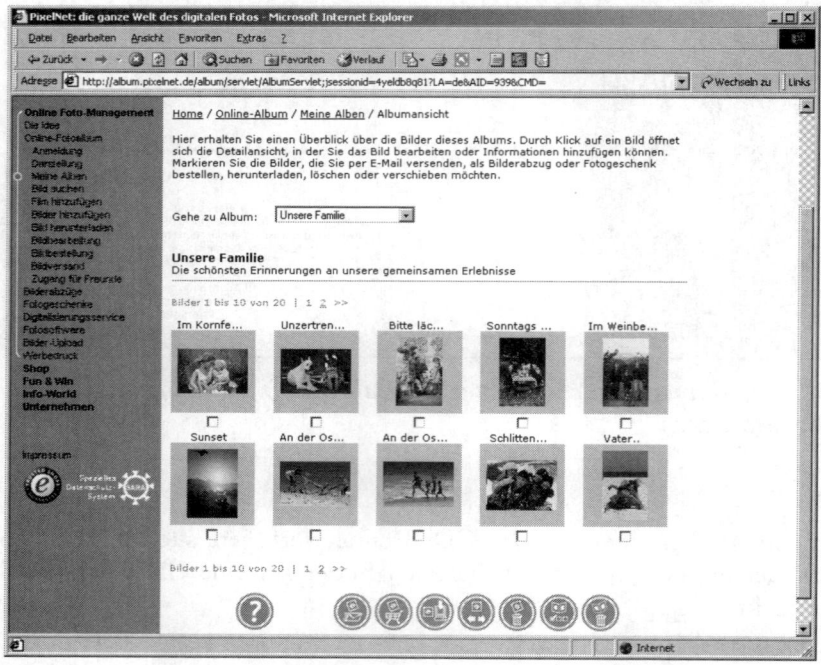

Bild 8.31: Als »Sonder-Service« wird von Pixelnet ein Online-Album geboten, zu dem der Betrachter per Passwort Zugang erhält.

Extras und Schnäppchen

Zusätzliche Dienstleistungen bzw. Tools sind eine weitere Entscheidungshilfe. Dazu zählen z.B. Kostenrechner, damit Sie nicht die Kontrolle über das Foto-Budget verlieren, oder z.B. ein Online-Bilderalbum. Von einem Online-Bilderalbum aus können z.B. Bilder vergrößert dargestellt, per E-Mail versandt oder Fotoabzüge bestellt werden. Das ist eine praktische Möglichkeit, auch andere Personen online an Ihren Bildern teilhaben zu lassen.

Die Auswahl der richtigen Digitalkamera

Digitalkameras sind seid längerem nicht mehr eine Domäne der Profifotografen. Immer leistungsfähigere Systeme der Bilderfassung und Bildspeicherung und sinkende Preise machen die Digitalfotografie auch für ambitionierte Hobbyfotografen interessant. Digitalkameras sparen aber auch in anderen Bereichen viel Zeit und Geld. Außerdem sind die Arbeitsergebnisse mitunter flexibler einsetzbar, als es das herkömmliche Belichtungsverfahren erlaubt. Denken Sie in diesem Zusammenhang z.B. an Werbeagenturen, Websitedesign-Studios, Architekten oder zahlreiche Gutachter, wie etwa Schadenssachverständige.

Vor dem Kamerakauf müssen einige Überlegungen angestellt werden, damit die Kamera auch den gestellten Anforderungen gerecht wird. Viele Systeme buhlen um die Käufergunst, das »Universalsystem« gibt es allerdings nicht. Entscheidend sind zunächst der gewünschte Einsatzzweck und die damit verbundenen Ansprüche. Wird ein digitales Bild übermäßig vergrößert, führt dies zu störenden quadratischen Pixel im Ausdruck. Es ist daher besonders wichtig, dass Sie sich über die Anforderungen an das maximale Bildformat und an die Ausgabequalität im Vorfeld im Klaren sind.

Die benötigte Auflösung

Die Kameraauflösung ist ein wichtiges Kriterium. Sie gibt an, wie viele Bildpunkte mit Hilfe der Sensoren wiedergegeben werden. Die CCD-Sensoren (Charge Couple Devise) haben die Aufgabe, eine bestimmte Anzahl von Bildinformationen, die durch das Objektiv auf sie treffen, zu erfassen und an das Speichermedium weiterzugeben. Dabei wird mitunter der Weg über einen Controller genommen.

Die Auswahl der richtigen Digitalkamera

Einige CCDs weisen inzwischen eine ähnlich hohe Detailgenauigkeit auf wie ein herkömmlicher Film. Die Auflösung der CCDs ist aber zum einen durch die Produktionskosten und zum anderen durch technologische Einschränkungen begrenzt.

Geringe Anforderungen

Wenn Sie Bilder benötigen, um sie per E-Mail über das Internet zu versenden, oder als Bilder auf Web-Seiten, dann reicht eine Auflösung von 640x480 Bildpunkten völlig aus. Eine höhere Auflösung produziert Dateigrößen, die eine viel zu lange Ladezeit der Webseiten mit sich bringen würden. Kameras mit dieser Auflösung (sowie auch die passend dimensionierten Speichermedien) sind zudem sehr preiswert (bereits unter 200 Euro). Dabei ist aber zu beachten, dass jeder Versuch, die Bilder anders als für das Internet zu verwenden, nur unzureichende Qualität liefert.

Bild 8.32: Die Kodak DC3200 ist mit einer Auflösung von 1 Million Pixel für geringe und mittlere Anforderungen geeignet (Quelle: Kodak).

Mittlere Anforderungen

Die nächste Auflösungsstufe (XGA mit mindestens 1.024x768 Bildpunkten) eignen sich für Ausdrucke in einer Größe von etwa 7x9 bis 9x12 Zentimeter. Diese Kameras mit einer Auflösung zwischen einer und 1,5 Millionen Pixel gibt es bereits für deutlich unter 500 Euro. Diese Qualität eignet sich z.B. für Hobbyfotografen mit niedrigeren Qualitätsansprüchen, für Probeaufnahmen, für Architekten und Gutachter in allen Bereichen, bei denen es nicht auf eine sehr hohe Detailgenauigkeit ankommt.

Höhere Anforderungen

Bietet eine Digitalkamera eine Auflösung zwischen 1,3 und 2 Millionen Pixel, dann erzielen Sie damit Feindaten für Abzüge im Format von etwa 10x15 Zentimeter.

Bild 8.33: Die Fujifilm FinePix 6900 Zoom ist mit einer Auflösung von 3,3 Millionen Pixeln bereits für (semi-)professionelle Ansprüche geeignet (Quelle: Fuji).

Die Preise für diese Geräte bewegen sich zwischen knapp 500 und 800 Euro. Sie eignen sich unter anderem z.B. für ambitionierte Hobbyfotografen, für Probeaufnahmen, für Architekten und Gutachter in allen den Bereichen, bei auf denen eine höhere Detailgenauigkeit erforderlich ist.

Hohe bis höchste Anforderungen

Kameras mit einer Auflösung von etwa 2 bis 3 Millionen Pixel bewegen sich in einer Preisklasse um 800 Euro und liefern Daten, die sich für Abzüge in der Größenordnung von etwa 15x18 bis 18x24 Zentimeter eignen. Noch bessere Digitalkameras mit einer Auflösung von 4 Millionen Bildpunkten kosten derzeit zwischen 1.200 und 1.500 Euro und bieten eine sehr hohe Bildqualität, die bereits in den (semi-professionellen) Bereich hineinreicht.

Für noch höhere Ansprüche, wie sie etwa Journalisten oder Werbefotografen haben, gibt es Kameras mit Auflösungen von bis zu 15 Millionen Bildpunkten. Die Preise dafür bewegen sich jedoch in einem ebenso professionellen Rahmen, der leicht einen fünfstelligen Euro-Betrag annehmen kann.

Speichermedien in Digitalkameras

Für die Speicherung der Bilddaten gibt es mehrere Varianten, die alle ihre Vor- und Nachteilen haben. Diese Medien sind aber ähnlich wie die Auflösung ein wichtiges Kriterium für die Anschaffung.

Interner Speicher

Heute haben nur noch wenige Kameras einen internen, fest installierten Speicher, der jedoch mit zusätzlichen Speichermedien aufgerüstet werden kann. Vorteilhaft ist zwar der geringe Anschaffungspreis; diese Variante ist aber nur für Anwender geeignet, die wenige Bilder aufnehmen und an die Bildqualität bezüglich der Auflösung (etwa 640x480 Pixel) keine großen Ansprüche stellen.

Smart-Media-Karten

Smart-Media-Karten sind derzeit in Kapazitätsgrößen von vier bis 128 Mbyte erhältlich und unterscheiden sich auf den ersten Blick von anderen Flash-Medien durch die freiliegende Kontaktfläche. Die Karten sind mit einer Abmessung von 45,0x37,0x0,8 Millimeter sehr flach, da die Steuerelektronik in der Kamera untergebracht ist. Smart-Media-Karten gibt es mit 3,3 und 5 Volt Betriebsspannung. Durch die Codierung an der linken bzw. rechten oberen Ecke und der Voltangabe auf der Karte wird das falsche Einstecken verhindert.

Bild 8.34: Eine Smart-Media-Karte mit Adaptersystem

Durch das hohe Speichervermögen eignen sich die Smart-Media-Karten auch für Kameras mit hohen Auflösungen bis zu 4 Millionen Bildpunkten. Darüber hinaus ist das Speichermedium unempfindlich gegenüber Erschütterungen und Feuchtigkeit.

Nachteilig kann sich auswirken, dass der Code des Controllers auf die jeweils verwendeten Flash-Chips abgestimmt ist. Dies kann dazu führen, dass neuere Karten unter Umständen nicht mehr abwärtskompatibel sind. Bei älteren Geräten ist dann gegebenenfalls ein Update nötig, das teuer sein kann.

Außerdem ist das Speichermedium leicht durch Verbiegen und Torsion zu beschädigen.

Kompakt-Flash

Dieses Speicherkonzept wurde von über 70 namhaften Herstellern, unter anderem von Kodak, IBM und HP, definiert. Die Speicherkarten weisen 50 Pins auf und sind für Stromspannungen von 3,3 und 5 Volt ausgelegt.

Die Speicherkapazität reicht von 4 bis knapp 200 Mbyte. Auch die Kompakt-Flash-Karte ist relativ unempfindlich gegenüber Erschütterungen und Feuchtigkeit und übersteht laut umfangreichen Tests eine Belastung von bis zu 2 Kilogramm, was einem freien Fall aus circa drei Metern Höhe auf einen harten Untergrund entspricht.

Bild 8.35: Kompakt-Flash-Karten mit Adpater-System

Die Auswahl der richtigen Digitalkamera

Memory-Stick

Der Memory-Stick wurde erstmals 1998 vorgestellt und galt zunächst als »Insellösung«. Mittlerweile hat Sony durch Lizenzverträge mit weit über 100 Lizenznehmern von Geräte- und Speicherkartenherstellern, durch die zügige Einführung höherer Speicherkapazitäten und nicht zuletzt durch laufende Preissenkungen erreicht, das sich der Memory-Stick auf dem Markt durchgesetzt hat.

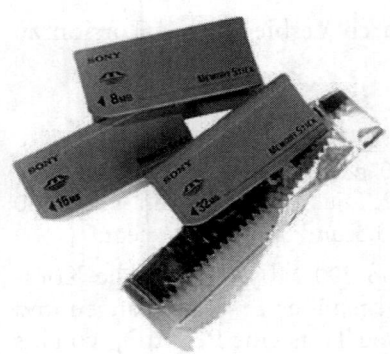

Bild 8.36: Der Sony-Memory-Stick zur Speicherung von Bild- und PC-Daten und Musikaufnahmen im Größenvergleich (Quelle: Sony)

Mittlerweile braucht der Memory-Stick bezüglich der verfügbaren Speicherkapazität keinen Vergleich mehr mit Smart-Media-Karten zu scheuen. Diese Variante könnte die Kompakt-Flash-Karte überflügeln, wenn Sony einen 256 Mbyte-Memory-Stick realisiert und spätestens 2003 den 1-Gbyte-Stick auf den Markt bringt.

MultiMediaCard

MultiMediaCards sind ebenfalls auswechselbare, wieder beschreibbare, nichtflüchtige Speichermedien. Die Speicherung erfolgt in Flash-Speicherbausteinen. Die Karte wird seriell betrieben und ist deshalb langsamer als z.B. Kompakt-Flash-Karten. Dafür sind die Maße der Karte aber kleiner. Diese Karten besitzen einen integrierten Controller, so dass die meisten Geräte keine Updates für neue Kartengrößen benötigen.

Kapitel 8: Bunte Bilder im PC

Bild 8.37: Eine MultimediaCard mit einem Speichervolumen vn 64 Mbyte

Momentan sind MultiMediaCards mit einer Kapazität von 16, 32, 64 und 128 Mbyte verfügbar. Die MultiMediaCard ist über 100.000 mal wieder beschreibbar, nicht größer als eine Briefmarke und äußerst widerstandsfähig gegen Kratzer und Schmutz.

Microdrive

Mit dem IBM Microdrive liegt eine Festplatte vor, die die Abmessungen der Kompakt-Flash-Karte vom Typ II hat. Das bedeutet, diese Festplatte ist mit einer Höhe von 5 Millimetern etwas dicker als eine Kompakt-Flash-Karte vom Typ I. Deshalb kann dieses Medium auch nur Verwendung in Kameras finden, die für den Typ II ausgelegt sind. Durch einen im Lieferumfang enthaltenen Adapter kann die Festplatte jedoch auch in Geräten mit PCMCIA-Slot (z.B. Notebooks) verwendet werden.

Bild 8.38: Eine IBM Microdrive mit einem Speichervolumen von 340 Mbyte

Die Auswahl der richtigen Digitalkamera

Vorteilhaft wirkt sich bei diesem System die hohe Speicherkapazität von derzeit 340 Mbyte aus, wobei die Schreib- und Lesegeschwindigkeit bei etwa 1,8 bis 3,0 Mbyte pro Sekunde im Rahmen der Speicherkarten liegt. Damit können z.B. für eine Digitalkamera mit einer Auflösung von 1,3 bis 1,5 Millionen Pixel etwa 400 Bilder gespeichert werden.

Der Stromverbrauch der Microdrive ist mit einer Stromaufnahme von 65 mA im Standby-Modus und von 300 mA (3,3 Volt) im Schreibbetrieb relativ gering. Da eine ständig rotierende Festplatte in mobilen Geräten eine zu hohe Leistungsaufnahme mit sich bringen würde, bedient sich IBM bei diesem Speichermedium einer besonderen Technik. Mit dem so genannten Adaptive Battery Life Extender werden die Zugriffsmuster kontrolliert. Anschließend werden nach statistischen Methoden die Komponenten des Microdrive einzeln aktiviert bzw. deaktiviert.

Nachteilig könnte sich die Empfindlichkeit gegenüber Erschütterungen auswirken. Diese liegt jedoch in einem solchen Toleranzbereich, dass sie bei normaler Handhabung der Kamera kaum erreicht oder überschritten wird.

CD-Speicher

Bereits vor einiger Zeit entwickelte Sony ein System, mit dem die Bilddaten auf eine 8-Zentimeter-CD-R mit einem Fassungsvermögen von 156 Mbyte gespeichert werden konnten. Das ursprünglich relativ große Kameraformat ist mittlerweile handlicher geworden.

Bild 8.39: Die SONY CD Mavica MVC-CD3000 mit einer wiederbeschreibbaren CD-RW

Die neue Generation dieser Kameras (MVC-CD200 und MVC-CD300) kann auch erstmals ihre Daten auf wiederbeschreibbaren CD-RWs speichern. Die Scheiben können bis zu etwa 100 Mal gelöscht und wieder beschrieben werden. Preislich liegen die beiden Kameras in einem Bereich zwischen 1.000 und 1.500 Euro.

Magneto-optische Disk

Die magnetisch-optische Minidiskette mit einem Speichervermögen von 730 Mbyte soll – zumindest nach den Wünschen ihrer Erfinder – für Digitalkameras das Speichermedium der Zukunft werden. Mit einem Durchmesser von 50 Millimeter soll die iD-Photodisk (Intelligent Image Disk) den Markt erobern.

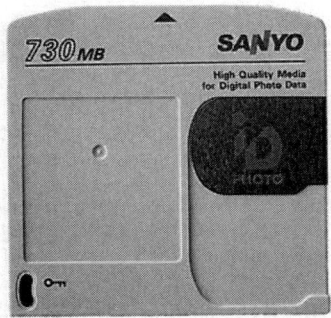

Bild 8.40: Magneto-optische Disk mit einem Speichervolumen von 730 Mbyte

Das Konzept ist durch eine Zusammenarbeit der Firmen Olympus, Sanyo und Hitachi-Maxwell entstanden und ist eigentlich eine Miniaturausgabe (59x56x4,8 Millimeter) der 6 Gbyte fassenden AS-MO (Advanced Storage-Magneto Optical). Vorteilhaft ist die hohe Schreib- und Lesegeschwindigkeit von 10 bis 50 Mbps. Darüber hinaus kann dieses Medium bis zu einer Million Mal überschrieben werden. Die Lagerzeit ohne Speicherverlust wird mit etwa 100 Jahren angegeben. Durch den Einsatz eines blauen Laserstrahls soll die Speicherkapazität auf bis zu 3,7 Gbyte angehoben werden.

3,5-Zoll-Disketten

Bei diesem Speicherverfahren dient eine herkömmliche 3,5-Zoll-Diskette als Speichermedium. Zur Bildübertragung wird die Diskette in das Diskettenlaufwerk des Desktop bzw. des Notebook gesteckt, und die Bilder können

Die Auswahl der richtigen Digitalkamera

direkt auf die Festplatte zur weiteren Bearbeitung kopiert werden. Der Vorteil dieser Flexibilität sowie der preiswerten Datenspeicher wird mit einem begrenzten Speichervolumen von 1,44 Mbyte erkauft. Kameras mit dieser Speichertechnik sind deshalb meist auf die Bildauflösung von 640x480 bzw. maximal eine Million Pixel beschränkt.

Wichtige Fachbegriffe

Prospekte und andere Produktbeschreibungen sind gefüllt mit Fachbegriffen, die wichtig für die Auswahl der für Ihre Anforderungen richtigen Kamera sind. Leider finden Sie in den Produktbeschreibungen selten eine Erläuterung dieser Fachbegriffe, so dass Sie im Einzelfall entweder mehr oder weniger aufwendig nach Erläuterungen suchen oder den Ausführungen eines Verkäufers Glauben schenken müssen. Die nachfolgenden Erläuterungen bieten aber das nötige Grundwissen.

Autofokus

Dieser Begriff meint die automatische Schärfeeinstellung. Es gibt einen so genannten aktiven und einen passiven Autofokus.

▶ Beim aktiven Autofokus arbeitet ein separates Sender-Empfänger-Modul, das den Abstand zum Objekt über die Reflexion eines Ultraschall- oder Infrarot-Signals ermittelt.

▶ Beim passiven Autofokus werden die Bildinformationen vom CCD-Sensor für die richtige Fokussierung (Scharfstellung) herangezogen.

Belichtungskorrektur

Üblicherweise ermittelt die Kamera die Werte für die richtige Blende und Belichtungszeit automatisch. Es kann jedoch z.B. für das Erzielen von Effekten notwendig sein, von diesen Werten abzuweichen. Gute Kameras bieten also eine Belichtungskorrektur, mit der Sie die Automatik bei besonderen Lichtverhältnissen manuell korrigieren.

Blende

Mit der Blende werden der Lichteinfall und die Schärfentiefe reguliert. Damit wird der Linsenquerschnitt reguliert. Je weiter die Blende geschlossen wird, desto hoher ist die Schärfentiefe, also der räumliche Bereich, der scharf abgebildet wird.

Blendenwert

Der Blendenwert gibt das Verhältnis zwischen der Blendenöffnung und der Objektivlänge an. Bei der Blende 1:11 ist die Blendenöffnung also 11 Mal kleiner als die Objektivlänge. Daneben wird auch das maximale Öffnungsverhältnis des Objektivs angegeben. Je kleiner die Zahl hinter dem Doppelpunkt ist, desto lichtstärker ist das Objektiv.

Brennweite

Die Brennweite ist die Länge in Millimetern zwischen dem Objektiv und dem Film (bei herkömmlichen Kameras) bzw. dem CCD-Modul (bei Digitalkameras) an.

- ▶ Bei herkömmlichen Kleinbildkameras liegt dieser Wert bei 50 Millimetern. Darüber liegende Werte gelten für Teleobjektive, darunter liegende Werte für Weitwinkelobjektive.
- ▶ Bei digitalen Kameras hängt dieser Wert von der Größe des CCD-Moduls ab und liegt bei etwa 10 bis 12 Millimetern.

CCD

Diese Abkürzung steht für Charge Coupled Device. Das sind Halbleiterelemente, die in der Lage sind, die auftreffende Helligkeit in elektrische Spannungswerte umzuwandeln. Diese unterschiedlichen Spannungswerte werden ausgewertet und ergeben die einzelnen Bildinformationen.

CMOS

Diese Abkürzung steht für Complementary Matal Oxide Semiconductor. Dieses System soll die CCD-Bauteile ablösen. Die helligkeitsempfindlichen Sensoren sowie die Ansteuerungselektronik sind hierbei in einem Chip untergebracht. Die Herstellung der CMOS-Chips ist zwar billiger, jedoch bieten sie derzeit noch nicht die gleiche Bildqualität.

Digitaler Zoom

Durch einen speziellen Algorithmus werden zusätzliche Bildinformationen errechnet und durch eine Ausschnittvergrößerung ein Tele-Effekt erzeugt. Diese Bildinformationen sind lediglich Näherungswerte, aber keine realen Bildinformationen. Einem realen Zoom ist daher immer der Vorzug zu geben, auch wenn dies die Kamera teurer macht.

Die Auswahl der richtigen Digitalkamera

Farbrauschen

Der Begriff bezeichnet Störungen in einem Halbleiter-Element (z.B. thermischer Art). Diese Störungen wirken sich als Signalrauschen durch fehlerhafte Pixel aus, die meist in gleichfarbigen Flächen auftreten.

Lichtstärke

Mit der Lichtstärke wird das Verhältnis des maximal möglichen Öffnungsdurchmessers eines Objektivs zu seiner Brennweite angegeben. Diese entspricht der kleinstmöglichen Blendenzahl, also der größtmöglichen Blendenöffnung. Die Zoomobjektive herkömmlicher Spiegelreflexkameras weisen eine Lichtstärke von etwa 3,5 bis 4 auf (je nach Zoom-Brennweite), während diese bei guten Zoom-Digitalobjektiven bei etwa 2,0 bis 2,5 liegt.

Serienaufnahmen

Mit dieser Funktion ist es Ihnen möglich, mehrere Aufnahmen in einer mehr oder weniger schnellen Abfolge schießen zu können (im Zehntelsekundenbereich). Allerdings ist dies eine Funktion der relativ teuren Kameras. Der Grund: Für diese Funktion wird ein großer Arbeitsspeicher benötigt, da die Bildspeicherung zeitversetzt geschieht.

Spotmessung

Die Belichtungsmessung erfolgt in diesem Fall innerhalb eines bestimmten Bereichs, den der Benutzer festlegen kann. Dies ist dann sinnvoll, wenn es sich z.B. um Gegenlichtaufnahmen handelt und eine Mischung der unterschiedlichen Lichtverhältnisse nicht zu einem optimalen Ergebnis führen würde.

TTL-Messung

Die Lichtmessung erfolgt in diesem Fall durch das Objektiv (through the lens) und nicht durch ein separates Element. Bei Belichtungsmessungen im Nahbereich wird dadurch ein wesentlich objektbezogeneres Ergebnis erreicht.

Verschlusszeit

Die Verschlusszeit ist neben der Blende der zweite wichtige Wert bei Aufnahmen. Sie bestimmt, wie lange der Film bzw. das CCD dem Licht ausgesetzt wird. Je länger diese Zeit gewählt wird, desto schwieriger wird es, verwackelungsfreie Bilder ohne Stativ zu erstellen.

Im Telebereich sollte die Verschlusszeit etwa 1/60 bis 1/125 Sekunde nicht unterschreiten, während bei Normal- und Weitwinkelobjekten Aufnahmen aus der Hand noch bis zu 1/30 Sekunde möglich sind.

Weißabgleich

Hierbei wird das reflektierte Licht unterschiedlicher Beleuchtungsquellen, wie etwa Kunstlicht (z. B. Glühbirnen oder Neonröhren) oder natürliches Licht, gemessen. Da die unterschiedlichen Beleuchtungsquellen unterschiedliche Farbtemperaturen haben, muss eine entsprechende Anpassung vorgenommen werden. Der Vorteil ist, dass eine weiße Fläche, etwa eine weiße Wand oder ein weißer Untergrund, auch dann weitgehend weiß erscheint, wenn die Lichtquellen unterschiedlichen Ursprungs sind.

Hochwertige Digitalkameras ermöglichen einen manuellen Weißabgleich, indem das Objektiv auf eine weiße Fläche gerichtet und der Weißabgleich ausgelöst wird.

Digitales Schwarzweiß

Viele Digitalkameras können auf Schwarzweiß-Aufnahmen eingestellt werden. Dies bietet großartige Möglichkeiten für Paaraufnahmen. Die Kamera leistet dies, indem sie die Aufnahme in Farbe macht und dann die Farbdaten in Schwarzweiß-Daten umwandelt, bevor das Bild in ein Format, wie zum Beispiel JPEG, komprimiert wird. So können Sie auf einfache Weise Schwarzweiß-Aufnahmen erhalten. Leider werden manchmal die erwünschten Resultate nicht erzielt, da Sie keine Kontrolle darüber haben, wie die Farbdaten in Schwarzweiß-Daten umgewandelt werden.

Eine gute Methode, digitale Schwarzweiß-Aufnahmen zu erhalten, besteht darin, ein Farbfoto mit Hilfe einer Image-Enhancing-Software in Graustufen umzuwandeln, wie z. B. mit FotoCanvas von ACD Systems. Dies ist von besonderer Bedeutung, da einige Verbesserungen nur durchgeführt werden können, solange das Bild noch in Farbe vorliegt. Dabei kann durch die Verstärkung der Farbsättigung vor der Umwandlung in Schwarzweiß ein besserer Kontrast erzielt werden. Die Verstärkung der Rot-, Grün- und Blaustufen ermöglicht es außerdem, die Helligkeit des Fotos flexibler einzustellen als mit der Schwarzweiß-Helligkeitskontrolle. Beachten Sie aber, dass Foto nicht in natürliches Schwarzweiß (2bit), sondern in Graustufen (256bit) umzuwandeln, damit die Details erhalten bleiben.

Kamerabatterien

Stört Sie der hohe Batterieverbrauch Ihrer Digitalkamera? Wollen Sie vorab wissen, wie lange die Kamera Bilder machen kann? Die Digitalkamera ist ohne Batterie nicht funktionstüchtig. Die Wahl der richtigen Batterie schont also Geldbeutel und Umwelt.

▶ Die üblichen Einwegbatterien tragen die Bezeichnung Alkaline. Diese Art wird für die meisten Alltagsgeräte benutzt. Dennoch sind diese Batterien nicht die beste Wahl für eine Digitalkamera, da sie nicht für ein solch leistungsstarkes Gerät konzipiert sind und sich deshalb schnell entladen.

▶ Nickel-Cadmium-Batterien sind als wieder aufladbare Batterien den Alkaline-Batterien vorzuziehen. Eine einzige Ladung hält länger vor als eine Alkaline-Batterie, und man kann sie wieder verwenden. Darüber hinaus eignen sie sich besser für die Leistungsstärke und das schnelle Recycling der Leistung, die für Digitalkameras notwendig sind.

▶ Eine noch bessere Lösung sind Nickelhydrid-Batterien. Diese neue Art der wieder aufladbaren Batterie hat eine weitaus größere Kapazität als die Nickel-Cadmium-Batterie und ist speziell für Geräte wie Digitalkameras konzipiert. Außerdem sind die in den Nickelhydrid-Batterien verwendeten Chemikalien ungiftig. Dieser Typ kann schnell und ohne Leistungsverlust wieder aufgeladen werden.

▶ Der neueste Batterietyp sind Lithium-Batterien. Es gibt zwei Arten von Lithium-Batterien: eine Herausforderung für den richtigen Einkauf. Beide Arten bieten große Kapazität, lange Haltbarkeit und sind speziell für Geräte wie Digitalkameras konzipiert. Allerdings sind Einweg-Lithium-Batterien im Gegensatz zu Swing-Batterien nicht wieder aufladbar. Swing-Batterien sind leider noch nicht in allen gängigen Batteriegrößen erhältlich. Man kann sie grundsätzlich nur in speziell angefertigten Batteriesätzen kaufen, die nur in bestimmte Kameras passen. Darüber hinaus nimmt man an, dass sie nur zwei bis drei Jahre lang haltbar sind. Einweg-Lithium-Batterien sind dagegen in den gängigeren Größen erhältlich, aber sie stellen eine teure und verschwenderische Wahl dar.

Kontinuierliche Entwicklung

Riesige Sprünge sind im Grafikbereich derzeit nicht zu erwarten, wohl aber eine kontinuierliche Weiterentwicklung. Besonders der Videobereich wird weitere Entwicklungen bringen. Ein Beispiel: Wenn die UMTS-Telefonie die Bildübertragung erlaubt, ziehen auch die heimischen PCs nach und mutieren damit zum Bildtelefon.

Bei Digitalkameras ist eine Orientierung an Bewährtem aus der analogen Fotografie zu erwarten. Die Preise sinken, die Qualität steigt, durch bessere Integration von analoger und digitaler Fotografie lässt sich liebgewonnenes Zubehör – spezielle Objektive oder leistungsstarke Blitzgeräte – auch im digitalen Bereich einsetzen. Schließlich wachsen bewegte und statische Videobilder zusammen. Während Videokameras mittlerweile akzeptable Standbilder liefern, können einige digitale Fotoapparate bereits kurze Videosequenzen aufnehmen.

Im Profibereich ist zunehmend mit dem Einsatz von 3D-Scannern zu rechnen. Warum soll ein Katalogprodukt durch ein Foto repräsentiert werden, wenn Internet und Scantechnik zu ähnlichen Preisen dreidimensionale Objekte an den interessierten Kunden bringen können!

Bild 8.41: Leider noch zu teuer für den Privatanwender, aber ein interessantes Gerät für den Profi. Sieht so die Zukunft der Digitalen Fotografie aus? (Foto: Olympus)

Kapitel 9
Internet und Kommunikation

Die Wörter »Internet« und »digitale Kommunikation« sind seit einigen Jahren in aller Munde. Doch was bedeuten sie, was bringen sie dem Einzelnen? In diesem Kapitel sollen diese Begriffe erklärt und die Möglichkeiten für Anwender gezeigt werden.

Was ist das Internet, was bringt es dem Nutzer?

Das Internet schafft die Plattform für verschiedene Anwendungs- und Kommunikationsformen. Die Funktionsweise wird jedoch erst verständlich, wenn grundlegende Kenntnisse vorhanden sind.

Kleine Geschichte des Internets

Die Geschichte des Internets begann in den späten 50er Jahren, als in den USA aufgrund der damaligen politischen Entwicklung der Wunsch nach modernen Verteidigungsstrategien laut wurde. So begann man mit dem Aufbau eines Telekommunikationsnetzwerkes, das Computer verschiedener Marken und Systeme miteinander verband. Dieses Netzwerk hieß ARPanet – Advanced Research Projects Agency-Net. Die Konstruktion war in der Lage, bei einem Ausfall oder Zerstörung eines Teiles des Netzes sofort andere Leistungskapazitäten zur Verfügung zu stellen und bot somit hohe Zuverlässigkeit.

Gleichzeitig entstanden einzelne wissenschaftliche Computernetzwerke, die dem schnellen Austausch von Forschungsdaten dienten. Erste Versuche, firmeninterne Rechnernetzwerke zu schaffen, waren von Erfolg gekrönt. Von dort bis zu den heute üblichen Intranets war es jedoch noch ein weiter Weg.

In den 80er Jahren folgten auch die ersten kommerziellen Netze. Ein Beispiel für ein solches kommerzielles Netz ist das in Deutschland bekannte BTX, Abkürzung für *Bildschirmtext*. Es war ein Netz der damaligen Deutschen Bundespost und diente vornehmlich dem Abwickeln von Bankgeschäften. Zurzeit erfolgt der Abbau dieses Dienstes, der mittlerweile zu T-Online-Classic umgetauft wurde. So kann man noch bis zum

Was ist das Internet, was bringt es dem Nutzer?

31.12.2001 auf BTX-Dienste zugreifen. Danach wird dieser weltweit älteste kommerzielle Onlinedienst neuen Technologien weichen müssen.

> **Fachwort** ↗ Ein so genanntes *Intranet* (etwa: internes Netz) ist ein Firmennetzwerk, das für den Datentransport das TCP/IP des Internets benutzt wird. Neben diesem Protokoll existieren meist zugleich andere Netzwerkprotokolle, verschiedene Hardware ist ebenso möglich. Aus dem Intranet heraus kann der Anwender auf die Ressourcen des Internets zugreifen, Nutzern des Internets dagegen ist der Zutritt in das Innere des Intranets verwehrt.

Das Internet, so wie es heute bekannt ist, schaffte erst 1992 den Durchbruch zum Massenmedium. Am Europäischen Kernforschungszentrum in Genf wurde ein System entwickelt, das einfaches Navigieren im Netz ermöglichte und darüber hinaus mit den bisher existierenden Netzwerken kompatibel war und sie somit zu einem Ganzen verband. In dieser Zeit entstanden die ersten Browser.

> **Fachwort** ↗ *Browser* sind Programme zum Stöbern im Internet, die als Komfort eine graphische Benutzeroberfläche bieten.

Heute lässt sich das Internet als ein Verbund von Computern unterschiedlicher Architekturen und Betriebssysteme beschreiben, der längst nicht nur wissenschaftlichem Arbeiten vorbehalten und nur für Informatikprofis zugänglich ist. Es dient breiten Bevölkerungsschichten zur Information, Unterhaltung und Kommunikation und bietet Unternehmen die Möglichkeit, neue Service- und Vertriebsmöglichkeiten zu erschließen.

Zahlen und Fakten zum Internet

1966   Teure Forschungscomputer sind über die USA verteilt. Das Pentagon als Finanzier drängt auf die Vernetzung der Ressourcen – die Geburtsstunde des Internets. Grundlagenforschungen führen zu neuen Computertechnologien.

1969	Die ersten Schritte zur Umsetzung der Idee werden gegangen: Forschungscomputer von vier Universitäten sind untereinander verbunden.
1972	Die elektronische Post tritt an, die Schneckenpost zu überholen. Die E-Mail-Programme treiben die Zahl der vernetzten Rechner weiter in die Höhe – fast dreißig Rechner sind schon miteinander verbunden.
1973	Die Vernetzung der Computer wird durch TCP/IP vereinfacht und gegen Unterbrechungen resistenter gemacht. Immer mehr Rechner gehen international ans Netz – der Begriff *Internet* ist keine Übertreibung mehr.
1979	Newsgroups zwischen zwei Universitäten machen das elektronische Medium für den Informationsaustausch populär. In kurzer Zeit existieren unzählige *Groups* – thematisch sortierte Diskussionsforen, in denen über E-Mails Fragen und Antworten ausgetauscht werden.
1982	Für die einen ein Schreck, für viele andere ein Segen: Der Personal Computer erobert langsam auch kleine Büros und den Heimbereich.
1991	Durch die Seitenbeschreibungssprache HTML für das Verknüpfen von Dokumenten und die Anzeige von Grafiken entsteht das World Wide Web. Grundlage für das *Surfen* im Internet sind die Hyperlinks, mit denen von Seite zu Seite gewechselt wird.
1993	Der Vorgänger der Firma Netscape bringt den ersten Internetbrowser: MOSAIC ist der Urvater aller heutigen Browsersoftware. Damit wird ein neuer Nutzerkreis erreicht: Das Surfen ist nun (fast) ohne PC-Kenntnisse realisierbar.
Heute	Mehrere Millionen Rechner bilden ein internationales Netz, in dem Millionen von Menschen weltweit regelmäßig online arbeiten. Staus auf den Datenautobahnen sind nicht selten. Längst ist das Internet den Kinderschuhen entwachsen und hat seine Unschuld verloren: Schmuddelseiten ziehen immer breitere Kreise. Der Handel im Internet ist ein Bereich mit rasant steigenden Umsatzzahlen.

Grundbegriffe

Bevor es an die vielfältigen Möglichkeiten geht, soll die grundlegende Funktionsweise des Internets Thema sein. Zusammenhänge und Begriffe dieses Abschnitts sind im täglichen Umgang mit dem Internet häufig anzutreffen oder Voraussetzung für das Verständnis.

Im Internetjargon ist eine grobe Unterscheidung zwischen Servern und Clients üblich.

▶ *Server* sind Computer, die andere Rechner mit angeforderten Daten und Programmen versorgen, z.B. den Heimcomputer. Eine häufige Tätigkeit von Servern ist das Bereitstellen von Webseiten. In diesem Falle schickt ein Heimcomputer eine Anfrage für eine bestimmte Internetseite an einen Server, der dann die gewünschte Seite an den Empfänger übermittelt.

▶ *Clients* andererseits sind Computer, die von Servern versorgt werden.

▶ Eine andere Anwendung ist das Regeln des E-Mail-Verkehrs im Internet. *Mailserver* sorgen dafür, dass eine elektronische Nachricht verschickt wird und den richtigen Empfänger erreichen kann.

▶ Ein *Fileserver* (Dateiserver) versorgt andere Computer mit Programmen, Bildern oder Musikstücken.

Bild 9.1: Das Internet besteht aus einem bunten Strauß unterschiedlicher Dienste.

Die Unterteilung in Server und Clients hat nichts mit der technischen Ausstattung und Leistungsfähigkeit eines Computers zu tun. Sie hängt lediglich von den Aufgaben ab, die ein Rechner übernimmt. Trotzdem sind natürlich Internetserver, die gleichzeitig Tausende von Computern mit Daten versorgen, leistungsfähige und teuere Maschinen.

Aber auch ein Rechner zu Hause kann so eingerichtet werden, dass andere Nutzer von ihm Dateien beziehen können. Wenn ein solcher Heimcomputer gleichzeitig Internetseiten abruft, so ist er zugleich Server und Client.

> **Fachwort** ↗ Um vertrauliche Informationen des Intranets zu sichern und Internetnutzern den Zutritt zu verwehren, existieren besondere Sicherheits-Barrieren, die *Firewalls* (Brandschutzmauern). Vielfältige Hard- und Softwarekomponenten sichern Firmenmitarbeitern den Zugang auf die Internet-Ressourcen und erlauben ausschließlich den genehmigten Zugriff von außen auf die Ressourcen des Intranets. So können z.B. Außendienstmitarbeiter die Informationen des Intranets nutzen.

Clients und Server

Die Beziehungen zwischen den Clients und den Servern sind die Grundlage aller Kommunikation im Internet. Ein Server stellt Daten bereit und ist ein Computer oder ein Programm. Der Client – ebenfalls Programm oder Computer – verwendet diese Daten. Bezogen auf die elektronische Post ist auch das Programm auf einem Rechner zur Arbeit mit den E-Mails ein E-Mail-Client. Der fest in das Internet integrierte Computer zum Verwalten der E-Mails ist der E-Mail-Server. Deshalb ist ein E-Mail-Programm auf einem Rechner ohne Verbindung zum Server ohne Wirkung.

Computer werden im Internet eindeutig durch eine IP-Adresse identifiziert. Eine IP-Adresse ist durchaus mit einer Telefonnummer vergleichbar, unter der ein Rechner immer zu erreichen ist. Diese aus einer vierteiligen Ziffernkombination bestehende Adresse wird über das NIC (Network Information Center) vergeben. So ist die Einmaligkeit gewährleistet. Über Tabellen mit

Was ist das Internet, was bringt es dem Nutzer?

den IP-Adressen, die in jedem Knotenpunkt des Internets verfügbar sind, erfolgt die Versendung der Datenpakete an den richtigen Empfänger – bei Bedarf auch über den nächsten Knoten.

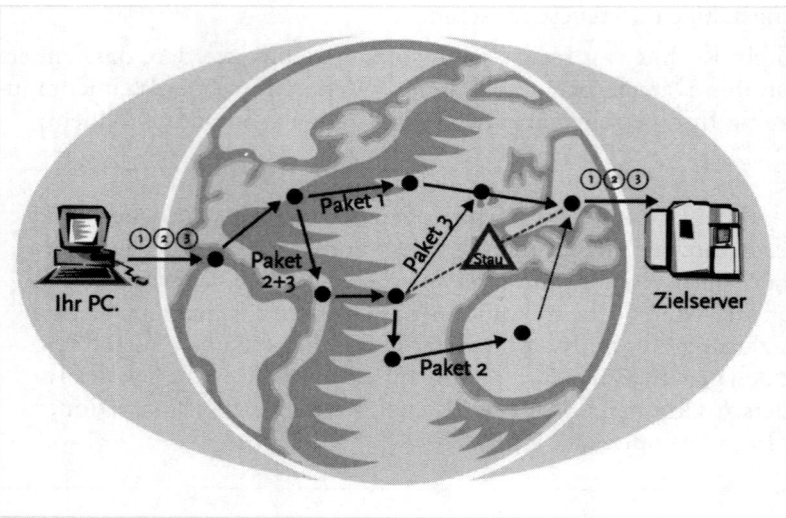

Bild 9.2: Die Verteilung von Datenpaketen orientiert sich automatisch an den besten Verbindungsmöglichkeiten.

Fachwort

↗ Das *IP* (Internet Protocol) ist eine Festlegung zum Datenaustausch zwischen den Servern im Internet. Der Absender bereitet ein Datenpaket vor und bringt es auf den Weg. Die Information ist dabei in eine Art elektronischen Briefumschlag verpackt, der Daten für den Transport enthält. Falls die Datenmenge umfangreich ist, teilt die IP-Schicht des Netzes die Nachricht in mehrere Päckchen auf, die auf unterschiedlichen Wegen durch Routing das Ziel erreichen. Die Transportinformationen sind deshalb in jedem Paket vollständig enthalten.

Bridges und Router

Ursprünglich ist das Internet den Erfordernissen des Kalten Krieges angepasst: Die Daten sollten den Empfänger auch dann erreichen, wenn Teile des Übertragungsweges ausfielen. Die Wege der Datenpakete stehen also nicht fest, Schaltstellen zwischen den direkt an das Netz angeschlossenen Computern (Hosts) sichern und regeln den Verkehr. Kreuzungspunkte innerhalb eines Subnetzes heißen Bridges, die Verbindungen zwischen den Subnetzen heißen Router. Bei beiden laufen die Daten auf und werden in die richtige Richtung weitergegeben. Jedes Paket könnte theoretisch einen anderen Weg nehmen, da die komplette Adresse in jedem enthalten ist. Beim Empfänger werden sie wieder zusammengesetzt, so dass Sie die vollständige Information erhalten.

Router und Bridges handeln situationsabhängig: je nach Verkehrslage im Internet schickt der jeweilige Router die Informationspäckchen auf die Reise. Der eigentliche Weg ergibt sich fast zufällig, denn durch laufende Aktualisierung der Übertragungsdaten ergibt sich bei einem Stau auf der Datenautobahn sofort ein neuer Weg.

Router und Bridges realisieren also drei Aufgaben:

▶ Sie bilden Kreuzungen auf dem Weg der Daten, damit stets mehrere Varianten für den weiteren Weg der Informationspakete wählbar sind.

▶ Sie funktionieren als Adapter für die Informationen, falls für den physikalischen Transport der Daten innerhalb der Subnetze Anpassungen nötig sind.

▶ Sie optimieren die Route je nach Auslastung der Verbindungswege, eine Aufgabe, die durch das rasante Wachstum des Internets an Bedeutung immer mehr zunimmt.

Fachwort

↗ *TCP* (Transmission Control Protocol) ist ein Basisprotokoll des Internets für den stabilen, sicheren und effizienten Datenaustausch zwischen den Hosts. Eine TCP-Verbindung wird eindeutig charakterisiert durch die IP-Adressen der beteiligten Hosts und eine weitere Zahl für den Transport, die so genannte Port-Nummer.

Was ist das Internet, was bringt es dem Nutzer?

Surfen

Doch wie ruft man Internetseiten ab? Das ist nach einiger Eingewöhnung mit Hilfe der Internetbrowser ganz einfach. Das sind spezielle Programme zur Abfrage und Darstellung von Informationen aus dem Internet. Ihren Namen verdanken sie dem englischen *to browse*, was blättern oder schmökern bedeutet. Die bekanntesten Browser sind der Internet Explorer und Netscape Communicator, die später noch genau vorgestellt werden.

▶ Eine Internetseite wird erreicht, wenn die Adresszeile des Browsers eine Adresse, den URL, enthält.

▶ Eine Adresse ist z.B. *http//www.namederseite.de*. Beim Eintippen einer Adresse sind die Buchstaben vor *www* nicht nötig, da sie vom Browser automatisch ergänzt werden.

▶ Auf einer Webseite helfen Hyperlinks weiter. Ein Hyperlink, oft nur als Link bezeichnet, ist eine Internetverknüpfung. Hyperlinks ermöglichen es dem Seitenbesucher, per Tastenklick eine andere Seite oder einen weiteren Bereich der gerade besuchten Seite aufzurufen.

Bild 9.3: Bei einer Bewegung des Mauszeigers über einen Link nimmt der sonst gewohnte Zeiger die Form einer kleinen Hand an. Links werden zusätzlich farblich gekennzeichnet und oft unterstrichen.

Die URL

URL (Uniform Resource Locator) bedeutet etwa *eindeutige Quellangabe* und ist ein standardisierter Bezeichner für Internetadressen, z.B. *http://www.meinname.de/inhalt1.htm.*

Die Bestandteile im Einzelnen:

http:// An dieser Stelle steht das Übertragungsprotokoll an: *http* für das übliche Surfen im Netz, *ftp* für das Übertragen von Dateien und *https* für gesicherte Internetseiten.

www* Steht für World Wide Web. An dieser Stelle sind auch andere Kürzel möglich.

. Der Dot (Punkt) ist wichtiger Bestandteil der Adresse: Vergessene Punkte oder gar ein Komma beim Eingeben der Adresse machen das Auffinden unmöglich.

meinname Domänenname, bezeichnet den Computer, der die gesuchten Seiten verwaltet.

.de Toplevel-Domänenname.

/ Der Slash trennt weitere Bestandteile der Adresse voneinander. Während der Domänenname unabhängig von der Groß- und Kleinschreibung erkannt wird, ist die nach dem Slash folgende Schreibweise wichtig – andernfalls kann eine Fehlermeldung die Folge sein.

inhalt1.htm Bezeichnet den Dateinamen des anzuzeigenden Dokuments. Die Dateierweiterung zeigt die Art des Dokuments an: z.B. steht *.htm* für ein Hypertextdokument, *.jpg* für ein Bild.

Fachwort ↗ Ein weiteres Protokoll im Internet ist *Gopher*, das im Gegensatz zu HTTP ohne formatierten Text arbeitet. Dieses Protokoll kennt nur Menüs und Dateien, wobei Menüs als einfache Listen auf dem Bildschirm erscheinen. Über diese Menüs und weitere Untermenüs gelangen Sie zur gesuchten Datei. Der Nachteil von Gopher besteht darin, dass die Seitengestaltung eingeschränkt ist.

Was ist das Internet, was bringt es dem Nutzer?

Webseiten unterscheiden sich zum Teil deutlich. Damit ist nicht nur das Aussehen, sondern auch die Funktionalität gemeint. So gibt es Seiten, die nur Text und einfache Grafiken enthalten. Sie sehen dabei ein wenig langweilig aus, sind aber für die Darstellung einer wissenschaftlichen Arbeit völlig ausreichend.

Eine Webseite einer Werbeagentur oder eines Multimediaunternehmens erscheint sicherlich viel bunter und verspielter. Bilder, Geräusche oder kleine Videos sorgen für optische Reize.

Diese Vielfalt liefern verschiedene Verfahren und Programmiertechniken. Das genaue Verständnis ist aber keineswegs erforderlich, um das Internet zu nutzen und Spaß dabei zu haben – ein kurzer Überblick reicht aus:

HTML ist eine Art Programmiersprache, die zur Erstellung von Internetseiten verwendet wird. Es gibt auch die Möglichkeit, eine Internetseite mit einem speziellen Programm zu erstellen, einem so genannten HTML-Editor. Das hat den Vorteil, dass eine Webseite ähnlich wie in einem Grafikprogramm aus dem Baukasten entsteht. Daneben gibt es viele Erweiterungen für HTML, die Internetseiten mit Bildern, Musik oder Videos ermöglichen oder interaktive Elemente bieten.

> ## DNS – Domain Name System
>
> Durch die Verwendung des Internet-Protokolls ist jeder Computer im Internet durch eine IP-Adresse repräsentiert. Eigentlich ist das eine nackte Zahl in der Form 123.145.54.12. Da nur ein Computer mit diesen Zahlen arbeiten kann, ist die Ersetzung der IP-Adressen durch Klartextnamen üblich.
>
> Im Internet ist also stets eine Übersetzung aus dem lesbaren Namen des Hosts, z.B. *Meinname.de* – gleichbedeutend als URL bezeichnet – in die kryptische IP-Adresse nötig.
>
> Der lesbare Name ist der Domänenname (domain name). Dessen Übersetzung übernehmen spezielle Computer, die eine Tabelle mit den Domänennamen und den zugehörigen IP-Adressen verwalten. Diese Server sind über die gesamte Welt verteilt, so dass eine Anfrage nach IP-Adressen schnell erledigt ist.

Toplevel-Domänen

Die Domänennamen sind die Klartext-Bezeichner der IP-Adressen. Im Laufe der Zeit hat sich eine hierarchische Namensstruktur herausgebildet. Die Einteilung der Host-Namen erfolgt nach organisatorischen oder geografischen Merkmalen. Die oberste Hierarchieebene (top level domain) gibt wichtige Hinweise zur gewählten Domäne.

Zweibuchstabige Kürzel repräsentieren traditionell die verschiedenen Länder, dreibuchstabige Kürzel stehen für organisatorische Bereiche. Die dreibuchstabigen Kürzel deuten häufig auf Rechner in den USA, die Zuordnung ist aber nicht zwingend. In neuester Zeit sind weitere Kürzel eingeführt worden, die auch mehr als drei Buchstaben haben können und die bisher übliche Palette erweitern.

Toplevel-Domäne	Bedeutung
.aero	Luftfahrtindustrie
.as	Länderkürzel Österreich
.biz	Unternehmen
.com	Kommerziell genutzter Host, z.B. *www.microsoft.com*
.coop	genossenschaftliche Organisationen
.de	Länderkürzel Deutschland
.edu	Rechner von Universitäten und anderen Bildungseinrichtungen (der USA)
.es	Länderkürzel Spanien
.fr	Länderkürzel Frankreich
.gov	Rechner der US-Behörden
.info	Ohne Einschränkung verwendbar
.mil	Rechner des US-Militärs
.museum	Museen
.name	Privatperson

Tabelle 9.1: Toplevel-Domains

Was ist das Internet, was bringt es dem Nutzer?

Toplevel-Domäne	Bedeutung
.net	Netzwerkbetreiber, Internet-Provider u. Ä., z. B. *www.germany.net*
.org	Gemeinnützige und andere Organisationen
.pro	Anwälte, Steuerberater, Ärzte
.pt	Länderkürzel Portugal
.uk	Länderkürzel Großbritannien

Tabelle 9.1: Toplevel-Domains (Forts.)

Die Bausteine im Internet

Neben vielen nützlichen und ernsthaften Internetanwendungen sollte man den Spaßfaktor nicht vergessen, den das neue Medium mit sich bringt. So gehört der Download von Musik aus dem Internet für viele Menschen bereits zum Alltag. Für Musikfans spielt das Internetradio auch eine große Rolle. Auch die Möglichkeit, an neue Videos zu kommen, z.B. als Filmvorschau, bietet neue Informationswege zu einem kommenden Kinofilm.

Bild 9.4: Aufwändige Spiele im Internet bieten einer breiten Fangemeinde Spaß.

Eine immer größer werdende Zahl von Spielern erfreut sich an Spielen im Internet, angefangen mit einfachen Kartenspielen über Schach bis hin zu modernen Egoshootern und Strategiespielen. Das Internet ist die Arena, in der die Kontrahenten gegeneinander antreten.

Auch Gewinnspiele wie der *Millionenklick* auf *www.web.de* oder Ableger bekannter Fernsehquizshows finden immer mehr Anhänger. Die Möglichkeiten scheinen schier unbegrenzt zu sein. Ob Informationen über Musikveranstaltungen oder exotische Sportarten, es ist für jeden etwas dabei.

Recherchen

All diese Beschreibungen lassen aber noch nicht erkennen, welche Erleichterungen und welchen praktischen Nutzen das Internet bietet. Sie sind aber vielfältig. Eine davon ist die Möglichkeit, für jedes erdenkliche Thema Recherchen durchzuführen und auf Seiten zuzugreifen, die sich einem bestimmten Thema widmen.

Zu diesem Zweck gibt es Suchdienste, die anhand von Suchbegriffen das Internet nach Webseiten durchstöbern, die die gewünschten Informationen enthalten. Das eröffnet vor allem Lernenden den Zugriff auf Wissen, das ohne das Internet überhaupt nicht oder zumindest nicht sofort verfügbar wäre.

> **Hinweis:** In diesem Zusammenhang ist anzumerken, dass z.B. auch Fahrplanauskünfte der Bahn oder eines regionalen Transportunternehmens abgefragt werden können. Zu finden sind die Lottozahlen, das Fernsehprogramm oder die letzten Fußballergebnisse.

Doch wie findet man die passende Information in der unüberschaubaren Zahl der Internetseiten? Eine nicht zielgerichtete Websitzung kann Stunden dauern, ohne die benötigten Informationen zu Tage zu fördern.

Themenkatalogseiten bieten eine erste grobe Gliederung sortiert nach Themen, wie z.B. Computer Wirtschaft, Freizeit oder Kunst. Durch das Auswählen des Themas Computer, gelangt man zu weiteren Anbietern, die sich diesem Thema widmen.

Ein Themenkatalog ist wie ein Branchenbuch des Internets: Die bekanntesten Vertreter dieser Art sind *www.web.de* oder *www.yahoo.de*, die natürlich ebenso aktuelle Nachrichten aus Politik, Wirtschaft oder Sport bieten.

Was ist das Internet, was bringt es dem Nutzer?

Bild 9.5: Selbst ausgefallene Sportarten wie Sumo sind aktuell im Internet vertreten.

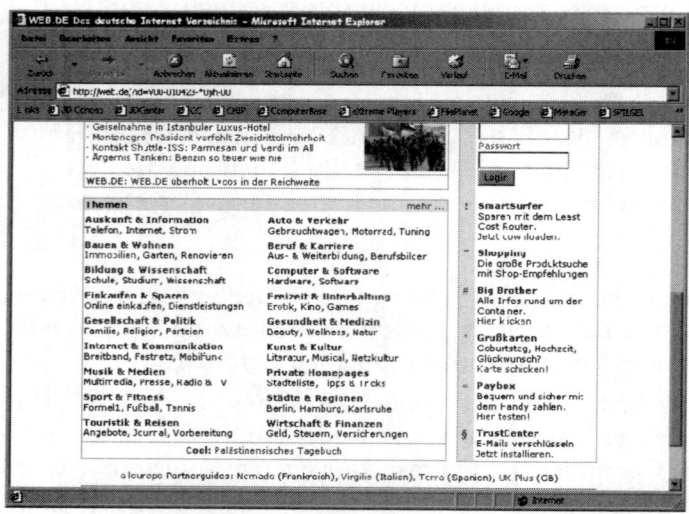

Bild 9.6: Themenkatalog auf web.de

Eine andere Methode zur Informationssuche bieten Suchmaschinen. Das sind Webdienste, die Unmengen von Internetseiten nach Suchbegriffen durchsuchen.

Um das zu erreichen, sichten Suchmaschinen viele Internetseiten und tragen auftretende Wörter in eine Suchbegriffdatenbank ein. Bei einer Suchanfrage werden die eingegebenen Begriffe mit der Datenbank verglichen und relevante Webseiten aufgelistet.

▶ Bei Nutzung von Suchmaschinen sollten die Suchbegriffe nicht zu allgemein sein. So liefert die Eingabe des Wortes Wohnung unzählige Treffer. Die meisten sind aber unbrauchbar, wenn z.B. eine Mietwohnung in Berlin gesucht wird.

▶ Verknüpfungen helfen, die Suche einzugrenzen.

▶ Eine weitere Möglichkeit besteht darin, bestimmte Begriffe aus der Suche auszuschließen.

> **Hinweis** ◀ Verwenden Sie in Suchmaschinen immer Kleinschreibung, da viele Suchdienste bei Großschreibung der Suchbegriffe nur groß geschriebene Begriffe auflisten. Das ist besonders wichtig, da im Internet der richtigen Schreibweise nicht immer Beachtung geschenkt wird, vor allem in diversen Foren.

▶ Die Verwendung von Platzhaltern verfeinert die Suche im Internet.

▶ Eine weitere Sucherleichterung ist das Verwenden von Phrasen. Das erleichtert das Auffinden von zusammengesetzten Begriffen wie z.B. Max Planck Schule. Bei Eingabe dieser Begriffe in Anführungszeichen in das Suchfeld werden nur Seiten angezeigt, in denen diese drei Wörter nebeneinander vorkommen. Bei Eingabe ohne Anführungszeichen werden hingegen Dokumente aufgelistet, in denen diese Wörter an jeder beliebigen Stelle des Textes vorkommen können.

Suchmaschinen unterscheiden sich in Aufbau und Funktionsumfang. Deshalb kann es vorkommen, dass nicht alle oben beschriebenen Funktionen unterstützt werden. Es ist daher immer sinnvoll, die Onlinehilfe einer Suchmaschine zu konsultieren, bevor mit der Suche begonnen wird. Dort erfährt man die genaue Verwendung der einzelnen Suchoptionen.

Was ist das Internet, was bringt es dem Nutzer?

> **Hinweis:** Übung macht den Meister: Scheuen Sie sich nicht, die vielen Suchdienste auszuprobieren. Unter *www.google.de* oder *www.altavista.de* finden Sie zwei der bekanntesten Suchmaschinen.

Es gibt auch Sonderformen der Suchdienste. Eine besondere Art sind Metasuchmaschinen, die bei Eingabe einer Suchanfrage gleichzeitig mehrere »normale« Suchmaschinen abfragen und die Ergebnisse, nach der Relevanz sortiert, auflisten: Beispiele sind *www.metager.de* oder *www.metacrawler.com*.

Such-hilfe	Bedeutung
""	Setzen Sie Begriffe in Anführungszeichen, z.B. "Expo Hannover", listet die Suchmaschine alle Seiten, in denen die Kombination genau in dieser Schreibweise vorkommt. Seiten, bei denen die Bezeichnung z.B. ausschließlich Expo 2000, Hannover lautet, werden ausgelassen.
AND	Dieser Operator schränkt die Fundstellen ein, er muss aber vor jedem Suchbegriff erscheinen. Der Operator ist auch durch ein Pluszeichen repräsentiert. Der Eintrag +Hannover +Expo sorgt also für das Auffinden aller Bezüge zum Namen Expo und zu Hannover.
OR	Dieser Operator ist nützlich, wenn die Schreibweise eines Begriffes nicht klar ist. Er wird wie AND angewandt: OR Eliphant OR Elefant schafft Abhilfe bei der Suche nach dem Rüsseltier.
NOT	Falls Sie Informationen zur Weltausstellung suchen, die nicht mit Hannover zu tun haben, verwenden Sie den Operator NOT, der auch durch ein Minuszeichen repräsentiert wird. Der Ausdruck Expo -Hannover -2000 ermittelt alle Seiten mit Bezügen auf Messen mit der Bezeichnung Expo, die nicht im Jahr 2000 und nicht in Hannover stattfanden.
NEAR	Mit dem Operator »in der Nähe von« können Sie z.B. nach Kombinationen suchen, die in engem Kontext auftauchen sollen: Expo NEAR Hannover findet Seiten mit Bezügen zur Expo in Hannover auch dann, wenn auf der Seite stets von der Expo 2000 in Hannover die Rede ist.
*	Wenn Sie einen Stern, die so genannte WildCard ohne Leerzeichen an einen Begriff anschließen, z.B. Parlament*, listet die Suchmaschine nicht nur das einzelne Wort, sondern auch Erweiterungen. Der Parlamentspräsident wird ebenso entdeckt wie Parlamentssitz.

Tabelle 9.2: Allgemeingültige Suchsyntax

Online-Banking

Bankgeschäfte über das Internet gewinnen zunehmend an Bedeutung. Diese Entwicklung basiert auf immer besseren Sicherheitsvorkehrungen und steigender Akzeptanz seitens der Kunden. Die elektronische Art der Kontoführung heißt auch Online- oder Homebanking. Sie wird durch die Bereitstellung entsprechender Software durch die Banken und Sparkassen ermöglicht.

Weit bevor das Internet die heutige Verbreitung fand, war BTX (Bildschirmtext) der erste Standard für die Datenübertragung über die Telefonleitung. Auf einfachste Weise wurde damals eine grafische Oberfläche geschaffen, mit der die Datenübertragung für einen weiten Anwenderkreis interessant wurde. Schon früh beteiligten sich die Banken an diesem Dienst und boten Bankgeschäfte per BTX an.

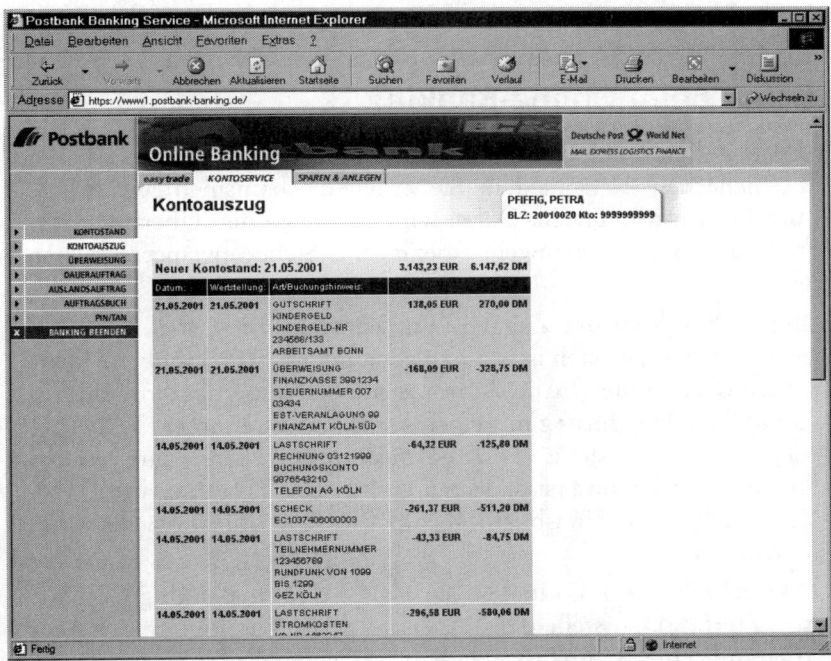

Bild 9.7: *Internet statt Bankschalter: Die Postbank bietet einen Zahlungsverkehr, der sich an Vorgängen aus dem realen Bankgeschäft orientiert.*

Was ist das Internet, was bringt es dem Nutzer?

Mit der Verbreitung grafischer Benutzeroberflächen und des WWW verlor der BTX-Dienst zusehends an Attraktivität. Mittlerweile bieten verschiedene Hersteller komfortablere Homebanking-Programme. In vielen Fällen setzen die Programme auf BTX als Datendienst auf und stellen lediglich ein Front-End (Programmerweiterung, Aufsatz) für die Bankgeschäfte per BTX dar. Ein Beispiel dafür ist die Anwendung T-Online-Banking, die weit verbreitet und einfach zu bedienen ist.

Das Online-Banking funktioniert dabei ähnlich wie ein Überweisungsträger, den Sie in Ruhe zu Hause ausfüllen und dann an die Bank zur Ausführung senden. Statt per Briefpost wird die Überweisung aber als Datenpaket über die Telefonleitung zum Rechenzentrum der Bank geschickt.

Kontostandsabfragen funktionieren ganz ähnlich: Die Abfrage wird von Ihrem Computer an den Zentralrechner der Bank übermittelt und Sie erhalten die entsprechenden Informationen.

Sicherheit beim Online-Banking

Kernfrage bei allen Geldgeschäften über Online-Verbindungen ist und bleibt die Sicherheit. Verschiedene Sicherheitsmechanismen gewährleisten Schutz für sensible Daten. Dabei wird zwischen den Übertragungswegen unterschieden, die jeweils spezifische Sicherungsmechanismen einsetzen.

▶ Bei BTX erfolgt der Zugang zum Zentralrechner erst, wenn ein Kennwort eingegeben ist – die so genannte PIN (Persönliche Identifikationsnummer). Alle Aufträge müssen außerdem vor der eigentlichen Ausführung mit einer Transaktionsnummer (TAN) gesiegelt werden. Jede Transaktionsnummer kann nur einmal benutzt werden und ist danach ungültig. Die PIN und eine TAN-Liste liefert die Hausbank, sobald die Kontoführung beantragt wurde.

▶ Aktuell z. B. bei T-Online ist das HBCI (Home Banking Computer Interface). Anstelle der TAN erfolgt die Bestätigung der Aufträge mit einer Chipkarte, die ein Kartenleser am PC aufnimmt. Der Auftrag und die digitale Unterschrift werden über das Datenübertragungsformat von T-Online (FIF, File Interchange Format) an den Rechner in der Bank übermittelt.

Kapitel 9: Internet und Kommunikation

Das bei den Sparkassen übliche Programm StarMoney bietet z.B. Unterstützung des seit Oktober 1998 gültigen HBCI-Standards. Bei der Installation wird festgelegt, welcher Sicherheitsstandard genutzt wird. Als Verschlüsselungshilfsmittel kommt bei einigen Banken anstelle einer Chipkarte ein Tastaturadapter zum Einsatz.

▶ Beim Übertragungsweg HBCI in der Internetvariante kommt ebenfalls eine Chipkarte als Sicherheitsmechanismus zum Einsatz. Die digitale Unterschrift wird via TCP/IP zusammen mit dem Auftrag an den Zentralrechner des Kreditinstituts gesandt.

▶ Etwas anders sieht die Sicherheit im offenen System Internet aus: Dort sind Daten potenziell für jeden zugänglich. Deshalb kann Sicherheit nur gewährleistet werden, wenn die Daten für Dritte unbrauchbar sind. Das geschieht über die Verschlüsselung. Selbst wenn ein Unbefugter die Datenpakete an den Zentralrechner der Bank abfängt, kann er den Inhalt nicht erkennen. Einige Programme unterstützen die Verschlüsselung der Daten nach SSL: Dabei kommt ein 128 Bit-Schlüssel zum Einsatz. Zusätzlich ist die Legitimation mit PIN und TAN erforderlich.

Einkaufen ohne Ladenschluss

Das Internet schafft die Voraussetzungen für flexibles Einkaufen, das nicht von Öffnungszeiten oder räumlichen Entfernungen eingeschränkt wird, das E-Commerce. Neben herkömmlichen virtuellen Kaufhäusern – vergleichbar mit bekannten Versandhäusern, die allesamt im Internet vertreten sind – haben sich Sonderformen entwickelt, wie z.B. das Powershopping. Dabei schließen sich viele Interessenten, die das gleiche Produkt erwerben möchten, zu einer Gruppe zusammen, um einen möglichst niedrigen Preis zu erzielen – z.B. durch Mengenrabatt.

Eine weitere Variante sind Internetauktionen, bei denen Endverbraucher durchaus günstige Preise erzielen.

Gerade beim virtuellen Handel spielen multimediale und interaktive Erweiterungen (CGI, PHP, Java) eine große Rolle, da die Shop-Seiten neben Funktionalität auch optischen Reiz bieten wollen, um potenzielle Käufer zum Wiederkommen zu bewegen.

Was ist das Internet, was bringt es dem Nutzer?

> **Achtung** ⬇ Bei der Mehrzahl der Shoppingprogramme müssen Sie die Annahme von Cookies gestatten, um die korrekte Funktion zu gewährleisten. Cookies sind kleine Textdateien, in denen eine besuchte Seite Informationen hinterlässt. In einigen Fällen erfolgt keine Fehlermeldung, wenn Sie die Annahme von Cookies generell verweigert haben. Eine korrekte Bestellung ist aber nicht möglich.

Bild 9.8: Bequem, leicht und zuverlässig: Shopping im Internet

Bezahlen im Internet

Das Bezahlen der Leistungen im Internet ist ein Problem, dessen Entwicklung noch nicht endgültig gelöst ist. Sicherheitsbedenken sind nicht von der Hand zu weisen.

▶ Im deutschen Raum ist es möglich, bei der Bestellung eine Einzugsermächtigung zu erteilen. Wenn das in einem besonders geschützten Bereich erfolgt, in dem der Anbieter eine Verschlüsselung der Daten realisiert, ist das nur mit geringem Risiko verbunden.

▶ Nachnahmesendungen sind eine Alternative, die mit hohen Gebühren verbunden ist.

▶ Weit verbreitet ist die Forderung einiger Anbieter, die Kreditkartennummer einzugeben und so zu bezahlen. Diesen Weg sollten Sie nur wählen, wenn Sie sich von der Sicherheit der Datenübertragung überzeugt haben. Ein kleines Schloss im Browser oder das Protokoll HTTPS sind Zeichen einer solchen sicheren Verbindung.

▶ Das virtuelle Geld für den Einkauf im Internet ist aber schon in Sicht. Gelegentlich finden Sie auf Internetseiten den Verweis auf ein aufladbares Konto, das reales Geld für die Bezahlung im Internet bereitstellt. Meist überweisen Sie dem Anbieter dafür eine bestimmte Summe, die Sie dann verbrauchen. Bezahlt wird mit einer Abbuchung von diesem Konto.

Selbstdarstellung

So wie es Unternehmen möglich ist sich im Internet darzustellen, kann auch jede Privatperson, ein Verein oder sonstige Gemeinschaft mit einem Webauftritt sich selbst und die eigenen Belange darstellen. Man spricht in diesem Zusammenhang gern von Internetpräsenz und Homepage. Inzwischen gibt es viele Unternehmen, die alles Nötige für einen Webauftritt zu erschwinglichen Preisen anbieten. Auch das große Angebot an relativ einfach zu bedienenden HTML-Editoren ermutigt immer mehr Menschen, sich privat im Internet zu präsentieren.

Eine andere Variante sind Communities, die außer dem nötigen Platz im Netz auch gleich die Werkzeuge zur Erstellung der Internetseiten bieten.

Was ist das Internet, was bringt es dem Nutzer?

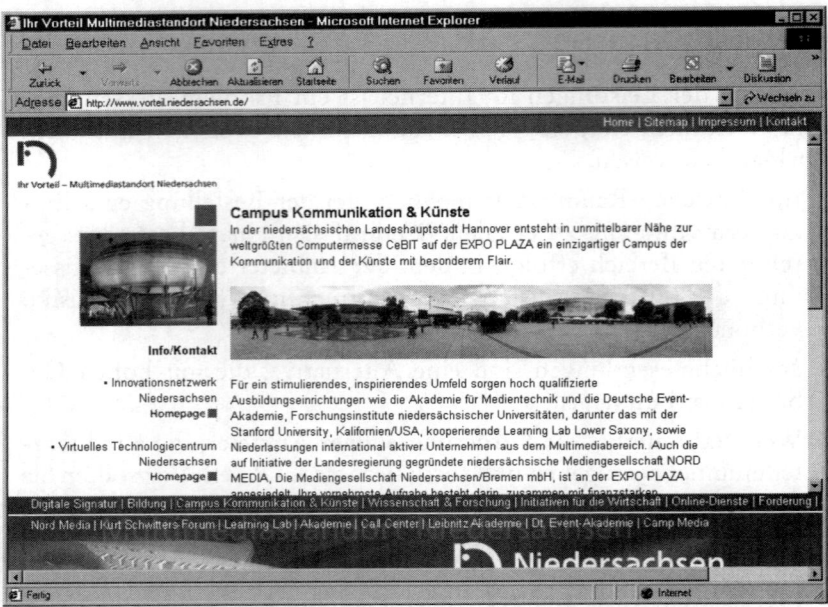

Bild 9.9: www.Vorteil.Niedersachsen.de: Eine Seite, die die Anstrengungen des norddeutschen Bundeslandes im Bereich Neue Medien präsentiert

Internet-Dienste im Überblick

Natürlich ist das Interessante am Internet nicht die Tatsache, dass Tausende Computer miteinander verbunden sind. Der Nutzen dieser Verbindung steht im Mittelpunkt. Eine Reihe verschiedener Internet-Dienste ermöglicht Ihnen den Datenaustausch über die Telefonleitungen.

▶ Der Begriff E-Mail ist das Synonym für elektronische Post. Dieser am häufigsten genutzte Dienst des Internets funktioniert prinzipiell wie die bekannte gelbe Post. Ein Absender verfasst eine Nachricht und erteilt den Auftrag, die Nachricht an einen Empfänger zu überbringen. Im Gegensatz zum normalen Briefverkehr (snail mail – Schneckenpost) sind Nachrichten innerhalb von Sekunden beim Empfänger.

Unter der Voraussetzung, dass der Empfänger seinen Briefkasten regelmäßig leert, ist die E-Mail schneller und kostengünstiger. Die modernen E-Mail-Programme bieten weitere Vorteile, wie z.B. Adressbücher und das Verwalten von Nachrichten. Die Nachricht muss sich nicht auf Text beschränken, als Anlage kann jede denkbare Datei an den Empfänger gehen. Der Vertraulichkeitsgrad von E-Mail-Nachrichten liegt etwa auf der Ebene von Postkarten: Der Inhalt Ihrer Nachrichten ist auf dem Übertragungsweg sichtbar.

▶ Einer der ältesten Dienste im Internet ist das Angebot, Dateien von dafür vorgesehenen Festplattenbereichen der Internet-Server herunterzuladen. Aktuelle Treiber für die Hardware oder andere nützliche Tools sind dann in Sekundenschnelle verfügbar. Der Dienst FTP (file transfer protocol) ist wie eine Bibliothek mit Tausenden verschiedenster Dateien. Sie können benötigte Dateien als Kopie von jedem beliebigen FTP-Server auf Ihren Rechner laden.

▶ Chat (englisch für »schwätzen«) ist eine nette Bezeichnung für die Online-Plauderei via Internet. Chatten funktioniert ähnlich wie CB-Funk, die Unterhaltung basiert allerdings nicht auf Sprache, sondern auf geschriebenen Zeichen, die über die Tastatur eingegeben werden. Dazu loggen Sie sich in einen Chat-Kanal ein und unterhalten sich dann mit allen Leuten, die sich zufällig oder auf Verabredung im gleichen Kanal befinden.

▶ Newsgroups sind Diskussionsforen und sind vergleichbar mit einer Zeitschrift, in denen Leserbriefe zu verschiedenen Rubriken abgedruckt werden. Die Nachrichten können von Lesern auf der ganzen Welt gelesen werden. Die Themenvielfalt ist groß. Sie erhalten auf elektronische Anfragen in den von Ihnen abonnierten Newsgroups hilfreiche Tipps und Ratschläge oder tauschen Informationen zu gewünschten Themen aus.

▶ Mailing-Lists sind vergleichbar mit privaten Diskussionsgruppen im Internet. Sie funktionieren wie die elektronische Post. Hinter den E-Mail-Adressen verbirgt sich nicht eine einzelne Person, sondern eine Liste mit Adressen weiterer Internet-Nutzer. Erhält die Mailing-Liste Nachrichten, werden an jeden Listenteilnehmer Kopien weitergeleitet.

> Einer der jüngsten und dabei attraktivsten Dienste im Internet ist das World Wide Web – heute schon umgangssprachlich mit dem Internet selbst gleichgesetzt. Die Internet-Seiten werden untereinander verknüpft, so entsteht ein weltweites Netz verschiedenster Informationen, die mit Bildern, Videos und Musik angereichert sind. Das Surfen im Internet ist gleichbedeutend mit dem Springen von einer Seite zur nächsten über die so genannten Links, hin zu den gewünschten Informationen.

> Das Internet ist in der Lage, große Entfernungen zu überbrücken. Da sich viele der Beteiligten zum Ortstarif in das Internet einloggen, sind mit Internet-Telefonie und Onlinekonferenzprogrammen wie Microsoft Netmeeting spezielle Kommunikationsdienste entstanden. Im Unterschied zu E-Mail und Chat wird das gesprochene Wort digitalisiert übertragen. In Verbindung mit einer Kamera steht über das Internet eine Konferenzschaltung mit Bild und Ton bereit. Eine echte Konkurrenz stellen diese Dienste aber sicher erst dann für die Telefonie dar, wenn die Übertragungsqualität und -geschwindigkeit im Internet weiter steigt.

Der passende Zugang zum Internet

Es gibt viele Möglichkeiten, in das Internet einzusteigen. Sie unterscheiden sich in Verfügbarkeit, Leistungsfähigkeit und ihren Kosten. Dabei ist eine erste grobe Trennung zwischen der technischen Zugangsart und des zu wählenden Providers zu treffen.

> **Achtung** ⬇ Analoge oder digitale (ISDN) Datenübertragung ist eine grundsätzliche Entscheidung, die bei der Einrichtung des Telefonanschlusses getroffen wird. Nach Freischaltung der Leitung müssen alle angeschlossenen Geräte – Telefone, Faxgeräte oder PC-Schnittstellen dem jeweiligen Netz angepasst oder über entsprechende Adapter betrieben werden.

Die Technik für den Internetzugang

Die zurzeit populärste Methode für einen Zugang zum Internet ist der analoge Anschluss über eine Telefonleitung. Das dafür benötigte Gerät, ein Modem, lässt sich in Form eines externen Zusatzgerätes oder einer internen Computersteckkarte im Handel relativ günstig erwerben.

> **Fachwort**
>
> ↗ *Modem* (Modulator-Demodulator) – bezeichnet ein Gerät, das digitale Informationen aus Ihrem PC in analoge Tonsignale umwandelt und umgekehrt. Durch diese Umwandlung können die Computersignale über ein analoges Netz gelangen. Am Ziel der Reise werden die Informationen durch ein weiteres Modem wieder in computerverständliche Informationen übersetzt.

Der Vorteil eines Modems ist, neben der flächendeckenden Verfügbarkeit, die einfache Handhabung. Das Gerät wird an eine COM- oder USB-Schnittstelle des Computers, und mit einem mitgelieferten Kabel an den Faxanschluss der Telefondose angeschlossen. Bei einer offenen Internetverbindung ist gleichzeitiges Telefonieren aber nicht möglich.

Nach der meist automatisch ablaufenden Treiberinstallation (Windows) steht das Modem zur Verfügung.

> **Hinweis**
>
> ◆ Für unerfahrene Anwender ist von der Benutzung einer Modemsteckkarte abzuraten, weil das Computergehäuse für den Einbau geöffnet werden muss.

Als Nachteil ist ganz klar die nicht mehr zeitgemäße Verbindungsgeschwindigkeit anzusehen. Mit einem analogen Anschluss lässt sich ein maximaler Downstream (Geschwindigkeit vom Internet zum Benutzer) von 56 Kbit je Sekunde und ein Upstream (Transport in der Gegenrichtung) von 33,6 Kbit je Sekunde erzielen.

Ein seit kurzem existierender neuer Modemstandard erhöht den Upstream auf 48 Kbit je Sekunde und ermöglicht das Entgegennehmen eingehender Anrufe während einer Webverbindung. Das gleichzeitige Surfen und Telefonieren ist aber weiterhin nicht möglich, da in diesem Fall die Internetverbindung »geparkt« wird. Dieser so genannte V.92-Standard setzt kompatible Geräte und Unterstützung seitens der Provider voraus, er dürfte sich aber innerhalb kurzer Zeit etablieren.

> **Achtung** ⬇ Die hier und nachfolgend genannten Geschwindigkeitsangaben sind lediglich theoretische Werte, die in der Praxis nur annähernd erreicht werden.

ISDN

Eine weitere weitverbreitete Methode für den Zugang zum Internet ist die ISDN-Technik. ISDN ist ein digitales Fernsprechnetz, das von Anfang an nicht nur für Sprach-, sondern auch für Datenübertragung konzipiert wurde. Das ISDN (Integrated Services Digital Network) beruht auf superschneller, digitaler Datenübertragung. Voraussetzung dafür ist das Vorhandensein eines entsprechenden Anschlusses bei einem Telekommunikationsanbieter und geeignete Hardwarekomponenten.

Die meisten ISDN-Telefonanlagen bieten die Möglichkeit, den Computer extern über die USB-Schnittstelle anzuschließen. Die Verwendung einer internen Steckkarte ist ebenfalls möglich.

> **Fachwort** ↗ Eine *ISDN-Karte* ist ein Bauteil für Ihren PC, über das Sie Daten in das ISDN übertragen können. Ein externer ISDN-Terminaladapter erfüllt die gleiche Aufgabe, kann aber zusätzliche Modemfunktionen realisieren.

Gegenüber einer analogen Internetanbindung bietet ISDN entscheidende Vorteile.

▶ Während einer Websitzung ist das Telefonieren möglich, die Verbindungsgeschwindigkeit beträgt in beide Richtungen 64 Kbit/s, was eine nicht allzu große, aber spürbare Verbesserung mit sich bringt.

Kapitel 9: Internet und Kommunikation

▶ Interessant ist die Kanalbündelung, bei der sich Geschwindigkeiten bis 128 Kbit/s erzielen lassen. Dabei werden die beiden je 64 Kbit breiten Kanäle, die einem ISDN-Anschluss zur Verfügung stehen, für die Internetsitzung verwendet – zum doppelten Preis.

▶ Die immer größer werdende Internetgemeinde, die sich dem Onlinespielen widmet, weiß außerdem die guten Pingzeiten zu schätzen, die sich in einem digitalen Netz erzielen lassen. Ping ist die Zeit, die ein Datenpaket in einem Netzwerk benötigt, um von einem Computer zu einem anderen und zurück zu gelangen. Dieser Wert wird in Millisekunden angegeben. Ein Ping von 100 bedeutet also, dass die Pakete in 100 Millisekunden zum Computer des Kontrahenten (oder einem Internetserver, auf dem das Spiel stattfindet) und zurück brauchen. Je besser der Ping, also je kleiner die Zahl, desto flüssiger lässt sich ein Spiel spielen. Oft müssen diese Pings mehrere Gateways überwinden, um ihr Ziel zu erreichen.

> **Fachwort** ↗ Ein *Gateway* ist der Übergang bzw. Schnittstelle zwischen zwei Netzwerken, etwa den Mailboxen und Online-Diensten, die dabei mit unterschiedlichster Systemsoftware betrieben werden.

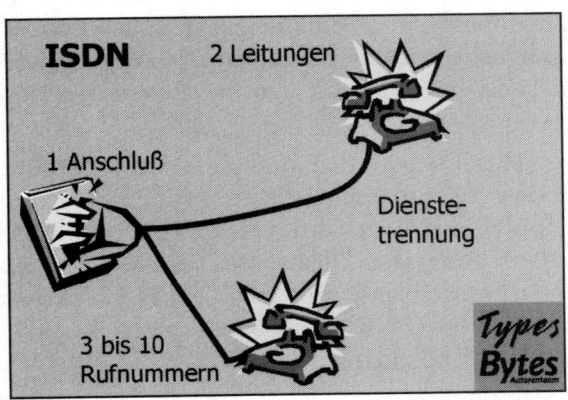

Bild 9.10: Ein Anschluss, zwei Leitungen, drei Rufnummern: ISDN ermöglicht nicht nur schnelles Surfen, sondern bringt zusätzliche Komfortmerkmale mit.

WINSOCK

Um unter Windows über einen Online-Zugang auf das Internet zugreifen zu können, wird ein TCP/IP-Socket benötigt. Das ist eine Konstruktion, die den Programmen den Umgang mit einer IP-Adresse ermöglicht. Diesen Socket bietet Windows 9.x mit der Datei *Wsock32.Dll*. Diese Winsock-Datei ist Bestandteil von Windows und wird bei der Erstinstallation der Komponenten für das DFÜ-Netzwerk auf den Rechner kopiert. Darüber greift Windows direkt auf das Internet zu. Wenn Sie nur einen Provider für den Internetzugang verwenden, gibt es keinerlei Probleme, selbst wenn die Zugangssoftware die originale Winsock-Datei ersetzt. Der Zugang erfolgt danach automatisch über den jeweiligen Online-Dienst. Am besten ist es aber, wenn Windows die Verwaltung der Verbindungen übernimmt und für jeden Zugang eine Verbindung im DFÜ-Netzwerk angelegt ist.

DSL

DSL (Digital Subscriber Line) ist eine relativ neue Technik, die einen schnellen Internetzugang ermöglicht. Grundsätzlich wird zwischen ADSL und SDSL unterschieden, wobei der Unterschied lediglich darin besteht, dass ADSL (das A steht für asymmetrisch) unterschiedlich großen Down- und Upstream bietet. SDSL (S für symmetrisch) arbeitet hingegen in beide Richtungen mit gleicher Geschwindigkeit. Darüber hinaus gibt es noch weitere SDL-Varianten, die jedoch wegen der Kosten für den Privatanwender uninteressant sind.

Für diese Technik sind ein spezielles DSL-Modem und eine Netzwerkkarte nötig. Das MODEM wird mit dem Telefonanschluss und der Netzwerkkarte verbunden, die in den Computer eingebaut wird. Der große Vorteil solcher Zugänge ist die hohe Übertragungsrate. Diese kann von Anbieter zu Anbieter unterschiedlich sein. In Deutschland wird meist ein Downstream von 768 Kbit/s und ein Upstream von 128 Kb/s angeboten, was ein Vielfaches der ISDN- oder Analoggeschwindigkeit ist.

Proxys

Besonders im Fall eines der auftretenden Staus im Internet taucht die Frage auf, ob die Geschwindigkeit erhöht werden kann. Mit speziellen Einstellungen für den Zugang zum Internet ist das möglich. Beliebte und häufig genutzte Seiten aus dem World Wide Web werden bei den Internet-Betreibern zwischengespeichert. Bei erneuter Anforderung erfolgt der Zugriff nicht auf das Internet direkt, sondern über den Zwischenspeicher. Diese Art der Zwischenspeicherung wird von speziellen Servern vorgenommen, den Proxy-Servern.

Der Proxy tritt stellvertretend für alle externen Kontakte auf, alle Anfragen an Adressen gehen erst an den Proxy, dann erst an das Internet. Auf dem Server werden zunächst alle angeforderten Seiten bereit gehalten, andere Nutzer profitieren davon. Der Zeitaufwand für das Laden verkürzt sich, wodurch sich der Zugriff wesentlich verkürzt. Es lohnt sich also, den Provider nach der Existenz solcher Proxy-Server zu fragen.

> **Hinweis** Sie müssen die Angaben zum Proxy für den Browser kenntlich machen. Bei der Installation der T-Online Zugangssoftware trägt das Installationsprogramm automatisch die Wege zum Proxy für den Zugriff auf das Internet und auf den Dateidownload ein. Spätere Veränderungen sind bei den Internet-Verbindungsoptionen manuell einzutragen.

VPN

Interessant ist das Virtuelle Private Netzwerk (VPN). Es ermöglicht das Verbinden von einzelnen Computern oder ganzen Netzwerken über öffentliche Leitungen, z.B. das Internet. Dabei werden die versendeten Daten verschlüsselt, so dass sie nur vom Absender und Empfänger gelesen werden können. Das VPN funktioniert unabhängig von der Zugangsart, über die die einzelnen Computer ans Internet angeschlossen sind. Es ist also denkbar, sich über das Internet ins Firmennetzwerk einzuwählen und von zu Hause aus zu arbeiten. Ein anderer Begriff für dieses Verfahren ist »das Internet tunneln«.

Gegen Staus im Internet

In dem sich rasant entwickelnden Medium Internet sind noch längst nicht alle Möglichkeiten ausgeschöpft. Oft aber ist heute die Grenze der Technik erreicht: die Rush-Hour im Datenverkehr ist keine Utopie. Dabei treten die Staus immer dann auf, wenn die angefragten Daten zum PC geschickt werden. Aber daran wird gearbeitet: Internetprovider und neue Konkurrenten versuchen, über die Bereitstellung neuer Übertragungswege Marktanteile zu erlangen. Heute noch auftretende Staus im Internet sollten dann der Vergangenheit angehören.

▶ Die digitale oder analoge Verbindung über Kupfer- oder Glasfaserkabel ist heute noch der Hauptweg in das Internet. Die Geschwindigkeitsgrenzen sind noch nicht ausgeschöpft. Das Zauberwort heißt ASDL (Asymmetric Digital Subscriber Line), die für Privatanwender die 23fache und in der Profiversion eine fast 125fache Datengeschwindigkeit gegenüber den heutigen Höchstleistungen bieten soll.

▶ Seitdem die Telekom ihr Telefonmonopol verloren hat, ist das Internet aus der Steckdose keine ferne Utopie mehr. Mit einem kleinen Zusatzgerät am Stromzähler, das die digitalen Informationen aus dem Strom filtert, ist das Telefonieren und Surfen über DPL (Digital Powerline) möglich. Pilotversuche laufen bereits erfolgreich.

▶ Fast jeder Haushalt in Deutschland verfügt über ein Fernsehgerät. Mit einer Internet-Box, die an den SCART-Anschluss eines TV-Gerätes angeschlossen ist, ist kein PC zum Surfen nötig. Über den Telefonanschluss verbindet das in die Internet-Box integrierte Modem zu einem Provider.

▶ Ein weiterer Weg zum Surfen mit TV-Geräten ist der Kabelanschluss, die ersten Geräte für das Surfen über diesen Weg sind in der Erprobung. Auch dabei erfolgt die Anfrage über das Telefonnetz, die Daten kommen über das Fernsehkabel zurück.

▶ Richtfunk stellt eine weitere Variante dar, ins Internet zu kommen. Dabei werden Funkwellen zur Datenübertragung zwischen dem Internet und dem Nutzer verwendet. Aufgrund der hohen Kosten ist diese Technik für den privaten Anwender noch uninteressant.

▶ Moderne Surfer werden in Zukunft via Satellit an die gewünschten Daten gelangen: Auf eine Anfrage des Nutzers über das Telefonnetz antwortet ein Satellit direkt mit den Informationen. Dabei wird eine Parabolantenne, wie man sie vom Fernseherempfang kennt, zum Empfangen der Daten verwendet. Diese Zugangsart bietet hohe Geschwindigkeiten. Sie hat aber den Nachteil, dass ein gewöhnlicher ISDN- oder Modemanschluss vorhanden sein muss, um die Anforderungen für Daten ins Internet zu senden: Das Versenden der Daten über den Satelliten würde eine starke Sendeanlage benötigen, die diese Zugangsart unbezahlbar machen würde.

Provider

Alleine das Vorhandensein der technischen Komponenten ermöglicht aber noch nicht die Einwahl ins Internet. Dazu wird noch ein Provider benötigt.

> **Fachwort**
> *Provider* (ISP – Internet Service Provider) sind Firmen, die den Zugang zum Internet über eigene Einwahlserver anbieten und für den reibungslosen Datenaustausch sorgen.

Große deutsche Provider sind T-Online, NGI, 1&1 oder Freenet. Daneben gibt es viele kleinere Provider, die Leitungskapazitäten bei den Großen einkaufen und sie zu verschiedenen Tarifen vermarkten. Es existieren auch einige regionale Anbieter, die ihre Leistungen nur in einer Stadt oder einer Region anbieten.

Unter den einzelnen Providern gibt es Unterschiede bezüglich der Kosten und den Vertragsbedingungen, aber auch der Qualität (also der Geschwindigkeit). So verlangen einige Provider eine Vertragsdauer von zwölf Monaten. Andere wiederum eine Mindestnutzung von z. B. 20 Stunden im Monat. Sollte man aber lediglich 15 Sunden genutzt haben, müssen trotzdem 20 bezahlt werden.

> **Hinweis**
> Die Entscheidung für einen Provider sollte also gut überlegt sein. Unter *www.onlinekosten.de* erhalten Sie eine gute Übersicht über alle Provider. Auf dieser Seite werden alle Vertragsbedingungen und Abrechnungsmodelle erklärt, und zusätzlich die Qualität der einzelnen Internetprovider beurteilt.

Der passende Zugang zum Internet

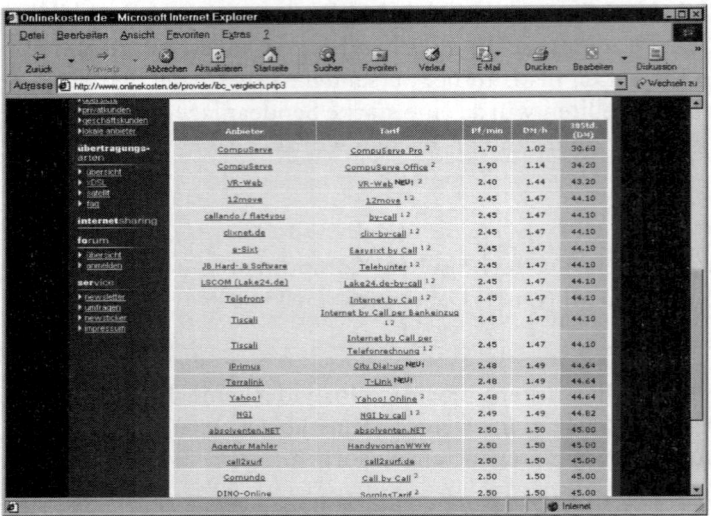

Bild 9.11: Im Internet erfahren Sie, wie Sie den Internetzugang möglichst preisgünstig gestalten können. Z. B. Onlinekosten.de listet kontinuierlich die Tarife der Internetprovider auf.

Dial-Up Provider

Die Zahl der in Deutschland tätigen Internetanbieter wächst ständig und hat gegenwärtig etwa die Zahl 500 erreicht. An einem solchen Dienstleister kommen Sie nur dann vorbei, wenn Sie selbst eine stetige Verbindung zum Internet herstellen, d.h. einen eigenen, ständig an das Netz gebundenen Server mit dauerhafter IP-Adresse unterhalten.

Andernfalls benötigen Sie für einen zeitweiligen Zugriff auf das Web einen Server, der den Startpunkt für das Surfen bildet. Dazu wählen Sie sich per Telefon bei einem Server ein (dial up), identifizieren sich dort und erhalten die gewünschten Daten.

Der Server des Providers fungiert als Schaltstelle für Ihren PC – die Daten werden in beiden Richtungen zwischen Ihrem PC und dem Server ausgetauscht, solange die Telefonverbindung besteht. Diesen Zugang bieten Ihnen klassische Internet-Provider auf lokaler und nationaler Ebene und Online-Dienste.

Im Allgemeinen fallen dabei Kosten an für die Telefonverbindung und die Nutzung des Internets. Bei einem Online-Dienst wie z.B. T-Online erhalten Sie auf der Startseite Dienstleistungsangebote: Wetterbericht, Nachrichten, Informationen usw. In anderen Fällen beschränkt sich das Angebot eines Providers auf den Zugang zum Internet und auf die Bereitstellung von Webspace für eine eigene Homepage sowie eine E-Mail-Adresse.

AOL – America Online

Dieser amerikanische Online-Dienst mit weltweit über drei Millionen Mitgliedern bietet nützliche Seiten und Unterhaltung für die ganze Familie. Dabei wird die gesamte Bandbreite abgedeckt, im Dienst selbst finden Sie schon vielfältigste Informationen. Viele deutschsprachige Foren, fünf individuelle E-Mail-Adressen und Serverplatz für eine eigene Homepage sind nur einige Vorzüge dieses Dienstes. Im engeren Sinne ist AOL kein Internetanbieter, das Internet selbst ist mit der Startseite von AOL schnell erreicht. Vorteilhaft ist vor allem das umfangreiche Schnupperangebot: Die Abmeldung nach dem Schnupperaccount ist unkompliziert, Kündigungen sind fristlos möglich.

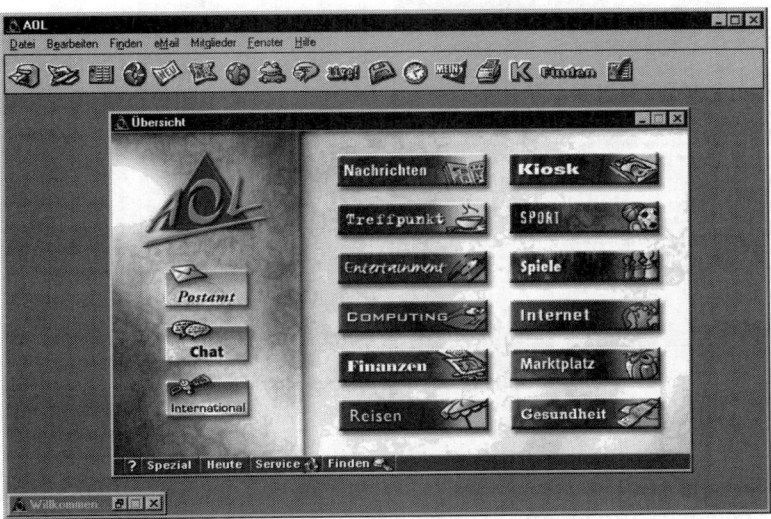

Bild 9.12: Bunt und leicht zu bedienen ist die Software von AOL selbst noch mit einer älteren Version

Der passende Zugang zum Internet

> **Hinweis:** Wenn Sie den Zugang zum Internet über eine ISDN-Karte herstellen wollen, dann müssen Sie vor der eigentlichen Installation der Zugangssoftware manuell die Anwendung AOLISDN von der CD starten.

T-Online – Internet und Homebanking

Nach mehreren optischen und technischen Aufarbeitungen steht das frühere BTX der Telekom heute als größter deutscher Online-Dienst da. Über eine Telekom-Tochter wird der Zugang zum Internet geregelt. Eine CD-ROM mit der Zugangssoftware zu T-Online ist kostenlos. Sie ist im T-Punkt oder gegen eine geringe Gebühr zusammen mit einem Anleitungsheft erhältlich. Nach Beantragung des Zugangs gibt es die Zugangsdaten: Sie bestehen aus einer Anschlusskennung und einem persönlichen Kennwort.

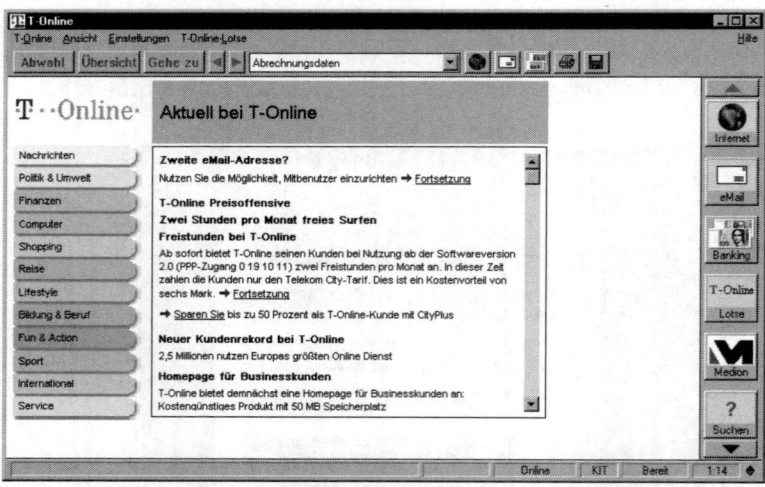

Bild 9.13: Zugang über die Software von T-Online

Durch die vielfältigen Möglichkeiten, u.a. durch das Homebanking, ist T-Online ein wichtiger Online-Dienst für den Anwender. Die einfache Installation der Zugangssoftware für Modem oder ISDN ist ein weiterer Vorteil dieses Providers.

> **Hinweis:** ◆ Achten Sie auf Angebote in der Presse. Vielfach werden Angebote unterbreitet, bei denen die sonst übliche Anmeldegebühr übernommen wird. Fragen Sie Ihre Hausbank danach, wenn Sie das über T-Online mögliche Homebanking nutzen wollen.

Der Zugang zum Internet kann über die T-Online Software erfolgen, über eine DFÜ-Verbindung sind die Internetdienste aber auch direkt verfügbar. Der Dienst selbst bietet einen Lotsen für die Navigation im vielfältigen Angebot, das auf der Homepage von T-Online noch vielfältiger ist. Die Einwahl erfolgt bundesweit über 019011 zum Ortstarif.

> **Hinweis:** ◆ Wenn Sie bereits einen Browser auf Ihrem System installiert haben, sollten Sie bei der Installation der Zugangssoftware eines Providers keinen Browser installieren, um Versionsprobleme zu vermeiden.

Abrechnungsmodelle

Der Zugriff zum Internet ist selten kostenlos. Die gängigste Variante ist die Abrechnung nach der Zeit. Dabei wird die online verbrachte Zeit als Grundlage zur Berechnung der Preise benutzt. Heute sind Preise im Cent-Bereich pro Minute üblich. Viele Provider verlangen zusätzlich eine Anmeldung und Grundgebühr. In der Grundgebühr sind meist mehrere E-Mail-Adressen und Platz für eine eigene Internetseite enthalten.

Eine weitere Abrechnungsmethode ist die Abrechnung nach Volumen. Dabei ist nicht die Onlinezeit ausschlaggebend, sondern die Menge der Daten, die übertragen wurden. Meist wird diese Abrechnungsart bei schnellen Zugängen wie Satellit oder Richtfunk verwendet.

Für den Privatanwender ist die Flatrate (engl., Festpreis, Pauschalgebühr) die angenehmste Abrechnungsmethode. Wie der Name schon sagt, ist das ein Internetzugang, der unabhängig von Onlinezeit und Datenvolumen zu einem Festpreis angeboten wird. Zurzeit kostet eine Flatrate zwischen 40 und 60 Euro im Monat. Es gibt leider momentan nicht viele solche Angebote. Erwähnenswert ist dabei das Angebot von T-Online, das zur Drucklegung eine DSL-Flatrate für 25 Euro anbot, wobei noch die Grundgebühr an die Telekom für das Bereitstellen des DSL-Dienstes hinzukommt. Leider ist DSL nicht flächendeckend verfügbar.

Jeder muss für sich entscheiden, welches Gebührenmodell das günstigste ist. Eine Entscheidung für eine Flatrate sollte z.B. gut überlegt sein, weil sie sich erst ab einer bestimmten Onlinezeit rentiert. Andererseits wird die Internetnutzung für manche Anwender vielleicht erst dann angenehm, wenn der Gebührenzähler nicht ständig im Hinterkopf tickt.

Internet Mobil

Die Einwahl ins Internet ist auch über ein Mobiltelefon möglich. Die sind jedoch eingeschränkt, da die Übertragungsraten eher gering und die Preise hoch sind. Auch lässt die Größe der Handydisplays keine aufwändigen Seiten zu. Immerhin kann ein internetfähiges Handy einige praktische Dinge erledigen, z.B. E-Mails abrufen oder Fahrplanauskünfte einholen.

Eine große Verbesserung stellt der UMTS-Standard dar. Bei diesem Verfahren wurde die Verbindungsgeschwindigkeit um ein Vielfaches erhöht. Das wird sicherlich dazu beitragen, die mobile Nutzung des Internets genauso populär zu machen, wie das heute beim Festnetz der Fall ist. In wenigen Jahren dürfte UMTS zum flächendeckenden Standard werden.

Internet by Call

Für Gelegenheitssurfer, die wenig Zeit im Internet verbringen und eine vertragliche Bindung an einen Provider scheuen, ist Internet by Call, Internet bei Anruf, interessant. Dabei erfolgt die Einwahl in das Internet meist ohne jegliche Vertragsbindung und Grundgebühr. Alle Daten, die dazu benötigt werden, stehen auf den Internetseiten solcher Anbieter. Dort sind detaillierte Anleitungen für das Einrichten eines Internetzugangs auf dem heimischen Computer zu finden oder kleine Programme, die dies automatisch tun. Die Gebühren bei diesem Verfahren werden oft über die normale Telefonrechnung abgebucht.

Browser

Browser sind Programme, die Daten aus dem Internet abrufen und sie auf dem heimischen Computer grafisch aufbereitet darstellen, also als Webseiten. Sie lassen sich durch Zusatzprogramme erweitern, um in die Webseiten integrierte Videos oder Grafiken wiederzugeben. Der Internet Explorer und Netscape Navigator sind die am meisten verbreiteten Browser, die den Markt fast ausschließlich unter sich aufteilen. Beide Programme erfüllen ihren Zweck gut und unterscheiden sich lediglich in kleinen Details.

Microsoft Internet Explorer

Der Internet Explorer ist heute durch den gemeinsamen Vertrieb mit Microsoft Windows und Microsoft Office der mit Abstand meist verbreitete Browser. Er wird meist automatisch installiert und ist bestens in die Windowsumgebung eingebunden.

Das Programm ist überschaubar aufgebaut und bietet mit seinen Steuerelementen soliden Bedienkomfort.

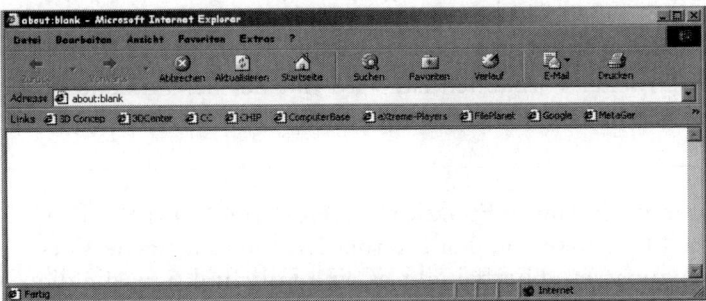

Bild 9.14: Der Internet Explorer ist ein überschaubar aufgebautes Programm.

▶ In der oberen Leiste, der Symbolleiste, befinden sich einige Standardschaltflächen, die der Bedienung des Browsers dienen. Es ist sinnvoll, sich mit diesen Schaltflächen vertraut zu machen, um schnell und effektiv mit dem IE zu arbeiten.

▶ Die Bereiche VORWÄRTS und ZURÜCK bieten die Möglichkeit, zu einer gerade besuchten Seite zurückzublättern oder zu einer anderen vorzublättern.

Browser

- Für den Fall, dass aus Versehen eine falsche Adresse eingetippt wurde, unterbricht die Schaltfläche ABBRECHEN das Laden der Seite.
- Beim Anklicken von AKTUALISIEREN wird die gerade angezeigte Seite neu geladen.
- Bei den INTERNETOPTIONEN wird eine Internetseite festgelegt, die automatisch aufgerufen wird, wenn der Internet Explorer gestartet wird (Startseite). Mit der Schaltfläche STARTSEITE wird diese Seite während einer Internetsitzung automatisch aufgerufen.
- Die Schaltflächen SUCHEN, FAVORITEN und VERLAUF öffnen ein Fenster in der linken Bildschirmhälfte, das zusätzliche Funktionen bietet. SUCHEN stellt eine Verbindung zu einer Suchmaschine her. FAVORITEN sind Lesezeichen, die Webseiten markieren. Die Schaltfläche ruft alle gespeicherten Adressen auf, die sich dann per Mausklick wieder aufrufen lassen. Alternativ ist es möglich, die Favoriten durch das Anklicken des entsprechenden Menüs auszuklappen und auszuwählen. Dabei fällt auch die Funktion ZU FAVORITEN HINZUFÜGEN auf, die zum Markieren der gewünschten Seiten dient.
- E-MAIL öffnet ein in den Internet Explorer integriertes E-Mail-Programm.
- Wenn ein Drucker vorhanden ist, wird mit der Schaltfläche DRUCKEN eine Webseite zum Drucker geschickt.

> **Hinweis** Die bereits erwähnte Funktion INTERNETOPTIONEN, bietet verschiedene Möglichkeiten, den Internet Explorer an eigene Vorstellungen anzupassen. Hierbei gibt es eine Hilfsfunktion, die die verschiedenen Einstellungen erläutert. Durch das Anklicken des Fragezeichens und anschließendes Klicken auf eine Einstellungsoption wird ein kleines Fenster mit einer kurzen Beschreibung eingeblendet.

- Interessant ist die Funktion WINDOWSUPDATE, über die sich das Betriebssystem Windows automatisch aktualisieren lässt.
- Das Erscheinungsbild des Internet Explorers lässt sich verändern. So ist es möglich, zusätzliche Schaltflächen in die Leiste aufzunehmen oder vorhandene zu entfernen, ebenso wie deren Beschreibungen ein- oder auszublenden.

Kapitel 9: Internet und Kommunikation

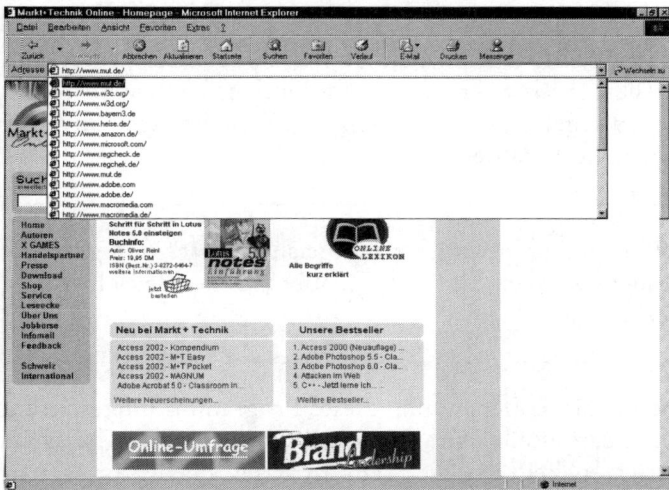

Bild 9.15: Die Funktion VERLAUF zeigt alle Adressen an, die in letzter Zeit besucht wurden. Sie lassen sich ebenfalls anklicken, um sie wieder zu besuchen.

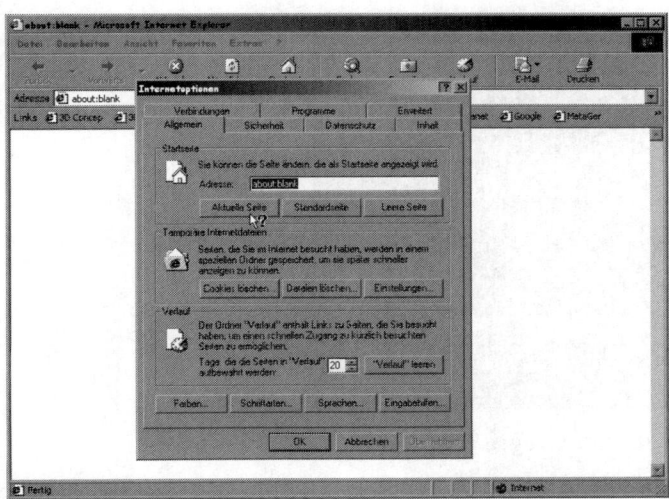

Bild 9.16: Überall bequeme Hilfe – auch die Browserprogramme bieten diesen Standard.

Browser

Netscape Navigator

Der Netscape Navigator reiht sich hinsichtlich der Popularität neben dem Internet Explorer ein. Dieser Browser kann von zahlreichen Seiten kostenlos aus dem Internet heruntergeladen oder von CD-ROM-Beilagen diverser Computermagazine installiert werden.

> **Hinweis**
> In einer Suchmaschine könnte z.B. nach *netscape navigator + download* gesucht werden. Einfacher ist aber z.B. der Besuch von *www.freewarenetz.de*.

An dieser Stelle sei noch auf die Benennung dieses Programms hingewiesen, die oft missverständlich dargestellt wird. Netscape Communicator bezeichnet das gesamte Softwarepaket, das aus dem Browser Navigator, einem E-Mail-Programm Messenger und weiteren Tools besteht.

▶ Um den Installationsvorgang des Netscape Navigator einzuleiten, ist ein Doppelklick auf die heruntergeladene Datei nötig. Danach wird die Installation automatisch gestartet

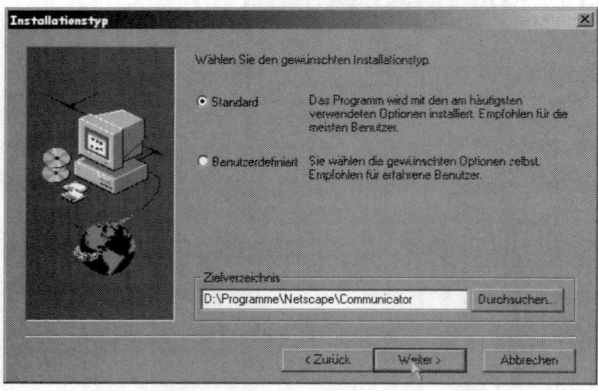

Bild 9.17: Assistenten sind die Regel bei Installationsprogrammen.

▶ Bei der Abfrage nach Installationsumfang und Installationsort kann man getrost die vorgeschlagenen Optionen übernehmen, da sie für die meisten Anwender optimiert sind.

Kapitel 9: Internet und Kommunikation

▶ Bei der Auswahl der Browseroptionen kann die gewünschte Voreinstellung für den Communicator definiert werden.

▶ Nach Abschluss der Installation muss der Computer neu gestartet werden, damit der Browser genutzt werden kann.

Nach dem Programmstart wird ein Benutzerprofil angelegt. Benutzerprofile dienen beim Netscape Communicator der Mehrfachnutzung des Programms durch verschiedene Personen. Dabei werden persönliche Einstellungen jedes Nutzers gespeichert.

Bei jedem Browserstart werden diese Einstellungen geladen, so dass die Arbeit immer in der gewohnten Umgebung erfolgt. Um mit dem Browser zu arbeiten, muss jedoch mindestens ein Benutzerprofil erstellt werden. Bei einer Nutzung durch nur eine Person sind aber auch mehrere Benutzerprofile denkbar, z.B. für geschäftliche und private Zwecke.

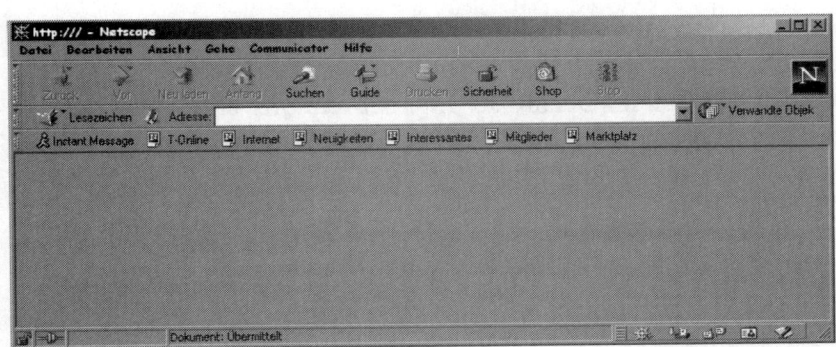

Bild 9.18: Das Erscheinungsbild des Netscape Communicator ohne geladene Webseite

Die Bedienung des Communicators ist vergleichbar mit der des Internet Explorers. Es stehen ebenfalls Schaltflächen in der Symbolleiste zur Verfügung, die der Steuerung der grundlegenden Funktionen dienen.

▶ Wie beim Internet Explorer dienen die Schaltflächen VOR und ZURÜCK dem Blättern in den bereits besuchten Seiten.

▶ Um eine Seite neu zu laden, genügt ein Klick auf die Schaltfläche NEU LADEN, um die Übertragung abzubrechen, auf STOP.

Browser

- SUCHEN öffnet automatisch die Seite einer Suchmaschine und AN-FANG die Startseite.

- Die Schaltflächen SICHERHEIT, SHOP und GUIDE bietet nur der Netscape Communicator, wobei SICHERHEIT die aktuellen Sicherheitseinstellungen anzeigt. SHOP (engl. Geschäft) öffnet eine Seite eines Onlinekaufhauses und GUIDE (engl. Anleitung, Führer) einen Themenkatalog wie bei Suchmaschinen.

- Unter LESEZEICHEN finden sich gespeicherte Internetadressen, die sich durch Anklicken wieder besuchen lassen.

- Mit EINSTELLUNGEN lassen sich der Browser und die Komponenten konfigurieren. So ist es möglich, die Startseite zu bestimmen oder das Erscheinungsbild des Programms eigenen Wünschen anzupassen.

Vergleich zwischen Internet Explorer und Netscape Communicator

Beide Browser bieten ungefähr den gleichen Funktionsumfang und unterscheiden sich lediglich im Detail. Der Internet Explorer ermöglicht z.B. das Anzeigen von Internetseiten im Vollbildmodus, der Netscape bringt dagegen im Installationsumfang ein einfaches Programm zur Erstellung von eigenen Internetseiten. Es ist also letztendlich Geschmackssache, für welchen man sich entscheidet. Der Internet Explorer wird mit dem Betriebssystem Windows installiert, ist also auf jedem Windowscomputer mit an Bord. Das sollte aber nicht daran hindern, den Communicator auszuprobieren oder beide Browser gleichzeitig zu betreiben.

Plug-Ins

Nicht alle Seiten im Internet sind mit den Standardfunktionen der Browser vollständig darstellbar. Besondere Videosequenzen, Audiobeigaben und Animationen erfordern manchmal die Erweiterung der Browserfunktionen. Wenn Sie im Internet eine solche Seite gefunden haben, dann öffnet sich zur gefundenen Site auch das passende Programm, ein so genanntes Plug-In. Um das Öffnen dieser Erweiterung müssen Sie sich nicht kümmern.

Bekannte Hilfsprogramme zur Erweiterung der Browser sind u.a. Quicktime, der Real Player oder der Acrobat Reader. Plug-Ins laufen im Browserfenster.

> **Hinweis** ▸ Wenn Sie auf eine Internetseite stoßen, die ein nicht vorhandenes Tool zur Anzeige benötigt, dann werden Sie oft automatisch zu einem Download geleitet. Unmittelbar danach realisiert der Browser die neue Funktion.

Elektronische Kommunikation

Das Internet eröffnet viele neue Formen der Kommunikation, die das Briefschreiben oder Telefonieren zwar auf absehbare Zeit nicht ersetzen, doch immerhin ergänzen. Sie bieten den normalen Kommunikationsformen gegenüber einige Vorteile wie z.B. eine schnelle Übermittlung zum Empfänger. Grundsätzlich unterscheidet man synchrone und asynchrone Kommunikation.

▸ Bei einem synchronen Nachrichtenaustausch ist es erforderlich, dass alle Gesprächspartner gleichzeitig online sind, z.B. beim Chat, NetMeeting oder Messenger.

▸ Bei asynchroner, also zeitversetzter Kommunikation ist es möglich, Nachrichten unabhängig vom Zeitpunkt zu versenden und zu empfangen (E-Mail).

E-Mail

Die wohl meistgenutzte Kommunikationsform im Internet ist E-Mail. E-Mail ist die Abkürzung für Electronic Mail, was elektronische Post bedeutet. Dieser Dienst ermöglicht das Versenden und Empfangen von Textnachrichten über die ganze Welt. Darüber hinaus lassen sich einer E-Mail beliebige Dateien wie Grafiken, Textdokumente oder Musikdateien anhängen. Das dient dem bequemen Austausch von Daten. Ein weiterer Vorteil einer E-Mail ist ihre schnelle Zustellung: Eine Mail findet meist innerhalb weniger Sekunden weltweit ihren Empfänger.

Grundlagen

Um E-Mails zu versenden und zu empfangen, wird ein Internetzugang und natürlich eine E-Mail-Adresse benötigt. Die meisten Provider, die eine

Elektronische Kommunikation

Grundgebühr für den Zugang zum Internet verlangen, bieten sozusagen im Paket gleich mehrere Adressen an.

Alternativ gibt es bei vielen Freemaildiensten wie z.B. *www.web.de* oder *www.gmx.de* kostenlose Adressen. Das Angebot der Dienste unterscheidet sich im Wesentlichen durch die maximale Größe des Postfachs und der zu verschickenden Datei. Die Postfächer sind sechs bis zehn Mbyte groß. Die maximale Größe einer Datei, die verschickt werden kann, beträgt zwischen zwei bis fünf Mbyte.

> **Hinweis** Für spezielle Zwecke kann es vorteilhaft sein, mehrere E-Mail-Adressen zu nutzen. Damit verteilen Sie z.B. private und Geschäftspost oder können anonym an Internetdiskussionen teilnehmen.

Wenn eine E-Mail-Adresse vorhanden ist, stellt sich die Frage, wie und mit Hilfe welchen Programms die Nachrichten geschrieben werden. Die einfachste Möglichkeit ist die Verwendung eines Browsers, was bei fast allen Freemaildiensten möglich ist. Die Seite des Anbieters wird aufgerufen, eine Identifikation erfolgt durch Benutzernamen und Passwort, und schon kann es losgehen.

Dieses Verfahren hat jedoch einen entscheidenden Nachteil: Das Schreiben und Lesen von Nachrichten ist nur online, also mit ständiger Verbindung zum Internet möglich. Für Nutzer, die ein Abrechnungsmodell nach Zeit gewählt haben, bedeutet das unnötige Kosten. Deswegen ist die Nutzung eines lokalen, d.h. auf dem eigenen Rechner befindlichen Mailclients die bessere Variante, um am E-Mail-Verkehr teilzunehmen.

Eine E-Mail besteht aus einem Adress- und einem Steuerteil sowie der eigentlichen Information. Angehängte binäre Dateien heißen Mailanlagen oder Attachments. Moderne E-Mail-Clienten erledigen die Attachments und das Umcodieren im Editor automatisch. Der damit verbundene Begriff ist Mime.

Alle modernen E-Mail-Clienten unterstützen den Mime-Standard. Während aber z.B. Outlook Express auch E-Mails im Rich-Text bzw. HTML-Standard unterstützt, ist der Client von T-Online auf Text-Mails beschränkt. In solchen Fällen erhalten Sie die Nachricht als reine Textdatei, Teile der Mail mit besonderen Formatierungen erscheinen zusätzlich als Anhang.

Kapitel 9: Internet und Kommunikation

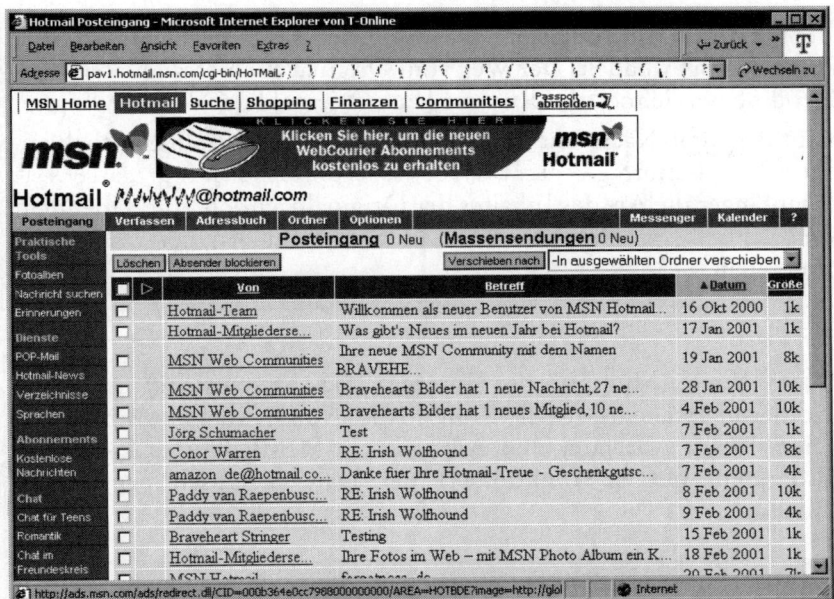

Bild 9.19: Freemail-Angebote sind werbefinanziert: Die Verwaltung der Mails erfolgt in direktem Kontakt mit dem Internet.

Protokollfragen

Für die Übertragung von E-Mails im Internet ist das Mailprotokoll SMTP (Simple Mail Transfer Protocol) zuständig. Muss eine E-Mail mit Umlauten, Formatierungen oder gar einer Bilddatei versandt werden, versagt dieses Protokoll: Grund dafür sind die darin enthaltenen Zeichen.

▶ Einfache Texte werden durch die ASCII-Codes 032-127 dargestellt, weil diese 7-Bit-Zeichen bei den meisten Computern und Betriebssystemen gleich sind.

▶ Texte mit Umlauten oder Formatierungen enthalten dagegen Zeichen höherer ASCII-Codes. Diese 8-Bit-Zeichen unterscheiden sich von Betriebssystem zu Betriebssystem. Dies bedeutet, dass alle mit dem SMTP übertragenen E-Mails nur den eingeschränkten ASCII-Zeichensatz enthalten dürfen.

Abhilfe schafft die Umcodierung. Dabei werden 8 Bit-Zeichen in 6 und 7 Bit-Zeichen umgewandelt. Der Weg vom Original zur Versanddatei wird als Encoding bezeichnet, der Rückweg zur Originaldatei als Decoding.

Im Kopf der Mail-Nachricht sind die Hinweise für Decoding enthalten. So teilt z.B. der Eintrag `Content-Type: text/plain; charset=iso-8859-1` dem Empfänger die Art des Inhaltes der Originalnachricht mit. Über den Hinweis `Content-Transfer-Encoding: 8bit` wird die Art der Umkodierung mitgeteilt.

Fachwort

↗ *Mime* (Multipurpose Internet Mail Extensions) ist ein Kodierungsstandard für die Kombination von E-Mail mit Binärdateien. Wenn Absender und Adressat ein MIME-fähiges E-Mail-Programm nutzen, funktioniert der Datenaustausch per Mail tadellos.

Rich Text

Dieses besondere Textformat (RTF – Rich Text Format) findet immer weitere Verbreitung im elektronischen Briefwechsel. Dieses Format kann außer den Texten noch Formatierungen enthalten und Grafiken integrieren. Es findet bereits seit längerer Zeit in Textverarbeitungsprogrammen und einigen Editoren (z.B. WordPad) Verwendung. Durch Verbreitung und Leistungsumfang eignet es sich besonders zum Datenaustausch.

In gewisser Weise ist RTF dem HTML-Format ähnlich, daher kann ein Browser diese Dateiinhalte darstellen. Dieses Format wird z.B. genutzt, wenn Sie Outlook oder Microsoft Word als E-Mail-Editoren nutzen. In diesem Fall entscheiden Sie, ob die Nachricht in diesem Format erstellt wird.

Problematisch ist der Empfang von Nachrichten im RTF-Format für die Empfänger, die ihre Post mit einem älteren Programm verwalten, das dieses Format nicht unterstützt wird. Diese Empfänger erhalten überlicherweise eine Textmail, deren Inhalt das Rich-Text-Dokument als Anlage oder integrierten Link enthält. Beim Öffnen der Anlage startet der Standardbrowser und zeigt den Inhalt der Mail.

Kapitel 9: Internet und Kommunikation

Bild 9.20: Eine Mail im RTF-Format kann nett aussehen und vielfältige Gestaltungen aufweisen. Ob aber der Empfänger beim Betrachten die gleiche Schönheit erkennt, hängt vom verwendeten E-Mail-Clienten ab.

Mail-Clienten

Mailclients sind Programme, die Nachrichten von einem Mailserver abrufen oder sie dorthin schicken können. So muss nur kurzzeitig eine Internetverbindung zum Versenden und Empfangen der E-Mails aufgebaut werden. Outlook Express und Netscape Messenger sind die gängigsten Mailclients.

Outlook Express

Outlook Express wird automatisch bei der Installation des Internet Explorers installiert und eingerichtet. Das Programm lässt sich über ein Icon auf dem Desktop oder über die Schaltfläche E-Mail im Internet Explorer starten. Nachdem das Programm gestartet wurde, erscheint folgendes Fenster.

Elektronische Kommunikation

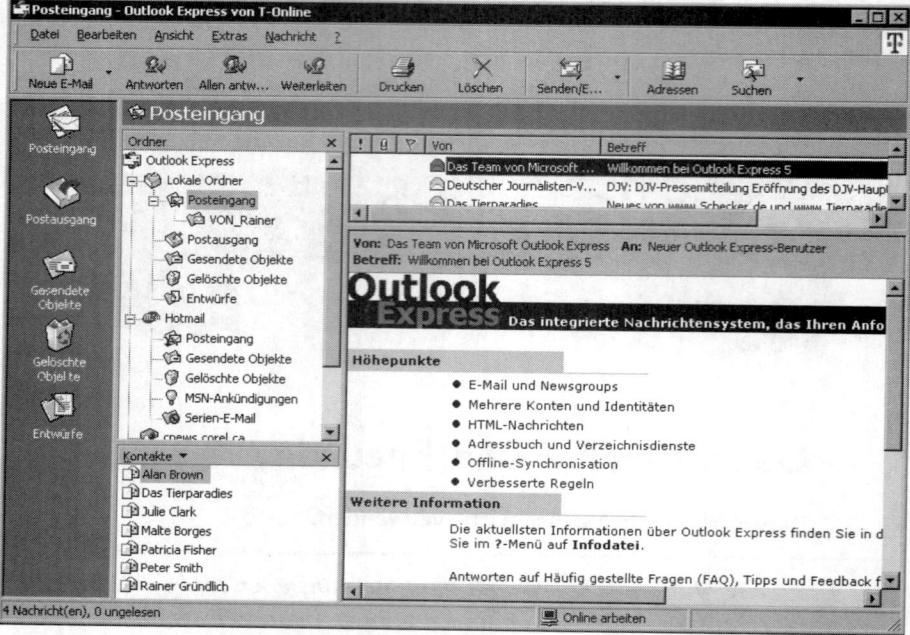

Bild 9.21: Outlook Express ist ein komfortabler Mail-Client.

▶ Im linken Fenster wird ein Ordner gewählt, dessen Inhalt erscheint im rechten Hauptfenster.

▶ Um Nachrichten empfangen und versenden zu können, müssen zunächst die Zugangsdaten für das Programm verfügbar sein. Dazu wird ein E-Mail-Konto eingerichtet.

▶ Nachdem ein E-Mail-Konto erstellt wurde, genügt ein Klick auf die Schaltfläche SENDEN/EMPFANGEN, um die ersten Nachrichten abzurufen.

▶ Für neue Nachrichten steht die Symbolschaltfläche NEUE E-MAIL, worauf ein Eingabefenster erscheint, in dem die Empfängeradresse und die Nachricht eingegeben werden.

▶ Zusätzliche Einstellungen bieten die OPTIONEN, mit denen sich Outlook Express den eigenen Vorstellungen anpassen lässt.

Netscape Messenger

Der Netscape Messenger gehört zum Softwarepaket Netscape Communicator, dessen Bestandteil auch der Browser Netscape Navigator ist. Das Programm ist Outlook Express ähnlich. Es ist ebenfalls in zwei Bereiche unterteilt, wobei im linken Bereich Ordner wie POSTEINGANG ausgewählt werden, um im rechten die Nachrichten zu betrachten.

In der Symbolleiste befinden sich einige Schaltflächen, die dem Abrufen, Weiterleiten oder Beantworten einer E-Mail dienen. Eine neue Nachricht wird, wie bei Outlook Express, mit der Schaltfläche NEUE NACHRICHT erstellt.

Onlinekonferenzen

Ein besonderer Dienst im Internet ist das Angebot, über das Internet Unterhaltungen zu führen, Konferenzen abzuhalten oder zusammen zu arbeiten. Über besondere Server im Internet, die als Relais-Stationen fungieren, stellen Sie die Verbindung zu einem oder mehreren Partnern her. Minimale technische Ausstattung für diesen Dienst sind außer der – möglichst schnellen – Internetanbindung Mikrofon und Kopfhörer (Lautsprecher). Die volle Funktionalität erhalten Sie, wenn Sie über eine Videokamera verfügen, so dass gleichzeitig mit dem Ton ein Blickkontakt hergestellt wird.

Zusätzlich zur genannten Hardware benötigen Sie natürlich noch ein Programm, das den Dienst vermittelt. Kostenfrei, da als Zusatzprogramme der Browser erhältlich, sind z.B. die Programme Microsoft NetMeeting und Netscape Conference. Microsoft NetMeeting gehört zu der Standardausstattung des Betriebssystems Windows und ist z.B. in Outlook Express und Outlook, den Kontaktmanagern von Microsoft Office, integriert.

Häufig werden die Konferenzprogramme nur im Kontext der Internettelefonie genannt. Dort liegt aber lediglich ihr Ursprung, die heutige Funktionalität ist weit größer.

> **Fachwort** ↗ *Internettelefonie* ist die Übertragung von Sprachdaten von Computer zu Computer.

Konferenzprogramme haben bei leicht unterschiedlicher Handhabung ähnliche Funktionen, die nachfolgend am Beispiel von Microsoft NetMeeting aufgezählt sind:

► Beliebige Personen können über das Internet oder ein Intranet angerufen werden, um eine Unterhaltung wie am Telefon über das Internet oder ein Intranet zu führen.

► Über eine Videoverbindung sehen sich die Personen, die miteinander verbunden sind.

► Bei einer Freischaltung können verbundene Personen gemeinsam in einer Anwendung arbeiten, also z. B. ein Dokument diskutieren und gemeinsam ändern.

► Die Programme stellen ein Whiteboard bereit, auf dem alle Beteiligten während einer Online-Konferenz zeichnen können.

► Kurzwahlverzeichnisse regeln den schnellen Zugang zu bisherigen Konferenzteilnehmern. Damit ist überprüfbar, welche Kontakte angemeldet sind.

► Während der Konferenzen kann über ein Chat-Tableau kommuniziert werden: Damit werden schriftliche Nachrichten ausgetauscht.

► Während der Verbindung können Dateien an alle Teilnehmer einer Konferenz versandt werden.

So ist es möglich, Dateien auf dem direkten Wege zwischen zwei Computern auszutauschen. Interessant ist die Möglichkeit einem anderen Benutzer zu erlauben, auf den eigenen Desktop zuzugreifen. Bei gleichzeitiger Verwendung der Sprachfunktion, kann sich das als sehr nützlich erweisen, um sich z. B. in eine neue Software einweisen zu lassen.

Die Verbindung zu einem Gesprächspartner erstellt das Konferenzprogramm entweder direkt über eine IP-Adresse, ein Internet-Phone-Verzeichnis oder auf einem Verzeichnisserver unter Verwendung einer Mailadresse.

> **Hinweis** ◆ Je nach Programmversion stehen verschiedene Verzeichnisserver zur Verfügung. Ein günstiger Treffpunkt für das Meeting sollten die Server der Telekom sein, z. B. *netmeet1.t-Online.de*. Bei diesen Servern ist die Wahrscheinlichkeit groß, dass die Daten nicht über den großen Teich hin und her gehen, wie das bei den Verzeichnisservern von Microsoft der Fall ist.

Kapitel 9: Internet und Kommunikation

Bild 9.22: Eine Onlinekonferenz wird aufgebaut: Noch steht die optische Verbindung nicht.

Messenger

Messenger dienen zur textbasierten Kommunikation über das Internet, dem Chatten. Ein Messenger nutzt den Umstand, dass sich ein Teilnehmer bei einem Dienstanbieter mit Kennwort und Namen einloggt, z.B. bei der Nutzung von Freemaildiensten. Der Server des Anbieters informiert alle vom Nutzer freigegebenen Teilnehmer des Diensts über die Anmeldung, so dass untereinander Kontakt aufgenommen werden kann.

Es gibt eine Vielzahl verschiedener Messenger, die jedoch wegen der unterschiedlichen Anbieter und den damit verbundenen Anmeldeformalitäten untereinander nicht kompatibel sind. Das hat den Nachteil, dass nur Nutzer desselben Messengers Textnachrichten online austauschen können.

Die bekanntesten Programme sind AOL-, Yahoo-Messenger, MSN Messenger oder ICQ. Darüber hinaus bieten einige Programme ähnliche Funktionen wie das NetMeeting. Mit diesen Programmen ist der Datenaustausch direkt zwischen zwei Computern oder via Internet möglich.

Chat

Nüchtern gesehen ist IRC (Internet Relay Chat) ein Dienst im Internet, der auf bestimmten IRC-Servern das Unterhalten zwischen Internet-Teilnehmern mittels geeigneter Software (z.B. mirc oder MSN Messenger) vermittelt. Diese nüchterne Beschreibung kommt dem Spaß nicht annähernd nahe, den Teilnehmer einer virtuellen Gesprächsrunde haben können. Der Small-Talk im Internet ist eine der beliebtesten Aktivitäten im Internet. Das Grundprinzip ist simpel: Die Anmeldung an einer Gesprächsrunde erfolgt unter einem Pseudonym, dann beginnt die Unterhaltung mit fliegenden Fingern. Die Spannbreite der Chaträume ist riesig: Sie reicht von einfachen schwarzweißen Comics bis hin zu farbenprächtigen virtuellen 3D-Welten.

Während für einige Chatrunden der normale Browser ausreicht, müssen Sie bei anderen Runden den Download einer zugehörigen Software einplanen. In vielen Chatrunden ist die einmalige Anmeldung üblich. Das gewählte Pseudonym gilt dann auch für weitere Gespräche, so dass der Wiedererkennungseffekt zwischen regelmäßigen Teilnehmern gegeben ist.

Ein weit verbreiteter Messenger ist ICQ, er soll als Beispiel für den folgenden Abschnitt dienen. Die Identifikation der einzelnen ICQ-Netzwerk-Teilnehmer erfolgt anhand von Nummern, die bei der Anmeldung vergeben werden. Da bei der Anmeldung eine E-Mail-Adresse, Vor- und Nachname und ein Pseudonym angegeben werden müssen, gestaltet sich die Suche nach Freunden oder Geschäftspartnern im ICQ-Netzwerk relativ einfach.

Verschiedene Suchoptionen sichern den Erfolg. Die besten Ergebnisse erzielt man bei Verwendung der eindeutigen ICQ-Nummer bzw. bei anderen Messengern durch Eingabe der genauen Mailadresse. Wenn diese nicht bekannt ist, können mehrere Angaben kombiniert werden, um die Suche einzugrenzen. Gefundene Partner gelangen in eine Kontaktliste. Ab sofort wird der Messenger bei einem Start selbstständig prüfen, welcher Kontakt gerade online ist. Wenn das der Fall ist, kann der Gedankenaustausch beginnen.

Kapitel 9: Internet und Kommunikation

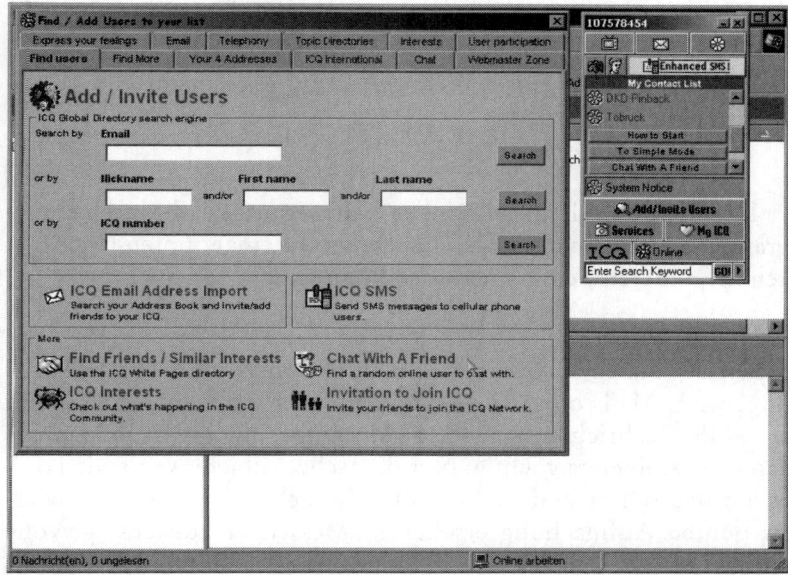

Bild 9.23: Alle Messenger bieten Suchfunktionen für das Auffinden von Kontakten für die Verbindungsaufnahme.

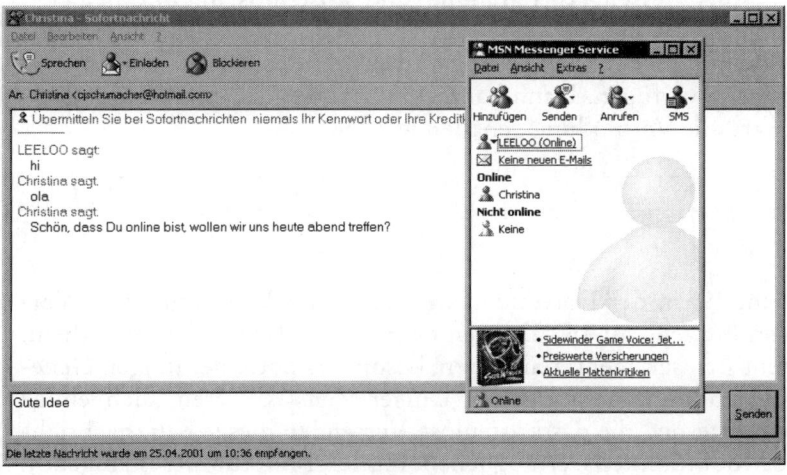

Bild 9.24: Mit einem Messenger ist der Gedankenaustausch über kurze oder weite Entfernungen möglich.

Die Kontaktaufnahme ist auch möglich, wenn der Empfänger gerade nicht online ist. Er erhält die Nachricht bei der nächsten Einwahl ins Internet.

Messenger bieten auch Raum für eine Unterhaltung unter mehreren Personen, und zwar in einem Chatraum.

> **Fachwort**
>
> ↗ Ein *Chatraum* ist ein virtueller Raum – dargestellt durch ein Programmfenster –, in dem alle Teilnehmer die eingetippten Nachrichten der anderen Teilnehmer lesen können.

Messenger wie ICQ bieten auch zusätzliche Funktionen wie z. B. das Abrufen eingegangener E-Mails oder das Versenden von Kurznachrichten. Beim Versand von SMS-Nachrichten aus einem Messenger heraus ist jedoch das Herkunftsland des Anbieters wichtig: Nur deutsche Anbieter versenden diese Messages auf deutsche Handys. Aufgrund der gebotenen Funktionsvielfalt und der bunten Aufmachung erscheinen Messenger zunächst gewöhnungsbedürftig. Das hat sich aber nach einiger Eingewöhnungszeit schnell gelegt.

> **Hinweis**
>
> ◀ Alle Messengerprogramme sind kostenlos im Internet erhältlich. Der Umgang lohnt sich vor allem, wenn Bekannte oder Familienmitglieder im Ausland weilen und dort über einen Internetzugang verfügen. Dann kann rund um die Uhr zum jeweiligen Ortstarif die Verbindung gehalten werden.

SMS

SMS ist eine Form der Datenübertragung, die im Mobilfunk zum Versenden von kurzen, auf 160 Zeichen begrenzten, Textnachrichten dient. SMS erfreut sich seit mehreren Jahren, besonders unter der jungen Generation, steigender Popularität. Sei einiger Zeit existieren auch einige Dienste im Internet, die das kostenlose Versenden dieser Kurznachrichten in die Mobilfunknetze ermöglichen. Hintergrund für dieses Angebot: Die Webseite und die SMS selbst sind Werbeträger.

Kapitel 9: Internet und Kommunikation

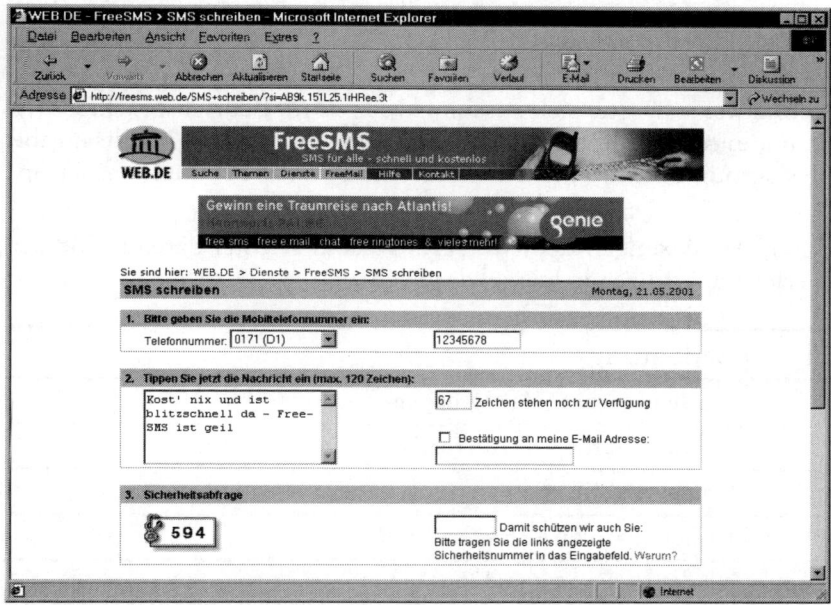

Bild 9.25: Keine Gebühren: web.de ist einer von vielen Anbietern von kostenlosen SMS-Nachrichten.

Newsgroups im Usenet

Das Usenet – die Keimzelle des Internets – ist das Netzwerk der Benutzer, ein weltweites elektronisches Diskussionsforum mit riesigen, über die ganze Welt gespannten Pinnwänden (News- oder Nachrichtengruppen). Tausende Interessengruppen informieren und diskutieren über jeweils ein Thema. Zu diesem, fest umrissenen, Thema werden Fragen, Antworten oder Diskussionsbeiträge veröffentlicht. Die Teilnehme an einer Newsgroup ist kostenlos und jederzeit möglich. Informationen werden über Text-E-Mails ausgetauscht, die in öffentlichen Verzeichnissen für jedermann sichtbar sind. In einigen Newsgroups können Sie Dateien, wie Grafiken, Fotos oder Klänge herunterladen, die andere Teilnehmer kostenlos bereitstellen.

Die Gruppen sind in Themenbereiche strukturiert. Jede Newsgroup verfügt über eine eigene Bezeichnung, die immer aus verschiedenen Teilnamen besteht. Die Teile sind jeweils durch einen Punkt getrennt.

Die Bezeichnung eines Forums beginnt links mit der gröbsten Einteilung und endet rechts mit der exakten Angabe des Inhalts. Deutschsprachige Newsgroups beginnen mit dem Kürzel *de.**. Der Name der Newsgroup *de.comm.internet* z.B. setzt sich zusammen aus *de* für deutschsprachige Diskussionsrunde, *comm* für Kommunikation und *internet* als Inhaltsangabe. Diese Newsgroup diskutiert also in deutscher Sprache rund um das Thema Internet.

Die meisten Abkürzungen der Newsgroups sind selbsterklärend. Für den Einstieg erleichtern folgende Kürzel das Suchen:

Kürzel	Bedeutung
de.*	deutschsprachige Newsgruppen
.alt.	gemischte Gruppen (Alternative)
.comp.	Computerthemen
.k12.	Diskussionen für Lehrer und Schüler
.rec.	recreation, Freizeit und Erholung
.sci.	science, Wissenschaft
.soc.	social, soziale Themen
.talk.	Reden über »Tod und Teufel«
.news.	Informationen zum Usenet
.misc.	Vermischtes: Alles, was nicht in andere Gruppen passt.

Tabelle 9.3: *Kürzel für die Suche nach Newsgroups*

Liste der Newsgroups downloaden

Die Provider unterhalten für die Newsgroups üblicherweise eigene Server, auf denen eine Liste der vorhandenen Diskussionsgruppen abgelegt ist und die Gruppen geführt werden. Bei T-Online hat dieser Server den Namen *news.t-online.de*. Die Teilname an einer Newsgroup erfordert einen Newsreader, z.B. Outlook Express. Vor dem ersten Zugriff müssen Sie für den News-Server ein Konto anlegen. Danach erscheint der gewählte Eintrag, z.B. T-Online News Server im Explorerbereich von Outlook Express.

Kapitel 9: Internet und Kommunikation

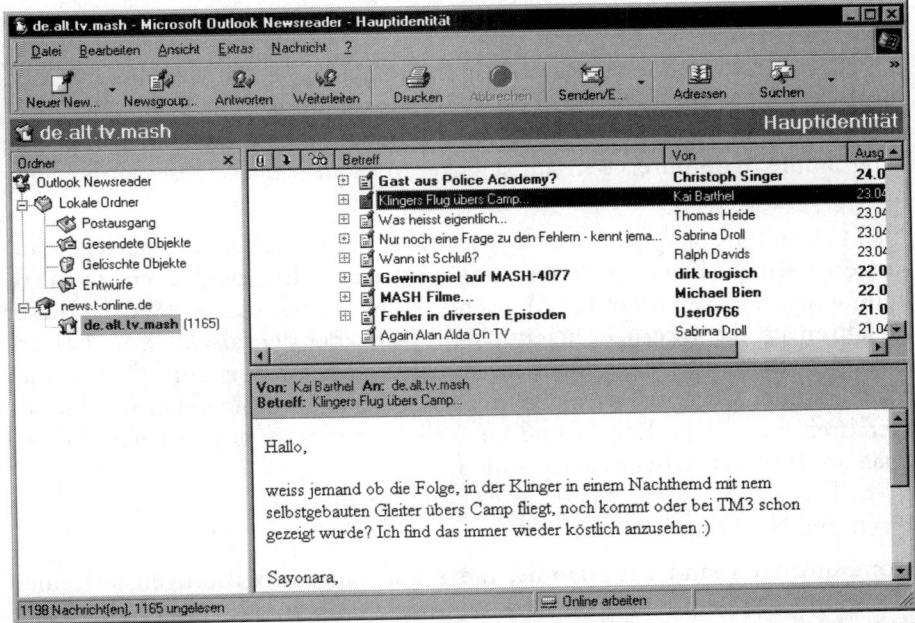

Bild 9.26: Newsgroups gibt es im Internet zu den unterschiedlichsten Themen – am lockersten ist der Ton in den alternativen Gruppen.

Für die Auswahl einer Newsgroup ist ein einmaliger Download der auf dem Server befindlichen Liste nötig. Der Download der Liste kann bei der Vielzahl der vorhandenen Gruppen einige Zeit in Anspruch nehmen.

> **Hinweis**
> Zur Teilnahme an einer Newsgroup müssen Sie nicht mit Ihrer »echten« Mail-Adresse antreten. Einige »schwarze Schafe« nutzen Suchprogramme, die an Teilnehmer bestimmter Gruppen Werbung verteilen. Wenn Sie mit Teilnehmern in direkten Kontakt treten möchten, versehen Sie die richtige E-Mail-Adresse mit einem Zusatz, z.B. einem Unterstrich, und verweisen im Mailtext darauf, diesen Zusatz für den Direktkontakt zu entfernen.

Sicherheit im Internet

Bei aller Euphorie bei der Beschäftigung mit dem neuen Medium Internet, sollte man nicht vergessen, dass es Menschen gibt, die es für kriminelle Zwecke missbrauchen. Mit erstaunlicher Regelmäßigkeit tauchen schädliche Programme, Computerviren auf. Hackerattacken legen Webseiten bekannter Unternehmen für Stunden lahm.

Nicht zu unterschätzen ist auch der Einfluss zweifelhafter Internetseiten auf junge Personen. Deren pornografischer oder gewaltverherrlichender Inhalt kann einen heranwachsenden Menschen negativ beeinflussen. Wegen dieser Gefahren auf das Internet zu verzichten, wäre aber der falsche Weg. Bei Beachtung bestimmter Vorsichtsmaßnahmen ist die Gefahr, zum Opfer eines Hackers oder Computervirus zu werden, gering. Im Folgenden werden die Gefahren und einige Regeln und zusätzliche Software beschrieben, die den Spaß am Internet sicher machen sollen.

Viren und Hacker

Computerviren sind Programme, die schädliche Auswirkungen auf einen Computer haben: Sie können Dateien überschreiben, wie z.B. Audio- oder Videodateien oder wichtige Systemdateien. Im schlimmsten Fall führt ein Virenbefall zur Zerstörung des Dateisystems auf der Festplatte, was sich nur durch eine Neuinstallation des Betriebssystems beheben lässt. Dabei würden alle persönlichen Dokumente und sonstigen Dateien verloren gehen. Viren verbreiten sich meistens als Anhang einer E-Mail oder kommen von externen Datenträgern (Diskette, CD-Rom) auf den Computer.

Zum Schutz vor Computerviren sind einige Verhaltensregeln zu beachten.

E-Mail-Anhänge von unbekannten Personen sollten nie geöffnet oder zumindest mit einem Antivirenprogramm untersucht werden.

Software sollte immer aus glaubwürdigen Quellen bezogen werden, sei es aus dem Internet, per Diskette oder CD-ROM. Viele Computerzeitschriften bieten CD-ROMs als Beilage an, die vor Veröffentlichung auf Viren untersucht werden. Auch bekannte Webseiten wie *www.chip.de*, *www.computerchannel.de* oder *www.freewarenetz.de* bieten eine große Auswahl an Programmen, bei denen man sich sicher sein kann, dass sie virenfrei sind.

Kapitel 9: Internet und Kommunikation

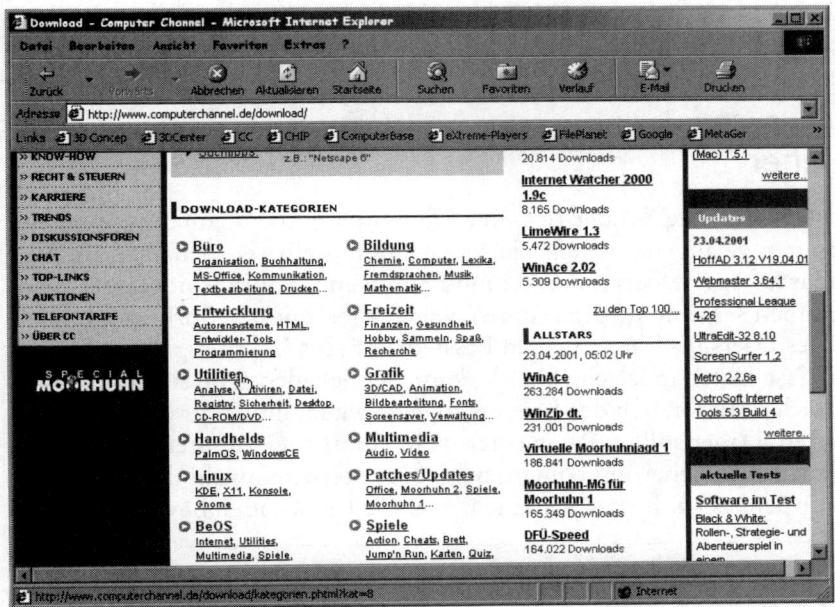

Bild 9.27: Virenfreie Software finden Sie vor allem bei bekannten und soliden Anbietern.

Es ist außerdem ratsam, ein Antivirusprogramm zur Überwachung der Datenströme aus dem Internet einzusetzen. Solche Programme überwachen das System im Hintergrund und treten in Aktion, wenn ein Virus entdeckt wurde, der sofort gelöscht wird.

Darüber hinaus ermöglichen Antivirenprogramme das Durchsuchen der Festplatte nach Viren, die nicht aktiv sind. Die Hersteller solcher Programme sind bemüht, möglichst oft und regelmäßig Aktualisierungen zu veröffentlichen, die das Programm auf dem neuesten Stand halten, um auch gegen neue Viren gewappnet zu sein. Diese Updates lassen sich bequem über das Internet durchführen.

Kombiniert mit den eben beschriebenen Verhaltensregeln, minimieren Antivirenprogramme das Risiko, zum Opfer eines Computervirus zu werden, so dass man die Ausgabe für solch ein Programm nicht scheuen sollte. Darüber hinaus gibt es auch kostenlose Antivirenprogramme, die nur wenig in ihrem

Funktionsumfang eingeschränkt sind. Auch die Updates finden, im Vergleich zu den kommerziellen Produkten, seltener statt. Sie verrichten dennoch relativ zuverlässig ihren Dienst.

> ## Trojaner
>
> Trojaner sind eine Sonderform der Computerviren. Wenn sie auf einen Computer gelangen, richten sie keinen unmittelbaren Schaden an. Sie sind darauf spezialisiert, den Computeranwender auszuspionieren. Dabei können sensible Informationen, angefangen mit den Surfgewohnheiten eines Users bis hin zu dessen Passwörtern, ins Internet gelangen. Geraten diese Daten in falsche Hände, kann der Schaden groß sein. Denkbar ist z.B. der Missbrauch der Internetzugangsdaten, um auf fremde Kosten zu surfen. Daher sollten Passwörter nicht auf dem Computer gespeichert werden. Es ist sicher unbequem, bei jeder Interneteinwahl das Passwort einzutippen, es kann aber vor einem eventuellen Schaden bewahren.

Neben den bisher beschriebenen Vorsichtsmaßnahmen kann eine Firewall schützen. Firewall ist ein Programm, das den Datenverkehr zwischen dem Internet und dem Computer überwacht.

Jedem Programm, das auf einem Computer installiert ist, lassen sich Rechte bezüglich der Internetnutzung zuweisen. Beim ersten Einwahlversuch eines Programms ins Internet fragt die Firewall grundsätzlich nach, ob das zugelassen werden soll.

Eine Firewall ist als Pförtner vorstellbar, an dem alle Daten vorbei müssen, die vom Computer ins Internet und umgekehrt wollen. So lassen sich Trojaner erkennen, wenn sie bis dahin vom Antivirusprogramm nicht erkannt wurden.

Firewalls verhindern auch unerlaubten Zugriff aus dem Internet auf den Rechner und schützen so auch vor so genannten Hackern. So bezeichnet man Menschen, die versuchen über das Internet auf fremde Computer unerlaubt zuzugreifen und die Kontrolle über sie zu übernehmen, um Daten auszuspionieren oder sonstigen Schaden anzurichten.

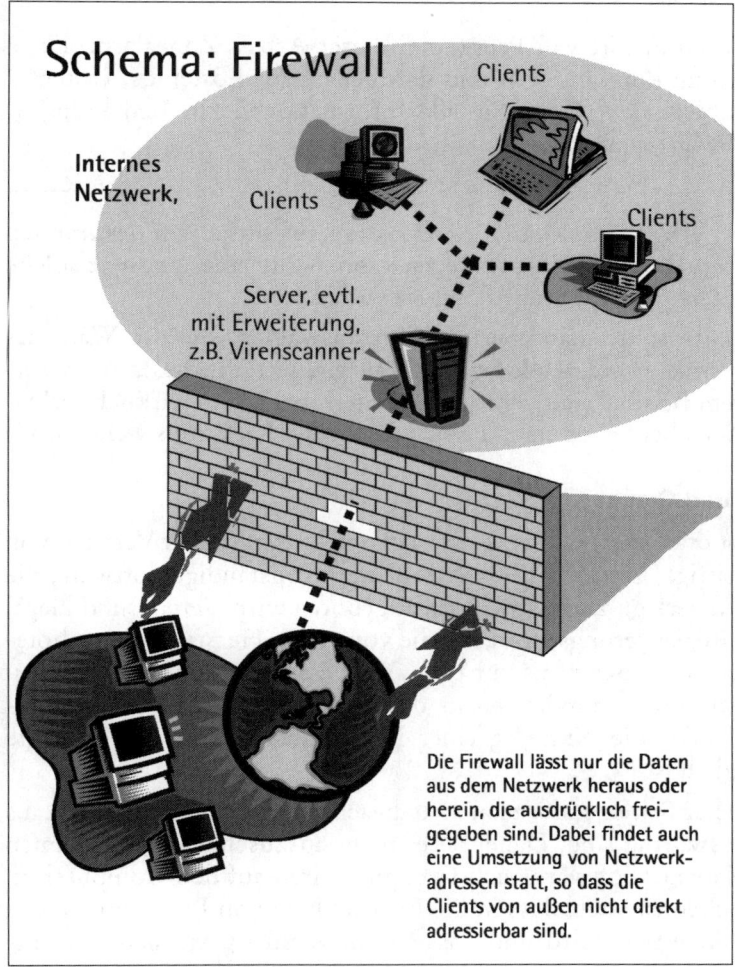

Bild 9.28: Firewall

Jugendschutz

Um junge Menschen vor gefährlichen Inhalten im Internet zu schützen, gibt es mehrere Möglichkeiten. Die erste und einfachste ist die persönliche Aufsicht. Es gibt auch viele Softwarelösungen, die verschiedene Ansatzpunkte verfolgen. So ist es möglich, den Zugriff auf bestimmte Webseiten zu sperren.

Sicherheit im Internet

> **Hinweis**
>
> Ein gutes Firewall-Programm dieser Art ist Zonealarm. Es ist einfach zu konfigurieren und darüber hinaus kostenlos. Unter *www.zonelabs.com* finden Sie alle Informationen zur Bedienung und das Programm selbst.

Eine andere und effektivere Methode ist das Herausfiltern von bestimmten Schlüsselbegriffen, die man selbst festlegen kann. Sollte eine Webseite solche Begriffe beinhalten, wird der Zugriff auf sie verhindert.

Die Schlüsselworte sollte man aber überlegt auswählen. Bei der Wahl des Wortes `rechtsradikal` werden alle Seiten herausgefiltert, die dieses Wort enthalten. Bei diesem Beispiel sind verborgene Seiten aber selten wirklich rechtsradikal, es werden eher Seiten sein, die sich gegen den Rassismus wenden.

Warez, Serialz und Cracks

Im Internet gibt es eine große Szene, die sich mit dem illegalen Vertrieb von Software beschäftigt. Unter *Warez* versteht man vollständige Software, die in kleine Dateien zerlegt, zum Download angeboten wird. *Serialz* sind illegal veröffentlichte Registrierungscodes, die die von vielen Herstellern angebotene Testversion eines Programms zur einer Vollversion machen. Cracks verändern bestimmte Programmdateien so, dass ebenfalls eine Vollversion freigeschaltet wird oder die Nutzung eines Programms ohne eine eingelegte CD-ROM möglich ist.

Bei Besuch solcher Seiten sollte man stets beachten, dass sie von Natur aus selten vertrauenswürdig sind. Daher ist es nicht auszuschließen, zusammen mit heruntergeladener Software auch Computerviren auf den Computer zu holen. Zu bedenken ist auch, dass in die Entwicklung von Programmen viel Zeit und Geld investiert wird und dass es Diebstahl ist, sie sich unrechtmäßig zu besorgen.

> **Hinweis**
>
> Suchen Sie anstelle der gecrackten Version nach offiziellen Testversionen. Diese kann man eine gewisse Zeit lang (meist 30 Tage) kostenlos testen und erst dann legal erwerben, wenn das Produkt eigenen Vorstellungen entspricht.

Zehn goldene Regeln zur Internetsicherheit

Jeder kann sicher im Internet surfen, wenn er die folgenden Regeln beachtet.

1. Virenscanner
   Benutzen Sie einen Virenscanner. Es gibt auch kostenlose Virenscanner im Netz, z.B. unter *http://www.free-av.de*. Aktualisieren Sie diesen Scanner.
2. Lassen Sie den Virenscanner immer im Hintergrund eingeschaltet. Sobald Sie den Virenscanner deaktivieren, kann er den Computer nicht mehr überprüfen.
3. Verbindung überprüfen
   Überprüfen Sie die Internetverbindung vor jeder Einwahl. So stellen Sie fest, ob Sie sich immer noch mit dem gewünschten Provider anmelden, oder einem 0190-Dialer ins Netz gegangen sind.
4. Sicherheitseinstellungen
   Stellen Sie die Sicherheitseinstellungen im Internet Explorer mindestens auf Mittel. Dadurch werden Sie bei der Installation und Ausführung von Applikationen gefragt und darauf hingewiesen, dass etwas auf Ihrem Rechner installiert wird.
5. E-Mail-Anhänge
   Öffnen Sie nie E-Mail-Anhänge, von denen Sie nicht wissen, woher sie stammen. Vergewissern Sie sich immer vorher von wem die Datei kommt. Wenn Sie das nicht herausfinden, löschen Sie die E-Mail umgehend.
6. Virus Hoax
   Fallen Sie nicht auf so genannte Virus Hoax herein. Sollten Sie eine E-Mail mit einer Viruswarnung bekommen, erkundigen Sie sich z.B. bei Symantec (*http://www.symantec.de*), ob dieser Virus schon bekannt ist. Wenn nicht, schicken Sie die E-Mail nicht an Ihre Freunde und Bekannten weiter, denn das ist der Virus!
7. Systemüberprüfung
   Überprüfen Sie Ihr System. Entfernen Sie nicht benötigte Dienste und Programme von Ihrem Rechner.

> 8. Kennwörter
>   Benutzen Sie verschiedene Passwörter für verschiedene Dienste. Stellen Sie sich eine Passwortliste zusammen, die Sie auf Papier oder in einem Buch festhalten. Nicht auf dem Rechner!
> 9. Bleiben Sie auf dem Laufenden
>   Besuchen Sie regelmäßig die Webseiten der Anbieter oder andere Fachseiten, z. B. *http://www.heise.de*; *http://www.symantec.de*.
> 10. Tauschbörsen
>   Halten Sie sich von Tauschbörsen wie Kazaa, Napster und co. fern. Bei diesen Tauschbörsen geben Sie Fremden Zugriff auf Ihren Rechner. Dabei können Sie kaum kontrollieren, wer was auf Ihrem Computer tut.

Mobile Kommunikation

Wenn der Computer heruntergefahren ist, sind längst nicht alle Kommunikationsstränge gekappt: Pocket-PCs und Mobiltelefone erlauben die Kommunikation auch ohne festen Netzanschluss. Gerade im Jahr 2000 sind einige wichtige Weichen gestellt worden – das moderne Handy taugt längst nicht nur zum Telefonieren.

Bis jetzt telefonieren rund 50 Millionen Deutsche mobil, also fast jeder zweite. Auch der Gesetzgeber hat der Verbreitung der mobilen Kommunikationsgeräte Rechnung getragen: Wer am Steuer seines Fahrzeugs mit einem Telefon am Ohr erwischt wird, muss sich auf ein Bußgeld gefasst machen.

Freisprecheinrichtungen

Eine Freisprecheinrichtung – entweder fest eingebaut, als mobiles Stecksystem mit Stromversorgung über den Zigarettenanzünder oder als kleiner Mikrofonclip und Ohrstöpsel – soll verhindern, dass der Fahrzeugführer sich beim Telefonieren nicht mehr auf den Verkehr konzentrieren kann.

Bei der Auswahl von Freisprecheinrichtungen empfehlen sich Geräte, die sich durch Adapter an andere Geräte anpassen lassen. So vermeiden Sie einen teuren Neukauf des Zubehörs, wenn Sie sich für ein leistungsfähigeres Mobiltelefon entscheiden.

Kapitel 9: Internet und Kommunikation

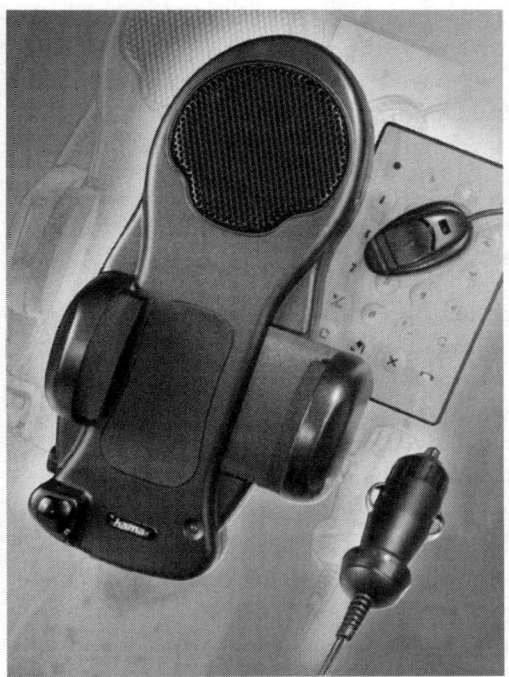

Bild 9.29: Nur mit Freisprecheinrichtung oder Headset ist die kontinuierliche Erreichbarkeit auch beim Autofahren gesichert.

Funknetze und Dienste

Erst mit der Einführung von C-Netz-Geräten wurde das mobile Telefonieren zumindest für einige Anwender bezahlbar. Der Siegeszug des Mobiltelefons begann mit der Einführung des D-Netzes, das später durch das E-Netz ergänzt wurde. Das D-Netz – auch heute noch in den Tarifbezeichnungen wie »D1« oder »D2« zu finden – funkt auf einer Frequenz von 900 MHz, das später hinzugekommene E-Netz nutzt eine Funkfrequenz mit 1.800 MHz. Geräte, die auf beiden Frequenzen senden und empfangen können, werden Dualband-Handys genannt. In den USA und Kanada arbeiten Mobiltelefone auf einer weiteren Frequenz bei 1.900 MHz. Reisende zwischen den Kontinenten sind daher gut beraten, wenn sie ein Tribandgerät im Gepäck haben, dass die europäischen und die amerikanischen Frequenzbänder abdeckt.

Ein kurzes Gastspiel hatte noch das Iridium-Netz. Es besteht aus 66 Satelliten, die um die Erde kreisen. Somit waren Iridium-Nutzer weltweit in einem einheitlichen Netz unter einer Rufnummer erreichbar – zu gesalzenen Preisen. Für das Telefonieren mit Iridium sind Standardtelefone nicht geeignet. Nach dem finanziellen Absturz des Betreibers ist die Zukunft der weiter kreisenden Satelliten fraglich.

Ohne SIM nichts los

Auch das tollste Handy nützt Ihnen ohne eine SIM-Karte (Subscriber Identity Module) gar nichts. Dieses Modul ist eine Eintrittskarte zum Netz des Mobilfunkanbieters. Auf der SIM-Karte ist nicht nur die Telefonnummer des Teilnehmers abgelegt, sondern auch Telefonbucheinträge und eine PIN-Nummer. Die vierstellige PIN-Nummer identifiziert den Benutzer beim Einschalten des Telefons gegenüber dem Netzbetreiber – ähnlich wie die Scheckkarte am Bankautomaten.

Mit Hilfe der SIM-Karte sperren Mobilfunkbetreiber auch subventionierte Mobiltelefone: Solche Telefone arbeiten für eine bestimmte Dauer ausschließlich mit den ursprünglichen SIM-Karten zusammen und verweigern mit anderen Karten ihren Dienst. Sie lassen sich nur mit einer speziellen Freischaltnummer entsperren. Diese Nummer geben die Netzbetreiber häufig gegen Zahlung einer Gebühr heraus.

Die großen Scheckkarten der Vergangenheit haben ausgedient. Heutzutage sind nur noch SIMs in Fingernagelgröße gebräuchlich.

Bild 9.30: SIM-Karten kommen zunächst im Scheckkartenformat zum Kunden. Die heute übliche Mini-SIM wird aus der großen Karte herausgelöst.

Die derzeit erhältlichen Mobiltelefone haben gegenüber ihren Vorgängern deutlich an Gewicht und Größe verloren und gleichzeitig im Funktionsumfang zugelegt. Sie arbeiten mit dem GSM-Standard (Global System for Mobile Communications), der zumindest europaweiten Sende- und Empfangsbetrieb gewährleistet. Die damit realisierbare Datenübertragungsrate beträgt 9,6 kBit/s und erinnert damit an die Zeiten der ersten Mailboxen.

Aufbau der Netze

Grundsätzlich sind Mobilfunknetze in Zellen aufgeteilt. Jede Mobilfunkzelle ist mit den anderen durch Knoten verbunden. Wenn diese Zellen so eng beieinander liegen, dass ein Handy immer Funkkontakt hat, wird die Kommunikation auch bei einer Bewegung des Telefonierenden nicht unterbrochen. Dies ist eine Aufgabe der Handys: Neben der Übertragung der Sprachsignale oder Daten sucht es selbstständig die beste Funkzelle aus und meldet sich bei Bedarf an einer anderen Zelle an, die eine bessere Signalstärke als die aktuelle aufweist.

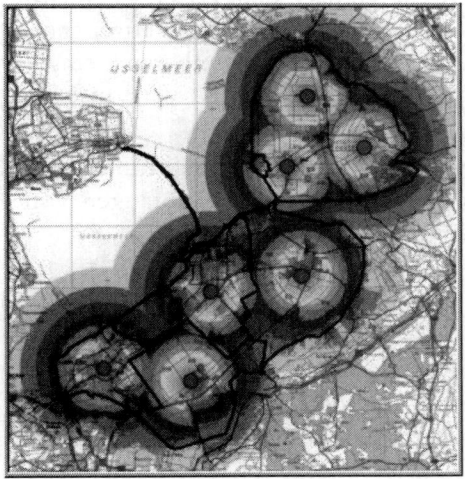

Bild 9.31: Die aktuellen Handy-Netze sind in Funkzellen eingeteilt. Das Mobiltelefon meldet sich selbstständig bei einer passenden Funkzelle an und übernimmt auch den Wechsel, wenn die Signalstärke nachlässt.

Mobile Kommunikation

Roaming

Dabei kann durchaus auch ein Wechsel des Netzbetreibers stattfinden: Durch Roaming-Abkommen gestatten einige Netzbetreiber den Kunden anderer Netze die Benutzung der eigenen Übertragungskapazitäten. Dieses Roaming kommt auch zum Einsatz, wenn Sie im Ausland Ihr eigenes Handy zum Telefonieren einschalten. Dann sind Sie unter Ihrer bisherigen Telefonnummer so erreichbar, als wären Sie im Inland. Ihr Handy meldet sich im Ausland bei einem Netzbetreiber an.

Falls Sie nicht in einer Großstadt, sondern im ländlichen Raum wohnen, sollten Sie sich über die Empfangsleistungen informieren: Nicht jeder Ort ist mit jedem Mobilfunknetz gleich gut abgedeckt.

Mobil zu Hause

Die Mobiltelefone, die dem Kabelsalat in häuslicher Umgebung den Garaus machen, haben mit den Handys, die über einen Dienstanbieter funken, nur wenig gemeinsam. Sie funktionieren nach dem DECT-Standard (Digital Enhanced Cordless Telephone). Dieser Kommunikationsstandard, der bei Schnurlostelefonen neuerer Bauart im Heimbereich eingesetzt wird, verwendet Funkfrequenzen um 1,9 GHz und wird in circa 90 Ländern eingesetzt.

Auch DECT-Telefone werden mehr und mehr mit Zusatzfunktionen ausgestattet; so ist z.B. das auch das Versenden und Empfangen von SMS-Nachrichten bei einigen Geräten realisiert.

Eine weitere Spielart wird bei Drucklegung von O$_2$ angeboten. Etwas teurer als das Festnetztelefon, aber deutlich billiger als das übliche Telefonieren mit einem Handy ist der Tarif »O$_2$ Genion«. Alle Mobilgespräche, die in der heimischen Funkzelle geführt werden – die deutlich größer als die eigentliche Wohnung ist –, werden zu einem reduzierten Kostensatz abgerechnet. Dann kann sich der Verzicht auf ein Festnetztelefon durchaus lohnen.

GPRS

Neben den bisherigen Funknetzen bieten einige Betreiber spezielle Datendienste an. Der GPRS-Modus (General Packet Radio Service) kann als Vorläufer von UMTS bezeichnet werden, auch wenn die dahinter verborgene

Kapitel 9: Internet und Kommunikation

Technik eine andere ist. Anders als beim herkömmlichen GSM-Transfer ist keine spezielle Anwahl nötig: Ein GPRS-Handy wartet immer darauf, Daten zu empfangen, und belegt auch nur beim Senden oder Empfangen Netzkapazität. Entsprechend richtet sich die Abrechnung nicht etwa nach Verbindungszeiten, sondern nach der übertragenen Datenmenge. Die dabei eingesetzte Technik ähnelt der des Internet: Die Daten werden in einzelne Pakete zerlegt und übertragen. Dabei nutzt GPRS mehrere GSM-Kanäle gleichzeitig und erreicht Datentransferraten von derzeit bis zu 53,6 kBit pro Sekunde. Diese Technologie eignet sich z.B. zum sofortigen Transfer von eingehenden E-Mails. Derzeit sind bei weitem nicht alle Mobiltelefone GPRS-fähig.

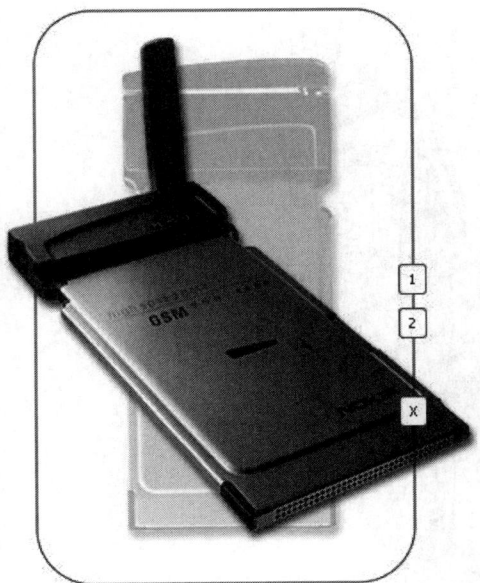

Bild 9.32: Ein Handy ohne Display und Tasten: Eine solche Steckkarte verbindet Laptopcomputer mit dem mobilen Telefonnetz.

i-Mode

Als »i-Mode« wird der in Japan im Februar 1999 gestartete Dienst bezeichnet, der mit cHTML (compact HTML) eine der im Internet gebräuchlichen Seitenbeschreibungssprache HTML sehr ähnliche Übertragungsweise vor-

Mobile Kommunikation

sieht. Der Vorteil für die Anbieter von Webseiten: Der Änderungsaufwand für die Umstellung der Inhalte ist bei i-Mode deutlich geringer als z.B. bei einem Transfer in das WML-Format. E-Plus bot zur CeBIT 2002 diesen Dienst auf Basis des GPRS-Protokolls mit einer für den Empfänger volumenabhängigen Tarifierung an. Beim Versenden von Nachrichten oder beim Telefonieren ist nach wie eine Transaktionsgebühr fällig. Allerdings bietet i-Mode auch den Zugriff auf weitere kostenpflichtige Dienste. Auch das erste i-Mode-Handy hatte zur CeBIT Premiere: NEC stellte ein erstes Gerät für den europäischen Markt vor. Sollte sich dieser Dienst durchsetzen, sind wie in Japan interaktive Dienste wie netzbasierte Computerspiele, Datenbankrecherchen usw. möglich.

Bild 9.33: Premiere auf der CeBIT 2002: Das erste i-Mode-Handy zeigt erst in aufgeklapptem Zustand, was in ihm steckt.

UMTS

Der Begriff UMTS (Universal Mobile Telecommunication System) beherrschte vor einiger Zeit die Schlagzeilen der Fachzeitschriften: 50 Milliarden Euro konnte die Bundesregierung durch die Versteigerung entsprechender Mobilfunklizenzen einstreichen. Es handelt sich um das Mobilfunksystem der so genannten »dritten Generation«, das aufgrund hoher Übertragungsraten neben Sprachkommunikation auch Multimediaanwendungen (Bild- und Videoübertragung) erlaubt. UMTS soll ab etwa 2003 Frequenzen zwischen 1920 und 1980 MHz sowie zwischen 2110 und 2170 MHz nutzen und maximale Transferraten von bis zu 2 MBit/sek erreichen. In der Startphase wird wohl zunächst eine Bandbreite von 384 kBit/sek angeboten – immerhin sechsfache ISDN-Geschwindigkeit.

Kosten und Abrechnungssysteme

Die Angebote bei Mobiltelefonen lassen sich in mehrere Kategorien unterteilen. Gründe dafür liegen z.B. auch in der Art des Anbieters. Eine sinnvolle Unterscheidung kann zwischen Dienstbetreiber und Dienstanbieter vorgenommen werden. Der Dienstbetreiber verfügt über die Infrastruktur: Ihm gehören die Mobilfunklizenzen, die Antennen, die Verteiler usw. – er übernimmt die technische Durchführung der Mobilkommunikation.

Die großen Dienstbetreiber sind derzeit T-Mobil (D1), mannesmann-vodafone (D2) und das E2-Konsortium. Bei diesen Dienstbetreibern kaufen Dienstanbieter Leistungen ein: Telefonminuten in großem Umfang. Natürlich sinken die Verbindungspreise drastisch, wenn ein Kunden mehrere Millionen Minuten abnimmt. Die Dienstanbieter schnüren eigene Tarifpakete und verkaufen diese an die Anwender – die Mobiltelefonierer.

In der Praxis hat sich dieses Modell bewährt – allerdings zu Lasten der Tariftransparenz. Hauptzeiten, Nebenzeiten, sekundengenaue Abrechnung, Vielteleforierrabatte, SMS-Kosten, Übergangspreise bei Telefonaten ins Festnetz oder in ein anderes Funknetz, Roamingkosten bei Auslandsverbindungen ... Diese Aufzählung zeigt nur einen kleinen Teil der Kriterien, die für den Abschluss des individuell günstigsten Tarifs zu berücksichtigen sind.

Tarifmodell

Eine weitere Unterscheidung besteht in der Art der Abrechnung. Alle großen Anbieter offerieren Tarife, die sich in der Abwicklung an den übliche Festnetz-Telefonrechnungen orientieren: Sie telefonieren und erhalten nachträg-

Mobile Kommunikation

lich eine Rechnung über die in Anspruch genommenen Verbindungen. Ein Nachteil bei dieser Abrechnungsform besteht darin, dass die Kosten nicht ohne weiteres zu begrenzen sind. Solche Verträge sind in der Regel mit einem monatlichen Grundpreis versehen und weisen eine Mindestlaufzeit auf, wenn bei Abschluss ein vergünstigtes Mobiltelefon bezogen wird.

Bild 9.34: Hilfe aus dem Internet: Eine ganze Reihe von Websites widmet sich dem Thema »Tarifvergleich« – nicht nur für Mobiltelefone.

Prepaid

Eine andere Form ist die so genannte Prepaid-Variante. Hier werden Guthabenkarten zusammen mit Handys vertrieben. Nach einer Aktivierung wird das Guthaben der Karte auf ein Konto übertragen und kann abtelefoniert werden. Wenn das Konto leer ist, müssen Sie auf eigene Anrufe verzichten, können aber nach wie vor angerufen werden. Das Guthabenkonto wird durch Guthabenkarten mit unterschiedlichen Werten aufgeladen. Nach Erwerb einer Karte ruft der Handybesitzer mit dem Mobiltelefon eine Servicenummer an und gibt einen auf der Karte gedruckten Code ein. Damit wird der Wert der Karte auf das Telefonkonto transferiert und die Guthabenkarte ungültig. Dies gilt bei manchen Anbietern nicht für SMS-Dienste, so dass über diese Nutzungsart negative Kontostände entstehen können.

> **Hinweis** Beide Varianten haben ihre Berechtigung. Vieltelefonierer fahren mit einer Grundgebühr besser, weil die Minutenpreise und die Kosten für SMS-Nachrichten deutlich günstiger als bei den Prepaid-Varianten ausfallen können. Der Nachwuchs ist mit einem Prepaid-Handy gut bedient, weil nur damit eine weitgehende Kontrolle der Gesprächskosten möglich ist.

Mobilfunkanbieter aussuchen

Die Angebote der Mobilfunkbranche unterliegen einem stetigen Wechsel. Sowohl die Kommunikationsgebühren als auch die Nebenleistungen – z.B. preiswerte oder kostenlose Handys beim Abschluss eines Vertrags – unterscheiden sich derart, dass ein Vergleich hier nicht vorgenommen werden kann.

Für die Auswahl eines Handyvertrags sollten Sie sich über einige Aspekte im Klaren sein:

- ▶ Möchten Sie selbst anrufen oder in erster Linie erreichbar sein? Im zweiten Fall fahren Sie mit einem Prepaid-Handy am besten.
- ▶ Vieltelefonierer fahren mit Verträgen mit Grundgebühr günstiger. Bei häufigen Auslandsaufenthalten sind auch die Roamingkosten ein entscheidender Faktor.
- ▶ Benötigen Sie ein neues Mobiltelefon? Je nach Tarif lassen sich mehr oder weniger leistungsfähige Geräte bei Vertragsabschluss preisgünstig erstehen.

> Telefonieren Sie häufig im Mobilnetz? Prüfen Sie dann die Angebote der Netzbetreiber der potentiellen Telefonpartner. Innerhalb eines Netzes sind Gespräche preisgünstiger als zwischen unterschiedlichen Telefonnetzen.
>
> Welche Laufzeit kommt beim Vertrag in Frage? Lange Laufzeiten gehen mit hohen Sponsorbeträgen für das Handy einher. Allerdings binden Sie sich dann bis zu 24 Monaten an einen Anbieter und sind für diese Zeit auch auf das Handy festgelegt – sofern Sie nicht separat ein anderes Gerät erwerben möchten.

Leistungsmerkmale moderner Handys

Telefonieren können Sie mit jedem Handy, aber damit gibt sich kein modernes Mobiltelefon zufrieden. Ein Beispiel: Den Reisewecker müssen Sie nicht mehr einpacken, eine Weck- oder Erinnerungsfunktion bietet jedes Gerät an. Ob Sie andere Funktionen benötigen, hängt stark vom persönlichen Anforderungsprofil und Geschmack ab.

Handys haben sich in den letzten Jahren rasant vom einfachen Fernsprecher zum Multifunktionsgerät gewandelt – mit Vorteilen für den Kunden: Wer eine Sonderfunktion benötigt, wird fündig. Telefonbesitzer, die in erster Linie auf die Fernsprechfunktionen Wert legen, können durch einen Verzicht auf die vielen kleinen Gimmicks leistungsfähige Handys zum Schnäppchenpreis erstehen.

Größe und Gewicht waren lange Zeit die Kriterien, die das Image eines Mobiltelefons maßgeblich bestimmten: Je kleiner und leichter, desto trendy. Dieser Trend hat sich mittlerweile gelegt: Um eine ausreichende Tasten- und Displaygröße zu realisieren, sind weitere Miniaturisierungen nur noch in wenigen Geräten zu finden.

Ein weiterer interessanter Aspekt sind Standbyzeit und Sprechdauer. Mehr als 200 Stunden Empfangsbereitschaft und fünf oder mehr Stunden Sprechdauer sind Werte, die die Spitzenreiter der Mobiltelefone noch deutlich übertreffen. Maßgeblich für diese Faktoren sind z.B. Akkutyp und realisierte Energiesparkonzepte.

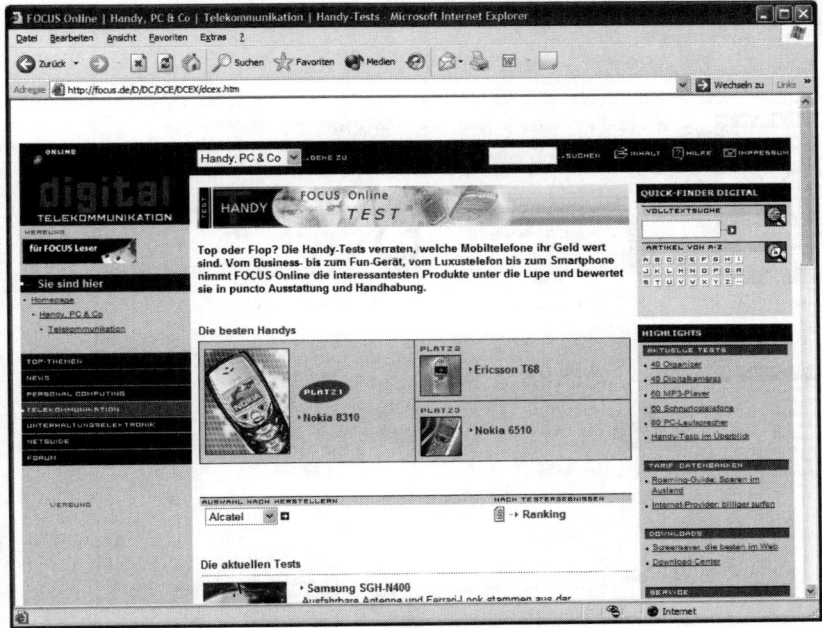

Bild 9.35: Der Leistungsumfang der Geräte ändert sich ständig. Vor einem Neukauf sind umfassende Informationen – z. B. über das Internet – immer sinnvoll.

GSM-Handys stehen nicht kontinuierlich mit der Funkzelle in Kontakt, sondern melden sich immer wieder in kurzen Abständen. Beim Telefonieren selbst senken sie die Sendeleistung auf den minimal benötigten Wert. Erst durch diese Mechanismen sind derart lange Funktionszeiten möglich.

Ein Augenmerk sollte auch dem Akkutyp gelten. Die Basiswerkstoffe geben die Bezeichnung vor: NiMH-Akkus (Nickel-Metallhydrid) sind preisgünstig zu produzieren, verlieren mit der Zeit aber deutlich an Kapazität. Besonders nachteilig ist der so genannte Memory-Effekt, durch den auch grundsätzlich funktionierende Akkus ihre Ladungskapazität verlieren, wenn sie vor dem vollständigen Entladen wieder aufgeladen werden. Moderne Li-Ion-Akkus (Lithium-Ionen) weisen diesen Effekt nicht auf und speichern bei gleichem Volumen höhere Energiemengen. Der Nachteil der Lithium-Ionen-Akkus liegt im höheren Preis.

Mobile Kommunikation

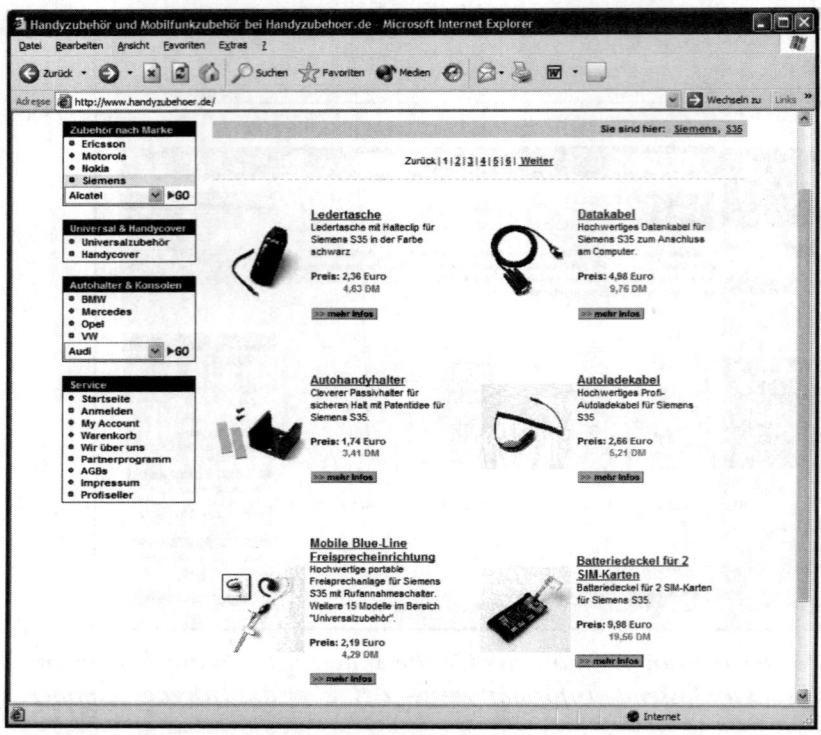

Bild 9.36: Alles rund ums Handy. Zu den gängigen Modellen lassen sich nicht nur Austauschakkus, sondern auch eine ganze Palette mehr oder weniger sinnvollen Zubehörs erstehen.

Displays

Das Display liefert ein weiteres wichtiges Entscheidungskriterium. Es zeigt z.B. anrufende oder gewählte Telefonnummern, den Ladezustand des Akkus oder auch die Signalstärke, die für ein störungsfreies Telefonat entscheidend ist. Eine Hintergrundbeleuchtung – auch für das Tastenfeld – vereinfacht die Bedienung bei Dunkelheit.

Steht das Telefonieren im Vordergrund, sind grafikfähige Farbdisplays sicher verzichtbar. Durch die geplanten multimedialen Inhalte sind jedoch deutliche Verbesserungen der Darstellung zu erwarten: farbige TFT-Displays, wie man sie in LCD-Monitoren oder Laptops findet, erobern mehr und mehr auch den Bereich der Handyanzeigen.

Telefonbuch

Häufig gewählte Rufnummern finden in Telefonbüchern Platz. Dabei speichert bereits die SIM-Karte eine Reihe von Einträgen, Handys ergänzen die relativ begrenzte Anzahl durch eigenen Speicherplatz. Auch hier sind Unterschiede zwischen den einzelnen Geräten zu finden: die Zahl der abzulegenden Rufnummern, weitergehende Gruppierungsmöglichkeiten (z.B. private oder berufliche Kontakte) oder auch eine Sprachwahl bestehender Einträge.

Klingeln oder nicht klingeln

Wenn das Handy klingelt, generiert ein integrierter Tongenerator Klangfolgen vom einfachen Piepsen bis zur Melodie bekannter Hits. Mittlerweile stehen für einige Handymodelle sogar Klingeltöne und Bilder zum Laden bereit: Nach dem Anruf einer (kostenpflichtigen) Telefonnummer sendet der Anbieter eine SMS an das Gerät, das dann diese Melodien oder Displaybildchen wiedergeben kann.

Teurere Geräte beherrschen auch die lautlose Anrufsignalisierung durch einen integrierten Vibrationsalarm – das Handy brummt wie ein elektrischer Rasierapparat. Die Signalisierung bei Anrufen lässt sich in Profilen ablegen. In einer lauten Umgebung sind z.B. sehr laute Signaleinstellungen mit gleichzeitiger Aktivierung des Vibrationsalarms sinnvoll, im Restaurant ist ein leiser Klingelton oder dessen komplette Unterdrückung sinnvoll.

SMS

Einen unvergleichlichen Siegeszug hat das Versenden von Kurzmitteilungen per SMS-Funktion (Short Message Service) hinter sich. Bis zu 160 Zeichen lassen sich (mühsam) über die Zifferntasten des Telefons eintippen und an ein anderes Handy versenden. Mehrere Milliarden SMS-Nachrichten wechseln jedes Jahr zwischen den Handys hin und her. Bei der Eingabe der Texte helfen Systeme, die man in einem solch kleinen Gerät gar nicht vermutet: Die T9-Eingabehilfe versucht kontinuierlich, aus den bisherigen Eingaben sinnvolle Worte zu generieren, und erreicht dabei eine erstaunliche Trefferquote. Einige Geräte können lange SMS-Nachrichten mit mehr als 160 Zeichen erstellen. Diese werden in mehrere herkömmliche Nachrichten zerlegt und kosten demzufolge auch mehr Geld. Der Nachfolger von SMS steht unter der Bezeichnung MMS schon bereit – der Multimedia Message Service verschickt auch Bilder und Töne, setzt aber höhere Übertragungsgeschwindigkeiten als das vergleichsweise lahme GSM voraus.

Mobile Kommunikation

Bild 9.37: SMS-Sprüche, Logos und Klingeltöne machen Ihr Handy zur Funzentrale für unterwegs.

Handy und PC im Duett

Schade, wenn das Telefonbuch und die Kalendereinträge am PC und am Handy separat gepflegt werden müssen! Dann stellen sich mit der Zeit unweigerlich Fehler ein. Also kann es sinnvoll sein, das Mobiltelefon mit dem Computer zu verbinden.

Für die einfachste Form – eine Kabelverbindung – ist wohl jedes Handy ausgerüstet. Wenn dann auch noch die entsprechende Transfersoftware vorhanden ist, steht dem Datenaustausch nichts mehr im Wege. Eleganter sind Lösungen, die auf Kabel verzichten.

Bei einer Infrarotverbindung müssen PC und Handy über eine entsprechende Schnittstelle verfügen – für viele Laptops kein Problem. Solche Modems verfügen auch über ein integriertes Modem. Damit wird das Surfen auch am Baggersee möglich.

Der letzte Schrei ist eine Rechner-Handy-Koppelung mit dem Funkstandard Bluetooth. Bluetooth ist ein Funkverfahren für Kurzstrecken, über das mehrere Geräte miteinander Daten austauschen. Wenn sowohl PC als auch das Handy diese Verbindungsform unterstützen, entfällt auch noch die bei der Infrarotschnittstelle erforderliche Sichtverbindung der Schnittstellenfenster.

Internet per Handy

Auch wenn das winzige Telefondisplay nicht sonderlich geeignet dafür erscheint: Selbst den Internetzugang meistern Handys der aktuellen Generation. Bilder oder gar bewegte Inhalte lassen sich derzeit auf Grund der geringen Übertragungsgeschwindigkeit und der eingeschränkten Displays noch nicht sinnvoll wiedergeben. Mit dem HTML-Ableger WAP (Wireless Application Protocol) lassen sich zumindest die Textinhalte entsprechend vorbereiteter Internetseiten aufrufen.

Freizeitfunktionen

Die letzten Aspekte betreffen Funktionen, die vor kurzem noch niemand mit einem Handy in Verbindung gebracht hätte. Eine Freisprechfunktion, also Lauthören und Lautsprechen, ohne dass das Telefon am Ohr klebt, ist zwar von Festnetztelefonen bekannt, bei den mobilen Vettern aber eher selten. Vertreter mit diesen Fähigkeiten operieren oft auch als Diktiergerät oder ersetzen den Walkman beim Joggen, indem der integrierte MP3-Player zuvor aufgenommene Musikstücke wiedergibt. Letztendlich erhalten Handys auch einen gewissen Freizeitwert: Integrierte oder sogar aus dem Internet geladene Spiele verkürzen unliebsame Wartezeiten.

Erweiterte Handys

Der zuvor beschriebene Abschnitt geht von der Grundfunktion eines Handys – dem Telefonieren – aus und beschreibt zusätzliche Funktionen. Ein anderer Betrachtungswinkel stellt einen Kleincomputer (PDA, Personal Digital Assistant) in den Vordergrund und versieht ihn mit zusätzlichen Funktionen zur Telekommunikation. Solche Geräte sind schon zu haben: PDAs verfügen häufig über Steckplätze, und in einen solchen Steckplatz lassen sich winzig kleine Telefonkarten stecken. Die Bedienung erfolgt vollständig über den Persönlichen Assistenten. Auch für Laptops sind solche Karten im Angebot verschiedener Zulieferer zu finden. In diesem Fall rückt die Telefonfunktion in den Hintergrund und die Datenübertragungsfähigkeit wird wichtiger. Dies äußert sich auch in der Art und Weise, in der mit einem solchen »Zwitter« telefoniert wird: Ein Knopf im Ohr und ein Clip-Mikrofon ersetzen den Telefonhörer.

Bild 9.38: Der umgekehrte Weg: Mit dem Handspring Organizer lässt sich mit Hilfe des mitgelieferten Freisprechset auch telefonieren.

Ähnlich wie beim Laptop existieren auch für Organizer Ergänzungslösungen. Die Erweiterungsschächte nehmen spezielle Telefonkarten auf, mit denen z.B. ein mobiler Zugriff auf Internet- oder Serverdaten realisiert wird.

Kapitel 9: Internet und Kommunikation

Auf diese Weise hat der Anwender z.B. kontinuierlichen Zugriff auf seine eigenen E-Mails oder auf die Terminplanung aller Mitarbeiter seiner Arbeitsgruppe.

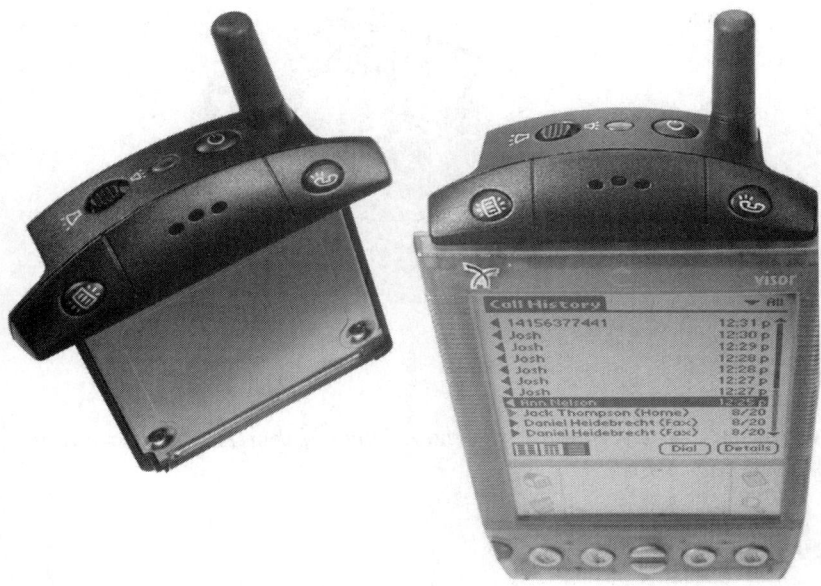

Bild 9.39: Mit einer Einsteckkarte mutiert der Organizer zum Mobiltelefon.

Aber auch Handys nähern sich dem PDA an. Der grundsätzliche Unterschied besteht in der Größe des Displays. Erste lieferbare Handyvarianten – z.B. von Nokia – verbergen ein großes Display und eine vollständige Tastatur unter einem Deckel, mit dem sich das sonst etwas klobige Gerät in einen zierlichen Organizer verwandelt.

Weitere Anwendungen sind in der Planung oder in Labors längst realisiert. Das Handy als Gerät, das eine eindeutige Identifikation des Anwenders erlaubt? Durch Integration biometrischer Kennzeichen kein Problem. Chips, die Fingerabdrücke mit einer hinreichen Genauigkeit erkennen, lassen sich mit wenig Aufwand auch in die kleinen Gehäuse der Mobiltelefone integrieren. Und wenn die Identität eines Benutzers elektronisch festgestellt werden kann, ist es nur noch ein kleiner Schritt zur Abwicklung von Geschäften. Vielleicht werden Sie sich in absehbarer Zeit gegenüber dem Geldautomaten

Ihrer Bank nicht mehr mit einer speziellen EC-Karte und einer PIN-Nummer ausweisen, sondern solche Transkationen über das Handy vornehmen, das dann auch die Funktionen einer vorgeladenen Geldkarte übernimmt.

Bild 9.40: Außen Handy, innen Organizer. Diese Nokia-Handy verbindet beide Aufgabenbereiche.

Das Everynet

So viele Möglichkeiten das Internet auch bieten mag, die Entwicklung ist längst noch nicht abgeschlossen. Die Nutzung des World Wide Web ist heute noch fast nur mit einem Computer möglich. Auch die Trennung zwischen den herkömmlichen Medien wie Fernsehen oder Radio und dem Internet ist noch stark ausgeprägt.

In der Zukunft ist zu erwarten, dass diese Grenzen immer mehr aufgehoben werden. Das Fernsehen wird also immer interaktiver werden, das Internet wird zunehmend verschiedene Elemente des Fernsehens einschließen.

Es werden immer mehr internettaugliche Geräte erhältlich sein, die auch untereinander kommunizieren. Ein Kühlschrank, der automatisch einen Einkaufszettel erstellt und zum Handy übermittelt, mag auf den ersten Blick amüsant und überflüssig erscheinen. Vergessliche Naturen würden aber solch eine Lösung sicherlich zu schätzen wissen.

Die Steuerung verschiedener Hausfunktionen über ein Mobiltelefon oder einen Computer könnte denen entgegenkommen, die sich jeden Morgen bei der Arbeit fragen, ob denn die Kaffeemaschine ausgeschaltet wurde.

Diese Beispiele regen vielleicht zum Schmunzeln an, sie zeigen aber auch, wie viele Möglichkeiten das Internet noch bietet. Voraussetzung für diese Entwicklung ist die flächendeckende Versorgung mit schnellen Zugangsmöglichkeiten zum Internet, da in einigen Jahren Analog- oder ISDN-Netze den Datenmengen, die übertragen werden müssen, nicht gewachsen sein werden. Im Mobilfunk geschieht das bereits durch die Einführung der UMTS-Technologie, die in wenigen Jahren nahezu überall verfügbar sein wird. Im Bereich des Festnetzes werden DSL oder Powerline zu günstigen Preisen überall verfügbar sein.

So kann man gespannt sein, was die kommenden Jahre bringen. Die Entwicklung neuer Anwendungen und Kommunikationsformen, die das Internet nutzen, schreitet mit großen Schritten voran. Es wird viel Nützliches und Unterhaltsames geben, und eins steht fest: Es wird nie langweilig.

Kapitel 10
Bilder und Töne

Das Zauberwort der Computerindustrien heißt Multimedia. Darunter fallen alle audiovisuellen Erscheinungen, die ein moderner PC mit Hilfe von Monitor und Soundkarte wiedergeben kann. Im folgenden Kapitel stehen die Bilder und Töne im Mittelpunkt, die vor allem im Zusammenhang mit dem Internet von Bedeutung sind.

Audioformate

Musik und andere Geräusche kommen in der natürlichen Umgebung des Menschen in analoger Form vor. Das sind Schallwellen, die kontinuierlich ihre Frequenz ändern. Im Gegensatz dazu sind die Geräusche auf dem Computer digitalisiert, also in genau definierte Säulen zerlegt. Alle Säulen nebeneinander ergeben wieder den Verlauf der eigentlichen Schallwelle, allerdings eben nicht ganz lückenlos. Bei diesen digitalisierten Geräuschen sind für die Speicherung am PC verschiedene Audioformate üblich.

Verlustfreie Audioformate

Eine Kategorie für die Speicherung von Sounddaten sind die so genannten verlustfreien Audioformate. An sich ist die Bezeichnung sehr schmeichelhaft, denn bei jeder Speicherung von akustischen Daten treten selbst mit dem besten Verfahren Verluste auf. Dennoch tragen die nachfolgenden Formate diese Bezeichnung im Gegensatz zu denen, die bewusst Verluste einkalkulieren.

WAV (PCM)

Das WAV-Audioformat (von Wave) ist der größte gemeinsame Nenner der Windows-Audioformate. Das Macintosh-Äquivalent nennt sich AU. Die Bezeichnung WAV ist eigentlich der Sammelbegriff für verschiedene Unterformate, von denen PCM (Pulse Code Modulation) das gebräuchlichste ist. PCM wird in der PC-Umgangssprache meist mit WAV gleichgesetzt. Beim Verfahren zur Erzeugung von WAV (PCM)-Dateien handelt es sich um eine

Audioformate

unkomprimierte Aufzeichnung von Soundsamples: Das Signal eines Geräusches wird in definierten, schnell aufeinander folgenden Schritten abgetastet, ausgemessen, digitalisiert und gespeichert. Je öfter und genauer diese Werte erfasst werden, desto besser wird der Klang. Bei Musik in CD-Qualität wird ein solcher Momentanwert etwa 44.000 Mal in der Sekunde erfasst und mit Daten von 16 Bit umgesetzt, d.h. mit 65.536 möglichen Werten. Am PC sind Audiodateien als WAV (PCM) und in CD-Qualität (44,1 kHz, 16 Bit, Stereo) oft das Ausgangsmaterial für Platz sparende Audiodateien und zur Soundbearbeitung am heimatlichen PC.

> **Hinweis** Mit Hilfe spezieller Programme, der Audiograbber, werden Audio-CDs als WAV (PCM)-Dateien auf die Festplatte gespeichert. Unter diesem Gesichtspunkt entsteht auf der Festplatte bei fehlerfreier Übertragung eine identische Kopie des Originals. Mit den üblichen Einstellungen sind etwa 10 Mbyte Festplattenspeicher für jede Musikminute nötig.

Monkey's Audio und LPAC

Audiodateien können anders als z.B. Dokumente oder Bilder sehr schlecht komprimiert werden, da bei Musik selten genau gleiche Abschnitte auftreten. Genau diese Abschnitte benötigen aber die mathematischen Verfahren zum Verdichten von Daten. Um die Musikdaten dennoch verlustfrei zu verdichten, wird ein Trick angewandt: Das Signal wird in einen Musikanteil und einen Rauschanteil zerlegt. Dieser Rauchanteil ist mit den üblichen Verfahren gut komprimierbar. Da aber nur ein Teil der Musikdaten komprimiert wird, reduzieren verlustfreie Audiocoder die Größe auf etwa 75% des Originals.

Monkey's Audio und LPAC sind populäre Formate zur verlustfreien Kompression von WAV (PCM)-Dateien. Für beide Codecs gibt es z.B. in Softwareplayern Plug-Ins, die das Abspielen der komprimierten Datei ermöglichen.

MPEG-Audioformate

Diese Gruppe der Audioformate (Motion Picture Expert Group) gehört zu den verlustbehafteten Audioformaten. Bei der Digitalisierung oder bei der Verwandlung von WAV-Dateien in komprimierte Formate werden Verluste einkalkuliert. Bestimmte Teile der Originaldatei werden bewusst weggelassen: Mit einem Kompromiss zwischen Qualität und Platzbedarf entstehen Daten, die bei möglichst kleinem Speicherplatz ein Maximum an Qualität bieten.

MPEG-1

Zur Reduzierung der für eine Speicherung bzw. Übertragung notwendigen Bitrate entstand Anfang der 90er Jahre der MPEG-1-Standard. Dieser bietet drei so genannte Layer (Schichten, Ebenen, Stufen) die mit zunehmender Komplexität auch höhere Kompressionen erzielen. Alle Layer basieren darauf, die vom menschlichen Gehör ohnehin nicht erfassbaren Anteile des Audiosignals nicht zu übertragen oder zu speichern.

▶ Der MPEG-1 Layer 1 (MP1) bietet die geringste Komplexität und Kompression. Die Digitalisierung erfolgt hierbei unter Verwendung von Filtern mit 32 Frequenzbändern gleicher Bandbreite. MP1 wurde z. B. bei der DCC (Digital Compact Cassette) mit 384 kBit/s (Kilobit je Sekunde) für ein Stereo-Signal eingesetzt und erreicht sehr hohe Qualität.

▶ Der MPEG-1 Layer 2 (MP2) bietet im Vergleich zu MP1 eine höhere Kompression. MP2 basiert auch auf einer Filterbank, die Zeitauflösung ist jedoch erhöht. MP2 wird z. B. bei digitalem Rundfunk mit Bitraten zwischen 192 kBit/s und 256 kBit/s verwendet.

▶ Der MPEG-1 Layer 3 (MP3) ist der wohl bekannteste Layer. Dieses Format war der Durchbruch der verlustbehafteten Kompression von Audiodaten. Aus technischer Sicht unterscheidet sich MP3 deutlich von den beiden anderen Layern: Die Frequenzauflösung ist von 32 auf maximal 576 Frequenzbereiche erhöht. Bei tiefen Frequenzen wird eine Auflösung erreicht, die dem menschlichen Gehör besser angepasst ist. Beim ersten Einsatz von MP3 wurde mit CD-Qualität bei 128 kBit/s geworben. Heute liegt die üblicherweise eingesetzte Bitrate zwischen 160 kBit/s und 192 kBit/s. Gründe dafür sind sicher schnellere Internet-Verbindungen, die gesunkenen Preise für Festplattenspeicher und höhere Ansprüche an die Qualität.

MPEG-2

Der Standard MPEG-2 ist eine Erweiterung von MPEG-1. Davon ausgehend wurden die Layer durch Abtastraten und erlaubte Bitraten erweitert. Außerdem wurde ein neuer Audiocoder, der MPEG-2 NBC (Non Backwards

Audioformate

Compatible), entwickelt, der auch als AAC (Advanced Audio Coding) bezeichnet wird. Nach dem Willen der Hersteller soll AAC der neue Standard werden und MP3 ablösen. Die Entwicklung der AAC-Encoder steht aber erst am Anfang.

MPEG-4

Mit MPEG-4 haben weitere Audiocoder Einzug gehalten. Entstanden sind spezielle Sprachcoder wie HVXC (Harmonic Vector Excitation) und CELP (Code Excited Linear Prediction), die auf die Übertragung von Sprachsignalen bei extrem niedrigen Bitraten optimiert sind.

Das Verfahren MPEG-4 TwinVQ (auch VQF) soll nach Angaben des Entwicklers NTT schon bei 96 kBit/s die Qualität von MP3 bei 128 kBit/s erreichen.

OGG Vorbis

Die frei verfügbaren MP3-Encoder bewegen sich patentrechtlich stets in einer Grauzone. OGG Vorbis ist dagegen ein Audiocoder, der keine Patente verletzt und dennoch bei Kompression und Qualität mit MP3 vergleichbar ist. Dieses Open-Source-Projekt bietet Unterstützung für diverse Plattformen und Betriebssysteme. Der OGG-Encoder steuert die Bitrate in Abhängigkeit vom Bedarf für eine möglichst konstante Qualität.

Windows Media (WMA/ASF)

Diese Eigenentwicklung von Microsoft setzt wie MP3 eine Hybrid-Filterbank ein und ist für niedrige Bitraten optimiert. Klanglich überzeugt das Format nicht, selbst bei hohen Bitraten (max. 192 kBit/s) sind Unterschiede zwischen Original und kodierter Datei immer noch erkennbar. Das Format ist mit einem Kopierschutz ausgestattet und wird häufig eingesetzt, wenn Musik kostenpflichtig über das Internet vertrieben wird.

MPEGplus – MP+/MPC

MPEGplus ist der Geheimtipp für hochwertige Audiokompression. Durch eine Vielzahl von Erweiterungen und Optimierungen am so genannten psychoakustischen Modell, das für die Klangqualität verantwortlich ist, erreicht das Format eine hervorragende Qualität bei Bitraten um 170 kBit/s. MPEGplus versucht wie OGG Vorbis, eine konstante Qualität bei möglichst geringer Dateigröße zu erreichen.

RealAudio8 und ATRAC3

Real Media ist der Marktführer im Streaming-Bereich und verwendet bei RealAudio8 die ATRAC3-Technik von Sony. ATRAC3 ist qualitativ etwa mit MP3 und WMA vergleichbar. Da Real Media aber ausschließlich auf das Streaming setzt, hat dieses Format z.B. zum Archivieren von Musik keinerlei Bedeutung.

MP3 und Co

Kaum eine Erfindung hat die Internetgemeinde so in Aufregung versetzt wie MP3. Plötzlich waren ganze Kinofilme und Musik-CDs in einer Größe und Qualität verfügbar, die den Download aus dem Internet rechtfertigten. Das erste prominente Opfer war der nachgereichte erste Teil der StarWars-Serie, die schon vor dem eigentlichen Kinostart im Internet kursierte.

Das ist MP3

MP3 steht für MPEG-1 Audio Layer 3 und ist Teil des Motion Picture Expert Group (MPEG)-Standards, der eigentlich zum Komprimieren von Filmdaten entwickelt wurde. Dahinter steckt ein Verfahren, mit dem Musik Platz sparend in (Fast-)CD-Qualität gespeichert wird. Das technische Verfahren verringert die Datenmenge eines Musikstücks auf etwa ein Zehntel ihrer ursprünglichen Größe.

Bei der Komprimierung werden die Sounddaten verschiedenen Analysen unterzogen. Ziel ist es, treffsicher die Töne finden, die von lauteren Tönen verdeckt (maskiert) werden und dadurch für das menschliche Ohr kaum wahrnehmbar sind. Hinter dem Verfahren steckt also die Überlegung, diese Töne wegzulassen. Wenn die zugehörigen Daten gespeichert werden, obwohl sie später gar nicht wahrnehmbar sind, nehmen sie nur unnötigen Speicherplatz ein. Beim Komprimieren der Musikdaten wird dieser Speicherplatz durch das Weglassen nicht mehr benötigt.

Dabei werden erstaunliche Ergebnisse erreicht. Eine Minute Musik in CD-ähnlicher Qualität benötigt etwa 1 Mbyte Speicherplatz auf einem Datenträger. Ein konkretes Beispiel: Elton Johns »Candle In The Wind« belegt als verlustfrei aufgezeichnete Datei ca. 45 Mbyte. Als bereinigte und komprimierte MP3-Datei sind dagegen nur ca. 4 Mbyte auf der Festplatte nötig. Wenn dieses Beispiel hochgerechnet wird und dabei eine durchschnittliche Größe von 4,5 Mbyte für einen Song angenommen wird, kann eine einzige CD etwa 140 bis 150 Songs aufnehmen.

Ganz ohne Qualitätsverlust verläuft die Musikkompression aber nicht. Es gibt verschiedene Qualitätsstufen des Verfahrens. Kriterium für die Qualität ist die so genannte Bitrate.

- MP3s mit 128 kBit/s Bitrate bieten CD-nahe Qualität bei geringer Dateigröße.
- Bei 128 kBit/s gibt es schon leichte Einschränkung in der Qualität, besonders im Bereich der hohen Töne (z.B. Snare Drums). Es empfiehlt sich, Musikstücke mit diesen besonderen Effekten mit der nächst höheren Rate, z.B. mit 160 kBit/s bzw. 192 kBit/s, zu komprimieren.
- Ab 192 kBit/s ist die Qualität deutlich besser, die Dateien werden aber entsprechend größer. Wenn Sie ein Titelarchiv auf MP3-Basis planen, dann sollten Sie mindestens diese Bitrate, besser noch 256 kBit/s wählen.
- Für gesprochene Sprache ohne Musik (also ein Signal mit einer geringen Bandbreite) reicht eine niedrigere Rate aus, um den Informationsgehalt der Sprache zu erhalten. Hier werden mit 56 kBit/s oder sogar noch weniger (32 kBit/s, 24 kBit/s) noch gute Ergebnisse erzielen.

> **Hinweis** Entwickelt wurde das MP3-Format von der Fraunhofer-Gesellschaft, auf deren MP3-Internet-Seite Sie detaillierte Informationen zum Thema MP3 bzw. Layer 3 und weitere Infos zur MPEG-Komprimierung finden.

Das ist MP3pro

Kaum erfreute sich MP3 großer Beliebtheit, schossen Tauschbörsen für MP3-Dateien wie Pilze aus dem Boden. Hard- und Software dafür ließ ebenso wenig auf sich warten wie ein weiteres Format: Die Rede ist von MP3pro.

MP3pro ist bei genauer Betrachtung aber kein eigenständiges Audioformat, sondern eine Kombination aus MP3 und dem von Coding Technologies entwickelten SBR (Spectral Band Replication). Das Ergebnis ist ein Verfahren, welches im Vergleich zu MP3 bessere Höhen bei niedrigen Komprimierungs-Raten bietet.

> **Hinweis**
>
> ◆ *Codec* bezeichnet Verschiedenes: Zum einen wird mit diesem Begriff Hardware bezeichnet, die Audio- oder Videosignale analog und digital konvertieren kann (Encoder/Decoder). Außerdem ist der Begriff für Hardware oder Software üblich, die Audio- oder Videodaten komprimieren und dekomprimieren kann. Codec steht aber auch für die Kombination von Encoder und Decoder bzw. Komprimierung und Dekomprimierung. Zusammengefasst komprimiert ein Codec also unkomprimierte digitale Daten, damit diese weniger Speicherplatz belegen.

Der von Thomson Multimedia, dem Fraunhofer Institut und Coding Technologies entwickelte neue MP3pro-Codec bietet bei optimierter Kompressionsrate die gleiche Musikqualität wie herkömmliche MP3-Dateien. Dieses Verfahren ist deshalb optimal für den Einsatz im Internet- und Digitalradio oder in portablen Abspielgeräten.

Der neue Codec ermöglicht Aufnahmen mit einer Bandbreite von 64 kBit/s in nahezu CD-Qualität. Eine MP3-Datei, die mit 128 kBit/s aufgenommen wurde, nimmt etwa 1 Mbyte Speicherplatz pro Audiominute in Anspruch. Das MP3pro-Format kommt mit etwa der Hälfte Speicherplatz aus.

MP3pro nutzt zunächst das MP3-Verfahren. Die gute Klangqualität wird durch SBR möglich. Das SBR-Verfahren kommt bei Hochfrequenztönen zur Wirkung. Im Gegensatz zum herkömmlichen MP3-Format werden diese Töne nicht weggelassen, sondern ebenfalls komprimiert. Dadurch ist die Qualität der Aufnahmen besonders im hohen Frequenzbreich deutlich besser.

Die MP3Pro-Audio-Technologie ist kompatibel zum bisherigen MP3-Format. Einen Nachteil gibt es aber: Umgekehrt können aktuelle MP3-Player nicht mit der MP3pro-Technik umgehen. Sie können zwar das neue Format lesen, allerdings nicht den neuen Hochfrequenzbereich. Deshalb ist bei älteren Playern bei Wiedergabe dieser Daten mit Klangeinbußen zu rechen.

ID3-Tag

Ein weiterer Begriff im Zusammenhang mit MP3 ist ID3-Tag. Ein ID3-Tag ist ein Informationsblock, der hinter die eigentlichen Musikinformationen in

MP3 und Co

den MP3-Song geschrieben wird. Diese Informationen enthalten Interpret, Titel, Albumname und Erscheinungsjahr des Musikstücks sowie einen kurzen Kommentar.

Zusätzlich besteht mit diesem Informationsteil die Möglichkeit, den MP3-Song in einen Musikstil einzuordnen. Die meisten MP3-Player können den ID3-TAG auslesen und im Display anzeigen. Im Gegensatz zu einer herkömmlichen CD wird also nicht die Titelnummer, sondern auch der Titel mit Interpret angezeigt. Eine ähnliche Funktion bieten moderne CDs z.B. in Zusammenarbeit mit dem Internet. Kann die CD z.B. beim Abspielen im Computer identifiziert werden, dann holt der Player die zugehörigen Informationen aus dem Internet. Mittlerweile gibt es portable MP3-Hardwareplayer und CD-Player, die diese Funktionalität unterstützen.

Bild 10.1: Zugriff auf die CD-Angaben im Windows Media Player

Diese ID3-TAGs können vor dem Kopieren auf eine CD mit einem komfortablen ID3-Editor manuell eingeben, modifiziert und hinzugefügt werden. Mit einigen CD-Rippern kann man auch auf die CDDB (CD-Datenbank) zugreifen. Bei diesem Verfahren wird eine eingelegt CD über diese Datenbank in Internet identifiziert und dann werden automatisch Titel und Interpret in die ID3-Tags geschrieben.

> **Hinweis** Moderne Player zeigen den ID3-Tag am Gerät und an der (Kabel-)Fernbedienung.

Einsatz des MP3-Formats

Einmal erzeugt und gespeichert sind MP3s vielseitig verwendbar. Deshalb finden Sie in vielen Bereichen Bezüge zu diesem Musikformat.

▶ Mit einem MP3-Player kann Musik direkt am Computer gehört werden, Soundkarte und Lautsprecherboxen natürlich vorausgesetzt.

Bild 10.2: Ein Spitzengerät für das Abspielen von Musik-CDs aller Art, der tragbare MP3-CD-Player Sony D-CJ01 (Quelle: Sony Deutschland)

MP3 und Co

▶ Der Musiktausch über das Internet ist erst durch platzsparende Formate wie MP3 attraktiv geworden. Aus diesem Grund bieten viele unbekannte Musiker und Bands Demoaufnahmen als MP3-Dateien im Internet zum kostenlosen Download an.

▶ MP3 beschränkt sich aber nicht nur auf den Computer und das Internet. Mit tragbaren Playern lassen sich MP3s auch unterwegs hören. Einige Geräte spielen sogar CDs und MP3-CDs (auch selbst gebrannte CDs und Multi-Session-CDs).

MP3 hören

Vor allem die gute Qualität bei geringer Dateigröße, die Vielseitigkeit und nicht zuletzt die Plattformunabhängigkeit haben das MP3-Format zum Spitzenreiter der Audioformate gemacht. MP3s lassen sich praktisch auf jedem Betriebssystem und in portablen und stationären MP3-Playern abspielen. Das aber ist Voraussetzung: Um MP3-Songs direkt in diesem Format abspielen zu können, benötigen Sie einen MP3-Abspieler (Player).

Softwareplayer

Bisher ist MP3 noch kein Standard bei den gängigen Browser-Plug-Ins. Es ist also meist noch immer ein spezieller MP3-Player nötig. Das können im einfachsten Fall Programme für den PC sein, wie z.B. *Winamp* für Microsoft Windows oder *Xmms* für Linux.

Bild 10.3: Klein und unscheinbar: der Mp3-Player winamp

Der Computer braucht für das Abspielen der Songs natürlich eine gewisse Leistungsfähigkeit. Zum Abspielen von MP3-Dateien muss mindestens ein Computer mit Pentiumprozessor und einer Taktfrequenz von 100 MHz, besser noch 120 MHz, vorhanden sein. Diese Leistung haben moderne Computer allemal, selbst die aus dem Kaffeehandel und anderen Discountern.

Kapitel 10: Bilder und Töne

Die Fähigkeiten der Player können wiederum durch Plug-Ins erweitert werden. Plug-Ins sind kleine Programmmodule, die einfach den bisherigen Progammfunktionen hinzugefügt werden. Damit kann man den MP3-Player auch noch optisch durch so genannte Skins oder Equalizer aufwerten. Einige dieser Plug-Ins erweitern sogar die Standardfunktionalität. Allein für Winamp gibt es weit über 100 Plug-Ins.

> Hinweis ➤ Bei vielen Softwareplayern kann die Standardoberflächen ausgetauscht werden. Diese Oberflächen heißen Skins.

Bild 10.4: winamp mit verändertem Skin im Kenwood-Look

Wiedergabelisten

Durch Wiedergabelisten bzw. Playlists können mehrere MP3-Songs zu einem Album zusammengefasst werden. Diese Listen können z.B. nach verschiedensten Themen, Gruppen etc. sortiert und dann dem Player zum Abspielen übergeben werden. Aber auch dafür gibt es eigene Programme, die z.T. Datenbankfunktionalität bieten und den Playlistfunktionen der Player überlegen sind

Bild 10.5: Playliste von winamp

Hardwareplayer

Vom Computer beim Abspielen unabhängig sind die Hardware-MP3-Player. Das sind üblicherweise kleine und tragbare Geräte, die MP3-Dateien von Speichermedien abspielen, wie sie z.B. auch für digitale Fotokameras verwendet werden. Diese Geräte sind fast schon zum Nachfolger des legendären Walkmans geworden. Dabei haben »echte« Player keine beweglichen Teile (Motor, Mechanik) und funktionieren vollkommen digital. Die Musik hat eine hervorragende Qualität, die Geräte sind kleiner und leichter und außerdem sind sie im Gegensatz zu einem Disc- oder Walkman absolut erschütterungsfest.

Mittlerweile sind aber auch andere Typen von MP3-Player auf dem Markt, die in Verbindung mit CD-Playern eine nützliche Erweiterung der Stereoanlage sind.

Kopieren von Mediafiles

Die technischen Möglichkeiten wecken wie in der Vergangenheit den Wunsch, eigene Kollektionen von Songs zusammenzustellen oder vorhandene CDs zu kopieren. Das ist mit einem modernen PC, der nötigen Software und einer Kombination aus CD-ROM und Brenner schnell erledigt.

Von CD zu MP3

Um Songs von einer regulären Musik-CD in MP3-Dateien zu verwandeln, sind mehrere Schritte und die nötige Hardware nötig. Immer mehr Programme bieten den Komfort, auf einfache Weise eigene MP3s per Mausklick zu erzeugen.

- ▶ Im ersten Schritt erfolgt das Auslesen der CD. Dabei wird die Audio-CD mit einem so genannten Ripper-Programm ausgelesen. Das ist ein Programm, das die Daten einer Musik-CD als digitale Datei ausliest und speichert. Aus Faustregel gilt, dass pro Musikminute von der CD etwa 10 Mbyte Platz auf der Festplatte benötigt werden. Zum vollständigen Auslesen einer kompletten CD mit ca. 60 Minuten wären also etwa 600 Mbyte freier Platz auf dem Datenträger nötig.

- ▶ Im zweiten Arbeitsgang erfolgt das Umwandeln der ausgelesenen Tracks in MP3-Dateien. Dabei werden die Ursprungsdaten in digitaler Form, z.B. CDR- oder WAV-Dateien, mit einem so genannten

Encoder in eine MP3-Datei umgewandelt. Die Datei wird dabei etwa um den Faktor 10 kleiner, d.h. aus 10 Mbyte pro Minute werden nun etwa 1 Mbyte Daten pro Minute.

Dieses Verfahren ist aber heute meist nur noch nötig, um Songs von Kassetten oder Schallplatten in MP3s umzuwandeln. Dazu wird ein Programm benötigt, das die Audiodaten über den LineIn-Eingang der Soundkarte aufzeichnen kann. Die Konvertierung von CDs erledigt mittlerweile schon Standardsoftware, wie z.B. der Microsoft Media Player aus dem Zubehör von Windows XP.

Von MP3 zu CD

Um die Songs im MP3-Format abzuspielen, muss der Player das Format unterstützen. Das ist beim Übertragen der Daten auf CD nur dann möglich, wenn der Player dieses Format unterstützt. Wenn die Daten auf dem Computer vorliegen, ist das also nur der halbe Spaß. Üblicherweise sollen die Songs aus dem Internet oder anderen Quellen wieder auf eine »normale« CD gelangen. Um MP3 auf Audio-CD zu brennen, müssen die Dateien aber zuerst wieder in das Ursprungsformat umgewandelt werden. Dazu kann z.B. das Wave-Out Plug-In des Winamp-Players dienen.

Anschließend können die umgewandelten Daten mit einem normalen CD-Brennerprogramm auf einen Rohling übertragen werden. Nach dem Abschluss des Brennvorgangs kann die CD im CD-Player abgespielt werden.

Rechtliche Fragen beim Kopieren

Im Zug der EU-Vereinheitlichung des Urheberrechts rückte ein Dauerthema wieder in den Vordergrund: der Schutz der Urheber an Audio-, Video- und Softwaredaten. Die kontroverse Diskussion dieses Themas schafft oft Unsicherheit. Auf der einen Seite stehen die Urheber bzw. die Nutznießer der Urheberrechte, z.B. von Musik, Videos und natürlich auch von Computersoftware. Ihnen sind die unbezahlten Kopien natürlich ein Dorn im Auge. Durch die so genannten Tauschbörsen im Internet wie Napster und Co. und andere Formen der Weitergabe von Kopien ihrer Werke werden die Erträge geschmälert.

Am liebsten wäre es vor allem den großen Plattenfirmen und anderen Vertreibern, wenn jegliche Kopie illegal wäre und unter schwere Strafe gestellt würde. Ebenso kommt aus dieser Ecke der Ruf nach einem Kopierschutz und nach dem Verbot von Programmen zum Knacken eines Kopierschutzes.

Kopieren von Mediafiles

Auf der anderen Seite stehen die Benutzer, denen das Anfertigen einer Sicherheitskopie erschwert oder unmöglich gemacht werden soll. Natürlich ist auch nicht zu übersehen, dass manche das Knacken von Kopierschutzverfahren als sportliche Herausforderung und das Verbreiten von Raubkopien als eine Art »Robin-Hood-Aktion« ansehen. Verbreitet ist auch die Meinung, dass Audio-, Video- und Softwareprodukte ohnehin zu teuer seien, so dass die Hersteller selbst die Schuld an der rasanten Verbreitung von illegalen Duplikaten trügen.

Der Grund für die aktuelle Diskussion ist die gestiegene Qualität der Kopien durch die Einführung der digitalen Technik. Analoge Kopien, z.B. das Duplikat einer Musikkassette, verlieren bei jedem Kopieren an Qualität. Bei der Kopie eines digitalen Originals entspricht normalerweise jede Kopie exakt dem Original. Durch die gleiche Qualität ist also ein wesentlicher Grund entfallen, das Original selbst zu kaufen.

Andererseits sind viele Musikfreunde sehr wohl bereit, eine geminderte Qualität zu akzeptieren, wie dies z.B. bei MP3-Files oder bei der Umwandlung von Videos in das Format DivX der Fall ist. Im Vordergrund scheint zu stehen, dass es nichts kostet.

Was ist erlaubt, was verboten?

Generell dürfen Sie rechtmäßig erworbene Musik-, Video- und Softwareprodukte für den privaten Gebrauch vervielfältigen. Dies ist in §53 des Urheberrechtsgesetzes (UrhG) verankert: Einzelne Vervielfältigungen für den privaten Gebrauch sind zulässig.

Wie weit der Begriff »privat« gefasst ist, ist allerdings nicht exakt definiert. Im weitesten Sinn interpretiert, halten etliche deutsche Juristen und Richter derzeit auch die Weitergabe von Kopien an Personen des unmittelbaren sozialen Umkreises für zulässig. Das wären Freunde, Verwandte und Bekannte. Wie weit der Begriff »Freunde und Bekannte« im Einzelfall geht, darüber wird immer wieder gestritten und kontrovers entschieden.

Die Vervielfältigung für unbekannte Dritte fällt aber eindeutig nicht in dieses Recht. Demzufolge ist auch die Weitergabe gerippter Musikstücke über eine (anonyme) Internet-Tauschbörse ohne Genehmigung des Rechteinhabers eindeutig illegal und strafbar. Aber nicht nur derjenige, der verbreitet, macht sich strafbar. Auch der Surfer nimmt beim Download eine Vervielfältigung vor: vom Server des Anbieters auf den PC des Anwenders. Also schützt in diesem Fall auch die Ausrede nicht, dass man ja schließlich nicht wissen könne, ob die Daten einem Urheberrechtsschutz unterliegen oder nicht.

Andererseits haben Sie selbst zur Vervielfältigung für den privaten Bereich kein einklagbares Recht, denn die §§ 15, 16 und 17 UrhG sagen aus, dass der Urheber (Schöpfer) eines Werks das grundsätzliche Recht hat, über die Vervielfältigung und Verbreitung seines Werks selbst zu bestimmen.

Demzufolge hat die Rechtsprechung dem Urheber bzw. dem von ihm Bevollmächtigten das Recht eingeräumt, nach Gutdünken Kopierschutzverfahren einzusetzen, um eine Vervielfältigung zu verhindern.

Bei Software sieht es das Gesetz noch etwas enger, denn hier ist laut § 69 lediglich die Erstellung einer Sicherheitskopie erlaubt. Dieses Recht darf vertraglich nicht eingeschränkt werden, jedoch sieht es keine Reglementierung bezüglich der technischen Verhinderung vor. Das Umgehen eines Kopierschutzes, z.B. über eine entsprechende Software, ist derzeit legal, lediglich die illegale Verwendung der Kopie ist strafbar.

Die Richtlinie 2001/29/EU zum Urheberrecht

Die so genannte Richtlinie 2001/29/EG des europäischen Parlaments und des Rates zur Harmonisierung bestimmter Aspekte des Urheberrechts und der verwandten Schutzrechte in der Informationsgesellschaft verfolgt das Ziel, die urheberrechtlichen Regelungen der Mitgliedsstaaten anzugleichen.

Auf diese Richtlinie hat die Lobby der Hersteller offenbar in ihrem Sinne eingewirkt. So ist z.B. vorgesehen, dass das Aushebelns eines Kopierschutzes unter Verbot gestellt werden soll.

Aber auch die Herstellung sowie die Verbreitung von entsprechender Software, wie z.B. von CloneCD, sollen ebenso verboten werden wie die Verbreitung von detaillierten Anweisungen zur Umgehung eines Kopierschutzes.

Bemerkenswert ist auch die Gleichstellung von z.B. Urheber und Hersteller. Im Ergebnis bedeutet dies, dass dem Schutz der Vermarktung eines geschützten Produkts der Vorrang gegenüber dem eigentlichen geistigen Schöpfer gewährt wird.

Das bisherige Recht sieht alles als legal an, was nicht ausdrücklich verboten ist. Die Richtlinie will genau das Gegenteil: Hinsichtlich der Nutzung urheberrechtlich geschützter Produkte soll generell alles verboten sein, was nicht ausdrücklich gestattet ist.

Kopieren von Mediafiles

Eine Richtlinie hat natürlich noch nicht den Stellenwert wie die Umsetzung in geltendes Recht. Es handelt sich lediglich um einen Rahmen von ins Kalkül zu ziehenden Vorgaben, Zielen usw. Erst wenn die Bundesregierung diese Richtlinie in Gesetzesform umgesetzt hat, erlangt sie praktische Bedutung.

> **Hinweis**
> Aktuelle Informationen zu diesem Thema bieten z.B. die Deutsche Landesgruppe der IFPI e.V. / Bundesverband der Phonographischen Wirtschaft e.V. unter *http://www.ifpi.de/recht/doc/umsetzung-info-rl-erl.htm*, Teleanwalt Gesetzestexte unter *http://www.teleanwalt.de/gesetzestexte/index.html* oder die GEMA unter *http://www.gema.de*.

CD-Rohlinge richtig behandeln

An den Abmessungen einer CD hat sich seit ihrer Markteinführung nichts geändert. Die Standard-CD wiegt etwa 18 Gramm, hat einen Durchmesser von 120 Millimeter und ist 1,2 Millimeter dick. Die Größe des Mittellochs beträgt 15 Millimeter. Die Speicherkapazität der CD ergibt sich aus der Laufzeit. Diese stammt noch aus den Anfängen der CD, als diese ausschließlich für das Speichern von Musikstücken verwendet wurde. Die gebräuchliche Länge beträgt 74 Minuten, und dies entspricht einer Speicherkapazität von 650 Mbyte, es gibt aber auch CDs mit einer Überlänge von 80 Minuten und 700 Mbyte. Mitunter existiert die Vorstellung, eine CD sei unbegrenzt haltbar. Dies stimmt leider nicht, denn neben mechanischen Beeinträchtigungen spielen auch andere Faktoren eine Rolle, die eine CD unbrauchbar machen.

Der Aufbau einer CD

CD-Rohlinge können Sie derzeit in drei Ausführungen kaufen, die sich hinsichtlich der Farbe der Beschichtungsseite (Gold, Blau und Grün) unterscheiden. Die Farbe des CD-Rohlings ergibt sich aus der Kombination der Reflexions- und der Farbschicht.

Eine CD besteht aus den folgenden unterschiedlichen Schichten

- Als Trägermaterial wird ein beliebiges durchsichtiges Material, meist Polycarbonat, verwendet. Das Trägermaterial macht den größten Teil der Gesamtdicke einer CD aus. Bei den wieder beschreibbaren CDs befindet sich auf der inneren Polykarbonatseite eine Leitspur in Form einer vertieften Rille, die als Führung für den Laserstrahl dient.

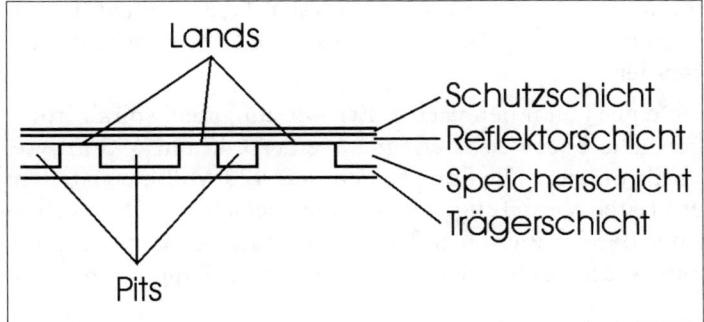

Bild 10.6: Ein Querschnitt durch eine wieder beschreibbare CD

▶ Die etwa 0,05 bis 0,1 Mikrometer dünne Speicherschicht (Farbschicht) besteht normalerweise aus Aluminium und dessen Legierungen. Diese Schicht ist mit einem hochempfindlichen organischen Farbstoff überzogen. Mitunter wird auch Messing verwendet.

▶ Bei der Reflektorschicht kommt es darauf an, das Licht des abtastenden Laserstrahls möglichst gut zu reflektieren. Gold reflektiert den abtastenden Laserstrahl besonders gut und verleiht der CD einen »kostbaren« Glanz.

▶ Die Schutzschicht schützt die Speicherschicht vor Hitze und Feuchtigkeit und besteht aus UV-unempfindlichem Lack.

▶ Die Oberflächenbeschichtung dient ebenfalls noch einmal als Schutz und kann beispielsweise mit einem Folienstift beschrieben werden.

Einen wesentlichen Anteil an der Haltbarkeit einer CD trägt die Speicher- bzw. Farbschicht. Die Hersteller versuchen ständig, die Farbschicht durch Additive und leichte Veränderungen der chemischen Zusammensetzung zu optimieren.

Die zu beschreibende Schicht einer CD besteht aus den Farbstoffen Cyanin (grün oder hellblau), Phthalocyanin (gelb) oder Azo (blau). Besonders Azo-Farbstoffe sind hochgiftig. Zwar ist diese Farbschicht eingeschlossen, jedoch sind die Schutzlack- und die Metallreflexionsschicht zusammen nur weniger als ein Zehntel Millimeter dick. Sie sollten aus diesem Grund eine CD auf keinen Fall Kindern zum Spielen geben, da auch solche Dinge gerne in den Mund genommen werden.

Die Daten werden in einer von innen nach außen verlaufenden, spiralförmigen Spur geschrieben. Die Spurweite beträgt bei einer CD mit 650 Mbyte Datenvolumen 1,6 Mikrometer. Die Spur besteht aus 120 Millimeter tiefen und 0,5 Mikrometer breiten Vertiefungen in der Speicherschicht. Die Vertiefungen heißen *Pits*, der Bereich zwischen den Pits wird *Lan* genannt. Würde man diese Datenspur »aufdröseln«, käme man auf eine Länge von etwa 25 Kilometer.

Die Haltbarkeit von CDs

Die oft geäußerte Meinung, eine CD sei unbegrenzt haltbar, stimmt schon im Ansatz nicht. Neben der reinen physikalischen Unversehrtheit der CD, also Kratzer und dergleichen, spielt die Haltbarkeit der Chemikalien, aus der die CD besteht, die größte Rolle.

Die Haltbarkeit ergibt sich aus der Farbe der Beschichtungsseite. Goldene CD-Rs sind mit 100 bis 200 Jahren am längsten haltbar. Die Daten der silberfarbenen Rohlinge sind etwa 80 bis 150 Jahre zu lesen, und die grünen CDs haben mit etwa 30 bis 40 Jahren die geringste Haltbarkeitsdauer. Danach können die Daten aufgrund des natürlichen Zerfalls des Materials nicht mehr bzw. nicht mehr fehlerfrei gelesen werden.

Darüber hinaus reagieren Daten-CDs wesentlich empfindlicher auf Beschädigungen als Musik-CDs. Während sogar kleinere Löcher in Musik-CDs das Klangergebnis mehr oder weniger unwesentlich verfälschen, kommt es aufgrund von Blockfehler- und der Bitfehlerraten zu einem Abbruch der Datenübertragung bzw. zu einem Ergebnis, mit dem der Anwender nichts mehr anfangen kann.

Spielt es nun beim Kauf von CD-Rohlingen eine Rolle, ob es sich um Noname-Ware oder um Marken-CDs handelt?

Dass Noname-CDs generell qualitativ minderwertiger sind, kann nicht gesagt werden. Tatsache ist jedoch, dass es bei Marken-CDs zu weniger Fehlern bzw. Schreibabbrüchen kommt. Außerdem ist es bei Marken-CDs normalerweise kaum ein Problem, wenn die Kapazitätsgrenze leicht überschritten wird.

Für das Speichern von wichtigen Daten, etwa bei Datensicherungen von Kunden- oder Firmendaten, sollten Sie auf Nummer sicher gehen und hochwertige Marken-Rohlinge kaufen. Für den Hausgebrauch reichen die blauen oder grünen Rohlinge auch von Noname-Herstellern meist vollkommen aus.

Der richtige Umgang mit CDs

Wie bereits beschrieben, werden in die organische Oberfläche einer CD Löcher gebrannt, um die Reflektion des Laserstrahls beim späteren Lesen zu verändern. Dieser Vorgang hat aber auch einen gewissen negativen Einfluss auf die Oberflächenstruktur, was wiederum eine erhöhte Anfälligkeit gegenüber Umwelteinflüssen zur Folge hat.

Wenn Sie Folgendes beachten, können Sie Probleme mit diesem Datenmedium auf ein Minimum reduzieren:

▶ Bewahren Sie CDs in dem so genannten Jewel Case auf. Hüllen aus Papier, Folie oder Karton, wie sie gerne in Zeitschriften geliefert werden, sind weniger geeignet. Beim Hineinschieben oder Herausziehen könnte die CD verkratzen.

▶ Der Lagerort sollte möglichst staubfrei und die Umgebungstemperatur sollte nicht extrem kalt oder warm sein. Die ideale Lagerungstemperatur liegt zwischen zehn und 25 Grad Celsius.

▶ Lassen Sie eine CD auf keinen Fall im Auto liegen, wenn dieses in der Sonne steht. Die Temperaturen im Innenraum können schnell 60 Grad und mehr erreichen und sind absolutes Gift für die Haltbarkeit einer CD.

▶ Fassen Sie CDs nur am Rand oder an der Öffnung in der Mitte an. Fingerabdrücke auf der CD-Oberfläche sollten Sie unbedingt vermeiden.

Der richtige Umgang mit CDs

▶ Beschriften Sie eine CD nur im dafür vorgesehenen Feld. Bringen Sie auf der CD keine Aufkleber an, da manche Klebstoffe aggressiv reagieren. Verwenden Sie zum Beschriften nur lösungsmittelfreie Filzstifte und auf keinen Fall Kugelschreiber oder Bleistifte.

▶ Auf das Bekleben der Rohlinge mit Etiketten sollten Sie verzichten, mit Ausnahme der speziellen CD-Label. Ansonsten besteht die Gefahr, dass durch einen Aufkleber eine Unwucht verursacht wird und dadurch Vibrationen entstehen. Bei 40-facher Geschwindigkeit dreht sich eine CD immerhin mehr als 10.000 Mal pro Minute.

▶ Beschreiben Sie vor allem Billig-CDs nicht randvoll, da gerade die Qualität solcher CDs zum äußeren Rand hin nachlässt.

Reinigung

Sollte trotz sachgemäßen Umgangs eine CD trotzdem schmutzig oder staubig werden, ist eine Reinigung notwendig. Damit die CD danach noch funktioniert, sind folgende Hinweise zu beachten:

▶ Verwenden Sie Wasser bei der Reinigung von CDs. Beim trockenen Reinigen verursachen Sie schnell Kratzer, die durch kleine Schmutzpartikel entstehen.

▶ Reicht Wasser bei einer groben Verschmutzung nicht aus, kann man die CD auch mit Glasreiniger oder Spülmittel behandeln. In der Spülmaschine sollten Sie CDs jedoch nicht reinigen, denn die hohen Temperaturen lassen die CD erblinden.

▶ Wenn Sie mit einem Tuch über die CD fahren, sollten Sie immer von innen nach außen wischen, nie im Kreis. Mögliche Kratzer, die von innen nach außen verlaufen, verursachen keine so großen Schäden auf der Spurrille. Kratzer, die kreisförmig auf der CD verlaufen, beeinträchtigen jedoch eine relativ große Strecke auf der CD und stellen eine dementsprechend hohe Anforderung an die Fehlerkorrektur eines CD-Laufwerks.

▶ Brillenputztücher oder Tücher aus Mikrofaser eignen sich besonders gut zum Reinigen einer CD.

▶ Bevor Sie eine gereinigte CD wieder in ein Laufwerk einlegen, sollte sie gründlich getrocknet sein.

Fehlersuche bei gebrannten CDs

Mitunter kann eine selbst gebrannte CD nicht korrekt gelesen werden. Das ist besonders ärgerlich, wenn wichtige Daten betroffen sind.

▶ Kann eine CD, z.B. wegen starker Kratzer, nicht gelesen werden, legen Sie die CD in ein anderes CD-Laufwerk ein. Jeder Hersteller hat ein anderes Verfahren, wie mit mangelhaften CDs ungegangen wird. Was das eine Laufwerk nicht lesen kann, gelingt vielleicht einem anderen. Fertigen Sie sodann umgehend eine Kopie der CD an.

▶ Gegen Kratzer gibt es ein Reparatur-Kit, das auf der Grundlage einer Schleifpaste funktioniert. Manchmal gelingt es damit, einen Kratzer so weit auszupolieren, dass die Daten wieder gelesen werden können.

▶ Gibt es grundsätzlich Probleme mit selbst gebrannten CDs, versuchen Sie es mit unterschiedlichen Schreibgeschwindigkeiten. Es kann durchaus vorkommen, dass der Brennvorgang bei einer höheren Schreibgeschwindigkeit eher funktioniert als bei einer niedrigen.

Radio und Fernsehen aus dem Internet

Im Zusammenhang mit den Hochgeschwindigkeitszugängen ins Internet und Pauschalpreisen für die Verweildauer wurden Radio- und Videobeiträge aus dem Internet immer populärer. Wie kommen diese Daten nun aus dem Internet auf den Rechner? Zunächst ist natürlich die Kenntnis eines Links nötig. Da stellt aber in den wenigsten Fällen das eigentliche Problem dar. Problematischer ist die Frage, ob für den Zugang das richtige Programm installiert ist. Das entscheidet sich aber meist automatisch beim Versuch, die Wiedergabe zu beginnen. Oft enthält die Webseite einen Link zum Programm, das in einer Basisversion für den Download verfügbar ist. Doch dazu später. Zuerst geht es um die technischen Fragen.

Streaming

Das Prinzip bei allen Live-Events aus dem Internet ist ähnlich: Die Daten der Audio- oder Videoclips werden beim Anklicken über das Netz geschickt. Die Wiedergabe beginnt aber nicht sofort: Erst nach teilweiser bzw. vollständiger Übertragung in den Hauptspeicher oder auf die Festplatte des Computers beginnt die Wiedergabe.

Radio und Fernsehen aus dem Internet

Bild 10.7: Der Nachrichtensender N24 im Internet: Die Wiedergabe erfolgt in der Bild mit dem Microsoft Media Player mit dem Datenstrom, der für Modem/ISDN verfügbar ist.

Dahinter steckt das Live-Streaming-Verfahren. Die Dateien werden teilweise zwischengespeichert (gepuffert, buffering) und dann abgespielt. Je nach Einstellung des Players variiert die Puffergröße. Beim Abspielen erfolgen Wiedergabe des zwischengespeicherten und das Buffering des folgenden Dateiteiles zeitgleich. Wenn das Netz nicht verstopft ist, entsteht auf diese Weise der Eindruck einer gleichmäßigen Wiedergabe.

In der Praxis tritt aber oft der Fall ein, dass das Buffering nicht rechtzeitig beendet wird und die Übertragung stockt. Das hängt dann nicht mehr von der Leistungsfähigkeit des PCs, sondern von der Leistungsfähigkeit des Internets ab: Die Netzkapazität ist entweder beim Sender oder beim Empfänger zu klein. Je besser die Anbindung an das Internet ist, umso besser ist die Übertragungsqualität. Um eine einigermaßen erträgliche Qualität zu erzielen, ist ein schnelles Modem oder eine ISDN-Verbindung Voraussetzung. Bessere Qualität bietet natürlich die viel beworbene Highspeed-Internetverbindung per DSL.

Kapitel 10: Bilder und Töne

Bild 10.8: Per DSL erhalten Sie aus dem Internet ein größeres Bild und Stereoton.

Aber auch in diesem Fall gibt es technische Grenzen: Damit das Live-Streaming überhaupt funktioniert, sind die Bilder klein und von geringer Auflösung und die Tonqualität ist mitunter auch nicht die beste.

Programme für Live-Streaming

Für die Wiedergabe des Livestreams, des Datenstroms aus dem Internet, sind entweder Plug-Ins für den Browser oder eigenständige Programme nötig. Es gibt unzählige Programme, mit denen Streaming möglich ist. Die drei bekanntesten Programme sind der Microsoft Media Player, der RealPlayer von RealNetworks und der Apple QuickTime Player. Jeder dieser Player unterstützt unterschiedliche Formate.

Programmname	Audio-/Video-Format	Dateitypen/ Mime-Type
Microsoft Media Player	MS Active Streaming File	.ASF .ASX .WMA video/x-ms-asf
RealNetworks RealPlayer	RealMedia File	.RA .RAM .RM, video/x-pn-realaudio
Apple QuickTime Player	QuickTime Movie File	.MOV, .QT, video/quicktime

Tabelle 10.1: Die bekanntesten Media-Programme

> **Hinweis:** Die oben genannten Player gibt es auch als Plug-In für die meisten Browser. So können die Streams dann auch direkt in Webseiten integriert werden.

Die genannten Programme werden von unterschiedlichen anderen Programmen flankiert. Kennzeichen anderer Programme ist aber meist weniger die optimale Unterstützung verschiedenster Livestreamformate, sondern eher die optimale Wiedergabe eines spezialisierten Formats. Meist stecken hinter speziellen Playern Vertreiber, die am Verkauf der Produkte verdienen. Damit nicht wie bei den MP3 Files dem kostenlosen Austausch Tür und Tor geöffnet wird, schützen verschiedene Anbieter den Livestream durch spezielle Formate, die nur mit dem zugeordneten Player abspielbar sind.

Bild 10.9: Speziell auf den Verkauf der Musiktitel spezialisiert ist dieser Player: Mit einem Klick auf dem Buy-Button landen Sie direkt bei einem großen Online-Shop.

Multimedia im Informationszeitalter

Wohin geht die Entwicklung? Erste Anzeichen deuten auf eine immer engere Verbindung zwischen Internet, Handy und PC. Die Audio- und Videoformate werden mit immer mehr technischen Raffinessen qualitativ hochwertige Datenübertragungen ermöglichen. Entscheidend für die Qualität wird aber nicht der PC oder das Abspielgerät sein. CD- oder DVD-Player bieten heute bereits Qualitäten, von denen die Daten aus dem Internet noch weit entfernt sind. Das wird sich vermutlich nicht wesentlich verändern, da die Übertragungswege für digitale Daten zwischen der Datenquelle und dem Abspielort das Nadelöhr bilden.

Vermutlich wird die enge Verknüpfung erst so richtig deutlich, wenn andere Bereiche hinzukommen. Es ist schon heute realisiert, dass z.B. das Abspielprogramm im Rechner beim Einlegen einer CD in das CD-ROM-Laufwerk bei bestehender Verbindung zum Internet weitere Informationen zur CD anzeigt. Es geht in Zukunft immer mehr darum, diese Informationen so zu bündeln, dass das Interesse des Betrachters am Konsum weiterer Produkte geweckt wird. Verdienen können viele: der Anbieter des Inhalts, der Bereitsteller der Übertragungswege, der Vertreiber der Inhalte und viele andere.

Abzuwarten bleibt, ob die angebotenen Inhalte auch in Zukunft noch so reichhaltig ohne zusätzliche Kosten aus dem Internet sprudeln. Eher ist zu erwarten, dass für gebotene Informationen scheibchenweise bezahlt werden muss – eine Entwicklung, die auch heute schon in Ansätzen zu erkennen ist.

Anhang A
Entscheidungshilfe für den PC-Kauf

Je nach geplantem Einsatzgebiet – und Geldbeutel – bieten sich unterschiedliche Computer an, wenn es an den Neukauf geht. Diese Entscheidungshilfe diskutiert unterschiedliche Szenarien.

Aufrüsten statt neu kaufen

Besitzen Sie bereits einen Computer, der aber in die Jahre gekommen ist? Eine Frischzellenkur – sprich: der Austausch veralteter Komponenten – kann das Altgerät in neue Leistungshöhen katapultieren.

Wenn Sie z.B. einen Pentium II 300 MHz besitzen, lohnt es sich, diesem Rechner noch etwas Hauptspeicher zu spendieren. Von damaligen 32 oder 64 Mbyte RAM rüsten Sie einfach auf 128 oder 256 Mbyte auf. Der Rechner wird deutlich schneller. Auch mit einer neuen Grafikkarte erreichen Sie eine Produktivitätssteigerung. Fragen Sie beim Fachhändler oder auf Computerbörsen nach einer gebrauchten Grafikkarte, die leistungsstärker ist als Ihre.

Bei Computern, deren Ausstattung unterhalb eines Pentium II 300 liegt, lohnt sich eine Aufrüstung nicht mehr, da die Komponenten einfach zu leistungsschwach sind.

Die elektronische Schreibmaschine

Als intelligente Schreibmaschine begann der Siegeszug des PCs auf die Schreibtische der Büros – und dieser Einsatzzweck ist immer noch einer der wichtigsten. Moderne, aber auch betagte Rechner sind dafür ausreichend – vielleicht reicht Ihnen ein Gebrauchtgerät? Gebrauchte PCs sind für ein paar Euro zu haben, und häufig kommt die benötigte Software gleich mit dazu.

In diesem Fall ist ein Mindestmaß an »Zukunftssicherheit« erforderlich: Treiber für moderne Komponenten für Windows 3.11 sind praktisch nicht mehr zu erhalten. Windows 98 SE (Second Edition) sollte es schon sein, ab dieser Version wird z.B. die USB-Schnittstelle unterstützt.

Anhang A: Entscheidungshilfe für den PC-Kauf

Eine Alternative ist eine moderne Linux-Version. Preisgünstige Distributionen enthalten nicht nur das Betriebssystem, sondern auch leistungsfähige Software. Mit dem Officesystem OpenOffice.org verfügen Sie über eine umfassende und leistungsfähige Bürosoftware, die alle wichtigen Komponenten (Textverarbeitung, Tabellenkalkulation, Präsentation u.a.) praktisch zum Nulltarif enthält.

Auf der Hardwareseite sollte es mindestens ein Pentium II mit 300 MHz sein. Als Minimalauflösung des Monitors empfehlen wir 800x600 Bildschirmpunkte mit mindestens 256 Farben.

Ein Drucker ist unverzichtbar. Art und Typ des Druckers richten sich nach den persönlichen Anforderungen. Der Kauf eines Gebrauchtgeräts ist nur selten sinnvoll.

Für Neueinsteiger

Um mit der Computerei zu beginnen – entweder aus eigenem Antrieb oder aus beruflicher Notwendigkeit –, bietet sich immer ein Komplettsystem aus dem Großhandel an. Schauen Sie sich die Computerprospekte der verschiedenen Anbieter (ALDI, MediaMarkt, LIDL, Saturn usw.) an und vergleichen Sie diese miteinander. Bei dem Ihnen am meisten zusagenden Angebot kaufen Sie. Wenn Sie darauf warten, dass die Angebote besser oder die Preise günstiger werden, warten Sie ewig, da es immer mehr und immer Besseres für immer das gleiche Geld gibt. Ein gutes Komplettsystem mit einem TFT-Monitor (Flachbildschirm) kostet zwischen 1.300 Euro und 1.600 Euro. In der Regel ist in diesen Komplettsystemen ein Softwarepaket enthalten, das Ihnen die meistbenötigte Software, wie Betriebssystem, Textverarbeitung, Bildbearbeitung und andere nützliche Software, zur Verfügung stellt.

Computer im Büro

Ein Bürocomputer muss hauptsächlich zuverlässig, und bei Problemen ein sachverständiger Spezialist in der Nähe sein. Aus diesen Gründen bietet es sich an, bei Anschaffungen fürs Büro einen Fachhändler aufzusuchen. Die bieten in der Regel zusätzlich zu Montage und Installation des Computers auch noch Serviceverträge an, die Ihnen einen ungestörten und sicheren Arbeitsablauf gewährleisten.

Grafikcomputer

Grafikcomputer benötigen insbesondere Grafikleistung. Anders als der Spielecomputer wird hier die Leistung aber nicht im Rendern von 3D-Welten benötigt, sondern als Grafikleistung für Bildbearbeitung, Autocad-Anwendungen oder Designaufgaben. Daher sind die Ansprüche auch andere als an eine 3D-Grafikkarte. Um sich ein angenehmes Arbeitsumfeld zu verschaffen, empfiehlt es sich, eine Grafikkarte mit zwei, oder sogar drei Monitorausgängen zu verwenden, da man auf diese Art den Arbeitsbereich auf mehrere Monitore ausdehnen kann.

Die Ansprüche in die weitere Hardware liegen bei einem Grafikcomputer im Mittelmaß. Sie sollten mit einem aktuellen Prozessor, genügend Festplattenkapazität und mindestens 512 Mbyte Hauptspeicher ausgestattet sein.

Spiele-Computer

Der Spiele-Computer hat die größten Anforderungen. Durch die immer schneller und immer größer werdenden Computerspiele, werden auch immer neue Grafikchips entwickelt, die immer mehr Performance besitzen. Daher ist die Grafikkarte das Herzstück eines Spiele-Computers. Hier sollten Sie eine aktuelle Grafikkarte mit 3D-Now- und OpenGL-Unterstützung wählen, die einen RamDac von mindestens 350 MHz und einen Grafikspeicher von mindestens 64 Mbyte DDR besitzt. Ferner sollte der Computer über genügend Festplattenspeicher (mindestens 60 Gbyte), ein DVD-Laufwerk und einen Hauptspeicher von mindestens 256 Mbyte verfügen. Um immer aktuelle Spiele darstellen zu können, sollten Sie alle Treiber-Updates, die vom Hersteller Ihrer Grafikkarte, von NVIDIA (http://www.nvidia.com) oder von Direct X (*http://www.microsoft.com/windows/directx/default.asp*) angeboten werden, installieren.

Mobile Computer

Bei Notebooks fällt die Entscheidung meistens mit dem Preis. So bleibt hier nur die Frage, was Sie für Ihr Geld wollen. Wenn Sie ein aktuelles Notebook mit einer guten Ausstattung für günstiges Geld haben möchten, greifen Sie zum Prospekt des lokalen MediaMarkts oder zum Aldi-, Lidl- oder einem anderen Prospekt Ihrer Wahl. Vergleichen Sie, finden Sie und kaufen Sie. Ein aktuelles Angebot liegt zwischen 1.700 Euro und 1.900 Euro.

Anhang A: Entscheidungshilfe für den PC-Kauf

Wenn Sie ein spezielles Produkt suchen, fragen Sie bei Ihrem Fachhändler nach, oder schauen Sie ins Internet.

Mittlerweile fallen ja auch die PDAs unter die mobilen Computer, da diese Multiorganizer fast alles können. Sie sollten sich vor einer Anschaffung gefragt haben, ob Sie einen PDA mit Farbdisplay oder Schwarzweiß, integriertem Telefon, integrierter WebCam oder zusätzlichen Speicherkarten für MP3, Video oder Bilder haben möchten. Je nach den Anforderungen, die Sie an das Gerät stellen, liegt dann der Preis.

Tabellenverzeichnis

Tabelle 1.1:	Computerarten und ihr Einsatzgebiet	13
Tabelle 2.1:	Die gängigen Prozessoren nach Taktfrequenz	68
Tabelle 2.2:	Die wichtigsten Parameter der RAM-Speicher	70
Tabelle 2.3:	Druckertypen und ihr Einsatzgebiet	103
Tabelle 2.4:	Eingabegeräte und ihr Einsatzgebiet	118
Tabelle 2.5:	Modem/Netzwerkanschluss und ihr Einsatzgebiet	119
Tabelle 2.6:	Ausgabegeräte und ihr Einsatzgebiet	119
Tabelle 2.7:	Diverse Geräte mit ihren Einsatzgebieten	120
Tabelle 2.8:	Massenspeicher und ihre Spezifikation	120
Tabelle 2.9:	Kabelarten und ihre Spezifikation	130
Tabelle 3.1:	Windows 95	182
Tabelle 3.2:	Windows 98	186
Tabelle 3.3:	Windows Me	190
Tabelle 3.4:	Windows NT 4 (Client)	193
Tabelle 3.5:	Windows 2000	196
Tabelle 4.1:	Standardsoftware (Übersicht)	219
Tabelle 4.2:	Ältere Programmiersprachen	232
Tabelle 8.1:	Bekannte Anbieter eines Druckservice per Internet	469
Tabelle 9.1:	Toplevel-Domains	503
Tabelle 9.2:	Allgemeingültige Suchsyntax	508
Tabelle 9.3:	Kürzel für die Suche nach Newsgroups	548
Tabelle 10.1:	Die bekanntesten Media-Programme	600

Stichwortverzeichnis

Symbols
. Micrografx Designer 343
.NET 209, 237
@-Zeichen 261
_-Zeichen 261

Numerics
0190-Dialer 555
1&1 523
100BaseTX 132
10BaseT-Anschluss 132
1-Pass-Scanner 446
3D-Helm 44
3D-Modelle 433
3D-Now-Routinen 67
3D-Software 433
3D-Technik 434
3-Pass-Scanner 446

A
AAC 580
Abbildungsverzeichnisse 271
Abfragen 293
Abrechnung nach Volumen 527
Abrechnungsmodelle 527
Abrechungssysteme, Mobiltelefon 563
Absatz 255
Absatzeinzüge 258
Absatzendemarke 255
Absatzlayout 272
Absatzschaltung 254
Abwärtskompatibel 439
Access 310

ACPI 184
Acrobat Reader 445
ACT! 300
Action Replay Code 418
Actionspiele 392
Active Desktop 183
ActiveX 240
ActiveX-Steuerelemente 327
Adapter 142
Adaptive Battery Life Extender 484
Additive Farbmischung 439
Additivität 440
Add-On-Karten 87
Administratoren 207
Adobe PhotoShop 425
Adress PLUS 301
Adressbuch 294
Adressetiketten 266
Adressliste 289
ADSL 520
Advanced Audio Coding 580
Advanced Power Management 184
Advanced Server 197
Adventure 418
Änderungsmarkierung 323
AGP-Port 130
AGP-Steckplatz 78
Aktive Systeme 106
aktiver Autofokus 486
Aktives Fenster 162
Aktivierungsschlüssel 204
Aktivlautsprecher 106
Albumblätter 462

Stichwortverzeichnis

Algebra 398
ALGOL 232
Alkaline 490
Allgemeine Anwendungen 219
Allgemeine Lernsoftware 379
Analoges Video-Format 450
Analysen 277
Analysetools 277
Animationen 434
Animationseffekte 323
Animationsschema 324
Animierte Werbebanner 435
Anschluss 144
Anschlusskabel 129
Antikartellprozess 210
Antivirusprogramm 551
Anwendungssoftware 215
AOL (America Online) 525
APL 232
APM 184
Apple 158
Application Program Interface 341
Approach 335
Arbeitsblattschutz 321
Arbeitsplatzausstattung 88
Arbeitsspeicher 71
Arbeitsspeicher-Module 72
ARC 352
Archive 350
Archiv-Formate 351
Archivprogramme 350
ARJ 351
ARPanet 493
ARP-Code 418
ASDL (Asymmetric Digital Subscriber Line) 522
ASF 580

Assembler 231
Assistent 20, 363
Asymmetrische Verschlüsselung 357
Asynchrone Kommunikation 535
ATA-100 130
ATA-133 130
ATA-66 130
AT-Gehäuse 60
Athlon XP 68
AT-PS/2-Adapter 143
ATRAC3 581
ATX-Gehäuse 60
ATX-Mainboard 60
Audiocoder 578
Audioformate 577
Audiograbber 578
Aufbau einer CD 592
Aufbauvorschrift 428
Aufgabe 297
Aufgabenbereich 311
Aufgabenverwaltung 297
Auflösung 424
Aufsichtscanner 118
Aufstellung der Tastatur 39
Aufzeichnen eines Makros 243
Augenanalyse 55
Ausgabe 33
Ausgabeformate 473
Ausgabemedien für Präsentationen 285
Ausgaberaster 454
Auswahl eines Spieles 393
Autofokus 486
Autofunktionen 311
AutoKorrektur 270
Automapping 418

Stichwortverzeichnis

Automatische Korrekturfunktion 270
Automatische Rechtschreibprüfung 268
Automatisierung 308
Autoroute 328
AutoRoute 2002 332
AutoScan 146
Autostartfunktion 244
Autotexte 255
Azo 594

B

Backoffice-Produktfamilie 197
Backup 362
Bandlaufwerke 113, 364
Banner 434
Barcode-Leser 55
BASIC 232
Basic Input/Output-System 18
Basteln 379
Battle-Mode 418
Beamer 93, 337
Belichtungskorrektur 486
Belichtungsmessung 488
Benchmark-Programme 370
Benutzerdefinierte Installation 246
Benutzerverwaltung, Windows 207
Benutzerwörterbücher 269
BeOS 202
Berichte 294
Besprechung 297
Besprechungsanfrage 327
Bestandteile einer Präsentation 286
Bestellnummer 467
Betriebssystem 18
–, installieren 20
Betriebssystemaufsatz 159

Bewegungspfade 323
Bewertungssystem für Lernprogramme 373
Bezahlen im Internet 513
Bézier-Kurven 429
Big-Tower 59
Bild in Computer 446
Bildbearbeitung 308
Bildbearbeitungsprogramm 423
Bildbetrachter 367
Bildformate 443
Bildkataloge 461
Bildpunkt 424
–, pro Inch 424
Bildqualität 472
Bildqualität im Vergleich 465
Bildschirmdiagonale 89
Bildschirmfarben 425
Bildschirmtext 493
Bildungsportal 381
Bildverluste 427
Bildwiederholfrequenz 85
Bildwiederholrate 434
Binärcode 230, 349
Binärsystem 14
Binder 232
biometrische Kennzeichen 573
BIOS 18, 63
BIOS-Einstellungen 153
Bit 16
Bitmap 424
–, bearbeiten 427
–, komprimieren 425
Bitmapgrafik 423, 458
Bitrate 582
Blackcomb 209
Blende 486
Blendenwert 487

Blitzkorrektur 270
Blue Tooth 82
Bluescreen 369
Bluetooth 133, 571
BMP-Format 443
BNC-Anschluss 89
Boardbezeichnung 21
Booten 18
Bootmanager 19, 154, 206, 371
Bootsequenz 64
Bootvorgang über Netzwerk 155
Branchensoftware 220
Brenner 588
Brenngeschwindigkeit 117
Brennweite 487
Bridges 499
Briefe schreiben 256
Briefvorlage 259
Brillanz 472
Browser 494, 529
Browseroptionen 533
BTX 493
Bubble-Jet-Verfahren 104
Bürokonfiguration 140
Buffering 598
Buffer-Underrun 117
Bug 228, 361
Bugfix 228
Bundle 425
Bürocomputer 14
Bussystem 24, 74
BUS-Takt 130
Byte 16

C
C/C++ 239
CAB 352
Cache-Speicher 65

Cartridge 418
Cascading Style Sheets 317
Cat. 3 132
Cat. 5 132
Cat. 6 132
CBT 383
CCD-Chip 473
CCD-Sensor 477
CD-basierte Installation 247
CD-Brenner 117
CDDB 585
CD-Qualität 578
CD-Querschnitt 593
CD-R-Laufwerke 121
CD-Rohling 592, 594
CD-ROM 114
–, Sendung mit der Maus 379
CD-Rom-Laufwerke 121
CD-RW-Geräte 117
CD-RW-Lauf werke 121
CDs kopieren 588
CD-Speicher 484
CD-Writer 364
Celeron 68
CELP 580
Centronics-Anschluss 132
CGI 511
Chat 515, 544
Chatraum 546
Cheat 418
Checkliste Lernsoftware 375
CheckOut 351
Chipkarte 510
cHTML 561
Client 496
Clip Gallery 314
Clip Organizer 314
ClipArt-Katalog 441

ClipArts 441
CMOS 487
C-Netz 557
COBOL 232
cobra Adress PLUS 301
Code 418
Code Excited Linear Prediction 580
Codec 437, 583
Codecs 578
COM-Anschluss 144
combit address manager 305
Communicator 533
Community 390, 513
Compiler 231
COM-Port 143
Computer Based Training 383
Computer im Büro 604
Computereinsteiger 402
Computergehäuse 56
Computergeschichte 11
Computergrafik 423
Computerkurse für Kinder 381
Computer-Management-Konsole 194
Computerschulen 380
Computerspiele 391
Computersteuerung für Spiele 394
Computerunterstütztes Lernen 383
Computerviren 360, 550
COM-Schnittstelle 156
Conference 541
Container-Dateien 350
Controller 22
Cookies 512
Coprozessor 65
Copyright 472
Corel Central 294
Corel PHOTO-PAINT 432
Corel PhotoPaint 462
Corel Presentations 284
Corel QuattroPro 273
Corel WordPerfect Office 341
CorelCentral 341
CorelDRAW 432
CP/M 156
CPU 66
Cracks 554
CSS 317
CUL 383
Cyanin 594

D

D1 557
D2 557
Datacenter Server 197
DataMaker 343
Dateiabgleich 208
Dateieigenschaften steuern 317
Dateien 108
Dateierweiterung 157
Dateifragmente 179
Dateinamen 157
Dateiserver 496
Dateisystem 154
Daten 215, 349
Datenaustausch 73, 127, 350, 356
Datenbank 289
Datenbankanwendungen 288
Datenbankmanagementsystem 290
Datenbankobjekte 293
Datenbankstrukturen 293
Datenbeschriftung 280
Datenkompression 349
Datenmaske 242, 294
Datenquelle 266
Datenreduktion 437

Datenredundanz 292
Datensatz 290
Datensharing 127
Datensicherung 171, 363
Datenträger 109
Datenträgerbereinigung 196
Datentypen 218
Datenübertragung 516
Datenübertragungsrate, Mobiltelefon 559
Datenverschlüsselung 196, 356
DAT-Laufwerk 113
DAT-Stream-Laufwerke 122
DDR-RAM 73
DDS-Bandlaufwerke 113
Decoder 583
Decoding 538
DECT 560
Defrag 179
Deinstallation 250
Deinstallationsprogramm 251
Dekompression 437
Demoprogramm 222
Designmaus 43
Design-Papiere 455
Desktop 160
Desktop-Gehäuse 57
Desktop-Publishing 430
Deutsche Rechtschreibung 271
Dezimalsystem 349
Dia 285
Diagnoseprogramme 369
Diagnosetools 371
Diagramme 279, 314
Diagrammerstellung 280
Diagrammtool 282
Diagrammtyp 282
Dialogboxen 165, 218, 258

Dial-Up Provider 524
Diascanner 448
Diashow 285
Digitale Bilder 446
Digitale Fotos drucken 456
digitale Vorlagen 462
Digitaler Zoom 487
Digitales Schwarzweiß 489
Digitales Video-Format 451
Digitalkamera 52, 448, 458
–, Speichermedien 480
Digitalkameras/ Videokameras 118
Digital-Surround-System 119
Digitaltechnologie 466
Diktieren 273
DIN-Buchse 144
directory 160
DirectX 183
Disk Operating System 156
Diskette 109, 364
DivX 590
DLL 170, 221
DNS (Domain Name System) 502
Document Type Definition 322
Dokumentauszeichnungssprache 321
Dokumentmappen 455
Dokumentschutz 359
Dokumentvorlage 259
Dokumentwiederherstellung 315
Dolby-Surround-Qualität 410
Domänenname 502f.
Doppelklicken 159
Doppelmonitorunterstützung 183
DOS 156
Dot Net 209
dots per inch 424
Downstream 517

dpi 47, 424
DPL (Digital Powerline) 522
Drag&Drop 353
Dragons Naturally Speaking 54
Drehgeschwindigkeit 121
Druck von Fotos 457
Druckausgabe 453
Druckdichte 458
Drucker 103
Druckeranschluss 400
Druckfarben 441
Druckfolgekosten 98
Druckformat 272
Druckgeschwindigkeit 96
Druckqualität 97
Druckservice per Internet 468
DSL (Digital Subscriber Line) 520
DSTN-Flachbildschirme 89
DTD 322
DTP-Programme 430
Dualband 557
Dualsystem 14, 349
Duellmodus 418
Dungeon 419
Duplexeinheit 104
durchgestanzte Papiere 462
Durchlichtaufsatz 448
Durchsichtscanner 51, 118
Duron 68
DVD 115
DVD-Laufwerke 116, 121, 438
DVD-R-Lauf werke 122
DVD-RW-Laufwerke 122
DVD-Standard 438

E
ECDL 387
Echtzeit 437
E-Commerce 511

EDO-RAM 73
Effekte für mehrere Folien 286
Effektfilter 427
EIDE 74
Einbetten 175
Einfügen 175
Eingabe 33
–, eines Kennworts 360
Eingabefelder 165
–, mit Pfeilen 165
Eingabegeräte 34
Eingabezellen 275
Einladungskarten 455
Einsehen 351
Einweg-Lithium-Batterien 490
Einzeilige Listenfelder 165
Einzugscanner 49
e-Learning 382
Electronic Mail 535
Elektronenstrahl 88
Elektronische Arbeitsblätter 273
Elektronische Kommunikation 535
Elektronische Post 299
elektronische Schreibmaschine 603
Elektronische Unterschriften 357
Elektronisches Lernen 382
Eltern am PC 377
E-Mail 299, 514, 535
E-Mail-Adresse 536
E-Mail-Anhang 555
E-Mail-Kontotypen 325
E-Mail-Sicherheit 326
Encarta 328
Encarta Enzyklopädie 331
Encoder 583
Endbenutzerlizenzvertrag 226
Endbenutzersprache 233
Endlospapier 103
Energiesparfunktionen 184

E-Netz 557
Enzyklopädie 331
Epoc 203
Ereignis 297
Ergebniszellen 275
Ergonomierichtlinien 88
Ergonomische Tastatur 37
Erweiterungssteckplätze 77
Ethernetstandard 132
EULA 226
Euro-Lochung 462
Europäischer Computer Führerschein 387
Eurorechner 216
Eurosymbol 260
EVA-Prinzip 12, 33
Excel 309
Excel 2002 319
Exchange-Server 197
Explorer 529
Exportfunktionen 295
Extensible Markup Language 322
Externe Laufwerke 120
Extrahieren 351

F

Farbdisplays 568
Farbdrucker 456
Farbe 439
Farbkalibrierung 452
Farbrauschen 488
Farbsättigung 472
Farbscanner 446
Farbseparation 430
Farbtintenstrahldrucker 458
Farbtreue 472
Farbwerte 425
Farbwirkung 439

FAT 179
Favoriten 530
Fehlerkorrektur 121
Fehlerprüfung in Formeln 321
Feld 263
Feldanweisung 263
Feldbefehl 263
Fenster 160
Fensterlose Programme 161
Fernsteuerung, Windows 207
Festplatten 110
Festplattenkapazitäten 179
File Allocation Table 179
Fileserver 496
Filmkamera 465
Filter 289
Filtersoftware 380
Fingerabdruckerkenner 55
Firewall 497, 552
Firewall-Programm 554
Firewire 77
Firewire IEEE 1394 131
FireWire-Schnittstelle 451
Flachbettplotter 106
Flachbettscanner 50, 448
Flachdisplay 30
Flächengewichte 459
Flash-Animation 436
Flash-Format 435
Flash-Medien 480
Flash-Player 436
Flatrate 527
Flexible Tastaturen 38
Fließtext 253
Folie 285
Folien-Grundlayout 286
FoneSync 304

Formatieren 20
Formatierung 256, 271
Formatierungskatalog 329
Formatvorlage 272
Formatvorlagen 318
Formulare 294
FORTRAN 233
Foto 423
–, Dateiformate 474
Fotobearbeitung 330
Fotobelichter 102, 454
Foto-CD-Einlegern 459
Fotodateien 458
Fotodrucke 458
Fotoformat 461
Fotoformate 462
Fotokalendern 459
Foto-Kits 458
Fotokollagen 460
Fotokollektionen 459
Fotopapiere 459f.
Fotos 458
Fotos drucken 457
Fotos vervielfältigen 458
Fotovorlagen 467
Freelance Graphics 335
Freemaildienst 536
Freenet 523
FreeSpeech 54, 341
Freeware 225
Freewareprogramme 370
Frei/Gebucht-Dienst 327
Freischaltung 224
Freisprecheinrichtung 556
FrontPage 310
FTP (File Transfer Protocol) 515
Funknetze 557
Funktionen 276
Funktions-Assistent 320

Funkzelle 559
Funsticker 462
Fußzeilen 264

G

Game Boy 413
Game Boy Advance 414
Game Boy Color-Spiele 414
GameCube 415
GamePad 44
Game-Party 394
Gateway 519
GByte 17
Gebührenmodell 528
Gegenlichtaufnahmen 488
Geheimer Schlüssel 356
Gemeinsame Schnittstellen-
    nutzung 170
Gemeinsamer Internetzugang 185
Generalized Markup Language 322
Generationenprinzip 366
Geometrie 398
Geräte-Manager 24
Gerätesharing 127
Geschichte des Internets 493
Gestapelte Grafiken 283
GIF-Format 443
GLONASS 334
Glossy-Papiere 455
GML 322
Golfschlägerattrappe 44
Gopher 501
GPRS 560
GPS 334
Grafik 423
Grafikcomputer 605
Grafikcontroller 22
Grafikkarte 85, 130
Grafikprogramm 423

Stichwortverzeichnis

Grafiksoftware 432
Grafiktablett 54, 118
Grafisches Betriebssystem 159
Grammatik prüfen 268
Grammatikprüfung 271
Graustufenbild 425
Green Function 83
Großrechner 13
GS-ADRESSEN 303
GSM-Standard 559
GSM-Transfer 561
Guthabenkarten 565

H

Hacker 550
Halbbildverfahren 449
Haltbarkeit von CDs 594
Haltbarkeit von Fotodrucken 457
Handheld 31, 135
Handheld-PC 198
Handscanner 49
Handys mit PDA-Funktionen 136
Hardware-Assistent 20
Hardwareplayer 588
Hardwaretuning 371
Harmonic Vector Excitation 580
Hauptdokument 267
Hauptplatine 21, 60
Hauptspeichergröße 122
HCBI (Home Banking Computer Interface) 510
HDDB15 143
Headset 54
Heimnetzwerk 127
Herunterfahren 26
Hexadezimalsystem 16
Hexadezimalwert 16
hochglänzende 459

Hollerithmaschinen 11
Homebanking 509, 526
Home-Edition 204
Homepage 513
Home-PC 27
Horizontale Software 219
Host 499
HotJava 235
Hotmail 209
Hot-Plugable 131
HTML 238, 322, 502
Hub 76
HVXC 580
Hybride Spache 239
Hyperlink 238
HyperText Markup Language 322

I

IBM Via Voice 335
IBM ViaVoice 54, 346
IBM WorkPad 304
ICQ 544
ICS 185
ID3-Tag 583
ID-Card-Format 462
Ideale Farben 441
IDE-Festplatten 120
IDE-Schnittstellenkabel 130
ID-Photo 485
IEEE 1394 Standard 77
iMaus 43
i-Mode 561
Inch 424
Individualsoftware 221
InfoBox 335
Informationsmanager 294
Infrarotschnittstelle 133
Infrarotverbindung 571

Stichwortverzeichnis

Inhalte einfügen 175
Inhaltsverzeichnisse 271
In-Place-Editing 211
Installation 244
Installationsarchive 352
Installationsvarianten 246
Instant 3D 343
Instruktion 230
Intel 8086 66
Intelligent Image Disk 485
Intellimirror 194
Interaktive Elemente 382
Interlaced-Modus 443
Interner Speicher 480
Internet 464
–, Bezahlen 513
–, Client 496
–, Community 390
–, Cracks 554
–, Fakten 494
–, Fileserver 496
–, Gopher 501
–, Host 499
–, Jugendschutz 553
–, Kurse 386
–, Mailserver 496
–, Messenger 543
–, Serialz 554
–, Server 496
–, Sicherheit 550
–, Suchmaschinen 508
–, Toplevel-Domänen 503
–, tunneln 521
–, Warez 554
–, Weiterbildung 385
Internet by Call 528
Internet Connection Sharing 185
Internet Explorer 529
Internet Mobil 528

Internetauktionen 511
Internetbanking 509
Internet-Dienste 514
Internetgemeinde 390
Internetgeschichte 493
Internetoptionen 530
Internetpräsenz 513
Internetrecherche 505
Internettelephonie 541
Interoperabilität Office 340
Interpolation Siehe Interpreter
Interpreter 232
Interrupt 137, 156
Intranet 494
Intuitive Benutzeroberfläche 217
IO-Adressen 156
IP (Internet Protocol) 498
IP-Adresse 497
IRC (Internet Relay Chat) 544
IRC-Servern 544
IrDA 133
Iridium 558
ISA-Slot 78
ISDN 518
ISDN-Karte 518
ISDN-Telefonanlage 518
ISDN-Terminaladapter 518
ISP (Internet Service Provider) 523
IT8-Farbprofil 452
IT8Vorlage 472

J

Java 234
Java Developer Kit 235
Java-Applets 235
Javascript 237
JAVA-Technik 237
JDK 235
Jewel Case 595

Joystick 44, 394
JPEG-Format 427, 444
Jugendgefährdende Inhalte 374
Jugendschutz 553
JVM 235

K
Kabellose Mäuse 43
Kabellose Tastaturen 38
Kalender 296
Kalibrierung 452
Kalkulieren 274
Kameraauflösung 477
Kamerabatterien 490
Kamerakauf 477
Kameraposition 434
Kanalbündelung 519
Karl Klammer 311
Kartenlesegeräte 120
Kartenleser 55
Katalog 266
Kaufprogramme 223
Kauftipp
–, Digitalkamera 477
–, Lerncomputer 401
–, Maus 44
–, Monitor 90
–, Scanner und Texterkennung 52
–, Spielsteuerungen 46
–, Tastatur 38
–, TFT-Bildschirme 92
kBit/s 579
kByte 17
KDE 201
Kennwörter 358, 556
Kind am PC 377
Kinder- und Jugendschutz 374
Kleinbildkamera 487
Klicken 159

Knobeln 379
Kodierungsstandard 538
Körperfarben 440
Körpergerüste 433
Kommandozeilenorientiertes System 157
Kommerzielle Anwendungen 219
Kompakt-Flash 481
Kompatibilität 219
Kompressionsformat 427
Komprimierte Laufwerke 355
Komprimierte Ordner 190, 354
Komprimierung 425, 581
Komprimierungsmechanismen 349
Komprimierungsprogramme 350
Konferenzprogramm 541
Konsole 141
Kontaktmanager im Überblick 300
Kontaktverwaltung 294
Kontextmenü 180
Kontextmenütaste 181
Kontostandsabfragen 510
Kontrollkästchen 166
Konverter 367
Konzeptdiagramme 314
Kopf- und Fußzeilen 264
Kopieren 175, 588
Kopierers 104
Kopierschutz 227, 589
Kostenfreie Pogramme 216
Kugelmäuse 118
Kursangebote 381
Kurzstreckenfunkstandard 133

L
L1-Cache 67
L2-Cache 67
Laden eines Betriebssystems 155
Lader 232

Ländercode 438
LAN 125
Langzeitmotivation 392
Laptop 30
Laptop/Notebook 14
Laptop-TFT-Bildschirm 91
Laserdrucker 99, 104
Laufzeitbibliothek 221
Lautsprecher 106, 119
Layer 579
LCD 89
Learning on Demand 384
Lego 406
LEGO CAM 407
LEGO Mikrocomputer 406, 408
Leistungsmerkmale, Mobiltelefon 566
Lenkrad 44
Lerncomputern 397
Lernprogramme 373
Lernsoftware 379, 383
Lesegeschwindigkeit 121
Lexikon-Klassiker auf CD 391
LHA 352
lichtempfindlichen Trommel 104
Lichtmessung 488
Lichtstärke 488
Lieferzeit 473
Li-Ion-Akkus 567
Limitierungen Lerncomputer 400
Lineale 257
LineIn 589
Linux 129, 160, 198
Linux-Distributionen 199
LISP 234
Liste durch Seriendruck 266
Listenfelder 165
Lithium-Batterien 490

Live-Streaming-Verfahren 598
Lizenzrecht 226
–, für ClipArts 441
Lochmaske 89
Lotus 1-2-3 273, 335
Lotus Approach 288, 335
Lotus FastSite 335
Lotus Freelance 284
Lotus Organizer 294, 303
Lotus Script 308
Lotus SmartSuite 335
Lotus Word Pro 253
Low Noise 123
LPAC 578
LPT-Anschluss 144
LZEXPAND 352

M

Macromedia Flash-Format 435
Magnetbänder 122
Magneto-optische Disk 485
Magnetspeicher 109
Mailadressen 260
Mail-Client 539
Mailing-Lists 515
Mail-Protokoll 537
Mailserver 496
Mail-Verschlüsselungs- programme 357
Mainboard 60
Makro 244
Makrobefehle 231
Makroprogrammierung 242
Makrorecorder 243
Makros 308
–, aufzeichnen 243
Makrosprache 239, 308
Manipulation von Bildern 427

Stichwortverzeichnis

Manueller Seitenwechsel 263
Manuelles Kalibrieren 452
Marken-CDs 595
Markup 319
Maschinenorientierte Sprachen 231
Maßbögen 468
Massenspeicher 120, 130
Massespeicher 153
Master 259
Masterfolie 286
Mathematischer Coprozessor 65
Matrix 105
Matrixdrucker 103
Maus 39, 118, 159
–, reinigen 40
Mausanschlüsse 43
Maus-Emulation 145
Mauspads 44
MBR (Master Boot Record) 63
MByte 17
Media Player 185, 437, 599
Mediafiles kopieren 588
Mediengerechte Umsetzung 375
Medienkompetenz 27
Mehrfachmarkierungen 316
Mehrspieler-Modus 394
Memorykarte 416
Memory-Stick 482
Menüs 164
Menüstrukturen 218
Messenger 543
Messenger ICQ 546
Messengerprogramme 546
Metasuchmaschinen 508
Microdrive 483
Microsoft Access 288
Microsoft AutoRoute 2002 332
Microsoft Backup 363
Microsoft Draw 308

Microsoft Encarta Enzyklopädie 2002 331
Microsoft Excel 273
Microsoft Exchange 319
Microsoft Exchange Server 326
Microsoft Internet Explorer 529
Microsoft NetMeeting 541
Microsoft Office 309
Microsoft Outlook 294
Microsoft Picture It! Foto 330
Microsoft PowerPoint 284
Microsoft Project 306
Microsoft Server 129
Microsoft Visual Basic für Applikationen 308
Microsoft Windows Media Player 185
Microsoft Word 253
Microsoft Works 327
Microsoft Works 6.0 328
Midi-Tower 59
Mikrofon 118
Millenium Edition 187
Mime (Multipurpose Internet Mail Extensions) 538
MindStorms 407
Mini-DIN 143
Mini-DIN Stecker 143
Minimale Installation 247
Mini-Tower 58
Mischen 266
Mittelklasserechner 139
MMS 569
MMX 65
MMX-Routine 67
Mobile Computer 134, 605
Mobile Computing 30
Mobile Rechner 140
Mobilzubehör 136

Stichwortverzeichnis

MODEM 517
Modem 119
Modemsteckkarte 517
Modulspeicher 419
Monitor 88, 119
Monitorgrundfarben 425
Monkey's Audio 578
Motherboard 21, 60
Motion Capturing 419
Motion Picture Expert Group 581
Mousepads 118
Movie Maker 189
MP1 579
MP2 579
MP3 581
MP3 hören 586
MP3-Player 571, 585
MP3pro 582
MPEG 581
MPEG Audioformate 578
MPEG-1 579
MPEG-1 Layer 1 579
MPEG-1 Layer 2 579
MPEG-1 Layer 3 579
MPEG-2 579
MPEG-2-Kompression 451
MPEG-4 580
MPEG-4 TwinVQ 580
MPEG-Verfahren 437
MS-DOS 156
MSN 209
Multimedia 383, 577
MultiMediaCard 482
Multimediale Effekte 287
Multimedia-Tastatur 36
Multiorganizer 606
Multitasking 170
Multitasking-Fähigkeit 128

Musikkompression 582
Musterdokumente 259
Musterpräsentationen 284
Mustervorlagen 441

N

Nachinstallation 249
Nadeldrucker 101, 103
Napster 589
Naturally Speaking 54
Navigator 532
NAVSTAR 334
NBC 579
NetMeeting 541
Netscape Conference 541
Netscape Messenger 539
Netscape Navigator 532
Network Information Center 497
Netzteil 83
Netzwerk 19, 124
Netzwerkanschluss 119
Netzwerkbetriebssysteme 128
Netzwerkkabel 129, 132
Netzwerkkarte 81, 125
Neue deutsche Rechtschreibung 271
Neuinstallation 190
Newsgroups 515, 547
NIC 497
Nicht druckbare Steuerzeichen 254
Nicht prozedurale Programmiersprachen 233
Nickel-Cadmium Batterie 490
Nickelhydrid-Batterien 490
NiMH-Akkus 567
Nintendo GameCube 415
Nintendo_64 412
NMEA 335
Noname-CDs 595

623

Stichwortverzeichnis

Notebook 30, 134
Notizblock 172
Novell Netware 129
NTFS 192
NTFS-Dateisystem 207
Nur-Lese-Speicher 155
Nutzungsrechte 222

O
O2 560
O2 Genion 560
Oberflächenbeschichtung 593
Oberflächenbeschichtungen 440
Oberflächenqualitäten 459
Object Linking & Embedding 175
Objektcode 230
Objekte 162
ODL 383
Öffentlicher Schlüssel 357
OEM-Versionen 224
Offenlegung von Code 213
Office XP 310
Officeprogramme 253
Office-Zwischenablage 315
Offlineordner 208
OGG Vorbis 580
OGG-Encoder 580
OLE 211
OLE-Technik 175
Online-Banking 509
Onlinekonferenz 516, 541
Online-Spiele 394
On-Screen-Menü 89
Open Distance Learning 383
Open Source 160, 201, 339
OpenOffice.org 337f., 604
Optionenschaltfläche 312
Optionsschaltflächen 166

Optische Ausgabesysteme 84
Optische Datenträger 114
Optische Maus 41
Oregon Scientific 397
OS/2 202
OSS 339
Outlook 309
Outlook 2002 325
Outlook Express 539
Overheadfolien 285

P
Packen 351
Pad 212
pädagogisches Forum 403
Palm OS/Epoc 202
PALM Pilot 300
Papier für Druck-Ausgabe 455
Papiergewicht 97
Papieroberfläche 97
Papierstärke 459
Papiertypen 97
papyrus OFFICE 345
Paragraph 255
Parallelanschluss 132
Parallele Schnittstelle 80
Partition 20, 178
Partitionsmanager 178
PASCAL 233
Passbilder zum Aufkleben 459
passiver Autofokus 486
Passivlautsprecher 107
Passport 209
Patronen 96
PC aufrüsten 603
PC für Neueinsteiger 604
PC-Direktverbindung 124
PC-DOS 156

PCI-BUS 130
PCI-Steckplatz 78
PC-kompatibel 12, 156
PCM 577
PCMCIA 130
PCMCIA-Schnittstelle 130
PCMCIA-Slot 483
PC-Spiele 397
PDA 14, 31, 135, 606
PDF-Format 444
Penreader 54
Pentium 4 68
Peripheriegeräte 132
Persönliche Daten entfernen 317
Persönliche Identifikations-
   nummer 510
Perspektive 434
Pflichtenheft 221
Phase-Change-Drucker 105
Philips FreeSpeech 341
Phillips FreeSpeech 54
PHOTO-PAINT 432
PhotoShop 425
PHP 511
Phthalocyanin 594
Picture It! Foto 330
Picture Publisher 343
PIM 294
PIN 510
Pingzeit 519
PIN-Nummer 558
PIO-Modus 74
Pivot-Tabellen 279
Pixel 424
Pixeln 103
PL/1 233
PlanMaker 343
Platz für Systemerweiterungen 21
Platzierung von Texten 259

Playlist 587
Plotter 106
Plug&Play 130
Plug&Play-Komponenten 169
PlugIn 587
Plug-Ins 534
Pocket-Computer 31
Pocket-PC 198
Pocketplaner 300
POST 63
Posteingang 326
Postfach 299
Postkartenserien 459, 461
PostScript-Schriften 432
PowerAdressManager 301
PowerPoint 310
PowerPoint 2002 323
PowerPoint, Folienhilfe 286
Präsentation
–, Dia 285
–, Folie 285
–, Formatierungen für mehrere
   Folien 286
–, weitergeben 288
–, zielgruppenorientierte 287
Präsentationshintergründe 285
Präsentationslayout 285
Präsentationsprogramme 284
Prepaid-Vertrag 564
Presentations 341
Print on the Web 468
Private Konfiguration 139
Privater Schlüssel 357
Produktaktivierung 204
Produktkey 246
Produktzyklen 177
Professional-Edition 204
Profi-Betriebssystem 193
Programm 157, 215

Stichwortverzeichnis

Programmbibliothek 221
Programmentwicklungssystem 233
Programmiersprache 230
Programmierung 230
Programmsteuerung 217
Progressive-Scan 449
Projektoren 93, 119
Projektplanung 306
Prolog 234
Prompt 157
Protokoll 358
Provider 523
Proxy-Server 521
Prozedurale Sprachen 231
Prozessor 25, 66
Prozessorlüfter 123
PS/2 Kabel 143
PS/2 Stecker 36
PS/2-Anschluss 131
PSone 410
Publisher 310
Pufferbatterie 62

Q

Qualitätsstufen 582
Quattro Pro 341
Quellcode 230
Querverweis 238
QuickTime Player 599
Quizspiele 396

R

Rad-Maus 42, 159
RAM 23
RAM-Bausteine 72
Rambus 74
Randzone 257
Raster 103, 454

Raten 379
Ravensburger 397
RCX-Computer 407
Read Only Memory 155
Real Media Player 437
RealAudio8 581
RealPlayer 599
Rechenanweisungen 275
Rechenaufgaben 398
Recheneinheit 13
Rechenoperationen 276
Rechenregeln 276
Recherche im Internet 505
Rechnercluster 14
Rechnerverbünde 14
Rechter Mausklick 159
Rechtschreibprüfung 268
Rechtschreibung prüfen 268
Reflektorschicht 593
Reflexionsverhalten 433
Regcleaner 251
Regedit 174
Register 166
Registrierdatenbank 173
Registrierung von Programmen 247
Registrierungseditor 174
Registry 173
Reinigung VON CDs 596
Relationale Datenbanken 291
Remote-Control 207
Rendern 420, 434
Rich Text 538
Ringnetzwerk 125
Ripper 588
RJ-45-Anschlusskabel 132
Roaming 560
Roamingkosten 563
Röhrenmonitor 88

ROM 155
Rotationsgeschwindigkeit 123
rote Wellenlinien 311
Routenplanung 332, 334
Router 499
Routingprogramm 302
RTF (Rich Text Format) 538

S

Satellitennavigation 334
Satzspiegel 257
Saugfähigkeit 455
SBR 582
Scandisk 26
Scanfähige Drucker 51
Scangeschwindigkeit 447
Scanner 47, 118, 446, 464
Scannersoftware 463
Scannertuning 48
Scanvorlage 452
Schärfentiefe 486
Schaltflächen 165
Scharfzeichnen 427
Schematische Darstellungen 314
Schlüsselarten 357
Schneller Zwischenspeicher 67
Schnittstelle 79, 166
Schreibschutzkennwort 359
Schriftarten 431
Schulsoftware 380
Schutz vor Viren 362
Schutzschicht 593
Schwarzweißausdrucke 95
Schwarzweißfoto 425
Script 244, 308
Scriptsprachen 239
Scroll-Maus 41
SCSI 75

SCSI-Festplatten 120
SDRAM 73, 85
SDSL 520
Sega Dreamcast 412
seidenmatt 459
Seitenbeschreibungssprache 12, 239
Seitenlayoutansicht 317
Seitennummerierungen 262
Seitenwechsel 263
Seitenzahlen 263
Selbstentpackendes ZIP-Archiv 351
Selbstlernkurse im Internet 385
Serialz 554
Seriellanschluss 132
Serielle Schnittstelle 80
Serienaufnahme 488
Serienbrief-Funktion 266
Seriendruck 266, 317
Server 496
Serveradministration 210
Serverlizenzen 197
Serverpaket 197
Service Pack 229
Servicepack 209
Setup 244
Setupprogramm 245
SGML 238, 322
Shareware 224
Sharewareprogramme 370
Shoppingprogramme 512
Sichere Internetseiten 358
Sicherheit 171
–, im Internet 550
–, Online-Banking 510
Sicherheitseinstellungen 555
Sicherheitskopie 591
Sicherheitslöcher 209
Sicherheitsupdates 209

Sicherheitszonen 327
Sicherungsfunktionen 360
Sicherungsmedium 364
Signal-A-Anschluss 89
Signaturen 357
Signtrust 358
Silbentrennung 270
SIM-Karte 558
Skin 587
Slimline-Gehäuse 57
Slots 22
Small Business Edition 309
SMALLTALK 234
SmartCards 405
SmartCenter 335
Smart-Media-Karten 480
Smartphones 136, 212
SmartSuite 335
Smarttag 313
Smarttags 312
SMPT (Simple Mail Transfer Protocol) 537
SMS 546
SMS-Kosten 563
SMS-Nachrichten 569
snail mail 514
SOAP-Client 209
Sockel 67
SoftMaker Home Office 344
SoftMaker Office 343
Software 215
–, kaufen 222
Softwarebundle 309
Softwarelizenzbestimmungen 227
Softwareplayer 586
Soll-Ist-Analysen 278
Solver 278
Sonderzeichen 262

Sony PlayStation.2 410
Sourcecode 231
Sparplan 277
Spaßfaktor 376
spectral band replication 582
Speicheranalyse 73
Speichermedien in Digitalkameras 480
Speicherschicht 593
Spektralfarben 439
Spiegelplatten 192
Spiegelreflexkamera 473
Spiel-Computer 397
Spiele-Computer 605
Spielegenres 392
Spielen 379
Spielknüppel 394
Spielkonsolen 408
Spieltiefe 392
Sportspiele 392
Spotmessung 488
Spracherkennung 273
Sprachsteuerung 341
Sprechdauer 566
SQL-Datenbank 210
SQL-Server 197
SSDFS 210
SSL 511
Stammdaten 291
Standard Generalized Markup Language 322
Standardinstallation 246
Standardkabel 143
Standardkonfigurationen 138
Standardmaus 39
Standardsoftware 219
Standardtastatur 36
Standard-VGA-Kabel 143

Standardzeichensatz 262
Standbild 450
Standbyzeit 566
StarOffice 336
StarOffice 5.2 337
StarOffice 6.0 338f.
StarOffice Base 288
StarOffice Calc 273
StarOffice Draw 308
StarOffice Impress 284
StarOffice Schedule 294
StarOffice Writer 253, 337
StarSuite 339
Startdiskette 187
Starten 173
Startmenü 181
Statusliste 258
Steckplätze 21, 77, 156
Steckplatz 67
Stern-Netzwerk 125
Steuerelemente 217
Steuerzeichen 254
Stichwortverzeichnisse 271
Stift-Maus 42
Stil 272
Strategiespiel 392
Streamer 113
Streaming 597
Strichgrafik 425
Stripe-Sets 192
Stromsparfunktion 83
Sublimationsdrucker 102, 105
Subnotebook 14, 135
Subscriber Identity Module 558
Subtraktive Farbmischung 440
Suchdienste 505
Suchmaschine 507
–, für Kinder 377

Suchmasken 293
Sun Microsystems 336
Surfen 500
SuSE Linux 200
SWF-Format 444
Swing-Batterien 490
Switch 142
Symbole 163
–, einfügen 261
Symbolsammlungen 218
Symbolzeichensatz 262
Symmetrische Verschlüsselung 356
Synchrone Kommunikation 535
Syntax 230
System File Protection 174
System Restore 188
Systemabsturz 251
Systemanalyse 369
Systeminformationen 369
System-Recover-CD 224
Systemschrift 431
Systemsteuerung 163
Systemtools 193
Systemuhr 296
Systemwiederherstellung 188
Szenarien+ 278

T

T9-Eingabehilfe 569
Tabelle 467
Tabellendokument 274
Tabellenkalkulations-
  programme 273
Tabulatoren 258
Taktfrequenz 67, 72, 85
TAN 510
TAR 352
Task 170

Stichwortverzeichnis

Taskleiste 180
Tastatur 36, 260
–, aufstellen 39
Tastaturanschlüsse 36f.
Tastaturtreiber 260
Tauschbörsen 556
TAZ 352
TCP (Transmission Control Protocol) 499
TCP/IP 201
TCP/IP-Socket 520
T-DSL-Modem 132
Technisierung des Kinderzimmers 399
Telefonauskunft PowerInfo 302
Telelearning 384
Telesec 358
Terminerinnerung 327
Terminserien 297
Terminverwaltung 297
Text als Hintergrund 317
Textbausteine 255
Texte schreiben 253
Texterkennung 52
TextMaker 343
Textmuster 272
Texturen 430
Textverarbeitungsprogramme 253
–, Briefe schreiben 256
–, Funktionen 255
TFT-Display 29, 91, 119, 449
TFT-Flachbildschirm 91
TGZ 352
Themenkatalogseiten 505
Thermotransferdrucker 105
Thermotransferrolle 105
Thumbnails 368
TIF-Format 443

Tintenstrahl-Drucker 95
Tintenstrahldrucker 104
Tintentröpfchen 104
TOC 29
Tongenerator 569
T-Online 523, 526
T-Online-Banking 510
T-Online-Classic 493
Tonwertzunahmen 454
Tools 349
Toplevel-Domänen 503
Total Cost of Ownership 29
Touchpad 42
Touchscreen 203
Tower-Gehäuse 58
Trackball-Maus 42
Trackballs 118
Trägermaterial 592
Transaktionsnummer 510
Treiber 137, 166, 260
Trellix 341
Trennzeichen 270
Trennzone für Silbentrennung 270
Triband 557
Trojaner 552
TrueColor-Bitmap 425
TrueType-Verfahren 431
Trust-Center 358
T-Shirt bedrucken 455
TTL-Messung 488
TV-Ausgang 94
TWAIN-Treiber 446
TwinVQ 580
Type Manager 432

U

Übertragungsgeschwindigkeit 130
Überarbeitungsfenster 323

Stichwortverzeichnis

Überformatige Fotos 461
Überschrifthierarchie 272
Übertragung von Farbsystemen 452
UFS 210
Ultra-DMA 74
Ultra-DMA-Modus 75
Umcodierung 538
Umdrehungsgeschwindigkeit 120
Umsatzauswertung 274
Umschläge in Serie 266
UMTS 563
UMTS-Standard 528
Universal Serial Bus 76
Unix 198
Unterhaltungssoftware 215
Update 190, 229
Updatemöglichkeiten, Windows 206
Upload-Software 472
Upstream 517
Urheberrecht 472, 589
URL (Uniform Resource Locator) 501
USB 76, 147
USB 1.1 131
USB 2.0 131, 148
USB-Anschluss 448
USB-EasyDisk 122
USB-Geräte 147
USB-Mäuse 44
USB-Peripheriegeräte 131
USB-Port 38
USB-Tastaturen 38
USB-Typen 148
USB-Umschalter 148
USB-Verteiler 147
Usenet 547

V

VBA 240
VBScript 239
vCard 296
Vektorbild 458
Vektorgrafik 428
Vektorgrafikvorschrift 428
Vektororientierte Grafiken 428
Vektororientierte Objekte 429
Verarbeitung 33
Verbindungsvorschrift 428
Vergleich, Bitmap Vektorgrafik 458
Verkehrserziehung 379
Verknüpfen 175
Verknüpfung zwischen Zellen 281
verlustbehaftete Audioformate 578
Verlustbehaftete Kompression 426
Verlustfreie Audioformate 577
Verlustlose Komprimierung 426
Vernetzung 124
Verschlüsselung 196, 356, 511
Verschlüsselungsverfahren 356
Verschlusszeit 488
Vertikale Software 220
Vervielfältigung 590
Verzeichnis 160, 272
Verzeichnisserver 542
ViaVoice 54
Vibrationsalarm 569
Video 423
–, am PC 437
–, aufnehmen 450
Videobearbeitung 451
Videobrillen 119
Videocapture 451
Videodatei 437
Videoergänzungen 28

Stichwortverzeichnis

Video-Grabber 95, 167
Video-in/out-Karte 451
Videoschnittplatz 28
Video-Sequenzen 383
Videospeicher 85
Videospiele 408
Vieltelefoniererrabatte 563
Viererswitch 143
Viewer 367
Viren 171, 550
–, Trojaner 552
Virenbefall 550
Virenfreie Software 551
Virenscanner 360, 555
Virenschutz 326, 361
Virtuelle Javamaschine 236
Virtuelles Geld 513
Virtuelles Privates Netzwerk 521
Virus 360
Virus Hoax 555
Visitenkarten 254, 455
Visual Basic für Anwendungen 239
Vorlage 259
Vorschauabbildungen 166
VPN 521
VQF 580
VTech 397, 402
VXD 167

W

Wahl eines Spieles 393
WAP 571
Warez 554
Wasserzeichen 317
WAV-Audioformat 577
WBT 383
WDM 167, 204
Web Based Training 383

Webarchiv 315
Webcam 52
Webcenter 332
Webintegration 209
Webseiteneditor 307
Webseitenerstellung 307
Wechseldatenträger 24, 111
Wechselrahmen 112
Weißabgleich 489
Weiterbildung 381
Wichtige Freewareprogramme 225
Wiedergabelisten 587
Wiedergabesoftware 437
Win32 Driver Modell 167
Windows 158
–, Homeeditonen 177
–, Profieditionen 191
–, Serverversionen 196
Windows 2000 194
Windows 2000 Advanced Server 197
Windows 2000 Datacenter Server 197
Windows 2000 Server 197
Windows 95 180
Windows 98 182
Windows 98 SE 185
Windows Blackcomb 209
Windows CE 198, 212
Windows Host Scripting 239
Windows Me 187
Windows Media 580
Windows Media Player 437
Windows NT 192
Windows XP 204
Windows-Familie 160
Windows-Systeminformationen 370
Windowstaste 181

Stichwortverzeichnis

Windowsupdate 530
WINSOCK 520
WinZip 351
Wissen bei Bedarf 420
Wissensportale 388
WMA 580
WMF-Format 444
WML-Format 562
Wörterbücher 269
Word 309
Word 2002 316
WordPerfect 253
WordPerfect Office 341
Word-Viewer 367
Works 328
Works Suite 2002 328
Works-Datenbank 329
Workshops im Internet 381
Works-Kalender 329
Works-Portfolio 329
Works-Tabellenkalkulation 329
Workstation 14
Writer 337

X

X86-Familie 66
XBox 416
XML 322
XML Dateiformat 338
XML-Kalkulationstabellenformat 321
XP 310

Y

Yukon 210

Z

Zahlenformate in Tabellenkalkulationsprogrammen 280
Zahlensystem 349
Zahlungsmöglichkeiten 476
Z-Archive 352
Zeichensatz 260
Zeichentabelle 262
Zeichnung 423
Zeichnungsbereich 317
Zeitversetzte Kommunikation 535
Zelladresse 276
Zellen benennen 278
Zertifikat 358
Ziehen 159
Zielauflösung 447
Zielgruppenorientierte Präsentation 287
Zielwertsuche 277
ZIP-Archiv 351
ZIP-Drive 112
ZIP-Laufwerke 122, 364
Zoom 487
Zoomobjektiv 488
Zugriffsschutz 171
Zugriffszeit 72
Zusatzprogramme 216
Zuses Z1 11
Zweiseitige Fotos 459
Zwischenablage 175, 315

... aktuelles Fachwissen rund um die Uhr – zum Probelesen, Downloaden oder auch auf Papier.

www.InformIT.de

InformIT.de, Partner von **Markt+Technik**, ist unsere Antwort auf alle Fragen der IT-Branche.

In Zusammenarbeit mit den Top-Autoren von Markt+Technik, absoluten Spezialisten ihres Fachgebiets, bieten wir Ihnen ständig hochinteressante, brandaktuelle Informationen und kompetente Lösungen zu nahezu allen IT-Themen.

wenn Sie mehr wissen wollen ...   **www.InformIT.de**

M+T Pocket

Office XP
Für jeden etwas!

€ 8,95 [D]
sFr 15,00

Said Baloui
Excel 2002
ISBN 3-8272-6065-5

Said Baloui
Access 2002
ISBN 3-8272-6063-9

Caroline Butz/Gabriele Brozat
Word 2002
ISBN 3-8272-6064-7

A. Frentz/M. Kratzl/B. Sennewald
Office XP
ISBN 3-8272-6066-3

Malte Borges/Andreas Neumann
Outlook 2002
ISBN 3-8272-6105-8

Dirk Louis
Frontpage 2002
ISBN 3-8272-6107-4

Markt+Technik-Produkte erhalten Sie im Buchhandel, Fachhandel und Warenhaus.
Markt+Technik · Martin-Kollar-Straße 10–12 · 81829 München · Telefon (0 89) 4 60 03-0 · Fax (0 89) 4 60 03-100
Aktuelle Infos rund um die Uhr im Internet: **www.mut.de** · E-Mail: **bestellung@mut.de**

M+T Pocket

Für jeden etwas!

Uwe Graz
Digitale Fotografie

ISBN 3-8272-**6252**-6
€ 9,95 [D] / sFr 19,00

Dirk Jasper
Internetadressen

ISBN 3-8272-**6234**-8
€ 14,95 [D] / sFr 25,00

Markt+Technik

Markt+Technik-Produkte erhalten Sie im Buchhandel, Fachhandel und Warenhaus.
Markt+Technik · Martin-Kollar-Straße 10–12 · 81829 München · Telefon (0 89) 4 60 03-0 · Fax (0 89) 4 60 03-100
Aktuelle Infos rund um die Uhr im Internet: **www.mut.de** · E-Mail: **bestellung@mut.de**

magnum

Kompakt – Komplett – Kompetent

Alle aufgelisteten Magnum-Bücher zum Preis von € 24,95 [D] / sFr 45,00

Günther Born
Excel 2000
ISBN 3-8272-5481-7

E. Tiermeyer / K. Konopasek
Access 2000
ISBN 3-8272-5482-2

M. Borges / E. Elser / J. Schumacher
Office 2000
ISBN 3-8272-5483-3

M. Borges / E. Elser / J. Schumacher
Word 2000
ISBN 3-8272-5484-1

Gunter Wielage
Windows 2000 Professional
ISBN 3-8272-5647-X

Klaus Dembowski
PC-Werkstatt
ISBN 3-8272-5655-0

Konstantin Lindenau
Windows 98
Zweite Ausgabe
ISBN 3-8272-5689-5

Konstantin Lindenau
Windows ME
ISBN 3-8272-5933-9

Eva Kolberg
Frontpage 2002
ISBN 3-8272-5927-4
€ 24,95 [D] / sFr 45,00

Ingo A. Schuler
Homepage
ISBN 3-8272-5851-0
€ 29,95 [D] / sFr 53,00

Markt+Technik

Markt+Technik-Produkte erhalten Sie im Buchhandel, Fachhandel und Warenhaus.
Markt+Technik · Martin-Kollar-Straße 10–12 · 81829 München · Telefon (0 89) 4 60 03-0 · Fax (0 89) 4 60 03-100
Aktuelle Infos rund um die Uhr im Internet: www.mut.de · E-Mail: bestellung@mut.de

Netzwerke

Hendrik Wehr / Ralf Sydekum
Das eigene PC-Netzwerk
ISBN 3-8272-**6284**-4
€ 19,95 [D] / sFr 35,00

Mick Tobor
Persönliche Firewalls
ISBN 3-8272-**6289**-5
€ 19,95 [D] / sFr 35,00

M+T Werkstatt bietet einfache, knackige Workshops und prall gefüllte CD ROMs. Einfach loslegen!

Markt+Technik-Produkte erhalten Sie im Buchhandel, Fachhandel und Warenhaus.
Markt+Technik · Martin-Kollar-Straße 10–12 · 81829 München · Telefon (0 89) 4 60 03-0 · Fax (0 89) 4 60 03-100
Aktuelle Infos rund um die Uhr im Internet: **www.mut.de** · E-Mail: **bestellung@mut.de**